Auf Biegen und Brechen

Basler Studien
zur Kulturgeschichte Osteuropas

Band 10

Herausgegeben von
Andreas Guski und Heiko Haumann

UNI
BASEL

Daniela Tschudi

Auf Biegen und Brechen

Sieben Fallstudien zur Gewalt im Leben junger Menschen im Gouvernement Smolensk 1917–1926

PVER
VALA
ERNG
LAGO

Zürich

Bibliographische Information der Deutschen Bibliothek
Die Deutsche Bibliothek verzeichnet diese Publikation in
Der Deutschen Nationalbibliographie;
detaillierte bibliographische Daten sind im Internet über http://dnb.ddb.de abrufbar.
ISBN 3-907576-69-1

Zugleich Dissertation an der Philosophisch-Historischen Fakultät der Universität Basel
Tag der mündlichen Prüfung: 11. November 2002
Referent: Prof. Dr. Heiko Haumann
Korreferent: Prof. Dr. Martin Schaffner

www.pano.de und www.pano.ch

Satz: Michael Anderau, Belzig
Druck: Erland, Banská Bystrica

Dank

Während meiner Arbeit durfte ich von verschiedenster Seite Unterstützung erfahren. Ich möchte mich an dieser Stelle bei allen ganz herzlich bedanken.

Die Deutsche Volkswagen-Stiftung hat das Forschungsprojekt „Jugend und Gewalt in Sowjetrussland, 1917–1932" finanziert, bei dem ich als Stipendiatin beteiligt war. Persönliche Stipendien erhielt ich von der Max Geldner-Stiftung, der Freiwilligen Akademischen Gesellschaft und der Stiftung für theologische und philosophische Studien.

Bedanken möchte ich mich besonders bei Prof. Dr. Heiko Haumann für seine konstruktive Betreuung seit Beginn meines Studiums, bei Dr. Carmen Scheide und Dr. des. Anke Stephan für die vielen Hinweise und freundschaftliche Unterstützung, Prof. Dr. Nikolaj Cimbaev, lic. phil. Eva Maeder und Karen Nolte, MA, die Teile des Manuskriptes kritisch durchlasen, Prof. Dr. Martin Schaffner für die anregenden Gespräche sowie den Mitarbeiterinnen und Mitarbeitern des Forschungsprojektes für den Gedankenaustausch.

Ein grosses Dankeschön gilt den Archivmitarbeiterinnen in Smolensk, die mir stets weiterhalfen, wenn ich mir aus einem Wort keinen Reim machen konnte sowie Dr. Silvia Althaus für das Übersetzen und Übertragen kniffliger Passagen ins Deutsche. Den beiden Familien Bol'šakov und Kompanec in Smolensk und Moskau, die mir ein Zimmer abtraten und mich an ihrem Familienleben teilhaben liessen. Nina Žigareva und Aleksej Zabelin † in Smolensk, deren Gastfreundschaft mir unvergesslich bleiben wird.

Ein Merci geht auch an Marianne Stauffacher, Michael Anderau und Prof. Dr. Ulrich Schmid vom Pano Verlag, die die Fertigstellung des Manuskriptes für die Drucklegung betreuten. Dank der finanziellen Unterstützung des Dissertationsfonds der Universität Basel und des Max Geldner-Fonds konnte das vorliegende Buch gedruckt werden.

Schliesslich möchte ich allen Freundinnen und Freunden danken, die mich das Leben neben der Dissertation nicht vergessen liessen, und meinen Eltern für ihre unschätzbare Unterstützung in allen Teilen und Belangen.

Daniela Tschudi

Inhaltsverzeichnis

Tabellenverzeichnis 9

Glossar und Abkürzungsverzeichnis 10

Masse und Gewichte 12

Karte des Gouvernements Smolensk und der Tatorte 13

Alphabetisches Personenverzeichnis für die Fallstudien 14

1. Einleitung 19

2. Fallstudien zur Bürgerkriegszeit 57

2.1 Fallstudie Roman Murin 57
Peitsche und Blume in einer Hand. Annäherung an die Komplexität eines historischen Akteurs.

2.2 Fallstudie Valentin Vojcechovskij 92
„Kampf gegen Desertion." Falsch verstandene Pflichterfüllung und das Interesse der sowjetischen Justiz.

2.3 Fallstudie Stepan Panasov 110
„Was habe ich gegen den Staat getan?" Selbstwahrnehmung und Staatsvorstellungen eines Mörders.

2.4 Zwischenergebnisse I 146

3. Fallstudien zur Zeit der Neuen Ökonomischen Politik 159

3.1 Fallstudie Natal'ja Fedorova 159
Strychnin, Arsen und ein Diebstahl. Annäherung an die Komplexität dörflicher Konflikte.

3.2 Fallstudie Vasilij Trofimov 198
„Wir halten ihn für einen verdächtigen Menschen." Ein Vatermörder im Visier.

3.3 Einführung in die Fallstudien über Vergewaltigungen 240

3.4 Fallstudie Nikita Samčenkov 246
„Wenn ich sie geschlagen hätte, dann hätte ich sie wahrscheinlich erschlagen."
Eine versuchte Vergewaltigung.

3.5 Fallstudie Dar'ja Šatovič 278
„Und sie nahmen mich mit Gewalt."
Eine Gruppenvergewaltigung im Dorf.

3.6 Zwischenergebnisse II 309

4. Vergleich und zusammenfassende Bemerkungen 325

5. Literaturverzeichnis 345

5.1 Archivalien 345

5.2 Zeitgenössische Zeitschriften und Zeitungen 346

5.3 Zeitgenössische Literatur 347

5.4 Sekundärliteratur 358

6. Index 383

Tabellenverzeichnis

Tabelle 1	Anzahl Hausdurchsuchungen im Zusammenhang mit der Bekämpfung von *samogon* nach Angaben der Miliz 1924–1928.	175
Tabelle 2a	Verteilung von Männern und Frauen nach Art des Tötungsdeliktes 1923.	179
Tabelle 2b	Verteilung von Männern und Frauen nach Art des Tötungsdeliktes 1924.	180
Tabelle 3	Anzahl Morde, registriert von der Miliz und den Kriminalabteilungen 1925–1928 für das Gebiet der RSFSR.	181
Tabelle 4	Anzahl der Vergehen gegen Leib und Leben sowie Anzahl der Eigentumsdelikte in der RSFSR vom 1. 10. 1925 bis 31. 12. 1928, bei der Miliz gemeldet.	226
Tabelle 5	Mitgliederzahlen der bolschewistischen Partei des Gouvernements Smolensk 1921–1924.	235
Tabelle 6	Anzahl der Sexualdelikte in der Stadt und auf dem Land, 1924–1926.	243
Tabelle 7	Anzahl Sexualdelikte aufgeschlüsselt nach Paragraphen und Stadt-Land-Verteilung.	243
Tabelle 8	Altersgruppen der Sexualtäter, 1924–1926.	244
Tabelle 9	Vergleich der Altersgruppen der Sexualtäter 1913 und 1924.	244
Tabelle 10	Pferdediebstähle im Gouvernement Smolensk 1919–1. Hälfte 1923.	286

Glossar und Abkürzungsverzeichnis

ambar	Getreidespeicher
banditizm	Bandenwesen
banja	Badehaus
batrak (f.: batračka)	Besitzloser Landarbeiter, Angehöriger der landlosen dörflichen Unterschicht
besprizornye	Verwahrloste und obdachlose Kinder, Strassenkinder
byt	Lebensweise, Alltag
chuligan	Hooligan, Rowdy
chuliganstvo	Hooliganismus, Rowdytum
chutor	Einzelstehendes Gehöft
chutorizacija	Bewegung hin zur Gründung von Einzelhöfen
ČK	(Vserossijskaja) Črezvyčajnaja Komissija po bor'be s kontrrevoljuciej, spekuljaciej i sabotažem (Allrussische) Ausserordentliche Kommission für den Kampf gegen die Konterrevolution, Spekulation und Sabotage
ČON	Čast' osobogo naznačenija Abteilung für besondere Bestimmungen
GPU	Gosudarstvennoe Političeskoe Upravlenie Staatliche Politische Verwaltung, Geheimdienst
gul'jane	Gemeinsames Spazieren und Flirten, Spaziergang
Komsomol	Kommunističeskij sojuz molodeži Kommunistischer Jugendverband
kustar'-Gewerbe	Bäuerlicher Handwerksbetrieb

maslenica	Fasnachtswoche, Woche vor Beginn der österlichen Fastenzeit
nagajka	Riemenpeitsche
NĖP	Novaja Ėkonomičeskaja Politika Neue Ökonomische Politik
nesoznatel'nost'	Fehlendes (politisches) Bewusstsein
otchod	Saisonale Wanderarbeit
podrostki	Halbwüchsige Mädchen und Jungen
posidelki	Vergnügliches Zusammenkommen der Dorfjugend an Winterabenden
RKP(b)	Rossijskaja Kommunističeskaja Partija (bol'ševikov) Russische Kommunistische Partei (Bolschewiki)
RSFSR	Rossijskaja Sovetskaja Federativnaja Socialističeskaja Respublika Russische Sozialistische Föderative Sowjetrepublik
samogon	Selbstgebrannter Schnaps
samovar	Mit Holzkohle geheiztes Metallgerät zum Kochen des Teewassers
saraj	Scheune, Schuppen für Heu und Holz
schod	Dorfversammlung
smyčka	Bündnis zwischen Arbeitern und Bauern
soveršennoletie	Volljährige, Mündige
staršij milicioner	Erster Milizionär, Polizist
StGB	Strafgesetzbuch
StPO	Strafprozessordnung

uezd	Bezirk
večer (Pl.: večerinki)	Abendliches, (vergnügtes) Zusammentreffen der Jugend, Abendveranstaltung, Feier
voenkom	Voennyj Komissar Kriegskommissar
voenruk	Voennyj rukovoditel' Militärischer Leiter
volost' (Pl.: volosti)	Amtsbezirk
VCIK	Vserossijskij Central'nyj Ispol'nitel'nyj Komitet Allrussisches Zentrales Exekutivkomitee

Masse und Gewichte

1 Desjatine (desjatina) = 1,09 Hektar

1 Sažen (sažen') = 2,13 Meter

1 Werst (versta) = 1,067 Kilometer

1 Pud (pud) = 16,38 Kilogramm

Russische Wörter werden nach der im deutschsprachigen Raum üblichen wissenschaftlichen Umschrift wiedergegeben, soweit sich nicht allgemein eine andere Schreibweise eingebürgert hat (wie Zar, Sowjet oder Bolschewiki).
Die Übersetzungen der Zitate sind soweit nicht anders angegeben von der Autorin.

Karte des Gouvernements Smolensk und der Tatorte

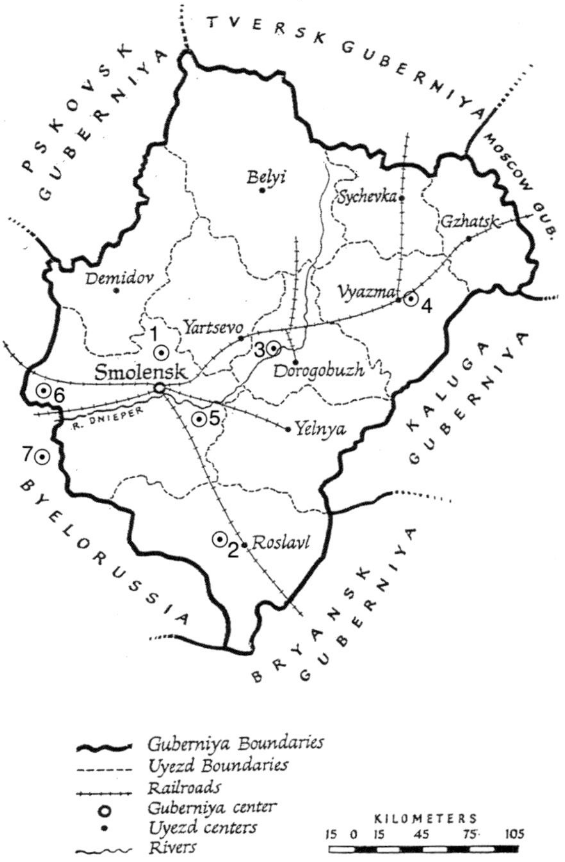

Aus: Fainsod, Merle: Smolensk Under Soviet Rule. Boston, London 1989.
Stand Januar 1927.

Legende

1) Fallstudie Roman Murin: Moščinki, Vladimirskaja *volost'*, *uezd* Smolensk
2) Fallstudie Valentin Vojcechovskij: Kolpenica, Chorošovskaja *volost'*, *uezd* Roslavl'
3) Fallstudie Stepan Panasov: Staro-Ivanovskoe, Safonovskaja *volost'*, *uezd* Dorogobuž
4) Fallstudie Natal'ja Fedorova: Sokolovo, Fedorovskaja *volost'*, *uezd* Vjaz'ma
5) Fallstudie Vasilij Trofimov: Govrovo, Koščinskaja *volost'*, *uezd* Smolensk
6) Fallstudie Nikita Samčenkov: Klemjatino, Ljubavičeskaja *volost'*, *uezd* Smolensk
7) Fallstudie Dar'ja Šatovič: Losevka, Svatošickaja *volost'*, *uezd* Gorki

Alphabetisches Personenverzeichnis für die Fallstudien

2.1 Fallstudie Roman Murin

Ort des Geschehens	Landwirtschaftskommune Moščinki
Roman Murin	Milizionär, Gefängnisinsasse
Nikolaj Kvaskov	Milizionär
Vladimir Karpekin	Milizionär
Nata Pelich	Gefängnisinsasse
Dmitrij Tuzov	Rotarmist, Bruder von Ivan Tuzov
Ivan Tuzov	Bauer

2.2 Fallstudie Vladimir Vojcechovskij

Ort des Geschehens	Dorf Kolpenica
Il'ja Kireev	*volost'*-Kriegskommissar
Gerasim Kosenkov	Milizionär
Ivan Osipov	Bürger von Kolpenica
Aleksandr Suščevskij	Rotarmist
Vladimir Vojcechovskij	Kanzlist

2.3 Fallstudie Stepan Panasov

Ort des Geschehens	Haus von Ivan Isačenkov in Staro-Ivanovskoe
Adamovič	Kriegskommissar
Afanasij Bričkov	Bauer, Bürger von Staro-Ivanovskoe
Chomjakov	Angeblicher Vorsitzender der ČK von Smolensk
Nikolaj Grigor'ev	Bürger des Nachbardorfes von Staro-Ivanovskoe
Ivan Isačenkov	Bauer, Bürger von Staro-Ivanovskoe
Aleksandra Isačenkova	Bürgerin von Staro-Ivanovskoe, Tochter von Ivan Isačenkov

Anna Isačenkova	Bürgerin von Staro-Ivanovskoe Ehefrau von Ivan Isačenkov
Dmitrij Morozovskij	Bürger von Neslovo
Stepan Panasov	Rotarmist, Bürger von Terebuka
Vasečkin	Bürger von Pyščinok
Sergej Žurov	Bürger von Novo-Ivanovskoe

3.1 Fallstudie Natal'ja Fedorova

Ort des Geschehens	Haus von Fedorovs in Sokolovo
Aleksej Arsent'ev	Bürger von Murav'evo, Bruder von Natal'ja Fedorova, bei ihr wohnhaft
Michail Arsent'ev	Bürger von Murav'evo, Bruder von Natal'ja Fedorova, wohnt mit Marija Arsent'eva zusammen
Marija Arsent'eva	Bürgerin von Murav'evo, Schwester von Natal'ja Fedorova, wohnt mit Michail Arsent'ev zusammen
A. Erošenkov	Nachbar des Ehepaars Fedorov
Vasilisa Erošenkova	Nachbarin von Anna Fedorova
Nikolaj Fedorov	Bürger von Sokolovo, Ehemann von Natal'ja Fedorova
Anna Fedorova	Schwägerin von Nikolaj Fedorov
Natal'ja Fedorova	Bürgerin von Sokolovo, Ehefrau von Nikolaj Fedorov
Michail Ivanov	Milizionär
Trofim Ivanov	Bürger von Murav'evo, Parteimitglied, Nachbar von Michail Arsent'ev
Ivan Kuz'min	Mitglied des Rajonssowjet
Sergej Tichonov	Verwandter von Trofim Ivanov

3.2 Fallstudie Vasilij Trofimov

Ort des Geschehens	Hof von Pavel Trofimov in Govrovo
Vasilij Belokopytov	Nachbar von Vasilij Trofimov, Bruder von Tat'jana Belokopytova
Tat'jana Belokopytova	Nachbarin von Vasilij Trofimov, Schwester von Vasilij Belokopytov
Agripina Efimovna	Ehefrau von Vasilij Trofimov
Konnon Gorochov	Milizionär
Il'ja Korolev	Dorfhirte
Dmitrij Korol'kov	Bürger von Govrovo
Daniil Ovsjannikov	Patenonkel von Vasilij Trofimov, Bruder von Ekaterina Trofimova
Nikolaj Rybkin	Schwager von Pavel Trofimov
Ivan Trofimov	Cousin von Vasilij Trofimov
Pavel Trofimov	Vater von Vasilij Trofimov
Vasilij Trofimov	Bürger von Govrovo, Sohn von Vasilij und Ekaterina Trofimova
Ekaterina Trofimova	Mutter von Vasilij Trofimov

3.4 Fallstudie Nikita Samčenkov

Ort des Geschehens	Einzelhof von Čepurnenkov, Dorf Klemjatino
Maksim Bričko	Bürger von Klemjatino
Anna Kuchareva	Bürgerin von Sereja
Nikita Samčenkov	Bürger von Klemjatino
Stefan Samčenkov	Vater von Nikita Samčenkov
Varvara Samčenkova	Grossmutter von Nikita Samčenkov
Kalistrat Sobol'kov	Vater von Ksenija Sobol'kova
Ksenija Sobol'kova	Bürgerin von Klemjatino

3.5 Fallstudie Dar'ja Šatovič

Ort des Geschehens	Pferdenachtlager des Dorfes Losevka
Pavel Danilov	Schriftführer der Kanzlei der Stadtmiliz Dubrovno
Boris Križevič	Bürger von Losevka
Ivan Križevič	Bürger von Losevka, Arbeitgeber von Dar'ja Šatovič
Pavel Križevič	Bürger von Losevka
Vlas Križevič	Bürger von Losevka, Zeuge
Marija Križeviča	Bürgerin von Losevka, Zeugin
Parfen Lakomov	Bürger von Širkovka
Evdokim Loganov	Bürger von Maralevka
Dar'ja Šatovič	Bürgerin von Priguzok, Angestellte von Ivan Križevič
Timofej Šatovič	Cousin von Dar'ja Šatovič
Aleksej Šerstnev	Bürger von Losevka, Zeuge
Christina Soljanikova	Bürgerin von Losevka, Zeugin
Vlas Tuzkov	Bürger von Maralevka

1. Einleitung

Gericht

Vergiftung von drei Personen

Im Gouvernementsgericht verhandelte man den interessanten Fall der Vergiftung von drei Personen durch eine Bürgerin des *uezd* Vjaz'ma, Fedorova Natal'ja.

Sie hatte beschlossen Ivanov Trofim, Bürger desselben *uezd, volost'* Fedorovskaja, Dorf Sokolovo, zu vergiften, der einst ihren Vater erschossen hatte. Es bot sich die Gelegenheit dazu, und sie gab Ivanov selbstgebrannten Schnaps, nachdem sie Strychnin hinzugefügt hatte.

Diesen Selbstgebrannten trank er am gleichen Tag im Dorf Murav'evo zusammen mit vier anderen Menschen. Ivanov und einen seiner Trinkgenossen gelang es zu retten, drei hingegen – Michajlov, Tichonov und Vasil'ev – starben. Das Gericht verurteilte Fedorova Natal'ja nach Paragraph 142 des Strafgesetzbuches wegen vorsätzlicher qualifizierter Tötung zu Gefängnis in strenger Isolation für die Dauer von acht Jahren.

Dieser kurze Bericht erschien am 22. Juni 1923 auf der letzten Seite der Zeitung *Rabočij Put'*, dem Organ des Parteikomitees und des Exekutivkomitees des Gouvernements Smolensk. Das Blatt publizierte derartige Meldungen über Gerichtssitzungen und über die gefällten Urteile alle paar Tage. In der Regel knapp und die wichtigsten Fakten nennend erfüllte der sowjetische Staat so seine sich selbst auferlegte Informationspflicht gegenüber Bürgerinnen und Bürgern.

Der Historikerin, die auf der Suche nach Gewalt von und an jungen Menschen ist, gibt die Mitteilung erste Hinweise und löst Fragen aus: Wie alt waren die Beteiligten? Weshalb hatte Trofim Ivanov Natal'ja Fedorovas Vater erschossen? Wann war dieses „einst"? In welchem Verhältnis stand Trofim Ivanov zu jenen vier Menschen, mit denen er den vergifteten selbstgebrannten Schnaps trank? Wie wurde Natal'ja Fedorova als Täterin ermittelt? Was bedeutete ein Gefängnisaufenthalt „in strenger Isolation"? Die Reihe der Fragen liesse sich noch lange fortsetzen, aber es ist klar: Man wüsste gerne mehr etwa über die Tatumstände und Motive für gewalthaftes Handeln, die Beziehungen der Betroffenen untereinander, die Ermittlungen oder die Urteils- und Strafpraktiken in einer Provinz am Westrand Sowjetrusslands. Der geraffte Zeitungsbericht kann diese Neugierde nicht befriedigen. Doch er verweist auf ein amtliches Verfahren, das seine eigene Quellengattung produziert hat, nämlich auf Gerichtsakten. Dank der Öffnung der Archive zu Beginn der 1990er Jahre sind diese persönlichen Dokumente nun zugänglich, so auch das Dossier von Natal'ja Fedorova. Es wird zu Beginn des zweiten Teils behandelt. Gerichtsakten führen nicht nur im Fall Natal'ja Fedorovas weiter, sondern stellen auch für die Historikerin auf ihrer Suche nach Gewalt von und an jungen Menschen im Gouvernement Smolensk während der ersten Jahren der Sowjetära eine äusserst ergiebige Quellengrundlage dar.

Im Folgenden werden die Ausgangssituation, Fragestellungen, die Wahl der Gegend und des Zeitabschnitts, theoretisch-methodische Überlegungen und die Quellenlage ebenso erläutert wie die Begriffe Jugend und Gewalt sowie schliesslich die gewählte Darstellungsform und die Gliederung.

Ausgangssituation und erste Fragestellungen

Im Oktober 1917 übernahmen die Bolschewiki die Macht. In den Monaten zuvor hatte sich die Stimmung in der Arbeiterschaft und vor allem bei den jugendlichen Arbeitern radikalisiert. Dieses Protestpotential wussten die Bolschewiki für ihre Ziele zu nutzen. Während des Bürgerkriegs, der im Sommer 1918 losbrach, fielen die zahlreichen jungen Anhänger der neuen Regenten durch ihre Bereitschaft auf, schonungslos und bis zum Äussersten zu kämpfen.

Rund zehn Jahre später, Ende der 1920er Jahre, stand die Führungsgruppe um Stalin vor der Frage, wie die weitere wirtschaftliche und politische Zukunft der Sowjetunion aussehen sollte. Wiederum war es die Stimme der jungen Generation, die der Führungsspitze als eine wichtige Legitimationsgrundlage für ihren Entscheid zugunsten einer forcierten Industrialisierung und der Kollektivierung der Landwirtschaft diente. Jugendliche hatten sich nämlich beklagt, dass die Parteispitze die Ziele der Revolution und das Vermächtnis Lenins aus den Augen verloren habe. Seit 1921 wachse der Einfluss des Kapitalismus und bestimme im Grunde genommen das Leben in der Sowjetunion. Bei der Umsetzung des „Sprungs nach vorne in den Sozialismus", der als Leitmotiv für die durchgängige Kollektivierung und beschleunigte Industrialisierung gelten kann, taten sich vor allem junge Menschen aus den Städten hervor, indem sie oft und insbesondere gegen die bäuerliche Bevölkerung gewaltsam vorgingen.

In zwei Phasen, 1917 bis 1921 und 1928 bis 1932, spielte die Jugend für den Verlauf der weiteren Geschichte der Sowjetunion eine bedeutsame

Rolle, indem sie in ihrer Radikalität die Herrschaft der Bolschewiki stützen half. Die beiden Zeitabschnitte sind ausserdem durch ein hohes Mass an Gewalteinsatz gekennzeichnet.

Für die Zeit dazwischen, 1921 bis 1928, gestaltet sich die Suche nach Gewalt von und an jungen Menschen in anderer Art und Weise. In diesen Jahren diskutierten die Zeitgenossen heftig darüber, wie sehr eine zunehmende Verrohung die junge Generation charakterisiere. Verwahrloste Kinder (*besprizornye*) und sogenannte „Hooligans" (*chuligany*) auf den Strassen oder die Nachrichten von Selbstmordwellen gaben Anlass zu breit geführten Debatten. Im Vergleich zu den beiden anderen Zeitabschnitten nahmen die Menschen die Gewalt Jugendlicher viel stärker in ihrem Alltag wahr.

Aus all diesen Beobachtungen resultiert die Frage nach dem Zusammenhang zwischen „Jugend und Gewalt in Sowjetrussland", der gleichzeitig den Titel des Forschungsprojektes darstellt, aus dem die vorliegende Arbeit hervorgegangen ist.[1] Das Forschungsprojekt hatte zum Ziel, für den Zeitraum von 1917 bis 1932 die Erfahrungen, Wahrnehmungen sowie Denk- und Verhaltensweisen junger Menschen differenziert nach Milieu, Geschlecht und Region zu untersuchen. So sollte Aufschluss darüber gewonnen werden, inwiefern Jugendliche eine eigene Identität und jugendspezifische Verhaltensmuster entwickelten und ob diese ihrerseits – geprägt in den Bedingungen von Weltkrieg, Bürgerkrieg und Neuer Ökonomischer Politik (NĖP) sowie schliesslich Industrialisierung und Kollektivierung – für Verhaltensweisen während des Stalinismus formierend wirkten. Innerhalb des Projektes „Jugend und Gewalt in Sowjetrussland" erfolgte eine regionale und thematische Unterteilung. Letztere beinhaltete die Bereiche „Diskurs über Jugend" und „Jugend in der Roten Armee ".[2] Die geographi-

1 Die ausführliche Argumentation zum Projekt bei Haumann, Heiko, Plaggenborg, Stefan: Jugend und Gewalt in Sowjetrussland. (Unveröffentlichter Projektantrag bei der Volkswagenstiftung Deutschland.) Basel, Jena 1996, sowie bei der Einleitung von Corinna Kuhr-Korolev, in: Dies., Plaggenborg, Stefan, Wellmann, Monica (Hg.): Sowjetjugend 1917–1941. Generation zwischen Revolution und Resignation. Essen 2001, 9–23; Haumann, Heiko: Jugend und Gewalt in Sowjetrussland zwischen Oktoberrevolution und Stalinismus im lebensweltlichen Zusammenhang. In: Ebd., 25–61. Der Sammelband bildet den Abschluss des Projekts. Im Sammelband finden sich überdies Aufsätze und reiche Literaturangaben zu den einzelnen Themen und Phänomenen, die in den vorigen drei Abschnitten geschildert wurden.

2 Vgl. Kuhr-Korolev, Corinna: „Gezähmte Helden". Die Formierung der Sowjetjugend 1917–1932. (Unveröffentlichte Dissertation.) Marburg 2002; Spiertz, Vera:

schen Räume wurden nach politischen und sozio-ökonomischen Kriterien gewählt: Moskau als Hauptstadt und gewachsenes Industriezentrum, Westsibirien mit neu aufkommenden Industriezentren in einem ländlichem Umfeld sowie Smolensk als eine Gegend mit einem ausgeprägt landwirtschaftlichen Charakter, die zudem von den unmittelbaren Kämpfen des Ersten Weltkriegs und des Bürgerkriegs verschont geblieben war.[3]

Das GOUVERNEMENT SMOLENSK grenzt westlich an dasjenige von Moskau. Die Hauptstadt des Gouvernements, Smolensk, liegt 419 Kilometer im Westen der Metropole, etwa auf halber Eisenbahnstrecke nach Minsk. Während der 1920er Jahre erfuhr das Gouvernement Smolensk an seinen Rändern mehrfach kleine territoriale Veränderungen und Umgruppierungen der *uezdy*. Teile wurden durch Administrativentscheide dem 1919 gegründeten Weissrussland und den umliegenden Gouvernements Tver' und Kaluga hinzugefügt oder weggenommen. 1929 wurde es mit den Gouvernements Brjansk und Kaluga sowie Teilen der Gouvernements Tver' und Leningrad zum „Westgebiet" (*Zapadnaja Oblast'*) zusammengelegt. Aus forschungspraktischen Gründen halte ich mich an den Grenzverlauf, wie er in den entsprechenden Jahren aktuell war, und definiere dieses Gebiet jeweils als meinen Untersuchungsraum.

Bei der Volkszählung im Dezember 1926 lebten im Gouvernement rund 2,3 Millionen Menschen. Damit war ihre Zahl seit 1897 beinahe um fünfzig Prozent gestiegen und verweist auf einen hohen Bevölkerungsdruck und Landknappheit. Insgesamt neunzig Prozent der Menschen lebten in Dörfern. Ein Dorf umfasste durchschnittlich eine Fläche von 3,04 km^2 mit 110 Einwohnerinnen und Einwohnern. Die dichteste Besiedlung wiesen die zentralen *uezdy* Roslavl', Smolensk und Dorogobuž auf, durch die auch die Eisenbahnlinie führte. Die nördlichen und östlichen Gebiete mit einem reichen Wald- und Sumpfaufkommen waren hingegen weniger stark bevölkert. Den grössten Teil der Population machten zum Zeitpunkt der Volkszählung mit 96,6 Prozent die Russen aus. Daneben wurden folgende Nationalitäten erfasst: Ukrainer, Polen, Menschen aus dem Kaukasus und den baltischen Staaten, Zigeuner, Weissrussen und Juden. Die letzten beiden

Entwürfe für eine bellifizierte Gesellschaft und Versuche ihrer Umsetzung in der Roten Armee, 1918–1932. (Arbeitstitel).

3 Wellmann, Monica: Jugendliche Lebenswelten im Moskau der 1920er Jahre – Jugend zwischen Militanz, Verzweiflung und Disziplinierung. (Unveröffentlichte Dissertation). Basel 2003; Isaev, Viktor I.: Die Militarisierung der Jugend und jugendlicher Radikalismus in Sibirien (1920er–Anfang der 1930er Jahre). In: Kuhr-Korolev, Sowjetjugend, 149–167.

bildeten innerhalb der Minderheiten die zwei grössten Gruppen: die Juden 1,1 Prozent und die Weissrussen 0,9 Prozent, wobei erstere vorwiegend im Westen des Gouvernements lebten.[4]

Die Landwirte im Gouvernement Smolensk hatten sich bereits vor der Revolution 1917 auf den Export von Leinen und Hanf, den Kartoffelanbau sowie Vieh- und Milchwirtschaft spezialisiert. Für letzteres war das dazugehörige verarbeitende Gewerbe entstanden.[5] Getreide zu säen, lohnte sich aufgrund der ungünstigen klimatischen Bedingungen und Bodenverhältnisse – nasskalte Sommer, lehmiger oder sumpfiger Boden – wenig. Es konnte billiger per Bahn aus der Ukraine und dem Schwarzerdegebiet importiert werden. Einen weiteren Ausfuhrartikel stellte das Holz dar. Zunehmend versuchte man ausserdem, in den Sumpfgebieten Torf abzubauen. Eine eigentliche Industrie hatte sich im Gouvernement Smolensk erst punktuell ausgebildet. Die Verarbeitung der landwirtschaftlichen Rohstoffe und des Holzes war hauptsächlich kleingewerblich organisiert. Einzig in der Stadt Jarcevo stand eine grosse Spinnereifabrik. Verwaltung und Handel prägten das Bild der Städte. Nicht zu vergessen ist schliesslich, dass insbesondere

4 Das Standardwerk zu Smolensk: Fainsod, Merle: Smolensk Under Soviet Rule. Boston, London 1989. Für einen Überblick zur jüngeren westlichen und örtlichen Forschung zu Smolensk von der Revolution bis zum Zweiten Weltkrieg vgl. Kodin, Evgenij V. (Hg.): Stalinizm v rossijskoj provincii: Smolenskie archivnye dokumenty v pročtenii zarubežnych i rossijskich istorikov. Smolensk 1999. Eine weitere wichtige Informationsquelle zur laufenden Forschung über Smolensk bildet die Zeitschrift für Smolensker Landeskunde „Kraj Smolenskij".
Für Angaben zur Bevölkerung vgl. Predvaritel'nye itogi vsesojuznoj perepisi naselenija 17-go dekabrja 1926 goda po Smolenskoj gub. Smolensk 1927; Lisovskij, V.: Estestvennoe dviženie naselenija g. Smolenska za 1922–1924 gg. In: Bjulleten' Smolenskogo Gubernskogo Statističeskogo Bjuro, Nr. 2, ijun' 1925g., 3–13; ders.: Estestvennoe dviženie naselenija v Smolenskoj gubernii za 1920–1926 gody. In: Ebd., Nr. 4, mart 1928g., 107–133; Grišanevskij, V.: Raspredelenie naselenija Smolenskoj gubernii po polu, vozrastu, narodnostjam i gramotnosti po dannym demografičeskoj perepisi 1926g. In: Ebd., Nr. 4, mart 1928g., 134–140.
Zu den territorialen Verschiebungen: Lisovskij, V.: Territorija Smolenskoj gubernii i ee administrativnoe delenie na 1 janvarja 1928 goda. In: Ebd., Nr. 4, mart 1928g., 162–166.

5 Für einen weiteren Aspekt zu dieser Entwicklung vgl. Tschudin, Gisela: Schweizer Käser im Zarenreich. Zur Mentalität und Wirtschaft ausgewanderter Bauernsöhne und Bauerntöchter. Zürich 1990.

die Menschen aus dem östlichen Teil des Gouvernements traditionellerweise als Saisonarbeiter in die Industriezentren und Hauptstädte wanderten.[6]

[6] Im Folgenden eine Auswahl von Literatur, die einen Überblick zu den einzelnen erwähnten Themen bietet. In den Zeitschriften des Gouvernements Smolensk aus den 1920er Jahren findet sich weiteres Material zu Detailfragen. Ausserdem werden die folgenden thematischen Kapitel vertiefende Informationen enthalten.
Für einen einführenden Querschnitt zu vielen wichtigen Aspekten: Ves' Smolensk i Gubernija na 1925–26 god. Smolensk 1925; Krivcov, S. S. (Hg.): Zapadnaja oblast'. Moskau, Leningrad 1929; Fedjaev, I. F., Sokolov, A. V. (Hg.): Rajony Zapadnoj oblasti. Kratkij ėkonomičesko-statističeskij spravočnik po dannym 1931 goda. Smolensk 1932; Sokolov, A. V. (Hg.): Spravočnik. Vsja Zapadnaja oblast' RSFSR. Moskau, Smolensk 1932.
Zur bäuerlichen Bevölkerung und Landwirtschaft: Osnovnye ėlementy sel'skogo chozjajstva Zapadnoj Oblasti v 1923, 1924 i 1925gg. Smolensk 1926; Sokolov, N. M.: Osnovnye ėlementy sel'skogo chozjajstva Smolenskoj gubernii v 1924 godu. Po dannym vesennego oprosa. In: Bjulleten' Smolenskogo Gubernskogo Statističeskogo Bjuro, Nr. 2, ijun' 1925g., 54–85; ders.: Osnovnye ėlementy sel'skogo chozjajstva Smolenskoj gubernii za 1925, 1926 i 1927 gody. Po dannym vesennego oprosa. In: Ebd., Nr. 4, mart 1928g., 5–53; Aleksandrov, P.: Naemnyj trud v sel'skom chozjajstve Smolenskoj gubernii. In: Ebd., Nr. 6, oktjabr'–dekabr' 1928g., 207–234; Gern, Dm.: Bjudžet batraka v sovetskich chozjajstvach (sovchozach) Smolenskoj gubernii. Po materialam Gubstatotdela. In: Ėkonomičeskaja Žizn', Nr. 5–8, maj–avgust 1927g., 67–82.
Einen Überblick über die sowjetische Forschung zum bäuerlichen Smolensk bei Budaeva, O'lga, Kondrašenkov, Aleksej: Istorija krest'janstva Rossii v trudach Smolenskich istorikov. In: Kraj Smolenskij, Nr. 3–4–5, mart–aprel'–maj 1994, 100–105.
Zum Torfabbau vgl. etwa Rešetnikov, K.: Torfjanoe delo v Smolenskoj gubernii i ego bližajšie perspektivy. In: Ėkonomičeskaja Žizn', Nr. 6–7, mart–aprel' 1926g., 32–38.
Zum Kleingewerbe und seinen Problemen zu Beginn der 1920er Jahre vgl. Solov'ev, A.: Kustarnye promysli Smolenskoj gubernii v 1923 godu. In: Ebd., Nr. 3–4, mart–aprel' 1924g., 22–48.
Zur Situation der städtischen Bevölkerung: Krylov, M.: Social'nyj i professional'nyj sostav gorodskogo naselenija Smolenskoj gub. In: Bjulleten' Smolenskogo Gubernskogo Statističeskogo Bjuro, Nr. 2, ijun' 1925g., 15–35; Pankeev, D.: Žiliščnye uslovija gorodskich poselenij Smolenskoj gubernii. In: Ebd., Nr. 2, ijun' 1925g., 36–53.
Zu den Arbeitskräften in den Fabriken und in der Verwaltung: Paporotskij, V.: Čislennost' služaščich v gosudarstvennych učreždenijach i gosudarstvennych torgovych predprijatijach Smolenskoj gubernii po učetam na 1 ijulja 1924 g. i na 1 maja 1925 g. In: Ebd., Nr. 2, ijun' 1925g., 107–115; Berezkin, S.: Čislennost' i sostav rabočej sily v fabrično-zavodskoj promyšlennosti Smolenskoj gubernii. Po dannym edinovremennych pereučetov na 1-e janvarja i 1-e ijulja 1927 goda. In:

Die politische Situation im Gouvernement Smolensk lässt sich grob folgendermassen skizzieren. Seit der Februarrevolution 1917 hatten vorwiegend Menschewiki und Sozialrevolutionäre die Geschicke der Provinz in die Hand genommen. Ähnlich wie die Provisorische Regierung in der Hauptstadt mussten sie bis zum Herbst einen Verlust ihrer Glaubwürdigkeit hinnehmen, weil sie ihre politischen Ziele wie Demokratisierung oder die Anliegen der Arbeiterschaft – in Smolensk vorwiegend Handwerker und Gewerbetreibende – und der Soldaten mit den staatlichen Interessen in Einklang bringen mussten. In der ersten Phase nach der Oktoberrevolution hatte eine grosse, wenig feste Koalition aus Repräsentanten der Stadtduma, Sowjets, Armee, Gewerkschaften sowie Menschewiki, Sozialrevolutionären, Bolschewiki und Delegierte des Bundes im „Komitee zur öffentlichen Sicherheit" die Regierung übernommen. In den Wahlen zur Konstituierenden Versammlung erlangten die Bolschewiki einen überwältigenden Sieg. Doch die bolschewistische Partei des Gouvernements Smolensk war noch sehr klein und wenig organisiert. Sie konnte letztlich von der allgemeinen revolutionären Situation profitieren, die sie weder geschaffen hatte noch erfolgreich gestalten konnte.[7] Fainsod meinte: „[...] the wonder is, not me-

Ebd., Nr. 4, mart 1928g., 101–105; Širokov, N.: Byt i material'noe položenie inženerno-techničeskich rabotnikov Smolenskoj gubernii. Po dannym anketnogo obsledovanija. In: Ėkonomičeskaja Žizn', Nr. 4–5, janvar'–fevral' 1926g., 41–58; Gern, Dm.: Rabočij bjudžet. Bjudžet semejnogo rabočego i služaščego g. Smolenska po dannym obsledovanija v nojabre 1926 goda. In: Ebd., Nr. 3–4, mart–aprel' 1927g., 35–63.

7 Die politische Situation des Jahres 1917 hat Hickey von verschiedenen Seiten her beleuchtet. Vgl. Hickey, Michael C.: Revolutionary Smolensk. The Establishment of Soviet Power in Smolensk Province, 1917–1918. Ph. D. diss., University of Northern Illinois University 1993; ders.: Local Government and State Authoriy in the Provinces: Smolensk, February–June 1917. In: Slavic Review 55 (1996) 4, 863–881; ders.: Revolution on the Jewish Street: Smolensk, 1917. In: Journal of Social History 31 (1998) 4, 823–850; ders.: Gorod Smolensk v 1917 godu. Revoljucija kak političeskij process, voprosy i istočniki. In: Kodin, Stalinizm, 55–66; ders.: Moderate Socialists and the Politics of Crime in Revolutionary Smolensk. In: Canadian-American Slavic Studies 35 (2001) 2–3, 189–218. Eine erste, neuere russische Darstellung der Oktoberereignisse nach der politischen Wende von 1991 bei Il'juchov, Aleksandr: Smolenščina: 1917–načalo 50-ch godov. In: Kraj Smolenskij, Nr. 5–6, maj–ijun' 1998, 54–128.
Fainsod, Smolensk, 26–31, stützt sich bei seiner Schilderung der Geschehnisse relativ stark auf die offizielle sowjetische Geschichtsschreibung. Vgl. etwa Stepanov, Petr S.: Bor'ba za ukreplenie Sovetskoj vlasti v Smolenskoj gubernii v 1917–1920gg. Smolensk 1957 oder ders.: Preobražennaja Oktjabrem. Očerki po istorii socialističeskogo stroitel'stva Smolenskoj oblasti. Smolensk 1961. Für eine Dar-

rely that the Party was victorious, but that it managed to survive at all."[8] Während der 1920er Jahre blieb das Hauptproblem der bolschewistischen Partei darin bestehen, dass sie vor allem in den ländlichen Teilen des Gouvernements eine schwache Position einnahm. Die verschiedenen Versuche, festen Fuss zu fassen, können bis Ende des Jahrzehnts als wenig erfolgreich bezeichnet werden. So waren von den 2,3 Millionen Bewohnern nur knapp 10'000 Mitglieder und Kandidaten der Partei, wobei der Anteil der Bauern dreissig Prozent ausmachte. Ähnlich wie für die Bürgerkriegszeit schlussfolgerte Fainsod: „[...] the wonder is, not merely that the Bolsheviks were able to win power, but that they were able to hold the power which they had won."[9] Für die Erklärung dieses frappierenden Resultats verweist Fainsod auf mehrere, komplexe Faktoren. Jene, die sich den Bolschewiki widersetzten, schafften es nie, sich in dem Masse wie letztere zu organisieren. Dies werde in der Regel mit der Effizienz des kommunistischen Terrorapparats begründet. Fainsod bemerkt dazu, dass in Anbetracht der schwachen Position der Partei auf dem Land der totalitäre Staat keineswegs perfekt war. Ihre Ineffizienz habe gar dazu beigetragen, die staatliche Maschinerie erträglich zu machen. Auf Seiten der Bevölkerung erkennt Fainsod in deren aus der Zarenzeit stammenden Unterwürfigkeit gegenüber der zentralen Autorität einen weiteren wichtigen Grund für den Erfolg der Bolschewiki. Schliesslich betont er die sozialen Aufstiegschancen, die sich jenen boten, die in die Partei eintraten. Dadurch sei es gelungen, mit der Zeit das System zu stabilisieren.[10]

Die Arbeit Fainsods hat wichtige Ergebnisse bezüglich der Herrschaft der Bolschewiki im Gouvernement Smolensk gebracht. Insbesondere aus dem „Wunder", dass sie an die Macht gelangen und sich halten konnten, lassen sich ERSTE FRAGESTELLUNGEN ableiten. Die allgemein konstatierte Abwesenheit oder geringe Präsenz der bolschewistischen Partei in den ländlichen Regionen Russlands wirft die Fragen nach unseren Kenntnissen über Herrschaft auf, die nicht durch Partei oder Staat ausgeübt wurde. Wie sah Herrschaft in solchen Dörfern aus? Wer übte sie aus? Welche Mittel

stellung aus den 1920er Jahren vgl. Daijan, M.: Smolensk v revoljucii 1917 goda. Smolensk 1927. Für einen zeitgenössischen Aufsatz zum 20. Jahrestag der Revolution von 1905 vgl. Burkin, N.: Revoljucionnoe dviženie v Smolenske v 1905g. In: Smolenskij Gosudarstvennyj Universitet. Naučnye Izvestija. Smolensk 1926, 363–393.

8 Fainsod, Smolensk, 38.

9 Ebd., 448.

10 Ebd., 448–454.

wurden eingesetzt? Fainsod stellte fest, dass sich das System mit der Zeit stabilisierte, indem ein Parteieintritt sozialen Aufstieg bedeuten konnte. Doch wie muss man sich die Zeit zuvor vorstellen – als instabil? Nach welchen Kriterien regelten die Menschen ihr Zusammenleben untereinander? Und wie sahen die Perspektiven für die einzelnen Menschen aus? Bedeutete die Partei eine Alternative für sie?

Obwohl die Position der Partei und des Staates im Dorf schwach war, gab es immer wieder Momente des Kontakts, sei es beispielsweise beim Einsammeln der Steuern oder der gerichtlichen Lösung von Konfliktfällen. Untersuchungen dieser Kontaktzonen gestatten, Aufschluss darüber zu gewinnen, weshalb die Partei überhaupt in der Lage war, zu überleben und ihre Stellung zu halten. Der Blick auf konkrete Situationen macht zudem Herrschaftsmechanismen sichtbar. Ein zentrales Thema der vorliegenden Arbeit bildet deshalb nicht nur die Herrschaft zwischen Dorf und Partei beziehungsweise Staat, sondern auch diejenige innerhalb des Dorfes. Dabei sollen stets die Handlungsoptionen der einzelnen historischen Akteure mitberücksichtigt werden. Weiter gilt es zu untersuchen, welche Bedeutung Gewalt allgemein und spezifisch als Instrument bei der Durchsetzung von Herrschaft hatte, auch im Vergleich mit nichtgewalthaften Praktiken. Schliesslich ist der Blick auf eine bestimmte Bevölkerungsgruppe gerichtet. Jugendliche steckten in sehr unterschiedlichen Lebenszusammenhängen und dementsprechend verschieden gestalteten sich ihre Lebensweisen. Dieser Vielfalt soll hier wenigstens ansatzweise ebenso nachgegangen werden, wie der Frage, wie man sich die Relation zwischen Jugend und Gewalt zu Beginn der sowjetischen Ära vorstellen soll. Die Begriffe „Jugend" und „Gewalt" bedürfen jedoch zuerst einer näheren Erklärung. „Herrschaft" wird im Zusammenhang mit „Gewalt" präzisiert. „Jugend" und „Gewalt" sollen hier nicht in allgemeiner Form bestimmt werden, sondern im Hinblick auf ihre Operationalisierbarkeit für diese Forschungsarbeit. Dies bedingt, dass zuerst das theoretisch-methodische Vorgehen und die Quellenbasis erläutert werden.

Theoretisch-methodische Überlegungen

Die Zahl der Wörter vor „-Geschichte"[11] hat in den letzten zwanzig, dreissig Jahren einen beinahe inflationären Zuwachs erhalten. Die Rede ist etwa von Mentalitätsgeschichte, Alltagsgeschichte, Erfahrungsgeschichte, Mikrogeschichte, Neue Kulturgeschichte, Historische Anthropologie, Sozialge-

11 Auch „Bindestrich-Geschichten" genannt.

schichte, Strukturgeschichte – die Reihe liesse sich noch weiterführen.[12] Die mit diesen verschiedenen Bezeichnungen ausgestatteten Geschichten verweisen auf unterschiedliche Sichtweisen auf das Vergangene. Überspitzt lassen sie sich auf zwei Positionen zurückführen. Während die einen die Geschichte „von unten", von „den kleinen Leuten", überhaupt von den Akteurinnen und Akteuren her schreiben wollen, sehen die anderen in politischen, wirtschaftlichen und gesellschaftlichen Strukturen die bestimmenden Kräfte des historischen Fortgangs und halten diese daher für darstellungswürdig.[13] Im Folgenden geht es mir nicht darum, die beiden Ausrichtungen gegeneinander abzuwägen und auszuspielen. Denn sie alle liefern je auf ihre Weise forschungsrelevante Erkenntnisse. Stattdessen möchte ich versuchen, sie im Konzept der Lebenswelt zu vermitteln und zu verbinden.[14]

12 Für einen Überblick über die verschiedenen Richtungen vgl. Daniel, Ute: Clio unter Kulturschock. Zu den aktuellen Debatten der Geschichtswissenschaft. In: Geschichte in Wissenschaft und Unterricht 48 (1997), 195–219, 259–278 oder auch Reisenleitner, Markus: Der Umgang der modernen Kulturgeschichtsschreibung mit Intertextualität in der frühen Neuzeit. In: Kühlmann, Wilhelm, Neuber, Wilhelm (Hg.): Intertexualität in der Frühen Neuzeit. Studien zu ihren theoretischen und praktischen Perspektiven. Frankfurt am Main, Berlin et al. 1994. (Frühneuzeitstudien; Bd. 2), 1–30.
Für eine Darstellung der verwendeten Methoden in der westlichen Russland- und Sowjetforschung vgl. Stadelmann, Matthias: Das revolutionäre Russland in der neuen Kulturgeschichte: diskursive Formationen und soziale Identitäten. Erlangen, Jena 1997. (Erlanger Studien zur Geschichte; Bd. 4).

13 Bei der zweiten Betrachtungsweise wird „Kultur" als vierter Bereich im Sinne einer Ergänzung der ersten drei betrachtet. Vertreter der Kulturwissenschaften erachten „Kultur", die unterdessen so viele Definitionen erhalten hat, dass sie an dieser Stelle nicht zitiert werden, für die alles übergreifende Grösse.

14 Der aus der phänomenologisch ausgerichteten Philosophie stammende Begriff Lebenswelt gelangte via Habermas in die Geschichtswissenschaft. Habermas, Jürgen: Theorie des kommunikativen Handelns. Frankfurt am Main 1981, 1. Auflage. Ein wichtiger Schritt, „Lebenswelt" zu fassen bei Vierhaus, Rudolf: Die Rekonstruktion historischer Lebenswelten. Probleme moderner Kulturgeschichtsschreibung. In: Lehmann, Hartmut (Hg.): Wege zu einer neuen Kulturgeschichte. Göttingen 1995. (Göttinger Gespräche zur Geschichtswissenschaft; Bd. 1), 7–28. Zur Geschichte des Begriffes und mit einem Vorschlag für die Operationalisierbarkeit von „Lebenswelt" für die Geschichtswissenschaften vgl. Haumann, Heiko: Lebensweltlich orientierte Geschichtsschreibung in den Jüdischen Studien: Das Basler Beispiel. In: Jüdische Studien. Reflexionen zu Theorie und Praxis eines wissenschaftlichen Feldes. Innsbruck 2003, 105–122. Ein weiteres, anregendes Modell im Zusammenhang mit der Verbindung von „Lebenswelt" und Mikrogeschichte bei Hochstrasser,

Ein lebensweltlich orientierter Ansatz greift auf eine Erfahrung zurück, die jeder Mensch – gerade auch der heutige – macht: nämlich, dass er sich eingebunden in Strukturen erfährt, etwa als Stimmbürgerin in politischen Entscheidungsprozessen, als Konsument im wirtschaftlichen Gefüge, als Zeitungsleserin in festen Diskursen oder als Verwaltungsangestellter in klar vorgegebenen Arbeitsabläufen. Strukturen durchziehen das Leben der Einzelnen und prägen es. Dies geschieht jedoch nicht für alle gleich, sondern für jedes individuelle Leben in bestimmten Momenten, Phasen und Bereichen. Strukturen erhalten also erst in der konkreten Lebenswelt der Menschen ihre eigentliche Ausprägung und Wirkung. Mehr noch: Strukturen handeln nicht selber, sondern werden durch Menschen vermittelt. Insofern unterstützt der lebensweltlich orientierte Ansatz eine personenbezogene Forschung. Der Blick der Forschung richtet sich auf Individuen und ihre Verflechtungen mit anderen Menschen sowie die vielfältigen Ausgestaltungen der Beziehungen. Es interessiert somit, kurz und bündig formuliert, wie Menschen mit- und gegeneinander agieren. Gleichzeitig ist klar, dass sie innerhalb jener Strukturen handeln, in die sie eingebunden sind.[15] Darin folgen sie bestimmten Mustern, ohne allerdings an sie gefesselt zu sein. Denn fast immer[16] können sie bewusst und unbewusst entscheiden, wie sie (nicht) agieren möchten. Sie haben ihren „Eigen-Sinn“, ihre Handlungsspielräume.[17] In ihnen liegt die Macht der Stabilisierung von Strukturen oder das Potential zu deren Veränderung. Strukturen werden demnach von Menschen gemacht, getragen und verändert. Aus all dem ergibt sich, dass der Ausgangspunkt lebensweltlich ausgerichteter Untersuchungen der his-

Olivia: Ein Haus und seine Menschen 1549–1989. Ein Versuch zum Verhältnis von Mikroforschung und Sozialgeschichte. Tübingen 1993. (Untersuchungen des Ludwig-Uhland-Instituts der Universität Tübingen; Bd. 80), 249–299.

15 Geertz weist darauf hin, dass der Rahmen des Handelns nicht direkt beschrieben, sondern nur über das Handeln empirisch erfasst werden kann. Geertz, Clifford: Dichte Beschreibung. Bemerkungen zu einer deutenden Theorie von Kultur. In: Ders.: Dichte Beschreibung. Beiträge zum Verstehen kultureller Systeme. Frankfurt am Main 1997, 5. Auflage, 25.

16 Die Einschränkung soll im Hinblick auf auswegslose Situationen und äussersten Zwang gemacht werden. So *mussten* beispielsweise jüdische Menschen in Konzentrationslagern der Nazis den Weg in die Gaskammern und den Tod gehen. Dies bedeutet aber nicht, dass man nicht ihre jeweiligen Handlungsoptionen bis zu diesem Zeitpunkt hin untersuchen sollte.

17 Lüdtke, Alf: Eigen-Sinn: Fabrikalltag, Arbeitererfahrungen und Politik vom Kaiserreich bis in den Faschismus. Hamburg 1993.

torische Akteur und seine Interaktionen mit andern ist.[18] Seine Lebenswelt ist die Schnittstelle, der Ort, wo Individuum und Strukturen, „subjektiv Erlebtes" und „objektiv Gegebenes", Mikro- und Makrogeschichte zusammentreffen. Der historische Akteur kann Vladimir Iljič Ul'janov (Lenin) oder Svetlana Pavlovna[19] heissen. Für beide gilt, dass sie in einer, nämlich in der je eigenen Lebenswelt agieren und wirken. Die Erforschung der jeweiligen Lebenswelten eröffnet demnach den Blick auf bestimmte Ausschnitte einer Gesellschaft. Insofern lassen sich am Einzelnen und von ihm aus exemplarisch gesellschaftliche Zusammenhänge zeigen. Dabei „muss es nicht unbedingt ein Repräsentant einer Gruppe von ‚Gleichen' sein, aber die Besonderheiten, Unterschiede, Konstellationen und Brüche in seinem Verhältnis zu den anderen müssen deutlich sichtbar werden."[20] In diesem Sinne schafft das Konzept „Lebenswelt" Raum, um der vergangenen Wirklichkeit in ihrer Gleichzeitigkeit des Ungleichzeitigen gerecht zu werden und den stets fragmentarischen Charakter historischer Darstellung als Qualität anzuerkennen.

18 Mit Interaktionen sind hier jegliche Formen von sozialen Beziehungen gemeint, beabsichtigte wie nichtintentionale, zeichenhafte wie verbale, sowohl aktuelle wie auch potentielle. Die beiden letzten Begriffe stammen aus der Netzwerkanalyse. Potentielle sind vorhandene, aber ruhende Beziehungen, mit aktuellen sind „aktivierte" Kontakte gemeint. Vgl. Reinhard, Wolfgang: Freunde und Kreaturen. Historische Anthropologie von Patronage-Klientel-Beziehungen. In: Freiburger Universitätsblätter 139 (1998), 130. Für eine Einführung in die Netzwerkanalyse vgl. Jansen, Dorothea: Netzwerkanalysen, soziale Strukturen und soziales Kapital. In: Einführung in die Netzwerkanalyse. Grundlagen, Methoden, Anwendungen. Opladen 1999, 11–27. Für die Erforschung von Lebenswelten kann die Prosopographie einen guten Einstieg bieten, um die Verflechtungen der historischen Akteure nachzuzeichnen. Daran anschliessend ist es allerdings zumindest erforderlich, dass die Funktionsweisen und deren Bedeutung für die historischen Akteure ausgelotet werden.

Zum Verständnis von „historischer Akteur" vgl. Lüdtke, Alf: Alltagsgeschichte, Mikro-Historie, historische Anthropologie. In: Goertz, Hans-Jürgen (Hg.): Geschichte. Ein Grundkurs. Hamburg 1998, 557–578.

19 In Anlehnung an den Vortrag von Carmen Scheide „Von Katharina der Grossen zu Svetlana Pavlovna. Zur Entwicklung der Frauen- und Geschlechtergeschichte in der Osteuropaforschung". Sie hielt den Vortrag im Rahmen der Feier zum hundertjährigen Bestehen des Faches Osteuropäische Geschichte an der Humboldt-Universität, Berlin am 5. / 6. Juli 2002. Svetlana Pavlovna ist ein fiktiver Name. Sie steht stellvertretend für die Richtungsänderung in den Geschichtswissenschaften hin zur Erforschung der „kleinen, namenlosen Leute".

20 Hochstrasser, Ein Haus, 271.

Bisher wurde recht schematisch dargestellt, was „Lebenswelt“ umfassen soll. Im Folgenden wollen wir die Dimensionen dieses Begriffes ausleuchten. Die Lebenswelt des Einzelnen

> umfasst neben der symbolischen Ordnung samt ihren Verschlüsselungen und Codes, den Einstellungen, Normen und Werten auch die Erfahrungen, Wahrnehmungs-, Denk- und Verarbeitungsweisen, die sich im Verhalten äussern, zugleich die unmittelbare Umwelt der Menschen, ihre wirtschaftliche und soziale Lage, ihre Lebensverhältnisse, schliesslich die gesellschaftliche und politische Ordnung überhaupt.[21]

Der lebensweltlich orientierte Ansatz setzt sich zum Ziel, möglichst viele dieser Dimensionen aus der Lebenswelt des historischen Akteurs zu erfassen sowie sie beziehungsweise den historischen Akteur in den Beziehungen mit anderen historischen Akteuren und deren Lebenswelten zu sehen. So kommen in den Begegnungen die vielfältigen Mechanismen der Interaktionen, die wechselseitigen Abhängigkeiten und in ihnen letzten Endes auch die gesellschaftlichen, politischen und wirtschaftlichen Strukturen zum Vorschein. Aufgrund der gewählten Perspektive, nämlich die des historischen Akteurs, kann ausserdem beobachtet werden, wie sich die historischen Akteure einerseits nach den strukturellen Bedingungen richten, andererseits diese ihren eigenen Bedürfnissen anpassen. Auf diese Art und Weise nutzen und schaffen sie Handlungsspielräume. Handlungsspielräume verweisen auf die Vielgestaltigkeit des Handelns historischer Akteure. „Lebenswelt“ stellt ein Konzept dar, um Bedeutungen von Worten und Taten sowie Strukturen, die beide im vielfältigen Handeln zum Ausdruck kommen, und deren Verschiebungen zu erfassen und zu analysieren. So gelingt es, die dynamischen und statischen Elemente des geschichtlichen Verlaufs einzufangen. Dieses Modell trägt somit der Tatsache Rechnung, dass Geschichte sowohl Wandel wie auch Kontinuität beinhaltet und von Menschen gemacht wird.

21 Haumann, Heiko, Schaffner Martin: Überlegungen zur Arbeit mit dem Kulturbegriff in den Geschichtswissenschaften. In: Uni Nova. Mitteilungen aus der Universität Basel, 70 (1994), 18, 19.

Schliesslich können gerade die unterschiedlichen Weisen des Fühlens, Denkens und Handelns[22] der historischen Akteure vorgefasste Meinungen und Vorstellungen der Historikerin oder des Historikers ins Wanken bringen. Plötzlich handeln historische Akteure nicht so, wie die Erklärungsmodelle es den Forschenden vorausgesagt hatten. Irritationen und Stolpern sind die Folgen. Im Konzept „Lebenswelt" haben sie ausdrücklich in dem Sinne Platz, als sie Historikerinnen und Historikern zur kritischen Reflexion des eigenen Vorverständnisses Anlass geben. Dadurch erhalten Quellen und die historischen Akteure im Speziellen einen neuen Stellenwert. Sie dienen nicht mehr bloss der Illustration der eigenen Modelle, sondern sind ernst zu nehmende Partner bei der Suche nach historischer Erkenntnis. Forschende erfahren sich danach in einem Kommunikationsprozess. Dadurch „wird es auch möglich, sich ‚das Eigene' ‚fremd' zu machen und umgekehrt."[23]

Mit der Erläuterung der Haltung von Historikerinnen und Historikern, die einem lebensweltlich orientierten Zugang zu den Quellen pflegen, sind wir zur Frage nach dem METHODISCHEN VORGEHEN gekommen. Ich stütze mich hier auf Rüsen, der für die „historische Methode" plädiert.[24] Er geht davon aus, dass jeder Wissenschaftsbereich seine eigene Form des Denkens, seine eigene „wissenschaftskonstitutive methodische Rationalität" hat. Daher müsse die Geschichtswissenschaft sich nicht „am Methodenideal anderer Wissenschaften messen, sondern ihren eigenen, also sie als spezifische Fachdisziplin konstituierenden Rationalität nachforschen".[25] Rüsen nennt sie die „historische Methode". Sie wirkt „als Regelsystem der Forschung" und enthält als Prinzipien die „Standpunktreflexion" und die „Perspektivenerweiterung". Letzteres bedinge die „Pluralität methodischer Verfahren in der historischen Forschung" und müsse sich in „der historischen

22 In Anlehnung an die moderne Hirnforschung spreche ich von Fühlen, Denken, Handeln statt von Denken, Fühlen, Handeln. Vgl. Roth, Gerhard: Fühlen, Denken, Handeln: wie das Gehirn unser Verhalten steuert. Frankfurt am Main 2001.

23 Haumann, Lebensweltlich, 15. Aus der inzwischen zahlreichen Literatur, die den „ethnologischen Blick" von und für die Geschichtswissenschaften beschreiben, gehört der Aufsatz von Medick zu den Klassikern. Medick, Hans: „Missionare im Ruderboot". Ethnologische Erkenntnisweisen als Herausforderung an die Sozialgeschichte. In: Lüdtke, Alf (Hg.): Alltagsgeschichte: Zur Rekonstruktion historischer Erfahrungen und Lebensweisen. Frankfurt am Main 1994, 48–84.

24 Rüsen, Jörn: Historische Methode. In: Meier, Christian, Rüsen, Jörn (Hg.): Historische Methode. München 1988. (Beiträge zur Historik; Bd. 5), 62–80.

25 Ebd., 68, 69.

Methode" unterbringen lassen.[26] Mit „der historischen Methode" will Rüsen zum einen den „Forschungsprozess" und zum andern die „Forschungsart" umgreifend regeln können. Bei ersterem geht es ihm darum, das Prozedere festzulegen, nach dem der Zuwachs historischer Erkenntnisse gelenkt werden sollte. Er schlägt vor, dem Dreischritt von Heuristik, historischer Kritik und Interpretation zu folgen.[27] Die Forschungsart ihrerseits bestimmt nun „das methodische Vorgehen im prozessualen Zusammenhang von Heuristik, Kritik und Interpretation". Sie umspannt die „Vielfalt historischer Forschungstechniken, zu der die Spezialisierung der historischen Forschung geführt hat", und bindet im Sinne eines prinzipiell gemeinsamen Grundmusters diese Vielzahl wiederum in der „historischen Methode" ein. Auch in der Forschungsart ist die „historische Methode" durch einen Dreischritt gekennzeichnet. Hermeneutisch rekonstruiert die Forschung Vergangenes „nach Gesichtspunkten von Sinnzusammenhängen, die aus den Absichten der [...] Beteiligten folgen". Analytisch rekonstruiert die Forschung Vergangenes „nach den Gesichtspunkten von Wirkungszusammenhängen, die aus strukturellen Bedingungen folgen". Dialektisch vermittelt Forschung schliesslich die ersten beiden Schritte zu einer Rekonstruktion von „komplexen Zusammenhängen, in denen die Richtungen historischer Prozesse aus einem offenen Wechselverhältnis zwischen Absichten und strukturellen Bedingungen menschlichen Handelns resultieren".[28]

Es wird deutlich, dass die hier in stark geraffter Form dargelegte „historische Methode" dem Konzept „Lebenswelt" entspricht und sich daher als Grundlage für das methodische Vorgehen eignet. Die im letzten Dreischritt geregelte Vielfalt verschiedener methodischer Zugriffe auf die Quellen verweist darauf, dass die „Forschungstechniken" im Einzelnen spezifiziert werden müssten. Doch nun soll hier kein Einschwören auf eine bestimmte „Schule" folgen. Dies würde bedeuten, dass die Falle, mit vorgefassten Vorstellungen und Erklärungsmodelle an die Quellen heranzugehen, zuschnappen würde. Stattdessen sei an die Irritationen und das Stolpern erinnert, die den Forschenden grundsätzlich zu Offenheit, Neugierde und auch Ausdauer anhalten: Offenheit gegenüber verschiedensten methodischen Ansätzen, Neugierde, sie auszuprobieren und Ausdauer beim Ausprobieren, welcher Zugang wohl die aus heutiger Sicht plausibelste Annäherung an

26 Ebd., 73.

27 Ebd., 75, 76.

28 Ebd., 76–79.

die fremde Welt der Quellen darstellen könnte. Die Auswahl wird also durch das Potential des jeweiligen Ansatzes bestimmt, die Vielgestaltigkeit des Handelns historischer Akteure der westlichen Vorstellungswelt zu Beginn des 21. Jahrhunderts zu erläutern. Daher soll das Prinzip der methodischen Vielfalt weiterhin gelten, wobei ich mich von den Frageweisen und Ergebnissen in den Bereichen der Politik-, Wirtschafts- und Sozialgeschichte ebenso anregen lassen will wie von der Diskursanalyse, kulturwissenschaftlichen Ansätzen und gender studies, bis hin zu einer von der Psychoanalyse inspirierten Lesart von Quellen.

Gerichtsakten, weitere Quellen und Fragestellungen

Ein theoretisch-methodischer Ansatz erfährt seine Feuertaufe, wenn er auf das konkrete Quellenmaterial angewandt wird. In meinem Falle handelt es sich um Gerichtsakten aus dem Gouvernement Smolensk aus den Jahren 1918 bis 1924.[29] Besonders reichhaltige Bestände sind aus den Jahren 1919 und 1923 erhalten geblieben. Nach 1924 bricht die Überlieferung ab.[30] Deshalb kann der vom Projekt „Jugend und Gewalt in Sowjetrussland, 1917–1932" angestrebte Zeitrahmen hier nicht umgesetzt werden.[31] Die Gerichte, von denen die Dokumente stammen, waren das Revolutionstribunal bis 1922 und danach – mit der Justizreform – das Gouvernementsge-

29 Meines Wissens nutzen Historikerinnen und Historiker aus dem Westen diese Quellengattung noch kaum. Baberowski hat mit Akten des Obersten Gerichts der Republik Azerbajdžan für die Jahre 1928 bis 1936 gearbeitet. Es sind zumeist Prozessakten über Verhandlungen wegen „Banditentums" und Morde an emanzipierten Frauen. Vgl. Baberowski, Jörg: Der Feind ist überall. Stalinismus im Kaukasus. München 2002.

30 Die zuständige Archivmitarbeiterin konnte oder wollte auf mein Nachfragen, wo sich die Bestände der weiteren Jahre befänden – zumindest bis 1929, als das Gouvernementsgericht wegen der territorialen Veränderung aufgelöst wurde –, keine genaue Auskunft geben. Möglicherweise hatte ich bei meinen Recherchen in den Jahren 1998 und 1999 aufgrund der gesetzlichen Bestimmungen, die eine Sperrfrist von 75 Jahren für persönliche Dokumente vorsehen, lediglich Zugang zu Gerichtsakten bis und mit 1924. Vgl. Davies, Robert W.: Soviet History in the Yeltsin Era. London, New York 1997, 107.

31 Innerhalb des Projektes „Jugend und Gewalt" ist die vorliegende Arbeit ausserdem die einzige, die Gerichtsquellen berücksichtigt. Die je unterschiedlichen Quellengrundlagen bei den einzelnen Dissertationen hat zur Folge, dass die ursprünglich angestrebte Vergleichbarkeit nicht im erwünschten Masse möglich ist.

richt.[32] Der Verweis auf das Thema Gewalt mag als Begründung für die Wahl von Gerichtsakten als primäre Quellengrundlage vorerst reichen. Zunächst sollen die Quellen in ihrer Materialität beschrieben werden. Daran schliesst sich deren inhaltliche Charakterisierung an. Überdies geht es darum aufzuzeigen, wie der lebensweltlich orientierte Zugang mit Hilfe von Gerichtsakten realisiert werden kann beziehungsweise unter welchen Aspekten die Analyse der Quellen erfolgt. Zum Schluss werden diejenigen Quellen kurz vorgestellt, die neben den Gerichtsakten zum Einsatz kommen.

Aufgrund des allgemeinen Papiermangels benutzten die Beamten meist dünnes, durchscheinendes Papier. In den ganz frühen Dossiers finden sich noch Blätter sehr guter Qualität. Sie stammen aus der Zarenzeit und wurden nun auf der Rückseite beschrieben. Schreibmaschinen waren ebenfalls grosse Mangelware. Einzig der Schlussbericht des Untersuchungsrichters wurde in der Regel getippt. Der grosse Rest ist handschriftlich verfasst, meistens auch das Gerichtsurteil. An einem Verfahren war eine Reihe verschiedener Personen beteiligt. Daher gilt es innerhalb einer Akte jeweils eine ebenso grosse Zahl von Handschriften zu entziffern. Sie sind oft nur mühsam zu lesen. Der allgemein geringe Bildungsstand hatte zur Folge, dass der Schriftzug ungeübt, Grammatik und Orthographie[33] fehlerhaft waren und alltagssprachliche Elemente Eingang in die Akten fanden. Aus der physischen Beschaffenheit der Quellen wird deutlich, dass sich ihre Erschliessung sehr aufwendig gestaltet.[34]

Gerichtsakten enthalten im Allgemeinen Zeugeneinvernahmen, Verhörprotokolle der Milizionäre und des Untersuchungsrichters sowie die

32 Zur Geschichte der Gerichte vgl. Rabe, Volker: Die Justiz. In: Schramm, Gottfried (Hg.): Handbuch der Geschichte Russlands. Bd. 3.2. Stuttgart 1992, 1547–1567; Freund, Heinrich: Strafgesetzbuch, Gerichtsverfassungsgesetz und Strafprozessordnung Sowjetrusslands. Mannheim, Berlin et al. 1925, 24–60. In der Regel werden die Gerichte im Zusammenhang mit der Entwicklung des (Straf-)Rechts und dem Aufbau des Gefängnis- und Lagerwesens behandelt. Vgl. etwa Solomon, Peter H. Jr.: Soviet Criminal Justice under Stalin. Cambridge 1996. (Cambridge Russian, Soviet and Post-Soviet Studies: 100) oder Jakobson, Michael: Origins of the GULAG. The Soviet Prison Camp System, 1917–1934. Kentucky 1993.
Die Akten der Volksgerichte (*narodnyj sud*) sind im Staatsarchiv des Smolensker Gebietes zwar vorhanden, aber aufgrund der äusserst prekären Lagerungsbedingungen nicht zugänglich.

33 Vielfach folgte in diesen Fällen die Rechtschreibung dem Gehör.

34 Aus technischen Gründen war es nicht möglich, die Akten zu kopieren, so dass es unumgänglich wurde, sie zu exzerpieren.

Aufzeichnungen der Gerichtsverhandlung und das Urteil oder die Entscheidung für den Abbruch der Ermittlungen. Weiter ist die Korrespondenz zwischen den einzelnen Ämtern und deren Beschlüsse zum entsprechenden Fall aufbewahrt. Manchmal erreichen uns Arztzeugnisse und gerichtsmedizinische Gutachten. Nicht selten sind auch Briefe und Bittschriften der Angeklagten, von Angehörigen oder Betroffener aus den Dörfern erhalten. Schliesslich sind meistens noch zwei, drei kurze Hinweise im Zusammenhang mit dem Gefängnisaufenthalt des Verurteilten vorhanden. Insgesamt ergibt sich innerhalb einer Akte eine heterogene Quellenlage. Sie bildet aber in sich bezüglich des Deliktes einen geschlossenen Bestand.

Es wird deutlich, dass Gerichtsakten vielschichtige Dokumente sind. Sie erfassen weitaus mehr als einen historischen Akteur. Sie weisen über ihn hinaus und eignen sich deshalb für einen lebensweltlich orientierten Zugang zur Geschichte. Gerichtsakten ermöglichen es, den Ausgangspunkt bei einem historischen Akteur – in meinem Falle bei den Tätern und Opfern – anzulegen, und führen entlang des gesetzlich vorgegebenen Ermittlungsverlaufes über ihn hinaus und hinein in seine Verflechtungen. Diese lassen sich einerseits „horizontal" in Verwandten, Nachbarn und Mitbürgern, andererseits „vertikal" in Milizionären, Untersuchungsrichtern und Richtern fassen. Die durch diese Menschen vermittelten familialen, dörflichen und staatlichen Strukturen werden sichtbar. Das Konzept der Lebenswelt lässt sich demnach mit Gerichtsakten gut operationalisieren.

Die in Gerichtsakten gebündelten Schriftstücke erlauben es, die unterschiedlichsten Fragestellungen zu behandeln. Eine serielle Auswertung der Gerichtsurteile kann Aufschlüsse über die Praxis der Rechtsprechung geben. Eine Untersuchung der Korrespondenz zwischen den einzelnen Amtsstellen informiert darüber, wie bürokratische Abläufe funktionierten. Das sprachliche Material legt linguistische Forschungen nahe. Ansatzweise werden diese Aspekte in der vorliegenden Arbeit ausgeführt.

Das Hauptaugenmerk gilt quellenmässig den Verhörprotokollen und Zeugenaussagen, die von Milizionären, Untersuchungsrichtern und Gerichtsschreibern niedergeschrieben wurden und den grössten Anteil des Blätterstosses ausmachen. In der Regel sind sie in folgender Weise aufgebaut. Die Protokolle beginnen mit den Angaben von Ort, Datum sowie dem Namen und der Funktion der Person, die die Befragung durchgeführt hat. Dem schliessen sich Einzelheiten der verhörten Person an. Im Minimum sind der Name, der Wohn- und Bürgerort vermerkt sowie die Information, ob es sich um den Angeklagten oder Zeugen handelt – Opfer werden häufig ebenfalls Zeugen genannt. Oft sind Hinweise zu Alter, Zivilstand, möglicher Vorbestrafung, Bildungsstand, Parteizugehörigkeit, berufliche Tätigkeit, Besitzstand (insbesondere der Angeklagten) notiert. Lediglich von den wichtigsten Beteiligten sind ab und zu ihre Stellung in sowjetischen Organisationen und in der Armee überliefert. Nach dem Erfassen der Personendaten findet manchmal die Warnung vor Falschaussagen statt. Dem folgt ein Fliesstext mit den inhaltlichen Aussagen der Befragten. Fragen sind äusserst selten festgehalten, das gilt auch für die Gerichtsverhandlungen.[35] Die Bestätigung, dass die Befragten das Protokoll selber durchgelesen oder vorgelesen bekommen hätten und es wahrheitsgemäss verfasst worden sei, bildet den letzten Satz. Mit der Unterschrift des Verhörenden und der verhörten Person oder deren Stellvertreter im Falle der Schriftunkundigkeit ist das Protokoll abgeschlossen.[36]

Ausgangspunkt meiner Forschung sind, wie bereits erwähnt, diejenigen Menschen, die in den Gerichtsakten als Täter und Opfer bezeichnet werden. Hierbei handelt es sich um eine juristische Bezeichnung, der ich mich insofern anschliesse, wie ich aufgrund der Lektüre der jeweiligen Gerichtsakte zum Schluss komme, dass der historische Akteur beispielsweise den ihm zur Last gelegten Mord tatsächlich begangen hat. Für eine historische Analyse der Fälle hingegen führt eine Übernahme dieser juristischen Kategorien nicht weiter. Denn sie würde den Blick auf die Handlungsoptionen der Menschen und die Komplexität ihrer Lebenswelten einengen.[37] Gerade

35 Insbesondere das Fehlen der Fragestellungen und die Tatsache, dass die Aussagen in einem Lauftext festgehalten wurden, mögen in dem Sinne als Defizit erscheinen, als dass unklar ist, inwiefern es sich um eine wörtliche Wiedergabe handelt. Es gibt jedoch Anzeichen, die darauf schliessen lassen, dass die Mitschrift zeitgleich mit der Befragung erfolgte. Meistens sind die Aufzeichnungen in der ersten Person verfasst. Muster der mündlichen Sprache fliessen ein, wenn die Sätze kurz und einfach strukturiert sind und mit „und" oder „aber" miteinander verbunden werden.

36 Die Art und Weise, wie ein Strafprozessverfahren durchgeführt wurde, wird in den einzelnen Kapiteln näher erläutert. Neben der Strafprozessordnung von 1922 – vorher fehlte eine schriftlich fixierte und kodierte Prozessordnung – wurden Mitte der 1920er Jahre Broschüren publiziert, die in verständlicher Sprache den Bürgern und Bürgerinnen das Vorgehen bei einem Gerichtsfall näher bringen sollten. Vgl. Borščevskij, A.: Sovetskij sud i kak vedutsja v nem dela. Char'kov 1925; Vol'kov, G. I.: Kak vedutsja ugolovnye dela. Char'kov 1925.

37 Vgl. Katzer, Nikolaus: Die weisse Bewegung in Russland. Herrschaftsbildung, praktische Politik und politische Programmatik im Bürgerkrieg. Köln, Weimar et al. 1999. (Beiträge zur Geschichte Osteuropas; Bd. 28), 12, 13; Schattenberg, Susanne: Die Frage nach den Tätern. Zur Neukonzeptionalisierung der Sowjetforschung am Beispiel von Ingenieuren der 20er und 30er Jahre. In: Osteuropa 50 (2000) 6, 638–655.

diese interessieren aber in Hinblick auf die Erforschung gewalthaften Handelns und dessen Bedingungen besonders. Denn schliesslich soll Gewalt in ihren historischen Kontext eingebettet und so in ihrer historischen Qualität fassbar werden.

Die Daten, die über eine Person in den Befragungsprotokollen zu Beginn erfasst werden, bilden das Grundgerüst für die Rekonstruktion von Lebenswelten. Sie geben die erste Möglichkeit, die einzelnen historischen Akteure formal zu charakterisieren und sie in ein Beziehungsgeflecht einzuordnen. Mit dem inhaltlichen Teil der Protokolle erschliessen sich den Forschenden die Realisationen dieser Beziehungen. Meist sind sie nicht auf den ersten Blick erkennbar. Doch die Art und Weise, wie die historischen Akteure aussagten, wen sie erwähnten und wie sie andere beschrieben – kurzum ihre Strategien –, lassen Rückschlüsse auf die Beschaffenheit der Verflechtungen zu. Diese lässt sich auch daraus erschliessen, wie sich die historischen Akteure zu verteidigen suchten, sich selbst stilisierten oder andere angriffen. In ihrem Reden finden sich schliesslich Brüche und Widersprüche. Sie sind besonders spannend, denn sie geben Aufschluss über mögliches Mitwissen, Mitbeteiligung oder aktives Verbergenwollen und sind somit ihrerseits Abbild der Vernetzungen.[38]

Weiter sollen die Schilderungen auf Bilder, Stereotypen, Vergleiche sowie wiederkehrende Versatzstücke und Motive hin untersucht werden. Sie liefern Anhaltspunkte zu Vorstellungswelten, Werten, geltenden Normen und Sinn schaffenden Elementen einer Gesellschaft, die alle wiederum Erklärungsansätze für bestimmte Handlungsweisen der historischen Akteure bieten. Die Darstellungen des Tathergangs, dessen Voraussetzungen, Begleitumstände und Beobachtungen über weitere Auffälligkeiten verwei-

38 Sehr präzise beschreibt Schaffner, wie man aus Fragen, Antworten und vor allem aus Bruchstellen eine zunächst verdeckte Stimmenvielfalt herausholen kann. Nach den „linguistic turn" plädiert er für einen „pragmatic turn" und meint damit den Einsatz von sprachpragmatischen Verfahren zur Quellenanalyse. Schaffner, Martin: Fragemethodik und Antwortspiel. Die Enquête von Lord Devon in Skibereen, 10. September 1844. In: Historische Anthropologie 6 (1998) 1, 55–75.
Sind vom gleichen historischen Akteur mehrere Dokumente erhalten, so finden sich ebenfalls stets Brüche und Widersprüche. Die Art und Weise, wie ich damit umgegangen bin, beschreibt Griessebner ausführlich. Sie löst die einzelnen Textpassagen in Szenen auf, dramatisiert die Text und setzt sie in die jeweiligen, unterschiedlichen Kontexte. Dadurch wird die widersprüchliche Beschreibung der einzelnen Handlungssequenzen deutlich. Griessebner, Andrea: Konkurrierende Wahrheiten. Malefizprozesse vor dem Landgericht Perchtoldsdorf im 18. Jahrhundert. Wien, Köln et al. 2000, 144–176.

sen zum einen auf den Täter, zum andern erlauben sie Einblicke etwa in Familiensituationen, rechtliche Strukturen, alltägliche Lebens- und Arbeitsbedingungen oder sozio-ökonomische Abhängigkeitsverhältnisse.

Bei Gerichtsakten handelt es sich um ausgesprochen dichte, komplexe Dokumente, die auf mehreren Ebenen unterschiedliche Informationen liefern können – wie schon umrissen – sowohl innerhalb eines Dorfes als auch über das Dorf hinaus. Gerichtsfälle als solche enthalten bereits die Verquickungen mit der Justiz, den Gerichten und den ausserdörflichen Instanzen. Strategien müssen daher stets auch auf ihre Implikationen gegenüber den „von aussen" kommenden Beamten hin gelesen werden. Auf dieser „vertikalen" Linie geraten die verschlungenen, oft nur schwer fassbaren Wechselbeziehungen zwischen Individuum, Dorf und Staat ins Blickfeld. Fragen rund um den Themenkomplex „Herrschaft" drängen sich auf.[39]

Mit dem lebensweltlich orientierte Zugang lassen sich Antworten auf Fainsods Verwunderungen finden, weshalb sich die Bolschewiki überhaupt an der Macht halten konnten. In Bezug auf Gewalt gilt es zu überlegen, wie unterschiedliche Formen von Gewalt zu deuten sind. In welchem Verhältnis stand etwa die Gewalt des Einzelnen zu derjenigen des sowjetischen Staates, der das Gewaltmonopol beanspruchte? Werden Gerichtsakten als zentrale Quelle genutzt, um der oben genannten Relation von Staat, Dorf und Individuum auf die Spur zu kommen, so muss eine wichtige Einschränkung genannt werden. In Gerichtsakten finden sich kaum Schriftstücke, die es erlauben würden, die Lebenswelten der staatlichen Vertreter ausführlich zu rekonstruieren. Die Verschränkungen der Lebenswelten von Milizionären, Untersuchungsrichtern und Richtern mit denjenigen der Menschen von den Dörfern bleibt deshalb unterbelichtet, was zur Folge hat, dass die Seite der Behörden bisweilen zu statisch als „Staat " beziehungsweise „Partei" zusammengefasst werden muss.

Insgesamt fördern Gerichtsakten äusserst komplexe Situationen, Bedingungen und Verflechtungen an den Tag, die ihrerseits den Rahmen für

39 Wichtige Anregungen zur Beschaffenheit, interpretatorischen Grenzen und Chancen habe ich aus der frühneuzeitlichen Forschung gewonnen. Stellvertretend für die breite Literatur seien folgende Werke genannt. Schwerhoff, Gerd: Aktenkundig und gerichtsnotorisch: Einführung in die Historische Kriminalitätsforschung. Tübingen 1999. (Historische Einführungen; Bd. 3); Rippmann, Dorothee, Simon-Muscheid, Katharina, Simon, Christian (Hg.): Arbeit – Liebe – Streit. Texte zur Geschichte des Geschlechterverhältnisses und des Alltags: 15. bis 18. Jahrhundert. Liestal 1996; Schulte, Regina: Das Dorf im Verhör. Brandstifter, Kindsmörderinnen und Wilderer vor den Schranken des bürgerlichen Gerichts Oberbayern 1848–1910. Hamburg 1989.

das Fühlen, Denken und Handeln der historischen Akteure darstellen. Alle diese Aspekte so weit wie möglich zu rekonstruieren, erlaubt es, Gewalt historisch zu kontextualisieren und von dort aus Aussagen über Motivationen für sowie Dispositionen und Wirkungen von Gewalthandlungen vorzunehmen.

Gerichtsakten bieten in ihrer Heterogenität zwar so etwas wie eine in sich geschlossene Welt, die es wie ein Schatz zu heben lohnt. Die darin gefundenen Teile und Angaben sollten jedoch nicht isoliert da stehen, sondern mit Hilfe WEITERER QUELLEN in allgemeinere Bezugszusammenhänge gestellt werden. Die Erwähnung beispielsweise, ein junger Mann habe mit 21 Jahren geheiratet, erfährt eine Steigerung des Informationsgehaltes, wenn auch das durchschnittliche Heiratsalter von Männern im Gouvernement bekannt ist. Für diesen Zweck habe ich vor allem auf wissenschaftliche Zeitschriftenliteratur aus den 1920er Jahren[40] und einige Rechenschaftsberichte[41] zurückgegriffen. Leider waren sie nicht immer vollständig erhalten. Weitere Aufschlüsse gewährte das Organ des Parteikomitees und des Exekutivkomitees des Gouvernements Smolensk. Erstmals kam die Zeitung im September 1918 heraus. In der Anfangszeit unter wechselnden spezifizierenden Bezeichnungen, begann ihr Name aber stets, abgesehen von einer kurzen Phase, mit „*Izvestija*“.[42] Mit diesem Kürzel wird sie in dieser Arbeit denn auch jeweils zitiert und ist daher nicht mit der Regierungszeitung „*Izvestija*“ zu verwechseln. Ab Ende 1919 erschien die Smolensker „*Izvestija*“ unter dem Titel „*Rabočij Put'*“. Eine Durchsicht der lokalen Zeitungen zeigte, dass sich diese für meine Zwecke wenig eigneten. Denn sie hatten jeweils die Berichte der Gouvernementszeitung kopiert. Über örtliche Ereignisse wurde kaum berichtet.[43] Die zentralen Partei- und

40 Vgl. Ėkonomičeskaja Žizn' (1918, 1919, 1922, 1923, 1924, 1926, 1927); Bjulleten' Smolenskogo Gubernskogo Statističeskogo Bjuro (1924, 1925, 1926, 1928); Statističeksij obzor dejatel'nosti mestnych administrativnych organov NKVD RSFSR (1924, 1925, 1926, 1927, 1928).

41 Vgl. Otčet Smolenskogo ispolnitel'nogo komiteta (1922/1923, 1923/1924, 1924/1925, 1925/1926, 1927/1928); Otčet Zapadnogo oblastnogo ispolnitel'nogo komiteta (1929/1930); Otčet o dejatel'nosti Smolenskogo gubernskogo komiteta RKP(b) beziehungsweise VKP(b) (1921, 1922/1923, 1923/1924, 1925/1926, 1928).

42 Für eine handliche Übersicht aller Bezeichnungen vgl. Gazety SSSR 1917–1960: Bibliografičeskij spravočnik. Moskau 1978, Bd. 3, 1980, Bd. 4, 178.

43 Zu den gesichteten Zeitungen gehörten: *Roslavl'skaja Pravda* (Gazety, Bd. 4, 191), *Kollektivnyj Put'* (Gazety, Bd. 3, 53) sowie *Leninskij Put'* (Gazety, Bd. 3, 392, 393). Die Namen entsprechen dem jeweiligen Eintrag in Gazety SSSR 1917–1960.

Regierungsorgane („*Pravda*" und „*Izvestija*") lieferten ebenfalls zu wenig Informationen spezifisch zum Gouvernement Smolensk. Aus arbeitsökonomischen Gründen musste die Sichtung von Quellen in anderen Archiven beschränkt werden.[44] An dieser Stelle sei freilich angemerkt, dass die vorliegende Arbeit mit den Quellen des Zentralen Staatsarchivs nicht möglich gewesen wäre. Denn dort sind einzig die Urteile der Gerichte erfasst, die als Kopie nach Moskau geschickt wurden.[45] Die dazugehörenden Ermittlungen und Verhandlungen lagern vor Ort, im Smolensker Staatsarchiv.

Schliesslich ist es naheliegend, Gerichtsakten für das Erstellen einer Kriminalitätsstatistik zu nutzen. Die dazu notwendigen Vorbedingungen sind meines Erachtens jedoch für das Gouvernement Smolensk im untersuchten Zeitraum denkbar ungünstig. Allgemein ist bekannt, dass aufgrund der chaotischen Verhältnisse während der Bürgerkriegszeit Statistiken lediglich fragmentarisch verfasst wurden beziehungsweise erhalten geblieben sind. Erst ab 1922 setzte in Sowjetrussland das Sammeln von Daten wieder ein, jedoch nicht in allen Teilen gleichzeitig und zu denselben Formen der Kriminalität.[46] Das Gouvernement Smolensk scheint zumindest bezüglich des Ablieferns von statistischem Material nach Moskau zu den Schlusslichtern gehört zu haben.[47] Einige wenige Angaben zu einzelnen Verbrechen und deren Entwicklung finden sich in Form von Statistiken und Berichten des Gerichtspräsidenten in der Gouvernementszeitung „*Rabočij Put'*". Endlich könnte man daran denken, mit Hilfe der Findbücher die Gerichtsakten und die entsprechenden Delikte selber zu erfassen und auszuwerten. Ein Blick in die Findbücher genügte, um zu erkennen, dass dieses Vorgehen nicht zu einem erwünschten und sinnvollen Ergebnis führen würde. Seitenweise trugen die Aktenverweise den Stempel „ausgeschie-

44 „Smolensker Archiv" (ich habe es auf Mikrofilm am Bundesinstitut für Ostwissenschaftliche und internationale Studien, Köln, eingesehen), Gosudarstvennyj Archiv Smolenskoj Oblasti – Staatliches Archiv des Gebietes Smolensk (GASO), Centr Dokumentacii Novejščej Istorii Smolenskoj Oblasti – Zentrum für Dokumente der Neuesten Geschichte des Gebietes Smolensk (CDNISO), Gosudarsvennyj Archiv Rossijskoj Federacii – Staatliches Archiv der Russländischen Föderation (GARF), Rossijskij Gosudarstvennyj Archiv Social'no-Političeskoj Istorii – Russländisches Staatliches Archiv für sozialpolitische Geschichte (RGASPI).

45 Vgl. GARF, f. r-1005, op. 67, ed. chr. 18, 50, 109, 218.

46 Allgemein zur Problematik von Kriminalitätsstatistiken der frühen Sowjetunion vgl. Gernet, M. N.: Prestupnost' i samoubijstva vo vremja vojny i posle nee. Vtoroj vypusk „Moral'noj statistiki". Moskau 1927, 87–95.

47 Eine Rüge findet sich in der ersten Ausgabe des Statističeskij obzor dejatel'nosti mestnych administrativnych organov NKVD RSFSR aus dem Jahr 1924.

den" (*vybylo*).[48] Aus all diesen Gründen ist hier eine wenig zahlenlastige Arbeit entstanden, die dementsprechend den Schwerpunkt auf eine qualitative Analyse der Quellen legt.

Die Entscheidung, trotz aller Einschränkungen Gerichtsakten zum Dreh- und Angelpunkt meiner Forschungen zu machen, ist durch folgende Überlegungen motiviert. Vor der Öffnung der Archive zu Beginn der 1990er Jahren fielen Gerichtsakten als „persönliche Dokumente" unter die Geheimhaltung. Deshalb handelt es sich um eine bisher kaum genutzte Quellengattung, die in ihrem Reichtum und Potential in dieser Arbeit vorgestellt werden soll. Die Auswertung von Gerichtsakten ist ferner mit den durch das Forschungsprojekt „Jugend und Gewalt in Sowjetrussland" vorgegebenen Begriffe „Jugend" und „Gewalt" zu erklären. Die sowjetische „Jugend" wird in der Regel mit Hilfe von Quellen des *Komsomol*, der Jugendorganisation der bolschewistischen Partei, dargestellt. Dadurch geraten vor allem jene Jugendlichen ins Blickfeld, die der Partei nahe standen oder ihr auffielen. Über die „anderen" jungen Menschen sind unsere Kenntnisse noch dürftig. Es ist zu hoffen, dass sich uns in Gerichtsakten auch „andere" Segmente der jungen Generation zeigen. In der Forschungspraxis hat es sich als besonders schwierig erwiesen, „Gewalt" zu fassen.[49] Im Gegensatz zu „Jugend" figuriert „Gewalt" nicht als eigenes Schlagwort in den Archivkatalogen. Hingegen sind Gerichte und deren schriftliche Hinterlassenschaft als Teil der staatlichen Verwaltung in Archiven, den Abbildern von Verwaltungen, greifbar. Gerichte wiederum gehören zu jenen Orten, an denen man sich, wenngleich auch bloss mit bestimmten Formen, so doch mit

48 Da der Bestand während meiner Anwesenheit überbearbeitet wurde, hatte ich die Gelegenheit, die alten Findbücher zu nutzen, in denen die grossen Lücken im Bestand noch dokumentiert waren. In dieser Arbeit werden die Quellen bereits nach der neuen Nummerierung zitiert.

49 In einer ersten Phase habe ich für die Lizentiatsarbeit das „Smolensker Archiv" ausgewertet. Die dabei gemachten Erfahrungen, kaum etwas über die konkrete, alltägliche Gewalt herausfinden zu können, haben mich darin bestärkt, für die Disseration diese neuen Quellen zu erschliessen. Vgl. Tschudi, Daniela: Jugend und Gewalt in Smolensk, 1917–1932. Eine Phänomenologie. (Unveröffentlichte Lizentiatsarbeit). Basel 1997.
Eine Charakterisierung des „Smolensker Archiv" sowie dessen Rolle in der amerikanischen Sowjetforschung liefert Kodin, einer der besten Kenner sowohl des „Smolensker Parteiarchivs" als auch der in Smolensk verbliebenen Bestände. Kodin, Evgenij V.: „Smolenskij archiv" i amerikanskaja sovetologija. Smolensk 1998. Hier auch eine Liste der englischsprachigen Historikerinnen und Historiker sowie Arbeiten, die sich auf Dokumente des „Smolensker Archivs" stützen.

Gewalt auseinandersetzte und diese dokumentierte. Diese Unterlagen haben zudem den Vorteil, dass davon ausgegangen werden kann, dass die Gewalt von (Teilen) der zeitgenössischen Bevölkerung als solche wahrgenommen wurde. Strafgerichtsakten stellen daher ein sinnvolles Mittel dar, „Gewalt“ für die Forschungsarbeit zu operationalisieren. Im Folgenden sollen nun die bis anhin so selbstverständlich verwendeten Begriffe „Jugend“ und „Gewalt“ erläutert werden.

Jugend

Die Zahl der Forschungsarbeiten über Jugend ist beachtlich, die Forschung zur sowjetischen Jugend ebenfalls, wenn man sie – wie bereits erwähnt – auf den *Komsomol* beschränkt. Für die „übrige“ sowjetische Jugend haben Untersuchungen in den letzten zehn Jahren eingesetzt.[50]

Beiträge, die von Jugendlichen im *Komsomol* ausgehen, haben kaum Schwierigkeiten, Jugend zu definieren. Denn sie können die durch die Organisation vorgegebenen Altersgrenzen von 14 bis 28 Jahre übernehmen. Bereits an dieser Bestimmung wird die Spannweite und Problematik des Begriffes „Jugend“ deutlich. Am besten lässt er sich wohl durch einen generationellen Jugendbegriff einfangen. Er sieht vor, dass Jugend mit der Kindheit beginnt und mit dem Erwachsenen-Dasein endet. Die „Übertritte“ und die Jugendphase selber werden je nach Kultur und Gesellschaft unterschiedlich gestaltet. Diese Sichtweise ermöglicht es, sowohl die Selbst- als auch Fremdwahrnehmungen, die Konstruktionen von Jugend in den jeweiligen Situationen und Zeiten zu berücksichtigen.

50 Für einen Forschungsüberblick vgl. Kuhr-Korolev, Einleitung, Anmerkungen 1, 4, 5, 8–13, 20–23; Haumann, Jugend, 31–50.
Zur jüngeren russischen Forschung über Jugend in den 1920er Jahren vgl. Isaev, Viktor: Molodež’ Sibiri v uslovijach formirovanija stalinskoj modeli socializma (1920-e–1930-e gg.). Novosibirsk 2000; Rožkov, Aleksandr: V krugu sverstnikov: Žiznennyj mir molodogo čeloveka v sovetskoj Rossii 1920-ch godov. Krasnodar 2002, 2 Bände (im Druck); für weitere Literatur von Rožkov über Jugend vgl.: http://www.anthropocenter.narod.ru; Semka, Vladimir A.: Social’naja politika Rossii v otnošenii molodeži v 20-e gody: opyt, uroki. Avtoreferat dissertacii [...] kandidata istoričeskich nauk. Moskau 1995; Sokolov, Vladimir I.: Rossijskoe molodežnoe dviženie: ot mnogoobraznija k unitarizmu (1917–1925gg.). Dissertacija [...] doktora istoričeskich nauk. Moskau 1996; Stecura, Jurij A.: Molodež’ v postrevoljucionnoj modernizacii Rossii v 20–30-e gody XX veka. Avtoreferat dissertacii [...] doktora istoričeskich nauk. Ekaterinburg 1996.
Für ein Beispiel für die Vermittlung westlicher Jugendsoziologie in Russland vgl. Omel’čenko, Elena (Hg.): Molodežnye kul’tury i subkul’tury. Moskau 2000.

Für das Gebiet des Gouvernements Smolensk ist davon auszugehen, dass tendenziell eher traditionelle, bäuerliche Vorstellungen von Jugend und jugendlichen Lebensweisen galten. Um deren Merkmale zu umreissen, stütze ich mich daher auf ethnologische Untersuchungen von Ende des 19. Jahrhunderts und dem ersten Viertel des 20. Jahrhunderts.[51]

Die russische Sprache kennt für „Jugendliche" eine ganze Reihe von Bezeichnungen. Bernštam greift zu deren Systematisierung zwei heraus: *podrostki* – halbwüchsige Mädchen und Jungen – sowie *soveršennoletie* – Volljährige, Mündige. Erstere weist darauf hin, dass Kinder im Alter von sieben, acht Jahren in das aktive soziale und Arbeitsleben der Gemeinschaft einbezogen wurden. Diese Phase endete ungefähr mit vierzehn, fünfzehn Jahren.[52] Die Zeit der Volljährigkeit (*soveršennoletie*) begann. Sie wurde durch ein verändertes Verhalten und andere Kleider oder Kleidungs- und Schmuckelemente markiert. Die jungen Menschen erhielten – möglicherweise zum ersten Mal in ihrem Leben – eigene, neue Kleidungsstücke. Obendrein übernahmen sie eine aktive soziale Rolle in der Gemeinschaft. Sie verrichteten nun alle Arbeiten wie Erwachsene und galten als volle Arbeitskraft. Die jungen Männer wurden als „Ernährer" angesehen, teilweise verfügten sie über einen eigenen Lohn, insbesondere wenn sie ausserhalb des Dorfes einer Erwerbsarbeit nachgingen. Die jungen Frauen vervollständigten ihre Aussteuer. Die Mündigen erhielten ihre eigenen Zeiten zugestanden, in denen sie unter sich waren, ohne Erwachsene. Dazu gehörten an den Werktagen etwa das Mittagessen bei gemeinsamer Feldarbeit, die Zeit nach der Arbeit am Abend und die Nacht. An Feiertagen – nun besonders schön gekleidet – fanden sich die volljährigen Jugendlichen ebenfalls zusammen. Tänze, Spiele oder Herumspazieren in Gruppen oder paarweise sind allgemein überliefert, ebenso wie das gemeinsame Arbeiten der jungen Frauen (an Werktagen) oder die Faustkämpfe der Burschen. Die miteinander verbrachte Zeit war – auch ohne Beisein und Zutun der Erwachsenen – durch klare Regeln organisiert. Die verschiedenen Formen des Zusammentreffens innerhalb oder zwischen den Geschlechtergruppen hatten zum einen zur Folge, dass sich die sozialen Strukturen innerhalb der jeweiligen Generation herausschälten und festigten. Zum andern dienten die Begegnungen der Werbung und der Bildung von Paaren. Daher spielte Sexualität

[51] Eine ausgezeichnete Zusammenfassung verschiedenster ethnologischer Forschungen bei Bernštam, T. A.: Molodež' v obradovoj žizni russkoj obščiny XIX–načala XX v. Polovozrastnoj aspekt tradicionnoj kul'tury. Leningrad 1988.

[52] Für Mädchen war das Ende recht deutlich mit dem Einsetzen der Menstruation markiert.

ebenfalls eine wichtige Rolle. Sie wird in der ethnologischen Literatur sehr unterschiedlich beschrieben: vom strengem Verbot bis zur expliziten Erwünschtheit vorehelichen Geschlechtsverkehrs. Bezeichnenderweise interessieren sich diese Darstellungen in erster Linie für die weibliche Sexualität. In der Folge wissen wir kaum etwas über das Sexualleben lediger Burschen.

Weiter gilt es zu beachten, dass innerhalb der Volljährigen nochmals zwischen Jüngeren und Älteren unterschieden wurde. Als Vierzehn- bis etwa Sechzehnjährige nahmen sie zwar an den oben erwähnten, typisch jugendlichen Aktivitäten teil, allerdings erst als Zuschauende in den hinteren Reihen. So lernten sie die verschiedenen Gebräuche kenne, die ihnen durch die Älteren vorgelebt wurden. Die Älteren stellten die eigentlich heiratsfähige Gruppe dar. Altersmässig war diese Phase gegen oben offen, wobei die Grenze bis zur Erkenntnis, dass jemand ledig blieb, für Männer wohl flexibler gehandhabt wurde. Grundsätzlich war vorgesehen, dass alle heirateten, in der Regel Anfang zwanzig. Das Ende der jugendlichen Volljährigkeit wurde mit der Heirat eingeläutet und fand mit der Geburt des ersten Kindes den definitiven Abschluss.[53]

Aus dieser auf die Grundzüge reduzierten Schilderung, was „Jugend" in den bäuerlichen Vorstellungen Russlands bedeutete, wird ersichtlich, dass eine Rekonstruktion von Lebenswelten Jugendlicher möglichst verschiedene Aspekte berücksichtigen sollte: exaktes Alter, Geschlecht, Äusseres wie Kleider oder Aussehen, Namen, Verhalten sowie Funktionen in der Familie, bei der Arbeit in der Dorfgemeinschaft und bei religiösen Gebräuchen.[54]

Es ist klar, dass Gerichtsakten das Schwergewicht nicht darauf legen, das Leben Jugendlicher umfassend nachzuzeichnen. Ziel und Zweck von Gerichtsakten ist es, den Tathergang zu eruieren. Für die vorliegende Arbeit heisst dies, dass der Zivilstand das formale Erkennungsmerkmal für

53 Bernštam, Molodež', 24–59, 122–132, 230–259; Kaser, Karl: Macht und Erbe. Männerherrschaft, Besitz und Familie im östlichen Europa (1500–1900). Wien, Köln et al. 2000, 180–182, 220.
Kaser macht darauf aufmerksam, dass „Jugend" in Osteuropa im Vergleich zu Gebieten westlich der Hajnal-Mitterauer-Linie aufgrund der früheren Verheiratung weniger lang dauerte. Zudem stellte eine Heirat in Russland einen viel geringeren Einschnitt in das Leben junger Menschen (zumindest der Männer) dar, weil das neue Paar in der Regel keinen neuen Haushalt gründete, sondern weiterhin der Autorität der Eltern (des jungen Mannes) unterworfen war. Kaser, Macht, 216, 217.

54 Bernštam, Molodež', 53.

„Jugend" darstellt.[55] Durch dieses Auswahlverfahren erhöht sich die Chance, jugendlichen Lebenswelten auf die Spur zu kommen, es bietet aber keine Garantie dafür. Das Ausgegrabene wird fragmentarisch bleiben. Denn bei Gerichtsakten steht die Gewalttat im Zentrum der Aufmerksamkeit. Darum richtet sich der Fokus dieser Untersuchung primär auf „Gewalt".

Gewalt

Die Hauptschwierigkeit beim Begriff Gewalt besteht darin, ihn für die konkrete historische Forschung zu operationalisieren, zumal die Bandbreite dessen, was man unter Gewalt zusammenführt, äusserst gross ist. Sie reicht von verbalen Drohungen, über Ohrfeigen, Schläge bis hin zu Morden, von der selbstverständlichen, kaum bemerkten, alltäglichen Erfahrung bis hin zum erschreckenden, aussergewöhnlichen, faszinierend „exotischen" Exzess und ist damit in ihrer Vielgestaltigkeit doch erst bloss angetönt.[56] Dieses Spektrum zu erfassen, es auszuhalten, zu analysieren und darzulegen, bedeutet für Historikerinnen und Historiker keine einfach zu lösende Herausforderung.[57] Sie erfährt gar eine zusätzliche Steigerung, weil die Wir-

55 Hier ist selbstredend zu beachten, dass dieses Kriterium bereits für die Dokumente von 1923 nicht mehr ausschliessliche Gültigkeit besitzt. Denn unter anderem interessiert auch, ob sich Gewalt, die in der Jugendzeit erfahren oder ausgeübt worden war, als Handlungsmuster fortsetzt. Ist daher in einer Gerichtsakte ein derartiger Zusammenhang, was selten genug vorkommt, zu erkennen, sollen „Erwachsene" ebenfalls Eingang in die Arbeit finden.

56 Für eine begriffsgeschichtliche und inhaltliche Annäherung an das Thema Gewalt vgl. etwa Röttgers, K.: Gewalt. In: Historisches Wörterbuch der Philosophie. Basel, Stuttgart 1974, Bd. 3, Sp. 562–570; Sofsky, Wolfgang: Traktat über die Gewalt. Frankfurt am Main 1996; Schnyder-Burghartz, Albert: Gewalt – Violence. In: Traverse 2 (1995) 1, 11–15. Diese Nummer von Traverse ist dem Thema Gewalt gewidmet. Eine Nummer zu demselben Thema bei L'Homme. Zeitschrift für Feministische Geschichtswissenschaft 7 (1996) 2.
Für die Schwierigkeiten, Gewalt und Aggression im sozialen Nahraum zu definieren und die unterschiedlichen theoretischen Modellantworten vgl. Godenzi, Alberto: Gewalt im sozialen Nahraum. Basel, Frankfurt am Main, 1. Auflage.

57 Darauf haben unterdessen schon einige hingewiesen, so etwa Lindenberger, Thomas, Lüdtke, Alf: Einleitung. Physische Gewalt – eine Kontinuität der Moderne. In: Dies. (Hg.): Physische Gewalt. Studien zur Geschichte der Neuzeit. Frankfurt am Main 1995, 7–38. Zuletzt auch bei Töngi, Claudia: Um Leib und Leben. Gewalt, Konflikt, Geschlecht im Uri des 19. Jahrhunderts. (Unveröffentlichte Dissertation). Basel 2001, 14–32.

kung von Gewalt – der Schmerz – für die nicht Betroffenen sprachlich lediglich indirekt zugänglich ist.[58]

Die Erforschung von Gewalt während der Sowjetunion hat – zumindest bis in die heutige Zeit – einen sehr stark politischen Akzent, weil sich stets die Frage stellt, ob Gewalt dem sowjetischen System immanent war und es letztlich definierte. Auch für das Forschungsprojekt „Jugend und Gewalt" bildete diese Thematik den Hintergrund und den Ausgangspunkt. Es sollte mithelfen, die Wurzeln des Stalinismus, die Ursprünge der Grausamkeit und Brutalität dieser Epoche zu verstehen. Plaggenborg sucht nach gewalthaften Dispositionen, nach dem „Stalinismus avant la lettre".[59] Gewiss lassen sich viele Faktoren beobachten, die als „typisch stalinistische Eigenschaften" und als Voraussetzung für dieses System bezeichnet werden können. Doch meines Erachtens zeugt die Vorstellung eines „Stalinismus vor dem Stalinismus" von einer Vorgehensweise, die aus der Vielfalt des Handelns der historischen Akteure diejenigen Momente auswählt oder betont, die „stalinistische Züge" aufweisen. Eine derartige Selektion ist aber nur dem „Nachgeborenen" möglich und verkennt letztendlich die (Viel-)Zahl von Handlungsspielräumen der historischen Akteure und deren Handlungsperspektiven als Zeitgenossen. Um nicht missverstanden zu werden: Die Frage nach den Vorbedingungen des Stalinismus ist durchaus sinnvoll und berechtigt. Ihr muss aber eine Schau der Handlungsoptionen in der Art und Weise vorausgehen, wie sie beispielsweise das Konzept der „Lebenswelt" vorsieht. Genau dies ist denn auch die Stossrichtung der vorliegende Arbeit. Um den Blick nicht vorzeitig einzuengen, werde ich das Thema „Stalinismus avant la lettre" erst am Schluss wieder aufgreifen. Die Antwort wird freilich in Anbetracht dessen, dass mir Gerichtsquellen lediglich bis zum Jahr 1924 zugänglich waren, vorsichtig ausfallen.

Einen wichtigen Schritt hin zur Operationalisierbarkeit von „Gewalt" liess sich innerhalb der Projektes „Jugend und Gewalt in Sowjetrussland"

58 Scarry, Elaine: Der Körper im Schmerz. Die Chiffren der Verletzlichkeit und die Erfindung der Kultur. Frankfurt am Main 1992. Für einen Forschungsüberblick zum Thema Schmerz vgl. Tanner, Jakob: Körpererfahrung, Schmerz und die Konstruktion des Kulturellen. In: Historische Anthropologie 2 (1994) 3, 489–502.

59 Plaggenborg, Stefan: Weltkrieg, Bürgerkrieg, Klassenkrieg. Mentalitätsgeschichtliche Versuche über die Gewalt in Sowjetrussland. In: Historische Anthropologie 3 (1995), 493–505; Plaggenborg, Stefan: Gewalt und Militanz in Sowjetrussland 1917–1930. In: Jahrbücher für Geschichte Osteuropas 44 (1996) 3, 409–430; Plaggenborg, Stefan: Stalinismus: Wie weiter? In: Ders. (Hg.): Stalinismus: neue Forschungen und Konzepte. Berlin 1998, 444, 445.

dadurch erreichen, dass „Gewalt“ auf physische Gewalt gegen Objekte und Personen eingeschränkt wurde.[60] In phänomenologischer Hinsicht erfährt die physische Gewalt in der vorliegenden Arbeit eine weitere Restriktion: Mit Gerichtsquellen wird lediglich kriminalisierte, physische Gewalt abgedeckt. Das Revolutionstribunal und das Gouvernementsgericht waren zudem für „schwere“ Formen physischer Gewalt zuständig, so dass hier – mit einer Ausnahme – Tötungsdelikte und Vergewaltigung[61] im Vordergrund stehen. Von einer juristischen Tatbestandsbestimmung auszugehen, ist ein Weg, um Gewalt quellenmässig fassen zu können. Dies bedeutet aber nicht, dass Forschende gezwungen wären, das juristische Gewaltverständnis zu übernehmen. Die Dokumentation der juristisch relevanten Tat fördert – wie wir sehen werden – weitere Gewalt zu Tage und führt direkt hin zu deren subjektiven Einschätzung durch die historischen Akteure. Und so gelangen wir wieder zurück zum Stichwort „Lebenswelt“.

Soll Gewalt innerhalb eines lebensweltlich orientierten Zugangs zur Vergangenheit operationalisiert werden, bedeutet dies, Gewalt als Form „sozialen Handelns“[62] zu verstehen, sie als „innerhalb“, als Bestandteil menschlichen Lebens zu begreifen.[63] Eine solche Auslegung heisst, Menschen mit ihrem gewalttätigen Handeln nicht isoliert, sondern in ihrem lebensweltlichen Kontext zu sehen. Gewalt kommt aus dieser Lebenswelt und wirkt in dieser Lebenswelt. Hierin findet gewalttätiges Handeln seine Motivationen. Deshalb bilden die möglichst genaue Beschreibung und Analyse der Lebenswelten die Voraussetzung für die Interpretation gewalthaften Handelns. Gewalt ist ein Moment aus dem Handlungsrepertoire, das den historischen Akteuren zur Verfügung steht – abhängig von Geschlecht, Alter, sozio-ökonomischer und politischer Position sowie ethnischer Zugehörigkeit. Die tatsächlichen Handlungsspielräume der einzelnen histori-

60 Vgl. Haumann, Jugend, 30, 31.

61 Als „eigenständiges“ Delikt mit einem eigenen Dossier konnten Vergewaltigungen nur für die Phase der NĖP erschlossen werden, was nicht heisst, dass während der Bürgerkriegszeit keine sexuelle Gewalt ausgeübt wurde. Sie ist etwa innerhalb von Akten gegen „Banden“ dokumentiert und erscheint im Verbund mit anderen Gewalttätigkeiten.

62 Für eine ausgezeichnete Umschreibung von Gewalt als soziales Handeln vgl. Töngi, Leib, 21.

63 Für ein solches Verständnis von Gewalt plädieren etwa Lindenberger, Einleitung, 7–38; Töngi, Leib, 7–30; Dinges, Martin: Formenwandel der Gewalt in der Neuzeit. Zur Kritik der Zivilisationstheorie von Norbert Elias. In: Breuninger, Helga, Sieferle, Rolf Peter (Hg.): Kulturen der Gewalt: Ritualisierung und Symbolisierung von Gewalt in der Geschichte. Frankfurt am Main 1998, 171–194.

schen Akteure werden in ihren konkreten Bedingungen ausgelotet. Die Deutungen und Bedeutungen von Gewalt und das Reden über Gewalt bringen deren Wirkungen ans Licht und verweisen wiederum auf die Konditionen gewalthaften Handelns. Somit kommt der kommunikative Aspekt von Gewalt zum Vorschein. Über eine Gewalttat wird im Nachhinein geredet. Indem sie immer gegen jemanden gerichtet ist, kann man den Gewaltakt selbst als eine Form von – gescheiterter – Kommunikation verstehen. Worüber wird gesprochen? In der Regel steht nicht die Gewalt an sich zur Disposition. Vielmehr wird um etwas gestritten, es „‚geht um etwas': um materielle Interessen wie auch um Prestige und Ehre, um Autorität und Machtansprüche, um die eigene Identität (als Sohn, Tochter, Ehefrau, Amtsperson, etc.), um die Inszenierung von Männlichkeit oder Weiblichkeit, aber auch um Existenznöte im weitesten Sinn."[64] Von diesem „Etwas" und von der Art und Weise, wie die Menschen es auf Biegen und Brechen zu erreichen versuchten, handelt die vorliegende Untersuchung.

Das Konzept „Lebenswelt" verstanden „als Schnittstelle, in der sich ‚Subjektives' und ‚Objektives', Individuum und System bündelt"[65] behält den Blick offen auch für Bedingungen und Wirkungen gewalthaften Handelns über die konkrete Lebenswelt eines einzelnen historischen Akteurs hinaus und in sie hinein, für jene Formen von Gewalt, die gemeinhin als „strukturelle Gewalt" bezeichnet wird. Gemäss der Prämisse, dass Strukturen nicht selber, sondern durch Menschen vermittelt handeln, werde ich diesen Begriff jedoch nicht verwenden. Dasselbe gilt auch für Phänomene der HERRSCHAFT. Herrschaft ist nicht einfach, sondern wird im sozialen Handeln der Menschen ausgeübt, entgegengenommen, erfahren. Webers Bestimmung von Herrschaft stellt diesen personenbezogenen Aspekt von Herrschaft in den Mittelpunkt: „Herrschaft soll heissen die Chance, für einen Befehl bestimmten Inhalts bei angebbaren Personen Gehorsam zu finden."[66] Soweit diese Definition den Mechanismus von Herrschaft umreisst, wird sie hier übernommen. Hingegen soll nicht bloss für „einen Befehl bestimmten Inhalts" Folgsamkeit gefunden werden. Stattdessen soll Herrschaft die Chance heissen, die Verhandlung, in der „es um etwas geht", zu seinen Gunsten entscheiden und bei der angebbaren Person dafür Akzeptanz und damit letztlich Gehorsam zu finden. Diese ausgeweitete, perso-

64 Töngi, Leib, 30.

65 Haumann, Lebensweltlich, 13.

66 Weber, Max: Soziologische Grundbegriffe. Tübingen 1984, 6., erneut durchges. Auflage, 89.

nenbezogene Definition von Herrschaft scheint mir geeignet, Herrschaftsverhältnisse in verschiedensten sozialen Beziehungen zu erfassen: innerhalb der Familie, in einem Dorf, auf dem Posten der Miliz, in einem Gerichtssaal oder auf einer Parteiversammlung – also in den „horizontalen" wie „vertikalen" Verflechtungen der historischen Akteure. Es fällt auf, dass „Gewalt" in Webers Formulierung fehlt. In der Tat sind Herrschaft und Gewalt nicht dasselbe.[67] Gewalt und insbesondere physische Gewalt stellt meines Erachtens ein Mittel bei der Durchsetzung und Ausübung von Herrschaft dar. Untersuchen wir Herrschaft und bolschewistische Herrschaft im Speziellen, muss es darum gehen, die Palette von Mitteln, die den „Herrschenden" zur Verfügung standen, und die Möglichkeiten der „Beherrschten", diesen Mitteln auszuweichen oder zu widerstehen, aufzuzeigen. Selbstverständlich gilt es, die Bedingungen von Zeitpunkt und Ort zu beachten. Erst so ergibt sich eine Annäherung an die Qualität und den Stellenwert physischer Gewalt innerhalb des Herrschens.

Ziel dieses Abschnittes über Gewalt bestand in erster Linie darin, diesen Begriff für die historische Analyse zu operationalisieren und dessen Beschaffenheit abzutasten. Im Forschungsalltag, wenn ich den historischen Akteuren in den Quellen gegenüber sass, begleitete mich ausserdem folgendes Bild: Das Bild der Grenzen – gegenständliche Grenzen beispielsweise zwischen zwei Landstücken, altersmässige, soziale, ökonomische und Geschlechtergrenzen. Vereinfacht formuliert stellte ich mir Gewalt als ein Mittel vor, Grenzen zu definieren, festzulegen und zu festigen. In meinem Erforschen gewalthaften Handelns kam ich mir vor wie jemand, der dem Eindringen und Überschreiten von Grenzen folgt[68], den sich verschiebenden oder verhärtenden Grenzverläufen nachspürt in der Hoffnung, letzten Endes etwas über Konstituanden, Ordnungen und Veränderungen in unterschiedlichen Lebenswelten zu erfahren.

67 In meiner Lektüre verlieren Plaggenborgs Argumentation und Analyse der Gewalthaftigkeit der sowjetischen Gesellschaft insbesondere dadurch an Tiefenschärfe, weil er die Begriffe wie „Herrschaft" und „Gewalt" nicht eigentlich sauber trennt. Vgl. Plaggenborg, Stefan: Stalinismus als Gewaltgeschichte. In: Ders. (Hg.): Stalinismus: neue Forschungen und Konzepte. Berlin 1998, 71–112.

68 Scarry, Körper, 85, beschreibt, wie diese Bewegung beim Täter einer „Expansion" und beim Opfer einer „Kontraktion" gleichkommt.

Darstellung und Gliederung

Das Konzept „Lebenswelt" will den Ort beschreiben, wo „subjektiv Erlebtes" und „objektiv Gegebenes", „Individuum" und „Strukturen" zusammentreffen. Es ist ein äusserst schwieriges Unterfangen, diese Spannweite und Spannung in einen Text zu fassen. Auf der einen Seite sollen Vielfältigkeit von Fühlen, Denken, Handeln, Widersprüche, Brüche, wie sie sich in den Lebenswelten der historischen Akteure beobachten lassen, und auf der anderen Seite die „grossen Linien" der Geschichte wiedergegeben werden. Darüber hinaus sollten die „Mikro- und Makroebene" miteinander in den Lebenswelten der historischen Akteure verknüpft und allenfalls die Wechselwirkungen aufgezeigt werden.

Was sich aus dem bereits Erläuterten als roter Faden ergeben hat, wird in der DARSTELLUNG seinen Niederschlag finden: Ausgangspunkt ist der historische Akteur. Danach besteht die vorliegende Arbeit aus sieben Fallstudien, basierend auf sieben Gerichtsfällen, in deren Zentrum die Rekonstruktion von Lebenswelten historischer Akteure stehen. Dabei sollen unterschiedliche Annäherungen versucht werden: mal „von unten", von den Individuen aus, mal „von oben", von der allgemeinen politischen und ökonomischen Lage in Sowjetrussland aus. Grundlage der Analyse bleibt aber die Perspektive der historischen Akteure. Dementsprechend erfolgen Generalisierungen aus dem exemplarischen Einzelfall heraus.[69]

Zur Darstellung der einzelnen Gerichtsfälle erscheint mir die erzählende Form adäquat.[70] Die jeweiligen Fakten und Ereignisse sollen nicht aneinandergereiht, sondern im Sinne der „dichten Beschreibung" fiktional verbunden werden, so dass eine Schilderung uns „mit dem Leben von Fremden in Berührung zu bringen vermag".[71] Fiktion heisst hier nicht freies Erfinden, vielmehr wird damit auf den konstrukthaften Charakter historischer Forschung verwiesen. Die Veranschaulichung der Lebenswelten his-

69 Geertz, Dichte Beschreibung, 30–37. Als Beispiel führt Geertz etwa den balinesischen Hahnenkampf vor, der als Ereignis über sich hinausweise. Vgl. Geertz, Clifford: „Deep Play". Bemerkungen zum balinesischen Hahnenkampf. In: Ders.: Dichte Beschreibung, 202–260.

70 Rüsen, Historische Methode, 69, 71; Vierhaus, Rekonstruktion, 22, 23; Hochstrasser, Ein Haus, 297–299. White hat dezidiert auf den literarischen Aspekt historischer Erzählungen hingewiesen. White, Hayden: Der historische Text als literarisches Kunstwerk. In: Conrad, Christoph, Kessel, Martina (Hg.): Geschichte schreiben in der Postmoderne. Beiträge zur aktuellen Diskussion. Stuttgart 1994, 123–157.

71 Geertz, Dichte Beschreibung, 24–26.

torischer Akteure ist denn auch „das Ergebnis von Re-Konstruktionen“[72]. Erzählendes Rekonstruieren von Lebenswelten ist ein Weg, sich „das Eigene“ „fremd“ zu machen und umgekehrt. Rüsen fasst „das historische Erzählen als Sinnbildung über Zeiterfahrung […], die aller historischen Erkenntnis bestimmend zugrunde liegt.“ Narration entspricht der die Geschichtswissenschaft „konstituierenden Rationalität“[73] und ist demnach nicht als „unwissenschaftlich“ zu bezeichnen[74], solange es ihr gelingt „den von ihr erstellten, möglichst kompletten Text mit seiner Vielzahl und Hierarchie von Bedeutungsstrukturen für spätere und andere Interpretationen offenzuhalten.“[75] Deswegen schliessen sich Erzählen, Analysieren und Interpretieren nicht gegenseitig aus. Im Gegenteil: sie sind eng ineinander verwoben und bedingen einander. Die Kunst besteht darin, sie in der Darstellung für die Leserin und den Leser möglichst transparent zu machen. Deshalb soll in der vorliegenden Arbeit das Erzählen in seiner expliziten Form gepflegt werden. Aus der Idee, dass Geschichte schreiben immer auch Geschichten erzählen heisst, sowie aus der Auffassung, dass Erzählen, Analysieren und Interpretieren in einer engen Wechselbeziehung zueinander stehen, ist schliesslich das Experiment entstanden, die einzelnen Fallstudien durch zu schreiben und nicht in weitere Unterkapitel zu zerlegen.

Die GLIEDERUNG der Arbeit ist in der Auffassung begründet, dass der historische Akteur den Ausgangspunkt der Untersuchung bildet. Die insgesamt sieben Kapitel entsprechen derselben Anzahl Gerichtsakten und teilen sich in zwei Blöcke auf. Die ersten drei Fälle stammen aus dem Jahr 1919, die weiteren vier wurden 1923 vor Gericht behandelt. Die Konzentration auf diese beiden Jahre widerspiegelt die Tatsache, dass die Bestände aus der Zeit vergleichsweise reichhaltig sind. Die beiden Teile der Arbeit decken die Zeit des Bürgerkriegs und die Anfangsphase der NĖP ab. Im Hinblick auf das Ziel, „Mikro- und Makroebene“ in der Lebenswelt der historischen Akteure nachzuvollziehen, fehlen eigentliche Überblickskapitel etwa zur politischen, ökonomischen Struktur des Gouvernements Smolensk oder zur Kriminalität. Derartige Informationen werden problembezogen in den jeweiligen Fallstudien eingeflochten. Die übergreifenden Ergebnisse wer-

72 Vierhaus, Rekonstruktion, 22.

73 Rüsen, Historische Methode, 69.

74 Zum Aufkommen der narrativen Geschichtsschreibung in den 1970er und 1980er Jahre vgl. Stone, Lawrence: Die Rückkehr der Erzählkunst. Gedanken zu einer neuen alten Geschichtsschreibung. In: Raulff, Ulrich (Hg.): Vom Umschreiben der Geschichte. Neue historische Perspektiven. Berlin 1986, 98, 99.

75 Medick, Missionare, 61.

den am Schluss der jeweiligen Abschnitte zusammengefasst. Mit einem Vergleich der beiden Zeiträume und einer abschliessenden Betrachtung soll die Arbeit ausklingen.

Die sieben ausgewählten Gerichtsakten stehen exemplarisch für bestimmte Konfliktfelder und kontroverse Situationen. Die ersten drei Fälle aus der Bürgerkriegszeit widerspiegeln wichtige Anliegen der „grossen“ Politik: Bandenwesen, Desertion und das illegale Verarbeiten von Getreide und Kartoffeln zu selbstgebranntem Schnaps (*samogon*). Im zweiten Teil treten die politischen Momente in den Auseinandersetzungen in den Hintergrund beziehungsweise verschwinden. An ihrer Stelle kommt die „alltägliche“ Gewalt zum Vorschein: Gewalt in Familien und zwischen Männern und Frauen im Dorf. Die Konfliktstoffe werden disparater. Trotz dieses qualitativen Unterschieds wird es stets gelingen, den Kontext gewalthaften Handelns junger Menschen nachzuzeichnen.

Der Bezugsrahmen, die Bedingungen für eine Gewalttat und ihre Folgen, können als exemplarisch für die Art und Weise bezeichnet werden, wie in den verschiedenen Phasen Gewalt ausgeübt und mit Gewalt umgegangen wurde. Das Reden über Gewalt beziehungsweise über das Delikt – also deren kommunikative Beschaffenheit – geben Zeugnis von den jeweiligen Handlungsspielräumen und dem Selbstverständnis der historischen Akteure ab. So weit wie möglich sollen die Besonderheiten und Eigenheiten der historischen Akteure nachgezeichnet werden. In sämtlichen Fallstudien wird über das Thema Herrschaft verhandelt. Wer übt Herrschaft aus? Wie wird sie durchgesetzt? Welche Rolle spielt dabei physische Gewalt? Wo sind die Grenzen der staatlichen, dörflichen und familialen Herrschaftsausübung? Speziell in Bezug auf die bolschewistische Herrschaft sollen die sowjetischen Ermittlungsbehörden und die sowjetische Justiz als deren Repräsentanten unter die Lupe genommen werden. Es interessiert, wie sie im konkreten Fall, wenn eine Tat vorlag, reagierten und handelten. Schliesslich zeigen die sieben Kapitel mehr oder weniger ausgeprägt – je nach vorhandenem Material – unterschiedliche Facetten jugendlicher Lebenswelten in einem dörflichen Umfeld auf.

Die erste Fallstudie soll quasi programmatisch die hier geschilderte Vorgehensweise, Lebenswelten zu rekonstruieren, vorführen. Dementsprechend beginnt das Kapitel aus der Perspektive des historischen Akteurs, nämlich mit einem Ausschnitt aus einem seiner Briefe. Sehr eindrücklich kann danach die komplexe Lage, in der historische Akteure handelten, nachgezeichnet werden. Die Bekämpfung des Bandenwesens beschäftigten den Täter Roman Murin ebenso wie die Verschwendung von Defizitgütern wie etwa Getreide zur Herstellung von selbstgebranntem Schnaps. Aufgrund Roman Murins Schriftkundigkeit erfahren wir von seiner Denkweise, seinen Argumentationen und seiner Selbstwahrnehmung. Wie wir im Vergleich vor allem mit dem dritten Fallbeispiel erkennen werden, vertrat Roman Murin Ansichten, wie sie für Anhänger der Kommunistischen Partei kennzeichnend waren. Ferner sollen das Taktieren und Argumentieren der verschiedenen historischen Akteure geschildert werden.

Die Pendelbewegung zwischen „von unten" und „von oben" nachahmend setzt das zweite Kapitel mit einem kurzen Abriss über die allgemeine Bürgerkriegssituation ein. In der Tat kann bei dieser Fallstudie wie bei keiner anderen nachvollzogen werden, wie Entscheide in der fernen Moskauer Zentrale auf das Leben Einzelner Auswirkung haben konnten. Schwierigkeiten im Transportwesen und bei der Rekrutierung von Soldaten für die Rote Armee bildeten den Hintergrund für den Tod eines jungen Mannes. Die Antworten auf die Fragen, weshalb in diesem Fall – im Gegensatz zu den beiden anderen – die Strafuntersuchungen gegen Valentin Vojcechovskij zu keinem Abschluss kamen und welche Interessen dahinter gestanden haben mögen, werfen ein Licht auf das Funktionieren sowjetischer Ämter und insbesondere der Ermittlungs- und Gerichtsbehörden während der Bürgerkriegszeit in einem Gebiet, das in fester Hand der Bolschewiki gilt.

Im letzten Abschnitt des ersten Teils richtet sich der Fokus wieder stärker auf die einzelnen historischen Akteure. Im Zentrum der Auseinandersetzung stehen erneut der Vorwurf, Schnaps illegal hergestellt zu haben, und ein Mord. Deutlicher als in den beiden vorangehenden Fallbeispielen lassen sich die Reaktionen der Dorfgemeinschaft auf die Ermordung eines ihrer Mitbürger nachzeichnen. Rund eineinhalb Monate nach der Tat gestand Stepan Panasov die Tat. Seine Selbstwahrnehmung und seine Vorstellungen von Staat rücken in den Vordergrund. Besonders interessant ist zu sehen, welche Beziehungsnetze er zu seinen Gunsten zu aktivieren versuchte.

Der zweite Teil beginnt mit der Fallstudie über Natal'ja Fedorova, die – wie wir eingangs erfahren haben – sich an einen Mann rächen wollte und dabei fünf Menschen vergiftet hatte. Dieses Kapitel übernimmt eine Scharnierfunktion. Denn es illustriert die Nachwirkungen einer Gewalttat aus der Bürgerkriegszeit in die an sich friedliche Phase der NĖP. Gleichzeitig wird wegen eines Diebstahls ermittelt, was einen tiefen Blick in die Komplexität dörflicher Auseinandersetzungen und Konfliktlösungsstrategien ermöglicht.

Das nächste Kapitel handelt von Vasilij Trofimov, der seinen Vater umbrachte. Nicht jeder Familienstreit endete mit einem Totschlag. Dessen Dokumentation gleicht jedoch einer Sonde, die zu gewalthaften Familiensituationen wie zu einer weiter unten liegenden Schicht führt. Die Fallstudie geht über den Familienkonflikt hinaus und legt die Rolle der Dorfgemeinschaft bei den Ermittlungen dar. Noch deutlicher als in den Bürgerkriegsfällen lässt sich herausarbeiten, wie Dorfbewohnerinnen und Dorfbewohner taktierten und argumentierten.

Die beiden letzten Kapitel greifen eine Thematik auf, die kaum und auf diese Weise noch gar nicht erforscht wurde, nämlich Vergewaltigungen im ländlichen Sowjetrussland. Mehr als in den übrigen Fallstudien gelangen das Geschlechterverhältnis und, da die Täter und Opfer leicht jünger waren, jugendspezifische Lebenssituationen ins Blickfeld. Der Grund für das erfolgreiche Strafverfahren gegen den Täter Nikita Samčenkov wird besonders augenscheinlich im Vergleich mit der gescheiterten Klage Dar'ja Šatovičs gegen ihre fünf Peiniger. Zusammen mit den anderen Fallbeispielen dokumentieren die Vergewaltigungsfälle in beeindruckender Schärfe, nach welchen Mechanismen das Ausüben von Herrschaft im sowjetischen Dorf während der 1920er Jahre funktionierte.

Die Einleitung begannen wir mit einer einfachen Zeitungsmeldung. Den Einstieg in den Hauptteil bildet ein Zitat aus einem Brief, in dem ein Gewalttäter um eine Blume bittet. Der Widerspruch könnte nicht grösser sein, soll aber für die Spannungen und Widersprüchlichkeiten stehen, denen man bei der Erforschung von Gewalt in den Lebenswelten junger Menschen begegnet.

2. Fallstudien zur Bürgerkriegszeit

2.1 Fallstudie Roman Murin Peitsche und Blume in einer Hand. Annäherung an die Komplexität eines historischen Akteurs.[1]

> [...] Liebe Nata, es könnte sein, dass Sie nicht kommen wollen, weil Sie gegenwärtig in Geldnot sind, mir aber unbedingt etwas mitbringen möchten, so wie ich Ihrem ersten Brief entnommen habe, wo Sie mir etwas zu übergeben wünschten. Um Gottes willen, ich bitte Sie, sich nicht um solche Kleinigkeiten Sorgen zu machen. Ich erhielt die Möglichkeit, via Kontor aus der Stadt Lebensmittel zu beziehen, und darum mangelt es mir an nichts, da ich genügend Geld habe. Einem anderen hätten sie das wahrscheinlich nicht erlaubt, doch ich geniesse hier besondere Privilegien, und deshalb leide ich absolut keine Not. Ich entschuldige mich tausendmal, dass mir das nicht früher in den Sinn gekommen ist. Ich verstehe Ihre gegenwärtig schwierige Lage vollständig und wenn ich frei wäre, dann würde ich selber Ihnen mit grossem Vergnügen helfen. Darum, ich bitte Sie noch einmal, liebe Nata, machen Sie sich wegen solcher Kleinigkeiten keine Sorgen, da ich möglicherweise besser lebe als Sie. Aber für mich ist eine Blume von Ihrer Hand gepflückt und mir gegeben unvergleichlich teurer als alles andere. [...][2]

Dieses Zitat ist der knapp zweihundert Seiten umfassenden Gerichtsakte des 22-jährigen Roman Maksimovič Murin entnommen, der Nata Pelich am 12. Juni 1919 aus dem Smolensker Gefängnis diesen Brief – seinen dritten und vermutlich letzten an sie – schrieb. Roman Murin sass in Untersuchungshaft, weil er unter anderem zu Beginn des Jahres Bewohner einer Kommune mit der Riemenpeitsche (*nagajka*) geschlagen hatte.

1 Bei diesem Kapitel handelt es sich um eine leicht veränderte Fassung des Aufsatzes: Tschudi, Daniela: Nagajka und Blume: Über den jungen Milizionär Murin und die bolschewistische Herrschaft im Gouvernement Smolensk 1919. In: Kuhr-Korolev, Corinna, Plaggenborg, Stefan, Wellmann, Monica (Hg.): Sowjetjugend 1917–1941. Generation zwischen Revolution und Resignation. Essen 2001, 169–193.

2 GASO, f. 47, op. 1(4s), d. 162, ll. 46, 57.

Wie ist es zu verstehen, dass ein Mensch, der zu brachialer Gewalt fähig war, um eine Blume, Sinnbild für Zartheit und Zerbrechlichkeit, bittet? Dieser auf den ersten Blick paradoxe Zwiespalt in einer Person gilt es meines Erachtens bei Forschungen über Gewalt im Auge zu behalten. Methodischen Raum für derartige Widersprüche lässt das Konzept der Lebenswelt. Darum besteht das Ziel im ersten Teil dieses Kapitels darin, die Lebenswelt von Roman Murin für die kurze Dauer von Dezember 1918 bis September 1919 soweit wie möglich zu rekonstruieren. In einem zweiten Schritt wird der Aspekt der Gewalt in der Lebenswelt Murins untersucht. Das konkrete Fallbeispiel soll den schillernden Begriff der Gewalt, die als Strukturmerkmal der Bürgerkriegszeit gilt[3], in seinem Facettenreichtum zu entfalten helfen. Im vorliegenden Fall geht es in erster Linie um Gewalt im Zusammenhang mit der Durchsetzung von Herrschaft.

Roman Murin versuchte vor Ort in seiner Funktion als Milizionär im Laufe von vier Monaten die Herrschaft der Bolschewiki zu etablieren. Sechs Monate später sass er selber auf der Anklagebank des Revolutionstribunals und wurde „wegen Trunkenheit, grobem Verhalten gegenüber den Kommunisten der Kommune Moščinki und anderem Unfug“[4] verurteilt. Damit hatte er, der vor kurzem selber Befehle erteilte und Handlungen durchführte, die die Anerkennung der Sowjetmacht bezwecken sollten, sich der Herrschaft der Bolschewiki unterzuordnen. An seinem Beispiel kann den Spielräumen und Handlungsmöglichkeiten, die einem einzelnen zur Verfügung standen, aber auch den Zwängen, denen er sich zu beugen hatte, nachgespürt werden. Diese Ambivalenz fängt das Konzept des „historischen Akteurs“ treffend ein. Es trägt der Tatsache Rechnung, dass „Menschen in ihrer sozialen und kulturellen Praxis gleichermassen Objekt und Subjekt von Welt und Geschichte sind, oder: wie sie Welt erfahren und immer auch produzieren“.[5]

3 Haumann, Heiko: Utopie einer herrschaftsfreien Gesellschaft und Praxis gewalthafter Verhältnisse. Offene Fragen zur Erforschung der Frühgeschichte Sowjetrusslands (1917–1921). In: Archiv für Sozialgeschichte 34 (1994) 19–34; Plaggenborg, Stefan: Weltkrieg, Bürgerkrieg, Klassenkrieg. Mentalitätsgeschichtliche Versuche über die Gewalt in Sowjetrussland. In: Historische Anthropologie 3 (1995), 493–505; ders.: Gewalt und Militanz in Sowjetrussland 1917–1930. In: Jahrbücher für Geschichte Osteuropas 44 (1996) 3, 409–430.

4 GASO, f. 47, op. 1(4s), d. 162, l. 7.

5 Lüdtke, Alf: Alltagsgeschichte, Mikro-Historie, historische Anthropologie. In: Goertz, Hans-Jürgen (Hg.): Geschichte. Ein Grundkurs. Hamburg 1998, 563.

Der eingangs angeführte Briefausschnitt gibt Zeugnis davon, wie Roman Murin seine Welt produzierte und erfuhr, sah und gestaltete. Er erwartete offensichtlich den Besuch von Nata Pelich, doch sie kam nicht. Er suchte nach den Gründen ihres Fernbleibens und vermutete als Hindernis materielle Not. Tatsächlich fehlte es in Smolensk an allem, Nahrungsmittel waren knapp. Das Gebiet von Smolensk, das traditionellerweise Getreide zukaufte, da die Eigenproduktion den Bedarf nicht deckte, spürte besonders hart, dass der Eisenbahntransport aufgrund des Bürgerkriegs schlecht funktionierte. Es gelang nur mit grosser Mühe, die Bevölkerung mit Getreide und Kartoffeln aus den Überschussgebieten zu versorgen. Die *razverstka*[6] im eigenen Gebiet brachte nicht den gewünschten Effekt. Hunger drohte, und teilweise hungerten die Menschen.[7] Dieser Sachverhalt scheint im Brief durch. Darin berichtete Roman Murin weiter von Privilegien, die er genoss. Er gaukelte diese Nata Pelich nicht nur vor, um sie zu beruhigen. Aus den Akten wird ersichtlich, dass er wirklich eine privilegierte Stellung innehatte: er arbeitete in der Gefängnisbibliothek. Diesen Umstand verdankte er wohl der Tatsache, dass er ausgezeichnet lesen und schreiben konnte.[8] Somit bildete er eine Ausnahme, denn viele Menschen waren An-

6 Anfang Mai 1918 entschied sich die Sowjetregierung, das Prinzip der *razverstka* einzuführen. Sie sollte eine „ausgleichende Verteilung" des Getreides zwischen Überschuss- und Mangelgebieten gewährleisten. Im Februar 1921 wurde der Beschluss wieder aufgehoben.

7 Vgl. Glinka, S.: K voprosu o snabženii gorodskogo naselenija kartofelem. In: Ėkonomičeskaja Žizn', Nr. 2–3, 1919g., 8–12.; Chronika. Chlebnye zapasy. In: *Izvestija*, Nr. 257, 1. 11. 1918, 3; Chronika. V Smolenskom uezdnom prodovol'stvennom komitete. In: Ebd., Nr. 292, 14. 12. 1918, 2; Prodovol'stvennoe delo. Svedenija o količestve vzjatogo na učet chleba i o čisle nuždajuščichsja edokov. In: Ebd., Nr. 5, 11. 1. 1919, 3; Vse na prodovol'stvie i na transport. In: Ebd., Nr. 17, 26. 1. 1919, 3; Iz žizni kraja. Vospreščenie uboja skota. In: Ebd., Nr. 25, 5. 2. 1919, 3; Daijan, M.: Smolensk v revoljucii 1917 goda. Smolensk 1927, 30, 31, 52; Frolov, N.: Zemleustrojstvo v Zapadnoj oblasti. In: Ėkonomičeskaja Žizn', Nr. 11–12, nojabr'–dekabr' 1923g., 39; Kazakov, Aleksandr: Naselenie Smolenščiny: prošloe i nastojaščee. In: Kraj Smolenskij, Nr. 7–8, ijul', avgust 1993, 72; Sikorskij, Evgenij: Uroki političeskogo banditizma. In: Političeskaja Informacija, Nr. 24, 1989, 18; Scheibert, Peter: Lenin an der Macht. Das russische Volk in der Revolution 1918–1922. Weinheim 1984, 162.
Die schwierige Situation in der Stadt Smolensk kam beispielsweise auch in Briefen von Eltern zum Ausdruck, die um Hilfe für ihre Kinder baten. Vgl. GASO, f. r-19, op. 1, d. 1322.

8 GASO, f. 47, op. 1(4s), d. 162, l. 18. Häufig wurden aufgrund des Personalmangels Gefängnisinsassen, die des Lesens und Schreibens kundig waren, auch als Wärter

alphabeten.[9] Seine Fähigkeiten eröffneten Roman Murin die Chance, sich das Leben erträglicher zu machen, und er wusste sie zu nutzen. Mit grosser Wahrscheinlichkeit verfasste Roman Murin auch Briefe, Bittschreiben und Rekurse für andere Gefängnisinsassen[10] und verdiente sich damit sein Geld.

Roman Murin thematisierte im Brief die materielle (Not-)Situation nicht nur, um Nata Pelich seine Besorgnis mitzuteilen, sie diente ihm auch zur Selbstdarstellung – er, ein Kavalier, der eine Blume zu schätzen wusste, wäre sofort bereit gewesen, Nata Pelich beizustehen. Menschen zu helfen und zu raten, scheint Roman Murin ein wichtiges Anliegen gewesen zu sein.[11] Er beantwortete Anfragen seiner Mitmenschen bezüglich ihres Schicksals, was ihm möglicherweise als weitere Einnahmequelle diente. Aufschluss über die Zukunft gewann Roman Murin mit Hilfe der Kabbalistik.[12] Fünf Beispiele der Zahlen- und Buchstabenkombinationen in Form eines aufgestellten Dreiecks auf rosafarbenem Papier sind in der Gerichts-

und Aufseher angestellt. Vgl. Jakobson, Michael: Origins of the GULAG. The Soviet Prison Camp System, 1917–1934. Kentucky 1993, 26.

9 Grišanevskij, V.: Raspredelenie naselenija Smolenskoj gubernii po polu, vozrastu, narodnostjam i gramotnosti po dannym demografičeskoj perepisi 1926g. In: Statističeskij Bjulleten', Nr. 4, mart 1928g., 139. Nach Angaben Grišanevskijs lag der Alphabetisierungsgrad im Gouvernement Smolensk 1920 bei 33,6 %, 1926 bei 41,5 %.

10 GASO, f. 47, op. 1(4s), d. 162, l. 16. Am 6. August 1919 wurden Teile der Bibliothek, wo Roman Murin gearbeitet hatte, in seiner Anwesenheit durchsucht und unter anderem „4 Rubel 15 Kopeken Silber, 12 Kupferkopeken, 75 Kopeken Mark, drei Münzen fremder Währung, drei Briefe auf die Namen Barytol', Fedorovič und Pjuntovskaja, [...] ein Büchlein mit verschiedenen Adressen und eine Liste der Arrestierten nach Kammern [...]" beschlagnahmt.

11 Freundinnen von Nata Pelich waren an den Ratschlägen Roman Murins ebenso interessiert wie sie selber. Vgl. GASO, f. 47, op. 1(4s), d. 162, ll. 43, 45, 50, 51. In der Gerichtsverhandlung untersuchten die Richter des Revolutionstribunals den Vorwurf, ob Roman Murin anderen Gefängnisinsassen die Frage, wann die Sowjetmacht zu Ende gehe, beantwortet habe, was er vehement abstritt. Ebd., l. 5.

12 Kabbala heisst Überlieferung, Tradition. Der Begriff Kabbalistik ist eigentlich nicht gebräuchlich, er bezieht sich vielleicht auf einen Teilbereich, der über magische Praktiken eine Art Zauberei bei den Anwesenden ausdrücken sollte. Vgl. Scholem, Gershom: Die jüdische Mystik in ihren Hauptströmungen. Frankfurt am Main 1957. Die Form der Dreiecke, wie sie auf den Blättern Roman Murins durchgängig vorkommt, erinnert an Zauberpapyri. Vgl. Blau, Ludwig: Das jüdische Zauberwesen. Darmstadt 1987, 137–146. Genauere Rückschlüsse sind mir nicht möglich.

akte aufbewahrt.[13] Mit der Kabbalistik betrieb Roman Murin vermutlich eine Form des Weissagens, die das traditionelle Vorhersagen in städtischer Umgebung ergänzte. Die Fragen nach der Zukunft blieben die gleichen[14], doch das Mittel wurde der Zeit angepasst – Kabbalistik statt Kaffeesatz und Karten.[15] Dass Roman Murins Zukunftsvorhersagen eintreffen würden, war im Gefängnis offenbar bekannt. So geht es zumindest aus dem Protokoll der Befragung von Nata Pelich hervor, das gleichzeitig einen kurzen Blick auf das Gefängnisleben[16] und eine Aussensicht auf Roman Murin erlaubt.

13 Bei der Durchsuchung der Gefängnisbibliothek wurden „eine Masse von Fragen und Antworten in Ziffern [...] und viele verschiedenerlei Briefe von Verhafteten" gefunden. GASO, f. 47, op. 1(4s), d. 162, l. 16. Vier der fünf Blätter sowie die Briefe an Nata Pelich sind auf qualitativ gutem, rosafarbenem Papier verfasst. Bedenkt man den chronischen Papiermangel, so erstaunt, dass der Häftling Roman Murin Zugang zu solchem Papier hatte. Dieser Umstand unterstreicht seine privilegierte Stellung nochmals. In den Bürgerkriegsjahren wurden knapp zehn Prozent der Papierproduktion von 1913 erreicht. Vgl. Brooks, Jeffrey: The Breakdown in Production and Distribution of Printed Material, 1917–1927. In: Gleason, Abbott, Kenez, Peter, Stites, Richard (Hg.): Bolshevik Culture. Experiment and Order in the Russian Revolution. Bloomington, Indiana 1985, 153, 154, 168 .

14 Košelev, Jakov: Molodežnye gadanija na Smolenščine. In: Kraj Smolenskij, Nr. 11–12, nojabr', dekabr', 1996, 50, 51.

15 Vigzell, F.: Zariskovki rossijskogo byta XVIII–XIX vekov. Gadalki i ich klienty. In: Otečestvennaja Istorija 1 (1997), 162, 165. Wahrsagen mit Hilfe von Kaffeesatz und Karten verbreitete sich in den Städten Russlands Ende des 18. Jahrhunderts und war spätestens Mitte des 19. Jahrhunderts etabliert. Ende des 19. Jahrhunderts änderte sich das Verständnis von Hellseherei. Sie wurde vermehrt aus reiner Neugierde und im privaten Kreis mittels Wahrsagebüchern betrieben. Eine besondere Faszination übten dabei die neuen Medien des Wahrsagens aus. Vermutlich gehörte in einer christlichen Umgebung das Hellsehen mit der Kabbala, die an sich schon sehr alt ist, zu den unbekannten Mitteln und wirkte deshalb modisch. Auch das Alter von Murin verweist auf das veränderte Verständnis: Traditionellerweise war das Wahrsagen den älteren Männern und Frauen vorbehalten. Murin zählte jedoch erst 22 Jahre. Ebd., 161–165.

16 Unterschiedliche Aspekte des Gefängislebens beschrieb Michail Gernet in der Artikelserie „Očerki tjurem'noj psichologija" in der Zeitschrift Pravo i Žizn' von 1922 bis 1925. Gernet, Michail N.: Očerki tjuremnoj psichologii. In: Pravo i Žizn', 1922g., kniga tret'ja, 65–74; ders.: Očerki tjuremnoj psichologii. Noč' v tjurm'me. In: Ebd., 1923g., kniga pervaja, 51–63; ders.: Toska v tjur'me i tjuremnye razvlečenija. Očerki tjuremnoj psichologii. In: Ebd., 1923g., kniga vtoraja, 82–88; ders.: Očerki tjuremnoj psichologii. Razvlečenija v obščem tjuremnom zaključenii. In: Ebd., 1923g., kniga tret'ja, 50–64; ders.: Očerki tjuremnoj psichologii. Polovaja žizn' v tjur'me. In: Ebd., 1923g., kniga četvertaja, 71–77; ders.: Očerki tjuremnoj psichologii. Žurnalistika i žurnali v tjur'me. In: Ebd., 1923g., kniga pjataja i

Nata Pelich sagte im Befragungsprotokoll aus, sie habe von den Aufseherinnen erfahren, dass Roman Murin unschuldig sei und gut weissagen könne. Sie schilderte auch, wie sie Roman Murin kennengelernt hatte. Sie selber musste eine Gefängnisstrafe abbüssen, weil der Bräutigam ihrer Schwester, für den sie gebürgt hatte, nicht vor Gericht erschienen war. Roman Murin, so Nata Pelich, kannte letzteren und hatte durch ihn von ihr gehört. Zudem würden im Gefängnis Gerüchte leicht und schnell kursieren. Mit ihr habe Roman Murin Kontakt aufgenommen, indem er ein Buch aus der Bibliothek mit einer Notiz sandte. Darin erklärte er Nata Pelich, dass er sie bedauere, und fragte, ob sie einander schreiben wollten. Da sie sich im Gefängnis gelangweilt habe[17], schickte sie ihm einige Male via Gefängniskontor Fragen zu ihrem Schicksal. Sie interessierte sich für ihren zukünftigen Ehemann, ihr Glück und ihren Tod.[18] Die Antworten habe ein Gefängnismitarbeiter gebracht und laut vorgelesen.[19]

Ein Foto von Nata Pelich[20] in der Gerichtsakte, auf dessen Rückseite sie Murin zärtlich „Roma"[21] nannte und darauf verwies, dass Aufnahmen im Winter äusserst schlecht würden, sowie die Bitte Roman Murins um eine von Nata Pelichs Hand gepflückte Blume lassen den Schluss zu, dass die Beziehung der beiden über ein Beratungsverhältnis hinausging. Vielleicht machte gerade die Kabbalistiktätigkeit Roman Murin attraktiv und geheimnisvoll. Diesen Eindruck verstärkte er meines Erachtens, als er auf die An-

šestaja, 93–105; ders.: Očerki tjuremnoj psichologii. Mysl' v tjur'me. In: Ebd., 1923g., kniga sed'maja i vos'maja, 102–110; ders.: Očerki tjuremnoj psichologii. Psichologija tjuremnogo čtenija. In: Ebd., 1923g., kniga devjataja i desjataja, 83–97; ders.: Očerki tjuremnoj psichologii. Psichologija perepiski i svidanij v tjur'me. In: Ebd., 1924g., kniga pervaja, 81–92; ders.: Očerki tjuremnoj psichologii. Čuvstvo v tjur'me. In: Ebd., 1925g., kniga pervaja, 70–76; ders.: Očerki tjuremnoj psichologii. Čuvstvo v tjur'me. In: Ebd., 1925g., kniga vtoraja i tret'ja, 104–109; Jakobson, Origins, 18–52.

17 Zum Zeitvertreib und zur Langeweile in den Gefängnissen vgl. Gernet, Michail N.: Očerki tjuremnoj psichologii. Toska v tjur'me i tjuremnye razvlečenija. In: Pravo i Žizn', 1923g., kniga vtoraja, 82–88.

18 Die in der Akte vorhandenen Fragen lauten: „Wer liebt mich ausser dem, der mir bekannt ist?" (GASO, f. 47, op. 1(4s), d. 162, l. 49), „Wieviele Jahre lebe ich und wie werde ich sterben?" (ebd., l. 52), „Liebt der von mir geliebte Mensch ausser mir noch jemanden?" (ebd., l. 53), „Werde ich mit dem von mir geliebten Menschen glücklich?" (ebd., l. 54).

19 GASO, f. 47, op. 1(4s), d. 162, ll. 44, 45.

20 Ebd., ohne Paginierung, zwischen ll. 42 und 43.

21 Ebd.: „Šlju privet Rome".

frage Nata Pelichs, ihr die Kunst des Weissagens mit Hilfe der Kabbalistik beizubringen, abschlägig antwortete mit dem Hinweis auf die hohen Anforderungen: Kenntnis der höheren Mathematik und jahrelange Übung. Er selber befasse sich schon acht Jahre mit Kabbalistik. Ein Araber[22] im Gouvernement Kovno (Litauen), der vor langer Zeit gestorben sei, habe ihn in dieses Geheimnis eingeweiht. Seither habe er, Roman Murin, schon Tausenden von Menschen Ratschläge gegeben. Seine Weissagungen seien immer eingetroffen, manchmal mit etwas Verzögerung.[23] Welche Motive verleiteten Roman Murin, so grossspurig anzugeben? War es in seinen Kreisen in jener Zeit üblich, so um eine Frau zu werben – im Sinne eines Imponiergehabes? Zielte seine Prahlerei auf die Propagierung seiner Kunst der Zukunftsvorhersage? Oder bezeichneten diese Aussagen einen Charakterzug Roman Murins – einer, der gerne übertrieb? Die Gerichtsakte gibt keine Antwort, sie hält nur fest, dass Roman Murin ein paar Monate später seine Kabbalistiktätigkeit ganz anders darstellte. Als die Richter des Revolutionstribunals des Gouvernements Smolensk ihn danach befragten, wiegelte er ab: Er selber glaube nicht allen Antworten, nur zehn von zwanzig seien wahr.[24] Damit widersprach sich Roman Murin selbst. Aus dieser Diskrepanz wird zweierlei ersichtlich: Roman Murins Selbstdarstellung hing von der jeweiligen Situation ab, doch in diesem Rahmen gestaltete er seine Welt, wie die Rekonstruktion der Lebenswelt im Gefängnis deutlich machte. Im Spannungsfeld von Formen und Geformtwerden ist somit ein heterogenes, ja gar gegensätzliches Bild eines historischen Akteurs entstanden.

In der Gerichtsakte finden sich weitere Angaben zur Person Roman Murins. Aus einem Befragungsprotokoll erfahren wir, dass er 1897 in Ostrov, Gouvernement Pskov, geboren wurde.[25] Er war Russe. Sechs Jahre lang besuchte er das Gymnasium. 1914 – also 17-jährig – trat er in die zaristische Armee ein und leistete in einer Regimentskanzlei seinen Dienst. Vor der Oktoberrevolution hatte er den Rang eines Unteroffiziers inne. Die soziale Herkunft Roman Murins bleibt unklar. Es finden sich zwei ver-

22 Kabbalistik ist Teil der jüdischen Mystik. Darum ist nicht klar, weshalb gerade ein Araber Roman Murin diese Kunst beigebracht haben soll. Möglicherweise lag ein Missverständnis Murins vor, vielleicht wollte er den Reiz des Exotischen bewusst steigern.

23 Ebd., ll. 48, 55.

24 Ebd., l. 5.

25 Ebd., ll. 136, 191. Roman Murin muss zwischen dem 22. März und dem 23. Mai geboren sein. Das genaue Geburtsdatum ist in der Akte nicht überliefert.

schiedene Vermerke in den Akten: „Arbeiter-Proletarier“ und „Bauer“.[26] Die bisherigen Informationen hätten eher vermuten lassen, dass er dem (Klein-)Bürgertum entstammte. Möglicherweise erhoffte er sich von diesen Angaben zu seiner sozialen Herkunft gewisse Vorteile, weil er begriffen hatte, welche Herkunft als politisch korrekt galt. Es ist aber auch denkbar, dass er damit seine Loyalität zum Sowjetstaat ausdrücken wollte. Auf die Frage nach seiner politischen Überzeugung bezeichnete sich Roman Murin nämlich als „Kommunist“[27]. Im November 1918 kehrte er aus deutscher Kriegsgefangenschaft zurück und blieb in Smolensk. Dort schloss er sich einer militärischen Einheit an, nachdem er wohl ähnliche Erfahrungen wie Tausende anderer Kriegsgefangener gemacht hatte.[28] Die *Izvestija* berichtete am 22. November 1918 nicht zum ersten Mal:

> Jeden Tag treffen in Smolensk Tausende von Kriegsgefangenen ein. Der Verteilpunkt (*rampa*) [sic] ist überfüllt. Massen Kranker. Alle sind zerlumpt, erschöpft. Alle beeilen sich, so schnell wie möglich nach Hause zu gelangen. Ein bedeutender Prozentsatz schreibt sich gleich hier in die Rote Armee ein. Unter ihnen befinden sich viele, die aus den besetzten Gebieten stammen, deren Dörfer zerstört wurden und deren Verwandte nach Russland geflohen waren. […] In Russland nahm die Bewegung der Kriegsgefangenen einen spontanen Charakter an und die Hilfe, die ihnen in Smolensk erwiesen wird, ist unzureichend. Die Gefangenen sind aufgeregt, nervös und erzürnen sich. […] Am Verteilpunkt in Smolensk müssen sie drei, vier Tage auf schmutzigem Boden herumliegen, Hunger, Parasiten, lange Schlangen und Chaos ertragen.[29]

26 Ebd., ll. 5, 12.

27 Ebd., l. 136. Teilweise ist in den Gerichtsakten die Nummer des Parteiausweises vermerkt. Im Fall von Roman Murin ist sie nicht verzeichnet.

28 Nach dem Abschluss des Friedensvertrages von Brest-Litovsk war Smolensk eines der ersten Gouvernements, das sich mit dem Problem der Evakuierung von Kriegsgefangenen und Flüchtlingen auseinandersetzen musste. Allein im Zeitraum von April bis November 1918 passierten im Zusammenhang mit dem Austausch von Kriegsgefangenen aus Deutschland und Österreich-Ungarn 87’915 Kriegsgefangene Smolensk. Vgl. Ščerov, Ivan Petrovič: Organizacija i dejatel’nost’ kollegij po delam plennych i bežencev v Smolenskom krae (1914–1921gg.). Avtoreferat dissertacii […] kanditata istoričeskich nauk. Moskau 1998, 3, 12; Na glavnom raspredelitel’nom punkte Plenbeža. In: *Izvestija*, Nr. 64, 25. 3. 1919, 4.

29 *Izvestija*, Nr. 274, 22. 11. 1918, 2.

Ende November 1918 trat Roman Murin in die Kriminalabteilung der Miliz ein. Erst am 12. Oktober 1918 hatten der NKVD und das Volkskommissariat für Justiz der russischen Sowjetrepublik mit der Bestätigung der „Instruktion über die Organisation der sowjetischen Arbeiter- und Bauernmiliz" der Gründung einer staatlichen Miliz zugestimmt, die als Exekutivorgan vor Ort fungieren sollte. Dieser Entscheid bedeutete eine Kehrtwende in der Politik der Bolschewiki. Sie hatten bis dahin die Meinung vertreten, dass infolge der Revolution der alte Staat zusammenbrechen, eine ständige Armee und die Polizei verschwinden und deren Aufgaben an die bewaffnete Bevölkerung übergehen würden. Konkret hatten die Bolschewiki versucht, diese Idee in Form der Arbeitermiliz umzusetzen. Das Projekt scheiterte jedoch an der Erkenntnis, dass der Schutz des sowjetischen staatlichen und gesellschaftlichen Systems, die Aufrechterhaltung der öffentlichen Ordnung und die Verbrechensbekämpfung – kurz: die Hauptaufgaben der Miliz – professionell ausgeführt werden mussten, um effektiv zu sein. Die Instruktion vom 12. Oktober 1918 legte unter anderem auch die Aufnahmebedingungen in die Milizorganisation fest. Die Milizionäre mussten die Sowjetmacht anerkennen und das aktive und passive Wahlrecht besitzen, welches laut Verfassung vom Juli 1918 nur Arbeitern, Soldaten und Bauern zustand.[30] Von Kaderleuten wurde zudem verlangt, dass sie eine Empfehlung der Partei, einer Gewerkschaft oder lokaler Sowjetdeputierter vorweisen konnten, mindestens 21 Jahre alt und alphabetisiert waren. Das letzte Kriterium war schwierig, in die Praxis umzusetzen. Ein bedeutender Teil der Arbeiter in der Miliz konnte kaum oder gar nicht lesen und schreiben. Zeitgleich zur Bildung der Miliz wurde die Kriminalabteilung zentralisiert. Im November forderte die Hauptverwaltung der Miliz (*Glavnoe upravlenie milicii RSFSR*) die lokalen Sowjets auf, die Kriminalpolizei mit qualifizierten Personen zu besetzen.[31] Murin hatte beste Chancen auf einen Posten in der Miliz: Er schrieb fehlerfrei und gut leserlich und war zudem nach eigenen Angaben Kommunist. Mit grosser Wahrscheinlichkeit wurde er in die Kriminalabteilung des *uezd* Smolensk (*Ugolovno-rozyskaja milicija Smolenskogo uezda*) versetzt, als der Leiter der

30 Zur Gruppe derjenigen, denen das Wahlrecht und die Bürgerrechte entzogen wurden, den sogenannten *lišency* vgl. Lebina, Natal'ja Borisovna: Povsednevnaja žizn' sovetskogo goroda: normy i anomalii. 1920–1930 gody. Sankt Petersburg 1999, 189–191.

31 Mukulaev, R. S.: Stanovlenie sovetskoj milicii (1917–1920gg.). In: Borisov, A. V., Dugin, A. N., Malygin, A. Ja. et al. (Hg.): Policija i milicija Rossii: stranicy istorii. Moskau 1992, 100–104, 109, 110; Scheibert, Lenin, 78, 79.

uezd-Miliz den Kriegskommissar des Gouvernements am 16. November 1918 bat, ihm einen Vertreter der Truppenteile zur Verfügung zu stellen, da er dringend Hilfe brauche.[32] Diese Bitte ist ein Hinweis, wie die enge Verbindung zwischen Militär und Miliz zustande kam. Ab Frühjahr 1919 setzte eine verstärkte Militarisierung der Miliz ein, die sich in der Gleichstellung der Milizionäre mit den Soldaten der Roten Armee auf der rechtlichen Ebene und bei der sozialen Versorgung niederschlug.[33] Wie sehr die Militarisierung die Verhaltensweise der Milizionäre beeinflusste, bedarf noch der wissenschaftlichen Aufarbeitung.

Konkreter Auslöser für den Hilferuf des Leiters der *uezd*-Miliz war der Vorfall in der *volost'* Korochotkin, rund zwanzig Kilometer nördlich der Stadt Smolensk, der sich am 26. November ereignete:[34]

> [...] Heute nacht überfiel eine Bande einen Smolensker Priester, band alle zusammen und raubte sie aus, sagten [sic] ‚Jetzt müssen wir zu Aleksandra Petrovna, dem Arzt, gehen'. Doch einer sagte, dass es schon spät sei. Offensichtlich sind es Hiesige, da sie sogar wissen, wer wie heisst. Diese Bande bringt über den ganzen Kreis Schrecken.[35]

Dieser Vorfall war kein Einzelfall. Das Bandenwesen (*banditizm*) grassierte im Gouvernement Smolensk.[36] Der *banditizm* in einem Gebiet, das nominell in der Hand der Bolschewiki war, wurde bisher kaum unter-

32 GASO, f. 47, op. 1(4s), d. 162, l. 99.

33 Vgl. Petrošickij, Valerij M.: Organizacionno-pravovye osnovy social'noj i pravovoj zaščity sotrudnikov milicii RSFSR (1917–1941gg.). Dissertacija [...] kandidata juridičeskich nauk. Moskau 1997, 78, 79, 114, 115.

34 Vgl. die Aufzählung der Verbrechen, die der Bande zur Last gelegt wurden, im Artikel: Sud. Peredača dela o banditach v Revoljucionnyj Tribunal. In: *Izvestija*, Nr. 52, 8. 3. 1919, 4.

35 GASO, f. 47, op. 1(4s), d. 162, l. 98. Logische Unstimmigkeiten des Zitats sind schon im Original zu beobachten: „Segodnja noč'ju banda grabitelej napala na Smolenskago [sic] svjaščennika, svjazala vsech i ograbila. Ograbil [sic] svjaščennika govorjat: ‚Teper' nužno itti [sic] k Aleksandre Petrovne /doktor/.' [...]"

36 Besonders stark waren die *uezdy* Porečsk (heute Demidov), Belyj, Gžatsk (heute Gagarin), Duchovščina, Vjaz'ma und Teile des *uezd* Syčevsk betroffen, wo im Herbst 1918 Aufstände stattfanden. Vgl. Il'juchov, Aleksandr: Smolenščina: 1917–načalo 50-ch godov. In: Kraj Smolenskij, Nr. 5–6, maj–ijun' 1998, 79.

sucht.[37] Aus der Sicht der Partei hetzten ehemalige Offiziere, Geistliche, „Kulaken", Lehrer, frühere zaristische Beamte und Sozialrevolutionäre die Bauern gegen sie auf. Schlossen sich Menschen aus diesen Gruppen zusammen und leisteten Widerstand, so nahmen die Bolschewiki sie als „Banditen" war. So wie „Konterrevolutionär"[38] ist „Bandit" als ideologisch motivierten und daher undifferenzierten Sammelbegriff für politische Gegner zu verstehen, wobei die Bolschewiki in der Regel davon ausgingen, dass ein Konterrevolutionär aus einem politischen Bewusstsein handle, was bei einem Banditen nicht zwingend der Fall sein musste. Konnte ein Konterrevolutionär als Einzelperson auftreten, so implizierten die Begriffe „Bandit" und *banditizm* immer einen organisierten Verband und stellten das negative Pendant zum (Partei-)Kollektiv dar. In dieser Konkurrenz bestand für die Bolschewiki meines Erachtens die grosse Gefahr des *banditizm*. Der *banditizm* kennzeichnete zudem über den Bürgerkrieg hinaus eine politische Bedrohung: Angefangen bei „weissgardistischen und grünen Banden" über die „Banden von Hooligans" Mitte der 1920er Jahre bis hin zu den „Kulakenbanden" während der Kollektivierung.[39] Auf der sprachli-

37 Für den Raum Smolensk hat sich bisher vor allem Evgenij A. Sikorskij mit dem Thema *banditizm* beschäftigt. Allgemein zu den „Grünen Bewegungen" bei Brovkin, Vladimir N.: Behind the Front Lines of the Civil War. Political Parties and Social Movements in Russia, 1918–1922. Princeton, New Jersey 1994, 127–162. Ansonsten beziehen sich Forschungen zu den „Grünen Bewegungen" vor allem auf den sibirischen Raum und die Ukraine, also auf Gebiete, um die die „Roten" und „Weissen" im Bürgerkrieg noch kämpften, sowie auf den späteren Zeitraum von 1920 bis 1922. Vgl. etwa Pereira, Norman G. O.: The Partisan Movement in Western Siberia, 1918–1920. In: Jahrbücher für Geschichte Osteuropas 38 (1990) 1, 87–97; Müller, Eberhard: Autonome Bewegungen des Volkskrieges in Sowjetrussland nach der Revolution von 1917. In: Schulz, Gerhard (Hg.): Partisanen und Volkskrieg. Zur Revolutionierung des Krieges im 20. Jahrhundert. Göttingen 1985, 36–56; Dahlmann, Dietmar: Land und Freiheit: Machnovščina und Zapatismo als Beispiele agrarrevolutionärer Bewegungen. Wiesbaden 1986; Radkey, Oliver H.: The Unknown Civil War in Soviet Russia. A Study of the Green Movement in the Tambov Region 1920–1921. Standford, California 1976. Zur militärischen Niederschlagung von Konflikten in Provinzstädten vgl. Brovkin, Behind, 72–89.

38 Zur Bezeichnung „Konterrevolutionär" für politische Gegner und deren Vorteile für die Propaganda vgl. Katzer, Nikolaus: Die weisse Bewegung in Russland: Herrschaftsbildung, praktische Politik und politische Programmatik im Bürgerkrieg. Köln, Weimar et al. 1999. (Beiträge zur Geschichte Osteuropas; Bd. 28), 5, 6.

39 Während der Zarenzeit wurden jegliche Aktivitäten von Gruppen gefürchtet. Das Strafrecht definierte die „kriminelle Bande" recht breit und die Zugehörigkeit zu einer „Bande" war kriminalisiert. Vgl. Frank, Stephen P.: Crime, Cultural Conflict, and Justice in Rural Russia, 1856–1914. Berkeley, Los Angeles 1999, 124–132. Im

chen Ebene lässt sich also eine Kontinuität von der Bürgerkriegszeit über die NĖP bis in die 1930er Jahre feststellen. Metaphorisch wurde zwischen *banditizm* und Wölfen eine Linie gezogen. Banditen würden wie Wölfe in Rudeln im Wald hausen, vom Hunger getrieben aus den Wäldern in die Dörfer kommen, unschuldige Menschen überfallen, um dann Tod und Schrecken hinterlassend und ebenso schnell wie gekommen mit dem Erbeuteten in die Wälder zurückzukehren.[40]

Das Phänomen, das die Bolschewiki als *banditizm* fassten, entsprach faktisch einem Kleinkrieg[41], der sich dadurch charakterisierte, dass jegliche Fronten fehlten. Die zahlreichen Berichte über den Stand der Bandenbekämpfung und einige Befragungen von „Banditen" geben Aufschluss über den Alltag des Kleinkrieges. Er zeichnete sich durch eine hohe Mobilität aus. Stiessen die „Banditen" oder Verfolger bei ihren Bewegungen auf Unbekannte, so versuchten sie möglichst schnell herauszufinden, auf wessen Seite das Gegenüber stand. Besonders das Reiten durch Wälder und Sümpfe, von denen das Gouvernement Smolensk viele hatte, bedeutete, dauernd

Hinblick auf die Organisationsform des Staatsfeindes und des Feindbildes im Allgemeinen zeichnet sich demnach auch eine Kontinuität zwischen dem zaristischen Reich und dem bolschewistischen Regime ab.
Für weitere Meldungen zum Bandenwesen während der 1920er Jahre und zu Beginn der 1930er Jahre vgl. Smolensker Archiv R4 WKP25, 133, 391; R32 WKP 273, 304; R39 WKP331, 15, 16; R57 WKP14, 16; CDNISO, f. 5, op. 1, d. 195, 27, 28; d. 549, 21–23; d. 556, ll. 27, 28. In Form einer Erinnerung vgl. Borodičev, P.: Na zare sovetskoj vlasti, ili o banditizme v Veližskom rajone. In: Put' k kommunizmu, Nr. 139, 24. 11. 1990, 3; Nr. 140, 27. 11. 1990, 3; Nr. 141–142, 29. 11. 1990, 3; ders.: Nedobitki. Pamjat' tech let. In: Put' k kommunizmu, Nr. 15, 2. 2. 1991, 3.
„Bandit" überdauerte sogar die Sowjetunion etwa bei der Benennung tschetschenischer Kämpfer als Banditen, wobei diese – ebenfalls aus politischen Gründen – neuerdings als „Terroristen" bezeichnet werden.

40 Bol'šakov, A. M.: Derevnja posle Oktjabrja. Leningrad 1925, 325; *Pravda*, Nr. 78, 11. 4. 1919, 4. Zur Bedeutung des Wolfes in der Vorstellung der bäuerlichen Bevölkerung siehe: Dobrovol'skij, V. N.: Smolenskij Oblastnoj Slovar'. Smolensk 1914. Stichwort „volk" (Wolf), 78, 79. Diesem Artikel zufolge waren Wölfe im Gouvermenent Smolensk weit verbreitet, manchmal würden sie sogar durch die Strassen der Hauptstädte der *uezdy* laufen.

41 Ich ziehe „Kleinkrieg" dem Wort „Aufstand" vor. Letzteres beinhaltet die Vorstellung einer, wie auch immer geformten, gefestigten Herrschaft, gegen die Widerstand geleistet wird. Die Herrschaftsfrage war jedoch während des Bürgerkriegs noch nicht entschieden, weshalb ich die Umschreibung „Kleinkrieg" für geeigneter halte. Eine treffende Darstellung des Phänomens auch bei Scheibert, Lenin, 153–156.

auf der Hut zu sein, und weckte das Gefühl ständiger Gefahr.[42] Waren die Fremden bewaffnet, so kam es zu gewaltsamen Zusammenstössen, oft mit Toten und Verletzten. Die bolschewistischen Berichterstatter beklagten immer wieder die schlechte Bewaffnung und die fehlende Munition. Sie seien den „Banditen" um ein Vielfaches unterlegen und müssten sich daher frühzeitig zurückziehen, was eine erfolgreiche Bekämpfung verhindere. Recht häufig scheint es vorgekommen zu sein, dass die Toten und manchmal die Verletzten entkleidet und entwaffnet wurden. Der gleichen Praxis wurden auch Milizionäre unterzogen. Faktisch unterschied sich die Lebensweise der „Banditen" und Verfolger während einer Auseinandersetzung kaum.[43]

Es ist schwierig, im Einzelnen herauszufinden, weshalb sich jemand den „Banden" anschloss und ob tatsächlich immer politische Motive, so wie die Bolschewiki wähnten, hinter dieser Entscheidung standen.[44] Ein grosses Kontingent der „Banden" stellten Deserteure. Viele Männer versuchten der Rekrutierung zu entgehen, indem sie in den Wäldern untertauchten, wobei die meisten von ihnen den Kontakt zu ihrem Dorf beibehielten und nach dem Abzug der Gefahr wieder dort lebten. In diesem Falle bedeuteten „Banden" wohl eher eine Reserve, die sich kurzfristig und zu einem aktuellen Anlass zusammen tat. Dementsprechend verlief die Bekämpfung des *banditizm* und der Desertion Hand in Hand.[45] Als zweiten, wichtigen Beweggrund für die Bildung von „Banden" nannten die Berichterstatter die Unzufriedenheit mit der Steuerpolitik (*razverstka*) der Bolschewiki, die die Bevölkerung als willkürlich empfand.[46] Sie fühlte sich in

42 Angesichts der ständig möglichen Präsenz des Gegners erscheint es mir wenig sinnvoll von einer „inneren Front" zu sprechen, die eine wie auch immer geartete, klare territoriale Trennlinie impliziert. Vgl. Brovkin, Behind, 161, 162, 407.

43 GASO, f. r-1007, op. 1, d. 27, ll. 38, 82; d. 31, ll. 4, 7, 52; d. 33, ll. 16, 19, 36, 48, 51, 52; d. 50, ll. 23, 35, 36, 39; d. 77, ll. 15, 18, 19; d. 83, ll. 1–4; d. 89, l. 38; Smolensker Archiv R15 WKP119, 24–27; R54 WKP512, 193, 194; R32 WKP273, 304.

44 Für die Vielzahl von Erklärungen und Ausreden von Verhafteten vgl. GASO, f. 47, op. 1(4s), d. 322.

45 Mehr zum Thema Desertion im nächsten Kapitel.

46 Sikorskij, Uroki, 19, 20. Hier schildert Sikorskij, wie eine übermässig hohe Steuerbelastung des *uezd* Porečsk (später Demidov) im November 1918 einen Bauernerhebung auslöste. Brovkin berichtet, wie im *uezd* Roslavl' im Sommer 1919 gewaltsam ein „Kulakenaufstand" niedergeschlagen wurde, nachdem die lokale Bevölkerung sich gegen willkürliche Konfiskationen gewehrt hatte. Brovkin, Behind, 137, 138.

ihrer Existenz bedroht, organisierte sich in „Banden" und – im Sinne der Selbsthilfe – verteidigte sich oder holte das (vermeintlich) Ihre zurück. Die Grenze zwischen einer (gewaltsamen) Restitution zu eigentlichen Raubzügen liess sich nicht immer klar ziehen.

In den Quellen erscheinen die Dörfer als eine recht geschlossene Einheit, schliesslich kamen die Berichterstatter vorwiegend von aussen. Trotzdem lassen sich in ihren Meldungen Spuren für Spannungen und Konflikte innerhalb der Dörfer oder gar Familien erkennen, etwa dann, wenn Ortsansässige am Waldrand oder auf dem offenen Feld Informationen über ihre Nachbarn und Verwandten gaben. Insgesamt besteht jedoch eine grosse Forschungslücke bezüglich des Alltagslebens der Bevölkerung in den Provinzen während des Bürgerkrieges. Ebenfalls bleibt unklar, ob und wie sehr sich die Menschen auf lokaler Ebene an Parteiprogrammen orientierten oder Interessen und Perpektiven, wie sie sich aus der Situation und den Bedingungen vor Ort ergaben, ihr Handeln bestimmten.

Schliesslich darf nicht vergessen werden, dass auch kriminelle Banden ihr Handwerk mit dem Ziel der persönlichen Bereicherung ausübten und dabei von der Ineffektivität der staatlichen Verbrechensbekämpfung profitierten.

Alles in allem wirft das Stichwort *banditizm* ein Schlaglicht auf die labile herrschaftspolitische Lage im Gouvernement Smolensk. Das Gebiet war zwar nicht direkt von den Bürgerkriegshandlungen betroffen, doch es herrschte eine grosse Unsicherheit und die Vertreter der Bolschewiki mussten die neue Ordnung – teilweise unter Einsatz ihres Lebens[47] – verteidigen und sichern.

Der Hinweis auf die inhaltliche Vielfalt des Phänomens *banditizm* macht deutlich, dass das Recht des Stärkeren galt. Am besten organisierte sich jeder seinen Schutz selber. Dabei spielten Waffen eine sehr wichtige

47 Die bekanntesten Beispiele in Smolensk sind die Parteimitglieder Demidov und Smirnov, die 1918 bei der Niederschlagung von sogenannten Aufständen umkamen. Ihnen zur Ehre wurde ein *uezd* (Demidov) und ein zentraler Platz in der Altstadt Smolensk (Smirnov) umbenannt. Il'juchov weist ausdrücklich darauf hin, dass die Gesamtzahl der Opfer im Gebiet von Smolensk während der Bürgerkriegszeit nicht bekannt und aufgrund der unterschiedlichen Bezeichnungen – Klassenfeinde, Geiseln, Banditen, Grüne, Komplizen, Rotarmisten, Kämpfer der Versorgungsabteilungen (*prodotrjady*), Partei- und Sowjetaktivisten – schwer zu erfassen sei. Er vermutet, dass die Zahl in die Zehntausende geht. Il'juchov, Smolenščina, 80. Für die Beschreibung des Bandenwesens aus sowjetischer Sicht vgl. Stepanov, Petr S.: Bor'ba za ukreplenie Sovetskoj vlasti v Smolenskoj gubernii v 1917–1920gg. Smolensk 1957.

Rolle. Insbesondere bei der ländlichen Bevölkerung scheint der Besitz von Waffen üblich gewesen zu sein.[48] Die heimgekehrten Soldaten hatten Gewehre und Munition mit nach Hause gebracht.[49] Waffen waren von den Bolschewiki allerdings im Frühjahr und Sommer 1918 auch an die Bevölkerung verteilt worden. Als nach der Unterzeichnung des Friedensvertrags von Brest-Litovsk die deutsche Armee bis hundert Kilometer vor die Stadt Smolensk vordrang, beschloss der Oberste Kriegsrat (*Vysšyj Voennyj Sovet*) am 9. März 1918, im westlichen Abschnitt ein Verteidigungskonzept zu verwirklichen, das einzelne Truppen vorsah, die untereinander in Kontakt standen. Da die zaristische Armee faktisch aufgelöst und eine neue noch nicht aufgebaut war, bedeutete die Umsetzung dieses Konzepts konkret, dass bewaffnete Gruppen, bestehend aus der lokalen Bevölkerung, den Vormarsch der deutschen Truppen nach Moskau aufhalten sollten.[50] In diesem Zusammenhang gelangten Waffen in grossen Mengen an die Bevölkerung, wobei sicherlich nicht alle ausschliesslich im Kriegskampf Verwendung fanden, sondern für den Selbstschutz aufbewahrt wurden. Eine Waffe zu besitzen, bedeutete schliesslich bei einer Auseinandersetzung immer einen potentiellen Vorteil.

Roman Murin erhielt im Zusammenhang mit seiner Anstellung als Milizionär am 29. November 1918 ebenfalls das Recht, Waffen zu tragen und sie zu benützen.[51] Fünf Tage später, am 4. Dezember, stellte der Leiter der *uezd*-Miliz Roman Murin einen Befehl aus, worin er ihn in die erwähnten *volosti* Korochotkin und Vladimir abkommandierte. Seine Aufgabe lautete, eine Reihe von Überfällen zu untersuchen, die von einer Bande Unbekannter verübt worden war. Er wurde deshalb berechtigt, Häuser zu durch-

48 Vgl. Dekret Soveta Narodnych Komissarov o sdače oružija. In: *Izvestija*, Nr. 299, 22. 12. 1918, 2; Den' vintovki. In: Ebd., Nr. 9, 16. 1. 1919, 1. In letzterer wurde die Bevölkerung verpflichtet und aufgerufen, Waffen unterschiedlichster Art und Munition abzugeben. Vgl. auch GASO, f. 47, op. 1(1s), d. 163, l. 43.

49 Krasnokutskij beschreibt in seiner Dissertation die Demobilisierung der alten Armee und in diesem Zusammenhang auch die Organisation respektive Nichtorganisation der Evakuierung des militärischen Materials. Krasnokutskij, Viktor Vladimirovič: Demobilizacija Rossijskoj armii v 1917–1918gg. (na primere Zapadnogo fronta). Avtoreferat dissertacii [...] kandidata istoričeskich nauk. Moskau 1997, 24, 25.

50 Sikorskij, Evgenij: Šli krest'jane v partizany. In: Kraj Smolenskij, Nr. 1–2, janvar'–fevral' 1996, 3, 4. Sikorskij beschreibt in seinem Artikel die organisatorische Umsetzung des Konzepts auf der lokalen Ebene. Im August 1918 begann dessen Aufhebung.

51 GASO, f. 47, op. 1(4s), d. 162, l. 60.

suchen, Gegenstände zu beschlagnahmen und verdächtige Personen festzunehmen. Zudem sollten alle, die mit der Ermittlung der Überfälle zu tun hatten, Roman Murin unterstützen und mit ihm zusammenarbeiten.[52] In einer dreibändigen Gerichtsakte über eine Bande befinden sich zudem Protokolle von Roman Murin, aus denen noch konkreter hervorgeht, worin seine Arbeit bestand. Er sollte herausfinden, wo die Verdächtigten wohnen, wie ihr richtiger Name lautete, Hausdurchsuchungen vornehmen, Gegenstände konfiszieren, auflisten und versiegeln, Personen verhaften und alle diese Handlungen protokollieren.[53] Aus seinen Protokollen gewinnt man den Eindruck eines korrekt arbeitenden Milizionärs, der sich an die Dienstvorschriften hielt und sich seiner Pflichten bewusst war.[54] Auf den ersten Blick mag die Arbeit Roman Murins routinehaft wirken, führt man sich aber den Kontext des beschriebenen Kleinkriegs vor Augen, werden die damit verbundenen Schwierigkeiten und Risiken verständlich.

Die angesprochene dreibändige Akte wurde über eine Bande[55] angelegt, die im Raum der Gouvernements Smolensk, Orel und Vitebsk tätig war. Am 5. Februar 1919 meldete die *Izvestija* die Einstellung der Ermittlungen gegen diese Bande, der insgesamt fünfzehn Überfälle, acht Diebstähle und acht Morde zur Last gelegt wurden. Nach ihren Angaben waren sieben der acht Ermordeten Parteimitglieder oder Sympathisanten der Bolschewiki.[56] Möglicherweise erlebte Roman Murin die Ermordung eines Kollegen und Parteimitglieds mit, die ebenfalls dieser Bande angerechnet wurde. Jener wurde – in Begleitung von Milizionären – am 11. Dezember in Strogan', *volost'* Korochotkin, von einer Diebesbande, wie es in der *Izvestija* heisst, erschossen. Daraufhin eröffneten die Milizionäre das Feuer auf das Haus, in dem sich die Diebe aufhielten. Da sie aber schlechter bewaffnet waren, mussten sie sich zurückziehen, und die Bande konnte ent-

52 Ebd., l. 100.

53 GASO, f. 47, op. 1(4s), d. 77, Bd. I, ll. 104, 230, 231, 358, 363–365; Bd. II, ll. 132, 133.

54 Roman Murin bezeichnete jede Dienststelle vollständig, gab an, auf wessen Veranlassung er vorging, schrieb peinlich genau auf, wieviele und welche Gegenstände er konfiszierte, notierte verdächtige Äusserungen, nannte die Zeugen, die bei den Hausdurchsuchungen anwesend waren, und liess sie das Protokoll ebenfalls unterschreiben.

55 Diese Bande scheint ein Verbund professioneller Verbrecher gewesen zu sein. Das Revolutionstribunal behandelte den Fall am 19. März 1919.

56 Narodnyj Sud. Šajki banditov-ubijc. In: *Izvestija*, Nr. 25, 5. 2. 1919, 3, 4.

kommen.[57] Diese Begebenheit veranschaulicht, wie eng das persönliche Überleben und die (schrittweise) Durchsetzung der bolschewistischen Herrschaft miteinander verzahnt waren. Die Funktion als Vertreter der Sowjetmacht, der Herrschaft zu etablieren hatte, konnte der 21 Jahre junge Roman Murin also nur ausfüllen, wenn er sich als Person selber durchsetzte und Autorität ausstrahlte. Dabei lag es nahe, sich mit Gewalt Autorität zu verschaffen oder ihr gewaltsam Nachdruck zu verleihen, gerade auch in Situationen, in denen er und seine Leute sich in der Minderzahl befanden. In dieser Lage steckte er beispielsweise bei den nachfolgend geschilderten Vorfällen.

Roman Murin versicherte, dass er sich immer bemüht habe, korrekt, vorschriftsgemäss und mit allen Kräften gegen die Konterrevolution und das Verbrechen zu kämpfen.[58] Doch manchmal, gab er zu, empörte auch er sich und konnte sich nicht mehr zurückhalten. Ende Dezember 1918 wurde Roman Murin in die *Beloručskaja volost'* abkommandiert, um dort das ungesetzliche Holzfällen zu unterbinden. Der Waldbestand in der Umgebung der Stadt Smolensk war stark dezimiert, das Holz zum Heizen der Wohnungen, öffentlichen Einrichtungen und Lokomotiven reichte nicht aus. Schon am 1. November hatte die *Izvestija* hartnäckige Gerüchte, dass die Stadt bald ohne Heizmaterial sein werde, zu dementieren versucht.[59] In einem Konflikt mit Bauern über die Nutzungsrechte am Wald liess sich Roman Murin Ende Januar hinreissen, einen Bauern mit der *nagajka* zu schlagen. Während der anschliessenden Versammlung riet der Dorfbewohner Ivan Tuzov[60] dem geprügelten Bauern, den Namen des Milizionärs, der ihn geschlagen hatte, herauszufinden und ihn anzuklagen. Roman Murin hörte diesen Ratschlag, verbot Ivan Tuzov deshalb zu sprechen, bezeichnete ihn als Konterrevolutionär und drohte, ihn zu erschiessen.[61] Trotz dieser Intervention kam es zu einer Eingabe gegen Roman Murin. Diese machte jedoch nicht, wie zu erwarten gewesen wäre, der geschlagene Bauer, sondern der Bruder Ivan Tuzovs, der Rotarmist Dmitrij Tuzov. Darin bat Dmitrij Tuzov

57 Chronika. Ubijstvo člena Ugolovno-Rozyskogo Otdela t. Emel'janova. In: Ebd., Nr. 293, 15. 12. 1918, 2.

58 GASO, f. 47, op. 1(4s), d. 162, ll. 31, 121.

59 Chronika. Toplivo dlja gor. Smolenska. In: *Izvestija*, Nr. 257, 1. 11. 1918, 3.

60 Ivan Tuzov lebte in Moskau und war Ende Dezember 1918 ins heimatliche Dorf zurückgekehrt. Ob er sich nur für die Festtage nach Hause begab oder die Stadt wie viele andere aufgrund der schwierigen Lebensbedingungen verliess, wird aus den Dokumenten nicht ersichtlich. GASO, f. 47, op. 1(4s), d. 162, l. 124.

61 Ebd., ll. 124–127.

die Smolensker *uezd*-Miliz, den Vorfall aufzuklären, weil er negative Folgen für seinen Bruder Ivan Tuzov befürchtete. Dmitrij Tuzov richtete sein Schreiben jedoch nicht direkt an die Miliz, sondern als Soldat der achten schweren Artilleriedivision an deren politischen Kriegskommissar (*voennyj političeskij komissar*).[62] Erst dieser leitete die Eingabe an die Smolensker *uezd*-Miliz mit dem Vermerk weiter, dass es in der Sowjetrepublik nicht zulässig sei, den Bruder des Antragsstellers grundlos anzuschuldigen. Zudem bewähre sich das Schlagen von Bauern nicht als Mittel, um sich durchzusetzen. Er unterstützte den Wunsch nach einer Untersuchung des Vorfalls und forderte, übereifrige Milizionäre zu bestrafen, da sie mit ihren Handlungen die Bauern provozierten und gegen die Sowjetmacht aufstachelten.[63]

Dieser Zwischenfall machte deutlich, dass sich der Konflikt um die Nutzungsrechte des Waldes zwischen Bauern und der Staatsmacht, wie er sich schon in der Zarenzeit ausgeprägt hatte,[64] unter den Bolschewiki fortsetzte, wenngleich auch in einer etwas anderer Weise. Da die Herrschaft der Bolschewiki noch keineswegs gefestigt war, musste praktisch von Fall zu Fall neu ausgehandelt und entschieden werden, welche Rechtsvorstellungen und welches Verhalten – in diesem Beispiel das der Bauern oder das der Milizonäre – sich Geltung verschaffen konnte. Diesem Entscheid kam im Einzelnen normsetzende und herrschaftsstabilisierende oder -schwächende Wirkung zu, wie die Forderung des politischen Kriegskommissars nach der Verurteilung „übereifriger Milizionäre" gezeigt hatte. Letztlich gab diese Art von unzähligen Zwischenfällen und deren Lösung den Ausschlag, ob die Bolschewiki ihre Herrschaft erfolgreich durchsetzen konnten oder nicht.

Wie dabei persönliche und machtpolitische Interessen zusammenfielen, illustriert der Weg, den die Eingabe Tuzovs nahm. Das Beziehungsnetz, das am ehesten das erwünschte Ergebnis zu garantieren schien und erreichbar war, wurde genutzt. Das massgebende Kriterium war die Nähe zur Macht. Dmitrij Tuzov konnte als Angehöriger der Armee auf mehr Gehör hoffen als sein eigentlich von den Drohungen betroffener Bruder Ivan. Die Erfolgschancen eines Anliegens erhöhten sich beträchtlich, wenn ein Repräsentant der Macht – in diesem Fall der politische Kriegskommissar – sich

62 Ebd., l. 124. Offenbar war Dmitrij Tuzov Analphabet, denn der politische Kriegskommissar schrieb die Eingabe.

63 Ebd., l. 124.

64 Frank, Crime, 109–114.

der Sache annahm. Dieses Vorgehen beschreibt einen typischen Handlungsspielraum eines historischen Akteurs während der Bürgerkriegszeit.

Auch Roman Murin legte ein Verhalten an den Tag, das für diese Zeit kennzeichnend war. Er bemerkte, dass ihm bei der Versammlung durch das Gespräch Ivan Tuzovs mit dem geschlagenen Bauern die Kontrolle beinahe entglitt. Er rettete die Situation zu seinen Gunsten, indem er Tuzov als Konterrevolutionär bezeichnete und ihm mit dem Erschiessen drohte.[65] Seine Autorität als Milizionär gründete also darauf, dass er bestimmte, wann und worüber geredet werden durfte, und sich das Recht herausnahm, über Leben und Tod zu entscheiden. Das Ziel, Ordnung zu schaffen, hatte Roman Murin wenigstens vordergründig erreicht. Seine an sich extreme Reaktion, die auf nackte Gewalt hinauslief, war während des Bürgerkriegs verbreitet. Somit muss man sein Verhalten als „normal" für die Bürgerkriegsphase verstehen. Im Konzept des historischen Akteurs entspricht der Bürgerkrieg einem der „Kräftefelder sozialer Beziehungen und kultureller Produktionen"[66], in dem Roman Murin sich aufhielt, dessen Wirkung er ausgesetzt war, und das er gleichzeitig wieder selber produzierte.

Doch Roman Murin kam auf seinem Lebensweg auch mit anderen prägenden Kräftefeldern in Berührung, beispielsweise dem Ersten Weltkrieg oder der Kriegsgefangenschaft. Aufschlüsse darüber, wie diese Perioden oder auch seine Kindheit und Schulzeit ihn formten und welche Praxis er dabei einübte, gibt die Gerichtsakte nicht. Die soeben beschriebene Episode sowie das unten folgende Vorkommnis lassen jedoch den Schluss zu, dass die Vorstellung, mit physischer Gewalt Konflikte zu lösen, einen Teil seiner Lebenserfahrung bildete, auf die er je nach Situation zurückgriff. Dieses Zwischenergebnis ist bewusst breit formuliert und soll die doch sehr allgemein gehaltene These, dass die Erfahrungen im Ersten Weltkrieg und Bürgerkrieg gewaltenthemmend auf die Menschen wirkten, relativieren. Gerade für den russischen Kontext – etwa im Gegensatz zum deutschen –

65 Vgl. Sikorskij, Evgenij: Slovom i štykom. (Iz istorii utverždenija vlasti bol'ševikov v Smolenskom krae 1917–1920gg.). In: Kraj Smolenskij, Nr. 3–4–5, mart–aprel'–maj 1994, 66, 69. An dieser Stelle beschreibt Sikorskij die gleiche Verhaltensweise bei Kommunisten, die mit vorgehaltener Waffe ebenfalls sofortigen Gehorsam erzwingen wollten. Für den raschen Einsatz von Waffen vgl. auch GASO, f. 47, op. 1(1s), d. 166.
Jarov geht dem willkürlichen Charakter der Anklage „Konterrevolutionär" an Beispielen in Petersburg nach. Vgl. Jarov, S. V.: Na zare sovetskogo sledstvija. Ideologija i praktika 1918–1919. In: Minuvščee. Istoričeskij Al'manach. Vyp. 18. Moskau, Petersburg 1995, 315–337.

66 Lüdtke, Alltagsgeschichte, 565, 566.

fehlen noch differenzierte Untersuchungen, wie die Menschen im Alltag nach der Rückkehr von der Front mit den Gewalterlebnissen umgingen und sie verarbeiteten.[67]

Der eigentliche Stolperstein wurde für Roman Murin der Zwischenfall in der Landwirtschaftskommune Moščinki.[68] Seine Sicht auf das Ereignis schilderte er in insgesamt zwölf Briefen[69], einem Protokoll und in vier Befragungen. Im Vergleich mit anderen Gefangenen schrieb er ausserordentlich viel. Damit (und mit seiner Kabbalistik) gehörte er – wie wir schon gesehen haben – zur Minderheit in einer Zeit und Region, in der das Analphabetentum weit verbreitet war. Dank der grossen Anzahl von Briefen wird gut sichtbar, was Murin wichtig war.

Fassen wir zuerst die Ereignisse aus der Sicht Roman Murins zusammen:[70] Am 6. Januar 1919 (Datierung alten Stils) sei er, Roman Murin, nach Ilovka geritten, wo er auf die beiden Milizionäre Nikolaj Kvaskov und Vladimir Karpekin getroffen sei. Sie hätten ihn als den Älteren um Rat gebeten. Nikolaj Kvaskov zählte zum Zeitpunkt des Geschehens erst achtzehn

67 Schumann, Dirk: Einheitssehnsucht und Gewaltakzeptanz. Politische Grundpositionen des deutschen Bürgertums nach 1918 (mit vergleichenden Überlegungen zu den britischen middle classes). In: Mommsen, Hans (Hg.): Der Erste Weltkrieg und die europäische Nachkriegsordnung: sozialer Wandel und Formveränderung der Politik. Köln, Weimar et al. 2000, 83–105; Ziemann, Benjamin: Das „Fronterlebnis" des Ersten Weltkrieges – eine sozialhistorische Zäsur? Deutungen und Wirkungen in Deutschland und Frankreich. In: Ebd., 43–82.

68 Im *uezd* Smolensk waren im Februar 1919 insgesamt achtzig Landwirtschaftskommunen registriert. Vgl. Vtoroj uezdnyj s"ezd trudovych kommun. In: *Izvestija*, Nr. 39, 21. 2. 1919, 2. Für eine zeitgenössische Zusammenfassung vgl. Čikunov, I. A.: Kollektivnye chozjajstva Smolenskoj gubernii. In: Ėkonomičeskaja Žizn', Nr. 8–9, avgust–sentjabrja 1924g., 51–62. Daraus wird ersichtlich, dass die Gründung von Kolchosen ihren Höhepunkt in den Jahren 1918 bis 1921 erlebten. Danach zerfielen die meisten von ihnen. Einen prosowjetischen Überblick zu den Kommunen von 1917 bis 1920 bei Stepanov, Petr S.: Preobražennaja Oktjabrem. Očerki po istorii socialističeskogo stroitel'stva Smolenskoj oblasti. Smolensk 1961, 120–128; Makovskij, D. P.: Načalo socialističeskogo preobrazovanija sel'skogo chozjajstva Smolenskoj gubernii (1918–1920gg.). In: Učenye zapiski Smolenskogo pedagogičeskogo instituta. Vypusk VII. Smolensk 1958, 238–251.

69 Alles in allem sind fünfzehn Briefe Roman Murins erhalten. Drei davon gingen an Nata Pelich.

70 Die Zusammenfassung ist ein Zusammenschnitt aus Briefen und Befragungen Roman Murins. Soweit nicht anders vermerkt gelten in diesem Abschnitt folgende Verweise: GASO, f. 47, op. 1(4s), d. 162, ll. 9–12, 31, 66–68, 136–138, 154–156, 187, 191, 192.

Jahre, Vladimir Karpekin war sogar noch minderjährig.[71] Die beiden berichteten ihm – so Roman Murin weiter –, dass sie die Kommune Moščinki wegen illegalen Waffenbesitzes und der Herstellung von *samogon* hätten überprüfen wollen. Doch die betrunkenen und Karten spielenden Kommunarden hätten sie frech (*derzko*) behandelt, als Banditen eingestuft und beinahe tätlich angegriffen. Er, Roman Murin, habe daraufhin dringenden Handlungsbedarf gesehen, denn schliesslich sei die Ordnung in Gefahr gewesen und deren Vertreter schändlich behandelt worden seien. Zusammen mit zwei weiteren Milizionären ritten Roman Murin, Nikolaj Kvaskov und Vladimir Karpekin noch am gleichen Abend zur nur zwei Werst entfernten Kommune. Dort bot sich Roman Murin folgendes Bild:

> [...] ein Tisch mit Flaschen von Selbstgebranntem und 5 – 6 Leute, die sich in dieser schwierigen Zeit betrinken, wo viele Städte der Republik Not im Sinne von Hunger ertragen. Ist das etwa bei der heutigen Gesellschaftsordnung zulässig, insbesondere in einer Kommune. Unwillkürlich empörte ich mich darüber und mit den Worten, Moskau und Petersburg hungern, aber Ihr hier betrinkt Euch, schlug ich einen der Kommunarden. [...][72]

An demselben Abend, beschrieb Roman Murin weiter, fand in Ilovka eine Feier (*večer*) statt. Auch dort sah er sich gezwungen einzugreifen, um Ruhe und Ordnung wieder herzustellen, die ein betrunkener Bürger, der sich flegelhaft benahm, gestört habe.[73]

Wie kaum anders zu erwarten, werfen die Schilderungen der betroffenen Kommunarden und Zeugen ein anderes Licht auf die Geschehnisse:[74] Am Dreikönigsfest seien die beiden betrunkenen Milizionäre Nikolaj Kvaskov und Vladimir Karpekin in die Wohnung des Kommunevorsitzenden eingedrungen. Obwohl dieser sie höflich und taktvoll behandelt habe, hätten die beiden grob und frech (*grubo i derzko*) die Herausgabe der Waffen der Kommune verlangt und ihn gar bedroht. Die Kommunarden argumentierten, dass sie grundsätzlich bereit gewesen wären, die Waffen herauszugeben, mit ihrer Lebensweise in einer Kommune würden sie gerade

71 Ebd., l. 73.

72 Ebd., ll. 9, 10.

73 Ebd., ll. 191, 192.

74 Die Zusammenfassung beruht auf der Zusammenstellung eines Briefes des Leiters der Kommune und Befragungen. Für die beiden nächsten Abschnitte gelten folgende Verweise: Ebd., ll. 5, 6, 65, 66, 73, 117, 118, 159, 160, 189, 190.

beweisen, dass sie auf der Seite der Sowjetmacht stünden. Darum hätten sie auch das Verhalten der Milizionäre nicht verstanden. Zudem – so gab der Vorsitzende der Kommune zu bedenken – bräuchten sie die Waffen selber, um sich vor Räuberbanden und Weissgardisten schützen zu können. Noch am gleichen Abend seien Nikolaj Kvaskov und Vladimir Karpekin zusammen mit Roman Murin zur Kommune zurückgekehrt und in der Wohnung des Bruders des Kommunevorsitzenden erschienen. Dort habe Roman Murin den Bruder zweimal mit der *nagajka* auf den Kopf geschlagen, so dass dieser das Bewusstsein verloren habe.[75] Danach seien die drei Milizionäre mit gezückten Waffen in die Wohnung eines zweiten Bewohners der Kommune eingedrungen, wo sich Kinder versammelt hatten und man mit einer Feier die Eröffnung des Kindergartens beging. Roman Murin habe jedes Kind mit der *nagajka* geschlagen, Nikolaj Kvaskov mit dem Säbel den Bewohner.

Am Abend habe in Ilovka eine Feier stattgefunden, bei der die meisten Männer betrunken gewesen seien. Roman Murin habe dort auf der Ziehharmonika gespielt. Als er einen Fehler machte, habe ein junger Mann sie ihm mit den Worten weggenommen: „Wenn Du nicht spielen kannst, lass es sein."[76] Gekränkt habe Roman Murin ihm daraufhin mit dem Revolver gedroht und ihn verhaftet.

In fast allen Punkten steht nun Aussage gegen Aussage. Ziel ist es nicht, diese Differenzen aufzuheben, sondern sie als Einstiegspunkte für die Rekonstruktion von Wahrnehmungen, Selbstbildern und Vorstellungswelten der historischen Akteure zu nutzen.

Beide Seiten beschuldigten einander, betrunken gewesen zu sein. Roman Murin stritt dies jedoch ab, musste er konsequenterweise sogar, um glaubwürdig zu bleiben: Nur eine nüchterne Person konnte sich der ökonomischen Mangelsituation bewusst sein und sie wahrnehmen. In beiden Vorfällen konkretisierte und aktualisierte sich sein Einblick in die Verwerflichkeit, Defizitgüter (Holz, Getreide und Kartoffeln) zu verschwenden.[77] Roman Murin handelte aufgrund dieses Wissens und entsprechend seines Selbstverständnisses als gründlich arbeitender, pflichtbewusster Hüter der neuen Ordnung. Dass er gewaltsam agiert und damit sozusagen

75 Ein Arztzeugnis vom 17. Februar bestätigte dem Geschlagenen Herzrhythmusstörungen und verschrieb ihm einen zweimonatigen Urlaub von der Roten Armee. Ebd., l. 158.

76 Ebd., l. 190.

77 Vgl. etwa den Aufruf, am 13. Februar einen Tag für die Hungernden in den Sowjetschulen Petrograds und Moskaus zu organisieren. *Izvestija*, Nr. 26, 6. 2. 1919, 4.

das falsche Register aus seinem Erfahrungsschatz gezogen hatte, bedauerte Roman Murin.[78] Zugleich betonte er seine Absicht, der Ordnung zum Durchbruch zu verhelfen, was er offensichtlich höher bewertete als das Austeilen von Schlägen.[79] Augenscheinlich gewichteten beide Seiten das Argument der Trunkenheit stark. Denn die Strategie, damit die Gegnerschaft vor Gericht anschwärzen zu können, war erfolgsversprechend, wenn man die Haltung der Bolschewiki gegen den Alkoholkonsum und die Produktion von *samogon* bedenkt.[80] Deshalb ist der Vorwurf der Trunkenheit ein politisches Argument. Mit grosser Wahrscheinlichkeit waren alle betrunken, da man an jenem Tag den kirchlichen Festtag Epiphanie beging, sowohl in der Kommune Moščinki als auch in Ilovka war eine Feier angesagt. Dieser Umstand fand in den Gerichtsdokumenten jedoch keine Erwähnung, weil das Wissen um den Zusammenhang von *večer* und Festtag, erhöhtem Alkoholkonsum und schliesslich aggressiverem Verhalten zur allgemeinen Erfahrung dieser Gesellschaft gehörte.[81] Die auch in anderen Gerichtsakten häufig anzutreffende Aussage der Zeugen und Opfer, die Täter seien während der Tat betrunken gewesen, kann so verstanden werden, dass die Menschen die hohe Bereitschaft zum Gewalteinsatz in ihrer Zeit irgendwie zu fassen versuchten, und die Erklärung in Zusammenhängen fanden, die ihnen – wie das aggressivere Verhalten als Folge erhöhten Alkoholkonsums – bekannt waren. Der Vorwurf der Trunkenheit verweist somit nicht nur auf eine mögliche Strategie, sondern kann auch als Bedürfnis nach der Erklärung der beobachteten und erlittenen Gewalt gelesen werden.

In einer Reihe von Briefen und Befragungsprotokollen taucht immer wieder auf beiden Seiten das Wort *izdevatel'stvo* – Verhöhnung, Verspottung – auf. Die Mitglieder der Kommune fassten die Absicht, ihnen die Waffen zu nehmen sowie die Art und Weise des Vorgehens der Milizionäre

78 GASO, f. 47, op. 1(4s), d. 162, l. 121. Vgl. auch die weiter unten folgenden Erläuterungen zur Bitte Roman Murins, ihn in die Armee zu schicken, und zu seinem Teilschuldbekenntnis.

79 Für weitere Beispiele von Milizionären, die ihre *nagajka* gegen die Bevölkerung einsetzten, vgl. Brovkin, Behind, 135.

80 Ausführlicher dazu in den Kapiteln 2.3 und 3.1. Für einen Propagandaartikel, wie am Vorabend des Dreikönigsfest Jagd auf Hersteller von *samogon* gemacht wurde, vgl. Krest'janskaja žizn'. In: *Izvestija*, Nr. 36, 18. 2. 1919, 2.

81 Altrichter, Helmut: Die Bauern von Tver'. Vom Leben auf dem russischen Dorfe zwischen Revolution und Kollektivierung. München 1984, 91, 104–110, 129.

als Verhöhnung auf.[82] Roman Murin nannte die Verspottung von Nikolaj Kvaskov und Vladimir Karpekin, die diese bei ihrem ersten Besuch in der Kommune erfahren hätten, als das für ihn handlungsauslösende Moment.[83] Verspottung und Verhöhnung zielten auf Verletzung des Ehrgefühls ab. Dass sie nicht nur auf verbaler, sondern auch physischer Ebene manifest wurden, veranschaulicht der folgende Ausschnitt aus der Klageschrift der Kommunarden:

> [...] Und in dem Moment, als sie Vasilij Matjušenkov schlugen und die Tochter von Vasilij Matjušenkov die Verhöhnung ihres Vaters sah, begann sie zu weinen. Ein Milizionär sprang mit dem Befehl ‚Schweig' zum Mädchen, drohte mit einem auf sie gerichteten Revolver und mit dem gezückten Säbel und das Mädchen kroch halb lebendig, halb bewusstlos endgültig aus der Wohnung. Nach diesen Grobheiten und unverdienten Verspottungen nicht nur an Erwachsenen, sondern auch an Kindern, begaben sich die Milizionäre an die Durchsuchung der Wohnungen. [...][84]

Angenommen, dass die Milizionäre bei ihrem ersten Versuch, die Waffen in der Kommune zu konfiszieren, tatsächlich, so wie sie es Roman Murin schilderten, frech behandelt, als Banditen eingestuft und beinahe tätlich angegriffen worden waren, könnte man das im Zitat beschriebene brutale Vorgehen als Akt der Wiederherstellung ihrer „verhöhnten" Ehre verstehen. Somit wäre der Einsatz von Gewalt oder Gewaltandrohung ein Mittel, die eigene, (vermeintlich) verletzte Ehre zu retten und zu erneuern.

Aus den Argumenten beider Seiten schlägt einem förmlich die Entrüstung über das Verhalten der anderen entgegen: So dürften Anhänger der Sowjetmacht nicht handeln.[85] Im gleichen Atemzug betonten sie den eigenen Einsatz für die Sache des Kommunismus und zählten ihre Verdienste auf, wie beispielsweise den Kampf gegen Banden oder das eigene taktvolle und kontrollierte Verhalten gegenüber den Beleidigern. Die inhaltlichen Vorwürfe des Kartenspiels und der Trunkenheit sollten darauf verweisen, dass sich die gegnerische Partei zu Unrecht mit der Bezeichnung „kommu-

[82] GASO, f. 47, op. 1(4s), d. 162, ll. 64, 65.

[83] Ebd., l. 120.

[84] Ebd., l. 65.

[85] Am deutlichsten kommt diese Empörung auf folgenden Seiten zum Ausdruck: Ebd., ll. 9–12, 64, 65, 67, 124.

nistisch" schmückte.[86] Indem ihr Verhalten zudem als „grob und frech" (*grubo i derzko*) charakterisiert wurde, lief auf der sprachlichen Ebene auf beiden Seiten die Argumentation darauf hinaus, sich von der alten Zarenzeit, als sich die Polizei durch Gewalttätigkeit und Korruption auszeichnete, abzugrenzen[87] und als Vertreter der neuen Epoche darzustellen. Beide Seiten hatten letztendlich verblüffend ähnliche Vorstellungen über das „richtige" Verhalten und Vorgehen von Kommunisten. Es ging folglich mehr – wie auch im Vorfall mit den geschlagenen Bauern und Ivan Tuzov – um die Frage, ob gewaltsames Handeln als normsetzende Kraft akzeptiert werden sollte. Die Entscheidung darüber wurde in dieser Sache ebenfalls nicht dem Zufall überlassen. Die Kommunarden warfen das Gewicht ihrer Parteimitgliedschaft und der Lebensform in der Kommune in die Waagschale. Zudem gingen sie ähnlich wie die Brüder Tuzov vor. Sie übergaben nämlich die Anzeige dem Vorsteher der Kommunalabteilung des *uezd* Smolensk, der das Schreiben mit der Bitte um Aufklärung der Vorkommnisse der Miliz weiterleitete. Aufgrund des gleichen Familiennamens kann man vermuten, dass sich die politischen Beziehungen mit den verwandtschaftlichen deckten.[88] Der Vorsteher wurde später sogar auch in die Ermittlungen miteinbezogen.[89] Doch Roman Murin versuchte genauso, seine Nähe zur Macht zu nutzen und den Entscheid über das richtige Verhalten zu seinen Gunsten zu beeinflussen. Nachdem er am 26. Januar das Protokoll über den Vorfall auf der Kommune Moščinki abgeliefert hatte, schrieb er bereits zwei Tage später dem Vorsitzenden der Smolensker *uezd*-Miliz einen Brief, in dem er seine Sicht der Dinge schilderte, sein Verhalten rechtfertigte und das der Kommunarden verunglimpfte.[90] Offenbar hatte Roman Murin von der Anklage Wind bekommen. Ungeachtet dieses und

86 Beide Beschäftigungen galten als weitverbreitete Untugenden der Kommunisten. Vgl. Sikorskij, Slovom, 65. Vgl. auch Parteiausschlüsse wegen Trunkenheit und Kartenspiel beispielsweise in Smolensker Archiv, R2 WKP2, ohne Paginierung, Protokol 5 uezdnoj konferencii El'ninskoj organizacii Rossijskoj kommunističeskoj partii ot 1-go aprelja 1919 goda.

87 Roman Murin formulierte dieses Argument sogar in einem seiner Briefe. Vgl. GASO, f. 47, op. 1(4s), d. 162, l. 10. Siehe auch Sikorskij, Uroki, 19.

88 Der Vorsitzende der Kommune, dessen bis zur Bewusstlosigkeit geschlagener Bruder und der Vorsteher der Kommunalabteilung des *uezd* Smolensk hiessen Zajcev. Da dies ein häufig vorkommender Familienname ist, kann über die Verwandtschaftsbeziehung nur gemutmasst werden. GASO, f. 47, op. 1(4s), d. 162, l. 62.

89 Ebd., ll. 117–119.

90 Ebd., ll. 66–68.

anderer Briefe fiel die Entscheidung des Revolutionstribunals[91] gegen Roman Murin aus: Es verurteilte ihn. Hatte er eine falsche Strategie gewählt oder wurde ihm zum Verhängnis, dass er kein Ortsansässiger war und damit nicht von der Konvergenz der politischen und verwandtschaftlichen Beziehungen profitieren konne? Aus der Gerichtsakte lässt sich keine Antwort auf diese Fragen gewinnen.

Mit grosser Wahrscheinlichkeit darf ein Zusammenhang zwischen einer Kampagne gegen schlechte Arbeit von Milizionären und der Verurteilung Roman Murins angenommen werden. Am 9. Februar veröffentlichte die *Izvestija* ein Zirkular der Hauptverwaltung der sowjetischen Arbeiter- und Bauernmiliz (*Glavnoe upravlenie Sovetskoj Raboče-Krest'janskoj Milicii*), worin Missstände in der Amtsführung von Milizionären beschrieben wurden:

> [...] Von seiten der Bürger der Sowjetrepublik ertönen nicht selten Vorwürfe und Klagen an die Adresse der Miliz, die sie der Grobheit, Gewalt, Bestechlichkeit, Erpressung, verbrecherischer Untätigkeit und so fort anklagen, mit einem Wort aller Veruntreuungen und Verbrechen, deren sich in trauriger Erinnerung die zaristische Polizei rühmte. Leider fehlen diesen Anschuldigungen die Grundlage fast nie. [...][92]

Die Leiter der Stadt- und *uezd*-Miliz waren dringend aufgerufen, derartige Erscheinungen zu bekämpfen, denn zwischen der zaristischen Polizei und der Arbeiter- und Bauernmiliz dürfe es keine Parallelen geben. Fehlbare Milizionäre müssten deshalb unverzüglich von ihrer Stelle entfernt und in der vollen Strenge des revolutionären Gesetzes dem Gericht übergeben werden. Die Bevölkerung bat man um Mithilfe. Eine grossangelegte Kampagne gegen die schlechte Arbeit von Beamten wurde zudem von Mai bis Juni 1919 durchgeführt.[93] Zu dem Zeitpunkt sass Roman Murin jedoch be-

91 Das Vorhandensein dieser Institution an sich verweist darauf, dass sich die Sowjetmacht in Smolensk etabliert hatte. Es sollte aber nicht zur Aussage verleiten, dass die Bolschewiki tatsächlich das gesamte Territorium kontrollierten.

92 Bor'ba s dolžnostnym prestuplenijami v milicii. In: *Izvestija*, Nr. 29, 9. 2. 1919, 4. Vgl. zuvor schon ein Artikel über die Versammlung der Milizangestellten der Stadt Smolensk: Na obščem sobranii služaščich milicii. In: Ebd., Nr. 8, 15. 1. 1919, 4.

93 Sikorskij, Evgenij: „Znat' massu ..." Iz istorii organizacii v Smolenskoj Gubernii sistemy postojannogo kontrolja političeskogo nastroenija naselenija, 1917–1920gg. In: Kraj Smolenskij, Nr. 3–4, mart–aprel' 1993, 24.

reits in Untersuchungshaft. Sowohl das Zirkular als auch die Kampagne zeugen von der Einsicht, dass die Willkür der Miliz die Glaubwürdigkeit der bolschewistischen Herrschaft schmälerte. Roman Murin verhielt sich – offenkundig wie viele seiner Kollegen – nicht entsprechend der offiziellen Leitlinien.[94] Dass er dafür bestraft wurde, hing wahrscheinlich damit zusammen, dass die Klageschriften und die Ermittlungen gegen ihn genau in eine Zeit fielen, in der die Sensibilität für die Unrechtmässigkeit derartigen Handelns geschärft war und wurde.

Eventuell versuchte Roman Murin seiner Verhaftung zu entgehen, als er sich auf den 15. März vom Dienst suspendieren lassen wollte, um als Freiwilliger in die Rote Armee einzutreten.[95] Als hingegen Vladimir Karpekin und Nikolaj Kvaskov zur Befragung hätten erscheinen sollen, diente ersterer schon in der Roten Armee und letzterer hielt sich unbekannt irgendwo versteckt.[96] Ihr Verhalten verweist somit auf alternative Handlungsmöglichkeiten.

Diese hatte Roman Murin nicht zu nutzen verstanden oder nicht nutzen können. Am 20. März wurde er verhaftet.[97] Damit hatte sich die Situation für ihn grundlegend geändert. Die Vorentscheidung war gefallen: Seine Schläge stellten eine vergleichsweise grössere Gefahr für die Herrschaft der Bolschewiki dar als das Verhalten betrunkener Kommunarden, die sich Milizionären gegenüber ausfällig benahmen, und dasjenige eigenmächtig handelnder Bauern. Da Roman Murin nicht damit rechnete, ungestraft davon zu kommen – er gab von Anfang an zu, jeweils zwei, drei Schläge, aber nicht mehr, ausgeteilt zu haben –, zielte seine Argumentation darauf ab, das noch Bestmögliche für sich herauszuholen.[98] Am erfolgverspre-

94 Vgl. Meldungen von Milizionären, die wegen Amtsvergehen verurteilt worden waren: *Izvestija*, Nr. 68, 29. 3. 1919, 4; Nr. 98, 9. 5. 1919, 2.

95 GASO, f. 47, op. 1(4s), d. 162, l. 110.

96 Ebd., l. 182. Karpekin und Kvaskov wurden in Abwesenheit zu drei Monaten gesellschaftlich nützlicher Arbeit im Konzentrationslager verurteilt. Vgl. ebd., l. 7.

97 Ebd., l. 135.

98 Davon zeugt die grosse Anzahl seiner Briefe und vor allem auch der Brief an das Kassationstribunal des VCIK (Allrussisches Zentralexekutivkomitee), den Murin Anfang August – knapp zwei Monate vor seiner Verurteilung – verfasste (ebd., ll. 9–12). Dieser Brief kam jedoch nie dort an, weil er noch im Gefängnis beschlagnahmt wurde. Roman Murin bat das Kassationstribunal um Gnade, denn er sei im August zur höchsten Strafe – Erschiessen – verurteilt worden. Diesen Schuldspruch hatte er mit Hilfe der Kabbalistik herausgefunden (ebd., l. 5). Im Brief selber versuchte er auf alle möglichen Anklagepunkte zu reagieren und wehrte sich wortreich dagegen.

chendsten erschien ihm offenbar die Strategie, das Vergehen sofort und offen zuzugeben und zu bitten, ihn an die Front zu schicken, um dort seine Tat zu sühnen. Diese zwei Punkte kommen in fast jedem seiner im Gefängnis verfassten Briefe vor. Interessanterweise tauchen sie auch in Briefen anderer Gefangener auf, die sich als überzeugte Kommunisten wahrnahmen.[99]

Welche möglichen Strategien stehen dahinter? Welche Hoffnungen und Wünsche kommen darin zum Ausdruck? Welche Selbstentwürfe treten im Zusammenhang mit diesen Argumenten in den Vordergrund? Lassen diese Argumente zusammen mit den bisherigen Erkenntnissen Rückschlüsse auf das Verhältnis zu Gewalt beim Täter zu?

Mit seinem ersten Argument „Ich habe mein Vergehen offen und sofort gestanden"[100] erweckte Roman Murin den Eindruck eines ehrlichen und aufrichtigen Menschen und konnte hoffen, damit ein milderes Urteil zu erreichen. Das offenherzige Geständnis war jedoch nicht nur taktisches Kalkül. Aus ihm sprach auch der Glaube überzeugter Kommunisten an den wahren Kommunismus und das Vertrauen in die Aufrichtigkeit dessen Vertreter. Das Geständnis war geprägt von der Zuversicht, dass die Richter als strenge, aber gerechte Väter den echten Kommunisten erkennen, seinen ehrlich gemeinten Einsatz für die Sowjetmacht würdigen und die aufgetretenen Fehlleistungen verzeihen würden. Die Bolschewiki hatten schliesslich schon einige Male revolutionäre Gewaltakte legalisiert.[101]

Mit dem sofortigen Schuldbekenntnis brachte Roman Murin (zumindest im Nachhinein) zum Ausdruck, dass er um die Verwerflichkeit des Schlagens wusste. Seine darauffolgenden Darstellungen der Vorfälle zielten allerdings darauf ab, dem Leser seiner Briefe nahezubringen, wie sehr das Verhalten der Kommunarden und holzfällenden Bauern der Sowjetmacht schade, und dass die Schläge nur die Folge seiner Entrüstung darüber bildeten. Roman Murin wollte also zeigen, dass er gar keine anderen Handlungsmöglichkeiten hatte, oder anders ausgedrückt und folgerichtig zu Ende gedacht, dass die Schläge als Reaktion auf derartiges Verhalten durch

99 Vgl. beispielsweise GASO, f. 47, op. 1(4s), d. 29, d. 175 oder d. 202.

100 GASO, f. 47, op. 1(4s), d. 162, ll. 2, 9, 31, 154, 155, 187.

101 Haumann, Utopie, 25; Plaggenborg, Gewalt, 411–415. Ein ganzes Panorama von Grausamkeiten, die von der obersten Führung im Zusammenhang mit dem Roten Terror bewilligt worden waren, schildert Pipes. Pipes, Russische Revolution, Bd. 2, 751–839. Für die politische Legitimation von Gewalt während der französischen Revolution vgl. Dinges, Martin: Gewalt und Zivilisationsprozess. In: Traverse 2 (1995) 1, 77, 78.

die Gegenseite selbst verschuldet worden seien. Damit hat sich das auf den ersten Blick offene Schuldgeständnis als Strategie entpuppt, die eigene Gewalt zu relativieren und im Vergleich mit den Taten der Kommunarden und der holzfällenden Bauern als unbedeutendes Vergehen einzustufen. Roman Murin sah sich nur bedingt schuldig, weil für ihn die Tatsache im Vordergrund stand, dass er die Schläge in seiner Funktion als Milizionär ausgeteilt hatte, um seine Pflicht zu erfüllen, Ordnung zu schaffen und damit die Herrschaft der Bolschewiki durchzusetzen. Er meinte im Sinne des Staates zu handeln, dessen Ziele – in diesem Fall Verschwender von Defizitgütern zur Veranwortung ziehen – zu verfolgen, seinen Auftrag zu erfüllen und sich somit richtig zu verhalten.[102] Offenbar wollte er diese Ziele um jeden Preis erreichen, so dass er sich keine Gedanken um die Mittel machte, die er dafür einsetzte. Vermutlich griff er bei der „Wahl" der Mittel unbewusst auf seine bisherigen Erfahrungen zurück.

Roman Murin sah die Erfordernis seines gewaltsamen Handelns im Kontext der Zielvorgaben durch den Staat und die Pflichterfüllung gegeben, wenn er auf die hungernden Menschen in den Hauptstädten und die Verschwendung von Defizitgütern verwies.[103] Für ihn stand dieses Motiv im Zentrum, sei es aus strategischen Überlegungen oder aus tatsächlicher Überzeugung heraus. Meines Erachtens spielten jedoch noch andere Faktoren beim Austeilen der Schläge eine Rolle, die Roman Murin zwar nicht explizit nannte, die sich aber aus dem erweiterten Einblick in seine Lebenswelt ergeben, den die Gerichtsakte erlaubt.

Roman Murin schilderte selber, wie Nikolaj Kvaskov und Vladimir Karpekin ihn in Sachen Kommune Moščinki um Hilfe gebeten hatten. Er fühlte sich offenkundig als Ratgeber angesprochen. Wie schon im Zusammenhang mit seiner Kabbalistiktätigkeit nahm er diese Rolle ernst und hielt sich für kompetent, sie zu erfüllen. Gleichzeitig dürfen wir annehmen, dass

102 Vgl. auch Brovkin, Behind, 139. Mit dem Verweis, die Befehle von oben befolgt zu haben, versuchten junge Milizionäre in den 1930er Jahren ebenfalls zu erklären, dass sie ihr brutales Verhalten gegenüber Inhaftierten als eines von Staat und Partei verlangtes verstanden hatten. Vgl. Rittersporn, Gábor T.: Between Revolution and Daily Routine: Youth and Violence in the Soviet Union in the Interwar Period. In: Kuhr-Korolev, Sowjetjugend, 79–81.

103 Eine ähnliche, auf Propaganda beruhende Radikalität lässt sich bei Jugendlichen beobachten, die während der antireligiösen Kampagnen im Gouvernement Irkutsk Mitte der 1920er Jahre meinten, mit ihrem gewalttätigen Vorgehen gegen Gläubige auf der Seite der Macht zu stehen. Vgl. Isaev, Viktor I.: Die Militarisierung der Jugend und jugendlicher Radikalismus in Sibirien (1920er–Anfang der 1930er Jahre). In: Kuhr-Korolev, Sowjetjugend, 157, 158.

sein Entschluss, sofort nach Moščinki zu reiten und einzugreifen, besonders auf die Jüngeren Eindruck machte: Murin – nicht nur ein Mann der Worte, sondern auch der Tat.[104] Somit gewann er Ansehen und Autorität innerhalb der eigenen Gruppe. Zugleich stieg der Druck auf ihn, die Angelegenheit erfolgreich zu Ende zu führen. Der Einsatz von Gewalt half, das Ziel zu erreichen. Ob konkret der Schutz oder das Machtgefühl, die eine Gruppe ihren Mitgliedern vermittelt, oder Angst, die sich aus einer Position der Minderheit ergibt, bei Roman Murin wirkten, als er die Schläge austeilte, muss offen bleiben. Auf jeden Fall ist klar, dass auch gruppendynamische Momente einen wichtigen Aspekt in Roman Murins Handeln darstellten.

Verletzte Ehre ist – wie wir gesehen haben – ebenfalls ein Faktor, der gewaltsame Handlungen auslösen kann. Wenn Roman Murin den Mann, der ihm die Harmonika mit dem Hinweis auf das schlechte Spiel nahm, wegführte oder gar mit dem Revolver bedrohte und verhaftete, reagierte er auf eine Verletzung seiner persönlichen Ehre. Von Bedeutung ist, dass Roman Murin zur Wiederherstellung seiner persönlichen Ehre auf Mittel zurückgriff, die ihm nur in seiner Funktion als Ordnungshüter zustanden. Seine Rechtfertigung, den Mann abgeführt zu haben, um die öffentliche Ruhe und Ordnung aufrecht zu erhalten, unterstreicht diese Vermischung. Aus dieser Episode wird sichtbar, dass Roman Murin nicht klar und eindeutig zwischen seiner Funktion als Vertreter der Sowjetmacht und seiner Rolle als Privatmann unterschied, vielleicht gerade weil er in seinem beruflichen Alltag immer wieder die Erfahrung machte, dass er die bolschewistische Herrschaft nur durchsetzen konnte, wenn er sich als ganze Person zu behaupten vermochte.

Das zweite, stets wiederkehrende Argument in den Briefen Roman Murins aus dem Gefängnis[105] lautete folgendermassen:

> Ich bitte um schnellste Untersuchung meines Falles, denn ich halte es für schändlich, mich im Gefängnis zu befinden in dieser schweren Zeit, wo meine Brüder im Kampf gegen die Feinde der Sowjetrepublik Blut vergiessen. [...] Ich bitte das Tribunal, [...] mir die

104 Brovkin berichtet von einem Beispiel, wo ein ČK-Agent überzeugt war, dass sich in bestimmten Situationen ein Kommunist dadurch kennzeichnete, wenn er bereit war, eigenhändig einen Klassenfeind zu töten. Vgl. Brovkin, Behind, 139.

105 GASO, f. 47, op. 1(4s), d. 162, ll. 2, 12, 31, 154–156, 187. Für einen ähnlichen Brief mit einer analogen Erklärung vgl. auch Kapitel 2.3 oder Hagen, Mark von: Soldiers in the Proletarian Dictatorship. The Red Army and the Soviet Socialist State, 1917–1930. Ithaca, London 1990, 76.

> Möglichkeit zu geben, mich sofort an eine der Fronten zu begeben, um mit Blut meine Schande im Kampf gegen die Feinde der Sowjetmacht zu tilgen. Und ich bin fest überzeugt, dass ich das frühere Vertrauen wiedererlange oder denn für die Freiheit und den Kommunismus sterben werde.[106]

Diese Bitte wirkt floskelhaft, erschreckt aber auch, weil sie die Bereitschaft zum Tod und zur Selbstaufopferung anspricht. Dabei kann es sich nicht bloss um eine rhetorische Formel oder übertragene Redewendung gehandelt haben, denn der Bürgerkrieg war in vollem Gange. Ein Bittsteller musste wissen, dass er, an die Front geschickt, umkommen konnte. Glaubte Roman Murin tatsächlich so stark an die Sache der Revolution, dass er gewillt war, für sie sein Leben zu opfern?[107] Diese Interpretation ist nicht auszuschliessen, wahrscheinlich liegt der Schwerpunkt dieser Loyalitätserklärung jedoch im Wunsch, das Vertrauen wiederzugewinnen, sich damit zu rehabilitieren und die Wiederaufnahme in die kommunistische Gemeinschaft zu erreichen. Möglicherweise gewann dieser Aspekt für Roman Murin besonders Gewicht, weil sie für ihn die Familie ersetzt haben könnte.[108] Kurz zuvor, Anfang März 1919, war nämlich seine Mutter gestorben, seinen Vater hatter er aus den Augen verloren[109], und seine jüngere Schwester hielt sich zwar in Smolensk auf, war aber krank.[110] Wenn diese Annahme

106 GASO, f. 47, op. 1(4s), d. 162, l. 31.

107 Insbesondere die inneren Monologe sind bei der folgenden literarischen Verarbeitung der Todesbereitschaft interessant. Vgl. Mar'enkov, E.: Sočustvujuščij. Rasskaz. In: Molodoe. Stichi i rasskazy. Sbornik. Smolensk 1927, 17–29.

108 Dieser Gedanke wurde durch die Untersuchung von Clark angeregt. Sie hat anhand der Literatur der 1930er Jahre herausgearbeitet, dass der Kernmythos der stalinistischen Gesellschaft auf Verwandtschaftsstrukturen aufbaut. Die reale Blutsverwandschaft wurde durch die politische ersetzt. Vgl. Clark, Katerina: Utopian Anthropology as a Context for Stalinist Literature. In: Tucker, Robert C. (Hg.): Stalinism. Essays in Historical Interpretation. New York 1977, 180–198.

109 GASO, f. 47, op. 1(4s), d. 162, ll. 5, 136. Die Mutter wurde in der Stadt Orel beerdigt.

110 Ebd., l. 145. Woran die Schwester erkrankt war, geht aus dem Dokument nicht hervor. Sie schrieb nur, dass der Bruder sie unterstütze, und bat deshalb um seine Freilassung. Es ist möglich, dass er ihr diesen Text diktiert hatte. Das Anliegen, den männlichen Angehörigen aus dem Gefängnis oder der Untersuchungshaft zu entlassen, brachten insbesondere Frauen oder ältere Menschen vor. Sie begründeten ihren Wunsch damit, dass sie dringend auf die Arbeitskraft des Inhaftierten angewiesen seien. Vgl. beispielsweise GASO, f. 47, op. 1(4s), d. 29; GASO, f. 47, op. 1(4s), d. 55, l. 14.

zuträfe, dann würde sie auf die Identifikation Roman Murins mit der Kommunistischen Partei hinweisen und seine Selbstbezeichnung als Kommunist wäre keine blosse Strategie.

Roman Murin schrieb im obigen Zitat von seinen „Brüdern", was als ein zusätzliches Indiz dafür gelesen werden kann, dass er sich der kommunistischen Gemeinschaft zugehörig fühlte. Er bedauerte, im Gefängnis sitzen zu müssen, während die Brüder im Kampf gegen die Feinde der Sowjetrepublik Blut vergiessen würden. Er hielt seine Tatenlosigkeit für eine Schande, eine Schande nicht nur sich selber, sondern auch seinen Brüdern gegenüber. In dieser Aussage kommt somit ein weiterer Aspekt im Verständnis von Ehre zum Ausdruck: Neben Personen zeichnen sich auch Kollektive durch das Merkmal „Ehre" aus. Wenn Roman Murin mit seinem Kampfeinsatz seine Schande tilgen wollte, so war er offenbar zum Schluss gekommen, dass er mit dieser Handlung – so wie die Brüder – zur Ehre der kommunistischen Gemeinschaft hätte beitragen und schliesslich daran teilhaben können.[111] Doch der Gefängnisaufenthalt hinderte ihn an beidem.

An die Front zu gehen und zu kämpfen, bedeutete letztlich die Bereitschaft, wieder Gewalt auszuüben, erneut Menschen zu verletzen und zu töten. Eine grundsätzliche Auseinandersetzung mit Gewalt an sich fand nicht statt. Roman Murin bestätigte mit seiner Bitte ein weiteres Mal, dass man sein Wissen um die Verwerflichkeit der Schläge, wie er es im sofortigen Schuldbekenntnis signalisierte, als Relativierungsstrategie bezeichnen darf.[112]

Mit den zitierten Sätzen aus Roman Murins Bittschriften sind wir den Faktoren näher gekommen, die Gewalthandlungen motivieren konnten. An dieser Stelle sei allerdings die grundsätzliche Frage aufgeworfen, wie weit Gewalt überhaupt erklärt werden kann. Am Fallbeispiel Roman Murin wird klar, dass sich verschiedene Ursachen herausfiltern lassen. Mit Fragen nach deren Vollständigkeit und Gewichtung stösst man jedoch an die Grenzen der Erklärbarkeit von Gewalt. In unserem Fall erscheinen als zentrale Momente für gewaltsames Handeln Alkohol, gruppendynamische Prozesse,

[111] Spierenburg, Pieter: Masculinity, Violence, and Honor: An Introduction. In: Ders. (Hg.): Men and Violence: Gender, Honor, and Rituals in Modern Europe and America. Ohio 1998, 11, 12.

[112] Eine Unterscheidung zwischen dem Gewalteinsatz im Hinterland und an der Front fällt meines Erachtens bei der Analyse von Gewalt während der Bürgerkriegszeit nicht entscheidend ins Gewicht, gerade wenn man bedenkt, dass das Hinterland längst nicht so „ruhig" war, wie das Wort suggeriert.

bei denen es um die Anerkennung in der Gruppe ging, das Selbstbild[113], die Wiederherstellung verletzter Ehre und die Erfüllung staatlich vorgegebener Ziele, die Roman Murin aus Pflichtgefühl, vielleicht aus Überzeugung verfolgte. Diese vielen Faktoren bedingen, dass die häufig gemachte Beobachtung, dass sich gerade junge Menschen gewaltsam für die kommunistische Ideologie einsetzten, bei Roman Murin weder bestätigt noch dementiert werden kann.[114] Wir können nur mutmassen, dass Roman Murin auch aufgrund seines jungen Alters seine Autorität und Glaubwürdigkeit als Milizionär mit Hilfe von Gewalt erreichen und unterstreichen wollte.

Seine Funktion als Milizionär erlaubte, der Feststellung „Die Bolschewiki haben ihre Herrschaft durchgesetzt" ein konkretes Gesicht zu geben und den Mechanismen dieses Vorgangs auf die Spur zu kommen. Dabei spielte das Verhalten der einzelnen Vertreter eine zentrale Rolle. Am Fallbeispiel Roman Murins wurde deutlich, dass die historischen Akteure klare Vorstellungen hatten, wie sich ein Vertreter der Sowjetmacht zu verhalten hätte. Dabei versuchten sie, die eigenen Interessen – notfalls mit Waffengewalt – zu wahren und behaupten, nutzten neben den offiziell-politischen auch persönliche Verbindungen[115] und traten damit letztlich in einen Verhandlungsprozess darüber ein, welche Vorstellungen von Herrschaftsausübung gelten sollten. Im Fall von Roman Murin entschied das Revolutionstribunal des Gouvernements Smolensk den Konflikt. Am 25. September 1919 verurteilte es ihn zu „Erschiessen bedingt". Das bedeutete, dass das Urteil erst vollstreckt werden sollte, wenn er sich im folgenden Jahr etwas zu Schulden kommen liesse. Das Gericht berücksichtigte seinen Wunsch, ihn an die Front zu schicken.[116] Schon einen Tag nach der Urteilsverkündung erhielt der Kommandant der Stadt Smolensk die Verfügung, Roman Murin in das Strafbataillon (*štrafnaja rota*) aufzunehmen und an die Front zu schicken.[117]

113 Katzer beobachtet, dass die „weissen" Kämpfer ein heldenhaftes Selbstbild aus Mut und Tapferkeit pflegten. Hier lassen sich also Parallelen ziehen, wobei die Einzelfallanalyse eine etwas differenziertere Darstellung erlaubte und auch ganz persönliche Aspekte des Selbstbildes – bei Murin etwa das des Ratgebers – aufdecken konnte. Vgl. Katzer, Weisse Bewegung, 546.

114 Plaggenborg, Gewalt, 426–429.

115 Brovkin betont ebenfalls, dass die Familienclans und dörflichen Netzwerke eine weitaus grössere Bedeutung hatten als die politischen Parteien. Vgl. Brovkin, Behind, 134.

116 GASO, f. 47, op. 1(4s), d. 162, l. 7.

117 Ebd., l. 42.

Wenn ein sowjetisches Gericht unter anderem auch Vertreter der Sowjetmacht verurteilte, lässt das den Schluss zu, dass die Institutionen der neuen Ordnung keineswegs jede Form der Durchsetzung von Herrschaft deckten, die nach subjektiver Überzeugung in deren Interesse ausgeübt wurde. Durchaus ist das Bestreben erkennbar, Willkürhandlungen in ihrem Namen zu verhindern und mit der Herrschaft auch klaren rechtlichen Rahmenbedingungen Geltung zu verschaffen. Insofern kann nicht von einer generellen, „legalisierten Rechtslosigkeit"[118] gesprochen werden. Allerdings: eine grundsätzliche Ablehnung von Gewalt erfolgte nicht. Roman Murins Schläge wurden im Urteil nur der präzisen Vollständigkeit halber erwähnt und nicht ausdrücklich als solche verurteilt. Gewalt wurde nur indirekt bestraft, weil sie in diesem Falle die bolschewistische Herrschaft gefährdete. Andere Möglichkeiten der Konfliklösung sprach das Gericht nicht an. Im Gegenteil: indem es Roman Murin in die Armee und zum Fronteinsatz abkommandierte, zementierte es die Vorstellung und Erfahrung, dass Gewalteinsatz zur Erreichung der Ziele im Prinzip legitim sei.[119]

Dieses Kapitel stellte mit Roman Murin einen historischen Akteur in unterschiedlichen Kräftefeldern vor. In einem ersten Teil stand die Rekonstruktion seiner Lebenswelt im Vordergrund. Gewisse Teile daraus konnten detaillierter beschrieben werden, wie etwa die Arbeitsbereiche eines jungen, frisch angestellten Milizionärs im „ruhigen" Hinterland Smolensk oder das Leben im Gefängnis, wo die Häftlinge durchaus miteinander in Kontakt traten. Durch die Schilderung der beiden Situationen, die den weiteren Lebenslauf Roman Murins bestimmten – die Vorfälle auf der Dorfversammlung und in der Kommune Moščinki –, erhielten wir in einem zweiten Schritt Einblick in Selbstwahrnehmungen und Selbstbilder, Denkweisen, Ehr- und Rechtsvorstellungen, Argumentationsmuster und Strategien. Alle erwähnten historischen Akteure, angefangen bei Roman Murin selber über

118 Pipes, Russian Revolution, 762–769.

119 Im Hinblick auf die Fragestellung bezüglich der Tradierung von gewalthaftem Handeln von Staates wegen bis hin zur Kollektivierung wäre ein Vergleich von Gerichtsfällen spannend, die unter dem Stichwort „Dienstvergehen" (*prestuplenie po dol'žnosti*) abgehandelt werden. Roman Murin war längst nicht der einzige, der sich dieses Vergehens schuldig gemacht hatte. Während der Kollektivierung geschahen sogenannte „Exzesse" seitens staatlicher Bevollmächtigter. In einem Vergleich könnte man Aufschluss darüber gewinnen, inwiefern Formen gewalthaften Handelns, Verhaltensweisen und Argumentationsstrategien sich decken und erhielte damit Hinweise auf deren Dauerhaftigkeit. Für eine Einführung in die gesetzlichen Grundlagen und Verordnungen vgl. Utevskij, B. S.: Obščee učenie o dolžnostnych prestuplenijach. Moskau 1948.

Nata Pelich, die Brüder Tuzov, die beiden Milizionäre Vladimir Karpekin und Nikolaj Kvaskov bis hin zu den Kommunarden erlaubten, Mechanismen von Verhaltensweisen und Handlungsspielräumen nachzuzeichnen. Der Blick auf gewalthaftes Handeln im Zusammenhang mit der Durchsetzung bolschewistischer Herrschaft hat deutlich gemacht, dass ein derartiger Prozess nicht bloss eine Frage von Strukturen ist, sondern auch von einzelnen, konkreten Menschen abhing.

Die Gerichtsakte gab lediglich über zehn Monate aus Roman Murins Leben Auskunft. Für diesen Zeitraum entstand jedoch das Bild einer vielfältigen Persönlichkeit, zu der auch Zwiespalt und Widersprüche gehörten. So machte Roman Murin zwei verschiedene Angaben zur sozialen Herkunft oder verhedderte sich in seiner Argumentation. Nicht geklärt werden konnte, ob er tatsächlich Mitglied der bolschewistischen Partei oder doch „nur" ein begeisterter und redegewandter Sympathisant war. Diese Ungereimtheiten gilt es nicht wegzuerklären, sondern als Reflex der damaligen ambivalenten historischen Situation zu verstehen. Ebenso standen schliesslich auch der Gewalt – dem zentralen Charakteristikum der Bürgerkriegszeit – feine und zarte Momente gegenüber: Es gab nicht nur die Hand, die mit der *nagajka* zuschlug, – sie war auch offen für eine Blume.

2.2 Fallstudie Valentin Vojcechovskij „Kampf gegen Desertion.“ Falsch verstandene Pflichterfüllung und das Interesse der sowjetischen Justiz.

Im Frühjahr 1919 dauerte der Bürgerkrieg in Russland schon bald ein Jahr an und ein Ende war noch nicht abzusehen. Im Gegenteil, im Sommer 1919 sollten die Bolschewiki militärisch so stark bedrängt werden, dass man den Zusammenbruch ihrer Herrschaft erwartete. Von Osten her gelangte General Kolčak bis zum mittleren Wolgabogen, Denikin und Krasnov rückten von Süden her gegen die untere Wolga und ins Zentrum vor. Schliesslich unternahm General Judenič vom Baltikum her einen Vorstoss nach Petrograd.[1]

In dieser äusserst prekären Lage setzten die Bolschewiki alle verfügbaren Ressourcen ein, um den Krieg an allen Fronten zu gewinnen. In erster Linie galt es, genügend Soldaten für die Rote Armee zu mobilisieren. Dies war aufgrund der hohen Desertionsrate kein leichtes Unterfangen. 1919 desertierten schätzungsweise rund eine Million Soldaten aus der Rote Armee, was deren doppelten Stärke entsprach.[2] Im Gouvernement Smolensk entliefen Mitte 1919 bis zu neunzig Prozent der Mobilisierten.[3] Gründe, an der Front oder auf dem Weg dorthin die Armee zu verlassen, gab es viele.

1 Hier sei nur eine kleine Auswahl von neuerer Literatur zum Bürgerkrieg angegeben: Brovkin, Vladimir N.: Behind the Front Lines of the Civil War. Political Parties and Social Movements in Russia, 1918–1922. Princeton, New Jersey 1994; Figes, Orlando: Peasant Russia, Civil War: the Volga Countryside in Revolution (1917–1921). Oxford 1989; Hildermeier, Manfred: Die russische Revolution: 1905–1921. Frankfurt am Main 1989; Katzer, Nikolaus: Die weisse Bewegung in Russland. Herrschaftsbildung, praktische Politik und politische Programmatik im Bürgerkrieg. Köln, Weimar et al. 1999; Pipes, Richard: Die russische Revolution. Berlin 1992, insbesondere Band 2; Mawdsley, Evan: The Russian Civil War. Boston 1987. Für eine knappe Einführung mit einem bibliographischen Kurzanhang siehe beispielsweise: Marples, David R.: Lenin's Revolution. Russia, 1917–1921. Essex 2000.

2 Brovkin, Behind, 147, 148.

3 Il'juchov, Aleksandr: Smolenščina: 1917–načalo 50-x godov. In: Kraj Smolenskij, Nr. 5–6, maj–ijun' 1998, 77. Il'juchov erklärt die hohe Prozentzahl leider nicht. Für Beispiele von Meldungen über festgehaltene Deserteure und Banditen vgl. GASO, f. r-1007, op. 1, d. 27, ll. 3, 38, 82; RGASPI, f. 17, op. 6, ed. chr. 412, 58, 59, 74, 77.

Zu den wichtigsten gehörten die schlechte Ausstattung. Es fehlte an Lebensmitteln, Uniformen, Schuhwerk, die Unterkünfte blieben ungeheizt und die medizinische Versorgung war ungenügend. Dies hatte zur Folge, dass sich die militärischen Einheiten nicht selten selber das Nötige von der Zivilbevölkerung holten.[4] Viele Soldaten sorgten sich zudem um ihre zurückgebliebenen Familien. Die Bolschewiki hatten versprochen, dass die Familien der Rotarmisten eine besondere Stellung einnehmen würden. Die Angehörigen erhielten offiziell verschiedene Rechte und Privilegien: Sie wurden von allen Steuern befreit, behielten die Rechte über ihr Land, bekamen Unterstützung bei den anfallenden Arbeiten auf dem Hof, sie hatten Anspruch auf eine „Roter-Stern"-Rationierungskarte sowie Extralebensmittel und im Todesfall stand ihnen eine Pension zu.[5] Doch häufig empfingen die Familien die versprochene staatliche Zuwendung nicht oder wurden gar besteuert. Berichteten die Verwandten den Rotarmisten davon in Briefen, so sahen sich letztere nicht mehr unbedingt zum Kriegseinsatz verpflichtet. In den Augen gerade der bäuerlichen Soldaten hatte der Staat das Prinzip des Nehmen-und-Gebens verletzt: Er zog zwar die Männer für den Kampf ein, erbrachte aber die versprochene Gegenleistung nicht. Diesen „Vertragsbruch" veranlasste Soldaten zu ihren Familien und alten Eltern zurückzukehren und die dem Staat überantwortete Schutz- und Ernährungsaufgabe wieder in die eigenen Hände zu nehmen. Aus offizieller Sicht machten sie sich der Desertion schuldig.[6]

Angesichts der ungenügenden Hilfe durch den bolschewistischen Staat und der allgemeinen Versorgungskrise machte sich der Mangel an männlichen Arbeitskräften bei der Bewirtschaftung des Landes[7] für die zurückge-

4 Figes, Orlando: The Red Army and Mass Mobilization During the Russian Civil War, 1918–1920. In: Past and Present 129 (1990), 194, 195.

5 Hagen, Mark von: Soldiers in the Proletarian Dictatorship. The Red Army and the Soviet Socialist State, 1917–1930. Ithaca, London 1990, 78.

6 Allgemein vgl. Figes, The Red Army, 179, 180, 197, 198; Sanborn, Joshua Alexander: Drafting the Nation: Military Conscription and the Formation of a Modern Polity in Tsarist and Soviet Russia, 1905–1925. Ph. D. diss. Chicago 1998, 147, 156. Zu Smolensk vgl. Sikorskij, Evgenij: Uroki političeskogo banditizma. In: Političeskaja Informacija, Nr. 24, 1989, 21, 22; ders.: „Znat' massu ...". Iz istorii organizacii v Smolenskoj Gubernii sistemy postojannogo kontrolja političeskogo nastroenija naselenija, 1917–1920gg. In: Kraj Smolenskij, Nr. 3–4, mart–aprel' 1993, 28.

7 Vor dem Ausbruch des 1. Weltkrieges wurden im Schnitt 1,4 arbeitsfähige Männer pro Hof gezählt, am Ende war dieser Quotient auf 0,8 gesunken. Vgl. Sikorskij,

bliebenen Familien und die Dorfgemeinschaften besonders scharf bemerkbar. Auf unterschiedliche Weise strebten sie danach, ihre Lage zu lindern. Sie berichteten nicht nur in Briefen an ihre männlichen Angehörigen in der Armee über ihre Situation und baten sie, nach Hause zu kommen, sondern brachten auch in Bittschriften an die Behörden die Notlage zum Ausdruck. Es überrascht schliesslich nicht, wenn sie die Fahnenflüchtigen nicht anzeigten und sogar versteckten.[8]

Gleichzeitig versuchten die Familien und Dorfbewohner, bereits die Mobilisierung zu verhindern. Die erste, obligatorische Massenmobilisierung Ende Mai 1918 machte deutlich, dass sich ein grosser Teil der männlichen Bevölkerung in den Dörfern der Rekrutierung erfolgreich entziehen konnte. Neben der mangelnden Versorgung und der ungenügenden Anzahl von Instruktoren bildete ein fehlender Militärapparat vor Ort die Ursache dafür, dass die Aushebungen meist misslangen. Die lokale Militärverwaltung, die Kriegskommissariate waren zuständig für die Erfassung der Bevölkerung, die entsprechende Rekrutierung, Bewaffnung und Ausbildung der Ausgehobenen sowie deren Entsendung. Doch vielerorts verhinderte die Bevölkerung eine Einsetzung der Kriegskommissare. Geschah dies gleichwohl, so konnte die Arbeit des Kriegskommissariats verlangsamt oder gestoppt werden, indem die Dorfgemeinde die Kooperation verweigerte. Diese Strategie erwies sich vor allem 1918 als wirksam. Im Verlaufe des darauf folgenden Jahres gelang es den Bolschewiki immer mehr, die entsprechende Infrastruktur zu etablieren.[9] Die Organisation und Durchführung der Massenmobilisierung war ein wichtiges Element im Prozess der Staatsbildung.[10]

Die geringe Kooperationsbereitschaft des Dorfes wurde in der bolschewistischen Presse beanstandet. Insbesondere wurde kritisiert, dass die Deserteure in ihren Dörfern frei herumlaufen würden.[11] Tatsächlich verbargen sich viele, solange die Gefahr einer Mobilisierung bestand, in Wäldern in ihrer Umgebung. Deshalb wurden sie als „Grüne“ bezeichnet.[12]

Evgenij: Smolenskaja Gubernija: Kanun 1917-go ... Ėkonomičeskie i social'no-političeskie aspekty. In: Kraj Smolenskij, Nr. 5–6, maj–ijun' 1995, 7.

8 Sanborn, Drafting, 147; Sikorskij, Uroki, 22.

9 Figes, The Red Army, 176–180.

10 Ebd., 173; Sanborn, Drafting, 160.

11 Vgl. etwa *Izvestija*, Nr. 22, 1. 2. 1919, 1 oder Nr. 51, 7. 3. 1919, 3.

12 Il'juchov, Smolenščina, 77–79; Sikorskij, Uroki, 21, 22. Für ein Beispiel, wie Deserteure sich zu einer „grünen Garde“ versammelten, siehe: GASO, f. 47, op. 1(4s), d. 322. Allgemein zur Herausbildung von „grünen“ Bewegungen vgl. Radkey, Oli-

Einige hatten sich zusammengeschlossen und zum Ziel gesetzt, gegen die „Roten" zu kämpfen. Die Mehrheit versuchte jedoch auf diesem Wege einer (erneuten) Rekrutierung zu entgehen. Sie hatten kein eigentlich politisches Programm.[13] In erster Linie richtete sich „die bäuerliche ‚grüne' Massenrevolte gegen jede Form äusserer Bedrohung und Bevormundung der dörflichen Welt und entzog sich damit einer dauerhaften Instrumentalisierung durch eine der Bürgerkriegsparteien."[14] Brovkin fasst treffend zusammen: „The Green movement can be defined as a peasant defense mechanism to withhold from the Communist government what it wanted to extract from the countryside: recruits, horses, and grain. It was a movement to avoid serving the central government, a movement against participation in civil war, and a movement in defense of local interests."[15]

Für die meisten Bolschewiki scheint es nicht nachvollziehbar gewesen zu sein, dass so viele Soldaten der Sicherung der eigenen, lokalen Interessen den Vorrang gaben und nicht bereit waren, sich und ihr Leben für eine grundsätzliche, letztlich weltweite Lösung einzusetzen, wie sie die Bolschewiki mit der Realisierung der kommunistischen Idee erreichen wollten. Wie kriminelle Verbrecher torpedierten aus der Sicht der Bolschewiki Deserteure, sei es als Einzelpersonen oder in den Verbänden der „Grünen", den Kampf für eine freie Gesellschaft. Auf der sprachlichen Ebene flossen Deserteure, „Grüne", aber auch Aufständische oder die „Weissen" im Bild des Banditen zusammen. Die Bekämpfung der Fahnenflucht war eng mit dem Kampf gegen *banditizm* verbunden.[16]

Im Verlaufe des Bürgerkrieges gingen die Bolschewiki mit unterschiedlichen Massnahmen gegen Deserteure vor. Ende Oktober 1918 druckte die *Izvestija* einen Artikel von Trockij ab, in dem dieser Anweisungen im Umgang mit Deserteuren gab. Deserteure, die bei der Gefangennahme Widerstand leisteten, sollten demnach auf der Stelle exekutiert werden. Im November befahl er gar die Erschiessung eines jeden Fahnenflüchtigen. Diejenigen, die sie versteckten, sollten ebenfalls getötet und deren

ver H.: The Unknown Civil War in Soviet Russia. A Study of the Green Movement in the Tambov Region 1920–1921. Standford, California 1976, 100–110. Vgl. auch Kapitel 2.1.

13 Radkey, Unknown Civil War, 69, 131.

14 Katzer, Weisse Bewegung, 544.

15 Brovkin, Behind, 145.

16 GASO, f. r-1007, op. 1, d. 25, 13; d. 76, ll. 23, 26, 39.

Häuser verbrannt werden.[17] Allein die Zahl, Tausende hatten ja desertiert, verunmöglichte die wörtliche Umsetzung dieser Anordnungen.[18] Sie schienen sogar das Gegenteil zu bewirken. Im Frühjahr und Sommer 1919, also zu einem Zeitpunkt, als Denikin, Kolčak und Judenič den sowjetischen Staat von allen Fronten her angriffen, erreichte die Zahl der Desertierenden ihren Höhepunkt.[19] Die Rote Armee schien kurz vor ihrer Auflösung zu stehen. Anfang Juni änderten die Bolschewiki ihre Politik gegenüber den Fahnenflüchtigen. Nun wurden auch die Familien und Dörfer, aus denen die Deserteure stammten, konsequenter zur Verantwortung gezogen. Deren Besitz und Güter durften requiriert werden, mit den gleichen Bestrafungen wie die Deserteure mussten die Familienangehörigen, Dorfbewohner und lokalen Behördevertreter rechnen. Die verschärfte Repression war von Amnestiewochen begleitet, die den Deserteuren die Gelegenheit boten, sich straffrei wieder zum Dienst in der Roten Armee zu melden. Die Beschlüsse von Anfang Juni wurden schliesslich in einer breit angelegten Kampagne mit Zeitungsartikeln, einer grossen Anzahl Flugblättern und Plakaten der Bevölkerung bekannt gemacht. Ab der zweiten Hälfte 1919 gelang es der lokalen Militärverwaltung zunehmend, die wehrfähige Bevölkerung mit Hilfe von regelmässigen Musterungen zu erfassen. Die Kombination von Repression, Agitation, Kontrolle und gleichzeitiger Milde gegenüber „Willensschwachen" gab den Soldaten eine zweite Chance und erschwerte es ihnen gleichzeitig, sich dem Kriegsdienst zu entziehen.[20]

Die repressiven Massnahmen gegen Deserteure wurden bereits vor dem Juni 1919 mit entsprechenden propagandistischen Beiträgen in der Presse verbunden. Der Leitartikel der *Izvestija* vom 1. Februar 1919 „Zum Kampf gegen Desertion " führte eindringlich aus, dass das Proletariat bisher schon viel erreicht und das vergossene Blut sich gelohnt habe. Die Lage sei jetzt

17 *Izvestija*, Nr. 250, 24. 10. 1918, 2; Figes, The Red Army, 204; Sanborn, Drafting, 144.

18 Hagen, Soldiers, 72; Sanborn, Drafting, 145.

19 Zu den genauen Zahlen und deren Interpretation vgl. Figes, The Red Army. Eine Kritik dazu bei Sanborn, Drafting.

20 Sanborn, Drafting, 146–160; Hagen, Soldiers, 72–76. Weniger analytisch als deskriptiv Brovkin, Behind, 150–155. Für die Bekämpfungsmassnahmen im Gouvernement Smolensk vgl. Sikorskij, E.: Načalo iz istorii sozdanija i dejatel'nosti organov VČK v Smolenskoj gubernii (1918–1920gg.). In: Kraj Smolenskij, Nr. 11–12, nojabr'–dekabr' 1992, 21–24. Für exemplarische Quellen aus dem Gouvernement Smolensk zum Kampf gegen Fahnenflucht vgl. Smolensker Archiv, R15 WKP119, 24–26; R51 WKP467, ll. 4, 5.; R54 WKP512, 193, 194; GASO, f. r-1007, op. 1, d. 77, l. 1; GASO, f. r-1007, op. 1. d. 76, l. 75.

allerdings sehr kritisch, weitere Opfer müssten erbracht werden, wenn das Proletariat nicht wieder alles verlieren wolle.[21]

> [...] Und in diesem Moment, einem Moment des angespannten Kampfes, gibt es Kleinmütige, gibt es Verräter, die es wagen zu desertieren. Eine empörende Tatsache, gegen die man einen höchst entschiedenen Kampf führen muss.
>
> Desertion von der alten Armee hatte seine moralische Rechtfertigung, nicht hingegen in der neuen Armee – der Armee, die ausschliesslich den Interessen der Arbeitenden dient. Schande jenen Exekutivkomitees, jenen Sowjetorganen, die es sich erlauben, jetzt ruhig auf dem warmen Ofen zu sitzen, jenen, die die Reihen der Roten Armee im Stich lassen. Ihre Pflicht ist es, das Dorf daran zu erinnern, dass jetzt niemand das Recht hat, wenn er kein Feind der Arbeitenden ist, diesem Kampf ruhig zuzuschauen. Wie ewige Kaine sollen die Deserteure wandern müssen und keinen Zufluchtsort finden. Die Dörfer müssen sie mit Verachtung hinausfegen.
>
> Sie müssen mit aller Entschiedenheit vor die Frage gestellt werden: wenn du unser Freund bist, dann tritt in die Reihen der Roten Arbeiter-Bauern-Armee ein, wenn du denn ein Feind bist, dann ist dein Platz im Gefängnis. Es gibt keine Zeit, nachsichtig zu sein. Lernt ab und zu bei der Bourgeoisie. Erinnert euch an die englischen Frauen, die jene Männer, die frei herumspazierten, während ihre Brüder an der Front Blut vergossen, mit Verachtung straften.
>
> Dorfkomitees, Organe der Arbeiter-Bauern-Miliz – kämpft als massgebende Organe des sowjetischen Russlands gegen die Desertion. Russische Arbeiterin Bäuerin – strafe mit Verachtung jene, die aus den Reihen der Roten Armee rennen![22]

Ähnlich wie in diesem Artikel könnte es am 6. April 1919 aus dem Mund des Vorstehers der Kommission zur Bekämpfung der Fahnenflucht des *uezd* Roslavl' an der Versammlung der Sympathisanten der bolschewistischen Partei in der Ortschaft Choroševo getönt haben, an der auch der 21-jährige Parteisympathisant Valentin Vojcechovskij teilgenommen hatte. Valentin Vojcechovskij war in Choroševo geboren worden und lebte nun in

21 Ähnliche Briefe bei Sanborn, Drafting, 152, 153.

22 *Izvestija*, Nr. 22, 1. 2. 1919, 1.

der Stadt Roslavl', die sich rund zwölf Kilometer von seinem Geburtsort entfernt befindet. Vermutlich arbeitete er in der Stadt als Kanzlist. Neben diesen wenigen Angaben ist noch bekannt, dass er ledig war.[23]

Die Sympathisanten bildeten eine wichtige Ansprechgruppe für die Partei. Im März 1919 wurden an der Konferenz der RKP(b) des Gouvernements Smolensk 2'214 Parteimitglieder gezählt, Kandidaten und Sympathisanten hingegen knapp fünf Mal mehr, nämlich 9'823.[24] Auf Tausend Bewohnerinnen und Bewohner des Gouvernements Smolensk kam somit im Schnitt ein Parteimitglied.[25] Dank der Kandidaten und Sympathisanten konnte dieses Verhältnis aufgebessert werden. Dennoch drängten Parteimitglieder darauf, dass sich Sympathisanten – nach über einem Jahr nach der Oktoberrevolution – endlich in die Partei einschreiben sollten.[26] Der Vorsteher der Kommission zur Bekämpfung der Fahnenflucht des *uezd* Roslavl' schien hingegen weit weniger Probleme gehabt zu haben, die Anwesenden für seine Sache zu begeistern. Am Ende der Versammlung der Sympathisanten der bolschewistischen Partei mobilisierte er gleich die ganze Zelle zum Kampf gegen die Deserteure in der *volost'* Chorosevo.[27]

Noch an demselben Abend, so berichtete Valentin Vojcechovskij, hatten sich die Mobilisierten aufgeteilt und ins vier Kilometer entfernte Nachbardorf Kolpenica begeben. Zum Trupp, dem er zugewiesen worden war, gehörten der Kriegskommissar der *volost'* Chorosevo Il'ja Kireev[28], der Rotarmist Aleksandr Suščevskij[29] und der Milizionär Gerasim Kosenkov.[30] Im Dorf angekommen erkundigten sie sich beim Vorsitzenden des Dorf-

23 GASO, f. 47, op. 1(4s), d. 384, ll. 27, 27ob.

24 *Izvestija*, Nr. 59, 18. 3. 1919, 3. Auf Anweisung des Zentralkomitees der Partei wurde auf den 1. November 1919 eine Registrierung vorgenommen. Die Parteiorganisation des Gouvernements Smolensk schrumpfte dabei auf insgesamt 2'566 Personen – 1'905 Mitglieder und 661 Kandidaten und Sympathisanten – zusammen. Vgl. Fainsod, Merle: Smolensk Under Soviet Rule. Boston, London 1989, 35.

25 Zum Verhältnis von Bevölkerung und Parteimitgliedern in der Volgaregion vgl. Figes, Peasant Russia, 225–232.

26 *Izvestija*, Nr. 33, 14. 2. 1919, 3. Die Parteiorganisation Roslavl' wurde im April 1918 mit vierzehn Personen gegründet. Vgl. Afanas'ev, Valentin: Chronika Smolenščiny vremen „voennogo kommunizma" (mart i aprel' 1918–1920 godov). In: Smolenskij 3–4–5, mart–aprel'–maj 1994, 94, 95.

27 GASO, f. 47, op. 1(4s), d. 384, ll. 9, 12, 27.

28 Ebd., ll. 15, 24ob.

29 Ebd., ll. 12, 14, 15.

30 Ebd.,, ll. 12, 16.

sowjets, in welchen Häusern sich die Deserteure aufhielten. Sie wollten nämlich das Moment der Überraschung nutzen und begannen sofort mit der Suche nach Deserteuren, fanden aber keine. Denn diese hatten – laut Aussagen von Dorfbewohnern – von der Aktion schon im Laufe des Tages erfahren und sich versteckt. Die vier beschlossen deshalb im Haus von Il'ja Kireev, der in Kolpenica wohnte, zu übernachten und am nächsten Morgen mit der Operation fortzufahren. Am 7. April, etwa um acht Uhr brachen sie auf. Il'ja Kireev, Aleksandr Suščevskij und Gerasim Kosenkov gingen entlang der Strasse in ein Haus, in dem sich angeblich Deserteure aufhielten, während Valentin Vojcechovskij die gleiche Höhe haltend durch die Gemüsegärten eilte. Er hatte von Il'ja Kireev den Auftrag gefasst, mit allen Mitteln jeglichen Fluchtversuchen von Deserteuren, die durch den Hinterausgang entweichen wollten, Einhalt zu gebieten. Kaum hatte Valentin Vojcechovskij seine Position erreicht, sprang ein Deserteur aus der Ecke des Hauses hervor und lief weg. Valentin Vojcechovskij rief ihm zu, er solle stehen bleiben, doch der Flüchtende reagierte nicht. Valentin Vojcechovskij schrie nochmals, er solle innehalten. Der Deserteur blickte kurz zurück und rannte weiter. Das dritte Mal warnte er ihn: „Steh, sonst werde ich schiessen!" Wieder schaute er zurück, hastete aber weiter, um sich hinter der Ecke des nächsten Hauses zu verstecken. Darum schoss Valentin Vojcechovskij eine Platzpatrone in die Luft. In der Zwischenzeit hatte sich der Deserteur bereits hundertfünfzig bis zweihundert Schritte von ihm entfernt. Da entschloss er sich, eine richtige Patrone loszufeuern. Ohne zu zielen, schoss er nach vorne. Der Deserteur machte noch zwei Schritte und brach dann zusammen. Valentin Vojcechovskij lief zum Haus, aus dem seine Kameraden bereits herausgeeilt kamen und teilte ihnen mit, dass er einen Deserteur angeschossen habe. Zusammen gingen sie zu ihm hin. Aleksandr Suščevskij hob ihn auf und da bemerkten sie, dass der Deserteur schon tot war. Der Schuss war direkt durch das Herz gegangen. Der Vierertrupp zur Bekämpfung der Desertion meldete den Vorfall beim Vorsteher des Dorfsowjets, damit er eine Wache bei der Leiche aufstelle. Danach machten sie sich zum Sowjet der *volost'* Choroševo auf, von wo aus eine Strafuntersuchungskommission an den Ort des Geschehens geschickt wurde. Sie bestand aus einem Sowjetexekutivkomiteemitglied der *volost'* Choroševo, dem Ersten Milizionär und dem militärischen Leiter (*voenruk*), welcher die Untersuchungen leitete.[31]

31 Ebd., ll. 9–11, 27, 27ob.

Diese Schilderung beruht auf den Angaben Valentin Vojcechovskijs gegenüber den Untersuchungsbehörden. Il'ja Kireev stützte diese Darstellung, ebenso Gerasim Kosenkov und Aleksandr Suščevskij, ausser dass sie beide nur einen Schuss gehört hatten.[32] Letzterer grenzte sich noch stärker von den Äusserungen ab und bemerkte kritisch, dass die Bezeichnung „Deserteur" für den erschossenen Ivan Osipov von Valentin Vojcechovskij stamme.[33] War der Getötete also gar kein Deserteur?

In der Tat hielten die Bürger von Kolpenica ihren 25-jährigen Mitbewohner Ivan Osipov nicht für einen Deserteur. Zuhanden der Strafuntersuchungskommission verfassten sie am 8. April eine Urkunde, worin sie erklärten, dass Ivan Osipov vor zwei Wochen zur Bahnstation Krapivinskaja – etwa acht Kilometer von Kolpenica entfernt – ging, um von dort aus zurück zu seinem Truppenteil in die Rote Armee in der Stadt Smolensk zu fahren. Die Schaffner teilten ihm jedoch mit, dass man unmöglich dorthin fahren könne. Deshalb kehrte Ivan Osipov nach Hause zurück. Als er sich ein zweites Mal vornahm, seinen Truppenteil zu erreichen, da erfuhr er, dass seine Eltern Getreide erhalten sollten. Er beschloss zu bleiben, um das Getreide selber in Empfang zu nehmen. Die Verteilung der Ration verzögerte sich indes bis zum 6. April. Gleich am Tag darauf wollte er sich zu seinem Truppenteil begeben. Doch am Morgen des 7. Aprils wurde er erschossen.[34]

Mit den Ausführungen brachten die Bürger zum Ausdruck, dass Ivan Osipov ihrer Meinung nach aufgrund der offenen Lebensführung kein Deserteur war. Er hatte sich nicht zu verstecken. Indirekt bestätigten sie so die Klage der Bolschewiki, die Deserteure würden in den Dörfern frei herumlaufen. Aus der Urkunde geht weiter hervor, dass die Dorfbewohner die ihnen im zitierten Zeitungsartikel zugewiesene Kontrollfunktion nicht übernahmen. Es reichte ihnen, dass Ivan Osipov seinen Willen bekundet hatte, zu seinem Truppenteil zurückzukehren. Die offizielle, formale Definition für einen Deserteur schienen sie nicht zu kennen oder abzulehnen. Diese besagte, dass jeder, der sich mehr als sieben Tage von seinem Truppenteil entfernte, ein Deserteur sei. Wer sich mehr als vierzehn Tage wegbegab, wurde der „böswilligen" Desertion (*zlostnoe dezertirstvo*) bezichtigt.[35] Was das Dorf Kolpenica angeht, so war Ivan Osipov anscheinend nur einer von

32 Ebd., ll. 12, 13, 15, 15ob., 16.

33 Ebd., ll. 15, 15ob.

34 Ebd., ll. 20, 20ob.

35 *Izvestija*, Nr. 56, 15. 3. 1919, 3.

vielen Deserteuren. Der 25-jährige Kriegskommissar der *volost'* Choroševo, Il'ja Kireev, sagte nämlich aus, dass er dort bereits früher Deserteure verfolgen musste und vor den möglichen traurigen Folgen gewarnt habe. Die Deserteure hätten ihm versprochen, sie würden sich bald zu ihrem Truppenteil begeben. Doch bis zum 7. April sei dies nicht geschehen, und darum sah sich Il'ja Kireev gezwungen, mit einer Gruppe die müssigen Deserteure einzufangen.[36] Mit dieser Vorgehensweise schien Il'ja Kireev, eine Kompromisslösung für seinen Interessenskonflikt gesucht zu haben. In seiner Funktion als Kriegskommissar musste er die Befehle des Zentrums auf lokaler Ebene durchsetzen, wobei ihm bei einem Versagen Strafe drohte. Als Bewohner des Dorfes Kolpenica war es ihm wohl ein Anliegen, einigermassen anerkannt und integriert im eigenen Haus leben zu können.

Mit den beiden Argumenten – nicht durchführbare Fahrt nach Smolensk und knappe Versorgungslage in der Armee – verwiesen die Dorfbewohner in ihrer Urkunde auf äussere Faktoren. So konnten sie zum einen den Vorwurf zurückweisen, Ivan Osipov sei ein Deserteur gewesen, und zum andern der Anklage vorbeugen, sie hätten vorschriftswidrig Deserteure gedeckt. Doch wie stand es mit den abgegebenen Begründungen? Hatten sie Hand und Fuss?

Tatsächlich war die Versorgungslage im Gouvernement Smolensk prekär. Während der Kriegsjahre hatte sich die Anbaufläche aufgrund der fehlenden Arbeitskräfte reduziert.[37] 1918 fiel die Ernte schlecht aus, was dazu führte, dass die Getreidevorräte schon im Herbst aufgebraucht waren.[38] Die Lage hatte sich im Gouvernement Smolensk zusätzlich verschärft, weil neben der eigenen Bevölkerung und den stationierten Truppen in den Garnisonen in Smolensk, Vjaz'ma und Roslavl' die Kriegsgefangenen und Flüchtlingsströme, die nach Westen oder ostwärts weiterzogen, versorgt werden mussten.[39] Die militärische Entwicklung schnitt mit dem Vormarsch der „Weissen" die grossen Getreideanbauregionen im Süden Russlands und in der Ukraine, aus denen das Gouvernement Smolensk tra-

36 GASO, f. 47, op. 1(4s), d. 384, l. 24ob.

37 Sikorskij, Smolenskaja, 6.

38 Kazakov, Aleksandr: Naselenie Smolenščiny: prošloe i nastojaščee. In: Kraj Smolenskij, Nr. 7–8, ijul', avgust 1993, 72; 2-oj S"ezd Sovetov Zapadnoj Oblasti. Smolensk 1918g., 15.

39 Ščerov, Ivan Petrovič: Organizacija i dejatel'nost' kollegij po delam plennych i bežencev v Smolenskom krae (1914–1921gg.). Avtoreferat dissertacii […] kandidata istoričeskich nauk. Moskau 1998, 14.

ditionellerweise Getreide importierte, von den nördlichen Gebieten ab.[40] Alle diese Faktoren führten dazu, dass in sämtlichen Teilen des Gouvernements Smolensk mehr oder weniger stark gehungert wurde. Mitte 1919 litt rund ein Drittel der Bevölkerung an Hunger.[41] Täglich meldete die Zeitung *Izvestija*, welche Massnahmen die Gouvernementsregierung gegen die Krise unternahm, welche Güter den Weg nach Smolensk gefunden hatten und wer sie erhielt. Sie berichtete aber auch über das Problem, dass Soldaten ihre Truppenteile verliessen, um sich Getreide zu verschaffen.[42] Ivan Osipov war also kein Einzelfall.

Die allgemein kritische Versorgungslage verlangte eine zentrale Lösung. Am 8. März 1919 fasste der Sowjet der Volkskommissare den Beschluss, vom 18. März bis 10. April auf den Haupteisenbahnverbindungen sämtliche Passagierzüge zu sistieren und die dadurch frei gewordenen Lokomotiven für den Transport von Heizmaterial und Getreide einzusetzen, das sich in den südlichen Regionen staute.[43] Einige Tage später folgte präzisierend, dass nur in äusserst wichtigen Fällen eine Fahrkarte ausgehändigt werde und dass es dazu die Erlaubnis der Gouvernements-, *uezd*- und *volost'*-Exekutivkomitees brauche.[44] Es ist gut vorstellbar, dass die Schaffner Ivan Osipov nur die knappe Auskunft gaben, dass keine Personen transportiert würden, und die Ausnahmeregelung nicht erwähnten.

Fast zeitgleich mit dem Stopp der Passagierzüge rief die Gouvernementskommission zur Bekämpfung der Fahnenflucht alle zuständigen Organe zur intensivierten Bekämpfung von Desertion auf.[45] Offensichtlich wurde keine Überlegung dahingehend angestellt, wie Deserteure zu ihren Truppenteilen zurückkehren konnten, wenn die Passagierzüge nicht fuhren. Die mangelhafte Koordination zweier Anordnungen – und nicht etwa ein perfekt ausgeklügeltes System – bildete demnach eine wichtige Voraussetzung für Ivan Osipovs Tod. An seinem Schicksal wird deutlich, wie sich politische Entscheide der höchsten Ebene auf die Lebenswelt eines Einzelnen auswirkten. Es waren jedoch nicht unmittelbar die Dekrete, die Ivan Osipov töteten. Sie bildeten vielmehr den Beginn einer Kette von Handlun-

40 Vgl. auch Scheibert, Peter: Lenin an der Macht. Das russische Volk in der Revolution 1918–1922. Weinheim 1984, 135.

41 Sikorskij, Uroki, 18.

42 *Izvestija*, Nr. 60, 20. 3. 1919, 1, 2.

43 *Pravda*, Nr. 54, 11. 3. 1919, 2. Das Dekret wurde in der *Izvestija* (Nr. 57, 3) am 15. 3. veröffentlicht.

44 *Pravda*, Nr. 58, 16. 3. 1919, 3.

45 *Izvestija*, Nr. 54, 11. 3. 1919, 2, 3.

gen, an deren Ende Valentin Vojcechovskijs Schuss stand. Dazwischen hatten andere Menschen den Inhalt der Dekrete so formuliert, dass sie den nächsten Handlungsschritt auslösten. Im unserem Fall lassen sich die beiden letzten verfolgen: der Vorsteher der Kommission zur Bekämpfung der Fahnenflucht des *uezd* Roslavl' hatte an der Versammlung der Sympathisanten der bolschewistischen Partei in Chorosevo vermutlich mit einer flammenden Rede Valentin Vojcechovskij zum Handeln bewegt. Dieser übernahm die Funktion eines Mitgliedes im Trupp zur Bekämpfung der Desertion in Kolpenica und fühlte sich berechtigt, einen anderen Menschen als Fahnenflüchtigen zu bezeichnen und darum auf ihn zu schiessen. Dabei wollte er sich an die Spielregeln gehalten haben, über die er sich noch am Vorabend beim Kommissionsvorsteher erkundigt hatte:[46] Er habe den Deserteur drei Mal gewarnt, einen Warnschuss abgegeben und erst dann mit der scharfen Munition geschossen, jedoch ohne auf ihn zu zielen. Wie bei Roman Murin begegnen wir auch hier dem Versuch des Täters, sich als korrekt handelnder Vertreter der Sowjetmacht darzustellen, wobei nicht auszuschliessen ist, dass dies wirklich seinem Selbstverständnis entsprach. Dazu gehörte ebenfalls, dass er sich wie ein Erwachsener fühlte. Schliesslich hatte er in der Rolle als Staatsbeauftragter eine Verantwortung, wie sie nur einem Erwachsenen übertragen wurde. In ihrer Selbstwahrnehmung empfanden sich daher weder Valentin Vojcechovskij noch Roman Murin als Jugendliche.

Der Version Valentin Vojcechovskijs hielten die Dorfbewohner entgegen, er habe nicht gerufen, nur einen Schuss abgegeben und direkt auf Ivan Osipov gezielt. Auch die Gangart – Ivan Osipov umging die Wasserlachen – hätte Valentin Vojcechovskij als Hinweis dafür dienen müssen, dass es sich beim Getöteten nicht um einen Deserteur handelte.[47] Die Ermittlungsbehörden, die noch am gleichen Tag mit ihrer Arbeit begannen[48], schenkten den Schilderungen der Dorfbewohner mehr Glauben. Bereits am 10. April entschied die Strafuntersuchungskommission Roslavl', Valentin Vojcechovskij des Mordes anzuklagen und darum den Fall der Untersuchungskommission des Revolutionstribunals des Gouvernements Smolensk

46 GASO, f. 47, op. 1(4s), d. 384, ll. 27, 27ob.

47 Ebd., ll. 14ob., 20ob., 23–24ob.

48 Die ausserordentliche Schnelligkeit, mit der die Ermittlungen aufgenommen wurden, mögen mit einem Aufruf des Vorstehers des Exekutivkomitees des *uezd* Roslavl' zusammenhängen, der die sofortige Meldung von schweren Verbrechen wie Mord forderte. Vgl. *Roslavl'skij Kommunist*, Nr. 36, 29. 3. 1919, 3.

weiter zu leiten.[49] Ihr gegenüber musste sich Valentin Vojcechovskij mit seiner Unterschrift verpflichten, sich nicht von seinem Wohnort in der Stadt Roslavl', an der Proletarierstrasse im Haus von Mikešin, zu entfernen.[50] Ende Juni hielt es die Untersuchungskommission des Revolutionstribunals aufgrund der Aussagen der Zeugen und von Valentin Vojcechovskij für erwiesen, dass letzterer den Deserteur Ivan Osipov umgebracht hatte. Sie fasste deshalb den Beschluss, ihn wegen Mordes dem Revolutionstribunal des Gouvernements Smolensk zu übergeben.[51] Eine Kopie dieses Entscheides schickte die Untersuchungskommission an die Roslavler Miliz, die sie dem Bürger Valentin Vojcechovskij, wohnhaft in der Stadt Roslavl', in der Trockaja-Strasse, im Haus von Mikešin übergeben solle.[52] Es gehörte nämlich zu den Aufgaben der Miliz, derartige Kopien gegen Unterschrift dem betroffenen Bürger auszuhändigen und danach die Unterschrift als Bestätigung für den Erhalt der Kopie zurückzusenden. Die Miliz konnte Valentin Vojcechovskij die Kopie jedoch nicht zustellen. Jemand in der Verwaltung der Untersuchungskommission musste die Adresse falsch abgeschrieben haben. So meldete die Miliz der Untersuchungskommission zurück, Valentin Vojcechovskij wohne nicht an der Trockaja-Strasse, im Haus von Mikešin, und überhaupt gebe es an der Trockaja-Strasse kein Haus von Mikešin.[53] Damit hatte die Miliz ihre Pflicht getan. Sie startete keine Suchaktion, um Valentin Vojcechovskij in der über 20'000 Einwohner zählenden Stadt Roslavl'[54] ausfindig zu machen. Sein „Verschwinden" scheint keine der Behörden gekümmert zu haben, obwohl er sich ja mit seiner Unterschrift verpflichtet hatte, sich nicht von seinem Wohnort wegzubegeben. Kam eine solche Unterschrift also einem Freipass für Valentin Vojcechovskij gleich? Hatte er jemanden bestochen, die Adresse ungenau abzuschreiben? Vielleicht lebte er aber weiterhin an der Proletarierstrasse und hielt sich bereit, um vor Gericht zu erscheinen. Beunruhigte es ihn, nicht zu wissen, was mit ihm weiter geschehen würde? Den Täter, dessen

49 GASO, f. 47, op. 1(4s), d. 384, ll. 7, 25.

50 Ebd., ll. 25, 26.

51 Ebd., ll. 30, 34.

52 Ebd., l. 38.

53 Ebd., ll. 38ob., 40, 40ob.

54 Kononov, G.: Gorodskoe naselenie Smolenskoj gubernii v 1923 godu. In: Bjulleten' Smolenskogo Gubernskogo Statističeskogo Bjuro, Nr. 1, aprel' 1924g., 67, 68. In der Zeit nach dem Bürgerkrieg stieg die Zahl der Einwohner leicht an und erreichte 1923 die Zahl von 23'423.

Fall im nächsten Kapitel behandelt wird, sollte diese Ungewissheit beschäftigten.

Die Fragen, weshalb sich keine Behörde um das Auffinden Valentin Vojcechovskijs bemühte und wie er damit umging, gehören zu den Unbestimmtheiten, die Gerichtsakten nicht auflösen. Aus der abgelegten Korrespondenz zwischen den verschiedenen Amtsstellen lässt sich lediglich erkennen, dass aufgrund der unterschiedlichen Adressangaben der Fall Valentin Vojcechovskij liegen blieb. Die Untersuchungskommission des Revolutionstribunals ergriff keine weiteren Massnahmen, um ihn zu finden. Das Blatt mit dem Versprechen Valentin Vojcechovskijs, sich zur Verfügung zu halten, verfiel zu Makulatur. Eine sowjetische Behörde setzte sich somit über die Einhaltung einer Verpflichtung hinweg, die sie selber eingefordert hatte. Man gewinnt den Eindruck, als ob es sich in den Augen der Untersuchungskommission bei der Ermordung Ivan Osipovs um einen Bagatellfall handelte, den es sich nicht lohnte weiterzuverfolgen. Diese Vorstellung wird sogar noch verstärkt: Das Revolutionstribunal beschloss nämlich in seiner Organisationssitzung vom 30. November 1919, den Fall von Valentin Vojcechovskij aufgrund der weitreichenden Amnestie zum zweiten Jahrestag der Revolution abzubrechen.[55] Bei seiner Begründung erachtete es das Allrussische Zentralexekutivkomitee (VCIK) für möglich, eine Amnestie auszusprechen, weil das Proletariat der Sowjetunion seine Macht gefestigt habe. Zuvor habe die Sowjetunion äusserst hart gegen ihre Feinde an der Front und die Konterrevolution im Hinterland vorgehen müssen. Nun sollten alle aus den Gefängnissen entlassen und sämtliche Strafuntersuchungen abgebrochen werden mit Ausnahme derjenigen, die sich an einer Verschwörung gegen die Sowjetunion – sei es aktiv oder die Verschwörer unterstützend – beteiligt hatten. Alle, die ein Verbrechen mit einem klar eigennützigen Ziel begangen hatten, sollten ebenfalls nicht von der Begnadigung profitieren.[56] Sowohl die einleitende Rechtfertigung der Amnestie als auch der Kreis derjenigen, die nicht berücksichtigt wurden, bieten erste Anhaltspunkte, um der Diskrepanz auf die Spur zu kommen, dass eine Strafuntersuchung durchgeführt und die Tat als strafbar erkannt wurde, der Täter dennoch faktisch einer Sanktion entging.

55 GASO, f. 47, op. 1(4s), d. 384, l. 35. Abgesehen davon, dass Vojcechovskijs Vergehen tatsächlich unter den Geltungsbereich der Amnestie fiel, wird an seinem Fall deutlich, dass eine Begnadigung auch verwaltungstechnische Vorteile bot: Akten konnten ohne grossen Aufwand erledigt und Pendenzenberge so abgebaut werden.

56 Sobranie uzakonenij i rasporjaženij rabočego i krest'janskogo pravitel'stva, izdavaemoe Narodnym Komissariatom Justicii, Nr. 55, 15 nojabrja 1919g.

In der Begründung der Amnestie erläuterte das VCIK, dass die Konterrevolution die grösste Bedrohung für den jungen Staat bedeutete. Die Revolutionstribunale waren deshalb in erster Linie mit meist mehrbändigen Dossiers zu Fällen von Konterrevolution beschäftigt, wobei die Anklage „Konterrevolution", „*banditizm*" und „Aufstand" oft synonym verwendet wurden. Zentrales Charakteristikum all dieser Fälle bildete die Organisationsform als „Bande". Der Einzeltäter Valentin Vojcechovskij erfüllte also ein wichtiges Kriterium nicht, das den Hauptfeind kennzeichnete, und wurde darum als wenig gefährlich eingestuft. Ausserdem hatte er einen Mann umgebracht, der zu einer Bande hätte gehören können. Als Sympathisant der Partei beteiligte er sich an der Aktion bei der Bekämpfung von Desertion, der die Bolschewiki wiederum einen hohen Stellenwert beimassen und „Irrtümer" in Kauf nahmen. Alle diese politisch motivierten Überlegungen mögen dazu beigetragen haben, dass die Untersuchungskommission des Revolutionstribunals Valentin Vojcechovskijs Fall mit wenig Nachdruck behandelte und ihm Straffreiheit gewährte. Dennoch gilt es festzuhalten, dass keine der Instanzen seine Tat explizit mit politischen Argumenten entschuldigte und ihn vom Mordvorwurf befreite.

Diese Beobachtung – nämlich die einhellige Meinung, dass es sich bei dem Vergehen um einen Mord handle – führt von der Untersuchungskommission des Revolutionstribunals zurück zur Strafverfolgungsbehörde, deren Aufgabe es war, die vorgefundene Tat zu definieren. Bei ihrer Meinungsbildung stützte sie sich auf die Aussagen von Täter, Betroffenen und Zeugen, wobei auch andere Einfluss nehmen konnten. Im vorliegenden Fall verfolgte die Dorfversammlung das Ziel der Einwirkung und verfasste eine Urkunde (*akt*), worin sie das Vergehen als eindeutigen Mord bezeichnete. Bereits zur Zarenzeit war es übliche Praxis, dass sich die Dorfversammlung zu einem Vorfall äusserte. Die in der Regel von aussen kommenden Ermittlungsbehörden kannten die Situation vor Ort nicht oder ungenügend und waren darum auf Hinweise und Informationen der lokalen Bevölkerung angewiesen.[57] Je überzeugender eine Dorfbevölkerung ihre Interpretation des Vorfalles vorbringen konnte, desto grösser war die Chance, dass die Strafuntersuchungskommission deren Sichtweise übernahm. Diese hohe Bedeutung während der Ermittlungen hatte die Dorfgemeinde trotz des Herrschaftswechsels offenbar wahren können, wie das Beispiel Valentin Vojcechovskij zeigt: Er wurde des Mordes angeklagt, obwohl er der Partei nahe stand, auf den ersten Blick deren Ziele verfolgte und vom Kriegs-

57 Frank, Stephen P.: Crime, Cultural Conflict, and Justice in Rural Russia, 1856–1914. Berkeley, Los Angeles 1999, 41–43.

kommissaren Il'ja Kireev Unterstützung erhielt. Die Tatsache, dass Il'ja Kireev, der ja in Kolpenica lebte, für Vojcechovskij einstand, lässt zumindest ansatzweise Spannungen innerhalb des Dorfes erkennen. Für eine weitergehende Analyse, wie innerhalb des Dorfes mit dieser Differenz bei einem konkreten Vorfall wie der Ermordung Ivan Osipovs umgegangen wurde und wie man zum Schluss kam, dass es sich um einen Mord handle, reicht das vorliegende Material nicht aus. Ebenso wenig lässt sich nachvollziehen, weshalb die Ermittelnden die Sichtweise, wie sie die Bürger in der Urkunde formulierten, und nicht diejenige von Il'ja Kireev und Valentin Vojcechovskij übernahmen. Allein diese Tatsache weist darauf hin, dass auch andere Momente als Parteinähe und Parteizugehörigkeit bei der Meinungsbildung der Strafuntersuchungskommission massgebend waren. Die Vorstellung, kriminelle Handlungen von Sympathisanten und Parteimitgliedern seien während des Bürgerkrieges grundsätzlich und immer entschuldigt worden, gilt es, als nicht zutreffend zu revidieren.

Nimmt man die erwähnte Urkunde hinsichtlich der Beweisführung noch etwas genauer unter die Lupe, so überrascht, dass die Dorfbewohner keine politischen Argumente vorbrachten. Sie beschrieben lediglich, wie Ivan Osipov, sie selber und schliesslich Valentin Vojcechovskij gehandelt hatten. Ihre Schilderung zielte darauf ab, Ivan Osipov als pflichtbewussten Soldaten darzustellen, sich vom Vorwurf, einen Deserteur gedeckt zu haben, zu entlasten und Valentin Vojcechovskij zu beschuldigen, Ivan Osipov absichtlich getötet zu haben. Im Hinblick auf den Selbstschutz des Dorfes, eine Klage abzuwenden, war die gewählte Strategie erfolgreich. Das Fehlen einer politischen Stossrichtung innerhalb der Argumentation der Dorfbevölkerung scheint gleichzeitig der Hauptgrund dafür gewesen zu sein, dass dem Fall Valentin Vojcechovskij von staatlicher Seite her schlussendlich geringe Aufmerksamkeit zuteil wurde, und er liegen blieb. Gerade im Vergleich mit dem Fall Roman Murin fällt auf, dass die Dorfversammlung in ihrem Schreiben keinen Gegenangriff startete und Valentin Vojcechovskij etwa ausdrücklich vorgehalten hätte, dass er willkürlich gehandelt habe, mit seinem Verhalten die Bauern gegen den Sowjetstaat aufbringe und dadurch dessen Autorität untergrabe. Warum sie diesen weitergehenden Schritt unterliess und eine defensive Haltung einnahm, muss offen bleiben. Lokale Interessensüberlegungen mochten eine Rolle gespielt haben. Allein, es gehört zur Eigenart von Gerichtsquellen aus der Bürgerkriegszeit, dass sie nur wenig Einblick in die dörflichen Beziehungsstrukturen gewähren.

Zusammenfassend lässt sich feststellen, dass in einem stadtnahen Gebiet in der Provinz, die „nur“ indirekt vom Bürgerkrieg betroffen war, das sowjetische Strafverfahren 1919 im Prinzip funktionierte. Wenn eine Tat den staatlichen Behörden gemeldet wurde, kam der Ermittlungsapparat ins Rollen. Die Miliz und Strafuntersuchungskommission begaben sich an den Tatort, befragten Zeugen und, wo greifbar, Täter und Opfer. Daraufhin wurde das Dossier der Untersuchungskommission des Revolutionstribunals weitergeleitet, die entschied, ob der Fall abgebrochen oder vor Gericht kommen sollte. Die Akte von Valentin Vojcechovskij dokumentiert, dass der gesetzlich vorgeschriebene Weg eingehalten wurde, und ist ein Zeugnis für das grundsätzliche Funktionieren des sowjetischen Strafverfahrens. Dass sie auf diesem Amtsweg stecken blieb, verweist auf einen weiteren, wichtigen Aspekt: Das sowjetische Strafverfahren war zu diesem Zeitpunkt erst in einem geringen Masse institutionalisiert, eine kleine Unregelmässigkeit wie zwei unterschiedliche Adressen konnte es stillegen. Ein mindestens ebenso entscheidender Grund für das Versanden des Strafverfahrens und der faktischen Straffreiheit ist darin zu sehen, dass die betroffene Dorfbevölkerung nicht genügend Druck auf die staatlichen Behörden machte und dezidiert eine Bestrafung forderte. Infolge der schwachen Verankerung der sowjetischen Behörden vor Ort hatte die Bevölkerung eine grosse Einflussmöglichkeit auf den Gang des Verfahrens. Die zentralen Behörden waren auf eine Kooperation mit der Dorfgemeinde angewiesen, nicht nur bei einem Strafverfahren, sondern auch etwa – wie gesehen – bei der Rekrutierung von Soldaten.[58] Gegen eine Dorfgemeinschaft, die solidarisch zusammenstand, kamen sie nicht an.[59] Im Fall von Valentin Vojcechovskij scheinen die Bewohnerinnen und Bewohner kein Interesse daran gehabt zu haben, dass sich sowjetische Amtsträger gründlich mit den Verhältnissen in ihrem Dorf auseinander setzten, um dann womöglich Deserteure zu finden oder Anklage wegen Verstecken von Deserteuren zu erheben.[60] Dementsprechend argumentierten sie in einer wenig politischen Art und Weise und zogen so die Aufmerksamkeit der sowjetischen Behörden nicht auf sich. Diese reagierten nämlich – je weiter weg vom Ort des Geschehens – vor allem auf Begründungen, die auf eine Gefährdung des Staates und der bolschewistischen Herrschaft hinwiesen. Auf das Ziel, die

58 Figes, The Red Army, 178.

59 Im Zusammenhang mit den Getreiderequirierungen vgl. Conquest, Robert: Die Ernte des Todes. Stalins Holocaust in der Ukraine 1929–1933. München 1988, 2. Auflage, 60.

60 Vgl. beispielsweise einen Bericht, der vom weiteren Kampf gegen Desertion handelt, an den Kriegskommissar des *uezd* Roslavl' vom August 1919. Smolensker Archiv, R15 WKP119, 24–26.

Herrschaft zu erhalten und auszubauen, richteten sie auch die Verbrechensbekämpfung aus.[61] Seine bescheidenen Mittel und Kräfte setzte der sowjetische Staat gezielt dafür ein. Darum musste ein Dorf, eine Gruppe, wenn sie denn eine Intervention wünschten, die sowjetischen Vertreter davon überzeugen, dass bei einem Vergehen eine Gefährdung des Staates vorlag. Wenn dies gelang, wenn die Interessen des Dorfes also zu denjenigen des Staates wurden, dann standen die Chancen gut, dass er nicht nur eine Strafverfolgung begann, sondern auch genügend energische Massnahmen ergriff, um den Täter zur Rechenschaft zu ziehen. Es ist allerdings bezeichnend, dass der politische Wille des sowjetischen Staates alleine nicht ausreichte, um die Gerichtsbarkeit durchzusetzen, dazu brauchte es zusätzlich und in erster Linie die Initiative und entsprechende politische Argumentation von unten. Am Fallbeispiel von Valentin Vojcechovskij konnte exemplarisch Einblick gewonnen werden, dass und wie die lokale Bevölkerung und die sowjetischen Behörden zusammenwirken mussten, damit es tatsächlich zur Bestrafung eines Vergehens kam. Für die weitere Forschung wäre es von grossem Interesse, wie sich im Verlaufe der Zeit die Art und Weise sowie das Ausmass, wie auf lokaler Ebene Einfluss auf ein Strafverfahren genommen werden konnte, verschob, gerade auch im Hinblick auf die Frage, wie stark der sowjetische Staat dort Fuss fassen und seine Herrschaft durchsetzen konnte. Dabei sollte immer auch im Auge behalten werden, welchen Stellenwert die Beweisführung mit politischen Argumenten bei der lokalen Bevölkerung einnahm.

61 Jakobson, Michael: Origins of the GULAG. The Soviet Prison Camp System, 1917–1934. Kentucky 1993, 21.

2.3 Fallstudie Stepan Panasov „Was habe ich gegen den Staat getan?“ Selbstwahrnehmung und Staatsvorstellungen eines Mörders.

Am 1. März 1919 ungefähr um zwölf Uhr mittags fuhr ein Schlitten von einem Pferd gezogen in das Dorf Staro-Ivanovskoe ein.[1] Vier Männer sassen darauf. Zwei von ihnen begaben sich in das Haus von Afanasij Bričkov, der den einen der beiden, Nikolaj Grigor'ev, kannte. Dieser wohnte im Nachbardorf. Auf Geheiss der anderen Person verlangte er nun von Afanasij Bričkov selbstgebrannten Schnaps, sogenannten *samogon*. Letzterer antwortete, dass er keinen habe. Daraufhin verliess der Fremde das Haus wieder. Nikolaj Grigor'ev aber blieb und beteuerte gegenüber Afanasij Bričkov, dass er den Unbekannten nicht kenne. Er habe indes gehört, wie dieser sich als Kommissar aus Smolensk bezeichnete. Zudem bat Nikolaj Grigor'ev, sich in der Korndarre von Afanasij Bričkov verstecken zu dürfen. Doch dieser willigte mit dem Hinweis auf eine mögliche Hausdurchsuchung nicht ein und empfahl ihm, durch den Gemüsegarten zu verschwinden. So gelangte Nikolaj Grigor'ev wieder zurück in sein Dorf.[2]

Während Nikolaj Grigor'ev sich auf diesem Weg aus dem Staub machte, trat Afanasij Bričkov auf die Strasse, wo sich noch zwei andere Dorfbewohner befanden. Da beobachteten sie, wie der Unbekannte zu einem anderen Mann ging, der beim Pferd und dem Schlitten stand. Im selben Augenblick rannte ein dritter, junger Mensch, den sie ebenfalls nicht kannten, in das Haus des Anwohners Ivan Isačenkov. Dieser war gerade bei einem Nachbarn zu Besuch und musste den Vorgang von dort aus gesehen haben. Da er wohl nicht wusste, was der Unbekannte beabsichtigte, begab er sich nach Hause. Kurze Zeit später kam die Tochter Ivan Isačenkovs hinausgerannt und schrie: „Helft, man hat den Vater ermordet!“. Schon wollte Afanasij Bričkov zusammen mit den beiden Dorfbewohnern zu den Isačenkovs gehen, als der Fremde hinausstürmte und in die Luft schoss. Er lief zu seinen Leuten beim Schlitten und rief: „Genossen, es ist um mich geschehen!“ Afanasij Bričkov und die beiden anderen Dorfbewohner verbargen sich. Nach etwa zehn Minuten kamen sie aus ihrem Versteck

1 Das heutige Dorf Ivanovskoe befindet sich rund vierzehn Kilometer südwestlich von Safonovo und ungefähr sechzehn Kilometer nordwestlich von Dorogobuž.

2 GASO, f. 47, op. 1(4s), d. 202, ll. 60, 69, 91–94.

hervor. Die Unbekannten waren nicht mehr auf der Strasse. Nun betraten die drei das Haus von Ivan Isačenkov. Er lag tot mit einer Wunde in der Brust auf dem Boden.[3]

Die Tochter von Ivan Isačenkov, Aleksandra Isačenkova, und die Ehefrau, Anna Isačenkova, berichteten, was sich im Haus ereignet hatte. Ein unbekannter, etwa 25-jähriger Mann sei in ihr Haus gekommen und habe *samogon* verlangt. Die 17-jährige Aleksandra meinte bemerkt zu haben, dass der Unbekannte betrunken gewesen sei, wobei er sich aber noch gut auf den Beinen hielt.[4] Anna Isačenkova erklärte, dass sie auf seine Forderung nach *samogon* nicht eingehen konnte, weil sie keinen hatten. Stattdessen bot sie ihm Tee an. Als Ivan Isačenkov kurz nach Erscheinen des Fremden heimkehrte, sei dieser mit demselben Ansinnen auf ihn zugestürmt. Auch Ivan Isačenkov habe ihn zum Teetrinken eingeladen. Prompt zückte der Unbekannte seinen Revolver und habe Ivan Isačenkov gedroht. Anna Isačenkova sei hinausgesprungen, um Alarm zu schlagen. Währenddessen war Aleksandra Isačenkova Zeuge davon geworden, wie ihr Vater auf die Knie fiel und den Unbekannten angefleht habe: „Gott kann man durch Bitten bewegen, wenn man ihn bittet, du aber bist unnachgiebig." Daraufhin habe der Unbekannte mit dem Revolver aus nächster Nähe auf die Brust Ivan Isačenkovs gezielt und mit den Worten „Da hast du deinen Gott" geschossen. Der Vater sei hingefallen und habe noch „au, au" gemurmelt.[5] Anna Isačenkova habe den Schuss im Hauseingang gehört und sei sofort zurückgekehrt. Der Unbekannte habe ihr befohlen, den Toten auf den Rücken zu wenden. Da sie sich weigerte, habe er ihn selber umgedreht und das Hemd zerrissen. Dann rannte er aus dem Haus, gab noch einen Schuss ab und war verschwunden.[6]

3 Ebd., ll. 34, 93, 94.

4 Die Art und Weise, ob sich jemand noch auf den Beinen halten konnte, wird in Aussagen im Zusammenhang mit Alkoholkonsum nicht selten angegeben, um zu bestimmen, wie stark jemand betrunken gewesen war. Vgl. beispielsweise GASO, f. r-74, op. 2, d. 750 oder f. 47, op. 1(4s), d. 29.

5 Diese beiden „au, au", die den kurzen, aber heftigen Todesschmerz bedeuten, illustrieren die zentrale Aussage von Scarry sehr anschaulich, dass der körperliche Schmerz Sprache zerstört. Die Tatsache, dass diese Sequenz von sämtlichen an den Ermittlungen beteiligten Untersuchungsbehörden wörtlich übernommen wurde, verweist darauf hin, dass auch sie keine andere sprachliche Ausdrucksform gefunden hatten. Vgl. Scarry, Elaine: Der Körper im Schmerz. Die Chiffren der Verletzlichkeit und die Erfindung der Kultur. Frankfurt am Main 1992, 13.

6 GASO, f. 47, op. 1(4s), d. 202, ll. 33, 33ob., 35ob., 65, 65ob., 65b, 65bob., 95, 95ob., 96, 96ob.

Aufgrund der Darstellungen der Betroffenen muss die Ermordung Ivan Isačenkovs für die Bewohner und Bewohnerinnen von Staro-Ivanovskoe wie aus dem Nichts gekommen sein. Das überfallartige Ereignis begann für sie mit der Ankunft des Schlittens mit den Fremden. Einige Männer des Dorfes begaben sich auf die Strasse um zu erfahren, wer die Ankömmlinge waren und was sie wollten. Denn die Frontnähe und die Bürgerkriegssituation im Allgemeinen brachten eine hohe Mobilität mit sich. Flüchtlinge, Deserteure, Truppenteile, die verschoben wurden, Komitees, die Getreide, Pferde und andere überlebensnotwendige Güter beschlagnahmten, Kriminelle und Bettelnde – sie alle zogen durch die Dörfer Russlands. Häufiger als vor den Kriegsjahren tauchten Unbekannte in den Dörfern auf, deren Absichten die Ansässigen nicht kannten.[7] Daher bedeutete das Erscheinen von Fremden für eine Dorfgemeinschaft in erster Linie Unsicherheit. Es galt abzuschätzen, ob deren Ankunft eine Bedrohung für das Dorf bedeutete. Die Männer trafen sich auf der Strasse, die einen guten Überblick bot und einen schnellen Informationsfluss ermöglichte. Auch Afanasij Bričkov zeigte sich auf der Strasse, schliesslich konnte er den Hinweis bringen, es handle sich um Kommissare aus Smolensk. Die Haltung der Männer scheint eher abwartend gewesen zu sein, zumal der Fremde sich in ein Haus begab und Ivan Isačenkov als Eigentümer und Familienvorsteher ebenfalls dorthin zurückkehrte. Die Männer auf der Strasse konnten annehmen, dass es sich um eine Privatangelegenheit handle, für die Ivan Isačenkov selber eine Lösung finden werde. Erst auf den Hilferuf Aleksandra Isačenkovas hin setzten sie sich in Bewegung und wären in das

7 Mobile Gruppen und Personen wie etwa Landstreicher, Pferdediebe, Räuber und Hochstapler stellten schon zur Zarenzeit eine Gefahr für die Dorfbewohner dar und liessen sie Abwehrstrategien entwickeln. Vgl. Frank, Stephen P.: Crime, Cultural Conflict, and Justice in Rural Russia, 1856–1914. Berkeley, Los Angeles 1999, 11, 12. Zu Beginn des Ersten Weltkrieges wurde die Bevölkerung der frontnahen Gebiete evakuiert und teilweise im Gouvernement Smolensk angesiedelt. Während beider Kriege bedeutete die grosse Anzahl der Flüchtlinge und die Verschiebung von Truppenteilen beziehungsweise der ungeordnete Truppenrückzug der zaristischen Armee eine schwere Belastung für die Bevölkerung. Vgl. Kazakov, Aleksandr: Naselenie Smolenščiny: prošloe i nastojaščee. In: Kraj Smolenskij, Nr. 7–8, ijul', avgust 1993, 72; Ščerov, Ivan Petrovič: Organizacija i dejatel'nost' kollegij po delam plennych i bežencev v Smolenskom krae (1914–1921gg.). Avtoreferat dissertacii [...] kanditata istoričeskich nauk. Moskau 1998; Krasnokutskij, Viktor Vladimirovič: Demobilizacija Rossijskoj armii v 1917–1918gg. (na primere Zapadnogo fronta). Avtoreferat dissertacii [...] kandidata istoričeskich nauk. Moskau 1997, 20–24.

Haus gegangen, wenn nicht der Unbekannte einen Schuss abgegeben hätte. Darum war es wohl aus ihrer Sicht sinnvoller, sich zum Selbstschutz zu verstecken. Mit der Ruhe fassten die Männer wieder das Vertrauen, dass die Gefahr vorbei sei und sie in das Haus der Isačenkovs gehen konnten. Die Leiche bildete den unumstösslichen Schlusspunkt einer nur kurze Zeit andauernden Anwesenheit von drei Unbekannten.

Am 2. März begab sich ein Milizionär, durch einen Dorfbewohner informiert, nach Staro-Ivanovskoe, um die Ermittlungen aufzunehmen.[8] Seine Aufgaben bestanden darin, sich um die Leiche zu kümmern, die ersten Aussagen festzuhalten und die Suche nach dem Mörder zu beginnen. Nach der Beschreibung der Leiche hätte der Milizionär sie eigentlich gerne zur Bestattung freigegeben, denn der Zersetzungsprozess hatte bereits eingesetzt.[9] Doch der Gerichtsmediziner, der eine genaue Obduktion des Brustkastens des Ermordeten vornahm, kam erst zwei Tage später. Trotz der gewissenhaften Autopsie konnte er die Kugel nicht finden.[10] Aufgrund der Zeugenaussagen war aber klar, dass es sich um eine Ermordung durch eine Schusswaffe handelte. Da sich keine Schmauchspuren fanden, war die Erschiessung nicht aus nächster Nähe erfolgt, wie dies Aleksandra Isačenkova berichtet hatte.[11]

Die Aussagen der beiden Frauen sowie von Afanasij Bričkov ergaben das eingangs geschilderte Bild des Tatverlaufs und erste Hinweise auf den Mörder. Anna Isačenkova etwa verdächtigte Nikolaj Grigor'ev des Mordes mit der Begründung, er sei wütend über ihre Familie.[12] Sie spielte auf ein angespanntes, vielleicht sogar konflikthaftes Verhältnis an. Doch Näheres lässt sich in der Gerichtsakte nicht finden, weil keine der Ermittlungsbehörden nachhakte. Dem Milizionär scheint der Verdacht auch ohne weitere Erklärung begründet gewesen zu sein. Er nahm Nikolaj Grigor'ev fest. Die Bürger des Dorfes, aus dem der Arrestant stammte, bescheinigten ihm, dass sie bei ihm weder auffälliges Verhalten noch verdächtige Kontakte

8 GASO, f. 47, op. 1(4s), d. 202, ll. 68, 85.

9 Ebd., l. 82.

10 Ebd., ll. 66–67ob. Der Untersuchende verfügte über ein solides medizinisches Wissen, führte die Leichenschau aber eher schematisch aus. Ein erfahrener Autopsist hätte wohl intensiver nach der Kugel gesucht und weniger Wert etwa auf eine detaillierte äussere Beschreibung der Leiche gelegt. Für die Einschätzung des gerichtsmedizinischen Gutachtens danke ich Prof. Dr. med. Jürg Ulrich.

11 GASO, f. 47, op. 1(4s), d. 202, ll. 70, 70ob.

12 Ebd., l. 65b. Wörtlich: „On serdit na nas."

bemerkt hätten.[13] Dieses Leumundszeugnis half Nikolaj Grigor'ev vorerst nicht, er blieb in Haft.[14] Er beteuerte indes seine Unschuld. Die drei unbekannten Männer hätten ihn, als er sich auf dem Heimweg befand, unter Todesdrohung gezwungen, mitzufahren und ihnen den Weg nach Staro-Ivanovskoe zu zeigen.[15]

Die drei unbekannten Männer kamen offensichtlich von weiter her. Der Milizionär versuchte deshalb ihre Reiseroute zu rekonstruieren. Bevor sie Nikolaj Grigor'ev mit auf ihren Schlitten genommen hatten, waren sie auf ihrem Weg nach Staro-Ivanovskoe Vasečkin begegnet. Dieser berichtete dem Milizionär, wie drei Bürger des Dorfes Terebuka – die beiden Brüder Vašenkov sowie der Sohn von Nil Vašenkov – ins Haus seines Bruders gekommen waren und *samogon* verlangt hatten. Sie erhielten aber eine Absage und fuhren darum wieder fort.[16]

Inzwischen hatten auch die Bürger von Staro-Ivanovskoe in eigener Regie einen Mann, Dmitrij Morozovskij, festgenommen. Aus den Ausführungen eines gewissen Sergej Žurov[17] wird ersichtlich, dass der Verdacht aus mehreren Gründen auf Dmitrij Morozovskij fiel. Anfang Februar 1919 soll er zusammen mit anderen einen Raubüberfall auf Sergej Žurov versucht haben, indem sie sich als Milizionäre aus Dorogobuž ausgaben, die ein offizielles Schreiben bezüglich einer Getreide- und Viehrequisition abgeben wollten.[18] Als die Frau Sergej Žurovs sich weigerte, die Türe zu öffnen, und die Unbekannten mit einem Revolver zwei Mal in die Türe schossen, da feuerte Sergej Žurov seinerseits mit einer Schrotflinte durch ein kleines Fenster, worauf die Fremden sich zurückzogen. Ausserdem verdächtigte Sergej Žurov Dmitrij Morozovskij des Diebstahls. Weiter wusste Sergej Žurov zu erzählen, dass letzterer im ganzen Kirchensprengel bekannt sei und die Dorfversammlung schon früher den Beschluss gefasst habe, ihn auszusiedeln.[19] Vor dem Untersuchungsrichter dementierte Dmit-

13 Ebd., l. 62.

14 Ebd., ll. 82, 88.

15 Ebd., ll. 91, 92.

16 Ebd., ll. 61, 61ob.

17 Weshalb er befragt wurde und ob er möglicherweise mit der Familie Isačenkov verwandt war, geht aus der Gerichtsakte nicht hervor.

18 Für weitere Beispiele, wo sich Leute als Kommissare ausgaben, vgl. GASO, f. 47, op. 1(1s), dd. 175, 212.

19 GASO, f. 47, op. 1(4s), d. 202, ll. 97. In der Regel deckte sich das Territorium des Kirchensprengels mit dem der *volost'*. Vgl. Kuznecov, S. V.: Obyčnoe pravo v

rij Morozovskij diese Aussagen und wies die Verdächtigungen wegen Mitwissenschaft am Mord und wegen des Raubüberfalls zurück. Stattdessen schilderte er seine eigene Version. Er sei aus Bosheit des Mordes an Ivan Isačenkov angeschuldigt worden. Den Zorn habe er auf sich gezogen, weil er sich vor ungefähr zwei Wochen mit Rotarmisten auf dem Gelände von Dmitrij Žurov aufgehalten und nach Kartoffeln gesucht habe. Dmitrij Žurov hingegen habe gemeint, er ermittle wegen *samogon*. Darum habe dieser vor Schrecken gleich sämtlichen Treber weggeführt.[20] Trotz dieser Aussagen, die Dmitrij Morozovskij als einen Gefolgsmann der Bolschewiki kennzeichneten, musste er in Untersuchungshaft bleiben.

Mit der Erschiessung Ivan Isačenkovs kam der Ermittlungsapparat ins Rollen. Die Informationen, die in diesem Zusammenhang erfasst wurden, gingen über den eigentlichen Mordfall hinaus und sprachen Sachverhalte an, die die Menschen in ganz Russland beschäftigten. Sergej Žurovs Darlegungen über den versuchten Raubüberfall auf seinen Hof stehen auf den ersten Blick in keiner direkten Beziehung mit der Ermordung Ivan Isačenkovs. Es ist nicht möglich, sie unmittelbar mit dem Fall zu verknüpfen, weil in der Akte wichtige Angaben über die Beziehungen zwischen den Dorfbewohnern und -bewohnerinnen fehlen. Die gewonnenen Auskünfte verbleiben als Fragmente, die für sich stehen, im Raum. Die Schilderungen Sergej Žurovs sowie diejenigen der anderen Zeugen eröffnen hingegen die Sicht auf Begebenheiten, die von der Struktur her Parallelen zum Fall Isačenkov erkennen lassen, deshalb die im Einzelfall vorhandenen allgemeinen Aspekte verdeutlichen und so über ihn hinausweisen. Zu diesen Punkten gehören der selbstverständlich schnelle Einsatz von Waffengewalt, die Requirierung von Getreide und Vieh sowie die Fahndung nach *samogon*, die alle durchwegs zu den Charakteristika der Bürgerkriegszeit zu zählen sind.

Die Beobachtungen der Zeugen und Dorfbewohner spielten wie im Fall von Valentin Vojcechovskij eine zentrale Rolle bei den Ermittlungen. Der Milizionär stützte sich in hohem Masse auf sie und verfolgte in erster Linie Spuren, die sich aus deren Einschätzungen ergaben. So nahm er Nikolaj Grigor'ev fest, woran auch das Leumundszeugnis nichts zu ändern vermochte. Der Milizionär bestätigte die Verhaftung Dmitrij Morozovskijs, ohne konkrete Beweismittel in der Hand zu haben. Das Erfahrungswissen der Bevölkerung überzeugte in genügendem Ausmasse. Dmitrij Moro-

russkoj derevne i gosudarstvennoe zakonodatel'stvo vo vtoroj polovine XIX v. In: Ėtnografičeskoe obozrenie (1999), 5, 105.

20 GASO, f. 47, op. 1(4s), d. 202, ll. 92ob., 93.

zovskij hatte offenbar in seiner Umgebung bereits vorher einen schlechten Ruf, so dass der Verdacht sehr leicht auf ihn fiel, wenn auch nicht der Mörder zu sein, so doch in Verbindung mit ihm zu stehen. Wer sein gutes Ansehen verloren hatte, der lief immer wieder Gefahr, in unklaren und undurchsichtigen Fällen quasi a priori suspekt zu sein.[21] Aufgrund seiner Randstellung konnte Dmitrij Morozovskij im Gegensatz zu Nikolaj Grigor'ev kein Leumundszeugnis vorlegen. Für die Behandlung der beiden während des Ermittlungsverfahrens scheint diese Tatsache den zentralen Unterschied ausgemacht zu haben. Der Untersuchungsrichter – er hatte die Akte am 5. März vom Milizionär übernommen[22] – entschied nämlich am 6. März, dass Nikolaj Grigor'ev aus der Untersuchungshaft entlassen werden könne, und es reiche, ihn unter die Aufsicht der Miliz zu stellen. Hingegen musste Dmitrij Morozovskijs explizit wegen seines schlechten Rufes bis zum Abschluss der Ermittlungen in Untersuchungshaft ausharren.[23] Die lokale Bevölkerung besass mit ihrem Wissen, ihren Erfahrungen und Meinungen einen weitreichenden Einfluss im Strafverfahren der frühen Sowjetunion.[24]

Wie sehr der Milizionär – die erste Instanz im Ermittlungsverfahren und am stärksten in Kontakt mit der Bevölkerung – seine Arbeit ebenfalls auf die Kenntnisse und Wahrnehmungen einzelner Personen gründete, mit denen er selber gesprochen hatte, zeigt ein Zettel, der an die Ehefrau des Ermordeten gerichtet war und ihm schon am 3., spätestens am 4. März bekannt sein musste. In diesem anonymen Schreiben steht:

> Ich teile Ihnen mit, dass diese Leute, die zu Ihnen wegen einer Durchsuchung kamen, dass ich sie kenne, diese Leute sind aus dem Dorf Terebuka. Wer Ihren Ehemann umbrachte: Stepan Nilovič, sein Vater Nil Artemov und der Bruder von Nil Artemov, Boris Artemov, ihr Familienname ist ein und derselbe: Panasov. Kommen Sie in das Dorf Terebuka und Sie werden sie finden. Die Adresse: Vyšegorskaja *volost'*, Dorf Terebuka. Reiten Sie hierher,

21 Frank, Crime, 151, 152, 225.

22 GASO, f. 47, op. 1(4s), d. 202, l. 88.

23 Ebd., ll. 89, 90.

24 Eine bedeutende Rolle bei der Meinungsbildung der Ermittlungs- und Gerichtsbehörden spielten die Dorfbewohner bereits in der Zarenzeit. Vgl. Frank, Crime, 213.

> nehmen Sie sie und erschiessen Sie sie sogleich. [Unterschrift] Ich würde auch gehen, doch ich habe keine Zeit.[25]

Obwohl die Angaben auf dem geheimnisvollen Blatt sehr präzise waren und Vasečkin ebenfalls vom Dorf Terebuka und einem Nil gesprochen hatte, verfolgte der Milizionär aus welchen Gründen auch immer diese Spur nicht weiter. Erst der Untersuchungsrichter nahm sie wieder auf. Er liess nach einem Ivan Nikulin im Dorf Terebuka suchen.[26] Wie der Untersuchungsrichter auf diesen Namen kam, lässt sich nicht erklären. Vasečkin hatte den Familienname Vašenkov genannt, im anonymen Schreiben war die Rede von Panasov. Tatsächlich gab es in Terebuka keinen Ivan Nikulin.[27] Die Spur drohte sich wieder zu verlieren. Ähnlich wie im Fall von Valentin Vojcechovskij bildete der ungenaue Umgang mit Namen einen wichtigen Unsicherheitsfaktor im Verlauf von Ermittlungen.

Möglicherweise meldete sich aufgrund der Nachfrage nach Ivan Nikulin Mitte März ein Bürger aus Terebuka beim Untersuchungsrichter. Er berichtete, dass ihm am Samstag der *maslenica*-Woche, also am 1. März, sein Mitbürger Panasov erzählt hatte, dass er zusammen mit seinem Vater und seinem Onkel Boris Artemovič in Staro-Ivanovskoe war. Dort habe er im Zusammenhang mit dem heimlichen Schnapsbrennen mit einem Revolverschuss einen Menschen getötet. Panasov leiste zur Zeit als Kommandant der Stadt Minsk Dienst.[28] Diese Informationen bildeten das fehlende Verbindungsstück zwischen dem zitierten, anonymen Schreiben und einem Brief, der dem Untersuchungsrichter seit dem 7. März vorlag. Dieser Brief war von Stepan Panasov unterschrieben[29] und richtete sich an Chomjakov,

25 GASO, f. 47, op. 1(4s), d. 202, ll. 83, 84.

26 Ebd., l. 78.

27 Ebd., l. 81.

28 Ebd., l. 117.

29 Ebd., l. 32. Panasov besuchte zwei Jahre lang die Schule. Aufgrund der erhaltenen Briefe lässt sich festhalten, dass er bei der Gross- und Kleinschreibung nicht sattelfest war. Die Interpunktion setzte er willkürlich oder gar nicht. Die phonetische Wiedergabe gewisser Wörter und Wortkombinationen lassen die minimale Schulbildung erkennen. Für ein besonders eindrucksvolles Beispiel vgl. folgende Sätze: „[...] priezžaja Domoj Ja obnaružal zavody Samogonšikov, i odnavo nečainym Slučaem ja ubil za ego grubye otvety na moi voprosy i na menja byl na let' čelovek 20-ti vooružennye graždanine, i choteli Zdelat' na Domnoj Samosud'. [...]" – „[...] Als ich nach Hause kam, entdeckte ich eine Fabrik von *samogon*-Herstellern, und einen tötete ich versehentlich aufgrund seiner groben Antworten auf meine Fragen und zwanzig bewaffnete Bürger überfielen mich und wollten mich der Selbstjustiz

von dem Stepan Panasov annahm, er sei der Vorsitzende der ČK von Smolensk. In diesem Brief bat Stepan Panasov Chomjakov, er möge sich der *volost'* Safonovo annehmen, weil er selber in Minsk sei. Er habe nämlich entdeckt, dass dort an vielen Orten heimlich Getreide zu *samogon* gebrannt werde, obwohl die Leute vor Hunger stürben. Er selber habe im Dorf Ivanovskoe nachgeforscht. Dabei habe er auch einen Revolver in der Hand gehabt, eine Frau habe ihn deshalb gepackt und in dem Moment sei ein Schuss losgegangen. Daraufhin hätten ihn Männer mit Gewehren umkreist. Ihm sei nichts anderes übrig geblieben, als wegzurennen.[30]

Nun war klar, dass Stepan Panasov Ivan Isačenkov umgebracht hatte. Am 9. April – offenbar eilte es nicht besonders – begann der Untersuchungsrichter mit der Fahndung nach dem Kommandanten der Stadt Minsk, Stepan Panasov. Die Nachforschungen in Minsk ergaben allerdings, dass er nicht Kommandant der Stadt war.[31] Noch konnte der Untersuchungsrichter des Mörders nicht habhaft werden. Der entscheidende Wendepunkt erfolgte am 21. April, als Stepan Panasov einen Brief an den Vorsteher der Strafabteilung schrieb und sein Verbrechen gestand.[32] Am nächsten Tag wurde er verhaftet.[33] 275 Mordfälle waren 1919 im Gouvernement Smolensk den Ermittlungsbehörden gemeldet worden, der Fall Panasov gehörte zu den 92, die auch aufgedeckt wurden.[34]

Das sieben Seiten lange Bekenntnis Stepan Panasovs enthält seine Ausführung, wie es zur Tötung von Ivan Isačenkov kam. Dieser Brief soll nun bezüglich Stepan Panasovs Selbstwahrnehmung und Selbstdarstellung sowie seiner Vorstellungen von Staat detaillierter analysiert werden. Diese drei Aspekte standen in einem engen Wechselverhältnis zueinander. Wir können davon ausgehen, dass Stepan Panasov sich und seine Handlungen in Hinblick auf den Adressaten seines Briefes, einem Vertreter des Staates präsentierte. Er kannte dessen Haltung zum Vorfall jedoch noch nicht. Deshalb musste er von seinen eigenen Annahmen, wie der Vorsteher der Strafabteilung ihn und seine Tat beurteilten würde, ausgehen. Infolgedessen kommt im Geständnis Stepan Panasovs Auffassung von Staat zum Vor-

unterziehen. […]". Ebd., l. 122. Diese Kostprobe zeigt, dass Gerichtsakten auch für linguistische Fragestellungen zur frühen Sowjetunion reiches Material bieten.

30 Ebd., ll. 86ob.–87ob.

31 Ebd., ll. 98–101.

32 Ebd., ll. 104–110.

33 Ebd., ll. 112–113ob.

34 Ubijstva v Smolensk. Gub. In: *Rabočij Put'*, Nr. 199, 5. 9. 1923, 4.

schein, die sich wiederum in seiner Selbstdarstellung niederschlägt. Letztere korrespondiert ihrerseits mit seiner Selbstwahrnehmung.

Der 23-jährige, ledige Stepan Panasov stammte aus der Bauernschaft und war Bürger des Dorfes Terebuka, *volost'* Vyšegorskaja, *uezd* Dorogobuž. Er hatte zwei Jahre in der zaristischen Armee an der Front gedient, während der Februarrevolution war er in Finnland und während der Oktoberrevolution in Moskau in der Scheinwerferkompanie.[35] Mitte 1918 war er der Parteiorganisation Dorogobuž beigetreten.[36] Er begann seine Zuschrift an den Vorsteher der Strafabteilung mit der Beteuerung, dass er sein Verbrechen mitteilen werde, ohne irgendetwas zu verbergen. Die Offenheit war ihm auch im Weiteren ein wichtiges Anliegen und zeichnete ihn seines Erachtens als ehrlichen und vertrauenswürdigen Bürger aus. Letzteres sah er dadurch bestätigt, dass er sich bisher das Vertrauen als Parteimitglied und auf mehreren Posten in der Roten Armee erworben habe. Seine Diensttätigkeit sei vorbildhaft für alle anderen in seiner Abteilung gewesen.[37] Vor kurzem wurde er deshalb zur Verfügung des Kriegskommissariats des Gouvernements in die Stadt Minsk abkommandiert. Stepan Panasov war – wie auch Roman Murin – überzeugt, dass einem aufrichtigen Verhalten unbedingt Vertrauen gebühre. Wie Roman Murin, so erhoffte sich Stepan Panasov davon eine bevorzugte Behandlung durch die Behörden und eine milde Beurteilung seiner Tat. In dieser Erwartung klingt Lenins Botschaft nach, dass Fehler zwar vorkommen mögen. Doch die neue Klasse sei daran, ein neues Leben aufzubauen, und solle daher die Möglichkeit haben, Erfahrungen zu sammeln und daraus lernen zu dürfen.[38] Wer also Fehler bei seinem Einsatz für die Staatsmacht machte, dazu stand und so

[35] GASO, f. 47, op. 1(4s), d. 202, ll. 32, 32ob.

[36] Ebd., ll. 32, 32ob. Panasov war Inhaber des Parteibillets Nr. 21. Eine bolschewistische Organisation existierte in Dorogobuž erst ab dem Frühjahr 1918. Daijan, M.: Smolensk v revoljucii 1917 goda. Smolensk 1927, 29. Rotarmisten konnten ohne grosse Schwierigkeiten, Mitglieder der Partei werden, weil sie in der Regel als „geprüft" galten. Vgl. Hagen, Mark von: Soldiers in the Proletarian Dictatorship. The Red Army and the Soviet Socialist State, 1917–1930. Ithaca, London 1990, 81, 82.

[37] Während Versammlungen forderte man auf allen Ebenen der Partei immer wieder moralische Integrität. In den Protokollen wurde festgehalten, dass die Mitglieder gewissenhaft, ehrlich und mannhaft die Sache des Kommunismus vertreten sollten. Dabei sollten sich ihre Worte und Taten entsprechen und sie als Vorbilder ausweisen. Selbstaufopferung gehörte mit zum Tugendkatalog. Vgl. Sikorskij, Evgenij: Slovom i štykom. (Iz istorii utverždenija vlasti bol'ševikov v Smolenskom krae 1917–1920gg.). In: Kraj Smolenskij, Nr. 3–4–5, mart–aprel'–maj 1994, 73.

[38] Lenin, V. I.: Werke, Bd. 26, 362, 363, 468.

die Lernchance nutzte, die sie ihm gewährte, der konnte konsequenterweise nicht von der gleichen Instanz für seinen Irrtum zur Rechenschaft gezogen werden. Dies wäre dem Bruch eines Versprechens und letztlich der Zerstörung der Vertrauensbasis gleich gekommen. Stepan Panasov und Roman Murin stellten sich offensichtlich vor, dass sich die Staatsmacht an ihr Versprechen halte, und waren darum bereit, aufrichtig den Fehler zuzugeben. Sie meinten zum einen, dass ein solches Verhalten von ihnen erwartet werde, zum anderen nahmen sie sich auch als ehrliche Personen wahr.

In der *maslenica*-Woche[39], schilderte Stepan Panasov weiter, habe er seine Sachen abgegeben und sei nach Hause gefahren, um private Angelegenheiten zu erledigen. Was steckte hinter diesem allgemeinen „Private-Angelegenheiten-Erledigen"? Wollte er in der vertrauten Umgebung die Feiertage verbringen? Fürchtete er wie viele andere Soldaten um das Wohlergehen seiner Familie? [40] Und: hatte er sich wirklich korrekt abgemeldet oder desertierte er von seinem Posten in Minsk, weil am 26. Februar der Kriegszustand über das Gouvernement Minsk verhängt wurde?[41] Gehörte er zu denjenigen, die im Frühjahr und Sommer 1919 die Rote Armee scharenweise verliessen?[42] Das eigentliche Motiv Stepan Panasovs für die Rückkehr lässt sich anhand der Gerichtsakte nicht nachprüfen. Die Sequenz ist jedoch aussagekräftig in Bezug auf seine Selbstdarstellung als gewissenhafter Rotarmist, der im Gegensatz zu den vielen Fahnenflüchtigen die offiziellen Regeln einhielt.[43]

Zu Hause angekommen, habe er feststellen müssen, dass seiner Familie, die aus zehn Personen bestand, nur noch ein Brot übrig geblieben war. Als er sich mit seinen Eltern beriet, wie sie überleben wollten, antworteten diese unter Tränen, dass sie unter keinen Umständen Getreide kaufen

39 1919 in den Tagen vom 23. Februar bis 1. März.

40 Die Sorge um die Familie gehörte zu den Hauptgründen für die Fahnenflucht. Vgl. Sanborn, Joshua Alexander: Drafting the Nation: Military Conscription and the Formation of a Modern Polity in Tsarist and Soviet Russia, 1905–1925. Ph. D. diss. Chicago 1998, 147, 156; Figes, Orlando: The Red Army and Mass Mobilization During the Russian Civil War, 1918–1920. In: Past and Present 129 (1990), 197, 198.

41 Voennoe položenie v Minskoj gubernii. In: *Izvestija*, Nr. 46, 1. 3. 1919, 2. Vgl. auch die Beobachtung, dass sich viele Soldaten beim ersten Schuss, der zu hören war, aus dem Staub machten. Figes, The Red Army, 198.

42 Sanborn, Drafting, 146–148; Hagen, Soldiers, 72. Die Anzahl der Deserteure erreichte in der ersten Hälfte 1919 den Höchstwert.

43 Für die offizielle Definition des Deserteurs vgl. Sanborn, Drafting, 144.

könnten, weil es entweder zu *samogon* verarbeitet oder zu Wucherpreisen verkauft werde.[44] Schon im Januar meldete die *Izvestija*, dass in der Vyšegorskaja *volost'* 4'684 Menschen Hunger litten.[45] Während Roman Murin eher aus ideologischer Überzeugung die Verschwendung von Defizitgütern zu verurteilen schien, so verwies Stepan Panasov auf die persönliche Betroffenheit als eine wichtige Erklärung für sein Handeln. Mit Blick auf die prekäre Versorgungslage im Gouvernement Smolensk im Allgemeinen und in der Vyšegorskaja *volost'* im Speziellen würde diese Begründung sehr überzeugend wirken, wenn Stepan Panasov nicht im nächstfolgenden Satz darlegte, dass sein Vater und sein Onkel sich aufgemacht hätten, um ein Pferd zu kaufen[46], und er mitgeritten sei, weil er nichts zu tun gehabt habe.[47] Wie konnte eine Familie ein weiteres Pferd kaufen und füttern, wenn ihr selber Hunger drohte? Vielleicht muss man die ergreifende Geschichte der verzweifelten Eltern in dem Sinne verstehen, dass Stepan Panasov einfach ein starkes Bild suchte, um seine Betroffenheit zum Ausdruck zu bringen. Vielleicht aber stellte für ihn die Bedrohung, die er in seiner Umgebung beobachtete und seine Familie ebenfalls treffen konnte, bereits die Realität dar. Der offensichtliche Widerspruch in der inhaltlichen Argumentation lässt sich schliesslich so interpretieren, dass die Passage über den Pferdekauf primär auf der textlogischen Ebene eine wichtige Funktion zu erfüllen hatte: Die Stelle leitete nämlich zum eigentlichen Bericht über die Geschehnisse vom ersten März über und diente als Begründung, weshalb er unterwegs war.

Stepan Panasov hatte sich bereits im Gespräch mit seinen Eltern dafür interessiert, wo die *samogon*-Hersteller wohnten. Auf dem Weg wies ihn nun der Vater auf ein Dorf hin, in dem angeblich *samogon* produziert werde. Stepan Panasov – so der Originaltext – befahl, dorthin zu fahren. In seinem Brief begründete er diesen Entscheid damit, dass er auf der „sowjetischen Plattform“ stehe. Als Parteimitglied habe er es nicht ertragen, dass die Dekrete, die die Sowjetmacht herausgebe, nicht erfüllt würden, dass man sich ihr also nicht unterordne. Mit der Fahrt in das Dorf habe er nach-

44 GASO, f. 47, op. 1(4s), d. 202, ll. 107, 107ob.

45 Prodovol'stvennoe delo. In: *Izvestija*, Nr. 5, 11. 1. 1919, 3.

46 1917 besassen rund 60 % aller Bauernhöfe im Gouvernement Smolensk keines oder ein Pferd. Revkov, V. I.: Social'no-ėkonomičeskie otnošenija i klassovaja bor'ba v Smolenskoj derevne (1917–1929gg.). Avtoreferat dissertacii [...] kandidata istoričeskich nauk. Moskau 1970, 8.

47 GASO, f. 47, op. 1(4s), d. 202, ll. 106, 107ob.

prüfen wollen, ob die Bevölkerung den Dekreten wie dem Verbot, *samogon* herzustellen, gehorche.[48]

Stepan Panasov bekräftigte mit dieser politischen Erläuterung, dass er sich klar auf der Seite der Sowjetmacht sah. Sein Engagement kam dadurch zum Ausdruck, dass er sich ihre Redeweisen und Losungen angeeignet hatte: Er sprach etwa von „auf der sowjetischen Plattform stehen“[49] oder später von „sie vernichten auf dem verdammten Dorf Getreide“[50]. Obendrein verwies er auf sein Verantwortungsbewusstsein für die Sache des Kommunismus, das sich seines Erachtens dadurch dokumentierte, dass er aus eigener Initiative ganz persönlich einen Einsatz gegen die Produzenten von *samogon* geleistet hatte. In seinem Verständnis hielt er es für seine Pflicht als Parteimitglied, Missstände sofort anzugehen und nicht so lange zuzuwarten, bis die Gegner – hier die Hersteller von *samogon* – entkommen konnten. Die Überzeugung und Sicherheit, unverzüglich handeln zu müssen, erfolgten aus dem alles überragenden Bestreben, die noch wenig gefestigte Herrschaft der Bolschewiki durchzusetzen. Ob sich die bolschewistische Herrschaft etabliert hatte oder nicht, massen sowohl Stepan Panasov als auch Roman Murin und Valentin Vojcechovskij in der Alltagspraxis daran, ob einzelne Dekrete mit spezifischen Inhalten befolgt wurden. Herrschaft durch den Staat stellten sie sich demnach sehr anschaulich vor, nämlich im Durchsetzen von konkreten Dekreten mit der dazu gehörenden Be-

48 Ebd., l. 106.

49 Ein Ausdruck, der sich in Quellen aus der Bürgerkriegszeit immer wieder findet. Vgl. beispielsweise GASO, f. r-19, op. 1, d. 626; f. 47, op. 1(4s), d. 29; f. r-1007, op. 1, d. 123. Vgl. allgemein Seliščev, A.: Jazyk revoljucionnoj ėpochi. Iz nabljudenij nad russkim jazykom poslednich let 1917–1926. Moskau 1926. Für eine Einordnung der Forschung Seliščevs und einer linguistischen Untersuchung des sowjetischen „newspeak“ vgl. Weiss, Daniel: Was ist neu am „newspeak“? Reflexionen zur Sprache und Politik in der Sowjetunion. In: Rathmayr, Renate (Hg.): Slavistische Linguistik 1985. Referate des XI. Konstanzer Slavistischen Arbeitstreffens. Innsbruck 10. mit 12. 9. 1985. München 1986. (Slavistische Beiträge; Bd. 200), 247–325.

50 Die Zeitung *Izvestija* druckte Teile der Leninrede vom 16. Januar ab, worin dieser zitiert wird: „[…] Das ist das verdammte Erbe des Privateigentums, die die Massen hungern lassen, selbst wenn es viele Lebensmittel im Land hat […].“ Vgl. Vse na prodovol’stvie i na transport. In: *Izvestija*, Nr. 17, 26. 1. 1919, 3. Für die Verrohung der Sprache und die äusserst grobe Bezeichnung der politischen Feinde siehe Seliščev, Jazik, 68–85; Kummer, Renate: Ljubi Rodinu bol’še žizni – Ja bol’še ne mogu: Der plakatpropagandistische Todesdiskurs im Spannungsfeld der Gut-Böse-Dichotomie. In: Weiss, Daniel (Hg.): Der Tod in der Propaganda: (Sowjetunion und Volksrepublik Polen). Bern, Berlin et al. 2000; Weiss, Newspeak, 286–290.

fehlsgewalt. Unter Umständen widerspiegelt sich darin die bäuerliche Vorstellung von einem patriarchalen Herrscher, der die Ordnung aufrecht erhalten und – wenn nötig – auch mit harter Hand durchgreifen konnte.[51] Alle drei mussten erfahren, dass ihre Befehlsgewalt nicht ausreichte und sie sich nicht behaupten konnten. Sie reagierten mit physischer Gewalt. Roman Murin schlug holzfällende Bauern sowie trinkende und spielende Kommunarden, Valentin Vojcechovskij erschoss einen Deserteur, der nicht auf sein Rufen reagierte, Stepan Panasov tötete einen Mann, der ihm keinen *samogon* geben wollte. Immer stellten sie ihren Gewalteinsatz als Reflex auf eine Befehlsverweigerung dar. Stepan Panasov und Roman Murin, die im Gegensatz zu Valentin Vojcechovskij Briefe verfassten und somit einen Blick auf ihr Selbstverständnis erlauben, wandten zudem stets Passagen dafür auf, um darzulegen, dass sie ihre Befehlsgewalt, die sie für sich in Anspruch nahmen, auch schon erfolgreich eingesetzt hatten und demzufolge mit ihr verantwortungsvoll und im Sinne des Staates umgehen konnten. Roman Murin erläuterte diesen Umstand beispielsweise daran, wie er seine beiden jüngeren Milizkollegen führte oder den Harmonikabesitzer zu besänftigen wusste. Stepan Panasov schrieb, dass er befahl, mit dem Schlitten in das Dorf zu fahren. Dass er seinem Vater und Onkel anordnete, das Pferd in das Dorf zu lenken, deutet darauf hin, dass in seiner Familie das traditionelle Verhältnis zwischen den Generationen aufgehoben war und der Vertreter der jüngeren Generation bestimmte, wo es lang ging. Demzufolge empfand sich Stepan Panasov viel eher als Erwachsener denn als Jugendlicher. Seinen besonnenen Umgang mit der Befehlsgewalt versuchte er zudem anhand des weiteren Hergangs im Dorf aufzuzeigen.

Im Dorf, in das Stepan Panasov mit seinem Vater und Onkel gefahren war, fanden sie in der Tat eine Frau, die ihnen *samogon* verkauft hätte. Als Stepan Panasov sie deshalb verhaften wollte, begann sie zu weinen und führte an, dass sie selber arm sei, eine grosse Familie habe und es auch ihr an Getreide mangele. Sie wurde von einem Mann unterstützt, der Stepan Panasov darauf hinwies, dass die eigentlich grosse Produktion von *samogon* im Dorf Ivanovskoe stattfinde. Nachdem er ausführliche Angaben erhalten hatte, liess Stepan Panasov die Frau in Ruhe und fuhr weiter nach Ivanovskoe.[52]

51 Figes, Orlando: The Russian Revolution of 1917 and its Language in the Village. In: Miller, Martin A. (Hg.): The Russian Revolution. The Essential Readings. Oxford 2001, 88, 89, 95–97, 101, 102.

52 GASO, f. 47, op. 1(4s), d. 202, ll. 105ob., 104.

Mit diesem Passus legte Stepan Panasov dar, dass er sehr wohl zwischen reich und arm zu unterscheiden wusste, zwischen den eigentlichen *samogon*-Herstellern und der harmlosen Verkäuferin, zwischen den echten Feinden des Sowjetstaates und deren unschuldigen Opfern, die wiederum den Schutz eben dieses Staates erhalten sollten. Die Befehlsgewalt wollte Stepan Panasov gezielt und bewusst gegen schwere Gesetzesbrecher richten. In den Produzenten erkannte er die Verursacher des Übels und darum die Haupttäter, obwohl der Verkauf von *samogon* ebenfalls verboten war.[53] Oder kannte er möglicherweise die Dekrete doch nicht so genau? Auf jeden Fall legte Stepan Panasov Wert darauf nachzuweisen, wie er sich Mühe gegeben hatte, Vorschriften einzuhalten und korrekt vorzugehen. In Staro-Ivanovskoe angekommen habe er Vater und Onkel auf der Strasse beim Pferd zurück gelassen und sei den Vorsteher des Dorfkomitees suchen gegangen. Doch er habe ihn nicht gefunden. Darum sei er in jenen Hof geeilt, den ihm der Informant aus dem letzten Dorf genannt hatte.[54]

Im Folgenden Abschnitt beschrieb Stepan Panasov, wie er aufgrund des Fasses sofort erkannt hatte, dass hier *samogon* produziert werde. Er begann das Fass zu öffnen, eine Frau schrie irgendetwas. Er befahl ihr, den Hausherrn zu holen. Obwohl er einen Revolver dabei hatte, stiess die Frau ihn weg und schüttete Gärmasse in das Fass. In dem Moment kam bereits der Hausherr und Stepan Panasov fragte ihn, ob er *samogon* herstelle. Darauf antwortete er: „Wenn die Kommissare nicht trinken würden, dann würden wir nicht brennen. Wir arbeiten selber und wissen selber, wohin wir das Getreide geben und was mit ihm machen." Diese Entgegnung regte Stepan Panasov sehr auf: in einer Zeit, in der Millionen von Menschen vor Hunger stürben, würden sie „auf dem verdammten Dorf Getreide vernichten". Die Nerven brannten Stepan Panasov durch, er drohte dem Hausvorsteher mit dem Revolver und befahl, das Dorfkomitee einzuberufen. Schon hörte er die Schreie versammelter Männer. Er erschrak heftig und befürchtete, dass sie jeden Moment kommen und ihn im Selbstjustizverfahren verurteilen würden. Abermals drohte er dem Hausherrn, dass er ihn dem Ge-

53 Weissman, Neil: Prohibition and Alcohol Control in the USSR: The 1920s Campaign Against Illegal Spirits. In: Soviet Studies, 38 (1986) 3, 350. Ebenfalls einen guten Überblick bei: Stone, Helena: The Soviet Government and Moonshine, 1917–1929. In: Cahiers du Monde Russe et Soviétique 27 (1986) 3–4, 359–380. Für eine allgemeine Übersicht zur Prohibitionspolitik in Russland und der Sowjetunion vgl. White, Stephen: Russia Goes Dry: Alcohol, State and Society. Cambridge 1996.

54 GASO, f. 47, op. 1(4s), d. 202, ll. 104, 104ob.

richt ausliefern werde, worauf dieser meinte, er fürchte sich nicht davor. Noch immer hielt Stepan Panasov den Revolver auf ihn gerichtet, als der Finger auf den Abschusshahn fiel und ein lauter Schuss loskrachte. Der Hausvorsteher fiel um. Stepan Panasov dachte, er habe ihn verletzt und wollte ihm Hilfe erweisen. Er schaute ihm ins Herzen (*posmotret' prjamo vgrud'* [sic]) und musste erkennen, dass er ihn getötet hatte. Er rannte auf die Strasse, wo sich eine Menschenmenge auf ihn stürzte. Darum schoss er nochmals in die Luft und fuhr dann mit seinem Vater und Onkel unbehelligt davon.[55]

Stepan Panasovs Version unterscheidet sich stark von derjenigen der Dorfbewohner. Namentlich schrieb er dem Ermordeten, den Männern des Dorfes und der Ehefrau eine weitaus aktivere Rolle zu. In seiner Darstellung hatten sie ihn provoziert. Die Ehefrau versuchte ihn an seinen Nachforschungen zu hindern, indem sie ihn wegstiess.[56] In anderen seiner Ausführungen sollte sie dadurch sogar den Schuss auslösen.[57] Ivan Isačenkov reizte Stepan Panasov, wenn er ihm an den Kopf warf, dass die ärgsten Trinker die Bolschewiki selber seien. Diese Meinung war in der Bevölkerung weit verbreitet.[58] Allgemeiner formuliert konfrontierte Ivan Isačenkov Stepan Panasov mit dem Vorwurf, die Machthaber würden sich nicht an die eigenen Dekrete halten und seien deshalb unglaubwürdig. Stepan Panasov, der sich als Vertreter der neuen Herrschaft verstand, musste sich angegriffen fühlen. Wenn er ausserdem tatsächlich leicht betrunken gewesen war, wie Aleksandra Isačenkova geäussert hatte, musste ihn die Unterstellung auch persönlich sehr treffen. Denn diese Behauptung führte ihm vor Augen, dass er seinem eigenen Anspruch und seiner Selbstwahrnehmung, ein vorbildliches Parteimitglied zu repräsentieren, nicht entsprach. Ivan Isačenkov stellte Stepan Panasovs Selbstverständnis als korrekt handelndes Parteimitglied, das die Ideale der Revolution umsetzte, in Frage. Die Bemerkungen Ivan Isačenkovs müssen Stepan Panasov wie Schläge getroffen haben, so dass er sich aufregte und wahrscheinlich wirklich unbewusst den Abzugshahn drückte. Auf die verbale Attacke reagierte er mit physischer Gewalt. Er argumentierte jedoch nicht auf dieser persönlichen, sondern auf der po-

55 Ebd., ll. 104ob., 105, 108ob., 109, 109ob.

56 Stubsen konnte auch als Form der Ehrverletzung verstanden werden. Vgl. Frank, Crime, 149.

57 GASO, f. 47, op. 1(4s), d. 202, ll. 35, 87.

58 Sikorskij, Slovom, 66, 69, 80–82; ders.: Šli krest'jane v partizany. In: Kraj Smolenskij, Nr. 1–2, janvar'–fevral' 1996, 7; Bol'šakov, A. M.: Derevnja 1917–1927. Moskau 1927, 342.

litischen Ebene. In den Augen Stepan Panasovs lehnte es Ivan Isačenkov ab, sich der Sowjetherrschaft zu unterwerfen. Mit dem zweiten Satz, das Getreide gehöre ihnen – den Bauern – und sie wüssten selber, wem sie es ablieferten, führte Isačenkov das Wortgefecht fort. Diese Aussage tangierte den bolschewistischen Herrschaftsanspruch an einem weiteren, zentralen Punkt: bei den Vorstellungen über die Organisation der Wirtschaft. Nach dem traditionellen Verständnis der Bauern durfte man das sein Eigentum nennen, was man mit den eigenen Händen erarbeitet hatte.[59] Mit den Getreiderequirierungen 1918 setzten sich die Bolschewiki über dieses ungeschriebene Recht hinweg und brachten weite Teile der Bauern gegen sich auf. Ihre – und auch Stepan Panasovs – Erklärung, dass das eingesammelte Getreide Hungernden in anderen Landesteilen zugute komme, erreichte die Bauern nicht. Sie dachten und handelten nicht im abstrakten Horizont einer ihnen weitgehend unbekannten Sowjetunion, sondern in der überschaubaren, konkreten Dimension ihres Kreises.[60]

Der bäuerlichen Denkweise Ivan Isačenkovs stellte Stepan Panasov das Ziel der bolschewistischen Regierung gegenüber, Millionen Hungernder zu ernähren. Dasselbe Argument hatte auch Roman Murin in einer leicht anderen Formulierung angeführt, nämlich die Menschen in den Städten würden hungern, während man auf dem Land die Getreide- und Kartoffelvorräte[61] zu *samogon* verarbeite. Faktisch kamen vorwiegend die Gouvernements in der Nähe der beiden Hauptstädte für die Versorgung der Bevölkerung auf.[62] Schon während des Ersten Weltkrieges lieferten die Bauern des Gouvernements Smolensk aufgrund der Frontnähe in einem überdurchschnittlich grossem Masse Vieh, Heu, Getreide und Fuhrwerke an die Armee.[63] Die ungeordnete Auflösung der zaristischen Armee brachte es unter anderem mit sich, dass sich die rückkehrenden Soldaten marodierend nach

59 Frank, Crime, 104, 105.

60 Figes, The Russian Revolution, 94.

61 Eine Kombination aus Getreide, Hefe und Kartoffeln bildete die Grundlage für die Produktion von *samogon*, wobei das Verhältnis von Getreide und Kartoffeln je nach Gebiet variierte. Im Gouvernement Smolensk betrug der Anteil der Kartoffeln rund einen Viertel bis die Hälfte. Vgl. Werth, Nicolas: La vie quotidienne des paysans russes de la révolution à la collectivisation (1917–1939). Paris 1984, 154, 155; Rodin, D.: Ob upotreblenii alkogolja v derevne. In: Statističeskoe obozrenie. Ežemesjačnik, Nr. 2, fevral' 1929, 102.

62 Sikorskij, Evgenij: Uroki političeskogo banditizma. In: Političeskaja Informacija, Nr. 24, 1989, 18.

63 Sikorskij, Uroki, 18.

Hause durchschlugen.[64] Die nächste, bedeutsame Bedrohung für die bäuerlichen Wirtschaften bestand in den Getreiderequirierungen von 1918, welche den eigentlichen Impuls für die vermehrte Herstellung von *samogon* gaben. Die Bolschewiki verstanden die *samogon*-Produktion als eine Form des Protestes. Sie übersahen dabei, dass die Überführung von Getreide und Kartoffeln in Alkohol den Bauern ermöglichte, ein relativ inflationsresistentes Zahlungsmittel zu gewinnen.[65] Die Auseinandersetzungen um den *samogon* waren weniger eine Frage des darin enthaltenen Alkohols als der Rohprodukte. Getreide und Kartoffeln verkörperten für beide Seiten das Überleben. Für die bäuerliche Bevölkerung bildeten sie die Existenzgrundlage. Die Bolschewiki waren darauf angewiesen, die Menschen in den (Haupt-)Städten und die Armee – ihrer Machtbasis – einigermassen versorgen zu können, um politisch zu überleben.

Sowohl die Version von Aleksandra Isačenkova, ihr Vater habe den Unbekannten um Erbarmen gebeten, als auch Stepan Panasovs Schilderung, wie der Bauer ihn durch provozierende Worte aufgebracht habe, zeigen, dass die beiden vor der Erschiessung miteinander kommuniziert hatten. Beide versuchten zuerst mit Worten, ihr Ziel zu erreichen. In der Regel schaukeln sich Streitgespräche hoch, indem bestimmte beleidigende Worte fallen und entsprechende Gesten ausgeführt werden. Diese Worte und Gesten sind wie Zeichen, die beiden Parteien den Eskalationsgrad des Konfliktes anzeigen und immer wieder Rückzugsmöglichkeiten bieten.[66] Über dieses Zeichenwissen müssen jedoch alle an der Kontroverse Mitwirkenden verfügen. Im vorliegenden Fall kannten sich die Beteiligten nicht. Sie konnten deshalb die Zeichen ihres Gegenübers nicht genau deuten, beziehungsweise die Wirkung ihrer Worte und Gebärden schlecht abschätzen. Die feinen Zwischenstufen während der Verschärfung einer Auseinandersetzung und damit die Gelegenheit, sich zurückzuziehen, entfielen. Stattdessen scheinen beide Seiten möglichst eindeutige Zeichen gesetzt zu haben, was zur Folge hatte, dass der Konflikt sehr schnell eskalierte, das heisst, die verbale Ebene verliess und mit der Ermordung Isačenkovs auf

64 Ebd., 20, 21; Krasnokutskij, Demobilizacija, 27.

65 Stone, Soviet, 360, 373, 374.

66 Dinges, Martin: Formenwandel der Gewalt in der Neuzeit. Zur Kritik der Zivilisationstheorie von Norbert Elias. In: Breuninger, Helga, Sieferle, Rolf Peter (Hg.): Kulturen der Gewalt. Ritualisierung und Symbolisierung von Gewalt in der Geschichte. Frankfurt am Main 1998, 188, 189; ders.: „Weiblichkeit" in „Männlichkeitsritualen"? Zu weiblichen Taktiken im Ehrenhandel in Paris im 18. Jahrhundert. In: Francia. Forschungen zur westeuropäischen Geschichte, Bd. 18/2, 1991, 71–98.

der physischen endete. Die gegenseitigen Fehldeutungen förderten den behenden Griff zur Waffe und somit die für den Bürgerkrieg typische Brutalität der Auseinandersetzungen. Die hohe Mobilität während der Bürgerkriegszeit stellte in dem Sinne eine grosse Gefahr dar, weil die Menschen oft nur mutmassen konnten, nach welchen Konfliktlösungsstrategien ihr unbekanntes Gegenüber handeln würde. Dieser Sachverhalt löste das Gefühl von Unsicherheit aus, das hastige Zücken der Waffe war eine Antwort darauf.

Vom Gefühl der Angst erfährt man sehr schön aus dem Brief von Stepan Panasov. Obwohl er im Haus dank des geladenen Revolvers Ivan Isačenkov gegenüber in der stärkeren Position war, fürchtete er sich vor der Selbstjustiz der Dorfbewohner.[67] Offenbar verbal unterlegen und eindeutig in der Minderheit im Vergleich mit der Anzahl der Dorfbewohner, scheinen das Gefühl der Bedrohung zusammen mit der Wut über die eigene Unfähigkeit, sich gegenüber dem Bauern durchsetzen zu können, die Gewalttat ausgelöst zu haben. Die Angst Stepan Panasovs vor einer möglichen Selbstjustiz war nicht unberechtigt, wenn man den Inhalt des anonymen Schreibens und die Festnahme Dmitrij Morozovskijs durch die Dorfbewohner berücksichtigt. Selbstjustiz gehörte zu den traditionellen Straftechniken der bäuerlichen Bevölkerung, die diese aufgrund eines (in ihren Augen) unzureichenden Rechtsschutzes durch die staatlichen Behörden anwandten.[68] Dieser Sachverhalt traf für die Bürgerkriegszeit zu: der Aufbau des sowjetischen Justizwesens wie überhaupt des ganzen Staatswesens befand sich im Anfangsstadium, so dass eine durchgängig effiziente Verbrechensbekämpfung nicht gewährleistet werden konnte. Die Bauern griffen deshalb auf das bewährte Mittel der Selbstjustiz zurück und sorgten so selber für ihre Sicherheit.

Generell lässt sich sagen, dass die Art und Weise, wie Stepan Panasov den Vorfall beschrieb, in vielen Teilen an diejenige von Roman Murin und Valentin Vojcechovskij erinnert. Alle drei erlebten ihre Gewalttat als eine spontane Handlung, die sie nicht bewusst und gezielt getätigt hatten. Gerade in der angespannten Situation und der Provokation durch ihre Opfer erkannten sie ein wichtiges, auslösendes Moment für ihre Aktion, die ihren Anfang darin nahm, dass sie sich aufregten, sich nicht mehr zurückhalten

67 Für das strukturelle Risiko, das der Drohende mit dem Ausstossen einer Drohung eingeht, vgl. Popitz, Heinrich: Phänomene der Macht. Tübingen 1992, insbesondere 79–103.

68 Frank, Crime, 12, 13, 34, 80–82. Allgemein zu Selbstjustiz auf dem Dorf siehe: Frank, Crime, 243–275; Gernet, Michail N.: Sud ili samosud. Moskau 1917.

konnten, ihre Nerven durchbrannten. Es waren nur kurze Augenblicke, in denen sie sich nicht beherrschten. Vorher und nachher handelten sie ihres Erachtens vorschriftsgemäss und hatten sich im Griff. Obwohl sie die Fassung verloren und Gewalt ausgeübt hatten, hielten sie sich nicht für tatsächlich schuldig. Denn die Gewalt erfolgte im Namen der Bolschewiki, als deren Anhänger sie mit Befehlsgewalt versehen waren. Sie waren – wie viele andere Anhänger der Bolschewiki – überzeugt, dass sie diese im Sinne des Staates einsetzten, wenn sie darauf hinwiesen, dass die Gewalttat im Zusammenhang mit der Erfüllung von Dekreten und somit der Durchsetzung der bolschewistischen Herrschaft erfolgte.[69] Valentin Vojcechovskij meinte gegen einen Deserteur vorgegangen zu sein, Stepan Panasov und Roman Murin wollten sich in überraschend ähnlichem Wortlaut für die Hungernden und gegen *samogon*-Hersteller einsetzen. Bei letzteren beiden fällt auf, dass sie sich mit den staatlichen Interessen identifizierten und sie zu ihren persönlichen machten. Dies mag auch ihre grosse Einsatzbereitschaft und ihr Engagement erklären. Neben der politischen Argumentation, die auf die Propaganda zurückzuführen ist und die die historischen Akteure selber in den Vordergrund stellten, gilt es auch andere gewaltauslösende Faktoren zu beachten. Sie waren Fremde und wenig oder nicht vertraut mit den lokalen, bäuerlichen Konfliktlösungsmustern, gepackt von der Angst, aufgrund der eigenen Minderheitsposition selber Opfer etwa von Selbstjustiz zu werden, sowie unter dem Druck und getrieben vom Bedürfnis, innerhalb der eigenen Gruppe Anerkennung für Durchsetzungsfähigkeit zu erhalten, zählen alle diese Momente zu den Aspekten, die den Einsatz physischer Gewalt förderten und beschleunigten.

Im Unterschied zu Valentin Vojcechovskij und Roman Murin schilderte Stepan Panasov in seinem Bekennerschreiben, wie er nach der Tat sich mit anderen Personen darüber unterhielt. Er versuchte herauszufinden, wie er sich nun verhalten sollte. Schliesslich riet ihm ein Kriegskommissar, er solle sich doch melden, damit nicht ein anderer an seiner Stelle des Vergehens verdächtigt werde. Diesem Rat folgend schrieb Panasov einen Brief an Chomjakov, von dem er fälschlicherweise annahm, er sei der Vorsteher der Strafabteilung. Er erhielt keine Antwort. Als er erfuhr, wer diesen Posten tatsächlich bekleidete, verfasste er das zweite Schreiben. Darin betonte Stepan Panasov nochmals, dass er nichts verheimliche und sich jederzeit zur Verfügung halte. Er gab seine Adresse an. Ausserdem würden ihn in

69 Sikorskij, Slovom, 71; Gimpel'son, E. G.: Sovetskie upravlency: Političeskij i nravstvennyj oblik (1917–1920gg.). In: Otečestvennaja Istorija 5 (1997), 47.

Dorogobuž alle kennen. Schliesslich erklärte er dem Empfänger, dass er mit dessen Bruder bekannt sei, und bat, einen Gruss auszurichten.[70]

Im letzten Abschnitt scheint durch, dass sich Stepan Panasov nicht gleichgültig über seine Tat hinwegsetzte. Offenbar war es ihm ein Bedürfnis, mit verschiedenen Personen darüber zu sprechen: etwa mit einem Mitbürger in Terebuka, Chomjakov oder einem Kriegskommissar. Letzterer soll ihm den Ratschlag gegeben haben, das Bekennerschreiben zu verfassen. Wahrscheinlich überzeugte Stepan Panasov das Argument, es sollte kein Unschuldiger des Mordes verdächtigt werden, zumindest liess es ihn als einen Menschen mit Veranwortungsgefühl erscheinen. Es ist auch nicht auszuschliessen, dass er erfahren hatte, dass nach ihm gefahndet wurde, und er darum zu seiner Entlastung ein Geständnis niederlegte. Auf jeden Fall hielt er es für notwendig zu erklären, weshalb er sich erst zu diesem Zeitpunkt meldete. Er begründete seine späte Mitteilung damit, dass sie bereits seine zweite sei und er die erste irrtümlicherweise an Chomjakov geschickt habe. Wie gesehen hatte er diesen Brief schon bald nach der Mordtat verschickt. Doch in seiner Schilderung, wie er den *samogon*-Hersteller gefunden und behandelt hatte, überging er die Erschiessung stillschweigend: Er beschrieb die Situation bis zu dem Moment, als ein Schuss losging, um dann gleich fortzufahren, wie er von Männern bedroht worden sei. Aus welchen Gründen auch immer musste Stepan Panasov nun zum Schluss gekommen sein, dass ein Bekenntnis ihm zum Vorteil gereiche. Dementsprechend betonte er seine Offenheit, was er durch die vollständige und korrekte Adressangabe unterstützte. Mit dem Hinweis, in Dorogobuž würden ihn alle kennen, vermittelte er zudem, dass er sich nicht ohne weiteres verstecken konnte und über ein grosses Beziehungsnetz verfüge. In dieselbe Stossrichtung zielte die Bitte Stepan Panasovs an den Vorsteher der Strafabteilung, dem Bruder Grüsse auszurichten. Dieses Anliegen stellte innerhalb des Bekennerschreibens eigentlich einen Stilbruch dar. Doch durch das Bestellen der Grüsse an den Bruder deutete Stepan Panasov dem Vorsteher einen informellen Kanal für Auskünfte über ihn an. Er hoffte wohl mit dem Hinweis auf die Bekanntschaft mit dem Bruder, dass der Vorsteher der Strafabteilung ein günstiges Bild von ihm erhielt.

Das Phänomen, dass alle an einem Strafverfahren Beteiligten ihre Beziehungsnetze zu aktivieren versuchten, um sich so Vorteile zu verschaffen, liess sich schon im Fall von Roman Murin beobachten. Die Vorzüge eines solchen Vorgehens bestanden darin, dass man einander persönlich kannte

[70] GASO, f. 47, op. 1(4s), d. 202, ll. 108, 109ob.–111ob.

und darum um Verhaltensweise und Ruf wusste. In diesem Sinne sind Leumundszeugnisse in Gerichtsakten immer auch Beleg für funktionierende und tragfähige Beziehungsnetze. Der angesprochene Einsatz von Beziehungsnetzen wurde bereits während der Zarenzeit praktiziert und stellte daher eine Kontinuität in einem Verfahrensprozedere dar. In der Bürgerkriegszeit, die sich durch eine hohe Mobilität auszeichnete, gingen Beziehungsnetze in Brüche und neue wurden geknüpft. Um die Schaffung eines neuen Beziehungsnetzes bemühten sich die Bolschewiki mit dem Aufbau und der Erweiterung der Partei aktiv. Die Partei sollte eine Alternative zu den bisherigen Beziehungsnetzen darstellen und ebenso tragfähig sein wie die Netze von Verwandtschaft und Dorfgemeinschaft.[71]

Nachdem Stepan Panasov den hier ausführlich analysierten Brief verfasst hatte, wurde er am 22. April verhaftet und musste die Zeit bis zum Gerichtstermin in Untersuchungshaft verbringen.[72] Von hier aus versuchte er, verschiedene Beziehungsnetze zu aktivieren mit dem Ziel, wenigstens bis zur Gerichtsverhandlung aus der Untersuchungshaft entlassen zu werden. Aus seiner leiblichen Familie erklärte sich sein Bruder bereit, die Bürgschaft für ihn zu übernehmen.[73] Der Dorfsowjet von Terebuka bestätigte, dass Stepan Panasov Mitglied der Kommunistischen Partei war[74] und in den Reihen der Roten Armee gedient hatte. Weiter erklärte der Dorfsowjet, dass Stepan Panasovs Verhalten ehrlich und völlig zuverlässig sei, und er „auf der Plattform der Sowjetmacht" stehe. Die Mitglieder des Dorfsowjets bürgten für ihn, dass er ein ehrlicher und ergebener Mitarbeiter sei. Darum baten sie, Stepan Panasov bis zur Gerichtsverhandlung frei zu lassen.[75] Diese beiden Schreiben aus seinem Heimatdorf erzielten bei der

71 Vgl. auch die Bemühungen der Armeeführung die Soldaten zu ermutigen, die Armee als ihre Familie wahrzunehmen. Vgl. Hagen, Soldiers, 78.

72 GASO, f. 47, op. 1(4s), d. 202, ll. 56, 112, 113, 116, 119ob., 120.

73 Ebd., l. 123.

74 Unter Umständen war Panasov im Zusammenhang mit den Ermittlungen aus der Partei ausgeschlossen worden. Vgl. Sikorskij, Slovom, 74. Die *Izvestija* berichtete allerdings auch, dass die Parteizelle von Dorogobuž Anfang April 1919 aufgelöst und neu gegründet worden war. Vgl. Partijnaja žizn' v Dorogobužskoj uezde. In: *Izvestija*, Nr. 100, 12. 5. 1919, 2. Diese Aktion erfolgte vermutlich aufgrund eines Zirkulars des Zentralkomitees der Partei im Anschluss an den VIII. Parteitag, worin alle Parteiorganisationen aufgefordert wurden, eine generelle Neuregistrierung ihrer Mitglieder durchzuführen. Vgl. Fainsod, Merle: Smolensk Under Soviet Rule. Boston, London 1989, 210. Allgemein vgl. Rigby, T. H.: Communist Party Membership in the U.S.S.R. 1917–1967. Princeton, New Jersey 1968, 74–87.

75 GASO, f. 47, op. 1(4s), d. 202, l. 123.

Strafuntersuchungskommission nicht den gewünschten Erfolg. Sie dokumentieren jedoch, dass Stepan Panasov sich auf das familiäre und dörfliche Beziehungsnetz stützen konnte.

Als Soldat der Roten Armee, mit der sich Stepan Panasov identifizierte, setzte er seine Hoffnungen auch auf den Kriegskommissar des Gouvernements Smolensk, Adamovič, und sandte ihm am 7. Mai einen Brief mit der Bitte, ihn an die Front zu schicken.[76] Nachdem Adamovič im November und Dezember 1918 im *uezd* Porečsk (später Demidov) erfolgreich einen Aufstand niedergeschlagen hatte, war er im Januar 1919 vom Exekutivkomitee des Gouvernements Smolensk als Kriegskommissar bestätigt worden.[77] Adamovič war äusserst beliebt und wurde wie ein Held gefeiert.[78] Stepan Panasov scheint ihn nicht persönlich gekannt zu haben. Denn zuerst beschrieb er ihm die Begebenheit, wie er unabsichtlich einen *samogon*-Produzenten getötet habe, nachdem dieser ihm auf seine Fragen grob [*grubo*] geantwortet habe. Ausserdem hätten etwa zwanzig bewaffnete Bürger ihn überfallen und einer Selbstjustiz unterziehen wollen. Er habe davonreiten können. Später habe er den Vorfall gemeldet, doch rund sechs Wochen lang keine Reaktion erhalten. Als er dann wieder nach Hause gekommen sei, habe man ihn verhaftet und ins Gefängnis gesteckt. Nun werde er dem Revolutionstribunal übergeben. In dieser kurzen Textstelle lassen sich wiederum einige Parallelen zu Briefen Roman Murins aus der Untersuchungshaft erkennen. Beide betonten, dass sie ihre Tat unabsichtlich und in einer Notlage begangen hätten. Sie beschuldigten die Gegenseite eines groben und frechen Verhaltens. Schliesslich hoben sie das eigene korrekte Vorgehen hervor und baten, an die Front geschickt zu werden, um so ihre Glaubwürdigkeit als treue Diener der Partei unterstreichen zu können.[79]

Nach der Schilderung der Situation stellte Stepan Panasov im Brief an Adamovič die Schlüsselfrage: „Was habe ich gegen den Staat getan?“ Er-

[76] Ebd., ll. 122, 122ob.

[77] Chronika. In: *Izvestija*, Nr. 19, 29. 1. 1919, 4. Am Beispiel von Adamovič zeigt sich die enge Zusammenarbeit von militärischen und zivilen Stellen deutlich. Adamovič scheint zu jenen Militärleuten gehört zu haben, die der Meinung waren, dass sie die Staatsinteressen am besten vertreten würden. Vgl. Hagen, Soldiers, 89; Sanborn, Drafting, 158, 159; Figes, The Red Army, 178, 179, 185, 186, 195.

[78] Snesarev, A. E.: „Vsja Rossija – bol’na …“. In: Moskovskij Žurnal, 8 (1996), 42. Im Tagebuchausschnitt vom 7. Dezember 1918 erwähnt General Snesarev, dass Adamovič während der Bekämpfung eines Aufstandes im *uezd* Porečsk als Held galt, weil kein einziger Bourgeois und Geistlicher übrig geblieben sei.

[79] Sikorskij, Slovom, 70, 71.

läuternd fuhr er fort, dass er Orte, wo *samogon* hergestellt wurde, entdeckt habe, dass er bereits ein ganzes Jahr für die Kommunistische Partei arbeite und wirklich nichts verheimliche. Stattdessen lasse man ihn im Gefängnis schmachten. Nachdem er sein junges Leben für die Revolution geopfert habe, gehe er im Gefängnis zugrunde. Hinter diesen Mauern könne er keinen Nutzen bringen, sondern sterbe vor Langeweile und Hunger. Dies bedauerte Stepan Panasov um so mehr, als gerade zu dem Zeitpunkt das Land alle zur Mobilisation aufrufe. Darum bat er den Genossen Adamovič, ihn an die Front zu schicken.

Mit der Frage Stepan Panasovs „Was habe ich gegen den Staat getan?" wird offensichtlich, weshalb er sich für den Mord an Ivan Isačenkov nicht schuldig fühlte. Für Stepan Panasov stand die staatlich propagierte Bekämpfung der *samogon*-Herstellung im Zentrum. In Ivan Isačenkov sah er einen Feind, der dieses Ziel torpedierte.[80] Im Sinne von „Das Ziel heiligt die Mittel" durfte man ihn töten. Stepan Panasov war überzeugt, mit der „Liquidierung" eines Feindes in der Absicht des Staates gehandelt zu haben. Aufgrund dieser Einstellung verstand er nicht, weshalb er im Namen genau dieses Staates verhaftet wurde. Mit der Festnahme wurde ihm klar gemacht, dass seine Idee von Staat falsch sei und dementsprechend sein Verhalten nicht dem geforderten entsprach. Er musste sich damit auseinandersetzen, dass seine Selbstwahrnehmung eines korrekten, vorbildlichen, aufrichtigen und verdienstvollen Parteimitgliedes in Frage gestellt wurde. Von Adamovič – einem erfahrenen und erfolgreichen Bekämpfer von Aufständen im Hinterland und damit einem Vorbild – erhoffte sich Stepan Panasov letztlich Verständnis für seine Tat und damit die Stützung seines Selbstbildes.

Ein nicht zu unterschätzender Punkt bildet die Rede vom Nutzen. Stepan Panasov beklagte sich, dass er hinter den Gefängnismauern der Revolution nicht nützlich sein könne, sondern vor Langeweile und Hunger sterbe. Neben den materiell schwierigen Bedingungen im Gefängnis, von denen Roman Murin ebenfalls berichtet hatte, bedrückte Stepan Panasov Langeweile, die daher rührte, dass er keine Möglichkeiten sah, wo er sich nutzbringend hätte einsetzen können. Offenbar gab ihm die Oktoberrevolution Lebenssinn. Ohne genauere Erläuterung unterstrich er, dass er für die Partei gearbeitet und sein junges Leben für die Revolution geopfert habe.

80 Dies galt grundsätzlich für alle, die als Konterrevolutionäre bezeichnet wurden. Für Aufrufe dieser Art vgl. Sikorskij, Evgenij: „Znat' massu …" Iz istorii organizacii v Smolenskoj Gubernii sistemy postojannogo kontrolja političeskogo nastroenija naselenija, 1917–1920gg. In: Kraj Smolenskij, Nr. 3–4, mart–aprel' 1993, 24, 25.

Ein Fronteinsatz hätte ihm und seinem Leben wieder Bedeutung gegeben. Stepan Panasov fand seine Identität anscheinend als Krieger und Kämpfer. Dies wird umso verständlicher, wenn man sich erinnert, dass Stepan Panasov zwei Jahre lang in der zaristischen Armee an der Front gedient hatte und danach während der Februarrevolution in Finnland und während der Oktoberrevolution in Moskau in der Scheinwerferkompanie war. Seit mindestens drei Jahren setzte er sich demnach mit der Präsenz eines Feindes auseinander. Ob und wie er die Begegnung mit Feinden erfahren hatte, lässt sich nicht genauer eruieren. Die Ermordung Ivan Isačenkovs verdeutlichte zumindest, dass Stepan Panasov keinen Unterschied zwischen dem Feind an der Front und dem Feind der Revolution hinter der Frontlinie machte. Diese Beobachtung stützt die Auffassung, dass die Situation an den Fronten des Bürgerkrieges kaum von der im „ruhigen Hinterland" abwich.

Seinen Wunsch nach einem Fronteinsatz begründete er damit, dass der Staat dazu aufrufe. Ende April zog ein ganzes Bataillon aus dem Gouvernement Smolensk, vorwiegend aus Parteimitgliedern bestehend, an die Ostfront.[81] Die Zeitungen waren voll mit Meldungen über die Zuspitzung der militärischen Lage und den entsprechenden Losungen zum Widerstand und Durchhalten. Die hohe Desertionsrate führte bei der Roten Armee insbesondere in den Monaten Mai bis Juni zu einer grossen militärischen Krise.[82] Im Frühjahr bis Spätsommer hatten die weissen Kräfte ihr Territorium so weit ausgedehnt, dass das Ende der bolschewistischen Herrschaft erwartet wurde.[83] Der Enthusiasmus und die Einsatzbereitschaft von Menschen wie Stepan Panasov bildeten einen Faktor, dass im Herbst 1919 die Bolschewiki erfolgreich zum Gegenangriff starteten.[84] Mit seinem Wunsch, an die Front geschickt zu werden, gab Stepan Panasov schliesslich zu erkennen, dass er dem Staat, obwohl er ihn nicht verstand, immer noch ver-

81 Sikorskij, Slovom, 70, 71; Afanas'ev, Valentin: Chronika Smolenščiny vremen „voennogo kommunizma" (mart i aprel' 1918–1920 godov). In: Kraj Smolenskij, Nr. 3–4–5, mart–aprel'–maj 1994, 97; Il'juchov, Aleksandr: Smolenščina: 1917–načalo 50-ch godov. In: Ebd., Nr. 5–6, maj–ijun' 1998, 78. Allgemein zur Mobilisierung von Parteimitgliedern in den Monaten April und Mai 1919 vgl. Hagen, Soldiers, 67–71.

82 Figes, The Red Army, 206, 207.

83 Vgl. Kapitel 2.2.

84 Für eine kurze Zusammenfassung der wichtigsten Erklärungen für den Sieg der Roten beziehungsweise die Niederlage der Weissen vgl. Figes, Orlando: Die Tragödie eines Volkes. Die Epoche der russischen Revolution 1891–1924. Berlin 1998, 719–721; Mawdsley, Evan: The Russian Civil War. Boston 1987, 272–290.

traute und die kommunistischen Ziele hochhielt. Die Verhaftung hatte bei Stepan Panasov in Bezug auf sein Selbstverständnis und seine Vorstellungen von Staat kein substantielles Umdenken ausgelöst.

Zwei Tage, nachdem Stepan Panasov den Brief an Adamovič geschrieben hatte, verfasste er eine Erklärung zuhanden des Vorsitzenden der Strafuntersuchungskommission des Revolutionstribunals.[85] Er versuchte also auch auf direktem Weg, Einfluss zu nehmen. Sein Anliegen bestand darin, dass sein Dossier schneller behandelt werde, damit er zusammen mit den Genossen an der Front für die Sowjetmacht eine Schlacht schlagen könnte. Er erläuterte wiederum, dass er in den Reihen der Roten Armee grossen Nutzen bringen könnte, denn er habe schon an einigen Orten für die Sowjetmacht gekämpft und viele Feinde des armen Volkes vernichtet. Stepan Panasov fühlte sich weiterhin im Recht und empfand den Gefängnisaufenthalt als eine Zumutung. Schliesslich habe er seine Tat nicht versteckt. Mit eindringlichen Worten erklärte er, dass er nicht zur Welt des Gefängnis gehöre und dementsprechend leide. Als ehrliches Parteimitglied falle es ihm schwer, mit Menschen, die eine reiche Gefängniserfahrung hätten, zusammen sein zu müssen. Gegen Schluss des Briefes hielt er gar fest, dass er jetzt nicht mehr weiter schreiben könne, da ihm die Tränen aus den Augen fliessen würden. Die Erklärung beendete er mit dem Satz „Nochmals bitte ich, lasst euch Parteimitglieder nicht besiegen."

Auch in dieser Erklärung legte Panasov dar, dass er sich für unschuldig hielt. Der Kampf gegen die Feinde und ihre Vernichtung galt ihm als wichtiges Verdienst. Die dabei implizierte physische Gewalt schien er ohne Bedenken anzuwenden. Unreflektiert gehörte sie zu seinem Handlungsrepertoire. Welche Erfahrungen ihn zu dieser Selbstverständlichkeit führten, lässt sich aus den Gerichtsakten nicht eruieren. Mit der Abgrenzung von den anderen Gefängnisinsassen unterstrich er seine Identität als Krieger und ehrliches Parteimitglied. Ohne eigenes Verschulden von seinen Kameraden abgeschnitten und an seiner Aufgabe behindert, fühlte er sich nutzlos. Wie sehr ihn diese Situation quälte, betonte er mit dem starken Bild der Tränen. Wie schon im Bekennerschreiben verwendete er den Topos der Tränen, um dem Leid seiner Eltern beziehungsweise seinem eigenen Nachdruck zu verleihen.[86] Das Bild der Tränen vermittelte Emotionalität, die auf Spontaneität in einer extremen Situation verweist. Stepan Panasov be-

85 GASO, f. 47, op. 1(4s), d. 202, ll. 5, 5ob.

86 Für den narrativen Charakter von Klagen vgl. Golfo, Alexopoulos: The Ritual Lament: A Narrative of Appeal in the 1920s and 1930s. In: Russian History / Histoire Russe 24 (1997) 1–2, 117–129.

trachtete impulsives und intuitives Handeln insofern grundsätzlich als positiv, wie es in einem Ausnahmezustand den staatlichen Zielen zu einem schnellen Durchbruch verhalf. Er war der Überzeugung, dass solche Momente spontane Reaktionen erforderten, wobei das prinzipielle Gebot, diszipliniert vorzugehen, weiterhin galt. Weder Stepan Panasov noch Roman Murin konnten diese Verpflichtung einhalten. Beide versuchten ihrem Versagen mit zwei Überlegungen die Spitze zu nehmen. Zum einen reduzierten sie die Zeitspanne, während der sie die Beherrschung verloren hatten, auf das Minimum eines kurzen Augenblickes. Auf der anderen Seite schoben sie die Schuld für ihr Scheitern den Gegnern in die Schuhe, denen sie ein fehlbares Verhalten vorwarfen. Letzten Endes sahen sich beide als Opfer. In diesen Zusammenhang passt die Bitte Stepan Panasovs am Schluss seines Schreibens, die Parteimitglieder sollen sich nicht besiegen lassen. Von einem Sieg (gegen seine Gegner) erhoffte er sich die eigene Rehabilitation. Mit seinem Schlussaufruf, in dem er die Adressaten seines Briefes direkt als Parteimitglieder ansprach, versuchte er überdies, sie auf seine Seite zu ziehen. Implizit forderte er sie auf, die Beziehung zwischen ihm und ihnen, die sich aufgrund der Parteimitgliedschaft ergab, zu berücksichtigen und ihm den Rückweg in das Netz der Roten Armee zu ermöglichen. Doch er fand kein Gehör.

Im Mai hatte Stepan Panasov dem Parteikomitee des Gouvernements Smolensk ebenfalls seinen Wunsch mitgeteilt, an die Front geschickt zu werden. Dieses sah keine Hindernisse für dessen Fronteinsatz, wollte das Machtwort aber den Strafbehörden überlassen.[87] Mit diesem Bescheid scheint das Parteikomitee den Mord an Ivan Isačenkov entschuldigt zu haben und vermied gleichzeitig eine Fehlentscheidung. Während die Familie und der Dorfsowjet von Terebuka sich aktiv für das Anliegen Stepan Panasovs einsetzten, nahm das Parteikomitee eine zwar wohlwollende, aber doch distanziertere Haltung ein. Der Kriegskommissar Adamovič und der Untersuchungsrichter schliesslich gingen gar nicht erst auf seine Bitte ein. Alle diese Personen und Institutionen hatte Stepan Panasov angeschrieben und sich bemüht, möglichst viele seiner Beziehungsnetze zu mobilisieren. Dabei fällt auf, dass sich diejenigen am meisten engagierten, die ihn persönlich kannten. Die „fernen" Beziehungsnetze der Armee und der Partei konnte er hingegen nicht aktivieren.

Noch zwei Mal versuchte Stepan Panasov mit einem Schreiben die Strafuntersuchungskommission zu einer schnelleren Behandlung seines

87 GASO, f. 47, op. 1(4s), d. 202, l. 14ob.

Falles zu bewegen.[88] Vermutlich konnte er aber keinen Einfluss nehmen. Am 28. Mai verfügte die Untersuchungskommission, ihn dem Revolutionstribunal zu übergeben. In ihrer Begründung übernahm sie die Version des Tathergangs von Anna und Aleksandra Isačenkova. Stepan Panasovs Schilderung akzeptierte die Kommission als Geständnis, Einzelheiten aus seiner Darstellung berücksichtigte sie nicht.[89] Mit dem Entscheid der Kommission war der Zeitpunkt gekommen, zu dem Stepan Panasov auf die konkreten Repräsentanten jenes Staates stiess, den er sich bisher selber konstruiert hatte. Deren Machtwort musste – ähnlich wie die Gefangennahme – sein Verständnis von Staat erschüttert haben. Andererseits bedeutete der Beschluss eine gewisse Orientierung, Stepan Panasov musste sich nicht mehr einzig auf seine Vorstellungen stützen. Nun hatte er Staat erfahren.

Am Nachmittag des 23. Juli fand die Gerichtsverhandlung statt. An ihr nahmen neben dem Angeklagten Stepan Panasov die Zeugen Anna und Aleksandra Isačenkova sowie Afanasij Bričkov teil.[90] Letztere wiederholten die Aussagen, die sie bereits während der Ermittlungen abgegeben hatten. Bei der Frage, ob denn sie selber oder jemand im Dorf *samogon* herstelle, gaben sie stets eine negative Antwort respektive behaupteten, von nichts zu wissen. Offensichtlich wussten alle drei, dass das Herstellen von *samogon* ungesetzlich war.[91] Mit der Verneinung beziehungsweise mit der Angabe, nichts zu wissen, verdeutlichten sie, dass Stepan Panasov sie und ihr Dorf grundlos des illegalen Handelns verdächtigt hatte, und schützten ihr Dorf vor dem eventuell neugierigen Blick des Tribunals. Aleksandra Isačenkova drehte den Spiess gar um und wiederholte, dass sie seinen Augen angesehen habe, dass Stepan Panasov betrunken gewesen sei. Er passte seine Darstellung weitgehend derjenigen der beiden Frauen und Afanasij

88 Ebd., ll. 13, 16.

89 Ebd., ll. 124, 124ob.

90 Der Milizionär, der die Ermittlungen in Staro-Ivanovskoe geleitet hatte, der Gerichtsmediziner und der Bürger aus Terebuka waren ebenfalls zur Gerichtsverhandlung eingeladen, erschienen aber nicht. Vgl. GASO, f. 47, op. 1(4s), d. 202, ll. 9–12, 17, 19–23, 25, 26.

91 Die Bolschewiki hatten das Prohibitionsgesetz, das die zaristische Regierung zu Beginn des Ersten Weltkrieges eingeführt hatten, übernommen. Im Dezember 1919 sollten sie ein eigenes, hartes Dekret herausgeben, das die illegale Produktion von Alkohol mit der Konfiszierung des Rohmaterials, der dazugehörenden Gerätschaft und des gesamten Eigentums des Gesetzesbrechers sowie mit Gefängnis und Zwangsarbeit von mindestens fünf Jahren bestrafte. Stone, 359–361; Weissman, Prohibition, 350.

Bričkovs an – ein Zeichen dafür, wie er versuchte, den staatlichen Repräsentanten entgegenzukommen. Er bestand allerdings darauf, dass man ihn bei den Isačenkovs sehr unfreundlich behandelt hatte, dass Anna Isačenkova ihn stiess und dadurch den Schuss auslöste, er durch eine Selbstjustiz bedroht war und das Vorgefallene einigen Personen erzählt hatte, diese ihm jedoch nicht glaubten. Schliesslich bekannte er sich des Mordes, nicht aber der Trunkenheit schuldig und bat nochmals, ihn an die Front zu schicken, um dort seine Schuld wieder gutmachen zu können.[92]

Die Gerichtsverhandlung dauerte zwei Stunden. Das Revolutionstribunal hielt es danach für erwiesen, dass Stepan Panasov sich eigenmächtig von seinem Truppenteil entfernt, in betrunkenem Zustand Ivan Isačenkov erschossen habe und sein Verbrechen erst eineinhalb Monate später meldete, als die Ermittlungsbehörden die Massnahmen zu seiner Suche schon eingeleitet hatten. Das Revolutionsgericht verurteilte ihn mit folgender Begründung zur Höchststrafe:

> […] Panasov, ein Trinker und Mörder, hat sich in die Reihen der RKP eingeschlichen, mit seinem Vorgehen deren Autorität diskreditiert und deren Prestige sowie das Prestige der Bauern- und Arbeitervolksmacht untergraben und verdient deshalb das höchste Strafmass – Erschiessen. Doch in Anbetracht dessen, dass er ein Schuldgeständnis ablegte und sein Verbrechen vor dem Tribunal offenherzig bereute, hat das Revolutionstribunal beschlossen, die Erschiessung in eine Freiheitsstrafe verbunden mit gesellschaftlicher Zwangsarbeit für die Dauer von fünfzehn Jahren ohne Anrechnung der Untersuchungshaftzeit umzuwandeln.[93]

Bei diesem Urteil fällt auf, dass das Revolutionstribunal alle Argumente, die gegen Stepan Panasov sprachen, berücksichtigte. Als einzige hatte Aleksandra Isačenkova behauptet, er sei betrunken gewesen, was zum Anklagepunkt der Trunkenheit führte. Während der Gerichtsverhandlung hatte er zugegeben, dass er zwar formal keinen Urlaub bekommen, den Instruktionsleiter aber mündlich informiert hatte. Dies bewerteten der Richter und die beiden Beisitzer als Desertion, die um so schwerwiegender zählte, weil Fahnenflucht von Parteimitgliedern als besonders schändlich galt und als Zeichen von Willensschwäche interpretiert wurde.[94] Das Bekennerschrei-

92 GASO, f. 47, op. 1(4s), d. 202, ll. 32–35.

93 Ebd., ll. 36, 36ob.

94 Hagen, Soldiers, 73, 76, 89.

ben hatte Stepan Panasov aus Sicht des Tribunals zu spät und nur aus dem Grund verfasst, weil ein Vorteil für ihn heraussprang. Er erschien als eigennütziger „Karrierist".[95] Die Parteimitgliedschaft, von der sich Stepan Panasov Nachsicht erhofft hatte, löste bei den Gerichtsbehörden keine Umwertung des Vergehens aus. Angehöriger der bolschewistischen Partei zu sein, bedeutete also keineswegs einen Freibrief für jegliche Form von Handeln.

Das Revolutionstribunal hatte die Beweisführung der Zeugen beziehungsweise die Vorgaben der Untersuchungskommission übernommen. Diese hatten – mit Ausnahme von Aleksandra Isačenkova – Stepan Panasov nicht explizit mit politischen Argumenten belastet. Im Gegensatz zum Fall Roman Murin hatte keiner der Zeugen erwähnt, dass Stepan Panasovs Verhalten die Autorität und das Prestige der Sowjetmacht untergrabe. Sie schilderten jedoch den Vorfall so, dass die Untersuchungsbehörden und Richter aufgrund ihrer politischen Anschauung selber zum Schluss kamen, dass es sich um ein politisch gefährliches Vergehen handle.[96] Im Fall von Stepan Panasov lieferte das Tribunal also die politische Begründung. Die erschlichene Parteimitgliedschaft, Trunkenheit, Desertion und der Mord an Ivan Isačenkov waren aus der Sicht des Revolutionstribunals die Faktoren, mit denen Stepan Panasov das Ansehen der Sowjetmacht bei der Bevölkerung geschmälert hatte. Im Vordergrund stand weniger die Bestrafung einer Person, die den strafrechtlichen Tatbestand des Mordes erfüllte. Die Urteilsbegründung legte den Schwerpunkt stattdessen auf die Verurteilung des Parteimitgliedes Stepan Panasov, das mit seinen Eigenschaften und Handlungen der Sowjetmacht geschadet hatte. Damit ist ein wichtiger Grundzug des sowjetischen Strafrechts angesprochen. Die bolschewistischen Revolutionstribunale verurteilten ein Individuum nicht primär für seine Straftat, sondern für die Folgen seines Handelns, falls diese eine Bedrohung für die Herrschaft der neuen Machthaber bedeuteten.[97] Dieses Kriterium wurde jedoch nicht direkt so ausgesprochen, sondern dem Verdächtigten unter-

95 Vgl. Rigby, Communist, 75–80.

96 In einem Zirkular vom 6. 10. 1918 des VCIK „Abstufung der Verbrechen" steht die „Diskreditierung der Macht" an dritter Stelle vor „1. Konterrevolutionäre Tätigkeit" und „2. Sabotage". Weiter folgen „4. Urkundenfälschung", „5. Amtsvergehen", „6. Spionage", „7. Rowdytum" und 8. „Spekulation". GASO, f. 47, op. 1(1s), d. 16, ll. 100, 101.

97 Die zaristischen Strafbehörden verfolgten ebenfalls Vergehen, die eine Gefahr für die staatliche Ordnung darstellten, wie etwa Bauernunruhen oder den Verkauf von Alkohol, überdurchschnittlich intensiv. Vgl. Frank, Crime, 95.

stellt, er habe die Konsequenzen beabsichtigt, habe also die Tat bewusst durchgeführt, um den Bolschewiki zu schaden. Dadurch, dass der Machterhalt letztlich den Prüfstein für die Beurteilung von Vergehen bildete, konnte jeder Straftatbestand als politisches Verbrechen gedeutet werden. In Zeiten wie im Bürgerkrieg, als die Bolschewiki ihre Herrschaft besonders gefährdet sahen, erhielt die politische Argumentation ein äusserst grosses Gewicht, nicht nur bei Richtern in der Begründung von Gerichtsurteilen, sondern auch bei der einfachen Bevölkerung. Wie an den Beispielen von Roman Murin und Valentin Vojcechovskij gezeigt wurde, hatte sie sehr schnell gelernt, dass und mit welchen politischen Argumenten sie ihre Ziele erreichen konnte. Diese Absichten mussten nicht zwingend politischer Natur sein. Wer weiss denn, ob Roman Murin und Stepan Panasov nicht *samogon* suchten, um die Festtage gebührend zu feiern[98], ob Valentin Vojcechovskij nicht eine alte Rechnung beglich oder ob Nikolaj Grigor'ev nicht aus Wut gegenüber den Isačenkovs Stepan Panasov auf deren Hof verwies? Es ist bezeichnend, dass gerade in den für die Bolschewiki politisch labilen und kritischen Zeiten des Bürgerkrieges oder der Kollektivierung, derartige, in lokalen Differenzen oder in der Alltags- und Festkultur gründende Argumente nicht in den Gerichtsakten erschienen, beziehungsweise nur leicht angetönt wurden. Wie stark die allgemeine politische Situation die Art der Beweisführung der Menschen – sei es der Täter, der Zeugen, Opfer oder der Ermittlungs- und Gerichtsbeamten – beeinflusste, wird der Vergleich in den nächsten Kapiteln mit Gerichtsakten, die drei bis vier Jahre später angelegt wurden, zutage bringen.

Das Revolutionstribunal hatte Stepan Panasov also unterstellt, Ivan Isačenkov absichtlich getötet und damit die bolschewistische Herrschaft unterhöhlt zu haben. Diese Auffassung führte zum harten Urteil, das indes gleich wieder entschärft wurde. Die Richter nutzten den Freiraum, den das Fehlen eines Strafgesetzes eröffnete, demnach nicht nur für rigorose Strafen, sondern auch zur Nachsicht.[99] Das offenherzige Bekennen des Verbrechens stimmte die Richter wie schon bei Roman Murin gnädig und diente den Angeklagten als effizientes Muster, um eine mildere Strafe zu errei-

98 Immer wieder kam es vor, dass Kommunisten sich illegal *samogon* verschafften und dabei auch Menschen töteten. Vgl. Čistilišče. In: *Izvestija*, Nr. 31, 12. 2. 1919, 1; Nečajanno vyšlo. In: *Roslavl'skij Kommunist*, Nr. 33, 23. 3. 1919, 3, 4.

99 Solomon, Peter H. Jr.: Soviet Criminal Justice under Stalin. Cambridge 1996 (Cambridge Russian, Soviet and Post-Soviet Studies; 100), 24, 25.

chen.[100] Das Revolutionstribunal anerkannte ihre grundsätzliche Loyalität und aufrichtige Haltung gegenüber dem sowjetischen Staat und bot ihnen mit der Strafumwandlung an, sich trotz der Verurteilung den Bolschewiki weiterhin verbunden zu fühlen. Mit seinem Urteil machte das Revolutionstribunal zwar klar, dass ihre Vorstellungen über die Durchsetzung von Herrschaft falsch waren und sie ihre Fähigkeiten nicht kompetent eingesetzt hatten. Es sanktionierte ihr unmittelbares, spontanes, selbständiges und unabhängiges Reagieren und Handeln negativ. Den Einsatz von Gewalt missbilligten die Richter freilich nicht ausdrücklich, ergo mussten sich Roman Murin und Stepan Panasov nicht veranlasst sehen, diese Aspekte ihres Handlungsrepertoires zu überdenken und zu verändern. Im Gegenteil: Das ursprünglich schonungslose Urteil, das sie an sich selber erfuhren, bestärkte ihre Vorstellung, dass „Herrschaft ausüben" hart durchgreifen bedeutete. Andererseits ist es schwierig abzuschätzen, ob durch das abgemilderte Urteil das offensichtlich erschütterte Weltbild der jungen Menschen wieder aufgerichtet war.

Schon ein halbes Jahr später, im Dezember 1919 sollte Stepan Panasov in den Genuss der Amnestie[101] zum zweiten Jahrestag der Oktoberrevolution kommen, das unter anderem prinzipiell allen, die zu einer Haftdauer von über fünf Jahren verurteilt worden waren, den Freiheitsentzug auf fünf Jahre reduzierte.[102] Panasovs Strafmass wurde demnach von fünfzehn auf fünf Jahre gekürzt.[103] Nochmals ein Jahr später konnte er im Zusammenhang mit der Amnestie zum dritten Jahrestag der Revolution das Gefängnis verlassen und die ihm auferlegte Zwangsarbeit ohne Freiheitsentzug leisten.[104] Dieser Gnadenakt war noch weiter gefasst als derjenige ein Jahr zuvor: Das

100 Andere Entlastungsstrategien waren „Unwissenheit", „Rückständigkeit" oder „Jugend". Mit diesen Argumenten erzielte insbesondere die bäuerliche Bevölkerung bereits zur Zarenzeit ein gutes Ergebnis und setzte sie auch nach der Oktoberrevolution häufig wirkungsvoll ein. Vgl. Frank, Crime, 313, 314.

101 Zu den Amnestien zu Beginn der Sowjetunion siehe: Utevskij, B. S.: Dosročnye osvoboždenie i amnistija. Moskau 1927. Insgesamt erliessen die Bolschewiki zwischen 1918 und 1921 elf Amnestien. Vgl. Jakobson, Michael: Origins of the GULAG. The Soviet Prison Camp System, 1917–1934. Kentucky 1993, 20.

102 Sobranie uzakonenij i rasporjaženij rabočego i krest'janskogo pravitel'stvo, izdavaemoe Narodnym Komissariatom Justicii, 15 nojabrja 1919g., Nr. 55, St. 525.

103 GASO, f. 47, op. 1(4s), d. 202, l. 53.

104 GASO, f. 47, op. 1(4s), d. 202, l. 54. Auf der Suche nach neuen Formen von Sanktionen führten die Bolschewiki diese Strafmassnahme neu ein. Vgl. Gernet, M. N.: Sistema karatel'nych mer v Ugolovnom Kodekse RSFSR. In: Pravo i Žizn', 1922g., kniga pervaja, 65.

Allrussische Zentralexekutivkomitee hatte beschlossen, dass alle Personen, die vor dem 7. November 1920 das eine oder andere Verbrechen begangen hatten, in grossem Umfang vom Straferlass durch vorzeitige Haftentlassung und Umwandlung der Strafe in Zwangsarbeit ohne Freiheitsentzug profitieren sollten.[105] Die Amnestien erlaubten es, die chronisch überfüllten Gefängnisse etwas zu entlasten.[106] Harte Strafmasse aus der Bürgerkriegszeit verloren durch die Amnestien an Schärfe. Menschen, die während des Bürgerkrieges um eine Bestrafung durch Erschiessen herumgekommen und zu einer langjährigen Haftstrafe verurteilt worden waren, hatten die recht grosse Chance, faktisch zu einer milden Strafe zu gelangen. Der Mörder Stepan Panasov konnte das Gefängnis nach knapp eineinhalb Jahren verlassen.[107]

Die Verurteilung zeigte Stepan Panasov definitiv auf, dass die Eigenschaften und Handlungen, von denen er in seinem Bekennerschreiben gemeint hatte, sie seien positiv, von staatlicher Seite her unerwünscht waren. Im Hinblick auf das Verhältnis eines bisher überzeugten Anhängers der Bolschewiki zu „seinem" Staat stellt sich die Frage, ob sein Vertrauen in den Staat und die Partei zerstört wurde, weil sie letztlich das Versprechen, das Fehler erlaubt seien, nicht einlösten? Im letzten, in der Gerichtsakte erhaltenen Schreiben vom 20. August 1919 lässt sich diese Frage überprüfen. Stepan Panasov richtete an das Revolutionstribunal die Bitte, die Strafe in eine bedingte umzuwandeln und ihn an die Front zu schicken.

> [...] Die ganze Schwere meines Verbrechens bekennend habe ich mich mit dem Gedanken ausgesöhnt, auf dem Weg eines langen Leidens im Gefängnis meine Schuld abzutragen.
>
> Doch jetzt, den Zeitungsberichten nach zu urteilen, da möglicherweise in nicht weiter Zukunft blutige Kämpfe unter den mittelalterlichen Mauern von Smolensk stattfinden werden, begannen in mir das Blut des alten Soldaten-Pioniers und die Kühnheit des Kommunisten zu sprechen. Mich begann es zu kränken, dass ich, während meine Kameraden – Mitglieder der Parteiorganisation Do-

105 Sobranie uzakonenij i rasporjaženij rabočego i krest'janskogo pravitel'stvo, izdavaemoe Narodnym Komissariatom Justicii, 15 nojabrja 1920g., Nr. 88, St. 450.

106 Jakubson, V.: Naselenie mest zaključenija v SSSR. In: Statističeskoe obozrenie. Ežemesjačnik, Nr. 5, maj 1929g., 105–107; Solomon, Soviet, 67.

107 Zur Entwicklung und Formen der unterschiedlichen Gefängnistypen vgl. Achmadeev, Farit Chasanovič: Stanovlenie i razvitie režima v ispravitel'no-trudovych učreždenijach RSFSR (1917–1930gg.). Dissertacija [...] kandidata juridičeskich nauk. Moskau 1993.

> rogobuž RKP – mit der Waffe in der Hand die Errungenschaften der Arbeiter- und Bauernrevolution verteidigen werden, wie irgendein beliebiger Alter oder Krüppel von weitem den Kampfverlauf beobachten muss, mit ganzem Herzen reisst es mich zu den Freunden, und hoffnungslos verschmachte ich hinter den Gefängnisgittern. Und deshalb entschliesse ich mich, mich an dieselbe Institution zu wenden, die mich verurteilte und mir ein so schweres, wenngleich gerechtes Urteil auftrug. Ich entschloss mich, mit der Bitte [an Sie; D. T.] zu wenden, meine Strafe in eine bedingte umzuwandeln und mich zugleich den Kriegsbehörden zur Verfügung zu stellen, in die Reihen der Pioniertruppen der Republik. Ich hoffe, unter dem Donner der feindlichen Geschütze meine Treue zur Arbeiter- und Bauernmacht zu beweisen. Möge man mich mit höchst verantwortungsvollen Aufträgen schicken: ich werde mein Leben nicht schonen, ich kann jede beliebige Brücke rechtzeitig vor der Nase des Feindes sprengen, und damit der Sowjetmacht für ihr gütiges Verhalten mir, dem Verbrecher, gegenüber, danken. […][108]

Aus diesem Brief wird klar, dass sein Vertrauen in den Staat und die Partei nicht erschüttert wurde, wiewohl es ihm schwer gefallen war, das Urteil anzunehmen. Er empfand es als hart, aber seinem Delikt entsprechend. Immer noch litt er am Gefängnisleben, fasste es jedoch in der Zwischenzeit als Teil seiner Sühne auf. Mit diesen Sätzen präsentierte er sich als lernfähig und machte deutlich, dass er sich dem kommunistischen Staat weiterhin loyal verbunden fühlte. Aus diesem einen Schreiben lässt sich nicht eruieren, ob Stepan Panasov hinter seinen Aussagen stand oder nur scheinbar eine unterwürfige Haltung einnahm, um sein Ziel zu erreichen. Ein gewisser „Eigen-Sinn"[109] ist aufgrund seiner wiederholten Bitte nach einem Fronteinsatz auf jeden Fall nicht zu verkennen. Seine Selbstwahrnehmung scheint gar dieselbe geblieben zu sein. Offenbar fühlte er sich immer noch als Kommunist. Als solcher las er Zeitungen und verfolgte die Entwicklung an den verschiedenen Fronten mit. Im April 1919 hatte der russisch-polnische Krieg begonnen. Polnische Verbände waren im Verlauf des Sommers ostwärts nach Litauen, Weissrussland und die Ukraine vorgestossen. Am 8. August hatten sie Minsk eingenommen und standen somit nur

108 GASO, f. 47, op. 1(4s), d. 202, l. 49.

109 Lüdtke, Alf: Eigen-Sinn: Fabrikalltag, Arbeitererfahrungen und Politik vom Kaiserreich bis in den Faschismus. Hamburg 1993.

noch rund dreihundert Kilometer von der Stadt Smolensk entfernt. Es bestand höchste Alarmbereitschaft, die mit einer erneuten Mobilisierung von Partei- und Gewerkschaftsmitgliedern einherging.[110] Daher konnte Stepan Panasov in der Tat annehmen, dass Smolensk demnächst Schauplatz von Kriegshandlungen würde. Bekanntlich kam es nicht dazu. Der gegnerische Vormarsch hatte indes bei Stepan Panasov Erinnerungen an seine früheren militärischen Einsätze geweckt und den Wunsch erneuert, aus dem Gefängnis entlassen zu werden. Er verstand sich weiterhin als Krieger und Kämpfer, dem der Verband seiner Kameraden die Familie bedeutete. Ausdrücklich erwähnte er dabei die bolschewistische Parteiorganisation von Dorogobuž. Dies dokumentiert abermals, dass der Rückgriff auf das Beziehungsnetz der Partei in erster Linie darin bestand, die Verbindungen zur lokalen Parteizelle zu aktivieren, und der Kontakt zur Partei als Ganze über die örtliche Parteiorganisation erfolgte.[111] Klar grenzte sich Stepan Panasov von Kampfunfähigen wie Alten und Krüppeln ab. Hier zeigt sich, dass jene bolschewistische Denkweise, die zwischen dem positiv verstandenen „Jung" / „Gesund" und dem negativ konnotierten „Alt" / „Krank" schied und sich ab der zweiten Hälfte der 1920er Jahre verstärkte[112], in Vorstellungen von Nützlichkeit wurzelten, die wiederum mit der Fähigkeit des körperlichen Einsatzes verbunden waren. Im Gegensatz zu den „Alten und Krüppeln" wollte und konnte Stepan Panasov dem Staat Nutzen bringen. Dieser bestand seiner Ansicht nach in der physischen Liquidierung von Feinden. So hatte er sich bereits in den Briefen aus der Untersuchungshaft geäussert. Die Verurteilung hatte demnach kein grundsätzliches Umdenken in seinem Gewaltverständnis bewirkt. Immer noch war Stepan Panasov davon überzeugt, im Sinne des kommunistischen Staates zu handeln, wenn er Menschen umbrachte, die als Feinde eingestuft wurden. Interessanterweise wünschte er sich einen Posten an vorderster Front, beim Sprengen von Brücken. Diese Tätigkeit erfordert, spontan, eigenverantwortlich und selbständig Entscheidungen zu fällen, und hätte ihm die Möglichkeit gegeben, das Verhaltensmuster beizubehalten, das er bei der Ermordung Ivan Isačenkovs demonstriert hatte. Offenbar meinte er nach wie vor, mit Taten statt Worten der Sowjetmacht seine Treue und Ergebenheit bezeugen zu können. Opferbereitschaft und die gleichzeitige Chance auf einen Ehrgewinn oder gar auf

110 Il'juchov, Smolenščina, 78.

111 Der Verweis auf die lokale Parteiorganisation ist ausserdem dadurch zu erklären, dass die Mobilisierung und Rekrutierung von Rotarmisten in erster Linie in den Parteizellen stattfanden.

112 Haumann, Jugend, 58, 59.

Heldentum verbunden mit Sühnung von Schuld und der Rückkehr in die kommunistische Familie bildeten wichtige Motive im Bittschreiben von Stepan Panasov. In der Heroisierung des Fronteinsatzes sowie im Gewaltverständnis unterschied er sich nicht von Roman Murin. Beide nahmen sich weiterhin als verantwortungsvoll handelnde und aufrichtige Anhänger der Bolschewiki wahr beziehungsweise stellten sich als solche dar.

2.4 Zwischenergebnisse I

Ein Hauptziel dieser Untersuchung besteht darin, Dispositionen und Ursachen von physischer Gewaltanwendung aufzudecken und zu analysieren. Von Anfang an war zu erwarten, dass keine vollständige Aufzählung oder umfassende Gewichtung der aufgefundenen Faktoren möglich ist. Gerade der lebensweltliche Zugang mit Einzelbeispielen konnte diese Annahme eindrucksvoll bestätigen. Gleichzeitig liessen sich aufgrund der gründlichen Analysen bestimmte, sich wiederholende Verhaltensweisen erkennen, was dem jeweiligen Fallbeispiel den Status des Exemplarischen verlieh. Als besonders wertvoll erwiesen sich die Briefe und Bittschriften der Gewalttäter, namentlich von Roman Murin und Stepan Panasov, und der direkt und indirekt von der jeweiligen Gewalttat Betroffenen. Diese Dokumente erlaubten – etwa im Vergleich zu Berichten der Geheimpolizei – den historischen Akteuren sehr nahe zu kommen. Selbstverständlich musste mitberücksichtigt werden, dass diese Schriftstücke nicht ohne bestimmte Intentionen verfasst worden waren. Das „Lesen zwischen den Zeilen" war unabdingbar, förderte aber aufschlussreiche Ergebnisse zur Selbstwahrnehmung und -darstellung der historischen Akteure, ihr Verständnis von und ihr Verhältnis zu Gewalt sowie ihre Vorstellungen vom neuen, sowjetischen Staat zu Tage. Nicht zuletzt gelang es herauszuarbeiten, dass Bürgerkrieg in einem Gebiet, das als fest in der Hand der Bolschewiki galt, nicht Ruhe und ein wohlgeordnetes Leben bedeutete, sondern einem Kleinkrieg gleichkam. Vor diesem Hintergrund galt ein besonderes Augenmerk der Frage, wie die sowjetische Justiz funktionierte.

Fallbeispiele legen den Blick frei für Momente, die den einzelnen Menschen charakterisieren und seine persönliche DISPOSITIONEN zur Gewaltanwendung vermuten lassen. Dazu zählt etwa die Beobachtung, dass Roman Murin „Rat-Schläge" erteilte. Weiter finden sich in den Quellen Hinweise und Stichworte, die über den individuellen Rahmen hinausweisen. Sowohl Roman Murin als auch Stepan Panasov sahen sich mit dem Vorwurf konfrontiert, betrunken gewesen zu sein. Da beide dies abstritten, blieb offen, ob der Konsum von Alkohol gewaltenthemmend gewirkt hatte. Es ist durchaus denkbar, dass sich die Betroffenen auf ihre Erfahrung stützten, dass nämlich übermässiger Alkoholgenuss während der Festtage jeweils zu Gewaltausbrüchen führte, und so den unerwartet raschen Gewalteinsatz zu erklären versuchten. Keiner der drei Straftäter war alleine unterwegs. Die gegenseitige Anregung und der Druck, innerhalb des eigenen Gruppenverbandes zu bestehen und eine Ausgrenzung zu vermeiden, scheinen die Anwendung von Gewalt gefördert zu haben. In diesen Kontext gehören Vorstellungen von Männlichkeit und verletzter Ehre, die sich im Einzelnen nur schwierig auflösen und konkreten Handlungen und Personen zuweisen lassen. Als Mitglieder einer Gruppe scheinen sich die Täter zudem sicher gefühlt zu haben. Dennoch liess sich mehrmals beobachten, dass diese Gefühlslage kippte, sobald die Täter erkannten oder zu erkennen glaubten, dass ihr Gegenüber zu einem Verband zählte, der grösser und zum Widerstand bereit war. Am deutlichsten formulierte Stepan Panasov seine Angst vor der Selbstjustiz des Dorfes.

Für weitere Faktoren schliesslich, die Gewalt verursacht haben könnten, fanden sich in den Gerichtsakten keine expliziten Belege. Der Vorwurf, die Angeklagten seien betrunken und deswegen gewalttätig gewesen, erhielt dadurch mehr Plausibilität, weil sich die Vorfälle an wichtigen Feiertagen wie Epiphanie und in der *maslenica*-Woche ereigneten, an denen traditionellerweise viel Alkohol konsumiert wurde. Doch diesen Zusammenhang sprach niemand aus. Die These, dass der Erste Weltkrieg und der Bürgerkrieg die Hemmschwelle, Gewalt anzuwenden, senkte, konnte in dieser allgemein gehaltenen Form bei den Einzelfällen nicht nachgewiesen werden, obwohl die Täter Kriegsdienst geleistet hatten. Denn worin bestand ihre jeweilige Kriegserfahrung? Hatte Roman Murin in der Regimentskanzlei je gesehen, wie Menschen gleich reihenweise von Kugeln getroffen wurden oder selber auf andere geschossen? Diese Fragen weisen darauf hin, dass wir noch viel zu wenig darüber wissen, welche Erfahrungen die am Krieg Beteiligten machten. Der Befund, dass während des russischen Bürgerkrieges „four million men were armed and put into active units out of a total population of about 160 million (2.5 per cent)“[1], zeigt auf, dass zudem zahlenmässig Vorbehalte gegenüber der Behauptung angebracht sind, insbesondere Kriegserfahrungen hätten eine allgemeine Brutalisierung der russischen Gesellschaft zur Folge gehabt. Gerade die Gerichtsakten und die Schilderung der Situation in einem „bürgerkriegsfreien“ Gebiet ermöglichen, diese Aussage zu differenzieren und weiteren Faktoren auf die Spur zu kommen, die den Menschen das Gefühl gaben, in einer äusserst gewaltsamen Zeit zu leben. Die hohe soziale wie auch geographische Mobilität bildete meines Erachtens eine zentrale Bedingung für diese Wahrnehmung. Während des Bürgerkrieges war eine ganze Gesellschaft im Aufbruch und in Bewegung. Die drei historischen Akteure, Roman Murin, Valentin Vojcechovskij und Stepan Panasov, scheinen dank der Oktoberrevolution die Chance eines sozialen Aufstiegs erhalten zu ha-

1 Figes, Orlando: The Red Army and Mass Mobilization During the Russian Civil War, 1918–1920. In: Past and Present 129 (1990), 184.

ben: Sie standen auf Seiten der Herrschenden und übten in deren Namen Gewalt aus. Die Verbrechen begingen sie nicht an ihrem Herkunftsort, sondern legten teilweise beträchtliche Strecken zurück. Sie waren Fremde am Ort des Vergehens. Begegnungen bedeuteten für alle Beteiligten immer ein beträchtliches Mass an Unsicherheit. Es galt, oft in wenigen Augenblicken die Identität des Gegenübers (freundlich oder feindlich gesonnen) zu bestimmen und herauszufinden, ob es etwa bewaffnet war. Diese Informationen bildeten wesentliche Elemente, auf die eine Interaktion basierte, waren aber längst nicht so reichhaltig, wie wenn es sich um eine bekannte Person handelte. Deshalb gestaltete sich das Zusammentreffen mit Fremden weitaus „grobschlächtiger“: Feine Hinweise und gewohnte Muster der Interaktion konnten nicht realisiert werden. Klare und sicher verständliche Signale charakterisierten Kontakte und halfen mit, eine Begegnung zu radikalisieren – bis hin zum eindeutigen Zeichen der physischen Gewalt. Die Missverständnisse bedingt durch die hohe Mobilität gehörten zu den zentralen Erfahrungen, die Menschen beider Geschlechter und jeden Alters überall im Russland der Bürgerkriegszeit machten. Der weitverbreitete Wunsch nach Ruhe und Ordnung entsprach letztlich der Sehnsucht nach Voraussehbarkeit und damit der Sicherheit in den sozialen Beziehungen.

In den Augen der vorgestellten historischen Akteure war der Grund für ihre Gewaltanwendung klar: Alle drei hatten gemeint, im Sinne des sowjetischen Staates zu handeln. Der Dreh- und Angelpunkt ihrer Argumentation bildete ihr Selbstverständnis, Vertreter dieses Staates zu sein. Sie übten Gewalt nicht um der Gewalt willen aus, ja angeblich sogar nicht einmal absichtlich. Sie betrachteten den Gewalteinsatz als Ausdruck ihrer Empörung im Sinne eines „gerechten Zorns“, den die Opfer provoziert hatten. Die Täter wandten Gewalt an, um ein Ziel zu erreichen, nämlich die Durchsetzung der bolschewistischen Herrschaft, konkret die Befolgung von Dekreten zur Bekämpfung von Desertion und der Verschwendung von Defizitgütern wie Holz, Getreide und Kartoffeln. In den Dekreten wurde die neue Staatsmacht in Moskau für den Einzelnen fassbar. Sie umschrieben reale Handlungen und Situationen, wie etwa Fahnenflucht oder die Hilfe für Hungerleidende, die sich in einen Zusammenhang mit der Lebenswelt der historischen Akteure bringen liessen. Sie konnten sich an den Dekreten orientieren, die de facto Herrschaftsbereiche definierten, und sie in ihren Alltag übersetzen. Darin besteht die hohe Bedeutung der Dekrete für die Durchsetzung der sowjetischen Herrschaft. Dank ihrer Anschaulichkeit entfalteten sie vermutlich eine höhere Wirkkraft als abstrakte Parolen wie etwa diejenige, man „stehe auf der Plattform der Sowjetmacht“. Das Engagement von Roman Murin und Stepan Panasov verweist darauf, dass auch sie sich von den Inhalten der erwähnten Dekrete angesprochen fühlten. Persönliche Betroffenheit mochte ihr Handeln zusätzlich motiviert haben. Denn sie erwähnten hungernde und kranke Familienmitglieder. Ausserdem kann man annehmen, dass alle drei im Armeedienst mit der entsprechenden Agitation und Propaganda in Berührung gekommen waren.[2] Im Grossen und Ganzen scheinen sie sich stark mit den Zielen des Staates identifiziert zu haben. Hinsichtlich ihres Gewalteinsatzes entpuppte sich der hohe Identifikationsgrad als äusserst wichtiger Faktor, der eng mit dem Stichwort „verletzte Ehre“ korrelierte. Weder Stepan Panasov noch Roman Murin trennten klar zwischen den Rechten, die sich aus ihrem (vorgeblichen) Amt ergaben, und ihren Anliegen als Privatpersonen. Sie fassten einen Angriff auf den Staat als eine Beleidigung ihrer eigenen Person auf und umgekehrt. Trennung von Amt und privater Sphäre aber charakterisieren den modernen Staat.

Da die untersuchten historischen Akteure im Sinne des Staates zu handeln meinten und schriftliche Spuren hinterliessen, kann man nicht nur ihr Selbstverständnis und die Haltung zu physischer Gewalt rekonstruieren, sondern auch Rückschlüsse auf ihre VORSTELLUNGEN VON STAAT ziehen. Es handelt sich hierbei kaum um ein elaboriertes und ausgereiftes Denkgebäude. Ihre Auffassungen schienen vielmehr auf einem Verständnis von Staat, wie es die bäuerliche Bevölkerung pflegte, sowie Erfahrungen im Militärdienst zu gründen. Herrschen bedeutete demzufolge zunächst mal simpel Das-Sagen-Haben und das Recht, vom Gegenüber Gehorsam verlangen zu dürfen. Die Anwendung von Gewalt bildete dabei „lediglich“ ein Mittel zum Zweck. Von dieser Überlegung ausgehend stellten die traditionelle, bäuerliche Staatsidee und der (zaristische) Militärdrill mentale Dispositionen für den selbstverständlichen Gewalteinsatz dar. Auf der anderen Seite standen gerade bei der bäuerlichen Vorstellung von Staat die Fähigkeit des Herrschenden, in gewissen Momenten grosszügig zu sein und Nachsicht zu üben. Zusammengefasst handelte es sich um ein paternalistisches Herrschaftsverständnis, bei dem der einzelnen Person eine zentrale Bedeutung zukam.[3] Dies unterstreicht nochmals die Relevanz der einzelnen Person. Insbesondere Roman Murin und Stepan Panasov sahen sich als „Patrons“ und somit als das Mass aller Dinge. Die beiden nahmen sich sel-

2 Hagen, Mark von: Soldiers in the Proletarian Dictatorship. The Red Army and the Soviet Socialist State, 1917–1930. Ithaca, London 1990, 89–114.

3 Frank, Stephen P.: Crime, Cultural Conflict, and Justice in Rural Russia, 1856–1914. Berkeley, Los Angeles 1999, 28–44.

ber wichtig, beziehungsweise mussten sich selber wichtig nehmen, wenn sie sich und die vermeintlich an ihre Person gebundene Herrschaft durchsetzen wollten.

Einen weiteren Untersuchungspunkt bildet die Frage nach dem ZUSAMMENHANG VON JUGEND UND GEWALT. Formal gehörten alle drei Männer zu der eingangs definierten Gruppe der Jugendlichen beziehungsweise jungen Erwachsenen. Als vordringlichstes Ergebnis ist festzuhalten, dass sich keiner als Jugendlicher sah. Denn sie hatten Funktionen von Erwachsenen inne und führten deren Aufgaben durch. Einzig Roman Murin wies darauf hin, dass er noch jung und unerfahren gewesen sei, als er den Beruf des Milizionärs ausgeübt habe. Doch diese Bemerkung erfolgte zu einem so späten Zeitpunkt im Ermittlungsverfahren, dass sie als Entlastungsstrategie eingeordnet werden muss.

In ihrem Selbstverständnis hatten die historischen Akteure als Erwachsene physische Gewalt gebraucht. Sie stellten keinen Bezug zwischen ihrem Alter und dem Gewalteinsatz her. Dies zeigt, dass das Interesse an „Jugend und Gewalt" von unserer gegenwärtigen Diskussion geprägt ist. Gleichzeitig erschwert die Selbstwahrnehmung der jungen historischen Akteure, unmittelbar aus ihrem Mund beziehungsweise ihrer Feder „handfeste" Beweise zum Zusammenhang von jugendlichem Alter und vermehrt gewalthaftem Handeln vorzulegen. Andererseits ist zu berücksichtigen, dass gerade die Selbsteinschätzung, erwachsen zu sein, jugendliches Denken und Handeln charakterisiert. In den untersuchten Fällen konnte ausserdem die Bedeutung der Gruppe bei der Anwendung von Gewalt beobachtet werden, was als typisch jugendlich gilt. Das junge Alter der historischen Akteure hiess ausserdem, dass sie bei der Durchsetzung von Herrschaft im Vergleich mit Älteren wenig praktische Erfahrung hatten. Anstelle von Autorität, die auf gewachsener Erfahrung und Anerkennung beruhte und die Basis gerade von patronaler Herrschaft bildete, setzten sie Gewalt ein.

Im Hinblick auf die Frage, wie sehr Jungsein während des Bürgerkrieges in Russland Gewalttätigkeit bedeutete, erscheint mir das Reden vom „Nützlich-Sein" als sehr zentral. Es verweist darauf, dass junge Menschen ihren Platz in der Gesellschaft finden und dort eine Aufgabe übernehmen wollten, um so dem eigenen Leben einen Sinn zu geben. Dieses Bedürfnis liess sich besonders anschaulich bei Stepan Panasov nachvollziehen. Die bereits angesprochene hohe soziale und geographische Mobilität der Bürgerkriegsgesellschaft musste die Suche nach dem eigenen Standort stark erschwert haben. Alle drei jungen Männer waren am Punkt angelangt, wo sie meinten, ihren Platz erkannt und eine Aufgabe erhalten zu haben. Sie bestand darin, die neue Gesellschaftsordnung durchzusetzen und zu verteidigen. In diesem Dienst fanden sie für sich persönlich Sinn, was ihre Identifikation mit dem Staat begründete, der ihnen den Auftrag anvertraut hatte. Ihr Reden vom „Nützlich-Sein" erklärt einen Gewalteinsatz nicht, nennt aber eine mögliche mentale Disposition für Gewalttätigkeit: Es setzte die Gegenwart des „Unnützlich-Seins" voraus und beinhaltete eine Privilegierung derjenigen, die sich nützlich einbringen konnten. Aus dieser Stellung durften letztere sich ermächtigt fühlen, gegen „Unnützliche" vorzugehen. Die bolschewistische Propaganda für den Kampf gegen „Schädlinge" verlief ebenfalls entlang dieses Schemas.[4] Sie kam demnach dem Wunsch junger Menschen entgegen, sich für gesellschaftliche Belange einzusetzen und so dem eigenen Leben Sinn zu verleihen.

Die Strafverfolgung beziehungsweise die Verurteilung führte den drei jungen Männern vor Augen, dass sie ihre Aufgabe nicht richtig erfüllt und das gesteckte Ziel, die Verankerung der Sowjetmacht, nicht erreicht hatten. Ob das Revolutionstribunal auch das Wie, das heisst ihren Gewalteinsatz, missbilligte, blieb letztlich offen. Denn es begutachtete nur die Folgen ihres Handelns, den möglichen bolschewistischen Herrschaftsverlust. Hier ergibt sich unerwartet eine wichtige Parallele: Sowohl das Tribunal als auch die Täter konzentrierten sich auf das Ziel. Wie sie es erreichten, schien ihnen nebensächlich zu sein. Physische Gewalt aber – Schläge und Töten oder Verurteilung zum Erschiessen – hielten beide für ein adäquates Mittel, um Staatlichkeit zu demonstrieren. Insofern sahen sich die Verurteilten bestätigt, dass im Namen des Staates physische Gewalt angewendet werden durfte.

Die Verurteilungen zeigten auf, dass die pauschale Vorhaltung, durchgängige Willkür kennzeichne die BOLSCHEWISTISCHE HERRSCHAFT WÄHREND DES BÜRGERKRIEGES, zu kurz greift. Nicht jeder, der die rote Fahne und bolschewistische Parolen schwang, konnte mit der Billigung seines Verhaltens rechnen. Die nachträgliche Legitimierung von Gewaltakten im Namen des sowjetischen Staates kannte Grenzen. Diese Grenzen wurden jedoch nicht aufgrund des gewählten Mittels, der Gewalt, definiert. Denn auch das Revolutionstribunal sprach relativ leicht und in einer gewissen Selbstverständlichkeit Todesurteile aus. Seine Mitglieder schienen ihre Haltung in Bezug auf physische Gewalt ebenso wenig kritisch reflektiert zu

4 Allgemein zum Zusammenhang zwischen utopischen Vorstellungen und Gewalt vgl.: Haumann, Heiko: Utopie einer herrschaftsfreien Gesellschaft und Praxis gewalthafter Verhältnisse. Offene Fragen zur Erforschung der Frühgeschichte Sowjetrusslands (1917–1921). In: Archiv für Sozialgeschichte 34 (1994) 19–34.

haben wie jene, über die sie ein Urteil fällten. Was zählte, war einzig und allein die Frage nach der Durchsetzung und Sicherung der bolschewistischen Herrschaft beziehungsweise das Bestreben, dass die Bevölkerung den sowjetischen Staat anerkannte. Hiermit kommt neben den Tätern und den Ermittlungs- und Gerichtsbehörden eine dritte Gruppe von historischen Akteuren ins Spiel: Das Dorf, ein Kreis, kurz jene Mehrheit der Menschen in Russland, die nicht der Partei angehörten.

In den Gerichtsakten traten Menschen aus Dörfern als Zeugen und Betroffene aus der Anonymität heraus. Es bot sich die Gelegenheit, im Rahmen von Strafverfolgungen einige Einblicke in das ZUSAMMENSPIEL VON STAATLICHEN BEHÖRDEN UND DEM DORF, der „untersten" Ebene, zu erlangen. Es stellte sich heraus, dass auch hier noch ein grosses Forschungsdefizit besteht. Wir wissen noch viel zu wenig, unter welchen Bedingungen und wie die Menschen mit den neuen Herrschern kooperierten und welche Formen des Widerstandes sie nutzten. Die Analyse der Gerichtsfälle ergab, dass die Menschen vom Dorf dank ihres Wissens bei den Ermittlungen eine zentrale Rolle einnahmen. Nur sie konnten Auskunft etwa über den guten oder schlechten Ruf eines Mitbürgers und somit über sein „Strafregister" geben. Ohne sie waren die Vertreter der staatlichen Behörden nicht wirklich handlungsfähig. Sie schienen diese Tatsache so zu akzeptieren und massen den Informationen der Bürger und Bürgerinnen einen hohen Stellenwert bei, oftmals sogar einen höheren als den Äusserungen von Personen, die sich als Anhänger der Sowjetmacht ausgaben. Die Abhängigkeit der Behörden vom lokalen Wissen zeigte sich besonders frappant, wenn die Menschen sich weigerten, Hinweise zu geben. Kooperierte ein Dorf nicht, gelang es den Ermittlungsbehörden kaum, die gesuchten Informationen oder Gegenstände zusammenzutragen, ausser sie gingen gewaltsam vor und drangen in die Häuser ein. Die Antwort „ich weiss nicht" erwies sich als eines der wirkungsvollsten Mittel, über die Dorfbewohnerinnen und Dorfbewohner verfügten, um ein Verfahren zu blockieren.

Auf der anderen Seite kam es vor, dass Menschen, wie im Fall von Roman Murin, mit den staatlichen Behörden zusammenarbeiteten. Dies manifestierte sich etwa darin, dass sie Parolen und Ausdrücke, wie die Bolschewiki sie benutzten, in ihrer Argumentation aufgriffen. Eine offene Kooperation fand nur statt, wenn sich die Interessen der Dorfbewohner und Bewohnerinnen mit denjenigen des Staates auf der sprachlichen Ebene deckten und das Dorf erkannt hatte, dass es so seine Ziele am ehesten erreichte. Die Interessen mussten demnach bei weitem nicht identisch sein. Doch grundsätzlich galt: Je weiter die zuständige Behörde vom Tatort entfernt war, desto mehr sprach sie auf politische Argumente an, gerade weil sie intensiv das politische Ziel der Herrschaftssicherung verfolgte. Politische Argumente vorzubringen, bedeutete für das Dorf die Möglichkeit, Druck von unten machen zu können.[5]

Doch wir beobachteten in den untersuchten Fällen auch Zwischenformen, bei denen die befragten Personen nur ausschnitthaft Angaben machten und das Wissen somit nur soweit, wie sie es für nötig hielten, herausrückten. Man kann deshalb auch von einer Selbstverwaltung des dörflichen Wissens sprechen. Die Kehrseite davon bestand darin, dass die Taktik des Nichtwissens und der beschränkten Herausgabe von Wissen eine hohe innerdörfliche soziale Kontrolle voraussetzten. Darüber, wie sie funktionierte, schweigen die Gerichtsakten aus der Bürgerkriegszeit wie der Vergleich mit den Fällen im zweiten Teil weisen wird.

Neben der gezielten Dosierung des Wissens spielten informelle Beziehungsnetze eine entscheidende Rolle für den Erfolg oder Misserfolg des eigenen Anliegens während der Ermittlungsverfahren. Die Untersuchungsbehörden mussten ja auf irgendeine Weise die Aussagen, die sie zusammengetragen hatten, validieren. Das Wissen um den guten oder schlechten Ruf der Personen, die die Hinweise gegeben hatten, erleichterten diesen Vorgang. Er bedingte aber wiederum Informationen über diese Menschen. Hier setzte das informelle Beziehungsnetz ein und lieferte die entsprechenden Auskünfte. Dieser Mechanismus könnte erklären, weshalb die Täter mit ihrer an sich politisch korrekten Argumentation keinen Erfolg verbuchen konnten, während die Dorfbewohner ihre Beweise nicht zwingend in politisierter Form vorbringen mussten, um Gehör zu finden und vertrauenswürdig zu gelten. Auf dem Weg bis zur Verurteilung eines Menschen waren somit während des Bürgerkrieges nicht politische Kriterien alleine massgebend.

Die beschriebenen gewalttätigen Zusammenstösse können auch immer als Verhandlungsprozesse verstanden werden, in denen es darum ging zu bestimmen, welche Mittel der Durchsetzung von Herrschaft zulässig seien. Wegen der politisch äusserst labilen Lage war dieses Thema eng mit der Frage gekoppelt, ob die Bolschewiki es überhaupt schafften, die gewonnene Herrschaft zu sichern. In allen drei Fällen schätzten die Untersuchungs- und Gerichtsbehörden die umstrittenen Handlungen so ein, dass die betroffenen Dorfbewohnerinnen und Bewohner annehmen konnten, dass sie Recht hatten und der Staat somit auf ihrer Seite stand. Ihre Vorstellungen

5 Frank kommt zum Schluss, dass sich das Dorf die soziale Kontrolle während der Zarenzeit habe erhalten können. Vgl. Frank, Crime, 215.

von Staatlichkeit, die ihre Selbstbestimmung miteinschloss, wurden bestätigt. Daher ist nicht auszuschliessen, dass die vorliegenden Entscheide der Behörden mithalfen, die Herrschaft der Bolschewiki im Gouvernement Smolensk zu festigen. Andererseits gilt es zu bedenken, dass das Revolutionstribunal die Todesurteile noch im Gerichtssaal in mildere umwandelte und Amnestien aussprach, die einem faktischen Straferlass gleichkamen oder einen stark gekürzten Gefängnisaufenthalt zur Folge hatten. Wie die Fallbeispiele belegen, lösten derartige Urteile bei den Beschuldigten kein eigentliches Umdenken aus. In staatspolitischer Hinsicht ergaben diese Entscheide ebenfalls ein Dilemma: Die Frage, welche Vorstellung von Staatlichkeit nun gelten sollte, war nicht geklärt worden. Keine der Parteien – weder die Täter noch das Dorf – sah sich durch die Urteile veranlasst, ihre Vorstellungen grundlegend zu ändern. Die Verhandlung, wie der neue Staat aussehen und funktionieren sollte, war auf später vertagt worden.

Es gehört zur Anlage dieser Arbeit, dass sie aufgrund der Fokussierung auf Gerichtsakten die „staatliche" Seite in Form von ERMITTLUNGS- UND GERICHTSBEHÖRDEN nur in sehr beschränktem Masse berücksichtigen kann. Deshalb muss die ebenfalls wichtige Frage, welches Staatsverständnis die Entscheidungsträger in den jeweiligen Ämtern pflegten und vermitteln wollten, unbeantwortet bleiben – die Angaben in den Akten sind zu spärlich. Allgemein lässt sich jedoch bei der Durchsicht von Gerichtsakten des Revolutionstribunals von Smolensk aus der Bürgerkriegszeit beobachten, dass die Ermittlungs- und Gerichtsbehörden bei den einzelnen Verfahrensschritten formale Vorgaben berücksichtigt haben mussten, obwohl keine Strafprozessordnung vorlag.[6] Als erste erschien die Miliz am Platz des Vergehens. Sie übergab ihre Protokolle dem Untersuchungsrichter, der in der Regel von einem grösseren Ort aus die Ermittlungen fortführte. Sein zusammenfassender Bericht sowie sämtliche Materialien gingen an das Revolutionstribunal, welches das Urteil fällte. Diese Vorgehensweise, aber auch sprachliche Wendungen weisen darauf hin, dass bestimmtes Wissen aus der Zarenzeit tradiert und weiter verwendet wurde. Eine andere Konti-

6 Freund beschreibt meines Erachtens treffend, dass „das Gebiet des Strafrechts im Wesentlichen ein gesetzesleerer Raum war, der durch das revolutionäre Rechtsempfinden ausgefüllt wurde". Es handelte sich tatsächlich nicht um eine rechtslose, sondern um eine gesetzeslose Zeit. Diese Beobachtung schliesst selbstverständlich die Erkenntnis nicht aus, dass das geltende Recht, nämlich das „revolutionäre Rechtsempfinden" ein äusserst schwammiges war und Willkür zuliess. Freund, Heinrich: Strafgesetzbuch, Gerichtsverfassungsgesetz und Strafprozessordnung Sowjetrusslands. Mannheim, Berlin et al. 1925, 5.

nuität lässt sich in Bezug auf die Begründungen für eine Strafminderung ausmachen. Nicht selten finden sich in den Urteilen des Revolutionstribunals von Smolensk die Hinweise auf das „junge Alter“ und ein „fehlendes oder mangelndes Bewusstsein“ (*nesoznatel'nost'*), um einen Straferlass oder ein milderes Urteil zu rechtfertigen.[7] Ganz allgemein besteht noch eine grosse Forschungslücke, was die tatsächliche Untersuchungs- und Gerichtspraxis während des Bürgerkrieges angeht. Der Blick richtete sich bisher zu sehr auf den „Roten“ beziehungsweise „Weissen Terror“, deren Willkür hier nicht abgestritten wird. Meines Erachtens wurden jedoch die Schlüsse, die aus der Aufzählung der Greueltaten gezogen wurden, zu früh verallgemeinert und auf das ganze sowjetische Justizwesen bezogen. Die vorliegende Arbeit belegt, dass eine Differenzierung angebracht ist.

Aus dieser Schlussfolgerung leitet sich die Notwendigkeit ab, das BILD DES UNGESTÜMEN BÜRGERKRIEGSHELDEN genauer unter die Lupe zu nehmen und womöglich zu revidieren. In ihren Selbstdarstellungen als kämpferische Vertreter für die Sache der Revolution erinnerten Stepan Panasov und Roman Murin in vielem an die Vorstellungen von den Heldentaten der Bürgerkriegssoldaten, wie sie junge, militante Kommunisten während der 1920er Jahre pflegten.[8] Letztere malten sich aus, dass der junge Mann in der Bürgerkriegszeit als ein Kämpfer-Soldat frei lebte, initiativ und sein eigener Herr und Meister war. Wie Erwachsene übernahmen sie verantwortungsvolle Posten und wurden als Gleichwertige respektiert. Sie durften intuitiv und enthusiastisch klar definierte, militante und verwegene Aufgaben erfüllen. Die materiellen Bedingungen waren zwar sehr hart, wurden aber durch enge Kameradschaft und Heldentum kompensiert. Der Held der Bürgerkriegszeit kämpfte auf den Barrikaden und diente in der Vorhut der Revolution. Sein Hauptziel bestand in der militärischen Zerstörung des Alten. Dementsprechend baute er seine Identität zentral in der Opposition zum „anderen“, zum Feind auf, der wiederum klar definiert war.[9] Disziplin,

7 Frank, Stephen P.: Crime, Cultural Conflict, and Justice in Rural Russia, 1856–1914. Berkeley, Los Angeles 1999, 89–95, 175, 314.

8 Gorsuch, Anne: NEP Be Damned! Young Militants in the 1920s and the Culture of Civil War. In: Russian Review 56 (1997), 564–580. Zur Illustration vgl. etwa: Slepkov, Vladimir: Na bytovye temy. Pod redakciej i s predisloviem Dm. Mareckogo. Leningrad 1927, 7–25.

9 Zur Verbindung der beiden Oppositionen „Tod – Leben“ und „Feind – Freund“ auf der propagandistischen Bildebene vgl.: Kummer, Renate: Ljubi Rodinu bol'še žizni – Ja bol'še ne mogu: Der plakatpropagandistische Todesdiskurs im Spannungsfeld der Gut-Böse-Dichotomie. In: Weiss, Daniel (Hg.): Der Tod in der Propaganda: (Sowjetunion und Volksrepublik Polen). Bern, Berlin et al. 2000, 259–335.

Geduld, kultureller Pluralismus und Mässigung erschienen den Enthusiasten der 1920er Jahre als ein Verrat an der Revolution. Statt dessen waren sie von Szenen der Überschwenglichkeit, Zerstörung, Explosion und Respektlosigkeit fasziniert.[10]

In Tat und Wahrheit wiesen die Denk- und Handlungsweisen der drei bisher beschriebenen historischen Akteure diese Züge auf. Stepan Panasov illustrierte diese Welt eindrücklich mit dem Bild, dass er die Brücke vor der Nase des Feindes zur Explosion bringe und er – im übertragenen Sinne – fähig sei, die Verbindungen zum Alten, zum Feind zu zerstören. Diese auffälligen Parallelen bestätigen, dass das Bild vom Bürgerkriegshelden, das die jungen Enthusiasten in den 1920er Jahren pflegten, seine realen Vorbilder und Rhetorik aus der Bürgerkriegszeit bezog. Andererseits lässt sich aus den untersuchten Fallbeispielen schliessen, dass die geschilderten Vorstellungen vom Bürgerkriegshelden übertrieben waren. Offensichtlich gingen in den 1920er Jahren wichtige Aspekte vom Leben eines Kämpfers im Bürgerkrieg in der Erinnerung verloren.[11] Die enthusiastischen Jugendlichen meinten, im Bürgerkrieg seien der Feind und somit die Aufgaben zweifelsfrei festgelegt gewesen. Die Fallbeispiele illustrierten schön, dass die Propaganda und Dekrete zwar einen Feind definierten, doch bei der Begegnung mit konkreten Menschen war die vermeintliche Eindeutigkeit nicht gegeben und die drei jungen Männer mussten jeweils entscheiden, ob es sich bei ihrem Gegenüber um einen Freund oder Feind handle. Insofern waren sie ihr eigener Herr und Meister. Sie glaubten ihre Aufgabe zu erfüllen, wenn sie nach eigenen Angaben gegen den Feind auf persönliche Initiative hin und erbarmungslos, das heisst mit Gewalt, kämpften. Doch sie wurden gerichtlich verfolgt und verurteilt. Das Gericht behielt sich vor

10 Gorsuch, NĖP, 564–566, 569, 579.

11 Dieser Prozess des Vergessens scheint von der bolschewistischen Propaganda gefördert worden zu sein. Es stellt sich allerdings die Frage, welche Erinnerungen an den Bürgerkrieg die Bevölkerung bewahrte. Das Konzept des „sozialen Gedächtnisses" könnte hierfür eine weiterführende Grundlage bereit stellen. Welzer schlägt den Begriff „soziales Gedächtnis" vor und macht darauf aufmerksam, dass „Interaktionen, Aufzeichnungen, Bilder und Räume, und zwar jeweils solche, die im Unterschied zu ihrem Auftreten im kulturellen und kommunikativen Gedächtnis nicht zu Zwecken der Traditionsbildung verfertigt wurden, gleichwohl aber Geschichte transportieren und im sozialen Gebrauch Vergangenheit bilden." Daher plädiert er dafür, das Augenmerk vermehrt „auf die unbewussten, nichtintentionalen Praktiken des sozialen Gedächtnisses" zu lenken. Welzer, Harald: Das soziale Gedächtnis. Geschichte. Erinnerung. Tradierung. Frankfurt am Main 2001, 16, 18.

zu bestimmen, wer der Feind und welches Verhalten falsch sei, ohne allerdings das korrekte zu nennen. Die Auseinandersetzung um die Frage, wer der „rechte" Kommunist und welches die „richtige" kommunistische Haltung sei, stellte sich nicht erst während der NĖP. Mitglied oder Anhänger der Partei zu sein, bedeutete auch während des Bürgerkrieges nicht, dass automatisch jegliches Handeln entschuldigt und enge Kameradschaft garantiert war.

Anstelle einer differenzierten Erinnerung an den Bürgerkrieg erfolgte in der Sowjetunion – wie auch in anderen Ländern in Bezug auf den Ersten Weltkrieg – innerhalb weniger Jahre eine Heroisierung und Mythisierung der Kämpfer im Bürgerkrieg.[12] Diese Vorstellungen flossen in die Arbeiten von Historikern und Historikerinnen ein, wenn sie sich auf Materialien aus den 1920er Jahren stützten, um mehr über die Menschen im Bürgerkrieg zu erfahren. Insofern ist eine genaue Betrachtung unseres Bildes vom Bürgerkriegshelden beziehungsweise ein kritischer Blick auf die verwendeten Quellen unabdingbar. Der Einbezug bisher nicht zugänglicher Quellengattungen wie Gerichtsakten helfen mit, sich der Komplexität der Bürgerkriegszeit anzunähern – eine Komplexität wie sie anhand der Analyse der Lebenswelten der drei historischen Akteure exemplarisch angedeutet werden konnte. Dieses Verfahren soll auch im zweiten Teil an vier Fallbeispielen zum Einsatz kommen. Wiederum geht es um das Gewaltverständnis der Täter, unterschiedliche Argumentationsweisen und -strategien sowie um das Mit- und Gegeneinander der staatlichen Behörden und der Betroffenen in den Dörfern bei der Aufklärung der Fälle. Kontinuitäten und Veränderungen interessieren weiterhin.

12 Auf das geringe Interesse der sowjetischen Historiographie am Ersten Weltkrieg – die Oktoberrevolution galt als das weitaus einschneidendere Ereignis – hat etwa Buldakov aufmerksam gemacht. Vgl. Buldakov, Vladimir: The National Experience of War, 1914–1917. In: Cecil, Hugh, Liddle, Peter (Hg.): Facing Armageddon. The First World War Experienced. London 1996, 539, 540. Für eine aufschlussreiche Beschreibung des Prozesses der Mythisierung und Heroisierung vgl. Maeder, Eva: Partisanen und Poeten – Bürgerkrieg und Propaganda in einem sibirischen Dorf zu Beginn der zwanziger Jahre. In: Forum für osteuropäische Ideen- und Zeitgeschichte 5 (2001) 1, 123–154.

3. Fallstudien zur Zeit der Neuen Ökonomischen Politik

3.1 Fallstudie Natal'ja Fedorova Strychnin, Arsen und ein Diebstahl. Annäherung an die Komplexität dörflicher Konflikte.

Am X. Parteitag vom 8. bis 16. März 1921 fiel gegen den Widerstand der „Linken Opposition" die Entscheidung, die Zwangserhebungen von Nahrungsmitteln (*razverstka*) durch eine einfache „Naturalsteuer" zu ersetzen. Die Umstellung entwickelte eine Eigendynamik, die zur Neuen Ökonomischen Politik (NĖP) führte. Erhebungen der Bauern wie etwa der Antonov-Aufstand im Gouvernement Tambov oder die Machno-Bewegung in der Ukraine, Streiks der Arbeiter in den Hauptstädten und der Kronstädter Aufstand der Marinesoldaten hatten deutlich gemacht, dass die Bolschewiki ihre breite, politische Unterstützung aus der Zeit der Oktoberrevolution verloren hatten. Die Einführung der Naturalsteuer belastete die Bauern deutlich weniger und erlaubte ihnen, die Überschüsse frei zu verkaufen oder gegen Industrieprodukte äquivalent zu tauschen. Damit und mit weiteren Beschlüssen[1] liess die Partei faktisch die kapitalistische Handelsweise wieder zu, auch wenn sie die „Kommandohöhen der Wirtschaft" – das Bankwesen, die Währung, das Verkehrssystem, den Aussenhandel sowie die grosse und mittlere Industrie – in ihrer Hand behielt. Die Partei erwartete vom Beschluss am X. Parteitag, dass sich das Land, nachdem es nach sieben Kriegsjahren wirtschaftlich ruiniert war, wieder erhole. Sie hoffte, den Sozialismus auf dem Umweg über die NĖP später aufzubauen.[2]

Die Einführung der NĖP hatte unmittelbar zur Folge, dass sich die Protestbewegungen legten oder an Kraft verloren und blutig niedergeschlagen werden konnten. Die ersten, positiven Anzeichen für eine wirtschaftliche Belebung wurden von einer sich anbahnenden Hungerkatastrophe in

1 Da sich alle vier Fälle, die in diesem zweiten Teil vorgestellt werden, in ländlichen Zonen des Gouvernements Smolensk ereigneten, werden hier nur knapp die Aspekte der NĖP erwähnt, die die Landwirtschaft betrafen.

2 Aus der Fülle zur Literatur über die NĖP vgl. für einen kurzen Überblick etwa: Haumann, Heiko, Sozialismus als Ziel: Probleme beim Aufbau einer neuen Gesellschaftsordnung (1918–1928/29). In: Schramm, Gottfried (Hg.): Handbuch der Geschichte Russlands. Stuttgart 1983, Bd. 3.1, 623–780; Figes, Orlando: Die Tragödie eines Volkes. Die Epoche der russischen Revolution 1891–1924. Berlin 1998, 808, 809, 812–815.

den traditionell grossen Getreideanbaugebieten im Süden Russlands überschattet. Millionen von Menschen starben oder flüchteten aus den Hungerregionen. Erst die gute Ernte 1922 brachte langsam eine wirtschaftliche Erholung. Die Preisentwicklung gestaltete sich jedoch zuungunsten der Bauern. Der Begriff der „Scherenkrise" beschrieb das Phänomen, wie im Verlaufe der Jahre 1922 und 1923 die Erlöse sanken, die die Bauern aus ihren Agrarprodukten zogen, während die Preise für Industrieprodukte stiegen. Die Bauern besorgten sich deshalb ihre Gerätschaften bei den örtlichen Handwerkern und erwarben kaum Produkte aus der staatlichen Industrie. Dies führte zu Absatzschwierigkeiten bei der Industrie, der teilweise auch die agrarischen Rohstoffe fehlten. Wegen der daraus resultierenden erheblichen Produktionsrückgänge mussten wiederum Arbeiter entlassen werden. Zusätzlich verschärfte sich die Arbeitslosigkeit gegen Mitte der 1920er Jahre, weil die ländliche Überbevölkerung zunehmend Menschen in die Städte ziehen liess. Viele von ihnen waren vor dem Ausbruch des Ersten Weltkrieges auf der Suche nach Arbeit und einem zusätzlichen Einkommen neben ihrem Bauernbetrieb in die Städte weggegangen (*otchod*). Aufgrund der prekären ökonomischen Situation in den Städten während der Bürgerkriegsjahre und der Landaufteilung kehrten sie in ihre Dörfer zurück, von wo sie dann in der NĖP zusammen mit der jungen Generation in Landsmannschaften organisiert erneut in die Städte zogen.[3]

Das Gouvernement Smolensk gehörte traditionellerweise zu den Gebieten des *otchod*.[4] Die Menschen wanderten hauptsächlich nach Petersburg, Moskau und in das Donbassgebiet. Während der NĖP war der *otchod* besonders in den östlichen Kreisen (*uezdy* Syčevka, Vjaz'ma und Dorogo-

3 Haumann, Heiko: „Ich habe gedacht, dass die Arbeiter in den Städten besser leben". Arbeiter bäuerlicher Herkunft in der Industrialisierung des Zarenreiches und der frühen Sowjetunion. In: Schweizerische Zeitschrift für Geschichte 43 (1993) 1, 42–60; Schröder, Hans-Henning: Arbeiterschaft, Wirtschaftsführung und Parteibürokratie während der Neuen Ökonomischen Politik. Eine Sozialgeschichte der bolschewistischen Partei 1920–1928. Wiesbaden 1982. (Forschungen zur osteuropäischen Geschichte; Bd. 31), 35–53, 243–246. Eine Studie zur Situation in den vom *otchod* betroffenen Grossstädten bei Koenker, Diane: Urbanization and Deurbanization in the Russian Revolution and Civil War. In: Journal of Modern History 57 (1985), 424–450.

4 Fainsod, Merle: Smolensk Under Soviet Rule. Boston, London 1989, 21, 22; Kovaleva, T. L.: Nezemledel'českie zanjatija gosudarstvennych krest'jan Smolenskoj gubernii. In: Budaev, D. I., Kondrašenkov, A. A. (Hg.): Sel'skoe chozjajstvo i krest'janstvo Zapada i Severo-Zapada RSFSR v dorevoljucionnyj period. Smolensk 1980, 16–36.

bužm) verbreitet.[5] Den wirtschaftlichen Tiefpunkt durchschritt das Gouvernement Smolensk 1921/1922. Danach nahm die Agrarproduktion wieder zu, jedoch nicht in allen Sektoren gleich stark. Die verschiedenen Getreidesorten sowie Kartoffeln wurden im Vergleich mit 1916 im ganzen Gouvernement in einem grösseren Mass angebaut. Ebenso stieg die Weide- und Wiesenfläche an. Diese Entwicklung ging auf Kosten der technischen Kulturen Flachs und Hanf, die vor dem Krieg besonders im Osten des Gouvernements für den Export angepflanzt wurden. Die Bevölkerung stellte die Eigenversorgung in den Vordergrund. Gleichzeitig vergrösserte sich gerade in den traditionellen Leinenanbaugebieten die Viehhaltung. Der Anteil von Schafen, Schweinen und Federvieh erfuhr ein ausserordentliches Wachstum. Frauen investierten die durch den reduzierten Flachsanbau gewonnene Arbeitszeit in die Haltung von Kleinvieh. Moskau als Abnahmeort für Fleisch und andere landwirtschaftliche Erzeugnisse war für die *uezdy* im Osten relativ gut zu erreichen. Die positive, wirtschaftliche Tendenz hielt bis 1926 an. In allen Bereichen ausser den technischen Kulturen überschritten die landwirtschaftlichen Indizes diejenigen von 1913. Diese Entwicklung im Gouvernement Smolensk entsprach der gesamtsowjetischen. In den folgenden Jahren musste das Gouvernement hingegen eine Verschlechterung seiner Wirtschaftskennziffern erleben. Die erste Hälfte der 1920er Jahre war durch eine starke Bewegung hin zu Einzelhöfen (*chutorizacija*) gekennzeichnet. Faktisch wurde jetzt die Stolypinsche Reform durchgeführt. Die *chutorizacija* hatte allerdings das Resultat, dass viele Bauern auf einer zu schmalen ökonomische Basis ihre Wirtschaft aufbauen wollten und damit in der Subsistenzwirtschaft stecken blieben. Ein Wachstum darüber hinaus, wie es die Politiker in der zweiten Hälfte der 1920er Jahre aufgrund der Zahlen der vorangehenden Jahre erwartet hatten, trat nicht ein. Das Gouvernement Smolensk behielt seinen Agrarcharakter bei, die eigentliche Industrialisierung erfolgte erst nach dem Zweiten Weltkrieg.[6]

5 Sokolov, N. M.: Osnovnye ėlementy sel'skogo chozjajstva Smolenskoj gubernii v 1924 godu. Po dannym vesennego oprosa. In: Bjulleten' Smolenskogo Gubernskogo Statističeskogo Bjuro, Nr. 2, ijun' 1925g., 55, 71.

6 Fainsod, Smolensk, 42–48; Sokolov, Osnovnye 54–70; Kodin, Evgenij V.: Smolenskij Naryv. Smolensk 1995, 20–33; Osnovnye ėlementy sel'skogo chozjajstva Zapadnoj Oblasti v 1923, 1924 i 1925gg. Smolensk 1926; Makovskij, Daniil Pavlovič, Moryganov, Aleksej Nikolaevič: Socialisticeskaja perestrojka chutorskoj derevni. Smolensk 1936.

Der russisch-polnische Krieg hatte dem Gouvernement Smolensk 1920 nochmals einen grossen Truppenaufzug gebracht. Von den eigentlichen Kriegshandlungen waren seine Bewohnerinnen und Bewohner verschont geblieben, nicht aber von deren Begleiterscheinungen wie Epidemien, der knappen Ernährungslage, Desertion und Bandenwesen oder den Flüchtlingsströmen.[7] 1921 musste die Bevölkerung des Gouvernements Smolensk im Gegensatz zu den Jahren 1918 und 1919 dank einer verhältnismässig guten Kartoffelernte nicht hungern und konnte sogar Menschen aus den Hungerregionen aufnehmen. 1922 war die Lage der Menschen immer noch nicht einfach, aber eine gewisse Normalität in den Alltag eingekehrt, wie Pethybridge am Beispiel jener Bauernmutter zeigte, die an einem Morgen früh in jenem Jahr aufstand, um ihr Tagwerk zu verrichten, und später den weiten Weg nach Roslavl' unter die Füsse nahm in der Hoffnung, ihren Sohn zu treffen, der als Soldat in der Armee diente.[8]

Wahrscheinlich begann der Tag des 9. Dezembers 1922 für Natal'ja Arsent'evna Fedorova ähnlich wie der der Bauernmutter, nämlich mit dem Einfeuern des Ofens. Vielleicht übernahm aber auch die Schwiegermutter diese wichtige Aufgabe, schliesslich war die 24-jährige Natal'ja erst vor knapp zwei Jahren, Anfang 1921, durch die Heirat mit dem gleichaltrigen Nikolaj Fedorov in diesen Haushalt in Sokolovo eingezogen.[9] Sokolovo befindet sich rund acht Kilometer östlich der Stadt Vjaz'ma. Am Vormittag ritt Natal'ja Fedorova auf jeden Fall nach Vjaz'ma und kaufte vier Flaschen selbstgebrannten Schnaps (*samogon*) zu je fünf Millionen Rubel. Damit wollte sie ihren ältesten Bruder Michail Arsent'ev bewirten, der angekündigt hatte, bei ihr vorbeizukommen. Dieser war am selben Morgen früh aus

7 Fainsod, Smolensk, 37–42.

8 Pethybridge, Roger: One Step Backwards, Two Steps Forward. Soviet Society and Politics in the New Economic Policy. Oxford, New York 1990, 24–26.

9 GASO, f. r-74, op. 2, d. 634, l. 41.
Traditionellerweise behielt sich die Schwiegermutter ein Jahr lang nach dem Einzug der Schwiegertochter das Recht vor, den Ofen einzufeuern, um mit dieser Handlung ihre Stellung zu verdeutlichen. Vgl. Werth, Nicolas: La vie quotidienne des paysans russes de la révolution à la collectivisation (1917–1939). Paris 1984, 104. Matossian, Mary: The Peasant Way of Life. In: Farnsworth, Beatrice, Viola, Lynne (Hg.): Russian Peasant Women. New York, Oxford 1992, 25, 26.
Mit 22 Jahren entsprach das Heiratsalter der beiden dem statistischen Durchschnitt der ländlichen Bevölkerung im Gouvernement Smolensk. In der Regel war jedoch der Bräutigam älter als die Braut. Vgl. Lisovskij, V.: Estestvennoe dviženie naselenija v Smolenskoj gubernii za 1920–1926 gody. In: Bjulleten' Smolenskogo Gubernskogo Statističeskogo Bjuro, Nr. 4, mart 1928g., 128.

dem Dorf Murav'evo, rund zwanzig Kilometer östlich von Vjaz'ma gelegen, zusammen mit seinem Nachbarn Trofim Ivanov ebenfalls dorthin geritten. Er hatte einen Schlitten kaufen wollen, fand aber keinen geeigneten. Trofim Ivanov, Parteiangehöriger und Mitglied des *volost'*-Exekutivkomitees ging zum *uezd*-Komitee, um einen Sack Roggen abzuholen. Gemeinsam hatten sie das mitgebrachte Mittagessen, Fleisch und Gurken, eingenommen. Dabei bat Trofim Ivanov Michail Arsent'ev, ihm zu helfen, den Sack Roggen nach Hause zu bringen. Michail Arsent'ev willigte ein, erklärte aber, dass er zuvor noch zu seiner Schwester nach Sokolovo reite, das am Weg nach Murav'evo lag. Trofim Ivanov solle ihm nachfolgen.

Gegen vier Uhr nachmittags traf Michail Arsent'ev bei den Fedorovs ein. Nikolaj Fedorov setzte den *samovar* auf, ein Imbiss wurde aufgetischt und die erste Flasche *samogon* geöffnet. Die beiden Männer begannen zusammen mit Aleksej Arsent'ev, dem Bruder von Michail und Natal'ja, die Flasche zu trinken. Kurze Zeit später stiess Trofim Ivanov hinzu, der ebenfalls eingeladen wurde. Zu viert konsumierten sie drei Flaschen *samogon*. Danach machten sich Michail Arsent'ev und Trofim Ivanov auf den Heimweg. Während Aleksej Arsent'ev die Pferde der beiden sattelte, übergab Natal'ja Fedorova Trofim Ivanov die vierte Flasche „für mit auf den Weg". Auf dem knapp zwölf Kilometer langen Weg zurück nach Murav'evo kamen Trofim Ivanov und Michail Arsent'ev jedoch nicht dazu, einen Schluck aus der Flasche zu nehmen. Immer wieder ritt Michail Arsent'ev voraus, sein Pferd war nach eigenen Angaben besser als das von Trofim Ivanov. In Murav'evo angekommen legte sich Michail Arsent'ev ins Bett. Auf dem Weg zu sich nach Hause schaute Trofim Ivanov bei seinem Gevatter und dessen Familie vorbei und bot ihnen vom mitgebrachten *samogon* an. Trofim Ivanov, der Gevatter, dessen Frau und Sohn sowie ein weiterer Verwandter tranken davon. Der *samogon* schmeckte bitter. Alle fünf begannen sich schlecht zu fühlen und bekamen Krämpfe. Schon bald starb die Frau des Gevatters. Kurze Zeit später kamen auch der Gevatter und dessen Verwandter um.[10] Der Sohn, Sergej Tichonov überlebte, wahrscheinlich weil er nur zwei Schlucke zu sich genommen hatte.

10 Diese Angaben sind die richtigen. Der in der Einleitung zitierte Zeitungsartikel berichtete ungenau von drei Männern, die vergiftet worden seien. Es lässt sich häufig beobachten, dass gerade die Familiennamen in den Presseberichten sehr unpräzise waren.

Um Mitternacht traf der Feldscher ein.[11] Ein Blick auf die Leichen liess ihn vermuten, dass ein Fall von Vergiftung mit Strychnin vorlag. Trofim Ivanov und Sergej Tichonov litten unter Krämpfen, die sich regelmässig wiederholten. Der Feldscher verabreichte ihnen eine Infusion mit Kampfer und Abführmittel. Trofim Ivanov begab sich am nächsten Tag ins Spital, das er nach drei Tagen auf eigenen Wunsch wieder verliess. Weder er noch Sergej Tichonov trugen, soweit bekannt, Folgeschäden davon.[12] Interessanterweise erhielt nur Trofim Ivanov eine Spitalbehandlung. Überhaupt wurde seiner Krankheitsgeschichte viel mehr Aufmerksamkeit gewidmet als derjenigen von Sergej Tichonov.[13] Womöglich lag der Vergiftungsgrad bei letzterem tiefer. Er wurde aber auch nur ein Mal und kurz befragt[14], vielleicht deswegen, weil er im Gegensatz zu Trofim Ivanov nicht Parteimitglied war.

Die Untersuchung der übrig gebliebenen Flüssigkeit durch das bakteriologische Kabinett in Vjaz'ma ergab, dass sie neben pflanzlichen Rückständen 1,5 Gramm Strychnin und zwölf Gramm reines Arsen enthielt. Die letale Dosis von Strychnin beträgt fünfzehn bis dreissig Milligramm, die von Arsen hundert bis dreihundert Milligramm.[15] Somit konnte das Kabinett die Diagnose des Feldschers bestätigen. Eine Obduktion der Leichen erübrigte sich. Trofim Ivanov war nach Einschätzung des staatlichen Medizinexperten mit dem Leben davon gekommen, weil er vorher bereits eine beträchtliche Menge *samogon* getrunken habe. Diese habe bis zu einem gewissen Grad als Gegengift gewirkt.[16]

11 Zur Stellung der ländlichen Feldscher und ihre Lage innerhalb der sowjetischen Gesundheitspolitik vgl. Ramer, Samuel C.: Feldshers and Rural Health Care in the Early Soviet Period. In: Solomon, Susan Gross, Hutchinson, John F. (Hg.): Health and Society in Revolutionary Russia. Bloomington, Indianapolis 1990, 121–145.

12 GASO, f. r-74, op. 2, d. 634, ll. 3ob., 4, 5, 5ob., 6, 12, 14, 14ob., 20, 26ob., 27, 28, 28ob., 31ob., 32, 32ob., 33, 33ob.

13 Ebd., ll. 20, 31ob.

14 Ebd., l. 32.

15 Budavari, Susan et al. (Hg.): The Merck-Index. An Encyclopedia of Chemicals, Drugs, and Biologicals. Rahway, New York 1989, 11. Auflage, 820, 821, 8821. An dieser Stelle danke ich Judith Hasler und Dr. med. R. A. Ettlin für ihre Unterstützung bei der Recherche.

16 GASO, f. r-74, op. 2, d. 634, ll. 17, 18, 18ob., 19e, 22, 23, 46, 47. Nach Auskunft des Schweizerischen Toxikologischen Informationszentrums wirkt Strychnin innerhalb von fünfzehn Minuten, während bei Arsen die ersten Wirkungen nach einer halben bis ganzen Stunde einsetzen je nachdem, ob der Magen mit Essen gefüllt ist oder nicht. Die Streubreite der Toxizität ist nach heutigen Erkenntnissen bei

Gleichzeitig mit der ersten medizinischen Hilfe setzten die polizeilichen Ermittlungen ein.[17] Nachdem die Krämpfe etwas nachgelassen hatten, befragte der Milizionär Michail Ivanov Trofim Ivanov. Möglicherweise waren die beiden miteinander verwandt, Hinweise dazu fehlen allerdings in der Akte. Trofim Ivanov war zwar noch sehr schwach, doch er konnte wenigstens seine Überzeugung äussern, dass die Vergiftung von dem *samogon* herrührte, den Natal'ja Fedorova ihm gegeben hatte.[18]

Noch an demselben Abend begab sich der Milizionär nach Sokolovo. Nikolaj Fedorov bestätigte, dass er zusammen mit seinen beiden Schwägern und Trofim Ivanov drei Flaschen *samogon* getrunken hatte. Von der Übergabe der vierten Flasche an letzteren und dem Vergiftungsfall in Murav'evo wusste er nichts. Zudem bestritt er, je heimlich Schnaps gebrannt zu haben.[19] In der nachfolgenden Befragung von Natal'ja Fedorova gab diese zu, Strychnin in den *samogon* geschüttet zu haben. Sie wollte Trofim Ivanov umbringen und mit dieser Tat die Ermordung ihres Vaters im Jahre 1918 rächen, auf die vor allem ersterer gedrängt habe. Die anderen vier Personen hatte sie nicht beabsichtigt zu vergiften. Mit ihnen hatte sie keine offene Rechnung zu begleichen. Natal'ja Fedorova erklärte zudem, dass keiner ihrer Angehörigen und Verwandten von ihrem Vorhaben wusste. Wie ihr Mann dementierte sie, *samogon* hergestellt zu haben.[20]

Mit dem vorliegenden Fall lässt sich belegen, was oft nur angenommen werden kann: nämlich, dass die im Bürgerkrieg ausgeübte Gewalt über diesen Zeitraum hinaus Gewalt ausgelöst hatte. Vermutlich veranlasste erst die ungewollte Vergiftung von vier weiteren Personen Natal'ja Fedorova, ihr Motiv für die Tat offen auszusprechen. Ansonsten wäre es wohl bei Gerüchten und einem unaufgeklärten Tod geblieben.

Aus den Gerichtsakten lässt sich nur wenig Konkretes über die Erschiessung von Vater Arsent'ev in Erfahrung bringen. Bloss Michail Arsent'ev berichtete dem Volksuntersuchungsrichter in Vjaz'ma etwas mehr Einzelheiten. Er selber habe zu der Zeit in Petrograd gelebt, aber nach den Worten von Dorfbewohnern sei sein Vater erschossen worden, weil er, ein reicher Bauer, wegen der Requirierung seiner Pferde mit Trofim Ivanov auf

Strychnin sehr breit. Sie reicht von dreissig Milligramm bis zu 3,75 Gramm, was ebenfalls erklären könnte, dass zwei Personen den Vergiftungsfall überlebten.

17 GASO, f. r-74, op. 2, d. 634, l. 3.

18 Ebd., ll. 3ob., 4.

19 Ebd., ll. 5, 5ob., 6.

20 Ebd., ll. 5–7ob., 12ob.

einer Versammlung gestritten habe.[21] Diese Äusserung verweist somit auf einen für die Bürgerkriegszeit typischen Konfliktherd. In den Jahren des Ersten Weltkrieges und des Bürgerkrieges mussten die Bauern ihre Pferde für den Kriegsdienst aushändigen.[22] In einem Rückblick schrieb der *Rabočij Put'*, dass 1918 die neu formierten Einheiten mit den mobilisierten Pferden versorgt und zudem Tausend Pferde in der Stadt Smolensk als Reserve gehalten werden konnten.[23] Nicht nur die Frontnähe, sondern auch die hohe Pferdedichte im Gouvernement Smolensk erklärte die Mobilisierung. Nach einer Erhebung von 1912 kamen 21,3 Pferde auf hundert Bewohner. Damit lag das Gouvernement Smolensk zusammen mit dem von Tula an der Spitze neben den traditionell pferdereichen Gebieten[24], was aber nicht bedeutete, dass jeder Hof mit einem Pferd ausgestattet war. 1917 besassen ungefähr sechzig Prozent höchstens ein Pferd.[25] Vater Arsent'ev nannte offensichtlich mehrere Pferde sein Eigen und gehörte darum wohl tatsächlich zu den reichen Bauern. Einen anderen, möglichen Hinweis dafür bildet der Sachverhalt, dass die Tochter Natal'ja drei Winter lang zur Schule gegangen war und lesen und schreiben konnte.[26] Trofim Ivanov

21 Ebd., l. 27.

22 Sikorskij, Evgenij: Uroki političeskogo banditizma. In: Političeskaja Informacija, Nr. 24, 1989, 18.

23 Voennoe delo v Smolenskoj gub. In: *Rabočij Put'*, Nr. 43, 25. 2. 1923, 3. In einem publizierten Ausschnitt aus dem Tagebuch von E. N. Kletneva (1869–1937), ab 1920 Professorin an der staatlichen Universität in Smolensk, notierte sie am 4. 6. 1918, dass in Vjaz'ma die Pferde unter dem Androhung von Erschiessen mobilisiert würden. Die jeweils besten Pferde würden ausgewählt. In: Žuravleva, L.: „Boevoj 18-j god …". Iz dnevnikov E. N. Kletnevoj. In: Smolenskie novosti, Nr. 31–32, 14. 3. 1991, 7.

24 Dazu gehörten die Gouvernements Orenburg, Samara, Perm, Ufa, Ekaterinoslav, Cherson, Taurien und der Kriegskreis Don. Vgl. Pankeev, D.: Konevodstvo Smolenskoj gubernii. Po dannym voenno-konskoj perepisi 1924g. In: Bjulleten' Smolenskogo Gubernskogo Statističeskogo Bjuro, Nr. 2, ijun' 1925g., 86.

25 Revkov, V. I.: Social'no-ėkonomičeskie otnošenija i klassovaja bor'ba v Smolenskoj derevne (1917–1929gg.). Avtoreferat dissertacii […] kandidata istoričeskich nauk. Moskau 1970, 8.

26 GASO, f. r-74, op. 2, d. 634, ll. 60, 71ob. Im Gouvernement Smolensk konnten bei der Volkszählung von 1897 4,7 Prozent der weiblichen Bevölkerung auf dem Land lesen und schreiben, 1920 waren es 19,7 Prozent und 1926 27,2 Prozent. Vgl. Grišanevskij, V.: Raspredelenie naselenija Smolenskoj gubernii po polu, vozrastu, narodnostjam i gramotnosti po dannym demografičeskoj perepisi 1926g. In: Bjulleten' Smolenskogo Gubernskogo Statističeskogo Bjuro, Nr. 4, mart 1928g., 139; Löwe, Heinz-Dietrich: Die arbeitende Frau: Traditionelle Räume und neue Rollen,

hatte sich möglicherweise 1918 der bolschewistischen Parteiorganisation von Vjaz'ma angeschlossen. Von den insgesamt neunzig Parteiangehörigen im September 1919 waren die meisten in der zweiten Hälfte 1918 und in der ersten Hälfte des darauffolgenden Jahres in die Partei eingetreten.[27] Als Genosse mochte es ihm – so wie Murin, Vojcechovskij und Panasov – ein besonderes Anliegen gewesen sein, den bolschewistischen Herrschaftsanspruch darzulegen und den Requirierungsbefehl durchzusetzen.

Die bolschewistische Partei blieb zahlenmässig während der 1920er Jahre im Verhältnis der Gesamtbevölkerung des Gouvernements, die rund zwei Millionen Menschen umfasste[28], immer eine schwache Kraft. Dabei war sie proportional immer stärker in den Städten als auf dem Land vertreten.[29] Nach der ersten Säuberung 1919 zählte die Partei 2'566 Mitglieder. Diese stieg bis 1921 auf 7'425 Personen an. Danach verlor sie bis 1924 Mitglieder: Ende 1922 – 5'925, im März 1923 – 5'655. Im April 1924 gehörten ihr noch 5'416 Menschen an. Mit dem einsetzenden Leninaufgebot nahm ihre Zahl wieder zu.[30] Im Oktober 1927 konnte die Partei insgesamt 9'076 Mitglieder verzeichnen.[31]

Russland 1870–1917. In: Martin, Jochen, Zoepffel, Renate (Hg.): Aufgaben, Rollen und Räume von Frau und Mann. Freiburg 1989. (Veröffentlichungen des Instituts für Historische Anthropologie e. V.; Bd. 5.2: Kindheit, Jugend, Familie; 3), 952. Eklof weist im Gegensatz zur zeitgenössischen Literatur darauf hin, dass der Besitzstand der Familie beim Entschluss für oder gegen einen Schulbesuch keine massgebende Rolle spielte. Eklof, Ben: Russian Peasant Schools. Officialdom, Village Culture, and Popular Pedagogy, 1861–1914. Berkeley, Los Angeles et al. 1986, 365.

27 Partijnaja žizn'. Sostav Vjazemskoj organizacii RKP. In: *Izvestija*, Nr. 203, 14. 9. 1919, 3.

28 Predvaritel'nye itogi vsesojuznoj perepisi naselenija 17-go dekabrja 1926 goda po Smolenskoj gub. Smolensk 1927.

29 Dieses Phänomen galt auch für die gesamte Sowjetunion. Vgl. Rigby, T. H.: Communist Party Membership in the U.S.S.R. 1917–1967. Princeton, New Jersey 1968, 168–171, 486, 487, 491, 495.

30 Die Kampagne der Mitgliederwerbung im Zusammenhang mit dem Leninaufgebot startete im Gouvernement Smolensk am 1. März 1924. Vgl. Fainsod, Smolensk 45; Rigby, Communist, 110–131; Ennker, Benno: Die Anfänge des Leninkults in der Sowjetunion. Köln, Weimar 1997. (Beiträge zur Geschichte Osteuropas; Bd. 22), 305–309. Allgemein zur Entwicklung der Partei im Gouvernement Smolensk nach dem Tod von Lenin vgl. Smolensker Archiv R16 WKP126.

31 Fainsod, Smolensk, 35, 44, 47. Fainsods Befunde stammen aus der *Izvestija des Zentralkomitees* und Quellen aus dem Smolensker Archiv. Sie differieren jedoch zum Teil beträchtlich von denjenigen der Rechenschaftsberichte des Parteikomitees

Die geringe Anzahl Parteiangehöriger im Verhältnis zur Bevölkerung spiegelt sich in den Gerichtsakten wider. In den gesichteten Dossiers fanden sich kaum Zeugen, Täter oder Opfer, die die Frage nach der Parteimitgliedschaft positiv beantworteten. Angesichts der tiefen Mitgliederzahlen überrascht diese Beobachtung nicht. Sie stützt die zentrale Aussage von Merle Fainsod, dass die Partei das Leben der Menschen im Gouvernement Smolensk während der 1920er Jahre beinahe nicht berührt und verändert hatte.[32] Doch wie sah der Ausnahmefall aus?[33] Wie gestaltete sich das Leben für einen Trofim Ivanov? Welche Bedeutung nahm er als Parteimitglied für die anderen Dorfbewohner und Bewohnerinnen ein? Eine umfassende Antwort ist nicht möglich, doch die Gerichtsakte erlaubt wenigstens einen Einblick.

Die Parteimitgliedschaft scheint kein Kriterium für einen Ausschluss aus der Dorfgemeinschaft gewesen zu sein. Der 40-jährige Trofim Ivanov unterhielt einen intensiven Kontakt mit seinem Gevatter und dessen Familie und besuchte sie oft. Mit seinem Nachbarn Michail Arsent'ev pflegte er eine gut Nachbarschaftliche Beziehung. Sie ritten zusammen in die Stadt Vjaz'ma, um ihren Geschäften nachzugehen, und assen dort gemeinsam das mitgebrachte Essen. Michail Arsent'ev half Trofim Ivanov, den Getreidesack zu transportieren. Ebenso berichtete er, wie Trofim Ivanov mehrmals bei ihm zu Besuch war und sie zusammen ein Gläschen getrunken hatten. Alle diese Handlungen verweisen auf das Vertrauen, das sie sich gegenseitig entgegen brachten. Schliesslich betonte Michail Arsent'ev in beiden Befragungen, dass er Trofim Ivanov nicht hasse.[34] Dieselbe Antwort gab sein Bruder, Aleksej Arsent'ev.[35] Das Verhältnis zu Nikolaj Fedorov ist schwieriger einzuschätzen. Zumindest schien er sich mit Trofim Ivanov nicht anlegen zu wollen. Alles in allem hatte man ein mehr oder weniger zweckmässiges Arrangement für das Zusammenleben gefunden.

Natal'ja Fedorova hielt die Fassade der Normalität ebenfalls vier Jahre lang aufrecht. Erst der Vergiftungsversuch brachte den tiefen Graben unter

des Gouvernements Smolensk (vgl. Tabelle in Kapitel 3.2). Aufgrund der Ungenauigkeit der jeweiligen Angaben konnte den Gründen für die Unterschiede nicht nachgegangen werden.
Für die Mitgliederzahlen von 1930, 1932, 1936 vgl. Fainsod, Smolensk, 55, 56.

32 Ebd., 446–454.

33 Dem Regelfall, dass niemand der Betroffenen der Partei angehörte, wird in den drei folgenden Kapiteln nachgegangen.

34 GASO, f. r-74, op. 2, d. 634, ll. 27, 33ob.

35 Ebd., l. 14ob.

der Oberfläche des Alltags zum Vorschein. Natal'ja Fedorova war überzeugt, dass Trofim Ivanov die Erschiessung ihres Vaters bewirkt hatte. Sie machte den Ermittlungsbehörden keine genaueren Angaben, wie sie zu dieser Meinung gekommen war. Bei der Tötung scheint sie nicht dabei gewesen zu sein. Welche Gefühle und Gedanken kamen wohl bei einem jungen Menschen auf, der die Ermordung seines Vaters – so wie die Tochter von Ivan Isačenkov – gar mit eigenen Augen mit ansehen musste? Im Fall von Natal'ja Fedorova ist die Reaktion bekannt: sie übte Rache. Inwiefern ihr Zorn auf Trofim Ivanov mit dessen Parteimitgliedschaft zusammenhing, bleibt offen. Gerade im Vergleich mit ihren beiden Brüdern fällt auf, dass diese nach eigenen Angaben keine Wut gegen Trofim Ivanov hegten. Michail Arsent'ev betonte, zu dieser Zeit Dienstes halber in Petrograd gelebt zu haben. Aleksej Arsent'ev unterstrich, nie zu Hause gewesen zu sein, weil er Militärdienst geleistet hatte. Ihre Abwesenheit sollte wohl erklären, weshalb sie im Gegensatz zu ihrer Schwester Trofim Ivanov nicht hassten. Offenbar verlief ein Graben quer durch die Familie Arsent'ev. In dessen Ursprung lässt sich jedoch nicht weit eindringen.

Speziell für Michail Arsent'ev war es wichtig, sich von seiner Schwester abzugrenzen, um so den Verdacht der Mittäterschaft zu entkräften. Rückblickend, während der zweiten Befragung am 14. Dezember, wunderte sich Trofim Ivanov nämlich, weshalb sein Weggefährte ihm davonritt, sich gleich schlafen legte und so einen Schluck aus der Flasche mit dem vergifteten *samogon* vermied. Trofim Ivanov äusserte den Verdacht, dass sich die Geschwister Arsent'ev abgesprochen hatten. Und er fügte noch bei, dass im Frühjahr sein Pferd mit den Beinen herumschlug. Offenbar sei es vergiftet worden. Zudem sei erst letzten Winter ein Pferd mit denselben Symptomen umgefallen. Da sein Hof nicht abgeschlossen sei, könne jedermann zum Futtertrog gelangen und jedes beliebige Futter hinein geben.[36] Michail Arsent'ev bekräftigte bei der zweiten Befragung am 18. Dezember, dass er von den Vergiftungsplänen seiner Schwester nichts gewusst und gegen Trofim Ivanov keine Hassgefühle habe. Im Gegenteil: Michail empfand sich ebenfalls als potentielles Opfer des Anschlags. Hatte seine Schwester nicht in Kauf genommen, dass er auch einen Schluck aus der Flasche getrunken hätte? Er sah sich darum auf der Seite Trofim Ivanovs. Allerdings mit dessen Verdacht konfrontiert, begann er Trofim Ivanov anzuschwärzen und behauptete, dieser sei ein echter Alkoholiker, mit dem man überall und zu jeder Zeit ein Gläschen heben müsse.[37] Damit

36 Ebd., ll. 28, 28ob.

37 Ebd., l. 33ob.

zeichnete er das negative Bild eines Kommunisten. Wie während des Bürgerkriegs gehörte notorische Trunkenheit zu den Kriterien für einen Ausschluss. Die Vorbildfunktion der Parteimitglieder galt umso mehr, als die sowjetische Regierung 1922 eine grossangelegte Kampagne gegen den Selbstgebrannten lancierte. Der Vorwurf Michail Arsent'evs, Trofim sei ein regelmässiger Trinker, ist demnach politisch zu werten. Die gute Nachbarschaftliche Beziehung hatte Risse bekommen.

Die Geschichte von den vergifteten Pferden, die Trofim Ivanov schilderte, war nicht das einzige mysteriöse Vorkommnis, dass der Untersuchungsrichter zu hören bekam. Am 17. Januar befragte er das Mitglied des Rajonsowjets Ivan Kuz'min, der in Sokolovo wohnte und ihm Auskunft über den Leumund Natal'ja Fedorovas geben sollte. Ivan Kuz'min erklärte, dass er keine Handlungen bemerkt habe, die sie kompromittieren würden. Als jedoch der Vergiftungsfall bekannt geworden sei, habe sich im Dorf das Gerücht verbreitet, sie habe letzten Sommer zwei Kinder zu vergiften versucht. Vorher sei von diesem Vorfall nichts bekannt gewesen.[38] Der Untersuchungsrichter ging der Angelegenheit nach und lud die Mütter der beiden Kinder vor.

Anna Fedorova, die Schwägerin Nikolaj Fedorovs, legte dar, dass Natal'ja Fedorova ihrem fünfjährigen Sohn zwei Kandiszucker[39] schenkte und ihn überredete, diese zu essen. Er habe einer der beiden Kandiszucker dem Mädchen von Vasilisa Erošenkova gegeben. Die Kinder hätten danach erbrochen und seien krank gelegen. Anna Fedorova konnte dem Untersuchungsrichter nicht beweisen, dass die Beschwerden durch den Kandiszucker verursacht worden waren. Sie meinte aber, dass sie sich mit den Fedorovs während der im Frühjahr 1921 erfolgten Hofteilung gestritten habe und ihren Anteil gerichtlich herausfordern musste. Daher sei es gut vor-

38 Ebd., ll. 41, 41ob.

39 Dazu ein interessantes, sprachliches Detail: Die beiden Mütter sprachen nicht von „Kandiszucker", sondern von *landrin*. Sie benannten demnach die Süssigkeit nach dem Besitzer der Fabrik, G. N. Landrin, der im 19. Jahrhundert in Russland Kandiszucker, *ledenec*, herstellte. Für diesen Hinweis danke ich Dr. Silvia Althaus. Eine Untersuchung über die Ernährung der bäuerlichen Bevölkerung im Gouvernement Smolensk dokumentierte, dass sich der Verbrauch von Zuckerprodukten (Zucker, Honig, Bonbons und Melasse) 1926 im Vergleich zu 1921 um zehn bis zwölf Mal vergrösserte, wobei die eigentliche Steigerung 1924 erfolgte. Der Autor der Studie brachte diesen Anstieg mit der allgemein verbesserten wirtschaftlichen Lage in Zusammenhang. Vgl. Michailov, V. I.: Osnovnye čerty i dinamika krest'janskogo pitanija v Smolenskoj gubernii za 1921–26gg. Po dannym Gubstatotdela. In: Ėkonomičeskaja Žizn', Nr. 5–8, maj–avgust 1927g., 37.

stellbar, dass Natal'ja Fedorova dem Knaben das Bonbon vorsätzlich gab.[40] Zwei Tage später schilderte Vasilisa Erošenkova, wie ihre dreijährige Tochter erkrankte. Sie bemerkte, dass Natal'ja und Anna Fedorova bei der Hofteilung miteinander zankten. Eine absichtliche Vergiftung wollte Vasilisa Erošenkova Natal'ja Fedorova nicht unterstellen, merkte aber an, dass Anna Fedorova verwitwet sei und den Hofteil auf den Namen des Sohnes erhalten hatte.[41]

Der Vergiftungsfall löste in Natal'ja Fedorovas Umgebung Erinnerungen an andere, bisher ungeklärte Erscheinungen aus. Sie wurden in einen direkten Zusammenhang mit Natal'ja Fedorova gebracht. Was bisher als Gerücht und Verdacht zirkulierte, erschien nun als gewiss.[42] Die Sicherheit zog man aus der Erfahrung, dass, wer einmal ein Delikt begangen hatte, es wieder tat.[43] Von diesem Punkt her wurde der Umkehrschluss gemacht, dass ähnlich gelagerte, aber ungelöste Fälle in der Vergangenheit ebenfalls derjenigen Person zuzuschreiben seien, die sich durch das aktuelle Vergehen entlarvt hatte. Das begangene und entdeckte Verbrechen stiess Natal'ja Fedorova aus dem sozialen Gefüge hinaus. Mit ihrer Tat hatte sie sich selber isoliert, ihr Ansehen und damit den Schutz vor schnellen Verleumdungen verloren. Statt sich wie ihre Brüder mit der Situation zu arrangieren und dafür die soziale Integration in das soziale Netzwerk zu gewinnen, setzte sie auf Rache und riskierte ihren Ausschluss. Dieser manifestierte sich in der Gerichtsakte darin, dass man sie offen mit Gerüchten in Verbindung bringen durfte. Die Gerichtsakte gibt keine Auskunft darüber, ob und wie sich dadurch Natal'ja Fedorovas Situation innerhalb der Familie Fedorov änderte.

Wenn Trofim Ivanov, Anna Fedorova und Vasilisa Erošenkova ihre Verdächtigungen aussprachen, so begründeten sie sie vordergründig mit der Ähnlichkeit der Symptome. Im Fall von Anna Fedorova lässt sich aus ihren eigenen und Aussagen anderer herauslesen, dass ihre Anschuldigung, Natal'ja Fedorova habe ihren Sohn absichtlich vergiften wollen, im Grunde genommen Teil einer Auseinandersetzung um Land war. Anna Fedorova

40 GASO, f. r-74, op. 2, d. 634, l. 45.

41 Ebd., l. 45ob.

42 Vgl. Schulte, Regina: Bevor das Gerede zum Tratsch wird. In: Hausen, Karin, Wunder, Heide (Hg.): Frauengeschichte – Geschlechtergeschichte. Frankfurt am Main, New York 1992, 67–73.

43 Vgl. etwa die meist tödlich endende Selbstjustiz der bäuerlichen Bevölkerung bei Pferdedieben. Frank, Stephen P.: Crime, Cultural Conflict, and Justice in Rural Russia, 1856–1914. Berkeley, Los Angeles 1999, 274, 275.

hätte nämlich als Eingeheiratete den Landanteil – und damit möglicherweise ihre Lebensgrundlage – verloren, wenn ihr kleiner Sohn, der die Rechtsnachfolge erst als Volljähriger antreten konnte, gestorben wäre.[44] Die Gewinner wären Nikolaj und Natal'ja Fedorov gewesen. Die Unterstellung verweist somit auf die prekäre Lage Anna Fedorovas als Witwe, die trotz des richterlichen Spruches ihren Landanteil bedroht sah, und die langatmige Bitterkeit, mit der Familienstreitigkeiten ausgefochten wurden. Vasilisa Erošenkova, eine Nachbarin von Anna Fedorova, hatte zwar die Erkrankung ihres Töchterchens zu beklagen, sie schrieb diese jedoch nicht dem Bonbon zu. Anders als Anna Fedorova belastete sie Natal'ja Fedorova nicht. Diese beiden unterschiedlichen Verhaltensweisen zeigen auf, wie sehr die Aussagen vor den Ermittlungsbehörden von den eigenen Interessen geleitet waren. Vasilisa Erošenkova hatte als Nachbarin keinen unmittelbaren Nutzen oder Schaden aus der Landaufteilung und wollte deshalb nicht in die Auseinandersetzung hineingezogen werden. Dementsprechend fiel ihre Aussage vor dem Untersuchungsrichter neutral aus.

Natal'ja Fedorova wurde für die Beschwerden der beiden Kinder nicht gerichtlich belangt, dazu fehlte das Beweismaterial. Doch die Behörden nahmen die Anschuldigungen ernst und vermerkten sie (im Gegensatz zur Geschichte der vergifteten Pferde). Wahrscheinlich half diese Verdächtigung mit, den Eindruck zu wecken und zu stärken, dass Natal'ja Fedorova „gebrandmarkt" sei (*oporočennaja*). Die junge Frau wies jedoch den Vorwurf, sie habe sich mit ihrer Schwägerin gezankt und beabsichtigt, deren Sohn zu vergiften, mit der Begründung zurück, sie sei zum Zeitpunkt des Landstreites – Anfang 1921 – erst gerade in das neue Haus eingezogen. Nicht sie, sondern ihr Mann, Nikolaj, habe die Kontroverse mit Anna Fedo-

44 Die Rechtslage der eingeheirateten, respektive geschiedenen Frauen in Bezug auf die Landaufteilung war im Landrecht von 1922 nicht klar geregelt, im Allgemeinen sollten die Frauen mit ihren Klagen beim Staat Unterstützung finden. Vgl. Neždanov: Iz tekuščej praktiki. Bol'nye voprosy krest'janskogo dvora. In: Pravo i Žizn', 1924g., kniga sed'maja i vos'maja, 115, 116; Farnsworth, Beatrice: Rural Women and the Law: Divorce and Property Rights in the 1920s. In: Dies., Russian Peasant Women, 167, 168, 172. Zur Entwicklung von Haushalts- und Landteilungen im sowjetischen Recht vgl. Shinn, William T. Jr.: The Law of the Russian Peasant Household. In: Slavic Review, 20 (1961), 601–621. Die beschriebene Argumentation – Sicherung der Rechtsnachfolge für den erbberechtigten Sohn – nutzten Frauen schon zur Zarenzeit. Vgl. Farnsworth, Beatrice: The Litigious Daughter-in-Law: Family Relations in Rural Russia in the Second Half of the Nineteenth Century. In: Dies., Russian Peasant Women, 96.

rova geführt.[45] Mit dieser Erklärung spielte sie auf zwei eng miteinander verbundene Traditionen an: Zum einen wurde Land in der männlichen Erbfolge übertragen. Als Eingeheiratete entstanden ihr daraus keine Rechte.[46] Zum anderen nahm eine frisch verheiratete Frau, die in den Haushalt ihres Mannes kam, gegenüber ihrem Mann und den Schwiegereltern eine untergeordnete Stellung ein.[47] Aus dieser schwachen Position heraus, so wohl die Intention von Natal'ja Fedorovas Argumentation, hatte sie im Konflikt um das Land gar nichts zu sagen. Offensichtlich probierte sie, sich aus dieser Auseinandersetzung herauszuhalten und sie als eine Angelegenheit der Familie Fedorov darzustellen.

Es hat den Anschein erweckt, als ob Nikolaj Fedorov im Gegenzug nicht in den Vergiftungsfall hineingezogen werden wollte. Die Pläne seiner Frau waren ihm höchstwahrscheinlich wirklich unbekannt. Er unterliess es aber auch, seine Partnerin explizit in ein positives Licht zu rücken. In den Befragungen schilderte er die Situation so, dass er den *samovar* aufsetzte und die Vorspeisen auftischte, während Natal'ja Fedorova den *samogon* einkaufte, holte und servierte.[48] Er verband also alle Handlungen im Zusammenhang mit den vier Flaschen *samogon* mit seiner Frau. Mit dieser Form der Darstellung sowie der Beteuerung, nichts von der Absicht Natal'ja Fedorovas gewusst zu haben, verdeutlichte er, dass es sich bei den Vergiftungen um eine Angelegenheit der Familie Arsent'ev handelte, die ihn und seine Familie lediglich indirekt tangierte. Eine Heirat brachte demzufolge zwar zwei Familien zusammen, sie bedeutete aber keine Verschmelzung der Interessen bis zu dem Grad, dass ein Paar bei allen Konflikten aus der Ursprungsfamilie des Partners und wohl insbesondere auch der Partnerin bedingungslos zusammengestanden hätte. Hatte Natal'ja Fedorova noch eine alte Rechnung aus ihrer Jugendzeit zu begleichen, so musste Nikolaj Fedorov sie nicht mit unterschreiben. Vielmehr betrieb er Schadensbegrenzung: Bei der Hausdurchsuchung am Tag nach der Vergif-

45 GASO, f. r-74, op. 2, d. 634, ll. 48, 60ob.

46 Glickman, Rose L.: Peasant Women and Their Work. In: Farnsworth, Russian Peasant Women, 54; Kaser, Karl: Macht und Erbe. Männerherrschaft, Besitz und Familie im östlichen Europa (1500–1900). Wien, Köln et al. 2000, 125–130, 195–199.

47 Dieses Phänomen wird in der Literatur allgemein so beschrieben, jedoch mit unterschiedlicher Akzentuierung. Vgl. dazu etwa: Farnsworth, Litigious, 89, 90; Glickman, Peasant Women, 54–58.

48 GASO, f. r-74, op. 2, d. 634, ll. 5, 6, 14.

tung zeigte er sich kooperativ.[49] Anders verhielten sich die beiden, als sie mit der Verdächtigung konfrontiert wurden, ihre Familie stelle *samogon* her oder handle damit. Dagegen wehrte sich Nikolaj Fedorov vehement, Natal'ja Fedorova unterstützte ihn. In diesem Punkt hielten sie also zusammen, denn er bedrohte ihren gemeinsamen Haushalt. Erst im November 1922 hatte die Sowjetregierung die Artikel im Strafrecht bezüglich des Schwarzbrennens verschärft: Die Herstellung von Schnaps für den Hausgebrauch galt nun als Delikt, das mit Bussen von bis zu hundert Goldrubeln oder mit bis zu sechs Monaten Zwangsarbeit bestraft wurde.[50] Im September 1922 hatte die Sowjetregierung die erste, grosse Kampagne gegen die Produktion von *samogon* gestartet.[51] Alle Ermittlungsbehörden versuchten daher herauszufinden, ob die Fedorovs den Schnaps nicht selber gebrannt hatten. Doch nicht nur das junge Ehepaar verneinte diese Frage[52], sondern auch das Mitglied des Rajonsowjet Ivan Kuz'min, Anna Fedorova und Vasilisa Erošenkova reagierten mit Nichtwissen[53] und verwehrten so in diesen Bereich ihres Dorfes den Einblick. Sie betrachteten das Brennen von Schnaps als eine Angelegenheit des Dorfes. Mit ihrem „Nichtwissen" brachten die Befragten zum Ausdruck, dass sie die dörfliche Autonomie wahren und sich nicht durch den Staat in die Karten schauen lassen wollten. Die Dorfgemeinschaft hatte sich verschlossen, für die Ermittlungsbehörden bestand keine Aussicht mehr, Näheres zu erfahren. Sie verfolgten diese Spur nicht mehr weiter.[54]

Den Kampf gegen *samogon* führte die Sowjetregierung während der ganzen 1920er Jahre und darüber hinaus fort.[55] In diesem Zusammenhang

49 Ebd., ll. 8, 9.

50 Weissman, Neil: Prohibition and Alcohol Control in the USSR: The 1920s Campaign Against Illegal Spirits. In: Soviet Studies, 38 (1986) 3, 352.

51 Stone, Helena: The Soviet Government and Moonshine, 1917–1929. In: Cahiers du Monde Russe et Soviétique 27 (1986) 3–4, 364–366; Weissman, Prohibition, 351, 352.

52 GASO, f. r-74, op. 2, d. 634, ll. 6, 12ob., 14.

53 Ebd., ll. 41ob., 45, 45ob. Die lokalen Zeitung Vjaz'mas, *der Tovarišč*, hatte im November einige Male zum Thema *samogon* sowie über die Strafmassnahmen berichtet. Vgl. Nr. 167, 10. 11. 1922, 2; Nr. 169, 12. 11. 1922, 2; Nr. 181, 26. 11. 1922, 4; Nr. 183, 29. 11. 1922, 3, 4.

54 GASO, f. r-74, op. 2, d. 634, ll. 49, 50.

55 Für einen Überblick über die Prohibitionspolitik in der Sowjetunion vgl. White, Stephen: Russia Goes Dry: Alcohol, State and Society. Cambridge 1996; Rialand, Marie-Rose: L'alcohol et les russes. Paris 1989. Für die Situation in Petersburg in den 1920er und 1930er Jahre: Lebina, Natal'ja Borisovna: Povsednevnaja žizn' so-

wurde auch statistisches Material gesammelt, das allerdings eher Auskunft über die gesetzgeberischen Massnahmen als über die Produktion und den Konsum von *samogon* gibt. In der folgenden Tabelle sind die Anzahl der Hausdurchsuchungen, die die Miliz bei Verdacht auf Herstellung und Verkauf von *samogon* durchgeführt hatte, für die Zeit von Juli 1924 bis 1928 und das Gebiet der RSFSR zusammengestellt.

Zeitraum (Halbjahresschritt)	Anzahl Durchsuchungen	Zeitraum (Ganzjahresschritt)	Anzahl Durchsuchungen
Juli–Dezember 1924	262'877		
Januar–Juni 1925	305'462	1925	422'416
Juli–Dezember 1925	116'954		
Januar–Juni 1926	154'338	1926	261'767
Juli–Dezember 1926	107'429		
Januar–Juni 1927	58'323	1927	110'511
Juli–Dezember 1927	52'188		
Januar–Juni 1928	278'767	1928	384'769
Juli–Dezember 1928	106'002		

Tabelle 1: Anzahl Hausdurchsuchungen im Zusammenhang mit der Bekämpfung von *samogon* nach Angaben der Miliz 1924–1928.[56]

Die erste Jahreshälfte weist jeweils die höhere Zahl auf. Dies lässt sich dadurch erklären, dass die Bolschewiki ihren Kampf gegen den *samogon* auf die hohen Feiertage (Weihnachten und Ostern) konzentrierten, an denen traditionellerweise mehr Alkohol konsumiert wurde. Schon die erste Kampagne 1922 war nach diesem Konzept gestaltet worden.[57] Die Kampagnen

vetskogo goroda: normy i anomalii. 1920–1930 gody. Sankt Petersburg 1999, 20–48.

56 Statističeskij obzor dejatel'nosti mestnych administrativnych organov Narodnogo Komissariata Vnutrennich Del RSFSR. Vyp. 4–5, 21, 51; Vyp. 6, 61; Vyp. 7, 86; Vyp. 8, 33; Vyp. 9, 92; Vyp. 10, 124; Vyp. 11, 154. Diese Reihe wurde ab 1924 herausgegeben und endete mit der elften Ausgabe für das Jahr 1928. Leider waren mir nicht alle Ausgaben zugänglich. Ein kurzer Abriss über die Entwicklung der sowjetischen soziologischen Forschung bei Ahlberg, René: Einleitung. Die Entwicklung der sowjetischen Soziologie. In: Ders. (Hg.): Soziologie in der Sowjetunion. Ausgewählte sowjetische Abhandlungen zu Problemen der sozialistischen Gesellschaft. Freiburg im Breisgau 1969, 10–18.

57 Für die Propaganda zur Weihnachtszeit vgl. *Rabočij Put'*, Nr. 10, 14. 1. 1923, 3, 4.

bildeten einen wichtigen Teil des allgemeinen Bestrebens, gerade auch im Dorf eine neue Lebensweise einzuführen, die ohne Alkoholkonsum auskam. Diese Absicht war von Vorstellungen der Prohibition geprägt, die bereits in der Zarenzeit entwickelt worden waren. Die Durchführung der Kampagnen gehörten zu den Aufgaben der Milizionäre. Die schlecht bezahlten und oft überlasteten Ordnungshüter setzten den Auftrag anfänglich nur zögerlich um. Ab Ende Dezember 1922 galt deshalb die Verordnung, dass sie eine Beteiligung an den eingezogenen Bussgeldern erhielten. Aufgrund dieses Anreizes stiegen die Ziffern zu den Hausdurchsuchungen, festgenommenen Personen und konfiszierten Apparaturen rasant an. Die Gefängnisse füllten sich. Die Bestimmung, dass die Herstellung von *samogon* nicht nur für kommerzielle Zwecke, sondern auch für den Eigengebrauch zu verfolgen sei, führte dazu, dass die Miliz faktisch alle, derer sie habhaft werden konnte, verhaftete. Dies änderte sich 1926, als das Brennen für den persönlichen Gebrauch straffrei wurde. In der Praxis erwies es sich als äusserst schwierig, die wahre Absicht der Hersteller herauszufinden, so dass nun viele Fälle ungeahndet blieben. Zudem schaffte man die Provision für die Milizionäre wieder ab. Aus diesen Gründen sank die Anzahl der Hausdurchsuchungen.

Im Gegenzug zu den Bekämpfungsmassnahmen gegen den *samogon* hatte die Sowjetregierung schon Ende 1919 die staatliche Produktion und den Verkauf von achtprozentigem Alkohol erlaubt. Diesen Prozentanteil hob sie schrittweise an, und ab Oktober 1925 galt ein Staatsmonopol für vierzigprozentigen Vodka. Stalin stellte diesen Entscheid als eine Wahl des kleineren Übels dar: Man wolle die Staatskasse lieber mit dem Verkauf von Hochprozentigem statt mit ausländischen Darlehen füllen oder den Erlös den Kulaken überlassen. Der Verkauf des staatlichen Vodkas gelang vorwiegend in den Grossstädten, wo ein dichtes Verteilnetz für dessen Verbreitung sorgte und so den *samogon* zurückdrängte. In den ländlichen Regionen hingegen behielt der *samogon* seine vorrangige Bedeutung bei. Innerhalb der Partei war der Entschluss für das staatliche Vodkamonopol umstritten. Die Kreise, die sich für die Prohibition stark gemacht hatten, erhielten Ende 1927 wieder Aufschwung, weil deutlich geworden war, dass die Strategie, zwischen kommerziellem und privatem Gebrauch zu unterscheiden, keine Abnahme des Alkoholkonsums brachte. Die angespannte Lage auf dem Getreidemarkt weckte überdies die Erinnerung an die Hungersnot von 1921/1922 sowie an die prekäre Versorgungssituation während der Bürgerkriegsjahre. Die Argumentation verlief erneut entlang der Linie, der Kulak sei der wichtigste Produzent von *samogon* und verschwende diesen wichtigen Rohstoff aus lauter Profitdenken. Der Kampf gegen den *samogon* erfuhr darum Ende 1927 eine Verschärfung. Das Brennen für den Hausgebrauch stellte von neuem einen Gesetzesbruch dar. Ab Januar 1928 durften die Milizionäre abermals einen Teil der Bussgelder als Belohnung einstreichen. In der Folge stiegen die Hausdurchsuchungen sprunghaft an.[58]

Im Zusammenhang mit der ersten, grossen Kampagne gegen *samogon* 1922/1923 fanden Befragungen der vielen Inhaftierten statt. Dabei musste die Sowjetregierung feststellen, dass entgegen der propagierten Auffassung nicht primär die reiche bäuerliche Oberschicht *samogon* herstellte und verkaufte, sondern vorwiegend verwitwete Frauen und Arbeitslose, die sich so ihr Überleben zu sichern versuchten.[59] Von der statistischen Verteilung her gesehen war es demnach eher unwahrscheinlich, dass Natal'ja Fedorova die vier Flaschen selber gebrannt hatte.

In anderer Hinsicht jedoch passte Natal'ja Fedorova ins Bild der Statistiken, nämlich bezüglich der Mordwaffe. Begingen Frauen einen Mord, so nutzten sie in der Regel Gift, meistens Arsen.[60] Vergiftungen mit Strychnin

58 Für das Gouvernement Smolensk lässt sich anhand der von der Miliz notierten Fälle von Herstellung und Verkauf von *samogon* die gleiche, zahlenmässige Entwicklung beobachten: 1. 10. 1923–1. 10. 1924: 11'601 Fälle, 1. 10. 1924–1. 10. 1925: 17'522 Fälle und 1. 10. 1925–1. 10. 1926: 4'220. Für das folgende Rechenschaftsjahr sind keine Zahlen mehr angegeben. Es heisst nur noch, dass der Kampf gegen den *samogon* intensiviert worden sei. Otčet Smolenskogo Gubispolkoma za 1923–24 god. XVI-mu Gubernskomu S-ezdu Sovetov Rabočich, Krest'janskich i Krasnoarmejskich Deputatov. Smolensk 1924, 16; Otčet Smolenskogo Gubispolkoma za 1924–25 god. XVII-mu Gubernskomu S-ezdu Sovetov Rabočich, Krest'janskich i Krasnoarmejskich Deputatov. Smolensk 1925, 32; Otčet Smolenskogo Gubispolkoma za 1925–26 god. XVIII-mu Gubernskomu S-ezdu Sovetov Rabočich, Krest'janskich i Krasnoarmejskich Deputatov. Smolensk 1927, 18; Otčet Smolenskogo Gubispolkoma za 1927 i 28 gg. XIX-mu Gubernskomu S-ezdu Sovetov Rabočich, Krest'janskich i Krasnoarmejskich Deputatov. Smolensk 1929, 147.

59 Stone, Soviet, 359–379; Weissman, Prohibition, 349–368; Rodin, D.: Prestupnost' mužčin, ženščin i nesoveršennoletnich v 1922 godu. In: Bjulleten' Central'nogo Statističeskogo Upravlenija, Nr. 79, 1923g., 67, 68; Chalfin, V. S.: Bor'ba s tajnym vinokureniem. In: Statističeskij obzor dejatel'nosti mestnych administrativnych organov Narodnogo Komissariata Vnutrennich Del RSFSR. Vyp. 6-j, ijul'–sentjabr' 1925 goda. Moskau 1926; Voronov, D. N.: Operativnaja dejatel'nost' milicii i ugolovn. rozyska. Alkogolizm. In: Ebd., Vyp. 11-j, 1928 goda. Moskau 1930, 40–45; Gernet, M. N.: Prestupnost' i samoubijstva vo vremja vojny i posle nee. Vtoroj vypusk „Moral'noj statistiki". Moskau 1927, 199, 206.

60 Manns, G.: Derevenskie ubijstva i ubijcy. In: Širvindt, E., Traskovič, F., Gernet, M. (Hg.): Problemy prestupnosti. Vyp. 2. Moskau, Leningrad 1927, 38; Šestakova, A.:

kamen aufgrund des bitteren Geschmackes äusserst selten vor.[61] Tatsächlich hatte Natal'ja Fedorova beide Gifte in der letalen Dosis in den *samogon* geschüttet. Offenbar wollte sie auf Nummer sicher gehen. Als Vergiftungsursache nannte der staatliche Medizinexperte von Vjaz'ma lediglich das Strychnin.[62]

Die Beobachtung der Kriminologen, dass insbesondere Frauen Mord durch Vergiftung begehen würden, begründeten sie mit deren physischen Schwäche.[63] Diese Argumentation ebnete den Weg für die Vorstellung, dass diese Frauen den Mord geplant haben mussten und nicht beispielsweise aus Notwehr zum Gift gegriffen hatten.[64] Ein Mord (§142 StGB) hatte eine Strafe von acht Jahren Freiheitsentzug mit strenger Isolierung, eine vorsätzliche Tötung (§143 StGB) aber lediglich einen Freiheitsentzug für die Dauer von drei Jahren mit strenger Einzelhaft zur Folge. Die „leichteren" Formen dieses Deliktes, Tötung bei Notwehrüberschreitung (§145 StGB) und fahrlässige Tötung (§147 StGB), wurden mit bis zu einem Jahr Gefängnis oder bei §147 mit Zwangsarbeit sanktioniert. Liest man eine Tabelle des Kriminologen Gernet[65] gegen den Strich, so stellt sich heraus, dass 1923 und 1924 die beiden §§145 und 147 bei den männlichen Verurteilten rund zweieinhalb Mal häufiger Anwendung fanden.

Prestuplenija protiv ličnosti v derevne. In: Širvindt, E., Traskovič, F., Gernet, M. (Hg.): Problemy prestupnosti. Vyp. 1. Moskau, Leningrad 1926, 218.

61 Lejbovič, Ja. L.: Praktičeskoe rukovodstvo po sudebnoj medicine. Kurs lekcij, čitanych v universitete im. Sverdlova. Moskau 1922, 94.

62 GASO, f. r-74, op. 2, d. 634, ll. 46, 47. Nach Auskunft des Schweizerischen Toxikologischen Informationszentrums setzt die Wirkung von Strychnin nach fünfzehn Minuten ein, die von Arsen nach dreissig Minuten. Daher ist es möglich, dass der staatliche Medizinexperte einzig Strychnin als Grund für die Vergiftung angab.

63 Manns, Derevenskie, 38; Šestakova, Prestuplenija, 1926, 218.

64 Lamott, Franziska: Konstruktionen von Weiblichkeit und ‚male stream' Kriminologie. In: Neue Kriminalpolitik 1 (1995), 31.

65 Datengrundlage für die beiden folgenden Tabellen bei Gernet, Michail N.: Ženščiny-ubijcy. In: Pravo i Žizn', 1926g., kniga šestaja i sed'maja, 91.

	Männer		Frauen	
Paragraph	Absolut	Prozent	Absolut	Prozent
Total Tötungen	6'418	100	927	100
§§142 und 143	5'529	86,2	707	76,3
§146[66]	21	0,3	173	18,7
§§145 und 147	868	13,5	47	5,0

Tabelle 2a: Verteilung von Männern und Frauen nach Art der Tötung 1923.

66 §146 StGB: „Abtreibung. Die Abtreibung der Leibesfrucht oder die künstliche Unterbrechung der Schwangerschaft mit Einwilligung der Mutter durch Personen, die eine gehörig beglaubigte medizinische Ausbildung hierzu nicht erfahren haben, oder, mögen sie auch eine besondere medizinische Ausbildung haben, unter ungehörigen Bedingungen, wird mit Freiheitsentziehung oder Zwangsarbeit bis zu einem Jahre bestraft.
Werden die in diesem Paragraphen bezeichneten Handlungen gewerbsmässig oder ohne Einverständnis der Mutter vorgenommen, oder haben sie ihren Tod zur Folge gehabt, so erhöht sich die Strafe auf Freiheitsentziehung bis zu fünf Jahren." Zitiert nach: Freund, Heinrich: Strafgesetzbuch, Gerichtsverfassungsgesetz und Strafprozessordnung Sowjetrusslands. Mannheim, Berlin et al. 1925, 175.
Abtreibung in den offiziellen Krankenhäusern war in der Sowjetunion bis 1936 gesetzlich erlaubt und stand grundsätzlich allen Frauen offen. Die allgemein ungenügende medizinische Versorgung auf dem Land brachte es mit sich, dass die legale Abtreibung ein vorwiegend städtisches Phänomen blieb. Ausserdem wurde im Januar 1924 der Zugang zur legalen Abtreibung gerade für Bäuerinnen erschwert. Sie standen zusammen mit verheirateten Arbeiterfrauen an vierter Stelle für eine Bewilligung. Es darf daher angenommen werden, dass sie sich wieder vermehrt der illegalen Wege bedienten, was möglicherweise die vergleichsweise starke Zunahme der Fälle von §146 im Jahr 1924 erklärt. Vgl. Genss, A. B.: Der Abort auf dem Lande. In: Hohmann, Joachim S. (Hg.): Sexualforschung und -politik in der Sowjetunion seit 1917. Eine Bestandesaufnahme in Kommentaren und historischen Texten. Mit einer Bilddokumentation und einer Auswahlbibliographie 1896 bis 1896. Frankfurt am Main, Bern et al. 1990, 567–587; Goldman, Wendy: Women, Abortion and the State, 1917–36. In: Clements, Barbara Evans, Engel, Barbara Alpern, Worobec, Christine (Hg.): Russia's Women. Accomodation, Resistance, Transformation. Berkeley, Los Angeles 1991, 245–247, 260–262; Shelley, Louise: Female Criminality in the 1920s: A Consequence of Inadvertent and Deliberate Change. In: Russian History / Histoire Russe 9 (1982) 2–3, 272, 273; Scheide, Carmen: Kinder, Küche, Kommunismus. Das Wechselverhältnis zwischen sowjetischem Frauenalltag und Frauenpolitik von 1921 bis 1930 am Beispiel Moskauer Arbeiterinnen. Zürich 2002. (Basler Studien zur Kulturgeschichte Osteuropas; Bd. 3), 237–244. Zur Rolle der „weisen Frauen" und der Haltung der Sowjetregierung ihnen gegenüber vgl. Waters, Elizabeth: Teaching Mothercraft in Post-Revolutionary Russia. In: Australian Slavonic and East European Studies 1 (1987) 2, 42–47.

	Männer		Frauen	
Paragraph	Absolut	Prozent	Absolut	Prozent
Total Tötungen	7'425	100	1'477	100
§§142 und 143	6'300	84,9	1'050	71,1
§146	46	0,6	345	23,3
§§145 und 147	1'079	14,5	82	5,6

Tabelle 2b: Verteilung von Männern und Frauen nach Art der Tötung 1924.

Auf den Sachverhalt, dass Frauen für die gleichen Vergehen härter, das heisst in Form einer längeren Haftdauer, bestraft wurden, wies einzig eine Forscherin hin.[67] Ihre männlichen Kollegen setzten einen anderen Schwerpunkt und betrachteten den Anteil aller verurteilten Frauen bei sämtlichen Rechtsbrüchen. Deshalb kamen sie zum Schluss, dass Frauen mit milderen Strafen davon kamen. Dieses Ergebnis traf insofern zu, als dass Frauen in der Regel die leichteren Delikte begingen.[68] Bleiben wir jedoch bei denjenigen, die für ein Verbrechen gegen Leib und Leben verurteilt worden waren, und dem dortigen statistischen Verhältnis von Frauen und Männer. Die Kriminologen der 1920er Jahre stellten fest, dass die Frauen grundsätzlich weniger wegen eines Verbrechens gegen Leib und Leben vor Gericht standen als Männer, doch im Vergleich mit 1913 hatte ihre Zahl zugenommen und behielt während der 1920er Jahre die steigende Tendenz bei.[69] Das gefundene Zahlenmaterial ist sehr heterogen, weil es sich auf unterschiedliche Datengrundlagen bezieht. Darum wird es hier nicht angeführt.[70] Damit sei

Zur gesetzlichen Entwicklung in der Sowjetunion: Brockhaus, Andreas: Abtreibung im Sowjetrecht. In: Hohmann, Sexualforschung, 236–251.

67 Šestakova, A.: Prestuplenija protiv ličnosti. In: Beloborodov, A. G. (Hg.): Sovremennaja Prestupnost' (Prestuplenie, pol, repressija, recidiv). Po dannym perepisi mest zaključenija. Vypusk 1. Moskau 1927, 60, 61.

68 Jakubson, V.: Repressija lišeniem svobody. In: Ebd., 15.

69 Gernet, Ženščiny-ubijcy, 85; Gercenzon, A. A., Lapšina, N. S.: Ubijstvo v RSFSR i za granicej. In: Krasnuškin, E. K., Segal, G. M., Fejnberg, C. M. (Hg.): Ubijstva i ubijcy. Moskau 1928, 358; Men'šagin, V. D.: Ubijstva. In: Ebd., 42, 43. Eine Zusammenfassung der kriminologischen Untersuchungen zur weiblichen Kriminalität in den 1920er Jahren bei: Shelley, Female, 265–284.

70 Vgl. etwa Gernet, Ženščiny-ubijcy, 85; Men'šagin, Ubijstva, 42; Šestakova, Prestuplenija, 1927, 61.
Trotz aller Bedenken habe ich für die zweite Hälfte der 1920er Jahre Material der Miliz und der Kriminalabteilung aus den Bänden „Statističeskij obzor dejatel'nosti mestnych administrativnych organov Narodnogo Komissariata Vnutrennich Del

auch auf einen wichtigen Aspekt hinsichtlich der Aussagekraft der Statistiken hingewiesen. Die eigentliche Erfassung des Zahlenmaterials begann im Verlauf des Jahres 1922, die ersten einigermassen gesicherten Daten lagen 1923 vor. Für die Zeit des Ersten Weltkriegs und des Bürgerkriegs fehlen sie.[71] Die kriminologischen Aufsätze der 1920er Jahre werteten in der Regel die Fragebögen der Gefängnisse aus. Sie erfassten also nur die Verurteilten und nicht die Gesamtzahl aller Bestraften und schon gar nicht alle Vergehen. Daher gilt es bei der Auswertung ihrer Schlussfolgerungen zu berücksichtigen, dass die schwerwiegenden Verbrechen in der Literatur überrepräsentiert waren. Morde etwa machten lediglich rund ein Prozent aller Verurteilten aus.[72] Ebenso gilt es zu bedenken, dass Männer bei der Fokussierung auf die Gefängnisinsassen in den Statistiken stärker vertreten waren als Frauen. 1926 erhielten 48 Prozent der verurteilten Männer und rund 35 Prozent aller verurteilten Frauen eine Gefängnisstrafe.[73] Frauen begingen die leichteren Vergehen und kamen so mit kleineren Strafen davon, oder von einer anderen Warte aus gesehen: Männern traute man eher

RSFSR. Vypuski 4–11, 1925–1930" zusammengestellt. Es hat den entscheidenden Vorteil, dass die Datengrundlage einigermassen homogen ist.

	Miliz	Kriminalabteilung
1. Hälfte 1925	6'893	2'494
2. Hälfte 1925	8'301	2'779
1. Hälfte 1926	7'844	2'848
2. Hälfte 1926	8'509	2'860
1. Hälfte 1927	7'565	2'379
2. Hälfte 1927	8'196	2'644
1. Hälfte 1928	6'881	2'548
2. Hälfte 1928	7'502	2'667

Tabelle 3: Anzahl Morde, die von der Miliz und den Kriminalabteilungen 1925–1928 für das Gebiet der RSFSR registriert wurden.

71 Manns, Derevenskie, 29.

72 Men'šagin, Ubijstva, 36.

73 Azarova, E.: Prestupnost' staršich vozrastov. In: Sovremennaja prestupnost'. Vypusk II. Social'nyj sostav, professii, vozrast, gramotnost'. Moskau 1930, 10, 11. Vgl. auch die These von Spierenburg, das auf Material aus dem westlichen Europa und den USA basiert, dass das gewaltsame männliche Verhalten im 19. Jahrhundert zunehmend kriminalisiert wurde. Spierenburg, Pieter: Masculinity, Violence, and Honor: An Introduction. In: Ders. (Hg.): Men and Violence: Gender, Honor, and Rituals in Modern Europe and America. Ohio 1998, 19.

zu, schwere Verbrechen zu begehen. Machte sich dagegen eine Frau eines derartigen Deliktes schuldig, wurde sie als „ausser-ordentlich" gefährlich wahrgenommen und tendenziell härter bestraft. Die statistischen Ergebnisse und kriminologischen Untersuchungen sind demnach mit der nötigen, kritischen Distanz zu lesen.[74]

Die zeitgenössische Literatur bemerkte überdies, dass insbesondere die Rate der jungen Frauen, die ein Tötungsdelikt begingen, hoch war.[75] Muss diese Beobachtung als Aspekt jener, in den 1920er Jahre weit verbreiteten Sorge vestanden werden, die Kriminalität und Brutalität der Jugendlichen nehme generell zu[76], oder eher als Angst vor der Erschütterung traditioneller Weiblichkeitsbilder, wie sie die Oktoberrevolution anstrebte?[77] Weiter stellten die Kriminologen der 1920er Jahre einhellig fest, dass die Frauen auf dem Dorf im Vergleich mit jenen in den Städten weniger kriminell seien, wie Gesetzesbrüche überhaupt in den Städten häufiger vorkämen. Die Ausnahmen bildeten Pferdediebstahl, Brandstiftung und die Vergehen gegen Leib und Leben. Eigentumsdelikte galten als ein typisch städtisches Phänomen.[78] Alle diese Ergebnisse lassen sich auch als die dominierende, schon in der Zarenzeit geformte Sichtweise der kulturellen Oberschicht auf

[74] Sehr anregend in dieser Hinsicht: Frank, Stephen P.: Women and Crime in Imperial Russia, 1834–1913: Representing Realities. In: Arnot, Margaret L., Usborne, Cornelie (Hg.): Gender and Crime in Modern Europe. London 1999, 93–117. Allgemein zum Verständnis von Faktizität in den sowjetischen Wissenschaften vgl. Allyn, Bruce J.: Fact, Value, and Science. In: Graham, Loren R. (Hg.): Science and the Soviet Social Order. Cambridge, London 1990, 227–233.

[75] Gernet, Ženščiny-ubijcy, 85; Men'šagin, Ubijstva, 42–44; Rodin, D.: Gorodskaja i sel'skaja prestupnost'. In: Pravo i Žizn', 1926g., kniga vtoraja i tret'ja, 99, 100; Šestakova, Prestuplenija, 1927, 59, 60.

[76] Exemplarisch lässt sich am Phänomen *chuliganstvo* die enge Wechselwirkung zwischen den Debatten über die ansteigende Gewalttätigkeit der Jugendlichen, herrschaftspolitischen Auseinandersetzungen und Machtkämpfen sowie der statistischen Zunahme verdeutlichen. Vgl. Gorsuch, Anne E.: „Smashing Chairs at the Local Club": Discpline, Order, and Soviet Youth. In: Kuhr-Korolev, Corinna, Plaggenborg, Stefan, Wellmann, Monica (Hg.): Sowjetjugend 1917–1941. Generation zwischen Revolution und Resignation. Essen 2001, 247–261.

[77] Shelley, Female, 266, 267; Lamott, Konstruktionen, 31, 32.

[78] Gernet, Michail N.: Moral'naja Statistika. Ugolovnaja statistika i statistika samoubijstva. Moskau 1922, 189–195; ders.: Statistika gorodskoj i sel'skoj prestupnosti. In: Širvindt, Problemy prestupnosti. Vyp. 2, 16–22; Gercenzon, Lapšina, Ubijstvo, 356–359; Manns, Derevenskie, 25, 26; Men'šagin, Ubijstva, 34–38; Rodin, Gorodskaja, 94–99.

das Dorf und auf Frauen lesen.[79] Im Zentrum dieser Vorstellung stand der Topos der Rückständigkeit und Unzivilisiertheit des Dorfes und der Frauen: Die schweren, von „roher Brutalität" zeugenden Verbrechen stiegen zwar durchgängig an, am stärksten jedoch bei den „rückständigen" Menschen auf dem Dorf und bei der weiblichen Bevölkerung.[80]

Das Gouvernementsgericht Smolensk, das den Fall von Natal'ja Fedorova am 18. Juni 1923 behandelte, erkannte bei ihr keine Momente der Rückständigkeit, was sich strafmildernd ausgewirkt hätte.[81] Vielmehr betonte es im Urteil, dass sie sich die Vergiftung vorher ausgedacht habe und ihre Handlung darum als vorsätzlich und absichtlich zu qualifizieren sei. Nach sieben Monaten Untersuchungshaft wurde Natal'ja Fedorova nach §142 StGB zu acht Jahren Gefängnis mit strenger Isolation verurteilt. Die Zeit in der Untersuchungshaft wurde ihr angerechnet. Überdies sahen der Richter und die beiden Beisitzer sie „als vor Gericht gebrandmarkt"[82] an und aberkannten ihr die Rechte nach §40 StGB.[83] Sie erhielt somit ein äus-

79 Frank, Crime, 315, 316.

80 Explizit bei: Gernet, Statistika, 24; Gercenzon, Lapšina, Ubijstvo, 359–361; Manns, Derevenskie, 39, 40; Men'šagin, Ubijstva, 85, 86; Šestakova, Prestuplenie, 1926, 218, 220–223.

81 GASO, f. r-74, op. 2, d. 634, ll. 61, 61ob.

82 „§42 StGB. Voraussetzung für die Aberkennung der Rechte. Die Aberkennung der Rechte wird seitens des Gerichts als zusätzliche Strafe ausgesprochen gleichzeitig mit der Fällung des Urteils aufgrund von Delikten, die durch das Strafgesetzbuch vorgesehen sind, wenn das Gericht den Verurteilten als vor Gericht gebrandmarkt ansieht. Das Aufwerfen der Frage der Aberkennung der Rechte ist für das Gericht bei der Verurteilung vorgeschrieben, wenn im Strafgesetzbuch als Strafe Freiheitsentziehung für die Dauer von mehr als einem Jahr oder eine andere schwerere Strafe angedroht ist." Zitiert nach Freund, Strafgesetzbuch, 119.

83 „§40 StGB. Aberkennung der Rechte. Die Aberkennung der Rechte besteht in der Entziehung für die Dauer von höchstens 5 Jahren:

a) des aktiven und passiven Wahlrechts (Grundgesetz-Gesetzsammlung 1918, Nr. 51, Art. 582);
b) des aktiven und passiven Wahlrechts zu den Gewerkschafts- und sonstigen Organisationen;
c) des Rechts, verantwortliche Ämter zu bekleiden, sowie Beisitzer im Volksgericht, Verteidiger vor Gericht, Bürge und Vormund zu sein.

Anmerkung 1. Die Wirkung der Aberkennung der Rechte tritt bei allen Verurteilten mit dem Zeitpunkt des Eintritts der Rechtskraft des Urteils ein. Die Zeit des Aufenthalts in den Gefängnissen wird in die Dauer der Aberkennung der Rechte, die in dem Gerichtsurteil bezeichnet sind, nicht eingerechnet. [...]." Zitiert nach Freund, Strafgesetzbuch, 117, 118.

serst hohes Strafmass, das höchste von den drei in den folgenden Kapiteln behandelten Fällen. Das Urteil war wohl gerechtfertigt, bestätigt jedoch die Beobachtung, dass Frauen tendenziell härter bestraft wurden.

Bis zu diesem Zeitpunkt stand bei der Darstellung des Falles von Natal'ja Fedorova der Vergiftungsanschlag im Vordergrund. Diese Gewichtung entspricht derjenigen, die das Gericht während der eineinhalbstündigen Gerichtsverhandlung vornahm. Die gerichtliche Untersuchung war in der Regel äusserst knapp gehalten und ging lediglich auf die wichtigsten und die noch nicht restlos geklärten Aspekte ein. Im Fall von Natal'ja Fedorova interessierte sich das Gericht vorrangig für die Vergiftung. Nur noch kurz fragte es wegen der angeblichen Vergiftung der beiden Kinder nach. Bloss in einem Satz erfährt man von einem Diebstahl, den Natal'ja Fedorova an ihrem Bruder Michail Arsent'ev begangen hatte.[84] Die schwere, unerklärliche Erkrankung der Kinder und der Diebstahl mochten als Begründung gedient haben, die Angeklagte „als vor Gericht gebrandmarkt" zu bezeichnen.

Einen viel höheren Stellenwert nahm der Diebstahl in den Dokumenten des Untersuchungsrichters ein. Im Vergleich mit den im Gerichtssaal hergestellten Papieren hat sich das Ermittlungsmaterial durchgängig als umfangreicher und breiter erwiesen. Gerade für die Rekonstruktion von Lebenswelten entpuppt es sich als äusserst aufschlussreich. Diese Aufgabe wäre um einiges schwieriger zu erfüllen, lägen einzig die richterlichen Akten vor. Bezeichnenderweise können gerade diejenigen Dokumente, die sich mit dem Diebstahl befassen, zur Klärung der Frage beitragen, weshalb Natal'ja Fedorova die Vergiftung ihres ältesten Bruders in Kauf genommen hatte. Gerade das Beispiel von Natal'ja Fedorova wird zudem dokumentieren, dass sich die Bedeutung, die der Richter dem Diebstahl beimass, keineswegs mit derjenigen deckte, die die Betroffenen dem Vergehen zukommen liessen. Die Unterlagen der Miliz und des Untersuchungsrichters erlauben, den historischen Akteuren im Gang durch die Behörden einen Schritt näher zu kommen. Die Annäherung ist mit einer Zunahme von Komplexität verbunden. Insbesondere kann mit Hilfe der Dokumente der Ermittlungsbehörden das Beziehungsgeflecht, in dem die Hauptperson Natal'ja Fedorova eingebunden war, feiner nachgewoben werden. Das Gericht sah in ihr vor allem die Mörderin. Mein Ziel ist es, auch andere Seiten dieser jungen Frau aufzuspüren und dabei auf Konfliktlösungsstrategien zu stossen, die über den eigentlichen Gerichtsfall hinausgehen und einige Sei-

84 GASO, f. r-74, op. 2, d. 634, ll. 60, 60ob.

ten der Lebenswelt von Menschen aus zwei Dörfern in der Nähe der Stadt Vjaz'ma zu vermitteln vermögen.

Der Diebstahl wäre vermutlich gar nicht ans Licht gekommen, hätte nicht der Nachbar von Fedorovs, Erošenkov, beim Volksuntersuchungsrichter eine Eingabe eingereicht.[85] Leider muss offen bleiben, ob und wie Erošenkov mit Vasilisa Erošenkova verwandt war, deren Tochter angeblich aufgrund des Kandiszucker von Natal'ja Fedorova erkrankte. Erošenkov wusste zu berichten, dass der Milizionär Michail Ivanov und Michail Arsent'ev am 6. Dezember zu den Fedorovs gekommen waren. Sie wollten die Sache mit dem Diebstahl bereinigen. Sie wurden von Ivan Kuz'min, dem Mitglied des Rajonssowjet des Dorfes Sokolovo und einem weiteren Bürger begleitet, die als Zeugen für die Befragung von Natal'ja Fedorova dienten. Ebenso war Trofim Ivanov in seiner Funktion als Mitglied des *volost'*-Exekutivkomitees anwesend.[86] Er, Erošenkov, wohne gleich neben den Fedorovs und habe sich für das Geschehen bei seinem Nachbarn interessiert. Darum sei er in dessen Haus gegangen. Dort beobachtete er, wie auf dem Tisch Teller mit Speck und Gurken standen. Der Milizionär sei betrunken und nicht imstande gewesen, wegen des Diebstahls zu ermitteln. Deshalb habe er sich anerboten, die Befragung durchzuführen und das Protokoll zu schreiben. Das Protokoll habe der Milizionär danach mitgenommen.[87]

Der Milizionär musste wohl das Protokoll dem Untersuchungsrichter aushändigen, denn es ist im Dossier überliefert.[88] Eine einleitende Zusammenfassung legt klar, dass die 17-jährige Schwester Marija Arsent'evna, die bei Michail Arsent'ev in Murav'evo wohnte, und der Bruder Aleksej Arsent'ev den Diebstahl im Dezember 1921 durchführten. Die gestohlenen Gegenstände bewahrte die verheiratete Natal'ja Fedorova auf. Die drei hatten ihrem ältesten Bruder einen Korb Wäsche, einen Mantel, eine Schaf-

85 Ebd., ll. 25, 25ob.

86 Ebd., l. 37.

87 Der Schriftzug der Eingabe und des Protokolls ähneln sich sehr.
Tirado berichtet von einem ähnlichen Phänomen: Besonders im Zusammenhang mit der Bekämpfung von Alkoholkonsum und Hooliganismus kritisierte der Komsomol Mitte der 1920er Jahre die Arbeit der lokalen Miliz. An deren Stelle sahen sich Komsomolzen berechtigt, den zuständigen Ämtern darüber zu rapportieren. Tirado, Isabel: The Komsomol and the Bright Socialist Future. In: Kuhr-Korolev, Sowjetjugend, 222, 223.

88 GASO, f. r-74, op. 2, d. 634, ll. 34–36.

fellmütze, einen Anzug sowie zwei Goldringe entwendet.[89] Das Protokoll hielt im Folgenden das Verhör von Aleksej Arsent'ev fest. Er gab zu, dass er vom Diebstahl durch Marija erfahren, aber beschlossen habe, Stillschweigen zu bewahren. Weiter gestand er, dass er den Anzug und die Schaffellmütze in Moskau auf dem Smolensker Markt verkauft habe. Er scheint zu denjenigen gehört zu haben, die die relative Nähe zur Hauptstadt handelsmässig nutzten. Den Auftrag dazu habe er von seiner Schwester Natal'ja erhalten. Schliesslich wurde er gefragt, weshalb er denn seinen Bruder nicht über den Diebstahl informiert und seine Schwestern zur Rückgabe aufgefordert habe. Dazu meinte er:

> Weil mein Bruder Michail viel reicher war als ich, der damals 1918 aus der Gefangenschaft aus Deutschland zurückkehrte. Ich beschloss zusammen mit meiner Schwester Marija, den Bruder zu bestehlen, um meinen Wohlstand aufzubessern.[90]

Sogleich folgte die Frage, wieviel Eigentum er denn zum Zeitpunkt des Diebstahls besessen habe. Aus der Aufzählung geht hervor, dass er zusammen mit dem ältesten Bruder Michail sowie zwei weiteren Brüdern den landwirtschaftlichen Besitz teilte und sich zum Stand der Mittelbauern zählte.[91] Offensichtlich hatte (noch) keine Hofteilung stattgefunden.

Das Protokoll der Befragung von Aleksej Arsent'ev lässt einen vertieften Einblick in die Verhältnisse zwischen Geschwistern zu. Einzig mit dem Wissen, wie sich Aleksej und Michail Arsent'ev zur Ermordung ihres Vaters stellten, hätte man denken können, dass sie etwa ähnliche Ansichten vertraten. Der Diebstahl machte jedoch deutlich, dass ein grosser Gegensatz zwischen den Brüdern bezüglich des Eigentums bestand. Verschiedene Konfliktlinien durchzogen die Beziehungen zwischen den Geschwistern.

In den Gerichtsakten sind äusserst wenig Informationen zu den einzelnen Geschwister vorhanden. Sie sollen hier zusammengetragen werden, um

89 Ebd., ll. 12ob., 26; der Korb mit Wäsche enthielt zwei Laken, drei Handtücher, drei Tischservietten, eine gestrickte Unterziehjacke, eine Schürze, ein Männerhemd, einen Männerhosenträger und einen Zierüberzug. Vgl. ebd., l. 37.

90 Ebd., ll. 35ob., 36.

91 Ebd., l. 36. Gemeinsam besassen die vier Brüder achtzehn Desjatinen Land, zwei Wohnhäuser, zwei Gerüste (für den Bau weiterer Gebäude), zwei Scheunen (*saraj*), eine Korndarre (*ovin*), zwei Speicher (*ambar*), zwei Pferde, zwei Kühe, einen Hahn, drei Schafe, zwei Schweine sowie für sechs Esser hundertzwanzig Pud Roggen, achtzig Pud Hafer, zehn Pud Leinensamen und weiteren Besitz, der einem mittleren Wohlstand entspreche.

ansatzweise unterschiedliche Biografien aufzuzeigen. Parallel dazu dokumentiert dieses Fallbeispiel Beziehungen erwachsener Geschwister untereinander und nimmt so statt des Dorfes ein Verwandtschaftsverhältnis etwas näher in den Blick.

Michail Arsent'ev war der älteste, 34 Jahre alt und ledig. Er schien sich schon längere Zeit regelmässig in Petersburg aufgehalten zu haben. Als sein Vater umgebracht wurde, befand er sich in der Stadt. Zum Zeitpunkt des Diebstahls und während des darauffolgenden Monats wohnte er dort. Der gestohlene Anzug verweist auf einen intensiven Kontakt mit der städtischen Lebensweise.[92] Möglicherweise war er ein typischer Wanderarbeiter, der in der Stadt arbeitete, die Verbindungen zum heimatlichen Dorf aber beibehielt.[93] Aus der Gerichtsakte geht nicht hervor, wer die landwirtschaftliche Arbeit auf dem Hof verrichtete. Vielleicht die beiden, nicht namentlich genannten Brüder? Von der jüngsten Schwester Marija, die bei ihm lebte, kann man annehmen, dass sie einen Teil der Arbeit leistete, ebenso Natal'ja bis zum Zeitpunkt ihrer Heirat.

Der 30-jährige Aleksej Arsent'ev erwähnte bei seiner Befragung, dass er 1918 aus der Kriegsgefangenschaft in Deutschland zurückgekehrt sei. Hatte sich Roman Murin damals für den Dienst bei der Miliz gemeldet, so war Aleksej Arsent'ev wahrscheinlich auf den väterlichen Hof zurückgekehrt. Seit Mitte August 1922 arbeitete er bei Nikolaj Fedorov. Dieser besass einen Landwirtschaftsbetrieb, hatte aber als Schaffner eine Beschäftigung auf dem Arbeiterzug Syzran-Vjaz'ma.[94] Er hielt auf seinem Hof ein

92 Haumann, Ich habe gedacht, 1993. Zum Thema *otchod* vor der Revolution vgl. Johnson, Robert Eugene: Peasant and Proletarian. The Working Class of Moscow in the Late Nineteenth Century. New Jersey 1979; Worobec, Christine D.: Peasant Russia: Family and Community in the Post-Emancipation Period. Princeton 1991; Engel, Barbara Alpern: Between the Fields and the City: Women, Work, and the Family in Russia, 1861–1914. Cambridge 1996.
Was den Kulturaustausch zwischen Stadt und Land betrifft, so wurde bisher in erster Linie der Einfluss der bäuerlichen Kultur auf die städtische untersucht. Die „Verstädterung" des Dorfes gehört zu Themenbereichen, die es noch zu erforschen gilt. Einige wenige Hinweise bei Bernštam, T. A.: Molodež' v obradovoj žizni russkoj obščiny XIX–načala XX v. Polovozrastnoj aspekt tradicionnoj kul'tury. Leningrad 1988, 78, 79.

93 Einen weiteren Hinweis dafür, dass Michail Arsent'ev zwischen Dorf und Stadt pendelte, stammte von Sergej Tichonov, der die Vergiftung überlebt hatte. Er wusste zu berichten, dass Michail Arsent'ev in den Jahren 1919 und 1920 verendetes Schweinefleisch zum Verkauf nach Moskau führte. Vgl. GASO, f. r-74, op. 2, d. 634, l. 32.

94 Ebd., l. 14.

Pferd, eine Kuh, drei Schafe und zwei Schweine. Mit der vergleichsweise recht stattlichen Anzahl von Tieren und insbesondere der Schafe und Schweine lässt sich das Heimwesen der Fedorovs als einen typischen Haushalt der Nachkriegsjahre bezeichnen, als die Viehhaltung einen verhältnismässig grossen Raum einnahm. Wahrscheinlich versorgte die junge Ehefrau die Tiere. In diesem Fall praktizierten die beiden eine Rollenaufteilung, die für die Gebiete des *otchod* charakteristisch war: Die Frau übernahm die landwirtschaftliche Arbeit und der Mann ging einer Erwerbsarbeit nach.[95] Im August 1922 hatte sie ihr erstes Kind geboren und schaffte die Arbeit wohl nicht mehr ganz alleine.[96] Aleksej war ledig und konnte als Hilfe einspringen. Es ist aber auch denkbar, dass sein Einsatz eine günstige Möglichkeit bedeutete, um das Verhältnis zwischen Michail und Aleksej Arsent'ev etwas zu entspannen.[97] Zumindest Aleksej Arsent'ev hatte, folgen wir seiner Aussage, das Gefühl, im Vergleich mit seinem Bruder Michail hintanzustehen. Marija Arsent'eva übernahm diese Sicht (auch zur eigenen Entlastung) und meinte, Aleksej, der aus der Kriegsgefangenschaft zurückgekehrt sei, habe nichts besessen. Man habe die Sachen ausschliesslich für ihn genommen. Sie habe sie nicht benötigt.[98] Die beiden Schwestern stimmten offensichtlich mit Aleksej Arsent'ev überein, dass er benachteiligt sei, und zu dritt begingen sie den Diebstahl.[99]

Die Aufteilung von Besitz und Eigentum bildete in vielen Familien einen grossen Konfliktherd.[100] Diese Tatsache scheint in der kriminologischen Fachliteratur durch, wenn sie Fallgeschichten von gewalttätigen Familienkriegen zitieren.[101] Im vorliegenden Kapitel finden sich mit dem Diebstahl und dem Rechtsstreit um Land zwischen Nikolaj Fedorov und

95 Glickman, Peasant Women, 54–72.

96 GASO, f. r-74, op. 2, d. 634, l. 60.

97 Vgl. GASO, f. r-74, o. 2, d. 656, wo ein jung verheiratetes Ehepaar aus dem Haushalt des Vaters des Ehemanns in denjenigen der älteren, verheirateten, aber kinderlosen Schwester der Ehefrau umzog, weil sich der Vater und der junge Ehemann stritten.

98 GASO, f. r-74, op. 2, d. 634, l. 32ob.

99 Bei der Befragung äusserten sich die drei Geschwister widersprüchlich, und es lässt sich nicht genau rekonstruieren, wer den Diebstahl ausgeführt und wer lediglich davon wusste. Vgl. ebd., ll. 12ob., 14ob., 32ob., 60ob.

100 Vgl. beispielsweise GASO, f. r-74, op. 2, dd. 661, 669, 671, 683, 749, 885; op. 4 (1924), dd. 210, 264.

101 Manns, Derevenskie, 31–37; Men'šagin, Ubijstva, 71–76; Šestakova, Prestuplenija, 1926, 218–222.

Anna Fedorova ebenfalls zwei Hinweise für Streitigkeiten im Zusammenhang mit Eigentum innerhalb von Familien.[102] Wohl in der Mehrheit der Fälle endeten die Kontroversen nicht mit Blutvergiessen. Auseinandersetzungen konnten auch auf anderen Wegen gelöst werden, sei es informell, wie wir für den Diebstahl noch sehen werden, oder gesetzlich wie beim Landstreit der Fedorovs. Das Zivilgesetz wurde im Verlauf der 1920er Jahre vermehrt genutzt. Das Gouvernementsgericht Smolensk verzeichnete Ende 1926 eine Zunahme der zivilrechtlichen Fälle auf Kosten der strafrechtlichen.[103] Der These, Gewalt sei während der 1920er Jahre Teil des Alltags gewesen, ja sie gehöre gar „zur kulturellen Infrastruktur Sowjetrusslands"[104], muss demnach entgegengehalten werden, dass es offenbar auch eine Entwicklung gab, aufkommende Konflikte mit institutionellen und gewaltfreien Mitteln zu bewältigen. Für weitere Forschungen zum Thema Gewalt, verstanden als eine Form der Konfliktlösung, wäre es von grossem Interesse, auch Akten der Volksgerichte, in deren Zuständigkeitsbereich zivilrechtliche Fälle fielen, zu untersuchen. Ein Vergleich von zivil- und strafrechtlichen Dossiers würde es ermöglichen herauszufinden, zu welchem Zeitpunkt in einer Auseinandersetzung physische Gewalt zum Einsatz kam und wie oft ein Konflikt gar nicht zu einem Gewaltfall eskalierte. Bei einer Analyse von zivilrechtlichen Fällen würden vermutlich ebenso die vorgängigen Anläufe, den Streit informell beizulegen, an den Tag treten.

Michail Arsent'ev und Natal'ja Fedorova hatten für den Diebstahl eine einvernehmliche Lösung gefunden. Davon wussten auch Trofim Ivanov, der Milizionär Michail Ivanov sowie Aleksej Arsent'ev und Nikolaj Fedorov. Sie waren alle in die Aufdeckung des Diebstahls wie in die Ermittlungen wegen der Vergiftung involviert. Keiner hatte es allerdings für nötig befunden, im Zusammenhang mit den Erhebungen zum Mord den Diebstahl zu erwähnen. Sie taten es erst, als der Untersuchungsrichter nachhakte. Wie es zur informellen Einigung kam und wie das Schweigen zu verstehen ist, soll nun näher betrachtet werden.

Michail Arsent'ev erhielt um den 4. Dezember von Trofim Ivanov den Hinweis, dass Aleksej Arsent'ev in Vjaz'ma beobachtet worden war, wie er mit zwei Körben und drei Säcken beladen mit dem Zug nach Moskau

102 Einen ebenso breiten Raum nahmen Konflikte zwischen Nachbarn ein. Vgl. beispielsweise GASO, f. r-74, op. 2, d. 675; op. 4 (1924), dd. 167, 174, 202, 230.

103 *Rabočij Put'*, Nr. 285, 9. 12. 1926, 4.

104 Plaggenborg, Stefan: Gewalt und Militanz in Sowjetrussland 1917–1930. In: Jahrbücher für Geschichte Osteuropas 44 (1996) 3, 422.

fuhr.[105] Dieser Tipp ist ein weiteres Zeichen für die gute Nachbarschaftliche Beziehung zwischen den beiden Männern. Wenig später fiel Michail Arsent'ev bei seiner Schwester Natal'ja auf, dass das Tischtuch sein eigenes sein könnte. Daraufhin bat er den Milizionär Michail Ivanov und Trofim Ivanov, Mitglied des *volost'*-Exekutivkomitees, mit ihm nach Sokolovo zu reiten, um eine Hausdurchsuchung durchzuführen und die gestohlene Ware zurückzuverlangen. Als Zeugen wurden Ivan Kuz'min, Mitglied des Rajonssowjet, und ein weiterer Bürger des Dorfes eingeladen. Am 6. Dezember befanden sich nun diese fünf Personen sowie der Nachbar, der das Protokoll anfertigte, bei den Fedorovs, wo Michail Arsent'ev seiner Schwester Natal'ja Vorwürfe machte und ins Gewissen redete, dass sie sich ihrem Bruder gegenüber so verhalten habe. Nach einigem Hin und Her gab sie ihm freiwillig einen Teil zurück, doch der Mantel, der Anzug, die Mütze sowie die beiden Ringe waren bereits verkauft. Am nächsten Tag ging sie zu Michail Arsent'ev nach Murav'evo. Sie schlossen miteinander Frieden und machten ab, dass Natal'ja Fedorova ihm bis zum Nikolaustag (6./19. Dezember) Stoff für einen Anzug beschaffen und ihn für die anderen Sachen bis Ostern auszahlen solle.[106] Diese Abmachung teilte Michail Arsent'ev dem Milizionär Michail Ivanov mit und bat ihn, das Protokoll, das die Grundlage für ein offizielles Verfahren bildete, zurückzuhalten, was dieser offensichtlich auch tat.[107]

Die informelle Lösung bestand in der Rückgabe der Waren beziehungsweise der Wiedergutmachung des Schadens. Es reichte aber anscheinend nicht aus, dass Michail Arsent'ev seine Forderung alleine Natal'ja Fedorova gegenüber zum Ausdruck brachte. Er holte sich die Unterstützung durch den offiziellen Gesetzeshüter und das Mitglied des *volost'*-Exekutivkomitees. Die Einladung von Zeugen verlieh der ganzen Angele-

105 GASO, f. r-74, op. 2, d. 634, l. 27ob. Interessanterweise gab das Parteimitglied Trofim Ivanov das Datum in Form des kirchlichen Feiertages an: Fest der Darstellung Mariens im Tempel (21. November / 4. Dezember). Vgl. auch Altrichter, Helmut: Die Bauern von Tver'. Vom Leben auf dem russischen Dorfe zwischen Revolution und Kollektivierung. München 1984, 101.

106 Diese Datumsangaben unterstreichen nochmals die Wirkmächtigkeit des kirchlichen Kalenders.
Untersuchungen von Arbeiterbudgets in der Stadt Moskau in den Jahren 1924 bis 1926 ergaben zudem, dass die Ausgaben für Stoffe und neue Kleider vor den Feiertagen wie Ostern und zur neuen Saison anstiegen. Vgl. Kabo, Elena Osipovna: Očerki rabočego byta. Opyt monografičeskogo issledovanija domašnego rabočego byta. Tom pervyj. Moskau 1928, 179–181.

107 GASO, f. r-74, op. 2, d. 634, ll. 26–27ob.

genheit ebenfalls einen offiziellen Charakter und machte sie definitiv zu einer öffentlichen Sache. War dieser Druck nötig, um Natal'ja Fedorova zu veranlassen, den Diebstahl zuzugeben und die Gegenstände herauszugeben? Fühlte sich Michail Arsent'ev zu diesem Schritt gezwungen, weil er bemerkte, dass drei seiner Geschwister gegen ihn zusammenhielten? Bedeutete die Entdeckung des Diebstahls auf diesem Wege einen Ehrverlust für Natal'ja Fedorova? Diese Fragen lassen sich erst im Vergleich ähnlich gelagerter Fälle beantworten und müssen hier offen bleiben. Mit der Rückgabe der gestohlenen Wäsche konnte Natal'ja Fedorova sicherlich einen totalen Gesichtsverlust verhindern. Die Regelung, die sie am folgenden Tag mit ihrem Bruder vereinbarte, fasste dieser als zufriedenstellend auf und leitete das Resultat offenbar allen weiter, die am Vortag dabei waren. Die Angelegenheit war für das Erste erledigt. Mit der Übereinkunft hatte sie ihren Ruf rehabilitiert, musste dies freilich noch bestätigen, indem sie die eingegangenen Verpflichtungen erfüllte. Dass ein Diebstahl nicht grundsätzlich einem Gesichtsverlust gleichkam, zeigte die Aussage von Ivan Kuz'min, dem Mitglied des Rajonssowjet, der dem Untersuchungsrichter gegenüber im Zusammenhang mit der Vergiftung erklärt hatte, dass er keine Handlungen bemerkt habe, die Natal'ja Fedorova kompromittieren würden, obwohl er wusste, dass sie ihren Bruder bestohlen hatte.

In allen Handlungen hinsichtlich der Klärung des Diebstahls drückt sich ein restitutives Rechtsverständnis aus, das in den bäuerlich geprägten Kreisen weit verbreitet war.[108] Dieser Akt wurde in der Regel durch das gemeinsame Trinken von *samogon* besiegelt, den der Täter oder in unserem Fall die Täterin besorgen musste.[109] Der protokollführende Nachbar erwähnte dem Untersuchungsrichter gegenüber, dass die Fedorovs am 6. Dezember Speck und Gurken aufgetischt hatten. Damit wollte er wohl darauf hinweisen, dass bei den Anwesenden auch *samogon* Zuspruch gefunden hatte, und so seine Aussage stützen, der Milizionär sei betrunken gewesen. Die reichliche Bewirtung, die Natal'ja Fedorova ihrem Bruder und Trofim Ivanov zukommen liess, ist ein weiteres beredtes Zeugnis der Praxis eines Versöhnungsmahls. Mit ihr waren alle Beteiligten vertraut. Keiner hatte wohl erwartet, dass Natal'ja Fedorova dieses Schlichtungsritual für einen neuen Anschlag nutzen wollte. Vor dem Hintergrund des Diebstahls wird verständlich, weshalb sich Michail Arsent'ev neben Trofim Ivanov eben-

108 Frank, Crime, 95, 96, 162–166.

109 Ebd., 96; Frierson, Cathy: Crime and Punishment in the Russian Village: Rural Concepts of Criminality at the End of the Nineteenth Century. In: Slavic Review 46 (1987) 1, 68.

falls als Opfer sah. Seine Schwester hatte die Flasche *samogon* ausdrücklich „für mit auf den Weg“ mitgegeben. Im Nachhinein konnte er dieses Angebot so verstehen, dass sie versucht hatte, ihn zu töten, um sich der Wiedergutmachung zu entledigen. Die allgemein noch prekäre Wirtschaftslage machte es womöglich äusserst schwierig, innerhalb weniger Tage Stoff für einen ganzen Anzug aufzutreiben.[110] Natal'ja Fedorova wurde nie ausdrücklich gefragt, ob sie ihren Bruder beabsichtigt hatte umzubringen. Sie betonte indes, dass sie ihm wegen der Hausdurchsuchung nicht böse gewesen sei.[111] Primär wollte sie vermutlich an Trofim Ivanov Rache üben. Denn sie gab die Flasche ihm, ohne dass Michail Arsent'ev dies bemerkte. Erst auf dessen Nachfrage hin erklärte sie ihm, dass sie den *samogon* schon Trofim Ivanov anvertraut habe.[112]

Die Diebstahlgeschichte machte deutlich, dass die Initiative für die Ermittlung eines derartigen Deliktes beim Geschädigten lag. Die Miliz trat erst auf den Plan, als sich die Verdachtsmomente erhärtet hatten. 1922 war die Miliz stark reorganisiert worden. Die Verantwortung für deren Finanzierung wurde den lokalen Sowjets übertragen, was eine Verringerung des Gehalts sowie eine Verschlechterung der Ausrüstung und Einrichtungen bedeutete und zu einer starken Personalreduktion führte. Insbesondere in den *volosti* wirkte sich die geringe Dichte der Milizionäre derart aus, dass sie ihre Funktion als Verbrechensbekämpfer lediglich bei schwerwiegenden Vorfällen von sich aus übernahmen. Meistens konnten die Milizionäre bloss reagieren und nicht, wie von den Bolschewiki vorgesehen, als Agenten der Staatsmacht das Alltagsleben der Menschen konstant beeinflussen. Während der ganzen 1920er Jahre blieb die Situation der Miliz desolat.[113] Auch der Milizionär Michail Ivanov übernahm im Fall von Natal'ja Fedorova nicht die Rolle des Verbrechensbekämpfers, sondern eher die Funktion eines Katalysators. Zusammen mit den Zeugen stellte er eine Öffentlichkeit her, die die Täter unter Druck setzte. In dieser Situation gaben die-

110 Zur Teuerung bei Kleidern im Jahr 1922 vgl. Krylov, M.: Dorogovizna i zarabotnaja plata v Smolgub. In: Ėkonomičeskaja Žizn', Nr. 10, oktjabr' 1922g., 15.

111 GASO, f. r-74, op. 2, d. 634, l. 12ob.

112 Ebd., ll. 7, 12, 26ob.

113 Weissman, Neil: Policing the NEP Countryside. In: Fitzpatrick, Sheila, Rabinowitch, Alexander, Stites, Richard (Hg.): Russia in the Era of NEP. Explorations in Soviet Society and Culture. Bloomington, Indianapolis, 1991, 174–191; Malygin, A. Ja.: Organy vnutrennich del v period provedenija Novoj Ėkonomičeskoj Politiki (1921–1929gg.). In: Borisov, A. V., Dugin, A. N., Malygin, A. Ja. et al. (Hg.): Policija i milicija Rossii: stranicy istorii. Moskau 1992, 114–139.

se ihr Fehlverhalten zu. Doch trotz der Anwesenheit der staatlichen Ordnungsmacht blieb der Handlungsspielraum für eine Kompensation, den Natal'ja Fedorova nutzte. Darauf konnte Michail Arsent'ev reagieren und eine Lösung finden, die ihm persönlich angemessen erschien. Das Strafgesetz hätte für einen einfachen Diebstahl Zwangsarbeit oder Freiheitsentzug von bis zu sechs Monaten vorgesehen.[114] Es lag wiederum an Michail Arsent'ev, dem Milizionär, den er selber gerufen hatte, das Ende der Auseinandersetzung mitzuteilen. Dieser sah seinerseits davon ab, die gesetzlich vorgesehenen Untersuchungen in Gang zu setzen. Somit war unterhalb der Ebene eines juristisch korrekten Ermittlungsverfahrens Platz für eine informelle Lösung, die paradoxerweise gerade durch die Gegenwart dreier offizieller Vertreter des sowjetischen Staates erreicht wurde. Hatten während der Zarenzeit die Dorfältesten die Macht und Möglichkeit, durch ihr Zugegensein eine Öffentlichkeit herzustellen, die die streitenden Parteien zu einem Resultat nötigte[115], so nahmen nun Repräsentanten des Sowjetstaates ihre Rolle ein. Die neue Staatlichkeit und traditionelle Konfliktlösungsmuster schlossen sich offenkundig nicht aus. Das Fallbeispiel dokumentiert, dass Ende 1922 zumindest in der Nähe einer grösseren Stadt wie Vjaz'ma mit einem Eisenbahnknotenpunkt der junge Sowjetstaat bei der Bevölkerung formal die Anerkennung erlangt hatte. Die herrschaftliche Durchdringung war jedoch nicht so weit fortgeschritten, dass die staatlichen Vertreter durchgängig vorschriftsgemäss handelten. Auf der anderen Seite erhöhte diese Durchlässigkeit von alten Strukturen in neuen Instanzen die Akzeptanz der Sowjetregierung bei der Bevölkerung.

Die informelle Beilegung der Auseinandersetzung zwischen den Geschwistern wegen des Diebstahls belegt schliesslich, dass und aus welchen Gründen nicht alle Vergehen und insbesondere die Eigentumsdelikte in den offiziellen Statistiken erschienen. Die Feststellung, dass die Verbrechen gegen Leib und Leben typisch für das Land und Diebstahl charakteristisch für die Stadt seien, muss demnach mit einem grossen Fragezeichen versehen werden. Auf diesen Aspekt in den kriminologischen Untersuchungen der 1920er Jahre soll im nächsten Kapitel genauer eingegangen werden.

Natal'ja Fedorova wurde vom Gericht wegen des Diebstahls nicht verurteilt.[116] Für ihren Mord erhielt sie die vorgesehenen acht Jahre Gefäng-

[114] §180 StGB.

[115] Frank, Crime, 95–102.

[116] Zum einen hatte Michail Arsent'ev seine Schwester nicht angeklagt. Zum anderen war in §29 StGB vorgesehen, dass die Richter beim Vorliegen zwei oder mehrerer Delikte den Schuldigen nur für das schwerste unter ihnen verurteilten.

nisstrafe mit strenger Isolation. Letzteres bedeutete nicht, dass die Gefangenen in völliger Isolationshaft sassen, sondern sie durften in einem allerdings äusserst beschränktem Mass mit der Aussenwelt in Kontakt treten. Im Anfangsstadium bestand er darin, dass die Internierten ein Mal in zwei Wochen Besuch und einen Brief sowie ein Mal pro Woche ein Lebensmittelpaket empfangen durfte. Zeigten sie Besserung und wiesen sich insbesondere durch Arbeitseinsatz aus, so konnten sie in die nächste von insgesamt drei Stufen eingeteilt werden, was eine Lockerung der Haftbedingungen beinhaltete.[117] Natal'ja Fedorova war zuerst im Gefängnis der Stadt Smolensk interniert.[118] Dort verrichtete sie Hausarbeit.[119] In der Zeit zwischen Ende Juli 1923 und Februar 1924 wurde sie in das Gefängnis von Vjaz'ma verlegt, was wohl den Kontakt mit den Angehörigen stark erleichterte.[120] Am 12. Oktober 1923 erlangte Natal'ja Fedorova zudem eine Kürzung ihrer Haftzeit um ein Drittel auf fünf Jahre und vier Monate.[121] Diese wurde im Zusammenhang mit der Amnestie zur Feier der Gründung der Union der Sozialistischen Sowjetrepubliken ausgesprochen.[122] Wie

117 Ispravitel'no-Trudovoj Kodeks. In: Vserossijskij S-ezd rabotnikov penitenciarnogo dela v Moskve 18–24 oktjabrja 1923 goda. Stenografičeskij otčet plenarnych zasedanij S-ezda. Moskau 1923. Die deutsche Übersetzung des Arbeitsbesserungsgesetzbuch der RSFSR bei Freund, Strafgesetzbuch, 363–410. Jakubson, V. R.: Ispravitel'no-Trudovoj Kodeks RSFSR. Populjarnoe izloženie i postatejnyj kommentarij. Vypusk III–V. Moskau 1926.
Zum Prinzip der Progressivität vgl. Malinovskij, I.: Karatel'naja politika Sovetskoj vlasti i „ispravitel'no-trudovoj kodeks". In: Pravo i Žizn', 1925g., kniga pervaja, 62–70. Zu den einzelnen Gefängnistypen mit ihren jeweiligen Bestimmungen vgl. Achmadeev, Farit Chasanovič: Stanovlenie i razvitie režima v ispravitel'no-trudovych učreždenijach RSFSR (1917–1930gg.). Dissertacija [...] kandidata juridičeskich nauk. Moskau 1993, 121–169. Reaktionen von Gefangenen auf die begrenzten Möglichkeiten des Aussenkontakts vgl. bei Gernet, Michail N.: Očerki tjuremnoj psichologii. Psichologija perepiski i svidanij v tjur'me. In: Pravo i Žizn', 1924g., kniga pervaja, 81–92.

118 GASO, f. r-74, op. 2, d. 634, ll. 62, 63, 70, 71.

119 Ebd., l. 71ob.

120 Zur Situation im Gefängnis von Vjaz'ma vgl. Otčet Soveta Truda i Oborony na 1-e aprelja 1922g. Smolensk 1922, 159, 160.

121 GASO, f. r-74, op. 2, d. 634, l. 70.

122 Publiziert in *Izvestija Central'nogo Ispolnitel'nogo Komiteta Sojuza Sovetskich Socialističeskich Respublik i Vserossijsk. Central'n. Ispolnitel'n. Komiteta Sovetov Rabočich, Krest'janskich i Krasnoarm. Deputatov*, Nr. 184, 18. 8. 1923, 1. Die Amnestien wurden auch genutzt, um die prekären Platzverhältnisse in den Gefäng-

Stepan Panasov sollte sie also das Gefängnis früher verlassen können. Anfang März 1924 stellte die Verteilungskommission (*raspredelitel'naja komissija*) beim Smolensker Gouvernementsgericht den Antrag auf eine vorzeitige, bedingte Haftentlassung für Natal'ja Fedorova.[123] Ärzte hatten nämlich bei einer Untersuchung am 29. Februar einen Gebärmuttervorfall und eine chronische Entzündung der Gebärmutterschleimhaut sowie der Eileiter- und Eierstöcke diagnostiziert, was eine spezielle gynäkologische Operation erfordere.[124] Ende März lehnte das Smolensker Gouvernementsgericht den Antrag ab.[125] Gemäss §458 StPO konnte ein Häftling wegen schwerer Krankheit frühestens eine bedingte, vorzeitige Entlassung erhalten, wenn er die Hälfte der Strafzeit verbüsst hatte.[126] Dieses Mass hatte Natal'ja Fedorova erst im Februar 1926 erreicht. Am 2. Februar 1926 wurde sie vorzeitig bedingt aus der Haft entlassen.[127] Mit dieser Mitteilung endet die Gerichtsakte. Viele Fragen bleiben offen: Wohin ging sie danach? Zurück zu ihrem Ehemann und zu ihrem Kind? Wie erging es ihr gesundheitlich? Falls sie nach Hause zurückkehrte, wie wurde sie dort von den Verwandten und Nachbarn aufgenommen? Wie hatte sich der Gefängnisaufenthalt auf ihre politische Haltung ausgewirkt?

Das Dossier von Natal'ja Fedorova gewährte im Vergleich mit den Gerichtsakten aus der Bürgerkriegszeit eine tiefe Einsicht in die dörflichen und insbesondere verwandtschaftlichen Beziehungen. Die Einführung der NĖP scheint eine Entspannung dahingehend gebracht zu haben, dass innerfamiliäre und dörfliche Konflikte wieder als solche an das Licht traten. Wie das Fallbeispiel zeigen konnte, dauerten Zwietracht und Streitigkeiten über Jahre an. Auch wenn Auseinandersetzungen bereinigt worden waren, wie

nissen in den Griff zu bekommen. Vgl. Jakubson, V.: Naselenie mest zaključenija v SSSR. In: Statističeskoe obozrenie. Ežemesjačnik, Nr. 5, maj 1929g., 105–107.

123 GASO, f. r-74, op. 2, d. 634, ll. 67, 72, 72ob.

124 Ebd., l. 68. Ob Natal'ja Fedorova operiert wurde, geht aus der Gerichtsakte nicht hervor.
Ein Gebärmuttervorfall kommt vor allem bei Frauen mit vielen Geburten vor, kann aber auch früher erfolgen, wenn eine erbliche Veranlagung dazu besteht. Aus medizinischer Sicht handelt es sich bei einem Gebärmuttervorfall nicht um eine schwere Krankheit. Für diese Informationen danke ich Dr. med. Charlotte Fischer.

125 Ebd., l. 73.

126 Die Zeit der Untersuchungshaft sowie Kürzungen infolge einer Amnestie oder Begnadigung wurden berücksichtigt.

127 Ebd., l. 74.

etwa die Aufteilung von Land bei den Fedorovs, so waren sie längst nicht verschwunden. Man vergass nicht so schnell, wo und wann jemand Unrecht und Schaden getan oder erlitten hatte. Im Gegensatz zu den Fällen aus dem Bürgerkrieg fanden diese Kenntnisse und Erlebnisse Eingang in die Befragungen.

Bei den Bürgerkriegsfällen standen politische Argumente im Vordergrund. Wer wie mit wem verwandt war, wer wem früher schon etwas zuleide getan hatte oder wer wofür verdächtigt wurde, interessierte die ermittelnden Behörden kaum. Für sie scheint, den Antworten der Befragten nach zu schliessen, das Verhältnis zur Partei und somit zu den Herrschenden ausschlaggebend gewesen zu sein. Dieses Kriterium hatte 1922 und 1923 an Bedeutung verloren. Zwar erhielt das Parteimitglied Trofim Ivanov etwa bei der medizinischen Behandlung der Vergiftung eine grössere Aufmerksamkeit als sein Bekannter. Doch ob die Tatsache, dass ein Parteimitglied Opfer eines Mordanschlags geworden war, sich verschärfend auf das Gerichtsurteil auswirkte, lässt sich nicht mit Bestimmtheit sagen. Eine wesentliche Rolle dürften das Geschlecht der Täterin und der Tatbestand an sich gespielt haben. Im Urteil wurde nämlich betont, dass Natal'ja Fedorova, den Mord geplant und darum absichtlich ausgeübt habe. Dass der Betroffene der Partei angehörte, fand keine Erwähnung. Das Gericht unterstellte Natal'ja Fedorova keine politischen Absichten und behandelte sie wie eine „normale“ Mörderin.

Während der Ermittlungen gaben die Befragten primär zu den Tatumständen Auskunft. Die meisten von ihnen stützten ihre Erklärungen mit Wissen und Erfahrungen aus dem direkten Umgang mit den Personen, über die sie aussagten, oder aus dem unmittelbaren Kontext der Personen. Auf diesem Wege gelangten Informationen und Vermutungen über verwandtschaftliche und nachbarschaftliche Beziehungen in die Gerichtsakte. Anscheinend hielten die Menschen es nicht mehr für nötig, ihre Darlegungen in ein politisches Mäntelchen zu hüllen, um ihre Chancen bei den Behörden zu erhöhen, und hofften auch mit ihrer Sprache Gehör zu finden. Argumente, die auf einen politischen Hintergrund schliessen lassen, kamen nur am Rande vor und standen im Zusammenhang mit der Kampagne gegen *samogon*. In fast allen Fällen, die in dieser Arbeit analysiert werden, taucht irgendwo eine Flasche dieses Getränkes auf. Einerseits diente er als entlastendes Moment. Die Verhörten konnten sich nicht mehr an eine bestimmte Begebenheit erinnern. Angeklagte führten den übermässigen Alkoholkonsum an, um ihre Unzurechnungsfähigkeit zu beweisen und so ein milderes Urteil zu erreichen. Auf der anderen Seite konnten Befragte die politische

Bedeutung nutzen, die die Bolschewiki dem *samogon* durch die intensiven Kampagnen verliehen hatten. Dann galt der Angeschwärzte als Vertreter der alten Lebensweise und verdiente eine härtere Strafe. Egal welcher Argumentation das Gericht folgte, sicherlich darf angenommen werden, dass die Betroffenen und ihre Umgebung die Entscheidung registrierten. Denn *samogon* bildete einen wichtigen Bestandteil der dörflichen Kultur. Das Machtwort eines Gerichts zeigte wohl in dem Sinne Wirkung, dass sich die Betroffenen bei einem nächsten Zusammentreffen mit Behörden entsprechend äusserten. Die Bereitschaft, die einschlägigen Beweisgründe aus einer Kampagne zu übernehmen und anzuführen, braucht es, um die eigenen Ziele zu erreichen. Sie ist aber auch ein Zeichen dafür, dass die Autoren der Kampagnen, in diesem Falle die bolschewistischen Führer, als solche anerkannt waren. Gewiss kann von keiner tiefgreifenden Durchsetzung der bolschewistischen Herrschaft gesprochen werden, wenn man berücksichtigt, wie für den Diebstahl der Geschwister an ihrem Bruder eine informelle Lösung gefunden wurde. Doch alles in allem hatte man sich mit den Trägern der neuen Macht arrangiert und akzeptierte sie als solche.

3.2 Fallstudie Vasilij Trofimov „Wir halten ihn für einen verdächtigen Menschen." Ein Vatermörder im Visier.

Die Ereignisse, von denen in diesem Kapitel die Rede sein werden, spielten in den Jahren 1922 und 1923 im Dorf Govrovo, rund dreissig Kilometer südöstlich der Stadt Smolensk. Die Eisenbahnlinie Smolensk – Roslavl' – Brjansk führte neun Kilometer westlich an Govrovo vorbei. Der Ort gehörte zum *uezd* Smolensk.[1] Dieser *uezd*, wie auch die anderen *uezdy* des Gouvernements Smolensk, verzeichnete in den Jahren 1897 bis 1926 eine Zunahme der ländlichen Bevölkerung von 293'030 auf 458'106 Menschen. Die jährliche Zuwachsrate betrug im Zeitraum von 1897 bis 1920 1,05 Prozent, von 1920 bis 1926 gar 3,3 Prozent. Letztere erklärt sich mit der Stadtflucht im Zusammenhang mit den Auswirkungen der Revolution und der Hungerkatastrophe 1921. Ausserdem waren 1920 noch längst nicht alle Männer aus dem Krieg zurückgekehrt.[2] Der *uezd* Smolensk gehörte mit 49 Personen pro km^2 zu den am dichtesten besiedelten des Gouvernements.[3] Diese Entwicklung hatte zur Folge, dass sich die bebaubare Landfläche trotz Melorationsprojekten verknappte: von 1,8 Desjatinen Landwirtschaftsland pro Person 1916 auf 1,4 Desjatinen 1924. Dies bedeutete ferner, dass die Arbeitsbelastung, insbesondere der Männer, im Vergleich zur Zeit vor der Revolution abgenommen hatte. 1916 verbrachte eine Frau 310 Tage bei Hof- und Hausarbeit, Männer 182 Tage. 1923 nahmen die gleichen Arbeiten bei den Frauen 274 Tage, bei den Männern 136 Tage in Anspruch.[4]

1 GASO, f. r-74, op. 2, d. 664, l. 66.

2 Predvaritel'nye itogi vsesojuznoj perepisi naselenija 17-go dekabrja 1926 goda po Smolenskoj gub. Smolensk 1927, 21.

3 Ebd., 19; Krivcov, S. S. (Hg.): Zapadnaja oblast'. Moskau, Leningrad 1929, 22.

4 G. M., M. D.: Zapas rabočej sily v sel'skom chozjajstve Zapadnoj oblasti. In: Ėkonomičeksaja Žizn', Nr. 10–12, ijul'–sentjabr' 1926g., 85–96. Die geringere Arbeitsbelastung der Männer in der Landwirtschaft war einerseits Ausdruck eines tatsächlichen Überschusses an männlichen Arbeitskräften, andererseits fanden Männer auch im *kustar'*-Gewerbe und als (Saison-)Arbeiter in der Industrie Beschäftigung. Vgl. Kovaleva, T. L.: Nezemledel'českie zanjatija gosudarstvennych krest'jan Smolenskoj gubernii. In: Budaev, D. I., Kondrašenkov, A. A. (Hg.): Sel'skoe chozjajstvo i krest'janstvo Zapada i Severo-Zapada RSFSR v dorevoljucionnyj period. Smolensk 1980, 16–36; Budaev, D. I.: Osobennosti razvitija proiz-

Im vorliegenden Fallbeispiel steht die Familie Trofimov im Zentrum. Zu ihr gehörten der Vater Pavel Petrovič Trofimov und seine Ehefrau Ekaterina Pavlovna. Sie zählten beide um die vierzig Jahre.[5] Sie hatten drei Kinder, den 19-jährigen Vasilij[6] und zwei kleine Mädchen im Alter von acht Monaten und zwei Jahren.[7] Vasilij Trofimov heiratete 1923 in der *maslenica*-Woche die gleichaltrige Agripina Efimovna aus dem Dorf Petričino.[8] Agripina Efimovna und Vasilij Trofimov waren ein verhältnismässig junges Paar. Das durchschnittliche Heiratsalter betrug nämlich 1923 in den ländlichen Gebieten des Gouvernements Smolensk bei Männern 24,9 und bei Frauen 22,3 Jahre. Typisch war hingegen der Zeitpunkt ihrer Heirat: die beliebtesten Heiratsmonate waren 1923 Januar, Februar und Mai.[9] Wie und wo sich Vasilij Trofimov und Agripina Efimovna kennengelernt hatten oder wie lange sie sich schon vor der Eheschliessung kannten, geht aus der Akte nicht hervor. Vermutlich hatte sich Agripina Efimovna glücklich geschätzt, einen Ehemann gefunden zu haben. Denn auf 1'000 Männer kamen im Schnitt 1'073 Frauen. In der Alterskategorie der 20 bis 24-Jährigen fiel dieses Missverhältnis noch stärker aus.[10]

Die Familie Trofimov lebte von der Landwirtschaft. Sie besass zwei Pferde, zwei Kühe, drei Schafe, zwei Schweine und zehn Desjatinen Land.[11] Damit bewirtschaftete sie einen eher grösseren Hof. Denn zu einem Hof gehörten durchschnittlich fünf Desjatinen Acker und eineinhalb Desja-

vodstvennych sil v sel'skom chozjajstve Zapadnogo regiona v ėpochu kapitalizma. In: Ebd., 50–59.

5 In den Verhören werden unterschiedliche Altersangaben gemacht, alle kreisen jedoch um das Alter Vierzig. GASO, f. r-74, op. 2, d. 664, ll. 9, 15, 33, 60, 74, 96.

6 Vasilij war im April 1903 geboren worden. Ebd., l. 51.

7 Die Mutter machte diese Aussage (ebd., l. 60), Vasilij Trofimov hingegen gab an, dass die beiden Mädchen eineinhalb und vier Jahre alt seien (ebd., l. 66ob.). Beide Informationen sind möglich, welche jedoch die richtige ist, kann ich nicht entscheiden, vermute aber, dass die Mutter das Alter ihrer Kinder besser kennt, und gebe daher ihrer Aussage den Vorzug.

8 Ebd., l. 47ob., 76ob. Petričino lag in der gleichen *volost'* wie Govrovo.

9 Lisovskij, V.: Estestvennoe dviženie naselenija v Smolenskoj gubernii za 1920–1926 gody. In: Bjulleten' Smolenskogo Gubernskogo Statističeskogo Bjuro, Nr. 4, mart 1928g., 127–128.

10 Predvaritel'nye itogi, 20. CDNISO, f. r-140, op. 1, d. 259, ll. 72, 73. In den östlichen *uezdy* des Gouvernements Smolensk – Gžatsk (heute Gagarin), Syčevsk und Vjaz'ma – war der Frauenüberschuss noch höher, weil traditionellerweise viele Männer zur Arbeit in die Hauptstädte und Industriegebiete weggingen.

11 GASO, f. r-74, op. 2, d. 664, ll. 9, 25, 29, 33, 60, 62, 107.

tinen Wiese.[12] Die Familie Trofimov betrieb neben der Viehhaltung auch Ackerbau. In welchem Verhältnis die beiden Produktionsbereiche zueinander standen, erwähnt die Quelle nicht. Zu Beginn der 1920er Jahre nahm im Gouvernement Smolensk der Anteil des Graslandes an der Gesamtsaatfläche stark zu. Sommerweizen, Kartoffeln und Erbsen wurden ebenfalls vermehrt angepflanzt. Winterweizen, Gerste, Leinen und Hanf hingegen verloren an Bedeutung. Obwohl der Winterweizen durch die Ausweitung des Graslandes zurückgedrängt wurde, stellte er mit rund 40 Prozent der gesamten Fläche in den Gärten und auf den Feldern die wichtigste Getreidesorte dar. 20 Prozent beziehungsweise etwa 10 Prozent der Fläche wurden mit Hafer und Kartoffeln bepflanzt, je ungefähr 5 Prozent mit Gerste, Leinen und Klee. Den Anbau von Klee forcierten vor allem die grösseren Höfe, die kleinen säten vergleichsweise mehr Wintergetreide. Dementsprechend konnten erstere zunehmend mehr Tiere halten, wobei der Anteil der Jungtiere verhältnismässig hoch war.[13]

12 Gagarin, A.: Chozjajstvo, žizn' i nastroenija derevni (po itogam obsledovanija Počinskovskoj volosti Smolenskoj gubernii). Moskau, Leningrad 1925, 7. Die *volost'* Počinok grenzte südlich an die *volost'* Koščino, in der das Dorf Govrovo lag. Ähnlich wie Bol'šakov das Gouvernement Tver' bereiste, untersuchte Gagarin die *volost'* Počinok. Die behandelten Themenkomplexe gleichen sich sehr. Vgl. auch Altrichter, Helmut: Die Bauern von Tver'. Vom Leben auf dem russischen Dorfe zwischen Revolution und Kollektivierung. München 1984. Knappe Hintergrundinformationen zu diesen Forschungsreisen bei Ahlberg, René: Einleitung. Die Entwicklung der sowjetischen Soziologie. In: Ders. (Hg.): Soziologie in der Sowjetunion. Ausgewählte sowjetische Abhandlungen zu Problemen der sozialistischen Gesellschaft. Freiburg im Breisgau 1969, 12.

13 Gusel'nikova: Naselenie, posevnye ploščadi i skot v krest'janskich chozjajstvach Smolenskoj gubernii v 1923g. In: Bjulleten' Smolenskogo Gubernskogo Statističeskogo Bjuro, Nr. 1, aprel' 1924g., 40–66. Für die nachfolgenden Jahre siehe: Sokolov, N. M.: Osnovnye ėlementy sel'skogo chozjajstva Smolenskoj gubernii v 1924 godu. Po dannym vesennego oprosa. In: Ebd., Nr. 2, ijun' 1925g., 54–85; ders.: Osnovnye ėlementy sel'skogo chozjajstva Smolenskoj gubernii za 1925, 1926 i 1927 gody. Po dannym vesennego oprosa. In: Ebd., Nr. 4, mart 1928g., 5–53. Im Zusammenhang mit der zunehmenden Diversifizierung der landwirtschaftlichen Produktion ist von Interesse, dass sich auch die Ernährung der Bauernfamilie im Verlaufe der ersten Hälfte der 1920er Jahre abwechslungsreicher gestaltete. Überwogen zu Beginn noch Roggen, Kartoffeln und Gemüse, so wurden sie im Laufe der Jahre teilweise durch Weizen, Mehl und Fleisch ersetzt. Ab 1924 konnten sich auch breitere Schichten der bäuerlichen Bevölkerung wieder vermehrt Zucker leisten. Insgesamt wurde die Versorgung mit den Grundnahrungsmitteln Mitte der 1920er Jahre wieder als befriedigend eingeschätzt. Vgl. Michailov, V. I.: Osnovnye čerty i dinamika krest'janskogo pitanija v Smolenskoj gubernii za

Die Jahre nach dem Bürgerkrieg waren ganz dem Wiederaufbau gewidmet. Dies galt auch für die Gebäulichkeiten, die vorwiegend aus Holz bestanden und in den Jahren des Ersten Weltkrieges und des Bürgerkrieges nicht ersetzt oder oft nur in ungenügendem Masse unterhalten werden konnten. Pavel Trofimov kehrte 1918 von der Front zurück.[14] Zusammen mit seinem Sohn begann er 1920 einen neuen Stall und ein komplett neues Haus zu bauen, Ende 1922 waren die Bauarbeiten abgeschlossen. Vorgefertigte Fensterrahmen bezogen sie aus der Stadt Smolensk.[15] Denn im Gegensatz zu den *uezdy* konnte in der Stadt Smolensk die hohe Nachfrage nach Baumaterial noch eher abgedeckt werden.[16] Die dreissig Kilometer Entfernung zur Stadt Smolensk scheint für die beiden Männer keine allzu grosse Distanz bedeutet zu haben. Insgesamt lässt sich die ökonomische Lage der Familie Trofimov angesichts der damals allgemein eher schwierigen Situation als gut bezeichnen.

Doch mit dem Verhältnis der Familienmitglieder untereinander stand es nicht zum Besten. So soll Pavel Trofimov mit einer anderen Dorfbewohnerin fremd gegangen sein und eine Tochter gezeugt haben. Nach der Rückkehr aus dem Krieg soll er ein Liebesverhältnis mit einer Frau vom Gutshof Kurčevščina unterhalten haben. Diese habe er oft besucht, ihr Lebensmittel und selbstgebrannten Schnaps (*samogon*) gebracht und sie eingekleidet. Wenn seine Ehefrau ihm deswegen Vorwürfe machte, prügelte er sie. Sie habe ihn nicht zufriedenstellen können. Es kam oft zu Streitereien und Pavel Trofimov habe sie geschlagen. Diese Szenen beschrieb Vasilij Trofimov in einigen Verhörprotokollen ausführlich. Von anderen Dorfbewohnern und Nachbarn wie auch von Ekaterina Trofimova selber wurde bestätigt, dass ihr Ehemann sie häufig schlug.[17]

Auch Ende September 1922 – zwei Dorfbewohner waren gerade zu Besuch – eskalierte eine Bemerkung von Ekaterina Trofimova zu einem Familienstreit. Nach Angaben von Vasilij Trofimov kam seine Mutter an

1921–26gg. Po dannym Gubstatotdela. In: Ėkonomičeskaja Žizn', Nr. 5–8, maj–avgust 1927g., 33–47.

14 GASO, f. r-74, op. 2, d. 664, l. 33.

15 Ebd., ll. 61, 62, 66.

16 Kobrin, M.: Rynok stroitel'nych materialov v Smolenskoj gubernii. In: Ėkonomičskaja Žizn', Nr. 8–9, avgust–sentjabr' 1924g., 45–47. Von einem Bauboom berichtet auch Scheibert, Peter: Lenin an der Macht. Das russische Volk in der Revolution 1918–1922. Weinheim 1984, 133.

17 GASO, f. r-74, op. 2, d. 664, ll. 10ob., 16, 18, 19ob., 22, 25, 29, 33, 47, 48, 74, 75ob., 81, 107ob., 108.

jenem Abend von der Kirche zurück und meinte, dass, wenn sie nicht zu Hause sei, niemand das Haus wische. Daraufhin habe der Vater wortlos den Haken gepackt und die Mutter zu prügeln begonnen. Vasilij Trofimov tat die Mutter leid, er wollte ihr helfen und mischte sich in den Konflikt ein. Nun setzte eine kurze Schlägerei zwischen den beiden Männern ein, die darin mündete, dass Pavel Trofimov seinen Sohn vom Hof verjagte. Vermutlich fand Vasilij Trofimov in der ersten Nacht beim Nachbarn Vasilij Belokopytov Unterschlupf und danach bei seinem Patenonkel Daniil Ovsjannikov im vier Werst entfernten Dorf Ščuply. An beiden Orten half er bei den anfallenden Arbeiten: Getreide dreschen, Kartoffeln graben und Hanf einsammeln. Nach acht Tagen begab sich Vasilij Trofimov wieder zum Hof des Vaters. Offenbar war der Vater an jenem Abend gerade auf dem Weg zur Scheune, um nach dem Feuer zu schauen, das dort in einem Ofen brannte und die Garben trocknen half.[18] Am nächsten Morgen sollten sie gedroschen werden. In der Nähe der Scheune mussten sich Sohn und Vater begegnet sein. Pavel Trofimov wollte Vasilij Trofimov wieder verjagen und rannte ihm mit einer Axt in der Hand nach. Vasilij Trofimov hastete zum Heustall, packte die Jagdflinte und schlug sie dem Vater beim Scheunentor über den Kopf. Dieser brach tot zusammen. Vasilij Trofimov streute Stroh über den Toten. Danach ging er ans Fenster der Mutter, klopfte dort und bat sie, herauszukommen um ihm zu helfen, den Vater zu verstecken. Ob dieser Nachricht fiel Ekaterina Trofimova beinahe in Ohnmacht und sie weigerte sich, Vasilij Trofimov zu helfen. Deshalb bat er, sie solle ihm seinen Cousin Ivan Trofimov schicken. Zusammen mit dem 13-jährigen Ivan Trofimov, der schon drei Jahre lang bei den Trofimovs als Pferdeknecht gedient hatte, gingen sie zur Scheune. Dort meinte Vasilij Trofimov zu ihm: „Da, schau, ich habe den Vater umgebracht".[19] Vasilij Trofimov klaubte die Schlüssel aus der Tasche des Vaters und schleppte ihn zum Gemüsegarten in der Nähe der *banja*, wo er mit Ivan Trofimov ein Loch grub und sie Pavel Trofimov hineinlegten. Um das Geschehene zu vertuschen, drohte Vasilij Trofimov sowohl der Mutter als auch seinem Cousin, sie ebenfalls umzubringen, wenn sie ihn verraten würden. In der gleichen Nacht noch ging Vasilij Trofimov wieder zu seinem Onkel nach

18 Eine Beschreibung, wie die Garben in der Korndarre (*ovin*) getrocknet wurden, bei Matossian, Mary: The Peasant Way of Life. In: Farnsworth, Beatrice, Viola, Lynne (Hg.): Russian Peasant Women. New York, Oxford 1992, 37.

19 GASO, f. r-74, op. 2, d. 664, l. 75. „Vot posmatri [sic] ja ubil otca."

Ščuply.[20] Ivan Trofimov verliess am nächsten Tag das Haus seiner Tante. Ohne eine einzige männliche Arbeitskraft zurückgeblieben, schickte Ekaterina Trofimova den Dorfhirten Il'ja Korolev, der zu der Zeit gerade fünf Tage bei den Trofimovs „stationiert"[21] war, Vasilij Trofimov suchen. Dieser solle wieder nach Hause kommen, denn der Vater sei weggegangen und niemand da, der nach dem Vieh schaue. So kehrte Vasilij Trofimov wieder nach Hause zurück und übernahm den Betrieb.[22]

Dieser Ablauf der Ereignisse scheint mir der wahrscheinlichste zu sein. Die Beteiligten widersprachen sich gegenseitig, und Vasilij Trofimov machte gar gegensätzliche Angaben. So wollte er sich beispielsweise während seiner Abwesenheit nur bei Daniil Ovsjannikov aufgehalten haben, das andere Mal nur bei den Belokopytovs. Was bewegte Vasilij Trofimov zu divergierenden Aussagen? Bestand ein Zusammenhang mit seinem Verhältnis zu diesen Personen, vermochte er sich nicht mehr genau an seine vorherige Variante erinnern oder lag es daran, dass verschiedene Personen ihn befragten? Vasilij Trofimovs Motivation bleibt im Dunkeln, die Akte gibt zu den gestellten Fragen keine Antworten. Der Aufenthaltsort Vasilij Trofimovs war für den weiteren Verlauf des Falles letztlich nicht entscheidend, sodass diese Unsicherheit meines Erachtens stehen bleiben kann.[23]

Die nächste Unklarheit besteht darin, ob Vasilij Trofimov während dieser acht Tage nach Hause zurückzukehren versuchte. Ekaterina Trofimova behauptete, er sei nie zu Hause gewesen.[24] Ansonsten hätte sie sich verdächtig gemacht, in dieser Zeit den Mord mit ihrem Sohn geplant zu haben. Vasilij Trofimov stützte ihre Version mit zwei Ausnahmen. Bei der allerersten Befragung und beim ersten Verhör nach der Entdeckung der Leiche sagte er aus, dass er noch zwei Mal zurückkehrte, ihn aber der Vater immer

20 Danijl Ovsjannikov scheint eine Sonderstellung eingenommen zu haben, weil er der Patenonkel Vasilij Trofimovs war. Meines Wissens ist die Bedeutung der Pateneltern innerhalb der familialen und dörflichen Beziehungsgefüge noch nicht erforscht.

21 Es scheint sich hier um ein „Rotationssystem" zu handeln: Ein ganzes Dorf stellte einen Viehhirten ein. Er wohnte für einen bestimmten Zeitabschnitt in den einzelnen Haushalten, wo er Kost und Logis erhielt. Die Aufenthaltsdauer wurde entsprechend der Anzahl Tiere der einzelnen Familien ermittelt.

22 Zusammenschnitt aus folgenden Seiten: GASO, f. r-74, op. 2, d. 664, ll. 9–10ob., 16, 18–25, 29, 30, 33, 47–50, 54–62, 70–76, 79–82ob., 89, 96–98, 107–109.

23 Ebd., l. 96. Der Verhörrichter liess diesen Aspekt in seiner Anklageschrift sogar ganz wegfallen.

24 Ebd., ll. 74, 82.

wieder weggejagt habe.[25] Dmitrij Korol'kov – er war einer jener beiden Männer, die bei den Trofimovs zu Besuch waren – wollte dies ebenfalls beobachtet haben.[26] Hatte sich Vasilij Trofimov möglicherweise noch zwei Mal nach Hause begeben, ohne dass Ekaterina Trofimova davon wusste? Steigerte sich vielleicht seine Wut gegen den Vater, wenn dieser ihm jedes Mal die Heimkehr verwehrte? Daran anknüpfend die Frage: Was veranlasste Vasilij Trofimov zum Mord an seinem Vater?

Was den Ereignisverlauf angeht, so zeichneten sich Vasilij Trofimovs Aussagen durch eine hohe Inkonsistenz aus, doch erstaunlich beständig thematisierte er die verfahrene Familiensituation.[27] Seit er sich zu erinnern vermöge, schlage der Vater die Mutter oft und meist ohne Grund, nie könne sie es ihm recht machen. Wenn er von seinen Liebhaberinnen nach Hause komme, sei er mit der Mutter besonders böse. Die Ermittlungen zum Mordfall gewähren so unerwartet auch Einblicke in gewalthafte Familienverhältnisse.

Die patriarchalen Strukturen des ländlichen Russlands gestanden dem Ehemann das Recht zu, seine Frau zu schlagen, im Sinne einer Züchtigung war er als Haushaltsvorsteher sogar dazu verpflichtet. Physische Gewalt durch den Mann bestätigten und reproduzierten dessen Machtstellung innerhalb der Familie. Bei der Dorfgemeinschaft sicherte sich ein Mann, der seine Frau zu züchtigen wusste, Ruf und Ehre seiner selbst und der Familie.[28]

25 Ebd., ll. 10ob., 23, 29, 62, 75ob.

26 Ebd., ll. 18, 48.

27 Darüber berichtete Vasilij Trofimov in sieben von zehn Verhören verschieden ausführlich: „... žil s mater'ju očen' plocho ...", „... drat'sja s mater'ju ..." (ebd., l. 10ob.), „... semejnyj skandal ..." (ebd., l. 22), „... s semejstvom žil očen' plocho ... rugalsja bez pričiny" (ebd., l. 25), „... často ssorilsja s moej mater'ju ... i daže bil ee ..." (ebd., l. 29) sowie ll. 75ob. und 107ob. Die knappe Wendung „žil plocho s ..." kommt auch in anderen Gerichtsakten vor, ohne dass weiter ausgeführt wird, was sich dahinter verbirgt. Die vergleichsweise breiten Schilderungen Vasilijs ermöglichen, diese Wendung zu konkretisieren.

28 Frank, Stephen P.: Crime, Cultural Conflict, and Justice in Rural Russia, 1856–1914. Berkeley, Los Angeles 1999, 257–259; Shinn, William T. Jr.: The Law of the Russian Peasant Household. In: Slavic Review, 20 (1961), 601–621. Allgemein zur Kultur des Patriarchats vgl. Farnsworth, Beatrice: The Litigious Daughter-in-Law: Family Relations in Rural Russia in the Second Half of the Nineteenth Century. In: Dies., Russian Peasant Women, 98–100; Glickman, Rose L.: Peasant Women and Their Work. In: Ebd., 57; Worobec, Christine D.: Peasant Russia: Family and Community in the Post-Emancipation Period. Princeton 1991, 175–216. Zur Beschreibung, wie und wann Frauen von ihren Ehemännern geschlagen wur-

Die detaillierten Schilderungen über Pavel Trofimovs Verhalten stammen ausnahmslos von seinem Sohn. Auf den ersten Blick dienten sie zur Erklärung, warum er in der Nacht, als der Vater verschwand, nicht zu Hause übernachtet hatte: weil der Vater ihn verjagt hatte, als er sich in den Konflikt seiner Eltern einmischte. Wohlgemerkt, Vasilij Trofimov gab die eingehenden Beschreibungen bei Verhören zu Protokoll, sie können daher als (indirekte) Entlastungsversuche gelesen werden.[29] Der Verweis auf die Seitensprünge seines Vaters sollte dessen Untreue dokumentieren.[30] Der Vater hatte die Ehe- und Familiengemeinschaft aufgekündigt, lange bevor Vasilij Trofimov ihn mittels Mord ausschloss. Wie aus einem Brief an seine Ehefrau Agripina Efimovna hervorgeht, sollten sich Ehepartner nach Vasilij Trofimovs Vorstellungen treu sein und bleiben: „[...] ich verlasse dich bis ans Ende deines Lebens nicht, ich liebte dich und werde dich lieben [...].“[31] Was das eheliche Zusammenleben anging, war der Vater für

den, vgl. Ransel, David L. (Hg.): Olga Semyonova Tian-Shanskaia: Village Life in Late Tsarist Russia. Bloomington, Indianapolis 1993, 20, 21.
Kaser hat im Zusammenhang mit den unterschiedlichen Formen des Erbens auf das Senioratsprinzip und die zentrale Bedeutung der Kategorie Geschlecht sowie auf die Rolle der Dorfgemeinschaft hingewiesen, die über die Einhaltung der patriarchalen Strukturen wacht. Vgl. Kaser, Karl: Macht und Erbe. Männerherrschaft, Besitz und Familie im östlichen Europa (1500–1900). Wien, Köln et al. 2000, 198, 209.

29 Vasilij Trofimov verwies ausführlich auf die prekäre Familiensituation, lange bevor der Mord aufgedeckt wurde.

30 Dmitrij Korol'kov erwähnte als Einziger, dass auch Ekaterina Trofimova während der Abwesenheit ihres Ehemannes im Krieg Bekanntschaften mit anderen Männern gehabt und Pavel Trofimov davon gewusst habe. GASO, f. r-74, op. 2, d. 664, l. 47ob.
Zur Untreue innerhalb der Ehe und den differenzierten Reaktionen darauf durch die Dorfgemeinschaft zitiert Glickman einen Dorfbewohner aus dem Gouvernement Smolensk und Korrespondent der ethnographischen Untersuchungen Teniševs: „But infidelity does not go beyond the boundaries of propriety and bring shame on the family, it [Dorfgemeinschaft] does not interfere with family accord“. Glickman, Rose L.: „Unusual Circumstances“ in the Peasant Village. In: Russian History / Histoire Russe 23 (1996) 1–4, 222.

31 GASO, f. r-74, op. 2, d. 664, l. 72. Vasilij Trofimov besuchte zwei Jahre lang die Schule. Dies entsprach etwa dem Durchschnitt. Vgl. Eklof, Ben: Russian Peasant Schools. Officialdom, Village Culture, and Popular Pedagogy, 1861–1914. Berkeley, Los Angeles et al. 1986, 328–331. Zur Alphabetisierung im Gouvernement Smolensk vgl. Grišanevskij, V.: Raspredelenie naselenija Smolenskoj gubernii po polu, vozrastu, narodnostjam i gramotnosti po dannym demografičeskoj perepisi

Vasilij Trofimov also kein Vorbild. Weiter berichtete er, dass der Vater seiner Geliebten Geschenke brachte, was Ekaterina Trofimova ab und zu kritisierte. Im Gegenzug, manchmal aber auch scheinbar grundlos schlug Pavel Trofimov seine Ehefrau. In dieser Sequenz tritt die ökonomische Seite des Konflikts hervor. Die Ehe bildete nicht nur eine von Gott gestiftete Gemeinschaft, die durch Treuelosigkeit sündhaft befleckt wurde, sondern auch eine Arbeitsgemeinschaft. Das gemeinsam Erarbeitete stellte eine Ressource dar, zu der alle Familienmitglieder mehr oder weniger Zugang haben mussten, um überleben zu können. Wenn der Vater Teile davon zur Geliebten wegtrug, so kamen sie einer Person zugute, die keine Arbeit dafür geleistet und darum auch kein Recht darauf hatte.[32] Das Überleben der Familie Trofimov war wahrscheinlich durch die Geschenke nicht bedroht. Sie verweisen aber auf das eigenmächtige Handeln des Vaters und bringen die damit verbundene Autorität und das Recht des Vaters zum Ausdruck, über die Verteilung der Ressourcen zu bestimmen. Vermutlich rieb sich zuerst die Mutter an dieser Tatsache (abgesehen von den Schlägen und der Untreue), und Vasilij Trofimov übernahm ihre Sichtweise, um so mehr, als er als junger Mann als volle Arbeitskraft zählte und kräftig zur Mehrung der Ressourcen beitrug.

Der Ehekonflikt weitete sich definitiv zu einem Familienkonflikt aus, als zwei Nachbarn zu Besuch waren. Gut vorstellbar, dass gerade diese Konstellation die Eskalation bewirkte. Ekaterina Trofimova kam von der Kirche nach Hause. Sie hatte also eine gewisse Zeit in einem Raum verbracht, der in den 1920er Jahren eher von Frauen als von Männern genutzt wurde. Auf jeden Fall hatte sie sich ausserhalb der Kontrolle ihres Ehemannes befunden. Jede Form von Abwesenheit – auch Pavel Trofimovs Aufenthalte bei der Geliebten – bargen die Gefahr in sich, dass sich in der Zwischenzeit die Machtbalance zwischen den Ehepartnern verschoben hatte. Schläge stellten die Situation wieder klar. Die Kritik Ekaterina Trofimovas an ihrem Gatten scheint die Lage noch verschlimmert zu haben. Offenbar fühlte er sich zurechtgewiesen, sie hatte öffentlich, schliesslich waren zwei Männer vom Dorf zu Besuch, seine Autorität als Familienvorstand untergraben. Eine Machtverschiebung innerhalb der Ehe und ein Ge-

1926g. In: Bjulleten' Smolenskogo Gubernskogo Statističeskogo Bjuro, Nr. 4, mart 1928g., 134–140.

32 Auf die Verteilung der Arbeit als zentrale Masseinheit macht Frierson aufmerksam: „Most family members measured their contribution in terms of labour, labour given over the course of a lifetime.“ Frierson, Cathy: Razdel: The Peasant Family Divided. In: Farnsworth, Russian Peasant Women, 82.

sichtsverlust gegen aussen drohten. Dies konnte Pavel Trofimov mit dem Griff zum Haken und dem Einschlagen auf seine Frau verhindern. Gleichzeitig inszenierte er sich mit dieser Vorgehensweise als hausväterliche Autorität.[33]

Ausgerechnet in diesem Moment mischte sich Vasilij Trofimov ein. Er begründete sein Eingreifen damit, dass ihm die Mutter leid getan habe und er sie schützen wollte. Doch warum gerade dieses Mal, als Besuch da war? Vasilij Trofimov hatte selber erzählt, dass sich seine Eltern schon oft gestritten hätten. Damals schritt er offensichtlich nicht in ihre Auseinandersetzungen ein. Indem er sich das Recht nahm, quasi vor den Augen aller sich in die Beziehung zwischen Vater und Mutter einzuschalten, gab er nicht nur seinen Eltern, sondern auch der Dorfgemeinschaft zu verstehen, dass er die gleiche Stufe wie sein Vater erreicht habe und sich ihm ebenbürtig fühlte. Er war nicht mehr der minderjährige Sohn, der abhängig vom Vater dessen Verhalten immer und grundsätzlich zu akzeptieren hatte, sondern ein junger, heiratsfähiger Mann, dem Eigenständigkeit und Achtung gebührte.[34] Die Reaktion des Vaters erfolgte prompt. In jener Situation gerade physisch überlegen, griff er auf das altbewährte Mittel zurück und schlug auch seinen Sohn. Er empfand dessen Handlungen offenkundig als derart gefährdend, dass er ihn vom Hof vertrieb und damit eine andauernde und grössere physische Distanz zu schaffen versuchte.

Für Vasilij Trofimov bedeutete die Vertreibung vom Hof den Verlust jeglicher Zukunftsaussichten. Der Vater nahm ihm die Möglichkeit, eine eigene Existenz aufzubauen. Vielleicht hatte Vasilij Trofimov zu diesem Zeitpunkt bereits die Absicht, Agripina Efimovna im nächsten Winter zu heiraten. Der Lebens- und Einkommensgrundlage beraubt war er nicht in der Lage, ein solches Vorhaben durchzuführen. Die Wegweisung musste für ihn folglich schon aus rein wirtschaftlicher Sicht unannehmbar gewesen sein. Mit dem Fehlen der wirtschaftlichen Perspektive ging das Nichterreichen des Status als Erwachsener einher. Die Angebote der bolschewistischen Partei scheint Vasilij Trofimov nicht gekannt zu haben. Es fehlen jegliche Hinweise auf die Partei als Hoffnungsträger einer besseren Zu-

33 Wichtige Anregungen bei Töngi, Claudia: Ehekonflikte in Uri im 19. Jahrhundert. Überlegungen zum Verhältnis von Männlichkeit und Gewalt. In: Traverse 7 (2000) 1, 95–108.

34 Die traditionelle Unterordnung der jüngeren Generation unter die ältere begann in der zweiten Hälfte des 19. Jahrhunderts aufzubrechen. Vgl. Frierson, Razdel, 83, 84. Frank vermerkt, dass in diesem Zeitraum die jüngeren Bauern Körperstrafen als Urteile zunehmend ablehnten. Frank, Crime, 210, 226–236.

kunft.[35] In seiner Sicht bedeutete die Bewirtschaftung eines Hofes das Lebensglück.

Die geschilderten Ereignisse und ersten Deutungen lassen die Komplexität des vorliegenden Falles erahnen. Als nächstes soll das Tatmotiv nochmals aufgegriffen werden. Danach interessieren uns die Reaktionen der Dorfbewohner auf das Verschwinden ihres Mitbürgers, ihre Handlungsspielräume und die weiteren Geschehnisse bis Ende des Jahres. Bis im April 1923 ruhten die Ermittlungen. Wie sie wieder in Gang kamen und schliesslich endeten, beschäftigt uns anschliessend. Diesem Teil folgt eine Rückblende auf die ausgesparte Zeitspanne von Januar bis April 1923 zusammen mit einem Exkurs über Eigentumsdelikte. Im Anschluss daran wenden wir uns dem weiteren Schicksal von Vasilij Trofimov sowie der Frage nach der Präsenz der bolschewistischen Partei im Dorf zu.

Kehren wir nun zur Ausgangsfrage zurück: Warum hatte Vasilij Trofimov seinen Vater getötet? Die Familie Trofimov war eine Familie, bei der Konflikte bereits lange mehr oder weniger häufig zum Alltag gehörten. In den Auseinandersetzungen wurden die Machtverhältnisse und Hierarchien festgelegt und festgehalten. Diese versuchte Vasilij Trofimov, der mit neunzehn Jahren an der Schwelle zum Erwachsensein stand, zu verändern. Der Besuch der beiden Dorfbewohner verlieh dem Kampf zwischen Vater und Sohn einen öffentlichen Charakter. Der Verlierer musste einen massiven Gesichtsverlust erleiden. Vasilij Trofimov hatte es weder in der Familie noch in der Dorfgemeinschaft geschafft, als Erwachsener zu gelten. Im Gegenzug hatte der Vater seine Autorität zu behaupten vermocht, erfuhr

[35] Clements beobachtet, dass die jungen Männer besonders nach dem Ersten Weltkrieg eine Hofteilung beziehungsweise einen eigenen Landanteil verlangten, sodass es vermehrt zu Konflikten zwischen Vätern und Söhnen kam. Sie stellt die Frage, in welchem Ausmass die Rebellion gegen die väterliche Kontrolle zu einer Unterstützung der Bolschewiki führte. Ein derartiger Zusammenhang kann in der vorliegenden Fallstudie nicht festgestellt werden. Vgl. Clements, Barbara Evans: The Effects of the Civil War on Women and Family Relations. In: Koenker, Diane P., Rosenberg, William G., Suny, Ronald G. (Hg.): Party, State, and Society in the Russian Civil War: Explorations in Social History. Bloomington, Indianapolis 1989, 107, 108, 113.
Plaggenborg betont, dass die Jugend ihre Hoffnungen mit den Perspektiven, die die Partei anbot, verbunden habe. Während der NĖP wurden viele dieser Hoffnungen enttäuscht und deshalb habe die Jugend ihre eigene Zukunft durch die Partei verraten gesehen. Plaggenborg, Stefan: Jugend in Sowjetrussland zwischen den Weltkriegen. In: Kuhr-Korolev, Corinna, Plaggenborg, Stefan, Wellmann, Monica (Hg.): Sowjetjugend 1917–1941. Generation zwischen Revolution und Resignation. Essen 2001, 299, 300.

den eigenen Sohn aber als eine derartige Bedrohung, dass er ihn mit der Vertreibung sprichwörtlich vom Leib halten wollte. Damit verwehrte er Vasilij Trofimov den unmittelbaren Zugang zu den gemeinsamen ökonomischen Ressourcen.[36] Es handelte sich demnach um einen Generationenkonflikt, der sich vor dem Hintergrund langandauernder Familienstreitigkeiten an der Verteilung materieller und immaterieller Ressourcen festmachte und sich in dem Moment verschärfte, als er vor die Dorföffentlichkeit getragen wurde. Die Frage, wie materielle Ressourcen innerhalb der Familie vergeben werden sollten, gab in vielen Familien Anlass zu Streit.[37] Aussergewöhnlich am Fall der Trofimovs waren also nicht die Auseinandersetzungen an sich, sondern dass jemand dabei ums Leben kam.[38]

Bezeichnenderweise nahm sich Vasilij Trofimov schliesslich die Ressourcen gewaltsam. Gleich wie sein Vater löste er einen Konflikt zu seinen Gunsten, indem er Gewalt anwandte. Er tötete ihn. Seiner Mutter, die er ja noch vor kurzem vor den Schlägen seines Vaters hatte schützen wollen, und seinem Cousin Ivan Trofimov drohte er mit der Ermordung, falls sie

36 Möglicherweise hatte die Familie Trofimov schon früher eine Hofteilung in Erwägung gezogen, sie wurde aber offenbar nicht durchgeführt. Ein Hinweis in diese Richtung vgl. GASO, f. r-74, op. 2, d. 664, l. 83ob.
Zu den Gründen für eine Hofteilung vgl. Frierson, Razdel, 73–88. Zur Entwicklung des sowjetischen Rechts im Zusammenhang mit Haushaltsteilungen vgl. Shinn, The Law, 609–620. Zu Hofteilungen in der zweiten Hälfte des 19. Jahrhunderts vgl. Frierson, Cathy: Peasant Family Divisions and the Commune. In: Bartlett, Roger (Hg.): Land Commune and Peasant Community in Russia. Communal Forms in Imperial and Early Soviet Society. London 1990, 303–320.
Streitigkeiten im Zusammenhang mit der Aufteilung von Eigentum gehörten im ländlichen Russland zu den typischen Motiven für einen Mord. Vgl. Manns, G.: Derevenskie ubijstva i ubijcy. In: Širvindt, E., Traskovič, F., Gernet, M. (Hg.): Problemy prestupnosti. Vyp. 2. Moskau, Leningrad 1927, 30; Men'šagin, V. D.: Ubijstva. In: Krasnuškin, E. K., Segal, G. M., Fejnberg, C. M. (Hg.): Ubijstva i ubijcy. Moskau 1928, 71–73; Šestakova, A.: Prestuplenija protiv ličnosti v derevne. In: Širvindt, E., Traskovič, F., Gernet, M. (Hg.): Problemy prestupnosti. Vyp. 1. Moskau, Leningrad 1926, 217–219.

37 Gernet, M. N.: Prestupnost' i samoubijstva vo vremja vojny i posle nee. Vtoroj vypusk „Moral'noj statistiki". Moskau 1927, 161. Gernet erwähnt, dass bei der bäuerlichen Bevölkerung am häufigsten über Land gestritten werde. Frierson, Razdel, 73–88.

38 Weitere Fälle von Familienkonflikte mit tödlichem Ausgang sind beispielsweise zu finden bei GASO, f. r-74, op. 2, dd. 635, 661, 669, 671, 683, 749 oder 866. Auch in der zeitgenössischen Literatur werden Morde im Zusammenhang mit Familienstreitigkeiten beschrieben. Manns, Derevenskie, 31, 34, 35; Men'šagin, Ubijstva, 71, 74–76; Šestakova, Prestuplenija, 1926, 217, 218.

ihn verraten würden. Mit dem Beispiel von Vasilij Trofimov liegt einer der wenigen Fälle vor, bei denen sich psychische Gewalt und die intergenerationelle Transmission von physischer Gewalt[39] tatsächlich in den Quellen beobachten und nicht nur vermuten lassen. Es fällt aber auch auf, dass dem Mord keine politischen Motive zugrunde lagen. Auf diesen Aspekt werde ich später in diesem Kapitel zurückkommen.

In einem weiteren Schritt soll nun der Kreis der historischen Akteure um die Bewohner der Dorfgemeinschaft erweitert werden. Wie bereits gesehen, bildeten sie einen wichtigen Teil in Vasilij Trofimovs Lebenswelt. Es interessieren die Reaktionen auf das Verschwinden Pavel Trofimovs. Wie verhielten sich die Menschen einem jungen Mann gegenüber, von dem sie nicht wussten, ob er ein Mörder war? Wie kamen die Ermittlungen in Gang? Wer sagte was und wie viel aus? Welche Argumente führte Vasilij Trofimov zu seiner Verteidigung an? Wie stand es mit dem Verhältnis der Dorfbewohner zu den staatlichen Behörden? Gewährten sie einen Einblick in ihr Dorf? Welche Rolle spielte die Partei? Neben diesen Fragen soll in diesem Kapitel der Verlauf eines Verfahrens vom Beginn der Untersuchungen bis zum Gerichtsurteil ausführlicher beschrieben werden. Schliesslich geht es auch darum, das Verhältnis von Eigentumsdelikten und Verbrechen gegen Leib und Leben kritisch zu hinterfragen. Letztere galten ja – wie bereits im Zusammenhang mit der Analyse des Gerichtsfalles von Natal'ja Fedorova angesprochen – als typisch für die ländlichen Regionen.

Den Leuten vom Dorf fiel schon ein bis zwei Tage nach dem Mord auf, dass Pavel Trofimov nicht mehr zu sehen war. Wo befand er sich? Ekaterina Trofimova berichtete jeweils folgendes: Ihr Mann sei an jenem Morgen früh, noch vor Tagesanbruch aufgestanden, habe sich angezogen, einen Laib Brot und ein Viertel (25l) selbstgebrannten Schnaps genommen und sei dann weggegangen, ohne ihr zu sagen wohin. Seither sei er nicht mehr zurückgekommen.[40] Diese Geschichte erzählte Vasilij Trofimov nach.[41]

39 Godenzi macht darauf aufmerksam, dass die populäre Aussage, dass Kinder, die Opfer elterlicher Gewalt werden, ebenfalls wieder gewalttätig würden, bisher empirisch aufgrund fehlender Langzeitstudien kaum bestätigt werden konnten. Weiter fordert er, die Frage der Gewalttransmission geschlechtsspezifisch zu untersuchen. Vgl. Godenzi, Alberto: Gewalt im sozialen Nahraum. Basel, Frankfurt am Main 1993, 1. Auflage, 189–200.

40 GASO, f. r-74, op. 2, d. 664, ll. 9, 9ob., 17, 17ob., 19, 20, 60ob.

41 Ebd., ll. 10, 16, 22ob. Schon im dritten Verhör am 7. Dezember 1922 wandelte Vasilij Trofimov die Version seiner Mutter ab und behauptete, sein Vater sei zur Station Rjabcevo gegangen und von dort aus weiter nach Smolensk. Warum Vasilij Trofimov diese Version einbrachte, leuchtet nicht ein. War er allenfalls der Situati-

Als Pavel Trofimov nach einer Woche nicht wieder auftauchte, sprachen der Dorfvorsitzende, aber auch andere Dorfmitglieder mit Vasilij Trofimov und rieten ihm, er solle zur Miliz gehen und eine Vermisstmeldung aufgeben.[42] Das war für ihn eine heikle Situation, im Grunde genommen wollte er ja nicht selber die Miliz auf den Mord aufmerksam machen. Schliesslich begab er sich zum Milizionär Konnon Gorochov, doch den fand er zu Hause nicht vor. Am nächsten Tag ritt er zum Vorsteher des 3. Rajons der Smolensker *uezd*-Miliz. Es war noch frühmorgens, als Vasilij Trofimov in die Verwaltung des 3. Rajons kam und in der Küche fragte, wo der Vorsteher sein werde. Der angesprochene Mann war es gerade selber. Er fragte Vasilij, womit er ihm dienen könne, und dieser erzählte ihm, dass der Vater verschwunden sei. Daraufhin bat ihn der Vorsteher, noch etwa zehn Minuten zu warten, bis der Schriftführer mit dem Schlüssel zur Kanzlei käme, sodass man ein Protokoll erstellen könne. Anschliessend ging der Vorsteher sich waschen. Als er in die Küche zurückkam und Vasilij Trofimov holen wollte, war dieser bereits weg. Vielleicht hatte ihn die Bemerkung des Vorstehenden erschreckt, der den Verdacht äusserte, dass Pavel Trofimov vielleicht ermordet worden sei. Zurück in Govrovo berichtete Vasilij Trofimov der Dorfversammlung, dass er bei der Miliz gewesen sei und sie über das Verschwinden des Vater informiert habe. Diese hätte ihn nur gefragt, ob denn der Vater viel Geld bei sich gehabt habe, und ihn, Vasilij Trofimov, wieder nach Hause geschickt mit der Erklärung, die Sache gehe schon in Ordnung.[43]

Rund einen Monat später, mittlerweile war es schon Anfang/Mitte November, kamen Pavels Schwester und ihr Mann nach Govrovo. Sie fragten Vasilij Trofimov, wo der Vater sei und weshalb er nicht Meldung erstatte. Sie baten auch die Dorfversammlung um Auskunft und wollten herausfinden, ob denn niemand wisse, wohin sich Pavel Trofimov begeben habe. Als ihnen niemand Auskunft geben konnte, fuhren sie wieder nach Hause. Ob das Nachhaken der beiden die Dorfbewohner aufrüttelte, ist nicht klar. Auf jeden Fall gaben die Bürger von Govrovo am 25. November 1922 bei der Miliz eine Erklärung ab, worin sie das Verschwinden Pavel Trofimovs meldeten und den Wunsch äusserten, die Miliz möge über dessen Verbleiben Untersuchungen anstellen. Interessanterweise sprach die Erklärung von

on nicht gewachsen? Denn mit dieser Unstimmigkeit lenkte er den Verdacht auf sich, den Vater tatsächlich umgebracht zu haben. Vgl. ebd., ll. 25, 29, 49, 66.

42 Ebd., ll. 7, 9ob., 19, 20, 47.

43 Ebd., ll. 7, 8, 9ob., 10, 10ob., 18, 19ob., 20, 22ob., 29, 30, 49.

der Leiche Pavel Trofimovs, die verschwunden und seither nicht mehr zurückgekehrt sei.[44]

Am 28. November gab der Vorsteher des 3. Rajons der Smolensker *uezd*-Miliz dem Ersten Milizionär der *volost'*, Konnon Gorochov, den Auftrag, innerhalb von 24 Stunden mit den Ermittlungen betreffs des Verschwindens von Pavel Trofimov zu beginnen. Man hege Verdacht gegen dessen Sohn und Ehefrau, und darum solle Konnon Gorochov sie gleich verhaften. Ausserdem erhielt er die Anordnung, die Tenne sorgfältig zu durchforschen. Denn nach Berichten sei Pavel Trofimov ermordet und in der Tenne verscharrt oder in der Korndarre verbrannt worden. Zwei Tage später traf Konnon Gorochov in Govrovo ein. Dort suchte er zusammen mit dem Vorsitzenden des Rajonsowjets und Männern vom Dorf in der Tenne, aber auch den *saraj* und die *banja* ab. Doch sie fanden keine Spuren, die auf einen Mord hinwiesen. Am 30. November und 1. Dezember befragte der Milizionär acht Bewohner sowie am Abend des 30. noch Vasilij Trofimov, der an jenem Tag gerade in Koščino gewesen war. Vorher hatte Konnon Gorochov bereits Ekaterina Trofimova verhaftet. Sie wurde im 3. Rajon der Smolensker *uezd*-Miliz befragt und am nächsten Tag gegen die Zusage, sich weiter zur Verfügung zu halten, freigelassen. Vasilij Trofimovs Festnahme erfolgte am 1. Dezember. Auch er wurde zum 3. Rajon der Smolensker *uezd*-Miliz abgeführt und dort verhört. Nachdem Konnon Gorochov am 2. Dezember seine Ermittlungen abgeschlossen hatte, leitete der Vorsteher des 3. Rajons der Smolensker *uezd*-Miliz am 5. Dezember die Unterlagen an die Kriminalabteilung des Gouvernements Smolensk weiter. Diese befragte Vasilij Trofimov zwei Mal und kam dabei zum Schluss, dass das Material ausreiche, um ihn zu überführen. Da die Gefahr bestehe, dass er sich der Untersuchung und dem Gericht entziehen und Beweismittel verstecken könne, verfügte der Vorsitzende der Kriminalabteilung am 7. Dezember die Verlegung Vasilij Trofimovs nach Smolensk in die Untersuchungshaft. Gleichzeitig wurde Vasilij Trofimov des Verdachts auf Mord beschuldigt. Am 10. Dezember schickte die Kriminalabteilung die Unterlagen dem Untersuchungsrichter der fünften Abteilung des *uezd* Smolensk, die dieser am 28. Dezember erhielt.[45] Wie in der Strafprozessordnung vorgesehen eröffnete der Untersuchungsrichter noch gleichentags die Voruntersuchung. Nach einer Befragung am 16. Januar befand der Untersuchungsrichter, dass Vasilij Trofimov weder die Ermittlungen gefährde noch

44 Ebd., ll. 7, 47.

45 Ebd., ll. 1, 3–5, 9–26, 29, 49, 52.

sich der Untersuchung und dem Gericht entziehe. Dieser bestätigte das Ergebnis mit einer Unterschrift und wurde noch am selben Tag aus der Untersuchungshaft entlassen.[46]

Nach der Aufzählung der einzelnen Ereignisse bis im Januar 1923 kehren wir nochmals zum Beginn der Ermittlungen zurück. Diese wurde durch das Schreiben der Dorfgemeinschaft an die Miliz ausgelöst. Erst rund zwei Monate nach dem Verschwinden Pavel Trofimovs hatte sie sich entschlossen, eine Vermisstmeldung nach ihrem Mitglied einzugeben. Denn sie hatte gedacht, Vasilij Trofimov habe bei der Miliz eine Nachricht hinterlegt. Das Verschwinden eines ihrer Mitglieder war der Dorfgemeinschaft nicht gleichgültig. Ekaterina Trofimova und Vasilij Trofimov wurden immer wieder darauf angesprochen, letzterer zur Miliz geschickt. Die Dorfgemeinschaft versammelte sich, um die Reaktion der Miliz zu erfahren und auf die Fragen der Schwester Pavel Trofimovs zu antworten. Den Menschen von Govrovo fiel sehr wohl auf, wie schnell sich Vasilij Trofimov wie der alleinige Hausherr aufführte und wie wenig Interesse er daran zeigte, den Vater wieder zu finden.[47] Sie beobachteten das Verhalten und die Aussagen Vasilij Trofimovs genau, sie scheuten sich nicht, aktiv mit Fragen, Versammlungen und schliesslich der Vermisstmeldung am Schicksal der Familie Trofimov teilzunehmen. Diese Handlungen lassen sich alle unter dem Stichwort „soziale Kontrolle" zusammenfassen. Es ist aber eindeutig eine Grenze erkennbar, wie weit sich die Dorfgemeinschaft in die Angelegenheiten einer Familie einmischte. So musste Vasilij Trofimov etwa den ersten Gang zur Miliz selber machen. Auch die Befragungsprotokolle derjenigen Dorfbewohner, die Ende November und Anfang Dezember erstellt wurden, weisen eine Zurückhaltung eigener Art auf. Über die Situation in der Familie Trofimov gaben bloss drei der acht Befragten Auskunft. Der Dorfhirte Il'ja Korolev sowie zwei Dorfbewohner im gleichen Alter wie Vasilij Trofimov machten keine Angaben, wie die Trofimovs miteinander lebten. Dass etwa der Nachbar Vasilij Belokopytov, in dessen Haus Vasilij Trofimov nach der Vertreibung durch den Vater Unterschlupf fand, keine Ahnung von den Familienverhältnissen gehabt haben sollte, ist

46 Ebd., ll. 31–34, 54. Der Untersuchungsrichter nahm in seinem Beschluss Bezug auf §152 StPO, worin es heisst, dass eine Bürgschaft darin bestehe, dass der Verdächtigte mittels Unterschift bei Nichterscheinen vor dem Untersuchungsrichter oder dem Gericht mit einer bestimmten ausgemachten Summe haftet. Aus der Quelle geht nicht hervor, ob Vasilij Trofimov auch Eigentum als Garantie für sein Erscheinen einsetzte.

47 GASO, f. r-74, op. 2, d. 664, ll. 16ob., 47.

kaum vorstellbar. Die beiden Zeugen im Alter von Pavel Trofimov hingegen bestätigten den Konflikt zwischen Vater und Sohn. Offenbar erlaubte ihnen das Alter und die damit verbundene Autorität[48], weitergehende Ausführungen zu betätigen, während die jüngeren, die sich auf der gleichen Altersstufe wie Vasilij Trofimov befanden, gewisse Rücksichten nahmen. Die Antwort „Ich weiss nicht" verweist also auf Strukturen innerhalb der Dorfgemeinschaft. Doch die Zugehörigkeit zu einer bestimmten Altersgruppe definierte nicht alleine, wieviel jemand dem Milizionär erzählte. Der 22-jährige Dmitrij Korol'kov, der am Abend der Auseinandersetzung zwischen Vasilij und Pavel Trofimov zu Besuch war, fällt durch vergleichsweise präzise und reichhaltige Ausführungen auf. Bei der Befragung mussten ihn andere Erwägungen geleitet haben, auf die ich später eingehen werde.

Man kannte oder vermutete also die Familiengeschichten und Konflikte anderer, sie aber offen auszusprechen, blieb bestimmten (Autoritäts-)Personen vorbehalten. Ihnen war es jedoch ebenfalls geboten, eine bestimmte Grenze nicht zu überschreiten. Die „inneren" Angelegenheiten einer Familie und das dort an den Tag gelegte Verhalten durften erst thematisiert werden, wenn sie das Funktionieren der Dorfgemeinschaft gefährdeten. Ein Mann, der seine Ehefrau verprügelte, stellte keine Bedrohung für die Dorfgemeinschaft dar, ein Vatermörder hingegen schon, denn er setzte sich über Autorität hinweg und ignorierte damit ein zentrales Organisationsmoment dieser Gemeinschaft. Wie sehr die Bewohner von Govrovo die (stark vermutete) Missachtung einer Grundregel ihres Zusammenlebens beschäftigte, bestätigt sich in den Zeugenbefragungen, die alle, abgesehen von zwei Ausnahmen, jene Gerüchte erwähnten, die besagten, dass Pavel Trofimov ermordet worden sei.[49] Da die Leiche Pavel Trofimovs noch nicht gefunden war, mussten sich die Dorfbewohner zurückhalten, äusserten aber ihren Verdacht dennoch, indem sie ihm den Anschein eines Gerüchtes gaben. Der (scheinbare) Verschreiber in der Erklärung an die Miliz, man vermisse seit Ende September die Leiche Pavel Trofimovs und habe seither nichts mehr von ihm gehört, verdeutlicht nochmals ein-

48 Der eine war der ehemalige Dorfvorsitzende, der andere nahm an der Suche nach der Leiche teil.

49 Die beiden Ausnahmen waren der ehemalige Dorfvorsitzende, der sich wahrscheinlich nicht vorwerfen lassen wollte, dem Gerücht nicht genügend Beachtung geschenkt zu haben, und der Patenonkel Vasilij Trofimovs, Daniil Ovsjannikov, der vermutlich aufgrund der Verwandtschaftsbeziehungen dieses Gerücht nicht bestätigen wollte. Ebd., ll. 16, 17, 17ob., 18, 19, 20, 21, 23.

drücklich, dass die Dorfbewohner von ihrer Annahme, Vasilij Trofimov sei der Mörder, überzeugt waren.

Die Strategie des Nichtwissens gewährt nicht nur Einblick in die Strukturierung und Organisation der dörflichen Gesellschaft, sondern muss auch hinsichtlich des Verhältnisses von Dorf und Staat betrachtet werden. Dieses lässt sich jetzt im Gegensatz zu den Fällen aus der Bürgerkriegszeit um einiges deutlicher herausschälen. Mit dem Nichtwissen beziehungsweise einer geschickten dörflichen Selbstverwaltung des Wissens konnte ein Dorf sich gegen einen allzu neugierigen Staat abschirmen. Doch Nichtwissen bot auch Schutz im Innern. Die befragten Dorfbewohner mussten davon ausgehen, dass Vasilij Trofimov ihre Auskünfte erfuhr, und es war daher angebracht, wenn sie bei ihrer Antwort seine mögliche, gewaltsame Reaktion miteinbezogen. Eine Rache konnte noch Jahre später erfolgen, wie der Fall von Natal'ja Fedorova gezeigt hat. Insbesondere für die Gleichaltrigen bedeutete dies faktisch, dass sie möglichst die Perspektive einer ganzen Lebensdauer mitberücksichtigten. Vasilij Belokopytov etwa erklärte, nichts über die Familienverhältnisse bei den Trofimovs zu wissen, gerade weil er der Nachbar war. Als solcher legte er Wert auf eine einigermassen normal funktionierende Nachbarschaft. Die Zurückhaltung der Bewohner von Govrovo begründete sich demnach weniger dadurch, dass sie ihre dörfliche Autonomie wahren wollten. Ihr beharrliches Erzählen des Gerüchts, Pavel Trofimov sei ermordet worden, lässt vielmehr vermuten, dass sie eine Intervention von staatlicher Seite wünschten. Es scheint, dass sie Vasilij Trofimov als eine starke Bedrohung empfanden und sich nicht mehr in der Lage fühlten, ihm Herr zu werden. Darum kam eine Kooperation zwischen den Dorfbewohnern und den staatlichen Behörden zustande.[50] Da jedoch Beweise fehlten, die aus Sicht der Ermittlungsbehörden Vasilij Trofimov eindeutig des Mordes an seinem Vater überführten, blieb für die Dorfbewohner unsicher, ob er je verhaftet würde. Sie wägten ihre Antworten daher sorgfältig ab: auf dem Spiel stand das einigermassen friedliche Zusammenleben im Dorf. In der Reaktion „Ich weiss nicht" kamen somit unterschiedliche Interessenslagen zum Ausdruck. Sie bedeutete nicht zwingend eine Abwehr gegen ein intensiveres Verhältnis zwischen Staat und Dorf. Ihre Ausrichtung hing vom Gegenstandsbereich ab. Die Dorfbewohner gaben lieber Nichtwissen vor, statt einen Nachbarn wegen eines kaum beweisbaren Mordes anzuzeigen und zu riskieren, selber Opfer seiner Wut zu werden. Doch die Menschen auf dem Dorf zogen es auch vor, mit „Ich

50 Frank, Crime, 99–103.

weiss nicht“ zu antworten, wenn es darum ging, den selbstgebrannten Schnaps für die nächste Hochzeitsfeier vor der Konfiskation zu bewahren.

Die Miliz ging von Anfang an, bevor sie vor Ort ermittelt hatte, ebenfalls von einem Mordverdacht aus.[51] Der Milizionär Konnon Gorochov verfolgte klar diese Spur, indem er die Durchsuchung der Gebäulichkeiten der Familie Trofimov vornahm. Es macht den Anschein, dass die Dorfbewohner nicht nur ihre Eingabe an den Vorsitzenden der *uezd*-Miliz geschrieben, sondern auch mündlich ihre Mutmassung nachdrücklich geäussert hatten. Möglicherweise hatte Konnon Gorochov selber bereits von den Gerüchten gehört, zumal er nicht weit weg von Govrovo wohnte.[52] Für die Fahndungen spielten die Dorfbewohner folglich eine wichtige Rolle. Sie gaben die ersten Hinweise zu einem Delikt, wiesen den Untersuchungen die Richtung und gaben als Zeugen Auskunft über die Verhältnisse vor Ort. Ein Milizionär und mit ihm der sowjetische Staat waren auch zu Beginn der NĖP auf die Kooperation mit den Menschen vor Ort angewiesen, wollten sie Verbrechen aufdecken.[53]

Nachdem der Milizionär seine Ermittlungen abgeschlossen hatte, nahm der Fall seinen gesetzlich vorgeschriebenen Verlauf. Mit zunehmender geographischer und zeitlicher Distanz verringerte sich die Gewissheit, dass Vasilij Trofimov eine Gefährdung darstelle. Der Mordverdacht wurde zwar nie aufgegeben, doch der Untersuchungsrichter hielt am 28. Dezember in seinem Beschluss für den Beginn der Voruntersuchungen fest, dass es noch einige sehr unsichere Momente in den Verhören gebe. Schliesslich befragte

51 GASO, f. r-74, op. 2, d. 664, ll. 6, 7, 13.

52 Ebd., l. 45.

53 So konnte beispielsweise ein Milizionär im Falle einer jungen Frau, der die Tötung ihres neugeborenen Sohnes nachgesagt wurde, in einer ersten Runde von Verhören einige Gerüchte und Vermutungen protokollieren. Als er das zweite Mal in dasselbe Dorf kam, um die Verdachtsmomente zu erhärten, erfuhr er eine derartige Ablehnung, dass er sich gezwungen sah, den widerspenstigen Zeugen mit einer Klage wegen Beamtenbeleidigung zu drohen. Doch ohne Erfolg, die Akte wurde mangels Beweisen geschlossen. Vgl. GASO, f. r-74, op. 2, d. 884.
Für einen Überblick über die Entwicklung der Miliz und ihr Problem der ungenügenden Ressourcen vgl. Weissman, Neil: Policing the NEP Countryside. In: Fitzpatrick, Sheila, Rabinowitch, Alexander, Stites, Richard (Hg.): Russia in the Era of NEP. Explorations in Soviet Society and Culture. Bloomington, Indianapolis 1991, 178–181. Für Verordnungen und Gesetze im Zusammenhang mit der Versorgung der Miliz vgl. Petrošickij, Valerij M.: Organizacionno-pravovye osnovy social'noj i pravovoj zaščity sotrudnikov milicii RSFSR (1917–1941gg.). Dissertacija […] kandidata juridičeskich nauk. Moskau 1997.

er Vasilij Trofimov am 16. Januar selber und liess ihn danach gegen die Zusage frei, sich weiterhin zur Verfügung zu halten.

Trotz der Haftentlassung legten sich die Gerüchte nicht. Anfang April 1923 gelangten sie in Form eines Berichts (*svodka*) an die GPU. Hier interessierte besonders, warum das Untersuchungsrichteramt seine Ermittlungen nicht fortführte und abschloss. Lag unter Umständen ein Fall von Bestechung vor? Hatte Vasilij seine Freilassung mit hundert Pud Roggen erkauft?[54] Um diesen möglichen Korruptionsfall aufzuklären, führte ein leitender Beamte der 2. Abteilung der GPU des Gouvernements Smolensk Ende April und Anfang Mai mehrere Befragungen vor Ort durch. Ausser Vasilij Trofimov und Dmitrij Korol'kov verhörte er einen anderen Personenkreis als der Milizionär Konnon Gorochov. Dies wäre ein Hinweis, dass sich die GPU auf ihr eigenes Netzwerk stützte. Vielleicht aber lag der Grund einfach darin, dass der Untersuchungsrichter die Akte Trofimov mit dem Verweis nicht herausgab, dass dazu bei einem laufenden Verfahren nur der stellvertretende Staatsanwalt berechtigt war, und es somit fast unweigerlich zur genannten Differenz kam. Der kurze Briefwechsel zwischen den beiden Behörden deutet ausserdem auf den schwierigen Prozess hin, Geheimpolizei und Gerichtswesen voneinander zu entflechten und eine eigenständige Gerichtsbarkeit aufzubauen.[55] Wie der GPU-Beamte seine Auswahl der befragten Personen traf, wurde also aus den Unterlagen nicht ersichtlich. Letztlich ergaben sich keine wesentlich neuen Informationen, was das Verschwinden von Pavel Trofimov betraf. Alle bestätigten die Gerüchte bezüglich Vasilij Trofimovs als den wahrscheinlichen Mörder seines Vaters. Vasilij Trofimov hielt hingegen an der Version fest, dass sein Vater verschwunden sei.[56] Am nachfolgenden Tag, dem 3. Mai 1923, verhaftete der Beamte der GPU Vasilij Trofimov, um ihn von seiner Mutter zu isolieren und allfällige Absprachen zu verhindern. Denn er kam auch zum Schluss, dass es sich beim Fall von Vasilij Trofimov um einen rein strafrechtlichen Fall handle, der nicht in den Zuständigkeitsbereich der GPU fiel, aber sehr wohl der weiteren Ermittlungen durch den Untersuchungs-

54 GASO, f. r-74, op. 2, d. 664, ll. 37, 54.

55 Ebd., ll. 35, 38–40, 41, 67. Solomon, Peter H. Jr.: Soviet Criminal Justice under Stalin. Cambridge 1996 (Cambridge Russian, Soviet and post-Soviet studies: 100); Malygin, A. Ja.: Organy vnutrennich del v period provedenija Novoj Ėkonomičeskoj Politiki (1921–1929gg.). In: Borisov, A. V., Dugin, A. N., Malygin, A. Ja. et al. (Hg.): Policija i milicija Rossii: stranicy istorii. Moskau 1992, 114–139.

56 GASO, f. r-74, op. 2, d. 664, ll. 45–50, 55, 56.

richter bedürfe. Den inhaftierten Vasilij Trofimov übergab er ihm ebenfalls. Den Bestechungsverdacht erwähnte er nicht mehr.[57] Offenbar hatte sich dieser nicht erhärtet. Das kurze Intermezzo der GPU ist schwierig einzuordnen. Einiges spricht dafür, dass hier zwei Behörden ihre Kompetenzbereiche aushandelten. Es ist aber auch nicht zu übersehen, dass die GPU im Sinne eines Kontrollorgans funktionierte und Druck machte, sodass der Untersuchungsrichter die Ermittlungen endlich vorantrieb.[58]

Tatsächlich überprüfte der Untersuchungsrichter nun in kürzester Zeit die Aussagen einiger wichtiger Zeugen und der beiden Verdächtigten Ekaterina Trofimova und Vasilij Trofimov. Der Dorfhirte Il'ja Korolev verwickelte sich in Widersprüche, er wusste nicht mehr genau, was ihm Ekaterina Trofimova gesagt hatte, als sie ihn Vasilij Trofimov suchen hiess. Der Nachbar Vasilij Belokopytov erklärte, dass er an jenem Tag, als Pavel Trofimov verschwand, in Smolensk gewesen sei.[59] Der Patenonkel Daniil Ovsjannikov bestätigte seine Aussagen von früher. Ekaterina Trofimova konnte sich verzweifelt an nichts mehr genau erinnern. Vasilij Trofimov variierte ein weiteres Mal seine Geschichte vom Verschwinden des Vaters und seiner Suche nach ihm.[60] Der Untersuchungsrichter sah Vasilij Trofimov und seine Mutter aufgrund ihrer widersprüchlichen Aussagen entlarvt und schuldigte sie wegen des Vergehens nach StGB §143[61] an. Diesen Be-

57 Ebd., ll. 54, 54ob., 67.

58 Die korrekte Durchführung der Untersuchungen hatte der Staatsanwalt, beziehungsweise der stellvertretende Staatsanwalt zu überwachen. Auch er war in Zugzwang geraten und beauftragte den zuständigen Untersuchungsrichter, das Verfahren gegen Vasilij Trofimov zu Ende zu führen. Gleichzeitig informierte er den Kommandanten der GPU des Smolensker Gouvernements über diese Anweisung. Vgl. ebd., l. 35.

59 Die Schwester von Vasilij Belokopytov, Tat'jana Belokopytova (29), hatte Vasilij Trofimov erlaubt, bei ihnen zu übernachten. Vgl. ebd., l. 55. Trotz seiner Abwesenheit befragten sowohl der Milizionär Konnon Gorochov als auch der Untersuchungsrichter ihren jüngeren Bruder, der in diesem Zweierhaushalt den Hausvorstand darstellte. Bei der Auswertung von Gerichtsakten muss demzufolge beachtet werden, dass sich die Ermittlungsbehörden bei ihren Untersuchungen offensichtlich hauptsächlich auf Männer stützten, die zudem vorzugsweise noch eine Autoritätsfunktion innehatten. Damit reproduzierten sie die dörflichen Strukturen.

60 Ebd., ll. 57ob.–62.

61 §143 StGB bestraft all jene vorsätzlichen Morde, die nicht aufgrund der in §142 StGB erwähnten Umstände begangen wurden. Die Mindeststrafe beträgt drei Jahre Gefängnis mit Isolation. Zu den in §142 genannten Bedingungen gehören: Habsucht, Eifersucht und andere niedrige Antriebe, eine Wiederholungstat, ein Mord, der das Leben vieler gefährdet, auf besonders grausame Art geschieht, ein anderes

schluss teilte er Vasilij Trofimov, der noch immer in Untersuchungshaft sass, am 4. Juni 1923 mit.[62] Gleichzeitig konnte Vasilij Trofimov ihn von einer Haftentlassung gegen Unterschrift überzeugen. Bereits am 16. Mai hatte er ein Gesuch in diesem Sinne an den stellvertretenden Staatsanwalt verfasst.

Diesen Brief, den er nicht selber geschrieben hatte[63], folgt dem Muster jener Bittschriften, die klagend ihr Ziel zu erreichen suchen. Vasilij Trofimov stellte sich in dieser Eingabe als besorgten Sohn dar, der sich mit allen Mitteln bemüht hatte, seinen vermissten Vater zu finden. Auf die Streitigkeiten kam er mit keinem Wort zu sprechen. Weiter mimte er den 19-jährigen Jüngling (*junoša*), der Opfer von Verdächtigungen wurde und dessen Trauer um den geliebten Vater verkannt blieb. Seine jetzige Verhaftung schilderte er als Bedrohung für die an sich schon arme Wirtschaft. Denn nun war keine einzige männliche Arbeitskraft auf dem Hof und die Felder blieben unbestellt. Die kranke Mutter mit ihren zwei kleinen Mädchen wären dadurch dem Hunger ausgeliefert. Der Staatsanwalt möge sich bitte in die Lage der unbeschützten, unglücklichen Kinder hineinversetzen und seine Freilassung bewirken.

Die Bittschrift enthält Motive, wie sie für derartige Gesuche charakteristisch waren, und verfolgt die aus den Fällen von 1919 bekannte Argumentationslinie. Der Vorfall, der zur Inhaftierung führte, wird so geschildert, dass daraus hervorgeht, dass der Bittsteller sich nach allen Kräften bemüht habe, sich korrekt zu verhalten, ihn also letztlich keine Schuld treffe und er zu Unrecht im Gefängnis sitze.

> […] alle meine und der Mutter aufgewendeten Bemühungen, den mystisch verschwundenen Vater ausfindig zu machen, blieben bis auf den heutigen Tag ohne Folgen. Einen oder mehr Monate nach dem Verschwinden des Vaters wurde ich, ein 19-jähriger Jüngling, wegen von mir nicht abhängenden Gründen, angeblich wegen Ver-

schweres Verbrechen erleichtern oder verstecken sollte oder die Ohnmachtssituation des Opfers ausnutzt. Vgl. Ugolovnyj Kodeks RSFSR s postatejno-sistematizirovannymi materialami. Sostavlen i otredaktirovan kollektivno rabotnikami NKJu RSFSR S. Askarchanovym, T. Zajcevym, A. Iodkovskim, V. Sokolovym i V. Uskovym. Moskau 1925, 281, 283.

62 GASO, f. r-74, op. 2, d. 664, ll. 57, 63.

63 Sowohl stilistisch als auch von der Schrift her bestehen grosse Differenzen mit einem Brief, den er rund drei Wochen später an seine Frau geschrieben hatte.

dacht auf Vatermord vom lokalen Ersten Mil. der *volost'* Koščin verhaftet. [...][64]

Interessanterweise erscheinen in diesem Gesuch das Alter und das Wort „Jüngling". Diese Angaben stehen zudem in einem Kontext, der Passivität und Abhängigkeit markiert. Aus dem daraus entstehenden Gesamteindruck geht implizit hervor, dass der Verhaftete zu dem ihm angelasteten Vergehen nicht fähig sein konnte und dafür keine Verantwortung trug, was auf der argumentativen Ebene wiederum auf die Haftentlassung hinauslief. Denn, so die Begründung weiter, auf den Schultern des jungen Menschen liege die ganze Last eines Familienvaters und Ernährers, was in den Motiven der kleinen Kinder und des erwachsenen, aber kranken Familienmitgliedes formuliert wurde.[65] Hier wird also eine Jugend skizziert, die sich durch Härte sowie frühe und überdurchschnittliche Verantwortlichkeit kennzeichnet. Diese Merkmale charakterisieren auch bolschewistische Musterbiografien[66], und deuten darauf hin, dass in den Klagen zwar sicherlich Realitäten beschrieben wurden, doch mit dem Stichwort „Jüngling" und der damit einhergehenden Argumentationsführung das Lamento auch Momente enthielt, die von den Bolschewiki positiv bewertet wurden. Im

64 Ebd., ll. 66, 66ob. Die grammatikalischen und inhaltlichen Unstimmigkeiten sind dem Original entnommen. Die Partizipialkonstruktionen sowie etwa die Abkürzung von „Milizionär" mit „mil-rom" sind Hinweise dafür, dass eine Person, die der (sowjetischen) Kanzleisprache mächtig war, den Brief geschrieben hatte. Ein weiterer Anhaltpunkt dafür ist die Verwendung des Fremdwortes „mystisch". Vgl. Seliščev, A.: Jazyk revoljucionnoj ėpochi. Iz nabljudenij nad russkim jazykom poslednich let 1917–1926. Moskau 1926, 54–59. Das Adjektiv kommt später in der Eingabe noch ein zweites Mal und orthographisch richtig vor, allerdings wurde mit „v" statt des Instrumentals eine grammatikalisch falsche Form gewählt: „... gluboko ogorčen v ego ves'ma vozmožnoj mističeskoj smerti ..." – „... ich bin zutiefst über seinen höchstwahrscheinlichen, mystischen Tod betrübt ...".

65 Bezeichnenderweise fand die Ehefrau Vasilij Trofimovs in diesem Brief überhaupt keine Erwähnung.

66 Diese wurden vorwiegend für die 1930er Jahre untersucht. So etwa bei Fitzpatrick, Sheila: Lives under Fire. Autobiographical Narratives and their Challenges in Stalin's Russia. In: Godet, Martine (Hg.): De Russie et d'ailleurs. Feux croisées sur l'histoire. Paris 1995, 225–232. Analysen der Autobiographien französischer, österreichischer, schweizerischer und deutscher Kommunisten bei Pennetier, Claude, Pudal, Bernard: Ecrire son autobiographie. (Les autobiographies communistes d'institution, 1931–1939). In: Genèses 23 (1996), 53–75; Studer, Brigitte, Unfried, Berthold: „Das Private ist öffentlich". Mittel und Formen stalinistischer Identitätsbildung. In: Historische Anthropologie 7 (1999) 1, 83–109.

Fall von Vasilij Trofimov, der mit der Hofübernahme und der Heirat faktisch, aber aufgrund der denkbaren Rückkehr seines Vaters noch nicht offiziell in die Welt der Erwachsenen eingetreten war, diente das Argumentationsfeld der harten, pflichtbewussten Jugend einer positiven und wirkungsvollen Selbststilisierung, der Entlastung vom Mordverdacht und schliesslich als Rechtfertigung für eine Haftentlassung.

Vasilij Trofimov konnte die am 5. Juni erlangte Freiheit nur kurze Zeit geniessen. Am folgenden Tag brachte Nikolaj Rybkin, der Schwager des Ermordeten, nämlich folgendes Papier in die Kanzlei des dritten Rajons der Smolensker *uezd*-Miliz:

> Anonymes Schreiben
>
> Nikolaj Petrovič
> Ich bitte Sie, die Aufmerksamkeit auf diese wichtige Angelegenheit zu lenken, dass sich das Grab von Pavel Petrovič tatsächlich neben seiner eigenen *banja* befand und es allmählich mit Spänen bedeckt wird. Da war sogar auch Egge zu sehen, wo man überhaupt nicht eggen musste. Dort wurde Hafer gesät. Informieren Sie auch die Schwester des verstorbenen Pavel Petrovič, Natal'ja Petrovna Kuzmickaja.
> Ich bitte Sie die Angelegenheit nicht zu verzögern.[67]

Diese Zeilen brachten die Wende.[68] Denn jetzt war der Ort der Leiche bekannt, jetzt wusste man, wo graben. Die Ereignisse überstürzten sich beinahe. Am 9. Juni begab sich der Erste Milizionär erneut nach Govrovo und grub zusammen mit Dorfbewohnern die kaum mehr zu erkennende Leiche von Pavel Trofimov soweit aus, dass die Stiefel zu sehen waren. Der Milizionär befragte nochmals den Neffen Ivan Trofimov, Ekaterina Trofimova und Vasilij Trofimov. Die ersten beiden gaben zu, dass sie vom Mord gewusst, aber aufgrund der Morddrohungen von Vasilij Trofimov nichts gesagt hätten. Dieser bekannte, seinen Vater umgebracht zu haben, stritt aber die Morddrohung gegen Ivan Trofimov und seine Mutter ab. Aufgrund seiner Ermittlungen übergab der Milizionär am 13. Juni den Fall dem Untersuchungsrichter und verhaftete Vasilij Trofimov erneut. Bei seiner Ankunft in Govrovo befasste sich der Untersuchungsrichter zuerst mit der endgülti-

67 GASO, f. r-74, op. 2, d. 664, l. 73.

68 Hier ergibt sich eine interessante Parallele zum Fall von Stepan Panasov, wo ebenfalls ein anonymes Schreiben die Ermittlungen entscheidend voran brachte.

gen Ausgrabung der Leiche. Zusammen mit Zeugen vom Dorf und dem Milizionär bestimmten sie die genaue Lage der Leiche und identifizierten sie. Als Zeugen wurden die gleichen Männer herangezogen wie bei der ersten Leichensuche anfangs Dezember. Überdies trat Nikolaj Rybkin als Zeuge auf. Ihm scheint eine zentrale Rolle zugekommen zu sein, schliesslich hatte er das anonyme Schreiben der Miliz übermittelt, möglicherweise war es ihm gelungen, dem Neffen Ivan Trofimov das Geheimnis über den Mord zu entlocken.[69] Als Ehemann der Schwester von Pavel Trofimov vertrat er vermutlich die Interessen dieser Familie, ohne dass dies aber in den Quellen erwähnt worden wäre.

Nachdem mit der Leiche das corpus delicti ermittelt war, fuhr der Untersuchungsrichter mit den Befragungen fort. Der Neffe Ivan Trofimov, der drei Jahre lang bei den Trofimovs gelebt hatte, bezeugte die verfahrene Familiensituation und schilderte die Umstände, wie er die Leiche zu Gesicht bekam sowie die Morddrohung seitens Vasilij Trofimovs. Auch Ekaterina Trofimova verwies auf diese und begründete damit ihre Unschuld. Sowohl der Dorfhirte Il'ja Korolev als auch der Patenonkel Daniil Ovsjannikov verwahrten sich gegen den Vorwurf der Beihilfe zum Mord. Dennoch wurden sie und Ekaterina Trofimova wegen der Vergehen nach §§15 und 142a StGB (Beihilfe zu Mord aus Habsucht) angeklagt und mussten sich verpflichten, den Ermittlungs- und Gerichtsbehörden jederzeit zur Verfügung zu stehen.[70] Agripina Efimovna hingegen konnte klar machen, dass sie vom Mord nichts gewusst hatte. Unter anderem sagte sie aus, dass „nicht unweit von jenem Ort, wo die Leiche Trofimovs vergraben war, die *banja* steht, in der ich vor kurzem ganz alleine gebadet habe, jetzt fürchte ich mich, dorthin zu gehen [...].“[71] Die *banja* galt traditionellerweise als Ort der bösen Geister (*nečistye sily*).[72] Der Leichenfund verdoppelte quasi die Gefährlichkeit dieses Platzes. Dieser Zusammenhang erklärt, dass Agripina Efimovnas Aussage weit mehr war als eine hübsche Illustration ihres Nichtwissens. Dieser Satz bestätigte ihre Unkenntnis und entlastete sie. Ihr Ehemann wurde abermals verhaftet und bestätigte das Schuldbekenntnis, das er dem Milizionär abgegeben hatte. Somit konnte der Untersuchungsrichter den Fall zusammen mit der Anklageschrift der Staatsan-

69 GASO, f. r-74, op. 2, d. 664, ll. 70, 71, 74–76, 79, 79ob.

70 Ebd., ll. 81–83.

71 Ebd., l. 76ob.

72 Koševel, Ja.: Molodežnye gadanija na Smolenščine. In: Kraj Smolenskij, nojabr', dekabr', 11–12 (1996), 57, 59.

waltschaft überantworten. In der Anklageschrift, worin die Ereignisse zusammengefasst wurden, kam der Untersuchungsrichter zum Schluss, dass die Strafuntersuchung gegen Daniil Ovsjannikov und Il'ja Korolev aufgrund mangelnder Beweise abgebrochen werden sollte. Ivan Trofimov, der zur Tatzeit noch minderjährig war, befreite er von einer strafrechtlichen Verurteilung und sah für ihn eine pädagogische Einflussnahme vor. Vasilij Trofimov musste sich nach Ansicht des Untersuchungsrichters des Mordes nach §142a StGB verantworten, Ekaterina Trofimova klagte er der Deckung des Mordes an. Der stellvertretende Staatsanwalt, dessen Aufgabe es war, die korrekte Durchführung der Ermittlungen zu überprüfen, stimmte den Ergebnissen des Untersuchungsrichters zu.[73]

Der Mordfall war jetzt gelöst. Doch was wissen wir über das Leben der Menschen in Govrovo seit der Entlassung Vasilij Trofimovs aus der Untersuchungshaft im Januar 1923 bis zu seiner erneuten Festnahme Anfang Mai? Die Gerüchte hatten sich nicht gelegt. Im Gegenteil, sie scheinen sich immer weiter ausgebreitet zu haben. Bei den Bauern der umliegenden Dörfer, ja gar des ganzen Kreises hielten sich die Gerüchte hartnäckig, dass Vasilij Trofimov seinen Vater umgebracht habe. Einer der Befragten meinte gar, dass Vasilij Trofimov kein „ehrlicher Mensch" (*čestnyj čelovek*) sei, denn er habe sich im Speicher (*ambar*) seines Nachbarn Dmitrij Korol'kov eingeschlichen. Letzterer bestätigte, dass Vasilij Trofimov während der Fastenzeit an einem Abend, als sich schon alle schlafen gelegt hatten, heimlich in seinen *ambar* eingestiegen sei und Getreide habe herausscharren wollen. Da Dmitrij Korol'kov gerade vom Wald heimkehrte, erwischte er Vasilij Trofimov auf frischer Tat.[74] Daraufhin versammelte sich die Dorfgemeinschaft und erstellte ein Protokoll, worin letzterer versprach, nie wieder zu stehlen:

> [...] Ich, der Bürger Vasilij Pavlovič Trofimov gebe allen Bürgern der Dorfes Govrovo mein Versprechen, keinen Diebstahl mehr durchzuführen, wofür ich auch unterschreibe. [Unterschrift.][75]

Im Gegenzug hielten die Bürger des Dorfes Govrovo auf der Rückseite fest:

73 GASO, f. r-74, op. 2, d. 664, ll. 84, 89, 89ob., 96–99.

74 Ebd., ll. 45, 46, 47ob., 50, 54.

75 Ebd., l. 78.

> Und wir Bürger des genannten Dorfes halten den Bürger Vasilij Pavlovič Trofimov für einen verdächtigen Menschen, wofür wir auch unterschreiben. [Unterschriften.][76]

Die Gerüchte hatten Vasilij Trofimovs Ruf wohl schon stark angekratzt. Mit diesem Diebstahl verlor er sein Ansehen ganz. Er galt jetzt als unehrlicher Mensch, dem man mit Argwohn begegnen musste. Doch warum setzte er seinen Ruf auf's Spiel und wollte Getreide stehlen? Genügten seine eigenen Vorräte nicht mehr? Hatte er möglicherweise doch den Untersuchungsrichter mit Roggen bestochen? Oder gab es Spannungen zwischen ihm und Dmitrij Korol'kov, der damals zu Besuch war und vergleichsweise ausführlich aussagte? Wollte er ihm etwas vergelten? Veranlassten bereits länger anhaltende Differenzen Dmitrij Korol'kov zu den relativ präzisen Erläuterungen gegenüber dem Milizionär? Antworten auf diese Fragen lassen sich aus der Gerichtsakte nicht ziehen. Man stösst an Grenzen bei der Rekonstruktion von Lebenswelten. Den Anreiz für eine einzelne Person, überhaupt und wie detailliert auszusagen, lässt sich im Gegensatz zur Motivation eines ganzen Dorfes kaum eruieren. Zu selten dringt internes Wissen um Freund- und Feindschaften offen nach aussen in die Gerichtsakten.

Diese Tatsache ist Resultat eines Straf- und Rechtsverständnis, wie es bei der bäuerlichen Bevölkerung Russlands bereits zur Zarenzeit gepflegt wurde. Die Bauern versuchten kriminelle Vergehen innerhalb ihrer Gemeinschaft zu klären und sie nicht vor die offiziellen Behörden zu tragen. Denn sie waren selber am besten mit den kulturellen, ökonomischen, politischen und sozialen Realitäten des dörflichen Lebens vetraut und konnten Lösungen finden, die ein Spektrum von Mitteln einschlossen, das Aussenstehenden nicht zur Verfügung stand. In der Folge drohte das soziale Netz des Dorfes weit weniger zu zerreissen, als dies bei gerichtlichen Aushandlungen der Fall war. Auf der anderen Seite half die Wahrung der inneren Autonomie mit, die alten Muster von Einheit, Konkurrenz und Gegensätze in der bäuerlichen Gemeinschaft zu reproduzieren.

Die (teilweise vorhandene) Differenz bei der behördlichen und lokalen Durchsetzung von Recht, die auf einem unterschiedlichen Rechtsverständnis beruhte, zeigte sich gerade bei Eigentumsdelikten klar. Für die Bauern stellte ein Diebstahl ihres Eigentums ein gravierendes Vergehen dar. Sie gingen von einem Eigentumsverständnis aus, das auf dem Prinzip der Arbeit gründete. Wer Arbeit investierte, durfte das Produkt sein Eigen nennen. In der Wahrnehmung der Bauern traf ein Diebstahl sie stets mehr oder

76 Ebd., l. 78ob.

weniger an der Substanz und in ihrer Existenz. Sie massen ihm daher bedeutend mehr Gewicht bei als die staatlichen Behörden. In ihrem Rechtsempfinden waren die im Strafrecht vorgesehenen Strafmasse zu milde. In der Konsequenz meldeten sie Diebstähle erst gar nicht und massregelten die Täter in einer Form, die ihnen adäquat erschien.[77]

Diese Praxis beobachteten wir sowohl im Fall von Vasilij Trofimov als auch von Natal'ja Fedorova. Daher können wir davon ausgehen, dass sich zum einen in ländlichen Regionen wie im Gouvernement Smolensk während der NĖP die lokale Rechtspraxis nicht wesentlich von derjenigen während der Zarenzeit unterschied. Zum andern lag die Zahl der offiziell registrierten Eigentumsdelikte auf dem Land unter der tatsächlichen. In diesem Zusammenhang sind die Ergebnisse wichtiger sowjetischer Kriminologen von Interesse, die sie aus Untersuchungen über die ländliche und städtische Kriminalität gewonnen hatten. Sie kamen unter anderem zum Schluss, dass das typische ländliche Delikt (schwere) Körperverletzung sei. Die Vergehen der städtischen Bevölkerung hingegen würden sich durch die hohe Anzahl der Eigentumsdelikte charakterisieren.[78] Aus ihrem Befund lässt sich entnehmen, dass sich die Untersuchungen reibungslos in den Rückständigkeitsdiskurs aus der Zarenzeit einreihten.[79] Sie stellten nämlich eine direkte Korrelation zwischen „Körperverletzung – rückständig – Land“ her, deren Pendant „Diebstahl – zivilisiert(er) – Stadt“ hiess und positiv konnotiert wurde. Ein Blick auf die Entwicklung der Eigentums- und Körperdelikte, wie sie im Gebiet der RSFSR bei der Miliz gemeldet wurden, macht jedoch stutzig.

77 Frank, Crime, 85–122, 137–144; Baberowski, Jörg: Autokratie und Justiz. Zum Verhältnis von Rechtsstaatlichkeit und Rückständigkeit im ausgehenden Zarenreich 1964–1914. Frankfurt am Main 1996. (Studien zur europäischen Rechtsgeschichte; Bd. 78); Bol'šakov, A. M.: Derevnja 1917–1927. Moskau 1927, 318, 319.

78 Gernet, M. N.: Statistika gorodskoj i sel'skoj prestupnosti. In: Širvindt, Problemy prestupnosti. Vyp. 2, 15–24. Die gleichen Angaben auch bei Gernet, Prestupnost', 158–167; Manns, Derevenskie, 25–40; Men'šagin, Ubijstva, 33–86; Rodin, D.: Gorodskaja i sel'skaja prestupnost'. In: Pravo i Žizn', 1926g., kniga vtoraja i tret'ja, 94–101; Šestakova, Prestuplenija, 1926, 215–223.

79 Scheide, Carmen: Kinder, Küche, Kommunismus. Das Wechselverhältnis zwischen sowjetischem Frauenalltag und Frauenpolitik von 1921 bis 1930 am Beispiel Moskauer Arbeiterinnen. Zürich 2002. (Basler Studien zur Kulturgeschichte Osteuropas, Bd. 3), 162–172.

Zeitraum	Art des Vergehens	Gouvernementsstadt und übrige Städte	Land	Verhältnis Stadt-Land	Total RSFSR
1.10.–31.12. 25	Vergehen gegen Leib und Leben	19’066	43’274	1:2,27	62’340
	Eigentumsdelikte	37’760	69’750	1:1,85	107’510
	Verhältnis	1:1,99	1:1,61		
1926	Vergehen gegen Leib und Leben	87’151	217’138	1:2,49	304’289
	Eigentumsdelikte	179’269	275’983	1:1,54	455’252
	Verhältnis	1:2,06	1:1,27		
1927	Vergehen gegen Leib und Leben	32’337	94’945	1:2,94	127’282
	Eigentumsdelikte	195’785	276’000	1:1,41	471’785
	Verhältnis	1:6,05	1:2,91		
1928	Vergehen gegen Leib und Leben	30’888	79’070	1:2,56	109’958
	Eigentumsdelikte	182’495	251’754	1:1,38	434’249
	Verhältnis	1:5,91	1:3,18		

Tabelle 4: Anzahl der Vergehen gegen Leib und Leben sowie Anzahl der Eigentumsdelikte in der RSFSR vom 1. 10. 1925 bis 31. 12. 1928, die bei der Miliz gemeldet wurden.[80]

80 Die in der Tabelle angegebenen Zahlen sind eine Zusammenstellung aus den entsprechenden Tabellen in: Statističeskij obzor dejatel’nosti mestnych administrativnych organov Narodnogo Komissariata Vnutrennich Del RSFSR. Nr. 7–10, 1925–1928. Die erste Nummer erschien 1924. In den Bänden 1 bis 6 sowie 11 (danach bricht diese Reihe ab) sind ebenfalls Angaben zu den Verbrechensarten und ihre Unterscheidung nach Stadt/Land vorhanden, jedoch in einer anderen Unterteilung, sodass ich der Vergleichbarkeit halber verzichtet habe, sie hier ebenfalls aufzuführen.
Die sprunghafte Abnahme der Vergehen gegen Leib und Leben von 1926 zu 1927 erklärt sich damit, dass das 1926 heftig diskutierte Phänomen *chuliganstvo* 1927 aus der Rubrik „Vergehen gegen Leib und Leben“ ausschied und der Rubrik „Vergehen gegen die öffentliche Ordnung“ des Strafrechts zugewiesen wurde. Grundsätzlich ist zu beachten, dass sich die diversen Diskurse, Kampf gegen selbstgebrannten Schnaps, Amtsvergehen oder *chuliganstvo*, auf die Wahrnehmung der Realitäten niederschlugen, eine intensive Ahndung der diversen Delikte bewirkten und einseitige Aufblähungen der Statistiken zur Folge hatten. Zum Verhältnis zwischen einem Diskurs und dessen Niederschlagung in Statistiken vgl.

Die Zahlen von Ende 1925 bis 1928 – der Zeitraum, den die Kriminologen hauptsächlich untersucht hatten – zeigt zwar, dass die Straftaten gegen Leib und Leben auf dem Land tatsächlich proportional höher ausfielen als in den Städten. Dabei sollten jedoch zwei Aspekte berücksichtigt werden. Die Differenz im Verhältnis von Eigentumsdelikten und Vergehen gegen Leib und Leben auf dem Land musste kleiner ausfallen, weil – wie in den beiden Fällen von Vasilij Trofimov und Natal'ja Fedorova geschehen – längst nicht alle Eigentumsdelikte angezeigt wurden. Ausserdem überwogen sowohl auf dem Land als auch in den Städten die Eigentumsdelikte. Diese beiden Sachverhalte beachteten die sowjetischen Kriminologen der 1920er Jahre nicht. Zumindest lösten sie bei ihnen keinen Erklärungsbedarf aus. Die hier kurz geschilderten Wahrnehmungs- und Deutungsmuster produzierten und reproduzierten den Rückständigkeitsdiskurs. Die sowjetischen Juristen behielten ferner die während der Zarenzeit übliche Sichtweise bei, Eigentumsdelikte bei der ländlichen Bevölkerung als nicht allzu schwerwiegend einzustufen. In Anbetracht des oben ausgeführten Rechtsempfinden der Bauern trugen die dargelegten Ergebnisse dazu bei, dass den Bolschewiki die Welt der Bauern fremd blieb. Darüber hinaus gilt es zu beachten, dass die sowjetischen Strafrechtler dem Privateigentum grundsätzlich einen geringen Stellenwert einräumten und daher die damit im Zusammenhang stehenden Delikte mit milden Strafen belegten. Im Gegensatz dazu hatte etwa die Entwendung staatlichen Eigentums politischen Charakter und wurde dementsprechend härter bestraft.

Vasilij Trofimov musste also am 14. März seinen Mitbürgern versprechen, nie mehr zu stehlen, was protokollarisch festgehalten wurde. Dieser Vorgang unterstreicht nochmals, dass eine Dorfgemeinschaft mit einem Fall von Diebstahl autonom vorging, aber auch, dass sie einem amtlich formalen Prozedere folgte. Ein zweites Schriftstück der Dorfgemeinschaft weist ähnliche Merkmale wie das Protokoll auf und belegt, dass die Beachtung von Formalia keine Ausnahme darstellte. Das zweite Dokument wurde nach der Entdeckung der Leiche erstellt und enthält eine Charakterisierung Vasilij Trofimovs sowie die Bitte der Bürger des Rajons an das Gericht, ihn aus dem Gouvernement Smolensk auszusiedeln.[81] Im Folgenden gehe ich auf die formalen und inhaltlichen Aspekte dieser beiden Quellen ein.

Frank, Stephen P.: Women and Crime in Imperial Russia, 1834–1913: Representing Realities. In: Arnot, Margaret L., Usborne, Cornelie (Hg.): Gender and Crime in Modern Europe. London 1999, 93–117.

81 GASO, f. r-74, op. 2, d. 664, l. 77.

Bestimmte sprachliche Wendungen und inhaltliche Konventionen stimmen mit denjenigen amtlicher Dokumente überein. Dazu gehören etwa die vollständige Nennung der Namen, der Herkunft der Beteiligten, die Schlussformel „wofür ich unterschreibe" sowie die Unterschriften selber oder auch die schwerfälligen Partizipialkonstruktionen. Die Verwendung des Verbes bitten (*chodatajstvovat'*), des Ausdruckes Bürger (*graždanin*) anstelle von Genosse (*tovarišč*)[82] und des Buchstabens „i" statt „и" weisen darauf hin, dass der Protokollant Formtraditionen aus der Zarenzeit weiterführte.

Auf der inhaltlichen Ebene fällt auf, dass das Schreiben die Aufschrift „Urteil" trägt. Die Rajonsbewohner hatten offenbar für sich das Urteil gefällt, fassten es jedoch an das Gericht in der Form einer Bitte ab. Sie beantragten, das Gericht möge Vasilij Trofimov aussiedeln. Ihnen war demnach klar, dass die Verurteilung eines Mörders nicht in ihren Kompetenzbereich fiel. Gleichzeitig kommt in der Tatsache, dass sie ihr Urteil überhaupt schriftlich verfassten und an die Miliz weiterleiteten[83], ein Selbstbewusstsein von Eigenständigkeit gegenüber Behörden, aber auch ihre Angst vor Vasilij Trofimov zum Ausdruck. In ihrer „Urteilsbegründung" legten sie ihre Sichtweise von Vasilij Trofimov dar. Seit der Ausgrabung der Leiche drohe er vielen Bürgern mit dem gleichen Schicksal, wie Pavel Trofimov es habe erfahren müssen. Überdies sei Vasilij Trofimov ein Dieb und habe dies in einem Versprechen mit seiner Unterschrift zugegeben. Doch er bereue sein Vergehen überhaupt nicht und habe gar ein zweites Mal versucht zu stehlen. Die genannten Vergehen würden darauf hinweisen, dass er sich wie ein Bandit verhalte. Die Bürger des Rajons empfanden Vasilij Trofimov als ernsthafte Bedrohung und wollten ihn darum nicht mehr in ihrer Umgebung. Bezeichnenderweise wünschten sie sich eine Ausweisung, die mit Vorstellungen von *katorga* und Sibirien verknüpft wurden[84] und wiederum an die zaristische Strafpraxis erinnern.[85] Den Verfassern der Bitt-

82 Zur Unterscheidung zwischen „*graždanin*" und „*tovarišč*" während einer Gerichtsverhandlung vgl. Sinyavsky, Andrei: Soviet Civilization: A Cultural History. New York 1990, 212, 213; Wood, Elizabeth A.: The Trial of the New Woman: Citizens-in-Training in the New Soviet Republic. In: Gender & History, 13 (2001) 3, Anmerkung 19.

83 GASO, f. r-74, op. 2, d. 664, l. 69.

84 Ebd., l. 72ob.

85 Frank, Crime, 225, 226, 236–241; Kuznecov, S. V.: Obyčnoe pravo v russkoj derevne i gosudarstvennoe zakonodatel'stvo vo vtoroj polovine XIX v. In: Ėtnografičeskoe obozrenie (1999), 5, 103.

schrift lag viel daran, dass ihr Urteil umgesetzt werde. Nicht nur hielten sie das Urteil schriftlich fest, legten ihm das Versprechen Vasilij Trofimovs bei und erklärten es aus ihren persönlichen Erfahrungen heraus. Sie beachteten zudem Faktoren, die die Adressaten ansprachen und sie somit zu ihren Gunsten beeinflussen konnten. Diese Funktion erfüllte abgesehen von der formalen Korrektheit die Darstellung Vasilij Trofimovs als „Banditen" am Schluss des Schreibens. Mit dieser Charakterisierung griffen sie ein Stichwort aus der Bürgerkriegszeit auf, mit dem die Bolschewiki damals wie auch 1923 – schliesslich waren stets noch einzelne Banden im Gouvernement Smolensk aktiv – besonders gefährliche Verbrecher bezeichneten.

Bis zur Gerichtsverhandlung am 20. September 1923 blieb Vasilij Trofimov in Untersuchungshaft in Smolensk, seine Mutter zu Hause in Govrovo. In dieser Zeit beschloss ein Ausschuss des Strafgerichts in seiner Beschlusssitzung mit dem Verweis auf §§381–391 StPO, dass der Strafprozess in „abgekürzter Form" (*v ukroščennem porjadke*) stattfinden werde.[86] §381 StPO legte fest, dass die Anwesenheit eines Anklägers und Verteidigers bei der Gerichtsverhandlung nicht obligatorisch sei. Dies müsse für jeden Fall in der Beschlusssitzung neu bestimmt werden und hänge davon ab, wie schwerwiegend er sei, ob die Beweismittel ausreichten oder ob ein spezielles politisches oder gesellschaftliches Interesse vorhanden sei. Es war demnach dieser Beschluss, der festlegte, wie ausführlich ein Fall vor dem Gericht nochmals aufgerollt wurde. Der Fall von Vasilij Trofimov und Ekaterina Trofimova wies keine gravierenden Unklarheiten auf und verlangte deshalb keinen grossen Aufwand zur Lösung mehr. Das Gericht mass ihm geringe Bedeutung zu. Es wollte ihn darum auch nicht verkomplizieren und lehnte die Bitte Ekaterinas ab, ihre mitgebrachte schriftliche Aussage zu verlesen.[87]

Die gerichtliche Ermittlung beschränkte sich mit gezielten Fragen, die nicht protokolliert wurden, auf bestimmte Momente im Tathergang und das Tatmotiv.

> [...] warum ich den Vater umbrachte, weiss ich nicht – aus fehlendem Bewusstsein [...] Warum sich der Vater auf mich stürzte, weiss ich nicht – Ich schlug den Vater auf den Kopf, und warum bei ihm der Schädel zersplittert war, weiss ich nicht. Den Mord

86 GASO, f. r-74, op. 2, d. 664, ll. 99, 100.

87 Ebd., l. 108ob.

> versteckte ich aus Angst – Ivan Stefanovič sagte ich nichts und drohte ihm nicht. [...][88]

Weiter wurde das Urteil des Dorfes vorgelesen, worauf Vasilij Trofimov meinte, dass die Bauern es aus Missgunst (*po zlobe*) verfasst hätten. Ausserdem habe er gar kein Versprechen unterschrieben.

Vasilij Trofimovs Argumentation vor Gericht lief auf eine Selbstdarstellung des unwissenden Bauern hinaus, der niemandem etwas zuleide tat und selber Opfer von Verleumdungen geworden sei. In diesem Zusammenhang ist besonders aufschlussreich, dass der Ausdruck „fehlendes Bewusstsein" (*nesoznatel'nost'*) fiel. In der ausgehenden Zarenzeit hatten sich Bauern mit dem Hinweis auf ihre Unwissenheit die Tatsache, dass sie bei den mehrheitlich städtisch gebildeten Richtern als rückständig galten, vor Gericht zu ihrem Vorteil zu nutzen versucht.[89] Während der Bürgerkriegszeit konnte „fehlendes (Klassen-)Bewusstsein" bei Angeklagten bäuerlicher Herkunft eine Todesstrafe abwenden. Vasilij Trofimov hatte möglicherweise im Gefängnis erfahren, dass ihm „fehlendes Bewusstsein" Strafminderung verschaffen konnte. Vielleicht aber hatte das Gericht bei der Untersuchung des Tatmotivs diesen Terminus genannt und Vasilij Trofimov stimmte zu. Da die Fragen nicht notiert wurden, sind beide Varianten denkbar. Bemerkenswerterweise fanden Unwissenheit und fehlendes Bewusstsein sowohl in der zaristischen wie auch in der sowjetischen Rechtssprechung bei den Richtern Gehör und stellten einen Teil des Diskurses um die angebliche Rückständigkeit der Bauern dar.

88 Ebd., l. 108. Die Antwort auf die Frage, weshalb der Schädel aufgrund des Schlages zersplitterte, mutet seltsam an. Wusste Vasilij Trofimov es tatsächlich nicht? Wahrscheinlich hatte er sich auch schon mit Gleichaltrigen gerauft und musste daher imstande gewesen sein abzuschätzen, mit wieviel Kraft er welche Verletzung bewirkte. Andererseits konnte ihn Wut oder Angst das Mass des Krafteinsatzes vergessen haben lassen. Im Anschluss an diese Überlegungen eröffnet sich der weite Themenkomplex von Gewalt und Körper. Waren bestimmte Körperstellen besonders Gewalt ausgesetzt? Was bedeutete der direkte Schlag auf den Schädel? War er Zufall und Notwehr oder Zeichen des Höhepunkts eines Konfliktes und somit der Ernsthaftigkeit, ja gar der Mordabsicht? Wie gestaltete sich der Einsatz von Gewalt in einer Gemeinschaft, wo physische Gewalt zum Alltag gehörte? Lassen sich kulturelle Unterschiede ausmachen? Für diese und ähnliche Fragen wäre eine breitere Quellenbasis nötig, die Gerichtsakten über andere gewaltsame Auseinandersetzungen miteinbezieht.

89 Frank, Crime, 95.

Nach einer knapp zweistündigen Gerichtssitzung zogen sich die Richter zur Urteilsfindung zurück. Im Namen der Russischen Sozialistischen Föderation der Sowjetrepublik sprach das Gericht des Gouvernements Smolensk sein Urteil:[90] Ekaterina Trofimova erhielt zwei Jahre Freiheitsentzug bedingt wegen Beihilfe zu Mord (§§15 und 143 StGB). Dies kam faktisch einem Freispruch gleich, denn es war kaum zu erwarten, dass sie rückfällig wurde. Zudem konnte sie so weiterhin nach ihren beiden kleinen Kindern und dem Hof schauen, wobei ihr dies schwer fallen musste. Bereits während der Zeit, als Vasilij Trofimov in Untersuchungshaft war, hatte sie sich nämlich beklagt, dass es ihr grosse Mühe bereite, ohne Mann die Wirtschaft zu führen, und dass ihr Leben schwieriger geworden sei.[91] Vasilij Trofimov wurde nach §143 StGB zu fünf Jahren in strenger Isolation verurteilt. Die Zeit in der Untersuchungshaft wurde ihm angerechnet. Ausserdem kam die Amnestie zum fünften Jahrestag der Revolution zur Anwendung, sodass sich seine Strafzeit um einen Drittel auf drei Jahre und vier Monate verkürzte. Schliesslich befand das Gericht Vasilij für „gebrandmarkt“ (*oporočennyj*), so dass ihm für die Dauer von zwei Jahren die Bürgerrechte nach §40 StGB entzogen wurden.

Die Aberkennung der Bürgerrechte wurde vermutlich durch das Urteil der Rajonsbürger und ihre Charakterisierung Vasilij Trofimovs mitbeeinflusst. Hingegen fällt auf, dass das Gericht nicht der Einschätzung des Untersuchungsrichters folgte, Vasilij Trofimov nach §142a StGB zu verurteilen, sondern sich für §143 StGB entschied. Das Gouvernementsgericht erkannte also im Gegensatz etwa zu den Dorfbewohnern nicht in der Habgier das Hauptmotiv Vasilij Trofimovs. Die Richter erwähnten in ihrem Urteil ausdrücklich, dass sich Vater und Sohn wegen Familienstreitigkeiten (*semejnye neurjadicy*) im Streit (*v ssore*) befanden und ersterer letzteren aus dem Haus verjagte, woraufhin der Mord geschah. In einem juristischen Kommentar zur Unterscheidung von §142a StGB und §143 StGB heisst es:

> […] §143 StGB bestraft nicht nur unmotivierten Mord und Mord aus altruistischen Motiven, sondern auch aus egoistischen, aber nicht aus äusserst asozialen Veranlassungen. Hass, Feindseligkeit,

90 GASO, f. r-74, op. 2, d. 664, ll. 107, 108ob., 109.

91 Ebd., ll. 61, 82.

> Rache wegen einer manchmal schon lange zugefügten Beleidigung ist eine egoistische Veranlassung, aber keine niedrige. [...][92]

Das Gericht berücksichtigte offenbar die schwierige Familiensituation, wie Vasilij Trofimov sie immer wieder und gleichbleibend berichtete. Aus der Sicht der Richter war die Übernahme des Betriebs somit die Folge des Mordes und nicht dessen Ursache gewesen. Vasilij Trofimov scheint mit dem Urteil einverstanden gewesen zu sein, denn er appellierte nicht dagegen. Die Amnestie zum fünften Jahrestag der Oktoberrevolution betraf unter anderem jene Arbeiter und Bauern, die zum ersten Mal ein Delikt begingen und deren Vergehen sich nicht gegen die Errungenschaften der proletarischen Revolution richteten. Die Haftzeit jener, die zu mehr als einem Jahr Freiheitsentzug oder Zwangsarbeit verurteilt worden waren, sollte um nicht weniger als ein Drittel und nicht mehr als die Hälfte gekürzt werden.[93] Die Richter entschieden sich demnach für die Minimalvariante. Trotz der erkennbaren Härten musste der Bevölkerung des Rajons das Urteil milde vorkommen, sie hatten ja die Aussiedlung verlangt. Ihre Reaktionen auf das Urteil sind nicht dokumentiert. Grundsätzlich stellt sich weiter die Frage, ob solche Urteile und Eingaben seitens der Bevölkerung an das Gouvernementsgericht nicht gleichwohl Rückwirkung auf die Rechtsprechung und schliesslich Gesetzgebung hatte. In der juristischen Debatte um die Beurteilung von Verbrechen gegen Leib und Leben in der zweite Hälfte der 1920er Jahre waren zunehmend Forderungen nach strengeren Strafen zu hören.[94] Sollte die Forderung nach einer härteren Strafpraxis im juristischen Diskurs auch als Annäherung an das bäuerliche Rechtsverständnis interpretiert werden? Eine Lesart, die nicht auszuschliessen ist und weiterer Forschung bedarf.

Ab dem 6. Oktober 1923 war Vasilij Trofimov im Gouvernementsgefängnis in der Stadt Smolensk in strenger Isolation inhaftiert und arbeitete

92 Frenkel', Elena: Ubijca v zakone, sudebnoj i penitenciarnoj praktike. In: Pravo i Žizn', 1926g., kniga pervaja, 66.

93 Sobranie uzakonenij i rasporjaženij rabočego i krest'janskogo pravitel'stva, izdavaemoe Narodnym Komissariatom Justicii, Nr. 64, 4 nojabrja 1922g., 1419, 1420. Zu den rechtlichen Aspekten im Zusammenhang mit Amnestien allgemein siehe: Utevskij, B. S.: Dosročnye osvoboždenie i amnistija. Moskau 1927.

94 Ein Ausschnitt beispielsweise bei Strogovič, M.: Prestuplenija protiv ličnosti. In: Eženedel'nik Sovetskoj Justicii, Nr. 47 1926g., 1324, 1325.
Zur Art und Weise, wie Ende der 1920er Jahre Verbrechen von den staatlichen Behörden wahrgenommen und rapportiert wurde, vgl. CDNISO, f. 5, op. 1, d. 256, 67–107; Smolensker Archiv R56 WKP525.

dort als Schuhmacher. Im März schrieb er noch zwei Eingaben an das Gericht. In der ersten Eingabe vom 5. März 1924 bat er, den Zusatz „mit strenger Isolation“ aufzuheben, da er sich korrekt verhalte.[95] Er hoffte also in die nächste Kategorie überwechseln zu können und so gewisse Hafterleichterungen zu erlangen, wie etwa vermehrte Besuche. Der Vorsteher des Gefängnisses bestätigte, dass Vasilij Trofimov sich bisher keiner Disziplinarstrafe habe unterziehen müssen.[96] Auf diese Eingabe erfolgte jedoch keine Reaktion. Am 28. März 1924 verfasste Vasilij Trofimov ein zweites Schreiben mit dem Wunsch, die Amnestie zur Feier der Errichtung der Sowjetunion auch auf ihn anzuwenden. Diese Bitte wurde an der Beschlusssitzung des Smolensker Gouvernementsgerichts mit der Begründung abgelehnt, dass sich die Amnestie nicht auf Vasilij Trofimovs Art von Vergehen erstrecke.[97]

Die beiden kurzen Anträge erweisen sich gerade im Vergleich mit jenen aus der Bürgerkriegszeit als äusserst aufschlussreich. Sie enthalten nämlich bekannte Formeln wie „ich bitte untertänigst“ (*pokornejše prošu*), „Sohn eines arbeitenden Bauern“ (*syn trudovogo krest'janina*) und „die zu Hause verbliebene alte Mutter mit zwei kleinen Kindern, die des Hungers sterben (*ostavšes' doma mat' storucha s malymy detiškami kotoroe poginut [pogibnut, D. T.] golodnoj smert'ju*).[98] Sicherlich drückte sich in diesen Phrasen eine Strategie aus. Doch es darf aus dem, was aus der Gerichtsakte bekannt ist, angenommen werden, dass diese Sätze auch einen Kern Realität enthielten. Im Folgenden interessiert insbesondere, wie sich die sprachliche Ähnlichkeit mit den Briefen aus den Bürgerkriegsjahren erklären lässt. Vasilij Trofimov hatte seine Anträge im Gefängis verfasst. Das Gefängis war demnach eine Ort – ähnlich wie Ämter, in dem derartige Wen-

95 GASO, f. r-74, op. 2, d. 664, ll. 122, 126. Malinovskij, I.: Karatel'naja politika Sovetskoj vlasti i „ispravitel'no-trudovoj kodeks“. In: Pravo i Žizn', 1925g., kniga pervaja, 66–70; Achmadeev, Farit Chasanovič: Stanovlenie i razvitie režima v ispravitel'no-trudovych učreždenijach RSFSR (1917–1930gg.). Dissertacija na soiskanie [...] kandidata juridičeskich nauk. Moskau 1993, 130, 136–138, 159–169.

96 GASO, f. r-74, op. 2, d. 664, l. 125ob.

97 Ebd., ll. 130, 132.

98 Ebd., l. 126. Die in den russischen Zitaten enthaltenen Fehler sind nicht aussergewöhnlich. Sie lassen vermuten, dass eine wenig alphabetisierte Person die Bittschrift verfasst hatte, die sich beim Schreiben auf ihr Gehör verliess (vgl. *storucha* statt *starucha*).
Ausdrücke wie „ich bitte untertänigst“ wurden schon während der Zarenzeit verwendet. Vgl. Frank, Crime, 239, 240.

dungen vermittelt wurden. In der Vorstellung der Bolschewiki hatte ein Gefängnisaufenthalt in erster Linie die (Um-)Erziehung zum guten Sowjetbürger zum Ziel. Dazu gehörte etwa die Alphabetisierung oder das Erlernen eines handwerklichen Berufes. Neben dem offiziellen Lernprogramm, das die Wiedereingliederung der Häftlinge in die sowjetische Gesellschaft ermöglichen sollte, tauschten die Gefangenen Erfahrungen informeller Art aus.[99] Dazu gehörten offensichtlich auch Beobachtungen darüber, welche Formulierungen bei Eingaben die besten Erfolgsaussichten hatten. Die Tradierung solchen Wissens setzte jedoch eine Gruppe von Menschen in gleicher oder ähnlicher Ausgangslage voraus. Ein Blick auf Statistiken zeigt, dass gerade Personen, die wegen Raubüberfalls, Mordes, schwerer Körperverletzung oder Konterrevolution eine verhältnismässig lange Haftstrafe verbüssten.[100] Sie bildeten also in Bezug auf die Schwere ihres Deliktes, ihrer rechtlichen Situation sowie in zeitlicher Hinsicht eine relativ homogene Gruppe. Deshalb ist gut vorstellbar, dass gerade sie sich nützliche Erfahrungen im Umgang mit Behörden weitergeben konnten.

Vasilij Trofimov wurde Ende August 1926 aus der Haft entlassen. Es wäre höchst interessant zu wissen, was aus ihm geworden ist.[101] Kehrte er überhaupt ins Dorf zurück? Wenn ja, wie wurde er dort aufgenommen? Konnte er sich wieder integrieren oder blieb er ein Aussenseiter? Die Bürger des Rajons hatten ja ein massiv härteres Urteil verlangt, als das Gouvernementsgericht es schliesslich aussprach.

Zum Schluss dieser Fallstudie stellt sich schliesslich die Frage, wie sehr der Alltag der „kleinen Leute" im Gouvernement Smolensk politisiert war. Mit „politisiert" ist hier gemeint: Welche Rolle spielte die bolschewistische Partei im Alltag der Menschen? Im Fall von Vasilij Trofimov stellte sich bald heraus, dass dem Mord an Pavel Trofimov keine politischen Motive zugrunde lagen. Weiter ist festzuhalten, dass weder Vasilij

99 Für die illegale Kommunikation mit Klopfzeichen vgl. Gernet, Michail N.: Očerki tjuremnoj psichologii. Noč' v tjurm'me. In: Pravo i Žizn', 1923g., kniga pervaja, 59. Anhand des Fallbeispiels von Roman Murin wurde ebenfalls klar, dass die Häftlinge untereinander Kontakt pflegten.

100 Jakubson, V.: Repressija lišeniem svobody. In: Beloborodov, A. G. (Hg.): Sovremennaja Prestupnost' (Prestuplenie, pol, repressija, recidiv). Po dannym perepisi mest zaključenija. Vypusk 1. Moskau 1927, 29, 30.

101 Eine Nachfrage bei Aleksej Aleksandrovič Zabelin, Leitungsmitglied der Smolensker Vereinigung der Repressionsopfer, hat ergeben, dass sich Vasilij Pavlovič Trofimov nicht unter den bisher bekannten Menschen befindet, die im Gouvernement Smolensk „repressiert" wurden. Stand: Dezember 1999.

Trofimov noch Ekaterina Trofimova Mitglied des Komsomol oder der bolschewistischen Partei waren. Ebenso gehörten weder die Zeugen noch der Milizionär Konnon Gorochov der Partei an. Sie scheint abwesend und bedeutungslos gewesen zu sein.[102] Die Entwicklung der Mitgliederzahlen der bolschewistischen Partei im Gouvernement Smolensk stützt diesen Eindruck, insbesondere wenn man sich die Gesamteinwohnerzahl von rund zwei Millionen vor Augen hält.[103]

Mitgliederzahl	1. 2. 1921	1. 9. 1921	1. 11. 1922	1. 3. 1923	1. 4. 1924
Stadt	5'842	8'379		3'369	2'424
Land	2'768	3'597		1'460	1'272
Total	8'610	11'976	5'033	4'829	3'696

Tabelle 5: Mitgliederzahlen der bolschewistischen Partei des Gouvernements Smolensk 1921–1924.[104]

Doch die Annahme, die bolschewistische Partei habe aufgrund ihrer physischen Abwesenheit überhaupt keine Rolle gespielt, würde zu kurz greifen. Die sorgfältige Analyse der Sprache hatte gezeigt, dass bestimmte Wörter, die im bolschewistischen Diskurs häufig vorkamen, wie beispielsweise „Bandit" oder fehlendes Bewusstsein (*nesoznatel'nost'*), von den Bewohnern des Rajons verwendet wurden. Dies weist darauf hin, dass sie zumindest bestimmte Aspekte aus der (Propaganda-)Sprache der Bolschewiki und deren Bedeutungsfelder kannten und ausserdem wussten, mit welchen Stichworten sie ihre Anliegen und Interessen erfolgreich durchsetzen

102 Ähnliches schilderte Gagarin für die Nachbarregion. Vgl. Gagarin, Chozjajstvo, 54.

103 Predvaritel'nye itogi, 10.

104 1921: Otčet o dejatel'nosti Smolenskogo Gubernskogo Komiteta RKP(b) za vremja s 1-go marta po 20-e oktjabrja 1921g. K 9 partkonferencii. Smolensk 1921, 3; 1922, 1923: Otčet Smolenskogo Gubernskogo Komiteta RKP(b) k XII Smolenskoj Gubernskoj Konferencii Ross. Komm. Partii (za vremja s 1 dekabrja 1922g. po 15 marta 1923g.). Smolensk 1923, 11; 1924: Otčet Smolenskogo Gubernskogo Komiteta RKP(b) k XIII Gubernskoj Partijnoj Konferencii Rossijskoj Kommunističeskoj Partii (za vremja s 1-go marta 1923g. po 1-e marta 1924g.); Smolensk 1924, 15. Der Einbruch der Zahlen 1922 erklärt sich mit den durchgeführten Säuberungen. Eine detaillierte Analyse der Entwicklung der Mitgliederzahlen von 1919 bis 1938 siehe bei Fainsod, Merle: Smolensk Under Soviet Rule. Boston, London 1989, 35–61. Seine Befunde stammen aus der *Izvestija des Zentralkomitees* und Quellen aus dem Smolensker Archiv und unterscheiden sich zum Teil beträchtlich von denjenigen der Rechenschaftsberichte des Parteikomitees des Gouvernements Smolensk.

konnten. Noch zu untersuchen bleibt allerdings, ob die bäuerliche Bevölkerung Formeln, die sie bereits aus der Zarenzeit kannte und wirksam zu ihrem Vorteil einsetzte, müheloser und schneller benutzte als ganz neue, typisch bolschewistische Worte wie etwa „Internationale" oder „Komsomol".[105] Umgekehrt wäre auf Kontinuitäten in der Kanzleisprache oder im Diskurs über Kriminalität auf Seiten der Behörden zu achten. Für die frühe Sowjetunion ist zu bemerken, dass es ganz konkrete Orte und Momente gab, wo die Sprache der Herrschenden erlernt wurde: nämlich im Kontakt mit ihnen. Der Milizionär oder der Untersuchungsrichter befragten die Menschen aufgrund eines amtlichen Fragebogens zumindest nach Name, Herkunft, Alter, Zivilstand, Beruf, Bildung sowie Parteizugehörigkeit und schrieben die Aussagen nieder. Zur Kontrolle lasen sie nach dem Verhör die Protokolle vor beziehungsweise die Befragten lasen sie selber durch. Auf diese Art und Weise gelangte Wissen, welche Angaben zu einer Person interessierten, welche Wendungen und Formulierungen zum Einsatz kamen und überhaupt wie Sätze konstruiert wurden, an eine breitere Bevölkerung. Ein weiterer Ort, sich die Sprache der Herrschenden anzueignen, war das Gefängnis. Insgesamt fällt auf, dass sich die Bewohner von Govrovo in ihren Schriftstücken vermehrt eines amtlichen und bolschewistischen Stils bedienten, je näher sich die Adressaten dem Zentrum, hier konkret dem Verwaltungszentrum Smolensk, befanden. Ein anschauliches Beispiel dafür lieferten im Fall Vasilij Trofimov seine beiden Eingaben aus dem Gefängnis, die am meisten Versatzstücke aus dem bolschewistischem Jargon enthielten. Diese Beobachtung bedeutet in Bezug auf die Frage, wie sehr der Alltag der Menschen 1922 und 1923 politisiert gewesen sei, dass die bolschewistische Partei vor Ort nur eine geringe, womöglich sogar keine Rolle spielte. Es machte den Anschein, dass sie, wenn es nun doch zu Kontakten kam, vielmehr als Inhaberin der staatlichen Macht wahrgenommen wurde.[106] Dementsprechend gelangten ähnliche und gleiche Argumentations-

[105] Seliščev zählte in seiner Untersuchung der revolutionären Sprache viele Beispiele auf, wie die bäuerliche Bevölkerung neue Ausdrücke (miss-)verstand. Seliščev, Jazyk, 210–218. Weiterführend ist sein Befund, dass vor allem junge Menschen die diese Wörter aufgriffen, um sich als gebildete Vertreter der neuen Epoche zu kennzeichnen. Seliščev, Jazyk, 55.

[106] Es lohnt sich offensichtlich im Hinblick auf die Analyse gerade von Gesellschaften und Staaten, die als totalitär bezeichnet werden, zwischen Partei und Staat zu unterscheiden, auch wenn die Parteiideologie ein Verschwinden des letzteren ankündigt. Vgl. Reinhard, Wolfgang: Geschichte der Staatsgewalt. Eine vergleichende Verfassungsgeschichte Europas von den Anfängen bis zur Gegenwart. München 1999, 458, 467–479.

muster und Strategien wie in der Zarenzeit zum Einsatz. Im Umgang mit Behörden zeichnete sich eine Kontinuität ab, die darin bestand, dass nicht alle (kleineren) Fälle offiziell gemeldet wurden, sprachliche Stereotypen weiter Verwendung fanden und sich die Welt der Bauern und der Herrschenden fremd blieben, wie etwa das Protokoll der Dorfbewohner und das Urteil der Bürger des Rajons illustrierten.

Unterschiede zur Bürgerkriegszeit hinsichtlich der Politisierung lassen sich besonders auf der argumentativen Ebene feststellen. Vasilij Trofimov konnte in den Befragungen die verfahrene Familiensituation schildern, ohne einen Generationenkonflikt als eine politische Kontroverse formulieren zu müssen, wie er beispielsweise in Form von „Vater – Kulak und heimlicher Getreuer des Zaren, Sohn – Anhänger der bolschewistischen Partei" denkbar gewesen wäre.[107] Die Dorfbewohner nutzten mit Ausnahme der Bezeichnung „Bandit" ebenfalls keine politischen Argumente etwa in dem Sinne, dass Vasilij Trofimov die Herrschaft der Sowjetmacht untergrabe. Daraus lässt sich schliessen, dass nicht die Welt der grossen Politik in den Städten Moskau oder Smolensk, sondern die Welt des Dorfes und Rajons der Raum war, an und in dem sich Vasilij Trofimov wie auch die anderen Bürger orientierten. Eine gewisse Eigenständigkeit trat in den Handlungen der Dorfbewohner zutage, wenn sie Protokolle verfassten oder ein Urteil über einen Mitbürger schrieben. Alles in allem vermittelten die Dokumente aus der Gerichtsakte den Eindruck, dass althergebrachte Strukturen und Vorstellungen von Ordnung, in der (ältere) Männer über die Angelegenheiten aus ihrer Mitte entschieden, weiterhin funktionierten.

107 Družnikov versucht in seiner Arbeit, die Umstände von Pavel Morozovs Tod zu ermitteln. Er vermutet, dass der Mord auf das Konto der Geheimpolizei geht. In den vorgestellten Argumenten der Zeitgenossen, die das Verhältnis zwischen Pavel und dessen Vater für konfliktreich hielten, finden sich überraschende Parallelen zum hier untersuchten Fall. Pavel Morozovs Vater sei fremd gegangen und habe der Geliebten Geschenke gebracht, seine Frau aber geschlagen. Das Thema Sauberkeit scheint ebenfalls ein zentraler Streitpunkt gewesen zu sein. Der Vater habe seiner Angetrauten vorgeworfen, sie räume nicht auf, die Hütte sei schmutzig. Durch die Abwesenheit des Vaters habe die ganze Arbeitslast auf den Schultern des Sohnes gelegen. Die berühmte Anzeige sei als Racheakt von Sohn und Ehefrau zu verstehen. Družnikov, Jurij Il'ič: Donoščik 001, ili voznesenoie Pavlika Morozova. Moskau 1995, 34–36.
Zur Interdependenz von Altersdifferenz, ethnischen Minderheiten und politischer Überzeugung in den 1920er Jahren vgl. Rožkov, Aleksandr: Die Jugend im Kuban-Gebiet in den 1920er Jahren zwischen Tradition und Modernisierung. In: Kuhr-Korolev, Sowjetjugend, 195–216.

Die Ermittlungsbehörden und das Gouvernementsgericht folgten den Begründungen und Erklärungen, die die Menschen vom Dorf vorbrachten, und waren im Vergleich mit den Fällen aus der Bürgerkriegszeit weniger auf politische Beweisführungen angewiesen. Insofern hatte bei ihnen trotz personeller Kontinuität ein Wandel hin zur „Entpolitisierung" stattgefunden.[108] Es wäre von grossem Interesse zu wissen, wie dieser Wandel sich gestaltete und wie er zustande gekommen war. Hier liegt noch ein weites Forschungsfeld brach. Die Tatsache, dass die Strafverfolgungsbehörden auch ohne den politischen Druck in den vorgebrachten Argumenten funktionierten, verweist darauf, dass den Bolschewiki im Gouvernement Smolensk die Anerkennung als Staatsmacht gelungen war. Als Partei hatten sie sich hingegen noch nicht etabliert. Hier scheinen sie einen wichtigen Kompromiss eingegangen zu sein: Sie verzichteten beim Umgang mit der Bevölkerung auf eine parteipolitische Rhetorik, sofern diese sie nicht selber vorlegte. Dafür akzeptierten die Menschen im Gouvernement Smolensk die Bolschewiki als Inhaber der staatlichen Herrschaft. Bei der Ermittlung von Vergehen kam eine Zusammenarbeit zustande. Die Analyse der Gerichtsakten hat ergeben, dass sich diese Kooperation unterschiedlich gestaltete. Bei Eigentumsdelikten versuchten die betroffenen Menschen im Dorf sich wie zur Zarenzeit selber zu helfen. Viele Fälle wurden nie gemeldet. Bisweilen ergriff die Bevölkerung die Initiative und holte die Miliz. Dann konnte indes die Präsenz eines Milizionärs in seiner Funktion als Vertreter der Staatsmacht ausreichen, um die Rückgabe des gestohlenen Gutes zu bewirken. Die Miliz war so Teil der innerdörflichen Konfliktlösungsstrategie geworden. Doch auch in anderen Situationen wie bei einem Mordverdacht bestimmte das Dorf, wann es die Miliz herbeirief. Der Zeitpunkt musste in dem Moment gekommen sein, als den Bewohnern klar wurde, dass sie nicht mehr selber eine Lösung finden konnten. Ihr sozialer Druck genügte nicht mehr. Ob es allerdings den staatlichen Behörden gelingen

[108] Exemplarisch sei kurz die Karriere von Fric Gajšpuit (*1893) geschildert, der 1918 das Amt des Vorstehers der Ermittlungskommission beim Revolutionstribunal Smolensk innehatte, 1919 Mitglied dieses Tribunals wurde und 1920/1921 die Aufgabe des stellvertretenden Vorsitzenden und schliesslich 1922 den Vorsitz übernahm. Seit dem 1. Januar 1923 war er Leiter des Smolensker Gouvernementsgerichts. Vgl. GASO, f. r-13, op. 2, ed. chr. 79, ll. 1–3. Für weitere ausgewählte Beispiele vgl. GASO, f. r-13, op. 4, d. 455, ll. 66–68, 85–87; d. 459, ll. 34–36; d. 463, ll. 132–134; d. 481, ll. 28–30. Anhand der Berufssparte der Ingenieure zeigt Schattenberg eine personelle Kontinuität von der Zarenzeit zur Sowjetunion auf. Vgl. Schattenberg, Susanne: Stalins Ingenieure. Lebenswelten zwischen Technik und Terror in den 1930er Jahren. München 2002.

würde, das Delikt aufzuklären, war nicht von Anfang an sicher. Daher mussten die Bewohner eines Dorfes bei einer Kooperation stets berücksichtigen, dass ein Zusammenleben mit dem Verdächtigten möglich blieb. Insofern schränkte sich von ihrer Seite aus eine Zusammenarbeit mit den staatlichen Ämtern ein. Insgesamt scheint in erster Linie das Abwägen lokaler Interessen die Intensität des Zusammengehens bestimmt zu haben.

In dieser Arbeit werden die Kontaktzonen zwischen den Menschen in den Dörfern und denjenigen, die den Staat vertraten, im Bereich der Verbrechensbekämpfung untersucht. In den Fallbeispielen hat sich deutlich gezeigt, dass die Fäden der Annäherung sehr fein und auf vielfältige Art gesponnen wurden. Sie wurden auch in anderen Bereichen geknüpft. Diese gilt es ebenfalls zu erkunden, um ein vollständigeres Bild von dem zu erhalten, was Herrschaft der Bolschewiki im Dorf der 1920er Jahre bedeutete.[109]

109 Einige Aspekte, wie Genossenschaften, Frauendelegierte oder Landsmannschaften werden in den folgenden Aufsätzen besprochen: Maeder, Eva: „Das Gesicht dem Dorf zugewandt?“ – Begegnungen von Stadt und Land in Transbajkalien. In: Forum für osteuropäische Ideen- und Zeitgeschichte 6 (2002) 1, 197–211; Scheide, Kinder, 185–192, 317–324; Farnsworth, Beatrice: Village Women Experience the Revolution. In: Dies., Russian Peasant Women, 145–166; Haumann, Heiko: „Ich habe gedacht, dass die Arbeiter in den Städten besser leben“. Arbeiter bäuerlicher Herkunft in der Industrialisierung des Zarenreiches und der frühen Sowjetunion. In: Schweizerische Zeitschrift für Geschichte 43 (1993) 1, 42–60. Allgemein zur Präsenz der Bolschewiki im Dorf vgl. Altrichter, Helmut: Die Bauern von Tver'. Vom Leben auf dem russischen Dorfe zwischen Revolution und Kollektivierung. München 1984.

3.3 Einführung in die Fallstudien über Vergewaltigungen

Vergewaltigung als historisches Untersuchungsfeld beschäftigt sich mit einer ganz bestimmten Form physischer Gewalt. Mehr als in allen anderen geschilderten Fällen gelangt das Geschlechterverhältnis ins Blickfeld.[1] Insbesondere die Position der jungen, unverheirateten Frauen in den Dörfern konnte bislang im Zusammenhang mit Gewaltdelikten noch kaum beschrieben werden. Denn als Täterinnen traten vor Gericht – und somit in den erhaltenen Gerichtsakten – nur wenige in Erscheinung.[2] Deshalb wer-

1 Da sich diese Arbeit ausdrücklich mit der Altersgruppe der Jugendlichen beschäftigt, entfallen Fälle von ehelichen Konflikten. Das Thema „Vergewaltigung in der Ehe" wurde in den 1920er Jahren ebenfalls diskutiert. Es stellte sich die Frage, ob diese Art der Vergewaltigung ebenfalls strafbar sein sollte. Vgl. Ljublinskij, P. I.: Prestuplenija v oblasti polovych otnošenijach. Moskau, Leningrad 1925; Žižilenko, A.: Prestuplenija protiv polovoj neprikosnovennosti po ugolovnomu kodeksu RSFSR. In: Pravo i Žizn', 1924g., kniga vtoraja. 34–49.
Allgemein zum Sexualdiskurs und zu unterschiedlichen politischen Vorstellungen bezüglich des Geschlechterverhältnisses vgl. Scheide, Carmen: Kinder, Küche, Kommunismus. Das Wechselverhältnis zwischen sowjetischem Frauenalltag und Frauenpolitik von 1921 bis 1930 am Beispiel Moskauer Arbeiterinnen. Zürich 2002. (Basler Studien zur Kulturgeschichte Osteuropas; Bd. 3), 109–195.

2 Dazu gehörte etwa Natal'ja Fedorova, die allerdings verheiratet war und ein Kind hatte. Deshalb zählt sie nicht mehr eigentlich zur Gruppe der Jugendlichen. Kamen Frauen vor Gericht, waren sie meistens älter und somit verheiratet oder verwitwet. Bei der Mehrheit der wegen §§142 oder 143 StGB Angeklagten handelt es sich um Männer.
Als typisches Delikt von jungen, unverheirateten Frauen gilt der Kindsmord. Doch bei den Fällen, die im Findbuch als solche bezeichnet sind, finden sich auch solche, bei denen die Angeklagten verheiratet oder geschieden waren. Für Fälle von Kindsmord vgl. GASO, f. r-74, op. 2, dd. 624, 884, 897, 965, 967, 1006; op. 4(1924), d. 321. Des weiteren vermute ich, dass Kindsmord von Frauen jeglichen Alters begangen wurde, dieses Delikt aber vor allem bei jungen, unverheirateten Frauen geahndet wurde, und sie deshalb in den Statistiken stark vertreten waren. Vgl. dazu Furger, die für den Kanton Uri in der zweiten Hälfte des 19. Jahrhunderts herausgearbeitet hat, dass verheiratete Paare beziehungsweise Mütter im Vergleich mit ledigen Kindermörderinnen viel seltener angeklagt und zudem, kam es zu einem Schuldspruch, um ein Vielfaches milder bestraft wurden. Furger, Carmen: „Ich war aber in einer fürchterlichen Angst & Verwirrung, es machte entsetzlich in mir ...". Frauen und Männer vor Gericht: Kindsmordprozesse in Uri im 19. Jahrhundert. (Unveröffentlichte Lizentiatsarbeit). Basel 2002, 40, 41, 56–58.
Eine Auswertung der Akten der Kommission für minderjährige Straffällige zeigt ebenfalls, dass Mädchen im Gegensatz zu Knaben fast ausschliesslich wegen Eigentumsdelikten auffielen, wobei es im Auge zu behalten gilt, dass Jugendliche bis

den hier die jungen Frauen in ihrer Rolle als Opfer gewaltsamer Übergriffe beschrieben. Dennoch erlauben auch diese Situationen, ihre Stellung im dörflichen Gefüge zu erkunden und die Lebenswelten junger, unverheirateter Frauen in der russischen Provinz der 1920er Jahre nachzuzeichnen.

Die bisherige Forschung zu Vergewaltigungen in Sowjetrussland der 1920er Jahre stützte sich primär auf gedrucktes Material, was zur Folge hatte, dass der politische Diskurs über Vergewaltigungen ins Licht rückte.[3] Der Zugang zu Täter und Opfer blieb verschlossen. In Gerichtsakten hingegen werden die historischen Akteure hörbar. Es lassen sich vertiefte Erkenntnisse zu verschiedenen Aspekten gewinnen. Wer reichte eine Klage ein? Wer redete wie über die Gewalttat? Brachten die Opfer ihre Gewalterfahrung zur Sprache? Wie gingen die Täter mit einer Anklage wegen Vergewaltigung um? Erfährt man etwas über ihr Verhältnis zu sexueller Gewalt? Welche Zeugen wurden zur Bestätigung der eigenen Version mobilisiert? Gab es überhaupt Zeugen? Wie behandelten die Ermittlungsbehörden und das Gericht Frauen, die sich als Opfer von Vergewaltigungen bezeichneten? Wie standen ihre Chancen, Recht zu bekommen? Ziel ist also auch in diesem Teil, die Handlungsspielräume der Betroffenen auszuloten. Für Fragen nach dem Sexualverhalten und der Sexualmoral der bäuerlichen Bevölkerung[4] oder der juristischen Diskussion[5] im Zusammenhang mit

sechzehn Jahren allgemein vorwiegend wegen Diebstahls aufgegriffen wurden. Vgl. GASO, f. r-19, op. 1, dd. 4183, 4639.

3 Wolters, Margarete, Wolters, Annalise: Elemente des russischen Rätesystems. Band IX: Die Beziehungen zwischen den Geschlechtern, 2. Teil: Die Vergewaltigung. Hamburg 1980 (Hamburger historische Studien; Bd. 6,18); Altrichter, Helmut: Die Bauern von Tver. Vom Leben auf dem russischen Dorfe zwischen Revolution und Kollektivierung. München 1984, 96, 105ff., 130ff., 259; Naimann, Eric: Sex in Public. The Incarnation of Early Soviet Ideology. Princeton, New Jersey 1997, 250–288.

4 Dazu etwa: Engel, Barbara Alpern: Peasant Morality and Premarital Relations in Late 19th Century Russia. In: Journal of Social History 23 (1990) 4, 695–714; Frank, Stephen P.: „Ask the Doctor!" Peasants and Medical-Sexual Advice in Riazan Province, 1925–1928. In: Husband, William B. (Hg.): The Human Tradition in Modern Russia. Wilmington 2000, 93–107.
Für die Städte ist das Sexualverhalten der jungen Menschen (insbesondere Studierende) in den 1920er Jahren besser untersucht. Hierzu gab es zeitgenössische Forschungen wie beispielsweise Gel'man, I.: Polovaja žizn' sovremennoj molodeži. Opyt social'no-biologičeskogo obsledovanija. Moskau, Petrograd 1923. Einige ins Deutsch übersetzte Texte finden sich bei Hohmann, Joachim S. (Hg.): Sexualforschung und -politik in der Sowjetunion seit 1917. Eine Bestandesaufnahme in Kommentaren und historischen Texten. Mit einer Bilddokumentation und einer Auswahlbibliographie 1896 bis 1989. Frankfurt am

Vergewaltigungen geben Gerichtsakten nicht genügend Anhaltspunkte. Darum werden diese Punkte hier nicht behandelt.

Mit dem Thema der Vergewaltigung beschäftigten sich die sowjetischen Kriminologen ebenfalls. In der kriminologischen Literatur der Sowjetunion, die hauptsächlich in der zweiten Hälfte der 1920er Jahre herauskam[6], galten junge Männer bis 25 Jahre als Haupttätergruppe bei Vergewaltigung, wie sie in §169 StGB[7] beschrieben wurde. Gruppenvergewaltigung beobachteten die Wissenschaftlerinnen und Wissenschaftler insbesondere in den ländlichen Gebieten.[8] Man'kovskij ermittelte etwa aufgrund

graphie 1896 bis 1989. Frankfurt am Main, Bern et al. 1990.
Für Forschungsarbeiten, die diese Untersuchungen als Grundlage benutzen, vgl. etwa Fitzpatrick, Sheila: Sex and Revolution: An Examination of Literary and Statistical Data on the Mores of Soviet Students in the 1920s. In: Journal of Modern History 50 (1978), 252–278; Kuhr-Korolev, Corinna: Die sowjetische Jugend im Sexual- und Moraldiskurs der 1920er Jahre. In: Dies., Plaggenborg, Stefan, Wellmann, Monica (Hg.): Sowjetjugend 1917–1941. Generation zwischen Revolution und Resignation. Essen 2001, 263–285.

5 Vgl. Fussnote 1; Wolters, Margarete: Sexuelle Gewalt und Strafrecht. In: Hohmann, Sexualforschung, 252–269.
Zur russischen Entwicklung der Gesetzgebung zu Vergewaltigung und Defloration im 19. Jahrhundert vgl. Engelstein, Laura: Gender and the Juridical Subject: Prostitution and Rape in Nineteenth Century Russian Criminal Codes. In: Journal of Modern History 60 (1988), 472–483.

6 Ljublinskij, Prestuplenija; Gercenzon: A. A.: Polovaja prestupnost' v dorevoljucionnoj Rossii. (Statističeskij očerk). In: Krasnuškin, E. K., Segal, G. M., Fajnberg, C. M. (Hg.): Pravonarušenija v oblasti seksual'nych otnošenij. Moskau 1927, 108–127; Man'kovskij, B. S.: Sovremennaja polovaja prestupnost'. In: Ebd., 77–107; Ozoreckij, N. I.: Polovye pravonarušenija nesoveršennoletnich. In: Ebd., 128–157; Vnukov, V. A., Ėdel'štejn, A. O.: O charaktere ličnosti pravonarušitelja i mechanizmach pravonaruženij v oblasti polovych otnošenij. In: Ebd., 51–76; Zmiev, B.: Prestuplenija v oblasti polovych otnošenij v gorode i v derevne. In: Širvindt, E., Traskovič, F., Gernet, M. (Hg.): Problemy prestupnosti. Vyp. 2. Moskau, Leningrad 1927, 41–50.

7 §169 StGB: „Vergewaltigung, d. h. Geschlechtsverkehr mit Anwendung von physischer oder psychischer Gewalt oder unter Ausnutzung des hilflosen Zustandes des Opfers wird mit Freiheitsentzug von mindestens drei Jahren bestraft. Wenn die Vergewaltigung den Selbstmord des Opfers zur Folge hatte, erhöht sich das Strafmass auf mindestens fünf Jahre." In: Žižilenko, A. A.: Polovye prestuplenija (St. st. 166–171 Ugolovnogo Kodeksa). Ugolovnyj Kodeks RSFSR. Praktičeskij Kommentarij pod redakciej M. N. Gerneta i A. N. Trajnina. Moskau 1924, 19.

8 Gercenzon, Polovaja prestupnost', 114, 115; Zmiev, Prestuplenija, 47; Man'kovskij, Sovremennaja, 83, 94; Ozoreckij, Polovye, 134–137.

von Material des Gouvernementsgerichts Moskau für den Zeitraum von 1924 bis 1926, dass diese Instanz insgesamt 291 Urteile im Zusammenhang mit Sexualverbrechen aussprach. Rund ein Drittel dieser Vergehen ereigneten sich auf dem Land.[9]

Ort des Verbrechens	1924	1925	1926	Total
Stadt	34	85	71	190
Land	10	50	41	101
Total	44	135	112	291

Tabelle 6: Anzahl der Sexualdelikte in der Stadt und auf dem Land, 1924–1926.

Diese Gesamtzahl der Urteile schlüsselte er weiter auf nach der Art der Sexualverbrechen.[10]

Paragraph im Strafgesetzbuch	Stadt		Land		Total	
	Zahl	%	Zahl	%	Zahl	%
§166, 167: Geschlechtsverkehr mit Minderjährigen	36	19,0	9	8,9	45	15,4
§168: Verführung Minderjähriger	50	26,3	8	7,9	58	20,0
§169: Vergewaltigung	85	44,7	82	81,2	167	57,4
§169-a: Vergewaltigung einer abhängigen Frau	19	19,0	2	2,0	21	7,2
Total	190	100,0	101	100,0	291	100,0

Tabelle 7: Anzahl Sexualdelikte aufgeschlüsselt nach Paragraphen und Stadt-Land-Verteilung.

Aus dieser Aufstellung zog er den Schluss, dass die Zahl der Vergewaltigungen auf dem Land im Vergleich mit der Stadt nominal zwar fast gleich war, der prozentuale Anteil von Vergewaltigungen aber doppelt so hoch ausfalle. Dieses Ergebnis unterstrich er mit dem Verweis, dass die Dunkelziffer von Vergewaltigungen in ländlichen Gebieten sehr gross sei.[11] Ein anderer Autor führte verdeutlichend an, dass die Zahl der Vergewaltigungen in den Städten aus zwei Gründen niedriger sei. Ein Täter finde aufgrund der höheren Bevölkerungsdichte weniger einsame Orte, wo er seine

9 Man'kovskij, Sovremennaja, 85.

10 Ebd., 85.

11 Ebd., 85, 86.

Tat ungestört vollbringen könne. Zudem habe er die Möglichkeit, sein Sexualbedürfnis bei den zahlreichen Prostituierten zu befriedigen.[12]

Für den Zeitraum von 1924 bis 1926 untersuchte Man'kovskij das Alter der Personen, die wegen Sexualdelikten verurteilt wurden. Rund fünfzig Prozent von ihnen hatten das 26. Lebensjahr noch nicht erreicht. Dabei stellte er bei dieser Altersgruppe eine steigende Tendenz fest.[13]

Alter	1924	1925	1926
Bis 18 Jahre	9,3	10,3	15,5
18–25 Jahre	37,0	44,9	45,2
26–35 Jahre	29,6	24,3	21,0
36–50 Jahre	13,0	14,5	14,2
Über 50 Jahre	11,1	6,0	4,1
Total	100,0	100,0	100,0

Tabelle 8: Altersgruppen der Sexualtäter, 1924–1926.

Im gleichen Sammelband, in dem Man'kovskijs Aufsatz erschien, publizierte Gercenzon einen Vergleich mit der Vorkriegszeit, der die Beobachtungen bestätigen sollte, dass die Sexualtäter immer jünger wurden und einen zunehmend grösseren Anteil darstellten.[14]

Alter	1913	1924
Bis 18 Jahre	10,0	19,4
18–25 Jahre	50,6	50,0
25–30	18,5	11,1
30–40	14,2	11,1
40–50	4,4	4,4
50–60	1,9	2,3
über 60	0,4	1,7
Total	100,0	100,0

Tabelle 9: Vergleich der Altersgruppen der Sexualtäter 1913 und 1924.

12 Zmiev, Prestuplenija, 47.

13 Man'kovskij, Sovremennaja, 90, 91.

14 Gercenzon, Polovaja prestupnost', 124. Gercenzons Zahlen stimmen nicht mit denen von Man'kovskij überein. Da Gercenzon nicht angibt, woher er die Zahlen für 1924 nimmt, lässt sich die Differenz nicht erklären. Wichtig erscheint mir, dass er den gleichen Trend bemerkt.

In der zeitgenössischen Wahrnehmung begannen Vergewaltigungen und vor allem Gruppenvergewaltigungen Mitte der 1920er Jahre eine wachsende Bedeutung zu spielen. Auf den in diesem Zusammenhang stehenden Diskurs werde ich zu Beginn des Kapitels 3.5 näher eingehen. An dieser Stelle sei lediglich bereits darauf hingewiesen, dass die statistischen Ergebnisse der sowjetischen Kriminologen von der Vorstellungen des rückständigen Landes und der fortschrittlichen Stadt geprägt waren. Seit ungefähr Mitte der 1920er Jahre machte man sich ausserdem vermehrt Sorgen um den Zustand der Jugend und mögliche Folgen für die Gesellschaft. Die angeführten Zahlen sind Ausdruck dieser Debatten und Befürchtungen.[15]

Eine versuchte Vergewaltigung und eine Anklage wegen Gruppenvergewaltigung sind Thema der nächsten zwei Kapitel. Beide Fälle ereigneten sich 1923. Zu diesem Zeitpunkt wurde im *Rabočij Put'* zwar vereinzelt von Sexualdelikten berichtet.[16] Eine kleine Statistik zu den Verbrechen im Gouvernement Smolensk in den Jahren 1919 bis 1922 erfasste jedoch andere Verbrechen, nämlich Pferdediebstahl, Banditismus, Einbruchdiebstahl und Morde.[17] Sexualdelikte standen nicht im Blickpunkt der öffentlichen Aufmerksamkeit. Im Gegensatz zur Zeit ab Mitte der 1920er Jahre wurden Vergewaltigungen noch nicht breit diskutiert. Es interessiert deshalb, wie die Behörden zu einem Zeitpunkt vor dem eigentlichen „Vergewaltigungsdiskurs" mit einer Klage wegen Vergewaltigung umgingen. Welche Haltung nahmen Milizionäre, Untersuchungsrichter, Richter und Gerichtsbeisitzende Opfern und Tätern gegenüber ein? Und wie argumentierten letztere, um ihre Anliegen durchzubringen? Schliesslich konnten sie sich nicht an einem „Vergewaltigungsdiskurs" orientieren und diesem entsprechend ihre Beweisführung ausrichten. Diese Fragen sollen uns neben den eingangs genannten in den beiden folgenden Kapiteln leiten.

15 Frank, Stephen P.: Women and Crime in Imperial Russia, 1834–1913: Representing Realities. In: Arnot, Margaret L., Usborne, Cornelie (Hg.): Gender and Crime in Modern Europe. London 1999, 93–117. Frank zeigt auf eindrückliche Weise, wie sehr auch Statistiken Abbild des Diskurses über jene Realität sind, die sie „objektiv" zu erfassen suchen.

16 Vgl. beispielsweise *Rabočij Put'*, Nr. 83, 17. 4. 1923, 3; Nr. 277, 6. 12. 1923, 4.

17 Ebd., Nr. 194, 30. 8. 1923, 3; Nr. 195, 31. 8. 1923, 4; Nr. 196, 1. 9. 1923, 5; Nr. 199, 5. 9. 1923, 4. Ende 1923 berichtete der *Rabočij Put'* gar, dass die Zahl der Kriminalvergehen insgesamt um 50 % gefallen sei. Vgl. ebd., Nr. 296, 30. 12. 1923, 5.

3.4 Fallstudie Nikita Samčenkov „Wenn ich sie geschlagen hätte, dann hätte ich sie wahrscheinlich erschlagen.“ Eine versuchte Vergewaltigung.

Am 1. Dezember 1923 behandelte das Gouvernementsgericht Smolensk den Fall von Nikita Stefanovič Samčenkov, der der versuchten Vergewaltigung an Ksenija Kalistratovna Sobol'kova angeklagt worden war. Eigentlich hätte die Verhandlung bereits vier Tage früher, am 27. November, stattfinden sollen.[1] Doch die drei Zeugen Varvara Samčenkova, Anna Kuchareva und Maksim Bričko waren ohne schriftliche Begründung abwesend. Ein Blick in die Aktenunterlagen ergab, dass ihre Unterschriften unter der Vorladung fehlten und somit die Bestätigung, dass sie sie erhalten hatten. Das Gericht beschloss deshalb, die in den Akten vorhandenen Zeugenaussagen vorzulesen.[2] Daraufhin stellte sich aber heraus, dass auch der Angeklagte die Anklageschrift nicht erhalten hatte. Der Ankläger und der Verteidiger schlugen darum vor, die Gerichtsverhandlung zu verschieben, ansonsten werde §392 StPO verletzt.[3] Diesem Befund stimmte das Gericht zu und verschob die Gerichtsverhandlung auf den 1. Dezember.[4]

Obwohl der neue Verhandlungstermin sehr kurzfristig angesetzt war, trafen alle Zeugen, das Opfer Ksenija Sobol'kova und ihr Vater sowie der Angeklagte Nikita Samčenkov rechtzeitig im Gerichtssaal in der Stadt Smolensk ein, lediglich Varvara Samčenkova fehlte. Die Gerichtsverhandlung konnte um 12.10 Uhr beginnen. Nachdem der Gerichtsschreiber die Anwesenheit des Angeklagten, des Opfers, der Zeugen – von Varvara

1 GASO, f. r-74, op. 2, d. 750, ll. 29, 30.

2 Ebd., ll. 28, 28ob., 29, 29ob., 34ob., 37–39ob.

3 §392 StPO: „Die Anklageschrift muss in einer Abschrift jedem der Angeklagten spätestens drei Tage vor der Anhörung des Falles zugestellt werden.“ Zitiert nach Freund, Heinrich: Strafgesetzbuch, Gerichtsverfassungsgesetz und Strafprozessordnung Sowjetrusslands. Mannheim, Berlin et al. 1925, 304; Ugolvno-Processual'nyj Kodeks RSFSR. Izdanie oficial'noe. Moskau 1923. Aus dem Wortlaut wird ersichtlich, dass das Gericht die kürzest mögliche Frist eingehalten hat, als es den Fall erneut auf die Traktandenliste setzte. Offenbar hatte die rasche Behandlung höhere Priorität als die Möglichkeit, dass die Zeugen kurzfristig doch noch kommen konnten.

4 GASO, f. r-74, op. 2, d. 750, ll. 29ob.–31ob.

Samčenkova lag ein Zeugnis vor, dass sie an Bronchitis erkrankt war[5] –, des Anklägers und Verteidigers abgeklärt hatte, erfasste er die Personalien des Angeklagten. Der Angeklagte Nikita Stefanovič Samčenkov war 1902 geboren worden, zählte also 21 Jahre. Von seiner sozialen Herkunft her stammte er aus der Bauernschaft. Er war Bürger des Dorfes Klemjatino, *volost'* Ljubaviči, *uezd* Smolensk.[6] Er lebte mit seinem Vater und elf weiteren Familienangehörigen zusammen auf einem Hof, den sie nicht untereinander aufgeteilt hatten. Der Hof umfasste etwa sieben oder auch etwas mehr Desjatinen Land. Sie besassen ein Pferd, zwei Kühe, fünf Schafe, zwei Hütten und weitere Gebäulichkeiten. Nikita Samčenkov hatte drei Jahre lang die Volksschule besucht, diese aber nicht abgeschlossen.[7] Jetzt arbeitete er auf dem Hof seines Vaters, ging aber auch auswärts als Fassbinder arbeiten.[8] Zusätzliche Stichworte zu seiner Person lauteten: ledig, nicht vorbestraft, nicht Mitglied einer Partei, hatte noch nicht in der Roten Armee gedient und rund zwei Wochen in Untersuchungshaft gesessen.[9] In einem weiteren Schritt verpflichteten sich die Zeugen schriftlich, nur die Wahrheit zu sagen.[10] Daraufhin reichte Ksenija Sobol'kova im Namen ihres Vaters eine Schadenersatzklage in der Höhe von zwanzig *Pud* Roggen ein, was das Gericht gestattete. Ebenso beschloss es, den Fall auch ohne die Zeugin Varvara Samčenkova zu behandeln und ihre Aussage vorzulesen. Schliesslich erklärte es dem Angeklagten seine Rechte nach §277 StPO[11],

5 Ebd., l. 42.

6 Klemjatino befindet sich rund siebzig Kilometer westlich der Stadt Smolensk.

7 Diese Anzahl Jahre entsprach dem Durchschnitt im vorrevolutionären Russland. Vgl. Eklof, Ben: Russian Peasant Schools. Officialdom, Village Culture, and Popular Pedagogy, 1861–1914. Berkeley, Los Angeles et al. 1986, 328–331.

8 Eine Untersuchung über die Saisonarbeit der bäuerlichen Bevölkerung in der Sowjetunion für die Jahre 1923 bis 1927 ergab, dass 1924/1925 die Zahl der Wanderarbeitenden am stärksten zunahm und in den ersten beiden Jahren insbesondere aus nicht qualifizierten Arbeitskräften bestand. Neben den zentralen Schwarzerdegebieten verzeichneten die Westgebiete der Sowjetunion die grösste Dynamik bezüglich der Saisonarbeit. Vgl. Minc, L.: Otchožie promysly v SSSR. In: Statističeskoe obozrenie, Nr. 9, 1928g., 55–62.

9 GASO, f. r-74, op. 2, d. 750, ll. 29ob., 44, 44ob.

10 Ebd., ll. 41, 44ob.

11 §277 StPO: „Gleichzeitig hiermit belehrt der Vorsitzende den Angeklagten über sein Recht, den Zeugen und Sachverständigen Fragen zu stellen und Erläuterungen sowohl in der Sache selbst als auch hinsichtlich einzelner Tatsachen zu beliebiger Zeit der Gerichtsverhandlung zu geben.
Anmerkung: Die in diesem Paragraphen dargelegten Rechte stehen dem Ange-

und alle Anwesenden willigten in die Zusammensetzung des Gerichts ein. Mit der Erledigung dieses Punktes konnte das Gericht zur Vernehmung des Täters, Opfers und der Zeugen übergehen.[12]

Zuerst wurde die Anklage vorgelesen und der Angeklagte befragt, ob er sich für das beschriebene Vergehen schuldig bekenne. Nikita Samčenkov stritt seine Schuld ab. Während seiner Befragung verwickelte er sich in Widersprüche. Die Befragungen der beiden Zeugen Anna Kuchareva und Maksim Bričko trugen ebenfalls wenig zur Klärung des eigentlichen Vorfalls bei. Niemand hatte die versuchte Vergewaltigung beobachtet. Und Nikita Samčenkov bestand darauf, dass er sich nicht mehr daran erinnern könne, weil er betrunken gewesen sei. Die beiden Zeugen hingegen versicherten, dass sie seinen damaligen Zustand als nicht beziehungsweise noch wenig alkoholisiert bezeichnen würden. Umstritten blieb auch, wer was wann zu wem sagte. Schliesslich kündigte das Gericht eine fünfminütige Pause an, in der das Publikum den Gerichtssaal verlassen musste.[13] Nun sagte nämlich das Opfer Ksenija Sobol'kova aus.

[Frage: In welchem Verhältnis stehen Sie zum Angeklagten? Waren Sie mit ihm zum Zeitpunkt der Vergewaltigung verfeindet?][14]

Sobol'kova: Ich bin in Bezug auf den Angeklagten eine Aussenstehende (*postoronnaja*) und stand mit ihm nicht in Feindschaft.

klagten unabhängig davon zu, ob er einen Verteidiger hat oder ob die Sache ohne Mitwirkung eines solchen verhandelt wird." Zitiert nach Freund, Strafgesetzbuch, 279.

12 GASO, f. r-74, op. 2, d. 750, ll. 44, 45.

13 Die Praxis, Vergewaltigungen hinter verschlossener Tür zu behandeln, insbesondere wenn das Opfer noch ledig war, wurde bereits während der Zarenzeit praktiziert. Vgl. Frank, Stephen P.: Crime, Cultural Conflict, and Justice in Rural Russia, 1856–1914. Berkeley, Los Angeles 1999, 159.

14 Der Text in den eckigen Klammern ist fiktiv, die Antworten sind wörtlich aus dem Gerichtsprotokoll übernommen, wo sie jeweils in der Ich-Form – ein Zeichen der Mitschrift – niedergeschrieben worden waren. Wo nötig, wurde die indirekte Rede in eine direkte übertragen. Die Fragen setzte ich an jenen Stellen ein, wo es von der Textlogik Sinn machte: Die Befragten gaben zu einem neuen Thema Antworten oder die nächste Person war an der Reihe. Darüber hinaus beachtete ich die Interpunktion. Die Namen habe ich der Verständlichkeit halber ergänzt.
Ziel dieser Darstellungform ist es, die fiktive Leistung der Forschenden beim Lesen von Quellen transparent zu machen. Ein Beispiel für eine weiter gehende Dramatisierung bei Griessebner, Andrea: Konkurrierende Wahrheiten. Malefizprozesse vor dem Landgericht Perchtoldsdorf im 18. Jahrhundert. Wien, Köln et al. 2000, 144–159.

[Frage: Wie alt sind Sie?]

Sobol'kova: Ich bin 16 Jahre alt.

[Frage: Erzählen Sie uns, was an jenem Sonntag, den 15. Juli geschah.]

Sobol'kova: Wir spazierten in der Nähe des *chutors* von Čepurnenkov und Anna lud mich ein, uns im Spiegel anzuschauen. Wir setzten uns auf einen Balken. Zu uns kamen Samčenkov und Bričko und sie setzten sich zu uns. Bričko sagte [zu Samčenkov]: „Schleppe diese dorthin, wo es dir passt." Er packte mich bei der Hand und schleppte mich zum Roggen. Und dort waren ein Graben, Büsche und die *banja*.[15] Ich leistete Widerstand, er aber wollte mich wegschleppen und in die *banja* hineinziehen, doch ich leistete Widerstand und ging nicht. Dann schlug er mich auf das eine und danach auf das andere Ohr und wälzte mich auf den Boden und begann zu versuchen, mir mit dem Knie den Rock zu heben. Ich schrie die ganze Zeit, doch niemand hörte mich. Weil wir vom Kreis derjenigen, die feierten, weg waren. Als ich mich nicht hingab, da zog er aus den Hosen ein Gewehrteil[16] und setzte es auf meine Brust und sagte: „Los oder ich schiesse!" Danach kam irgendeine Frau, sie sah [uns] und kam hergelaufen, sie zog ihn weg, er schimpfte mit ihr mit Fluchwörtern. Danach zog er ein Gewicht[17] aus dem Sack und schlug mich zuerst auf den Rücken und danach auf die Brust und begann mich auf den Kopf zu schlagen und hakte auf mich ein.

[Frage: Wie trug er Sie in Richtung der *banja* weg?]

Sobol'kova: Als er mich trug, zitterte er ganz, die Augen waren überhaupt nicht mehr zu sehen.

[Frage: Wann genau kam die Frau zu Ihnen und was machte sie?]

Sobol'kova: Er hatte mir schon den Rock gehoben und lag auf mir, doch da [kam] die Frau rechtzeitig und half mir.

[Frage: Wie wussten Sie, dass diese Frau Varvara Samčenkova war?]

15 Vermutlich erinnerte sich Ksenija Sobol'kova daran, dass das Gericht Nikita Samčenkov und Anna Kuchareva nach einer Beschreibung des Tatortes gefragt hatte. Deshalb ergänzte sie die Angabe „Roggen" mit den weiteren örtlichen Merkmalen „Graben, Büsche und *banja*" GASO, f. r-74, op. 2, d. 750, ll. 46ob., 48.

16 Es handelt sich hierbei um ein Gewehr, das an beiden Seiten abgeschnitten worden war.

17 In der Regel ist die Rede von „Gewichten" (*giry*). Sie wurden an ein Seil gebunden und dienten so als Schlag- beziehungsweise Wurfwaffe. Sie glichen daher stark einem Morgenstern (*kisten'*).

Sobol'kova: Dies stellte sich nachher heraus, dass es Samčenkova Varvara war, sie fragte mich, wer ich sei und bat, sie nicht als Zeugin anzugeben.

[Frage: Welche Hilfe erhielten Sie von Varvara Samčenkova?]

Sobol'kova: Sie wickelte mich in ein Tuch ein und führte mich nach Hause, dabei sagte sie, dass dieser *chuligan* ihr Verwandter sei. Alle im Dorf mögen Samčenkov nicht, weil er seinen Spott mit den Mädchen trieb und sich flegelhaft benahm.

[Frage: Wissen Sie, wohin das Gewehrteil verschwand?]

Sobol'kova: Wohin das Gewehrteil verschwand, weiss ich nicht.

[Frage: Angeklagter Samčenkov, was sagen Sie zu den Aussagen von Sobol'kova, dass Sie mit ihr weggingen, sie schlugen, zu vergewaltigen versuchten und ihr gar mit dem Erschiessen drohten?]

Samčenkov: Ich kann mich nicht erinnern, weil ich betrunken war, und das ist nicht wahr. Mit Ksenija ging ich nirgends hin und ich hatte nichts mit ihr gemacht und ihr nicht gedroht.

Sobol'kova: [Und ob er mir nicht drohte!] Er hat mir auch später gedroht, mich umzubringen, wenn ich eine Klage einreichen würde.

[Frage: Wie verhielt er sich, als er zu Ihnen zum Balken kam?]

Sobol'kova: Er packte mich, als er kam. Bričko bat Kuchareva und sie gingen, er aber packte mich, ohne zu fragen und schleppte mich weg, ich schrie.

[Frage: Hörten Bričko und Kuchareva, dass Sie schrieen?]

Sobol'kova: Ob sie es hörten oder nicht, weiss ich nicht.

[Frage: Frage an Zeugin Kuchareva und Zeuge Bričko, wie entfernten sich Samčenkov und Sobol'kova von Ihnen? Und beobachteten Sie ein Gewehrteil und ein Gewicht in der Tasche des Angeklagten?]

Kuchareva: Der Angeklagte führte sie unter dem Arm und sie gingen los. Ein Gewehrteil oder ein Gewicht habe ich in seiner Tasche nicht gesehen.

Bričko: Ich kann das, was Anna Kuchareva soeben sagte, bestätigen.

Sobol'kova: [Nein, es war wirklich so], dass er ein Gewehrstück und ein Gewicht bei sich hatte.

[Frage: Vorher sagte der Zeuge Bričko, dass er sah, wie Sie, Bürgerin Sobol'kova, vor rund eineinhalb Monaten zusammen mit dem Angeklagten auf dem Bazar gingen. Kannten Sie sich also schon gut?]

Sobol'kova: [Nein,] mit Samčenkov ging ich nie auf dem Bazar.

[Frage: Angeklagter Samčenkov, können Sie diese Aussage bestätigen? Haben Sie nicht um sie geworben?]

Samčenkov: Ich war nie mit ihr auf dem Bazar, und ich habe nie um sie geworben und ihr vorgeschlagen, sie zur Frau zu nehmen.

[Frage: Zeugin Kuchareva, wie gingen Samčenkov und Sobol'kova von Ihnen weg?]

Kuchareva: Wir haben nicht speziell beobachtet, wie sie gingen, doch sie standen auf und er nahm sie an der Hand und sie gingen los, sie auf die eine Seite und wir auf die andere, und wir kehrten uns nicht um und achteten nicht auf sie.

[Frage: Bürger Sobol'kov, möchten Sie als Vater des Opfers die gerichtlichen Ermittlungen noch ergänzen?]

Sobol'kov: [Ja,] ich will mir den Verlust von 20 *Pud* Roggen, die ich zur Heilung meiner Tochter ausgegeben habe, auszahlen lassen.

[Frage: Waren Sie an jenem Sonntag auch an der Hochzeit, wo Ihre Tochter war?]

Sobol'kov: An jenem Tag war ich ebenfalls an einer Hochzeit, aber in einem anderen Dorf, und als ich am Abend kam, sagte man mir, dass meine Tochter zusammengeschlagen worden war.

[Frage: Kannten Sie den Angeklagten früher schon?]

Sobol'kov: Ich kannte den Angeklagten früher schon und er ist als grosser *chuligan* bekannt, er schlug auch seinen Vater.

Um 14 Uhr wird die Mittagspause angekündigt und um 16 Uhr die Verhandlung wieder eröffnet.

[...]

[Frage des Anklägers: Angeklagter Samčenkov, warum haben Sie Ksenija Sobol'kova mit den Gewichten geschlagen?]

Samčenkov: Ich schlug Ksenija nicht mit den Gewichten und ich weiss nicht mit ihr ging ich nicht [sic], weil ich betrunken war und mich an nichts erinnere. Aber wenn ich sie geschlagen hätte, dann hätte ich sie wahrscheinlich erschlagen.

[Frage des Anklägers: Woher wissen Sie, dass Sie während der fraglichen Zeit schliefen?]

Samčenkov: Mir sagten die Kameraden, dass ich schlief und nirgends hinging.

[Frage des Anklägers: Wann genau haben Sie Ksenija Sobol'kova gesehen?]

Samčenkov: Ksenija Sobol'kova sah ich nur vor dem Trinken und danach habe ich sie nicht gesehen.

[Frage des Anklägers: Bürgerin Sobol'kova, war Samčenkov betrunken, als er sie wegschleppte? Warum, denken Sie, bestreitet er seine Schuld?]

Sobol'kova: Samčenkov war nicht betrunken und warum er seine Schuld abstreitet, weiss ich nicht.

[Frage des Anklägers: Was genau sagte Samčenkov zu Ihnen, als er Sie wegschleppte?]

Sobol'kova: Als er mich wegschleppte, sagte er, [lass uns] in den Graben gehen, dort machen wir etwas und danach gehen wir tanzen.

[Frage des Anklägers: Wann genau begann er Sie zu schlagen, und: wohin und womit?]

Sobol'kova: Als er mich umwarf, aber ich mich nicht hingab, da schlug er mich mit der Faust, und danach schlug er mich mit den Gewichten auf den Rücken und danach auf den Hintern, ich fiel um, dann legte er sich auf mich und begann mit den Knien den Rock zu heben, da kam eine alte Frau hinzugerannt.

Das Gericht verliest die Aussage der nicht erschienenen Zeugin Samčenkova.

[Frage des Anklägers: Warum, denken Sie, Zeugin Sobol'kova, dass Samčenkova nicht vor Gericht erschienen ist?]

Sobol'kova: Die alte Frau, die mich von ihm wegnahm, bat, sie nicht als Zeugin anzugeben, weil er ihr Verwandter sei und sie verbrennen würde.

[Frage des Anklägers: Zeugin Kuchareva, Samčenkov und Bričko kamen also zu Ihnen. Waren sie betrunken? Und schildern Sie bitte nochmals genau, wie sich Samčenkov und Sobol'kova von Ihnen entfernten.]

Kuchareva: Als Samčenkov und Bričko zu uns kamen, da setzten sie sich überhaupt nicht, sondern wir gingen gleich los. Ich schaute auf meinen Kavalier und wie sie gingen, das sah ich nicht. Samčenkov und Bričko waren nüchtern.

[Frage des Anklägers: Zeuge Bričko, die Zeugin Kuchareva hatte vor dem Mittagessen ausgesagt, dass Sie vorschlugen, dass das erste Paar sich dorthin begeben könne, wohin es wolle, und danach seien Sie mit Kuchareva losgegangen. Weshalb haben Sie das gesagt?]

Bričko: Ich sagte nicht, das erste Paar könne sich entfernen, sondern sie gingen selber. Samčenkov lud sie ein zu gehen und sie willigte ein.

Kuchareva: [Nein,] er lud sie nicht ein, sondern hakte einfach ein und führte sie weg.

[Frage des Anklägers: Wann sahen Sie Samčenkov wieder?]

Kuchareva: Als ich zur Festmenge zurückkehrte, da stand Samčenkov.

Samčenkov: [Nein,] zu der Zeit schlief ich und ich war nicht dort.

Damit endete die gerichtliche Ermittlung. Nachdem der Ankläger und der Verteidiger ihre Plädoyers gehalten hatten, wurde dem Angeklagten das letzte Wort erteilt. Nikita Samčenkov betonte nochmals, dass er unschuldig sei. Das Gericht entfernte sich zur Urteilsfindung. Es befand Nikita Samčenkov der Tat nach §13[18] und §169 StGB für schuldig und verurteilte ihn zu acht Jahren Freiheitsentzug, wobei die zwanzig Tage in Untersuchungshaft angerechnet wurden. Doch in Anbetracht dessen, dass der Verurteilte aus der Bauernschaft stammte, wenig entwickelt und noch jung war, hielt das Gericht es nach §28 StGB[19] für möglich, die Gefängnisstrafe

18 §13 StGB: „Als Versuch eines Delikts gilt eine Handlung, die auf die Ausübung eines Delikts gerichtet ist, wenn derjenige, der sie ausgeführt hat, nicht alles das vollendet hat, was notwendig gewesen ist, um seine Absicht ins Werk zu setzen, oder, wenn er zwar alles ausgeführt hatte, was er für notwendig hielt, der verbrecherische Erfolg aber aus Gründen ausgeblieben ist, auf die er keinen Einfluss hatte." Zitiert nach Freund, Strafgesetzbuch, 104; Ugolovnyj Kodeks. Praktičeskij Kommentarij pod redakciej professorov M. N. Gerneta, i A. N. Trajnina. Obščaja čast'. S dopol'nenijami i izmenenijami, vnesennymi postanovlenijami 2-j sessii VCIK XI sozyva i s priloženiem „Osnovnych načal Ugolovnogo Zakonodat. Sojuza SSR i sojuznych respublik". Moskau 1925. §14 StGB hält fest, dass die versuchte Ausführung einer verbrecherischen Tat nach dem gleichen Massstab verurteilt wird, wie wenn das Vergehen begangen worden wäre. Eine strafmildernde Wirkung ist nur dann vorgesehen, wenn Folgeschäden fehlen, diese unbedeutend sind oder der Täter freiwillig und aus eigenem Antrieb seine verbrecherische Absicht aufgibt.

19 §28 StGB: „Wenn nach den besonderen Umständen des Falles das Gericht zu der Überzeugung gelangt, das Strafmass niedriger stellen zu müssen, als die unterste Strafgrenze beträgt, wie sie in dem die gegebene Strafe betreffenden Paragraphen des Strafgesetzbuches angegeben ist, oder zu einer anderen weniger schweren Strafe übergehen zu müssen, die in dem Paragraphen nicht angegeben ist, so kann das Gericht eine derartige Abweichung lediglich unter genauer Darlegung der Gründe, die es hierzu nötigen, zulassen." Zitiert nach Freund, Strafgesetzbuch, 110; Ugolovnyj Kodeks. Praktičeskij Kommentarij. Zu strafmildernden Umständen im Zusammenhang mit Sexualverbrechen vgl. Man'kovskij, B. S.: Sovremennaja polovaja prestupnost'. In: Krasnuškin, E. K., Segal, G. M., Fajnberg, C. M. (Hg.): Pravonarušenija v oblasti seksual'nych otnošenij. Moskau 1927, 102–105.

von acht auf sechs Jahre zu verringern.[20] Ausserdem gab das Gericht der Klage Kalistrat Sobol'kovs statt und verpflichtete Nikita Samčenkov, diesem zwanzig *Pud* Roggen oder einen dementsprechenden Geldbetrag zu bezahlen.[21] Die Gerichtskosten auferlegte es dem Verurteilten.[22]

Wie in den meisten anderen Fällen interessierte hier das Tatmotiv ebenfalls wenig. Die Gerichtsverhandlung verfolgte primär das Ziel, den Tathergang so präzise zu fassen, um dem vorgefundenen Delikt die passenden Paragraphen des Strafgesetzes zuweisen und somit das dort vorgesehene Urteil fällen zu können. Man schenkte der Frage Beachtung, ob Nikita Samčenkov, aber auch die Zeugen zur Tatzeit betrunken gewesen waren oder nicht.[23] Wusste Nikita Samčenkov wirklich nichts oder schob er seine Trunkenheit vor? Von den Zeugen erwartete man genauere Auskünfte darüber, wie Nikita Samčenkov Ksenija Sobol'kova weggeführt hatte. Riss er sie gewaltsam weg oder ging sie freiwillig mit? Die Fragen an Ksenija Sobol'kova sollten klarstellen, wie sie weggeführt wurde, was Nikita Samčenkov mit ihr machte und wie sie schliesslich von ihm loskam.

Diese Fragen, die auf die Rekonstruktion des Tathergangs ausgelegt waren, sollen als Grundlage für die Gliederung dieses Kapitels dienen. Ich ordne also die beobachteten Handlungssequenzen drei Phasen zu: vor, während und nach der Gewalttat. Im Gegensatz zu den Ermittlungsbehörden interessieren mich die Gesten, Worte und Handlungen weniger in ihrer Qualität als Fakten, sondern in ihrer Bedeutung für die historischen Akteurinnen und Akteure im Hinblick auf das Gewaltereignis und den Umgang damit. Die Chronologie im Auge behaltend lauten meine Fragen etwa: Wer redete wann und wie über das Vorgefallene? Was wurde betont, weggelassen oder im Verlauf der Ermittlungen geändert? Wer setzte welche Mittel zur Erreichung der eigenen Ziele ein? Wie wird die vorgefallene Gewalt

20 Nikita Samčenkov erhob gegen dieses Urteil Rekurs, den das Kassationskollegium für Angelegenheiten des Strafrechts beim Obersten Gerichtshof der RSFSR aber am 23. Dezember 1923 ablehnte. Vgl. GASO, f. r-74, op. 2, d. 750, l. 64. Im Frühjahr 1926 wurde Nikita Samčenkov aufgrund einer Privatamnestie des Allrussischen Zentrales Exekutivkomitees VCIK für die Dauer der verbleibenden Haftzeit auf Bewährung aus der Haft entlassen. Ebd., ll. 70–72.

21 Kalistrat Sobol'kov erhielt die Genugtuung jedoch erst am 17. Januar 1925. Ebd., l. 68ob.

22 Ebd., l. 53.

23 Zur Kampagne gegen *samogon* vgl. Kapitel 3.1. Wie im Fall von Natal'ja Fedorova wurde Nikita Samčenkov gefragt, ob er wisse, wer den *samogon* hergestellt habe. Er wusste es – wie zu erwarten – nicht. Ebd., l. 46.

zur Sprache gebracht? Welche alters- und geschlechtsspezifischen Verhaltensweisen lassen sich beobachten? Die Antworten auf all diese Fragen tragen dazu bei zu klären, warum Ksenija Sobol'kova mit ihrer Klage erfolgreich war.

An jenem Sonntag, den 15. Juli, statteten die jungen Männer des Dorfes Klemjatino offensichtlich bei zwei, drei Hochzeiten – insgesamt wurden im Dorf selber und in dessen Umgebung etwa acht Hochzeiten gefeiert – ihren Besuch ab. In den dörflichen Gegenden des Gouvernements Smolensk gehörte 1923 der Monat Juli nach den Monaten Januar, Mai und Februar zu den wichtigen Heiratsmonaten. Die Beliebtheit dieser Monate erklärt sich aus der traditionellen Vorstellung, dass während der Fastenzeiten nicht geheiratet werden dürfe. Dem Monat Juli ging das „Peter-Fasten" (*Petrov post*) im Juni voraus. An den Hochzeiten traf man andere Leute, trank selbstgebrannten Schnaps, tanzte, schäkerte.[24] Die 16-jährige Ksenija Sobol'kova war zu einem Hochzeitsfest auf einem der Einzelhöfe um das Dorf Klemjatino gegangen.[25] Dort hatte die 19-jährige Anna Kuchareva sie im späteren Nachmittag eingeladen, ein bisschen zur Seite zu gehen, weg von den Leuten, um sich bei den Balken im Spiegel anzuschauen und zurecht zu machen. Die beiden Frauen kannten sich von Kirchenbesuchen her.[26] Sie sassen noch nicht lange auf dem Balken, als der 24-jährige Maksim Bričko und Nikita Samčenkov zu ihnen kamen. Anna Kuchareva und Maksim Bričko kannten sich offenbar bereits, er scheint um Anna Kuchareva geworben zu haben, denn sie bezeichnete ihn als „meinen Kavalier".[27] Höflich fragte er denn auch in der Sie-Form: „Ist es erlaubt, sich zu Ihnen zu setzen?" Sie willigte ein. Nach kurzer Zeit trennten sie sich paarweise, nach Aussagen der Zeugen freiwillig, nach der Darstellung Ksenija Sobol'kovas führte Nikita Samčenkov sie gewaltsam weg.

24 Ebd., ll. 8, 10, 17, 18, 45ob., 46ob. Lisovskij, V.: Estestvennoe dviženie naselenija v Smolenskoj gubernii za 1920–1926 gody. In: Bjulleten' Smolenskogo Gubernskogo Statističeskogo Bjuro, Nr. 4, mart 1928g., 127; ders.: Estestvennoe dviženie naselenija g. Smolenska za 1922–1924gg. In: Ebd., Nr. 2, ijun' 1925g., 9.

25 Die sogenannte *chutorizacija*, das Bestreben der Bauern auf Einzelhöfen – *chutory* – zu siedeln, war im Gouvernement Smolensk während der 1920er Jahre sehr stark ausgeprägt, weit mehr als etwa die Bildung von Kollektivwirtschaften. Vgl. Makovskij, Daniil Pavlovič, Moryganov, Aleksej Nikolaevič: Socialisticeskaja perestrojka chutorskoj derevni. Smolensk 1936.

26 GASO, f. r-74, op. 2, d. 750, ll. 7, 47ob., 48, 48ob.

27 Ebd., l. 51.

Halten wir an dieser Stelle inne und nehmen die Situation vor der Gewalttat genauer unter die Lupe. Nach Julianischem Kalender, den die orthodoxe Kirche auch nach der Kalenderreform von 1918 beachtete, entsprach der 15. Juli dem 2. Juli. Am 29. Juni alten Stils war mit dem Feiertag „Peter und Paul" die „Peter-Fastenzeit" (*Petrov post*) zu Ende gegangen. Der erste fastenfreie Sonntag war demnach der 15. Juli beziehungsweise 2. Juli. Traditionellerweise sollten im Gouvernement Tver', das nördlich an das Gouvernement Smolensk angrenzt, die jungen Frauen, die das entsprechende Alter erreicht hatten, an diesem Sonntag zum ersten Mal öffentlich ihre Heiratsfähigkeit demonstrieren. Konkret bedeutete dies, dass sie an den verschiedenen Tänzen und Spielen der Jugend teilnahmen. Dazu gehörte auch, dass sich die jungen Frauen schminkten. Im zentralrussischen Gebiet erfolgte der Eintritt ins heiratsfähige Alter mit etwa sechzehn Jahren, das eigentliche Heiratsalter erlangten die jungen Menschen mit achtzehn bis zwanzig Jahren.[28] Demnach ist der Vorfall in Klemjatino eindeutig im Kontext des Heiratswerbens der jungen Menschen zu verstehen. Die Fragen des Gerichts, ob sich Ksenija Sobol'kova und Nikita Samčenkov schon früher kannten und zusammen zum Bazar gegangen waren, zielten ebenfalls in diese Richtung. Doch beide verneinten, dass sie aneinander Gefallen gefunden hatten. Ihre Aussagen schlossen somit aus, dass Ksenija Sobol'kova einen Geschlechtsverkehr mit Nikita Samčenkov als Vergewaltigung darstellte, um eine Zustimmung für eine Heirat zu erreichen.[29]

Wenn die jungen Burschen und Mädchen heiratsfähig wurden, erhielten sie bessere und mehr Kleider. Schmuck, ein Tuch oder etwa ein Spiegel ergänzten die Ausstattung der jungen Frauen. In die verschiedenen Verhaltensregeln wurde sie durch eine zwei bis drei Jahre ältere Frau eingeführt, die „in der Blüte ihrer Heiratsfähigkeit" stand.[30] Eventuell hatte die Beziehung zwischen der jüngeren Ksenija Sobol'kova und der älteren Anna Ku-

28 Bernštam, T. A.: Molodež' v obradovoj žizni russkoj obščiny XIX–načala XX v. Polovozrastnoj aspekt tradicionnoj kul'tury. Leningrad 1988, 28, 29, 43, 85, 90.

29 Man'kovskij, Sovremennaja, 86; Vnukov, V. A., Ėdel'štejn, A. O.: O charaktere ličnosti pravonarušitelja i mechanizmach pravonaruženij v oblasti polovych otnošenij. In: Krasnuškin, Pravonarušenija, 56, 57.

30 Bernštam, Molodež', 91, 92. Engel hält fest, dass im vorrevolutionären Russland die Interaktionen zwischen unverheirateten Männern und Frauen stark ritualisiert waren. Vgl. Engel, Barbara Alpern: Peasant Morality and Premarital Relations in Late 19th Century Russia. In: Journal of Social History 23 (1990) 4, 701; Frank, Stephen P.: „Simple Folk, Savage Customs?" Youth, Sociability, and the Dynamics of Culture in Rural Russia, 1856–1914. In: Journal of Social History 25 (1992), 711–736.

chareva einen derartigen einführenden Charakter. Auf jeden Fall interessierte sich Ksenija Sobol'kova für den Spiegel. Mit dem Gang zum Balken konnten sich die beiden Frauen etwas ausruhen und zurecht machen, gleichzeitig entfernten sie sich aus dem öffentlichen Raum der Festgesellschaft. Dies ermöglichte ihnen eine gewisse Intimität, die sie zur Erledigung der „weiblichen Angelegenheiten" brauchten. Wenn Ksenija Sobol'kova das Herannahen der beiden Burschen bei der ersten Befragung am 17. Juli als „plötzlich"[31] beschrieb, so hatte sie sie nicht erwartet. Anna Kuchareva hingegen hatte vielleicht zumindest mit Maksim Bričko gerechnet. In ihren Schilderungen standen ihre und Maksim Bričkos Handlungen im Vordergrund, wobei sie klar die Führungsrolle übernahm, wenn sie die Erlaubnis zum Hinsetzen erteilte. Wahrscheinlich ahmte Ksenija Sobol'kova in der Folge das Verhalten der erfahreneren Anna Kuchareva nach und stellte darum freiwillig mit Nikita Samčenkov das zweite Pärchen, ohne möglicherweise genau zu wissen, was sie ihm damit signalisierte. Bereits bei ihrer ersten Befragung erklärte Ksenija Sobol'kova aber, dass Maksim Bričko zu Nikita Samčenkov gesagt habe: „Schleppe diese dorthin, wo es dir passt."[32] Mit diesem Zitat wollte sie wohl untermauern, dass sie nicht freiwillig mitgegangen war. Hatte sie sich nun freiwillig unter den Arm greifen und führen lassen oder er gegen ihren Willen ihre Hände gepackt und sie weggeschleppt? Nicht nur die Aussagen der Zeugen sprechen für die Freiwilligkeit.[33] Wenn Ksenija Sobol'kova vor Gericht präzisierend erzählte, dass Nikita Samčenkov, als er sie zum Graben wegschleppte, ihr sagte, „dort machen wir etwas und danach gehen wir tanzen", so betonte sie nochmals, dass er sie bewusst und darum nüchtern in die Irre führte. Gleichzeitig lässt sich aus dieser Aussage auch eine gewisse Neugierde ihrerseits lesen.

Ich gehe also davon aus, dass sie freiwillig mit Nikita Samčenkov losging – bis sie zur *banja* kamen. Dort, an jenem Ort der Intimität, wo immer wieder Vergewaltigungen stattfanden[34], verstand sie, was er machen wollte, und begann sich zu wehren. Oder doch noch nicht? Bei der ersten Be-

31 GASO, f. r-74, op. 2, d. 750, l. 3.

32 Ebd., l. 3ob.

33 Auch andere Zeugen wollen die beiden friedlich miteinander spazieren gesehen haben. Ebd., ll. 5, 10, 10ob.

34 Vgl. Zmiev, B.: Prestuplenija v oblasti polovych otnošenij v gorode i v derevne. In: Širvindt, E., Traskovič, F., Gernet, M. (Hg.): Problemy prestupnosti. Vyp. 2. Moskau, Leningrad 1927, 42; Frank, Crime, 159. Vgl. auch GASO, f. r-74, op. 4(1924), d. 327.

fragung am 17. Juli beschrieb sie zwei Mal den Vorgang, wie er sie auf den Boden brachte. Zuerst führte sie aus: „[...] im Graben legte er mich auf die Erde [...]“[35], später „[...] der Ort, wo er mich auf die Erde warf [...]“[36]. Innerhalb eines Verhörs hatte sie offensichtlich gelernt, dass nicht das Verb „legen“, mit dem sie eine gewisse Sorgfalt oder vielleicht gar Zärtlichkeit zum Ausdruck brachte, sondern „werfen“ benutzen sollte.[37] Letzteres unterstrich, dass der Täter gewaltsam und gegen ihren Willen vorgegangen war, und verlieh ihrer Darstellung mehr Glaubwürdigkeit. Ausserdem übernahm sie mit „werfen“ den Ausdruck, der im Diskurs über Vergewaltigungen in der Regel gebraucht wurde, um diesen Teil des Vergewaltigungsaktes festzuhalten.[38] Mit diesen Überlegungen sind wir schon mitten in der nächsten Phase, im Gewaltakt selber.

Wie Nikita Samčenkov Ksenija Sobol'kova zu vergewaltigen versuchte und schlug, schilderte einzig sie selber. Aus ihren Äusserungen in den beiden Befragungen wird der genaue Ablauf nicht klar. Folgende Komponenten sind jedoch feste Bestandteile ihrer Ausführungen. Er zog oder trug sie in die Nähe der *banja* und wollte mit ihr hineingehen. Doch sie leistete Widerstand, sie schrie und wehrte sich. Er zog sie in den Graben, legte beziehungsweise warf sie auf die Erde und begann mit dem Knie den Rock zu heben. Ihren Widerstand versuchte er zu brechen, indem er sie mit den Händen und einem Gewicht, das an einem Strick angebunden war, auf den Kopf, den Rücken und in die Seite schlug sowie mit dem Gewehrteil sie zu erschiessen drohte. Sie konnte sich in dem Moment befreien, als Varvara Samčenkova eingriff und ihrem Enkel zurief, dass die Männer zuschauen würden.[39]

Diese Elemente in einer eindeutigen Subjekt-Objekt-Konstellation sollten verdeutlichen, dass der Täter ihre Grenzen überschritt, wie brutal er

35 GASO, f. r-74, op. 2, d. 750, l. 3ob. „[...] v rovu [sic] on menja položil na zemlju [...] “.

36 Ebd., l. 4. „[...] mesto, gde menja valil na zemlju [...] “.

37 Anregungen für diese Interpretation erhielt ich bei Chaytor, Miranda: Husband(ry): Narratives of Rape in the Seventeenth Century. In: Gender & History 7 (1995) 3, 378–407, hier 399, 400.

38 In der kriminologischen Literatur zu Vergewaltigungen wurden Fallbeispiele nacherzählt und dabei häufig das Verb „werfen“ (valit') benutzt. Vgl. Zmiev, Prestuplenija, 42, 43, 46, 47; Vnukov, Ėdel'štejn, O charaktere, 52, 63, 68; Ozoreckij, N. I.: Polovye pravonarušenija nesoveršennoletnich. In: Krasnuškin, Pravonarušenija, 137, 142, 143.

39 GASO, f. r-74, op. 2, d. 750, ll. 3, 4, 48ob.–50ob.

vorging und wie sehr das Opfer Widerstand geleistet hatte. Dass das Opfer Widerstand geleistet hatte, war ein zentraler Faktor in der Schilderung von Vergewaltigungen in gerichtlichen Verfahren, ansonsten sah sich das Opfer leicht dem Vorwurf ausgesetzt, es habe den Täter verführt und sei an der Vergewaltigung selber schuld.[40] Andererseits unterstrich die erzählte Gewalt den Willen des Täters.[41] In diesem Zusammenhang fällt auf, wie detailliert Ksenija Sobol'kova die Schläge und die Drohung, sie zu erschiessen, beschrieb. Möglicherweise hatte der Übergriff tatsächlich so stattgefunden. Vielleicht übertrieb sie die Gewaltsamkeit des Übergriffes aber auch, um ihren Widerstand besser zur Geltung kommen zu lassen, beziehungsweise um sich gegen den Verdacht zu verwahren, sie sei freiwillig mitgegangen. Auf der anderen Seite kommen in diesem expliziten Erzählen der Gewaltausübung des Täters indirekt ihre eigenen Schmerzen zum Ausdruck.[42] Ksenija Sobol'kova erläuterte schliesslich genau, welche Körperstellen Nikita Samčenkov traktierte. Ein Arztzeugnis vom 16. Juli bestätigte, dass sie am Kopf verletzt wurde und am Rücken und an der linken Seite drei blaue Flecken hatte, die durch Schläge mit einem harten Gegenstand verursacht worden waren.[43] Ihre eigenen Ausführungen über die betroffenen Körperstellen sowie das eingeholte Arztzeugnis hatten primär zum Ziel, den dem Körper zugefügten Schaden zu dokumentieren. Für Ksenija Sobol'kova mussten die Schläge gegen ihren Oberkörper auch bedeutet haben, dass sie nicht vergewaltigt wurde und ihre Heiratschancen

40 Ljublinskij, P. I.: Prestuplenija v oblasti polovych otnošenijach. Moskau, Leningrad 1925, 69, 70. Ljublinskij hält fest, dass sich die sowjetische Gerichtspraxis neben dem Geständnis des Täters mit Vorliebe auf den „Widerstand des Opfers, so energisch wie möglich" und ein gerichtsmedizinisches Gutachten, das die typischen Spuren einer Vergewaltigung aufzeichnet, stütze.

41 Peleja, Margherita: Praxis und Darstellungsformen sexueller Gewalt im Rom des 19. Jahrhunderts. In: L'Homme. Zeitschrift für Feministische Geschichtswissenschaft 7 (1996) 2, 33; Burghartz, Susanna: Verführung oder Vergewaltigung? Reden über sexuelle Gewalt vor dem Basler Ehegericht in der Frühen Neuzeit. In: Dausien, Bettina, Herrmann, Martina et al. (Hg.): Erkenntnisprojekt Geschlecht. Feministische Perspektiven verwandeln Wissenschaft. Opladen 1999 (Geschlecht und Gesellschaft; Bd. 17), 325–344.

42 Zur Möglichkeit über Schmerz zu sprechen, indem man auf die Instrumente, die den Schmerz verursachen, verweist vgl. Scarry, Elaine: Der Körper im Schmerz. Die Chiffren der Verletzlichkeit und die Erfindung der Kultur. Frankfurt am Main 1992, 11–34.

43 GASO, f. r-74, op. 2, d. 750, l. 2.

formal intakt geblieben waren.[44] Im Hinblick auf ihre Heiratswürdigkeit, die unter anderem Keuschheit erforderte, war es darum von höchster Bedeutung, dass die Anklage „lediglich" auf *versuchte* Vergewaltigung lautete.[45] Neben den Körperverletzungen scheint Ksenija Sobol'kova aber noch einen Verlust erfahren zu haben, der für sie ebenfalls schwer wog und nicht die körperliche Ebene betraf. Gegen Schluss der ersten Befragung führte sie nämlich an: „[...] an jenem Ort blieben meine drei schweren Kopfkämme mit weissen Augen auf der Seite und das weisse Batisttuch [liegen], das ich auf dem Kopf trug."[46] Wollte sie damit die ökonomische Einbusse und den daraus erfolgenden Schadenersatz ansprechen? Diese Lesart ist nicht auszuschliessen. Beachtet man allerdings den symbolischen Gehalt dieser Objekte, so lässt sich nachvollziehen, warum Ksenija Sobol'kova bei der Befragung überhaupt auf sie zu sprechen kam. Sowohl die Kopfkämme mit den Verzierungen als auch das weisse Batistkopftuch[47] können als ihr Schmuck oder als Teil ihres Schmuckes des Festgewandes gelten, den sie im Zusammenhang mit ihrer Neuausstaffierung als heiratsfähiges Mädchen erhalten hatte. Ausserdem bedeutete das Wegziehen der Kopfbedeckung eine schwere Beleidigung.[48] Ohne den genauen symbolischen Wert dieser Gegenstände für Ksenija Sobol'kova bestimmen zu können, drückte sie in diesem Satz auf ihre persönliche Art und Weise aus, dass Nikita Samčenkov ihre Heiratsfähigkeit im Speziellen und ihre weibliche Ehre im Allgemeinen verletzt hatte.

Ein weiteres Element in ihrer Darstellung bildete das Gewicht, mit dem er sie geschlagen, und das Gewehrteil, das er ihr auf die Brust gesetzt und mit dem er ihr mit dem Erschiessen gedroht hatte. Die an ein Seil gebundenen Gewichte (*giry*) waren eine Schlagwaffe, die die bäuerliche Bevölke-

44 Frank, Crime, 165.

45 Eine Anklage auf Vergewaltigung hätte geheissen, dass sie ein „gefallenes Mädchen" gewesen wäre. Als solches hätte sie vielleicht jeglichen Schutz verloren und als „Freiwild" gegolten. Denn bei einer Beschuldigung wegen Vergewaltigung war der Verlust der Jungfräulichkeit öffentlich. Diese möglichen Zusammenhänge basieren auf folgender Beobachtung: „The boys knew that if you wanted to have intercourse with a girl who had lost her virginity, a little force was in order." Engel, Peasant Morality, 700.

46 GASO, f. r-74, op. 2, d. 750, l. 4.

47 Batisttücher wurden nicht selber von Hand hergestellt, sondern in den Städten gekauft. Ihre erste Verbreitung fanden sie insbesondere in Gebieten, wo die Männer auswärts (in Städten) arbeiten gingen. Vgl. Bernštam, Molodež', 77.

48 Frank, Crime, 151.

rung bei Auseinandersetzungen nicht selten einsetzte.[49] Nikita Samčenkov konnte schiessen, wie er selber vor Gericht erwähnte, doch an jenem späten Sonntagnachmittag hatte keiner der Zeugen einen Gegenstand in Nikita Samčenkovs Hose oder Händen gesehen.[50] Am 17. Juli führte der Milizionär zusammen mit dem Dorfältesten und dem Bruder des Opfers eine Durchsuchung der Gebäude der Samčenkovs durch, und sie fanden kein Gewehr.[51]

Ksenija Sobol'kova konnte sich nach eigenen Aussagen in dem Moment befreien, als Varvara Samčenkova, die Grossmutter von Nikita Samčenkov, auf der Bildfläche erschien. Aufschlussreiche Unterschiede lassen sich auch hier wieder zwischen der ersten Befragung zwei Tage nach dem Geschehen und der Befragung vor Gericht beobachten. Am 17. Juli beschrieb Ksenija Sobol'kova die Situation folgendermassen:

> [...] Ich schrie weiter, weil ich in der Nähe eine Frau sah. [...] Er schrie mich an, leg dich, sonst schiesse ich! Trotzdem gehorchte ich ihm nicht, dann schlug er mich zwei Mal mit der Faust auf den Kopf, und dann zog er aus dem Sack ein Gewicht hervor, das an eine Schnur gebunden war, und schlug mich gegen den Rücken. Die Frau Samčenkova Varvara näherte sich uns zu dem Zeitpunkt, doch er schrie ihr, dass sie nicht herankommen solle, da blieb sie stehen und sagte, schau Nikita, die Männer schauen, da schlug er mich mit demselben Gewicht auf die Seite und zwei Mal auf die gleiche Stelle gegen den Kopf, dann rannte ich fort zu Samčenkova Varvara [...].[52]

In dieser Version hatte Varvara Samčenkova nicht direkt eingegriffen, um ihren Enkel von der Vergewaltigung abzuhalten. Vielmehr übermittelte sie ihm die Aufmerksamkeit der Dorföffentlichkeit, die womöglich durch die Schreie von Ksenija Sobol'kova angelockt worden war.[53] Offen bleiben

49 Man'kovskij, B. S.: Derevenskaja ponožovščina. In: Chuliganstvo i ponožovščina. Moskau 1927, 116; Šestakova, A.: Prestuplenija protiv ličnosti v derevne. In: Širvindt, E., Traskovič, F., Gernet, M. (Hg.): Problemy prestupnosti. Vyp. 1. Moskau, Leningrad 1926, 218.

50 GASO, f. r-74, op. 2, d. 750, ll. 5ob., 8ob., 49ob.

51 Ebd., l. 6.

52 Ebd., ll. 3ob., 4.

53 Einzig der Untersuchungsrichter hielt in seinen Zusammenfassungen des Falles fest, dass das Volk die Schreie gehört hatte. Ebd., ll. 16ob., 24.

muss, ob Varvara Samčenkova als seine Verwandte besonders geeignet oder verpflichtet gewesen war, ihn auf die Zuschauer hinzuweisen. Immerhin scheint ihr Fingerzeig ihn zum Abbruch seiner Absichten geführt zu haben. Im bolschewistischen Diskurs über Vergewaltigungen im Dorf wurde stets wieder mit Abscheu darauf verwiesen, dass dieser Gewaltakt vor den Augen der Dorföffentlichkeit geschehen konnte, ohne dass jemand eingriff. Die zitierte Aussage von Ksenija Sobol'kova bestätigt diesen Befund. Es stellt sich allerdings auch die Frage, ob sich eine Dorföffentlichkeit nur aus reiner Unterhaltungslust passiv verhielt. Möglicherweise gehörte Sexualität bei den jungen Menschen, auch die gewalttätige, zu den Bereichen, in die sich Erwachsene nicht einmischten.[54]

Bevor Nikita Samčenkov von Ksenija Sobol'kova abliess, versetzte er ihr nochmals explizit Schläge: offenbar schlug er sie erst zu dem Zeitpunkt mit dem Gewicht wirklich fest gegen den Kopf. Vielleicht erlitt sie in diesem Moment die blutende Kopfverletzung, die im Arztzeugnis aufgezeichnet werden sollte. Doch warum verhielt sich Nikita Samčenkov auf diese gewaltsame Art und Weise? Es macht den Anschein, als ob er mit den Schlägen eine zweifache Niederlage zu kaschieren versuchte. Zum einen hatte er es nicht geschafft, sich gegen Ksenija Sobol'kova durchzusetzen. Zum andern war die Dorföffentlichkeit Zeuge geworden, wie er nur mit grosser Mühe einer jungen Frau Herr werden konnte und dass er aufgrund des verbalen Eingreifens einer anderen Frau den Kampf aufgab. Ihm drohte, dass seine männliche Ehre der Lächerlichkeit preisgegeben wurde. Mit den verletzenden Schlägen auf den Kopf ging er Ksenija Sobol'kova gegenüber als Sieger vom Platz. Der Dorföffentlichkeit demonstrierte er seine männliche Stärke und Überlegenheit. Gleichzeitig fand durch das harte Zuschlagen mit Verletzungsfolgen am Kopf und Oberkörper und nicht im Bereich des Unterleibs eine blitzschnelle Bedeutungsverschiebung des Vorfalls statt. Die zuschauenden Männer konnten die Situation nun so verstehen, dass Nikita Samčenkov die Schläge nicht als Mittel für eine Vergewaltigung einsetzte, sondern mit dem Ziel, Ksenija Sobol'kova wofür auch immer zu züchtigen. Die Schläge konnten somit als Zucht- und Ordnungsstrafe gedeutet werden, und Nikita Samčenkov hätte sich demnach für die patriarchale Ordnung eingesetzt. Für die zuschauenden Männer bestand – ähnlich wie im Fall von Vater Trofimov, der seine Frau geschlagen hatte – keine Notwendigkeit einzugreifen, denn die Schläge dienten der

54 Hinweise in diese Richtung bei Bernštam, Molodež', 242, 243. Für unterschiedliche Arten und Masse der Kontrolle des Sexualverhaltens durch Erwachsene vgl. Engel, Peasant Morality, 695–714; Frank, Simple, 715, 716.

Herstellung der tradierten Geschlechterordnung, deren Einhaltung offenbar in erster Linie innerhalb einer Paarbeziehung, auch wenn sie nur kurzzeitig bestand, geschah und durchgesetzt wurde.

Bei der Befragung vor Gericht sagte Ksenija Sobol'kova aus, dass Varvara Samčenkova zu ihnen beiden hingekommen sei, eingegriffen und ihr geholfen habe. In dieser Darstellung war Varvara Samčenkova quasi in die Nähe des Geschehens gerückt, ja direkt damit in Kontakt gekommen. Die Verschiebung in der Schilderung ist meines Erachtens primär als Strategie von Ksenija Sobol'kova zu deuten. Keiner der befragten Zeugen hatte den Vorfall beobachtet. Für Ksenija Sobol'kova war Varvara Samčenkova die einzige, von der sie wusste, dass sie die versuchte Vergewaltigung beziehungsweise den schlagenden Nikita Samčenkov gesehen hatte. Sie war also zur wichtigsten Zeugin geworden. Wenn sie eingreifen musste, damit Ksenija Sobol'kova freikam, so bestätigte dies die Brutalität des Täters und die Hilflosigkeit des Opfers. Varvara Samčenkova war nicht vor Gericht erschienen und konnte Ksenija Sobol'kova nicht direkt widersprechen, wenn diese sie so agierend darstellte, dass es zu ihren eigenen Gunsten gereichte. Ob das Vorgehen von Ksenija Sobol'kova Erfolg hatte, bleibt unklar. Im Verhörprotokoll von Varvara Samčenkova, das während der Gerichtsverhandlung vorgelesen wurde, stellte diese die Situation nämlich anders dar:

> [...] ich ging von der Hochzeit im Dorf Klemjatino zu meinem *chutor*, ich sah, dass hinter mir zu zweit Nikita Samčenkov mit einem mir nicht bekannten Mädchen ging, ich ging nach Hause, nach einiger Zeit kam dasselbe Mädchen, das mit Nikita Samčenkov gegangen war, voll Blut zum Hausvorbau gerannt und bat mich, dass ich ihr ein Tuch gebe, um den Kopf zu verbinden. Ich gab ihr einen Lumpen und fragte sie, woher sie sei, sie antwortete mir, dass sie die Tochter von Sobol'kov sei, da erschrak ich sehr, danach begleitete ich sie ein wenig und sie ging nach Hause, wann und weshalb Nikita Samčenkov Ksenija Sobol'kova schlug, weiss ich nicht. [...][55]

Varvara Samčenkova hatte also nach eigenen Angaben von der versuchten Vergewaltigung und von den Schlägen nichts gesehen. In ihrer Version war es denn auch Ksenija Sobol'kova, die um Hilfe gebeten hatte. Varvara Samčenkova spielte danach keine aktive, eingreifende Rolle, die geleistete Hilfestellung hielt sich im Rahmen der Nothilfe und bezog sich auf die Zeit

55 GASO, f. r-74, op. 2, d. 750, ll. 5, 5ob.

gleich nach der Tat. Niemand hatte oder wollte den Gewaltakt an sich gesehen haben. Für die staatlichen Ermittlungsbehörden blieb er somit unfassbar – möglicherweise im doppelten Sinn.

Bei der bisherigen Interpretation des Falles lag das Schwergewicht auf den Aussagen der unmittelbar beteiligten Personen und interessierten die Gegensätze zwischen den Schilderungen und Widersprüche innerhalb ihrer Darstellungen. Es gab aber immer wieder Momente, die durchblicken liessen, dass die genannten Personen in einem bestimmten Beziehungsnetz eingebettet waren und von diesem aus ihre Aussage tätigten. Dazu zählt etwa der eine Satz von Varvara Samčenkova, sie sei erschrocken, als sie hörte, dass die junge Frau, der sie half, die Tochter von Kalistrat Sobol'kov war. Er verweist auf Konflikte, die über die unmittelbare Auseinandersetzung zwischen den beiden jungen Leuten hinausgehen und zu den genannten Beziehungsnetzen zurückführen. In Gerichtsakten kristallisieren sie sich im Verlaufe der Ermittlungen heraus, wenn die beteiligten Parteien zu handeln und rechtfertigen beginnen. Durch die Rekonstruktion des Beziehungsnetzes aus der Gerichtsakte gelingt eine Kontextualisierung der Gewaltwahrnehmung über die direkt Betroffenen hinaus. Aus diesem Grund wird im Folgenden die Zeit nach dem 15. Juli im Zentrum des Blickfeldes stehen.

Varvara Samčenkovas Schreck korrespondiert mit der Äusserung von Stefan Samčenkov, dem Vater des Täters, dass die beiden Familien bereits lange und auch jetzt noch miteinander offene Rechnungen zu begleichen hätten.[56] Offenbar bildete ein Streit zwischen den beiden Familien den Hintergrund für die Art und Weise, wie die historischen Akteure argumentierten und agierten. In der vorliegenden Gerichtsakte wird das Beziehungsnetz Familie durch seine männlichen Repräsentanten, das heisst in erster Linie durch die Väter von Opfer und Täter sichtbar. Die weiblichen Familienmitglieder, wie etwa Varvara Samčenkova, verschwanden. Die Väter (und Brüder)[57] übernahmen die Aufgabe, die Familie nach aussen, den Behörden gegenüber, zu vertreten. Worum ging es den beiden Vätern nun in diesem Konflikt? Wie verfolgten sie ihre Interessen? Welchen Stellenwert nahm der Gewaltakt in ihrer Argumentation ein? Inwiefern hatten die Aktivitäten der Väter Einfluss auf den Gang der Ermittlungen und das Gericht?

56 Ebd., ll. 19, 21.

57 Der Bruder von Ksenija Sobol'kova nahm an der Durchsuchung der Gebäude der Samčenkovs teil, die Söhne beider Familien unterschrieben Papiere ihrer Väter, weil diese Analphabeten waren.

Die Ermittlungen wurden durch die Klage von Kalistrat Sobol'kov, dem Vater des Opfers, ausgelöst.[58] Gleich am Tag nach der versuchten Vergewaltigung wandte er sich an den Milizvorsteher in Ljubaviči, rund sieben Kilometer von Klemjatino entfernt, und machte eine Eingabe gegen Nikita Samčenkov. Er beschrieb, wie letzterer unter Anwendung von Gewalt seine Tochter zu vergewaltigen versuchte und diese heute nicht in der Lage sei, vom Bett aufzustehen.[59] Das entsprechende Arztzeugnis legte er ebenfalls bei. Neben den Verletzungen bestätigte der Arzt, dass diese zwar leichten Grades seien, das Opfer jedoch eine Zeit lang nicht arbeiten könne.[60] Ende November reichte Kalistrat Sobol'kov beim Gouvernementsgericht Smolensk ausserdem eine Forderung auf Schadenersatz von zwanzig *Pud* Roggen ein.[61]

> Da ich meine noch nicht 16-jährige Tochter nach dem brutalen Überfall ungeachtet meiner armen Lage die ganze Zeit über ärztlich behandelte, sie, die sich einen Überfall gefallen lassen musste, zudem ihre Arbeitsfähigkeit einbüsste und die ganze Zeit über nicht arbeitete, was sich auf meine Wirtschaft auswirkte, und es ausserdem die Kosten zur Bezahlung der Eisenbahn[fahrt; D. T.] für die Zeugen und uns selber [zu tragen; D. T.] gilt, bitte ich das Gouvernementsgericht, die Ausgaben dem Schuldigen Samčenkov zu übertragen und mir als dem Leidtragenden die von mir ausgegebenen zwanzig *Pud* Roggen zu meinen Gunsten zuzusprechen und ihn [Samčenkov; D. T.] für sein begangenes Vergehen zu verurteilen. [...][62]

58 In den strafgesetzlichen Kommentaren zu Vergewaltigung wird festgehalten, dass die Anzeige durch das Opfer zu erfolgen hat, da es sich bei Vergewaltigungen um ein intimes Verbrechen handle. Vergewaltigung zählte demnach nicht zu den Offizialdelikten. Vgl. Žižilenko, A. A.: Polovye prestuplenija (St. st. 166–171 Ugolovnogo Kodeksa). Ugolovnyj Kodeks RSFSR. Praktičeskij Kommentarij, 11. Das Vorgehen, dass der Vater die Klage einreichte, liess sich ebenfalls während der Zarenzeit beobachten. Vgl. Frank, Crime, 159, 160.

59 GASO, f. r-74, op. 2, d. 750, ll. 1a, 1a ob.

60 Ebd., l. 2.

61 Zur juristischen Frage, eine Zivilklage innerhalb eines Strafprozesses zu berücksichtigen, vgl. Širjaev, V. N.: Sud'ba graždanskogo iska pri obžalovanii prigovora ugolovnogo suda. In: Pravo i Žizn', 1924g., kniga sed'maja i vos'maja, 86–90.

62 GASO, f. r-74, op. 2, d. 750, ll. 43, 43ob.

Die Tatsache, dass der Vater des Opfers die Klage einreichte und Schadenersatz für seine Ausgaben verlangte, macht deutlich, dass *er* betroffen war und einen Verlust erlitten hatte. Damit verschob sich der Konflikt von Ksenija Sobol'kova vs. Nikita Samčenkov zu Kalistrat Sobol'kov vs. Nikita Samčenkov und erhielt eine neue Qualität. Die Schläge und Verletzungen an Ksenija Sobol'kova bedeuteten einen Übergriff auf das Gut von Kalistrat Sobol'kov. Für ihn bestand der Wert seiner Tochter – um endgültig in die wirtschaftliche Terminologie zu wechseln – zu einem erheblichen Teil in ihrer Arbeitsfähigkeit. Ihr Ausfall wirkte sich auf seinen Bauernbetrieb negativ aus, ebenso die Heilungskosten. Neben diesem unmittelbaren Verlust musste Kalistrat Sobol'kov möglicherweise um die Heiratschancen seiner Tochter fürchten. Diese blieben nur intakt, wenn sie weiterhin arbeitsfähig und gesund war.[63] Wenn Kalistrat Sobol'kov die Gewalt erzählte, so standen für ihn deren ökonomischen Folgen im Vordergrund, nicht der Gewaltakt an sich. Seine Tochter verkörperte für ihn eine Art Besitz, denn ihr Körper gehorchte den Funktionsprinzipien von Gegenständen: Wie ein Gegenstand konnte ein Körper durch die Einwirkung physischer Schläge zerstört werden, der Defekt mit einer Schadenersatzforderung eingeklagt und mit der entsprechenden Zahlung wieder gutgemacht werden. Dieser Vorstellung lag letztlich ein Verständnis von restitutiver Gerechtigkeit zugrunde, wie sie von der bäuerlichen Bevölkerung Russlands traditionellerweise gepflegt wurde.[64] Ksenija Sobol'kovas Wahrnehmung der Gewalt und ihr Schmerz, wie sie sie im Verlust der Haarkämme und des weissen Batistkopftuches zum Ausdruck gebracht hatte, fanden keine Erwähnung mehr, sie gingen in der Schadenersatzforderung des Vaters auf.[65] Ferner gilt es zu beachten, dass gerade das Faktum, dass ihr Vater als

63 Bernštam, Molodež', 96; Glickman, Rose L.: Peasant Women and Their Work. In: Farnsworth, Beatrice, Viola, Lynne (Hg.): Russian Peasant Women. New York, Oxford 1992, 69.

64 Frank, Crime, 96. Allgemeiner formuliert Engel: „Peasant morality and the structures against non-marital sexual intercourse were rooted in the economic organization of village life […].“ Engel, Peasant Morality, 697.

65 Die gleiche Beobachtung machte Michaela Hohenkamp in ihrem Aufsatz: Häusliche Gewalt. Beispiele aus einer ländlichen Region des mittleren Schwarzwaldes im 18. Jahrhundert. In: Lindenberger Thomas, Lüdtke, Alf (Hg.): Physische Gewalt. Studien zur Geschichte der Neuzeit. Frankfurt am Main, 1995, 276–302: „Wenig Auskunft geben die Quellen über Ängste der Betroffenen und die Auswirkungen, die die alltägliche Bedrohung auf ihr Verhalten hatte. […] Viel eher gewinnt man den Eindruck, dass es den Frauen nicht gestattet war, die erlittene Gewalt auch als Verletzung und Einschränkung wahrzunehmen. Daher konnte der Vater der Magd,

Kläger auftrat, die Aussicht auf eine Verurteilung des Täters massiv erhöhte. Da Ksenija Sobol'kovas Vater die Klage einreichte, geriet die Auseinandersetzung zu einem Konflikt zwischen zwei Männern. Damit standen sich aus der Geschlechterperspektive gesehen grundsätzlich zwei gleichwertige Konkurrenten gegenüber. Zwar war in der sowjetischen Gesetzgebung die Gleichberechtigung von Mann und Frau verankert, und das Gericht in Smolensk behandelte Ksenija Sobol'kova als volles Rechtssubjekt, das sich selber vertrat. Doch bis eine Anzeige vor Gericht behandelt werden konnte, musste sie einige Hürden formeller und informeller Art nehmen, die für einen Mann wesentlich leichter zu überwinden waren als für eine Frau. So verfügte etwa nur der Vater über ausreichende Mittel, um „seinen" Zeugen die Eisenbahnfahrt nach Smolensk zu bezahlen.[66] Im nächsten Kapitel werden diese Ausführungen durch einen Vergleich mit einer erfolglosen Klage wegen Vergewaltigung verdeutlicht.

Der Vater von Nikita Samčenkov trat erst knapp drei Wochen später, am 2. August, aktenkundig in Erscheinung. Vermutlich ging er an diesem Datum mit einem vorbereiteten – selber war er Analphabet – Papier zuhanden des Untersuchungsrichters zum Rajonsowjet ins benachbarte Dorf Kenovo. In diesem Schreiben bat er, seinen Sohn gegen eine Bürgschaft aus der Untersuchungshaft zu entlassen. Er sei wegen „Schlägen usw." angeklagt worden. Sein Anliegen begründete Stefan Samčenkov damit, dass die Heuernte, die aufgrund des Regens durchnässt und darum sehr schwer geworden war, eingebracht und das Wintergetreide ausgesät werden müsse. Würde er mit den Feldarbeiten weiter in Verzug zu kommen, so sei seine dreizehnköpfige Familie zum Hungertod verurteilt. Als Bürgschaft bot Stefan Samčenkov sein ganzes bewegliches und unbewegliches Gut an, das er auch gleich aufzählte.[67]

die bis auf die „Hirnschal" verletzt worden war, das Recht auf Schmerzensgeld auch *für sich* reklamieren."

66 Diese Handlung erinnert an ein traditionelles Rechtsverständnis, bei dem alle Parteien den Fall zu ihren Gunsten zu beeinflussen versuchten. Die Bezahlung von Zeugen fasste man als Entgelt für einen geleisteten Service auf. Vgl. Frank, Crime, 98, 213, 214.
Zum Zustand des Strassennetzes und der geplanten Investitionen während der 1920er Jahre vgl. Gorodskij, A.: Položenie dorožnogo dela v Smolenskoj gubernii i vidy na ego bližajšee buduščee. In: Ėkonomičeksaja Žizn', Nr. 3, mart 1923g., 40–57.

67 GASO, f. r-74, op. 2, d. 750, ll. 19, 19ob.

Nur zwei Tage später reichte Stefan Samčenkov nochmals eine Eingabe ein, die sich inhaltlich von der ersten nicht unterschied, hingegen einige formale Überarbeitungen enthielt. Es scheint, dass er sie aufgrund der Unterredung im Rajonsowjet eingebaut hatte oder hatte einbauen lassen. Die meisten Modifizierungen zielten auf eine grössere formale und amtliche Korrektheit. So wurden aus einem „Briefwechsel mit verschiedenen schriftlichen falschen Beleidigungen"[68] „verschiedene falsche Anzeigen".[69] Im ersten Schreiben „sitzt" Nikita Samčenkov „in Untersuchungshaft"[70], im zweiten – nun in der russischen Amtssprache formal richtig – „befindet er sich in Untersuchungshaft".[71] Besonderes Interesse weckt die Stelle, bei der eine Formalisierung nicht vollständig und korrekt gelang. Anfänglich hiess es „Noch einmal bitte ich inständig, [ihn; D. T.] freizulassen"[72], danach „Noch einmal bitte ich inständig, sich wegen der Freilassung in die Lage zu versetzen".[73] Die Wendung „sich in die Lage versetzen" gehörte eindeutig zu den amtlichen Formeln. Wir sind ihr etwa schon in den Kapiteln über Roman Murin oder Vasilij Trofimov begegnet. Im vorliegenden Fall lässt sich mitverfolgen, wie der Verfasser der beiden Schreiben einen Lernprozess durchmachte.[74] Den Ausdruck „sich in die Lage versetzen" hatte er sich offensichtlich eingeprägt und flink sofort wieder benutzt. Die grammatikalisch richtige Einbindung misslang ihm jedoch. Amtliche Formeln wurden also wie Versatzstücke aufgenommen und wieder in den eigenen Text eingesetzt, höchstwahrscheinlich in der Hoffnung, die eigenen Erfolgschancen zu erhöhen. Die beobachtete sprachliche Veränderung der inhaltlich gleichen Eingabe verdeutlicht schliesslich die nicht zu unterschätzende Rolle der lokalen Behörden als Mittlerin der (sowjetischen) Amtssprache an die Bevölkerung. Dieses Ergebnis ist umso wichtiger, als es zeigt, welche Vermittlungskanäle neben den häufig genannten Zeitungen bestanden.[75]

68 Ebd., l. 19: „Perepiska sraznoj [sic] ložnoj pis'mennoj Klevetoj [sic]".

69 Ebd., l. 21: „Raznye ložnye donesenii".

70 Ebd., l. 19: „Sedit [sic] pod stražej".

71 Ebd., l. 21: „Nachoditsja pod stražej".

72 Ebd., l. 19ob.: „Ešče raz ubeditel'no prošu osvobodit".

73 Ebd., l. 21ob.: „Ešče raz ubeditel'no prošu vvojti v položenie ob osvoboždenii".

74 Aufgrund der gleichen Fehlerhaftigkeiten besteht Grund zur Annahme, dass die beiden Eingaben von derselben Person geschrieben wurden.

75 Der *Rabočij Put'* vom 31. 7. 1923, Nr. 170, 2, berichtete in seinem Artikel „Kakaja že gazeta obsluživaet Smolenskuju derevnju?" [„Welche Zeitung bedient denn das Smolensker Dorf?"] ausführlich, wie die vielfältige lokale Zeitungslandschaft im

Auf der inhaltlichen Ebene zeigt sich zum wiederholten Male das Motiv der drohenden Hungersnot aufgrund einer fehlenden vollen Arbeitskraft. Es gehörte offenbar zum festen Korpus von Bittschreiben, wobei trotz der Angabe von Land- und Familiengrösse stets schwierig abzuschätzen ist, wie sehr die Antragssteller tatsächlich von Hungersnot bedroht waren, unter anderem weil die Qualität des bearbeiteten Landes unbekannt bleibt. Ebenfalls muss offen bleiben, ob man dieses Motiv eher als diskursives Element verstehen oder der tatsächlichen Erfahrung der gegebenen historischen Akteure zuordnen soll. Die soeben überstandene Hungersnot von 1921/22 hatte auf jeden Fall die ständig und latent bestehende Gefahr als Erfahrung wieder präsent gemacht.

So wie Kalistrat Sobol'kov führte Stefan Samčenkov im wesentlichen den Verlust der Arbeitskraft als Argument an. Diese Begründung unterstreicht die Bedeutung der Arbeit in der bäuerlichen Lebenswelt. An Festtagen und am Feierabend verbrachten die Töchter und Söhne im Jugendalter zwar einige Zeit in ihrer Altersgruppe und relativ unabhängig von der Erwachsenenwelt[76], doch in einem grossen Teil ihres Alltag trugen sie mit ihrem Arbeitseinsatz massgeblich zur Versorgung der Familien bei und bewiesen damit letztendlich auch, dass sie den Status der heiratsfähigen Jugend erreicht hatten.[77]

Der Gewaltakt selber schliesslich wurde im genannten Schreiben nur der formalen Vollständigkeit halber angeführt, wobei sich Stefan Samčenkov darauf beschränkte zu erwähnen, dass sein Sohn wegen „Schlägen usw." angeklagt sei. In seiner Wahrnehmung standen die Schläge im Vordergrund, die versuchte Vergewaltigung scheint nicht stattgefunden zu haben. Hatte der Vater des Opfers die Gewalt ökonomisiert, so bagatellisierte der Vater des Täters die Gewalt seines Sohnes und setzte sie in einen anderen Kontext, wenn er darauf hinwies, dass er selbst sich schon

Zusammenhang mit der NĖP verschwand und der *Rabočij Put'* nun vor der fast unlösbaren Schwierigkeit stehe, zwei unterschiedliche Zielgruppen, die Arbeitenden in der Stadt und die bäuerliche Bevölkerungsmehrheit auf dem Land, mit einer Zeitung zu erreichen.
Für die verhältnismässig geringe Verbreitung der zentralen Zeitungen wie die *Komsomol'skaja Pravda* oder der *Iunyj Tovarišč* auch noch Ende der 1920er Jahre vgl. CDNISO, f. r-140, op. 1, d. 603, ll. 2–10.

76 Vgl. auch etwa, dass Kalistrat Sobol'kov an einer anderen Hochzeit feierte als seine Tochter. GASO, f. r-74, op. 2, d. 750, l. 50. Für die zeitliche Verteilung von Alltag und Festtag in Bezug auf die Altersgruppen Erwachsene und Jugendliche vgl. Bernštam, Molodež', 231.

77 Bernštam, Molodež', 96.

seit langem mit der Klägerseite im Streit befände. Nikita Samčenkovs Schläge waren in dieser Darstellung lediglich der letzte Vorfall in einer langen Reihe von Querelen, in der sich auch die Gegenpartei einiges hatte zu Schulden kommen lassen, was eingeklagt werden könnte beziehungsweise hätte eingeklagt werden können. Mit der Begründung, dass die Samčenkovs bereits seit langem Familienstreitigkeiten und Landkonflikte[78] mit vielen anderen Bürgern hätten, händigte der Rajonsowjet eine Bescheinigung aus. Dieses Dokument bestätigte, dass Nikita Samčenkov noch nie durch anstössiges Verhalten aufgefallen sei, über moralisch ausgezeichnete Eigenschaften verfüge und kein Gewehr besitze. Am selben Tag beglaubigte der Rajonsowjet zudem die Aufzählung über das Eigentum, mit dem Stefan Samčenkov für seinen Sohn bürgen wollte.[79] Samčenkovs Argumentation, es handle sich bei der Anklage um eine böswillige Verleumdung, wurde also von offizieller Seite gestützt und mit einem guten Leumundszeugnis bekräftigt.

War Nikita Samčenkov tatsächlich Opfer langjähriger Spannungen? Oder bestanden zwischen der Familie Samčenkov und dem Rajonsowjet gute Beziehungen, die man nun spielen liess? Gründeten die Streitigkeiten vielleicht darin, dass die Samčenkovs der bolschewistischen Partei nahe standen? Solche und ähnliche Fragen lassen sich aus der Gerichtsakte nicht beantworten. Klar ist aber, dass das Einholen der zwei Schriftstücke bei den lokalen Behörden einen wichtigen Schritt in laufenden Ermittlungsverfahren darstellte. Der zuständige Untersuchungsrichter amtete in Rudnja, etwa fünfzehn Kilometer von Klemjatino entfernt, rund siebzig Kilometer Luftlinie trennten das Dorf vom Richter des Gouvernementsgericht in der Stadt Smolensk. Sollten diese Instanzen wie zur Zarenzeit den guten beziehungsweise schlechten Ruf von Täter und Opfer bei ihren Entscheidungen mitberücksichtigen[80], stützten sie sich mehr oder weniger auf die Einschätzungen durch die lokale Behörde, die die vorgeladenen Personen am besten

78 Fragen rund um die Aufteilung von Land bildeten in den 1920er Jahren bei der bäuerlichen Bevölkerung wohl der wichtigste Streitpunkt. Vgl. zum Beispiel: Statistik: Pis'ma iz uezda. Pis'mo četvertoe. In: Ėkonomičeskaja Žizn', Nr. 10, 1922, 39–46. In einem Bericht über die Arbeit der zivilrechtlichen Abteilung des Gouvernementsgericht Smolensk standen an erster Stelle Klagen betreffs Alimentzahlungen. Ihnen folgten Fälle wegen Aufteilung von Familieneigentum bei Landwirtschaftsbetrieben, wobei Landfragen nicht einberechnet waren, da sie der Landkommission unterlagen. *Rabočij Put'*, Nr. 191, 26. 8. 1923, 4.

79 GASO, f. r-74, op. 2, d. 750, ll. 20, 20ob., 22, 22ob.

80 Frank, Crime, 212.

kannte. Offenbar versuchte Stefan Samčenkov für seinen Sohn einen möglicherweise entscheidenden Vorteil zu verschaffen. Den Sobol'kovs dürfte es nämlich nun schwer gefallen sein, ein gleichlautendes Schriftstück beim Rajonsowjet einzuholen. Aufgrund seiner Bemühungen konnte Stefan Samčenkov tatsächlich einen Teilerfolg verbuchen: Am 8. August befand der Untersuchungsrichter in Rudnja die Besitzliste für ausreichend und hob die Untersuchungshaft für Nikita Samčenkov gegen diese Bürgschaft auf.[81]

Die Schadenersatzklage von Kalistrat Sobol'kov und das Bittschreiben von Stefan Samčenkov um Haftentlassung belegen, dass sich die Elterngeneration an der Austragung eines Konfliktes zwischen jungen Menschen beteiligte, der in einem jugendspezifischen Kontext ausbrach. Allerdings gilt es auch zu bedenken, dass sich Eltern von Töchtern möglicherweise viel eher in eine gemischtgeschlechtliche Auseinandersetzung unter Jugendlichen einschalteten. Denn dadurch erhöhten sich die Chancen der jungen Frau, ihr Anliegen innerhalb einer Dorfgemeinschaft und bei den Behörden durchzusetzen. Der Streit zwischen Ksenija Sobol'kova und Nikita Samčenkov hatte sich demnach auf ihre Väter und damit auf ihre Familien ausgeweitet. Gleichzeitig erfuhr das Reden über die Gewalt eine Transformation. Ksenija Sobol'kovas Schmerzerfahrungen und der von ihr empfundene Ehrverlust, wie sie allenfalls im Verlust der Kämme und des Kopftuches zum Ausdruck kamen, verschwanden völlig aus dem Blickfeld. Statt ihrer formulierte der Vater die Folgen der Gewalt in der Logik der Ökonomie. Stefan Samčenkov hingegen spielte die zugefügte Gewalt auf ein paar Schläge herunter und bemühte sich um ein offizielles und ausgezeichnetes Leumundszeugnis für seinen Sohn. In der Folge stand nicht die Gewalt an sich zur Debatte, sondern der gute Ruf.[82] Diese Verschiebung des Verhandlungsgegenstandes widerspiegelte sich auch in der Argumentationsweise von Tochter und Vater Sobol'kov vor Gericht. Immer wieder liessen sie Bemerkungen einfliessen, die den amtlich beglaubigten guten Ruf von Nikita Samčenkov zersetzen sollten.

Bereits in seiner Schadenersatzklage sprach Kalistrat Sobol'kov von einem brutalen Überfall (*zverskoe napadenie*)[83], einer Wendung also, die im Zusammenhang mit Anschlägen von Banditen häufig genutzt wurde. In grösserem Ausmass bedienten sich Ksenija Sobol'kova und ihr Vater vor

81 GASO, f. r-74, op. 2, d. 750, l. 18ob.

82 Nach dem gleichen Prinzip – Schadenersatzleistung für Ehrverlust – versuchten Väter von Mädchen, die ledig schwanger geworden waren, die Ehre des Mädchens und der Familie wieder herzustellen. Vgl. Engel, Peasant Morality, 707.

83 GASO, f. r-74, op. 2, d. 750, l. 43.

Gericht jedoch der Ausdrücke und Bilder, wie sie aus dem Bedeutungsfeld um das Wort *chuligan* bekannt sind. Sie charakterisierten Nikita Samčenkov direkt als *chuligan*, der sich durch seine Brutalität nicht nur im Umgang mit jungen Frauen, sondern auch mit seinen Familienangehörigen auszeichne. So soll er laut Ksenija Sobol'kova seine Grossmutter Varvara Samčenkova mit Fluchwörtern beschimpft und ihr gar gedroht haben, sie zu verbrennen, falls sie als Zeugin aussagen werde. Kalistrat Sobol'kov betonte, dass Nikita Samčenkov den eigenen Vater schlage.[84] Wusste Kalistrat Sobol'kov, wie ein Mann seiner Generation behandelt wurde, so gab Ksenija Sobol'kova darüber Auskunft, wie Nikita Samčenkov mit anderen Mädchen in ihrem Alter und Frauen allgemein umging. Wer über wen Aussagen machte, scheint alters- und geschlechtsspezifisch strukturiert gewesen zu sein[85], wenngleich Ksenija Sobol'kova ihren Äusserung für ein Allgemeinwissen erklärte:

> [...] Im Dorf mögen alle Samčenkov nicht, weil er seinen Spott mit den Mädchen trieb und sich flegelhaft benahm. [...][86]

Der Verweis auf die Dorfgemeinschaft verlieh ihrer Darlegung einerseits mehr Gewicht. Andererseits verband sich mit ihr bewusst oder unbewusst die Vorstellung, dass das Dorf – nicht der Rajonsowjet – die massgebende Instanz sei, die den Ruf einer Person beurteilen könne, und darum das ausgezeichnete Leumundszeugnis hinfällig sei. Die Ausdrücke „Spott mit den Mädchen treiben" und „sich flegelhaft benehmen" rundeten das Bild des brutalen Täters als *chuligan* ab. Das rüpelhafte Benehmen gegenüber den Mädchen im Allgemeinen verstärkte den sexuellen Aspekt seiner Schläge auf Ksenija Sobol'kova. Der Zusammenhang zwischen *chuliganstvo* und (Gruppen-)Vergewaltigungen, wie er im Diskurs ab 1926 definitiv hergestellt wurde, zeichnete sich hier bereits ab.[87]

84 Ebd., ll. 49–51.

85 Dieselbe Beobachtung trifft ebenfalls auf die beiden Zeugen Anna Kuchareva und Maksim Bričko zu. Anna Kuchareva nannte Details vorwiegend im Zusammenhang mit Ksenija Sobol'kova (vgl. ebd., ll. 7, 7ob.), Maksim Bričko berichtete Einzelheiten zu Nikita Samčenkovs Verhalten (vgl. ebd., ll. 8, 8ob.). Vgl. auch Kapitel 3.2.

86 GASO, f. r-74, op. 2, d. 750, l. 49ob.

87 Das Thema *chuliganstvo* wurde 1923 in der Zeitung des Gouvernements Smolensk, im *Rabočij Put'*, relativ selten behandelt. In der Regel wurden damit Fluchen, übermässiger Alkoholkonsum (*samogon*) und Schlägereien bezeichnet. In einem Interview berichtete der Vorsteher der Strafverfolgung hingegen, dass das Phänomen

Seltsam mutet es an, wenn Nikita Samčenkov vor Gericht bestätigte, dass er, wenn er denn Ksenija Sobol'kova geschlagen hätte, sie wahrscheinlich erschlagen hätte. Was er zu seiner Entlastung anführen wollte, stützte das Bild des brutalen, jungen Mannes. Oder muss man diese Aussage als Ausdruck seines Selbstverständnisses als Mann verstehen, bei dem das Wissen um das eigene Kraftpotential Männlichkeit wesentlich mitbegründete? Über Nikita Samčenkov erfährt man aus der vorliegenden Gerichtsakte insgesamt wenig. Er verschwand hinter seiner wiederholten Rechtfertigung, er sei zur Tatzeit betrunken gewesen und erinnere sich darum an nichts. Er folgte also einem altbekannten Argumentationsmuster[88], das ihm ermöglichte, die vorgeworfene Tat als Ganze zu negieren, und von dem sich Nikita Samčenkov vielleicht Straffreiheit oder zumindest Strafmilderung erhoffte. Mit dieser Strategie vergab er aber auch die Chance, Ksenija Sobol'kovas Version, er habe sie ungefragt weggeschleppt, eine eigene entgegenzusetzen und mit Unterstützung der Zeugen zu behaupten, sie sei freiwillig mitgekommen. Im Kampf um den guten Ruf konnte er folglich nicht selber aktiv auftreten und war auf fremde Hilfe angewiesen. Das Leumundszeugnis sprach zwar zu seinen Gunsten. Doch offenbar reichte es nicht aus, um das Gericht von seiner Lauterkeit zu überzeugen. Wie das Gericht letztlich zu seinem Urteilsentscheid kam, bleibt unbekannt: Die Widersprüchlichkeit in Nikita Samčenkovs Aussagen? Die Argumentationsweise der Sobol'kovs, die mit Elementen des Banden- und *chuligan*-Diskurses versetzt waren? Hatte Ksenija Sobol'kova vermocht, Mitleid zu erwecken? Auf diese Interpretationsmöglichkeit verweist ein Zeitungsbericht vom 6. Dezember über die Gerichtsverhandlung in der

chuliganstvo in der Stadt Smolensk zunehme. Präzisierend verstand er darunter, die Belästigung von Frauen auf der Strasse. Vgl. *Rabočij Put'*, Nr. 57, 15. 3. 1923, 1.
Eine Auswertung des *Rabočij Put'* für das Jahr 1923 ergibt folgende Ergebnisse:
Chuliganstvo in der Stadt: Vier Kurzmeldungen (Nr. 163, 22. 7., 4; Nr. 241, 24. 10., 5; Nr. 280, 9. 12., 2; Nr. 231, 12. 10., 2) sowie zwei Artikel (Nr. 185, 19. 8., 4; Nr. 202, 8. 9., 2).
Chuliganstvo auf dem Dorf: Je eine Kurzmeldung und ein Artikel (Nr. 82, 15. 4., 5; Artikel: Nr. 143, 29. 6., 3).
Als Hauptthemen, über die Bericht erstattet werden sollte, nannte der *Rabočij Put'* stattdessen das Gehalt, die Wohnverhältnisse der Arbeiter, die Kulturarbeit und Fragen des Alltags. Vgl. *Rabočij Put'*, Nr. 227, 7. 10. 1923, 3.

88 Frank, Crime, 154, 155.

Zeitung *Rabočij Put'*. Egorov, der eine der beiden Volksbeisitzer hatte ihn verfasst.[89]

> 8 Jahre Zwangsarbeit erhielt der Bürger Samčenko [sic][90] für seinen Versuch, Ksenija Soboleva [sic] zu vergewaltigen.
>
> Den ganzen Tag und Abend des 1. Dezembers dauerte dieser Prozess.
>
> Der Vorfall ereignete sich am 15. Juni [sic] dieses Jahres im Dorf Klemjatino, *volost'* Ljubaviči, *uezd* Smolensk, wo im Kreis 7 Hochzeiten stattfanden. An den Hochzeiten floss ein Fluss von *samogon*; Lärm, Musik, Gesang, Tänze. Im Grossen und Ganzen – war es lustig.
>
> Der Dorfbursche, 21 Jahre alt, Nikita Samčenko versuchte in dieser Zeit Ksenija Soboleva, einem 16-jährigen Mädchen, schändliche Gewalt anzutun. Die Zeugen erzählten von Gericht:
>
> – Ksenija sieht noch ganz wie ein Kind aus, sie ist halb krank.
>
> Zum Gericht brachte sie eine Binde und Haare voller Blut mit, das sind die Resultate der Schläge vom 15. Juni.
>
> – Samčenko schleppte Soboleva mitten am helllichten Tag von ihrer Freundin weg und schleppte sie in den Graben. Das Mädchen gab sich nicht hin, wurde ganz erschöpft, schrie um Hilfe, doch alles war umsonst. Als Nikita Samčenko den Widerstand sah, begann er Ksenija mit der Faust gegen den Kopf zu schlagen, doch auch das half nicht.

89 Egorov, geboren 1887, stammte aus dem Gouvernement Kaluga, das südöstlich an das Gouvernement Smolensk grenzt, war gelernter Schneider, arbeitete unter anderem in Moskauer Textilfabriken, engagierte sich in Moskau und in verschiedenen Orten des Gouvernements Smolensk gewerkschaftlich. Egorov war verheiratet und hatte 1923 einen zehnjährigen Sohn. In der Alte Armee diente er als einfacher Soldat, nach der Machtübernahme durch die Bolschewiki bei *ČON* (*Čast' osobogo naznačenija*) 1917 trat er der RKP(b) bei. Zwischen 1920 und 1922 führte er den Vorsitz von Kameradschaftsdisziplinargerichten des Arbeiterrates des Smolensker Gouvernements. Am 1. August 1922 begann er auf Empfehlung des Smolensker Gouvernementskomitees der RKP(b) hin seine Arbeit beim Tribunal des Gouvernements Smolensk (ab 1923 Gericht des Gouvernements Smolensk). Vgl. GASO, f. r-13, op. 4, d. 459.

90 Wie bereits der Zeitungsartikel über die Gerichtsverhandlung von Natal'ja Fedorova, der in der Einleitung zitiert wurde, weist dieser einige Ungenauigkeiten bei den Namen und ausserdem beim Datum auf.

> Da zog Samčenko unter dem Korsage der Hose ein Gewehrteil (an beiden Seiten abgeschnitten) hervor und setzte es auf die Brust Sobolevas.
>
> – Wenn du dich nicht hergibst – erschiesse ich dich auf der Stelle, drohte Samčenko.
>
> Zum Glück kam zu der Zeit die Tante Samčenko [sic] von einer Hochzeit. Sie eilte zu Hilfe. Samčenko riss aus der Tasche einen selbstgemachten Morgenstern (ein an einem Strick angebundenes Gewicht) aus der Tasche, womit er Ksenija Schläge gegen den Rücken, die Seiten und den Kopf zu versetzen begann.
>
> Mit Hilfe der Tante Samčenko riss sich Ksenija aus den Händen des Peinigers los und versuchte wegzugehen, wobei sie aufgrund der Schläge ununterbrochen hinfiel.
>
> Soboleva war trotzdem nicht vergewaltigt worden.
>
> Soboleva führte man ins örtliche Spital, wo man ihr erste Hilfe leistete.
>
> Soboleva hat sich bis heute von den Schlägen nicht erholt. Ihr Gesicht ist abgemagert, sie ist ganz müde. Oft hat sie Schwindelgefühle.
>
> Das Gericht verurteilte Samčenko zu 8 Jahren Zwangsarbeit, doch in Anbetracht seiner bäuerlichen Herkunft und seiner geringen Kultiviertheit wurde die Strafzeit auf 6 Jahre verkürzt.
>
> Ausserdem entsprach das Gericht der Zivilklage vom Vater Sobolevas im Umfang von 20 *Pud* Roggen, die er für die Heilungskosten seiner Tochter aufgewendet hatte.[91]

Dieser Zeitungsartikel brachte Momente zum Vorschein, die in der Gerichtsakte nicht erwähnt wurden. Eine Dramatisierung und Parteinahme für das Opfer sind unverkennbar und sollten wohl die Haltung des Staates vermitteln: Er betrachtet Vergewaltigungen als schweres Delikt und verurteilt sie dementsprechend. Auf der anderen Seite finden sich hier auch die typischen Begründungen für eine Strafmilderung: Die bäuerliche Herkunft und die „geringe Kultiviertheit“ (*nerazvitost'*). Die Richter scheinen aufgrund seines Verhaltens vor Gericht zu diesem Schluss gekommen zu sein, denn Nikita Samčenkov hatte das Argument der Rückständigkeit nicht explizit als solches vorgebracht. Ebenso hatte er weder die bäuerliche Her-

91 *Rabočij Put'*, Nr. 277, 6. 12. 1923, 4.

kunft noch sein junges Alter zu seiner Entlastung erwähnt.[92] Wie in den Fällen aus der Bürgerkriegszeit fällt auf, dass das Argument „Jugend" erst auftauchte, wenn das Verfahren bereits recht weit fortgeschritten war und die Richter in der Gouvernementshauptstadt sich damit befassten. Daraus lässt sich den Schluss ziehen, dass es sich bei der Bezeichnung „Jugendlicher" um eine Fremdzuschreibung handelt. Nikita Samčenkov fühlte sich nicht als Jugendlicher, sondern als kräftiger, heiratsfähiger Mann. Die drei genannten Entlastungsargumente entsprangen letztlich nicht der bäuerlichen, sondern der gebildeten, städtischen Erfahrungswelt und verweisen auf die mentale Distanz, die zwischen den beiden zu Beginn der 1920er Jahre herrschte.[93]

Der Zeitungsartikel über die versuchte Vergewaltigung Ksenija Sobol'kovas gehört zu den wenigen in der Zeitung *Rabočij Put'*, die das Thema aufgriffen. Ein eigentlicher Diskurs darüber hatte noch nicht eingesetzt.[94] Einen Höhepunkt erreichte er erst 1926 mit dem sogenannten

92 Letzteres wird in der Urteilsbegründung genannt, die in der Gerichtsakte enthalten ist. GASO, f. r-74, op. 2, d. 750, l. 53.

93 Richter brachten die drei Begründungen – wie bereits erwähnt – schon in der Zarenzeit vor. Vgl. Frank, Crime, 95, 145, 314.

94 Die Aussage basiert auf der Auswertung der Zeitung *Rabočij Put'* für das Jahr 1923. Die meisten Meldungen über Vergewaltigungen (fünf von insgesamt elf) standen im Zusammenhang mit Aktivitäten von Banden. Vergewaltigung stand hier in einer Reihe mit weiteren Verbrechen (Nr. 58, 16. 3., 3; Nr. 173, 3. 8., 6; Nr. 174, 4. 8., 2; Nr. 201, 7. 9., 4; Nr. 270, 28. 11., 4). Weiter berichtete der *Rabočij Put'* über drei Vergewaltigungen minderjähriger Mädchen (zwei Kurzmeldung: Nr. 66, 25. 3., 3; Nr. 79, 12. 4., 6; zwei Artikel: Nr. 83, 17. 4., 3; Nr. 106, 15. 5., 4). Die Schilderung von zwei Fällen versuchter Vergewaltigungen wurden gegen Ende des Jahres gedruckt (Nr. 260, 16. 11., 4; Nr. 277, 6. 12., 4 (Ksenija Sobolkova).
Meine Beobachtungen werden durch Waters bestätigt, die das Aufkommen eines eigentlichen Vergewaltigungsdiskurses ebenfalls ab Mitte der 1920er Jahre feststellt. Waters, Elizabeth: From the Old Family to the New: Work, Marriage, and Motherhood in Urban Soviet Russia, 1917–1931. Ph. D. diss., University of Birmingham 1985, 59, 60. Zitiert in: Gorsuch, Anne E.: „A Woman Is Not a Man": The Culture of Gender and Generation in Soviet Russia, 1921–1928. In: Slavic Review 55 (1996) 3, 640.
Zu Beginn des Jahrhunderts, als die Debatte über *chuliganstvo* begann, scheint ein Zusammenhang mit Vergewaltgung noch nicht bestanden zu haben. Zumindest erwähnen beispielsweise Weissman oder Neuberger ihn nicht beziehungsweise nur ganz knapp. Vgl. Weissman, Neil B.: Rural Crime in Tsarist Russia: The Question of Hooliganism, 1905–1914. In: Slavic Review 37 (1978), 228–240; Neuberger, Joan: Hooliganism. Crime, Culture, and Power in St. Petersburg, 1900–1914. Berkeley, Los Angeles et al. 1993, 232, 233.

Čubarov-Fall, einer Gruppenvergewaltigung in Sankt Petersburg, die in der Čubarov-Gasse verübt wurde. Zu diesem Zeitpunkt setzten breite Untersuchungen zu Vergewaltigungen und insbesondere Gruppenvergewaltigungen ein. Sie sollen zu Beginn des nächsten Kapitels kurz skizziert werden.

3.5 Fallstudie Dar'ja Šatovič „Und sie nahmen mich mit Gewalt." Eine Gruppenvergewaltigung im Dorf.

Knapp drei Jahre nachdem der *Rabočij Put'* über die Gerichtsverhandlung Sobol'kova gegen Samčenkov wegen versuchter Vergewaltigung berichtet hatte, erschien am 13. August 1926 in der gleichen Zeitung ein Artikel über mehrere Fälle von Gruppenvergewaltigungen.

> ‚Eine Landarbeiterin kann man, – leg los!'
>
> Früh morgens, bei Sonnenaufgang, vergewaltigten fünf Oblezker Burschen eine Landarbeiterin. Zusammen mit ihnen war sie auf dem Nachtlager. Die Burschen sassen am Feuer, sie aber versteckte sich die ganze Nacht über in den Büschen, denn sie kannte die Sitten der *volost'* Baltutinsk und wusste genau, dass sie eine Landarbeiterin war.
>
> Gegen morgen veranstalteten alle fünf eine richtige Treibjagd gegen sie. Von drei Seiten herankommend, pfeifend und einander zurufend, trieben sie sie auf das Feuer. Die Landarbeiterin sprang erfolgreich über das Feuer, doch bei der lichten Waldstelle verfing sie sich im Reisig, schlug auf und fiel auf den Rücken. Zwei stürzten sich auf die Hände, zwei fassten an den Beinen und der fünfte vergewaltigte. Und so der Reihe nach – alle fünf. Einer von ihnen etwas jünger, – ein 16-jähriger Junge, winkte mit einem Messer vor dem Gesicht der vergewaltigten Landarbeiterin und als er ging, versprach er im Namen der Burschen, ‚damit sie nicht sich grämt', einen Zehner [Geld] und einen ‚Andarak' – die lokale Bezeichnung für eine Art leichter Herrenmantel.
>
> Das Feuer war niedergebrannt. Die fünf Burschen und eine Landarbeiterin führten die Pferde vom Nachtlager, und damit endete die Sache. Es ist wahr, das ganze Dorf sprach noch zwei oder drei Tage darüber, wie gewandt die Oblezker Burschen dem Mädchen beim Feuer einen Gefallen taten, doch niemand interessierte sich dafür, wie sich das vergewaltigte Mädchen fühlte. Mehr interessierten die Details: wer hielt [sie; D. T.], wer warf [sie; D. T.] auf die Erde und wem es zufiel, als erster dran zu kommen, doch die Tatsache selber, die Vergewaltigung der völlig schutzlosen Landarbeiterin beunruhigte niemanden.

Alle Bauern, Dorfsowjets, Komsomolzen, alle gesellschaftlichen Ortsorganisationen schenkten dem Vorfall beim Feuer keinerlei Aufmerksamkeit. Und aus der Baltutinsker Sicht war das ganz normal:

– ‚Irgendein Mädchen ... Einfach eine Landarbeiterin, ohne Eltern, angestellt ... eine solche zu klopfen, ist keine Sünde.' ...

Und ‚sie klopfen'. Dabei haben sich die Baltutinser schon daran gewöhnt und orientieren sich darüber, dass die lokalen Burschen ‚sich die Angestellten unter sich drücken'.

Vor fünf Jahren vergewaltigte die Jugend des Dorfes Kubarok, in der gleichen *volost'*, der Reihe nach eine Landarbeiterin und schmierte ihren ganzen Körper mit Teer ein. Und in der Umgebung von fünf Werst genossen alle Burschen, die an der Vergewaltigung teilgenommen hatten, eine Zeitlang grosse Popularität: bei den abendlichen Zusammentreffen [wörtl.: *na večeruchach, na posidelkach*] und einfach bei der Arbeit fragte man sie: ‚wie habt ihr sie geschmiert und wo habt ihr sie geschmiert.' Das Mädchen aber, das vor Schmerz und ohnmächtigem Zorn Bleitränen weinte, begleitete man im Dorf mit Schreien.

– ‚Scheure den Teer da weg! ... Er schwärzt durch das Hemd durch' ...

1924 vergewaltigte dieselbe Gesellschaft von Burschen aus Kubarok, darunter auch einige Komsomolzen, erneut eine Landarbeiterin, und erneut erhält diese Geschichte stillschweigendes Vergessen:

– ‚Ein fremdes Mädchen – ... bei wem kann sie klagen – soll sie doch!' ...

Und, tatsächlich, die Atmosphäre des beissenden Spotts und der eindeutig geringschätzenden Einstellung der zugewanderten Landarbeiterin gegenüber führten dazu, dass alle drei vergewaltigten Landarbeiterinnen ihre Bitterkeit und den nichtherausgeweinten Hass begruben und die nächtliche Schmach verschwiegen.

Doch wo war das örtliche *volost'*-Komitee aller Land- und Waldarbeiter? Wo der *volost'*-Komsomol?! Wo, schlussendlich, die Kubarover und Oblesker Dorfräte, Bauernkomitees, die *obščestvenniki*?

Wussten sie davon? Gaben sie ihrer Empörung über solch wildes Vorgehen Ausdruck?!

Einige wussten es. Einige empörten sich auch. Doch so – hinter der Hand.

Denn alle meinten:

– Das Mädchen klagt nicht, in diesem Dorf ist sie eine Fremde, ist eine Weile weinerlich und es ist vergessen ...

Und dieses gleichgültige Verhalten muss das gesellschaftliche Gericht ebenso kategorisch verurteilen wie das Volksgericht die unmittelbar an den drei Vergewaltigungen Beteiligten.[1]

Hatte der Gerichtsbeisitzer Egorov im Dezember 1923 beschrieben, wie Ksenija Sobol'kova krank aussah und unter den Folgen der versuchten Vergewaltigung litt, so interessierte 1926 bloss noch die soziale Herkunft der betroffenen Frauen – sie waren Landarbeiterinnen (*batračka*) ohne Namen und wiesen keine individuellen Züge mehr auf. Beide Zeitungsschreiber schilderten ausführlich den Tathergang und stellten sich auf die Seite des Opfers, selber zu Wort kam es allerdings nicht. Interessanterweise fehlten im Bericht von 1923 jegliche Passagen, die explizit eine gesellschaftliche Verurteilung der Verbrechen forderten. Der Tonfall hatte sich in den knapp drei dazwischen liegenden Jahren stark verändert. Aus einer Berichterstattung, die für das konkrete Opfer eintrat, war ein Propagandatext geworden, der Vergewaltigungen nutzte, örtlichen gesellschaftlichen Organisationen Untätigkeit vorzuwerfen.[2] Mit dieser knappen Gegenüberstellung konnte – wenngleich auch nur ansatzweise – aufgezeigt werden, dass sich die politische Situation in den drei Jahren verschärft hatte. Doch die Analyse der beiden Gerichtsakten wird verdeutlichen, wie sehr die beiden Artikelautoren die Perspektive der Herrschenden in den Städten auf Vergewaltigungen abbildeten und die dörfliche Lebenswelt ihnen fremd blieb.[3]

1 *Rabočij Put'*, Nr. 184, 13. 8. 1926, 3. Einen ähnlichen Zeitungsartikel zitiert Žuravlev, Sergej V.: Sowjetjugend im Spannungsfeld unterschiedlicher Gewaltformen. In: Kuhr-Korolev, Corinna, Plaggenborg, Stefan, Wellmann, Monica (Hg.): Sowjetjugend 1917–1941. Generation zwischen Revolution und Resignation. Essen 2001, 83–101.

2 Eine ähnliche Absicht scheint ein Staatsanwalt verfolgt zu haben, der über eine Vergewaltigung im Kreis Velikoluki berichtet hatte. Veröffentlicht in Maksurov, S. (Hg.): Neslyšannye golosa. Dokumenty Smolenskogo Archiva. Kniga pervaja. Ann Arbor 1989, 202, 203.

3 So stellten sich beispielsweise (Sozial-)Mediziner vor, Sexualität werde auf dem Land anders gelebt als in den Städten. Vgl. Frank, Stephen P.: „Ask the Doctor!" Peasants and Medical-Sexual Advice in Riazan Province, 1925–1928. In: Husband,

Der Artikel von 1926 erweist sich nicht bloss im knappen Vergleich als erhellend, sondern illustriert auch exemplarisch die Argumentationslinie und -weise im Zusammenhang mit (Gruppen-)Vergewaltigungen, wie sie Mitte der 1920er Jahre weit verbreitet waren. Im Folgenden werde ich von einem Vergewaltigungsdiskurs sprechen. Zeitgenössische, wissenschaftliche Untersuchungen sowjetischer Kriminologen spiegeln ihn in konzentrierter Form wider. Darum werde ich diesen Diskurs hauptsächlich anhand der genannten Forschungen nachzeichnen.

Wie einleitend bereits erwähnt, wurde Mitte der 1920er Jahre mit wachsender Besorgnis beobachtet, dass die Zahl der Sexualdelikte zunahm und das Alter der Täter insbesondere bei Vergewaltigungen sank. Vergewaltigung galt als ausgesprochen ländliches Phänomen. Denn die jungen Täter stammten mehrheitlich aus der Bauernschaft, wobei meistens Mittelbauern und Kulaken als Anführer der Gruppenvergewaltigungen auffielen. In ihren kriminologischen Studien versuchten die Forscher die Charakteristika dieser Verbrechensform genauer zu bestimmen. Sie fanden heraus, dass sich Gruppenvergewaltigungen vornehmlich im Zusammenhang mit sozialen Anlässen der Jugend, wie *gul'jane*, *posidelki* oder *večerinki* ereigneten. Nach ihren Angaben geschahen etwa die Hälfte der Vergewaltigungen nachts. Die höchste Zahl der Fälle verzeichneten die Monate Mai, Juni und Juli.[4] Als typische Orte für Vergewaltigungen wurden der Wald, die *banja*, Felder und Speichergebäude für Getreide und Heu aufgezählt.[5] Den statistischen Angaben fügten die Kriminologen jeweils eine Sammlung von konkreten Fallbeispielen an. Sie bestanden aus dem ausgewerteten Datenmaterial, das hauptsächlich auf Gerichtsakten beruhten. Die Forscher reihten die Gruppenvergewaltigungsfälle auf und konzentrierten sich dabei auf den Tathergang.[6] In den verschiedenen Studien kristallisierte sich ein be-

William B. (Hg.): The Human Tradition in Modern Russia. Wilmington 2000, 93–107.

4 Man'kovskij, B. S.: Sovremennaja polovaja prestupnost'. In: Krasnuškin, E. K., Segal, G. M., Fajnberg, C. M. (Hg.): Pravonarušenija v oblasti seksual'nych otnošenij. Moskau 1927, 80–82.

5 Zmiev, B: Prestuplenija v oblasti polovych otnošenij v gorode i v derevne. In: Širvindt, E., Traskovič, F., Gernet, M. (Hg.): Problemy prestupnosti. Vyp. 2. Moskau, Leningrad 1927, 46.

6 Bugajskij, Ja.: Chuliganstvo kak social'no-patologičeskoe javlenie. Moskau, Leningrad 1927, 68, 68; Vnukov, V. A., Ėdel'štejn, A. O.: O charaktere ličnosti pravonarušitelja i mechanizmach pravonarušenij v oblasti polovych otnošenij. In: Krasnuškin, Pravonarušenija, 51–54, 56–60, 62, 63, 67–69, 71; Zmiev, Prestuplenija, 42, 43, 45–47; Kufaev, V. I.: Junye pravonarušiteli. Izd. 2-oe, ispravl. i do-

stimmtes Muster heraus: Die Täter warfen die Frau – oft eine *batračka* – nieder und vergewaltigten sie der Reihe nach. Falls sie Widerstand leistete, drückte man ihr den Mund zu und hielt sie an den Händen und Beinen. In der Regel wurde das Opfer zudem geschlagen und ihm die Kleider vom Leib gezerrt. Eine Analyse dieses Ablaufes erfolgte nicht, selten wurden die Einzelfälle in ihren spezifischen Kontext gestellt. Stattdessen versuchten die Kriminologen, die Ursachen von Vergewaltigungen und Gruppenvergewaltigungen zu ergründen. Übereinstimmend kamen sie zum Schluss, dass Frauen immer noch wie eine Ware angesehen würden und dass Gruppenvergewaltigungen eine extreme Form von *chuliganstvo* seien.[7] Zwar warnten die meisten Autoren davor, den Begriff *chuliganstvo* zu weit zu fassen, dennoch zählten sie (Gruppen-)Vergewaltigung und Mord als schwere Varianten von *chuliganstvo* auf. Bei der Besprechung sowohl von *chuliganstvo* als auch von Gruppenvergewaltigungen betonten sie stets den öffentlichen Charakter dieser Delikte. Die Täter würden mit ihrem Verhalten die Öffentlichkeit stören und ein schlechtes Beispiel für andere abgeben, sie negativ beeinflussen.[8] Diesem Umstand massen die Bolschewiki grosse Bedeutung bei. Denn sie wollten die Öffentlichkeit ebenfalls nutzen, um mit verschiedenen Agitations- und Propagandamitteln wie Aufmärschen, Reden, Plakaten oder Feierlichkeiten ihre Werte und Gesellschaftsvorstellungen zu präsentieren. Die *chuligany* und Gruppenvergewaltiger bedrohten mit ihren Handlungen diese Tätigkeiten und Pläne. In den Augen der Bolschewiki stellten sie somit ernsthafte Konkurrenten bei der Gestaltung des öffentlichen Raumes dar, der den Bolschewiki als Ort ihrer Herrschaftsrepräsentation und -ausübung galt. Der Kampf um die Kontrolle über Strassen, Klubs, Plätze und andere öffentliche Räume geriet so zu einer Auseinandersetzung um Herrschaft. Unter anderem sicherten sich die Bol-

poln. Moskau 1925, 164, 165; Ozereckij, N. I.: Polovye pravonarušenija nesoveršennoletnich. In: Krasnuškin, Pravonarušenija, 134–137, 141–149, 153–155.

7 Bugajskij, Chuliganstvo, 67; Vnukov, Ėdel'štejn, O charaktere, 58, 62, 73; Man'kovskij, Sovremennaja, 77; Zmiev, Prestuplenija, 41, 43, 44; Ozereckij, Polovye, 137; Segalov, T.: Psichologija chuliganstva. In: Širvindt, E., Traskovič, F., Gernet, M. (Hg.): Problemy prestupnosti. Vyp. 1. Moskau, Leningrad 1926, 86; Čel'cov-Bebutov, M. A.: Naša karatel'naja politika i bor'ba s chuliganstvom. In: Pravo i Žizn', 1926g., kniga vos'maja–desjataja, 75, 81, 82.

8 Vnukov, Ėdel'štejn, O charaktere, 65–67; Kufaev, Junye, 163–165; Ozereckij, Polovye, 155–157; Segalov, Psichologija, 87; Čel'cov-Bebutov, Naša, 75; Žižilenko, A. A.: Polovye prestuplenija (St. st. 166–171 Ugolovnogo Kodeksa). Ugolovnyj Kodeks RSFSR. Praktičeskij Kommentarij pod redakciej M. N. Gerneta i A. N. Trajnina. Moskau 1924, 6.

schewiki ihren Herrschaftsanspruch, indem sie zusammen mit den Kriminologen *chuliganstvo* und Gruppenvergewaltigung negativ konnotierten und als Zeichen des *staryj byt* bestimmten, den es beispielsweise durch ein organisiertes und verbessertes Freizeitangebot für Jugendliche, wie etwa mit attraktiven Klub- oder Sportveranstaltungen, zu bekämpfen galt.[9]

Der Vergewaltigungsdiskurs bildete einen Teil eines weiteren Diskursfeldes, das mit Stichworten wie *staryj* und *novyj byt*, „alter" und „neuer" Mensch, Rückständigkeit des Dorfes oder Umsetzung der Gleichberechtigung der Frau im Alltag umschrieben werden kann. Darüber wurde nicht erst seit 1926 debattiert, doch ab Mitte der 1920er Jahre verschärfte sich der Ton der Dispute und verdichtete sich in einigen wenigen thematischen Brennpunkten, die wiederum – als weitere Ebene eines Herrschaftsdiskurses – in engem Bezug zu den innerparteilichen Auseinandersetzungen über die zukünftige Ausrichtung der Entwicklung in Wirtschaft, Politik und Gesellschaft standen.[10] In diesem Zusammenhang gerieten die Jugend, die die Konzepte tragen und realisieren sollte, und ihre „defizitären" Seiten vermehrt ins Blickfeld. In der Folge des Freitodes des Dichters Esenin wurde eine eigentliche Selbstmordwelle Jugendlicher konstatiert.[11] Während die einen selbstzerstörerisch Suizid begingen, richteten die anderen ihre Aggressionen gegen ihre Umgebung – in den Statistiken verzeichnete die Zahl der Fälle von *chuliganstvo* in kurzer Zeit einen massiven Anstieg.[12] Schliesslich schreckte im Herbst 1926 die Öffentlichkeit auf, als sie erfuhr, dass rund vierzig Männer, darunter auch Komsomolzen, in Leningrad eine junge Studentin vom Land vergewaltigt hatten.[13] Alle drei Bereiche,

9 Vnukov, Ėdel'štejn, O charaktere, 56, 58, 71, 73; Man'kovskij, Sovremennaja, 78, 79; Ozereckij, 137; Segalov, 89, 90.

10 Für einen kurzen Überblick vgl. Haumann, Heiko: Geschichte Russlands. München, Zürich 1996, 509–513, 536–543.

11 Wellmann, Monica: Integrationsprobleme und Ausgrenzungserfahrungen: Abschiedsbriefe junger Selbstmörder aus Moskau (1920er Jahre). In: Kuhr-Korolev, Sowjetjugend, 103–126.

12 Gorsuch, Anne E.: „Smashing Chairs at the Local Club": Discpline, Order, and Soviet Youth. In: Ebd., 247–261.

13 Naimann, Eric: Sex in Public. The Incarnation of Early Soviet Ideology. Princeton, New Jersey 1997, 250–288. Das Sexualverhalten bildete generell einen wichtigen Diskussionsgegenstand Mitte und Ende der 1920er Jahre. Vgl. etwa Fitzpatrick, Sheila: Sex and Revolution: An Examination of Literary and Statistical Data on the Mores of Soviet Students in the 1920s. In: Journal of Modern History 50 (1978), 252–278; Wood, Elizabeth A.: Prostitution Unbound. Representations of Sexual and Political Anxieties in Postrevolutionary Russia. In: Costlow, Jane T., Sandler,

Selbstmord, *chuliganstvo* und Gruppenvergewaltigungen wurden in einem Masse mit innerparteilichen Fraktionskämpfen verbunden, wie es 1923 nicht der Fall war.[14]

Am Beispiel von Ksenija Sobol'kova konnten wir beobachten, dass die Verknüpfung der Stichworte Vergewaltigung und *chuliganstvo* nicht erst Mitte der 1920er Jahre geschah, wobei ungeklärt bleiben musste, ob die Bezeichnung des Täters als *chuligan* oder andere Argumente das Urteil der Richter bestimmte. Zumindest in der Urteilsbegründung kam dieses Wort nicht vor. Betrachten wir nun einen anderen Fall ebenfalls aus dem Jahr 1923, der von der Anlage her einer Gruppenvergewaltigung entspricht. Wie stand es da mit dem Verweis auf *chuliganstvo*? Aus dem oben Erwähnten wäre eine Argumentationsführung zu erwarten, die noch dezidierter auf diesen Vorwurf abzielte als im Fall aus dem vorherigen Kapitel. Doch dem ist nicht so. Die Worte *chuliganstvo* oder *chuligan* fehlen in dieser Gerichtsakte gänzlich. Insofern stellt sich die Frage, welche Beweise und Begründungen an deren Stelle angeführt wurden. Welche Rolle spielten Verwandte bei den Ermittlungen? Wer machte die Anzeige? Welche Faktoren begünstigten beziehungsweise verhinderten eine erfolgreiche Anklage? Wie in den Kapitel zuvor interessiert weiter, wer die Gewalt wie thematisierte. Konnte die vergewaltigte Frau über ihre Erfahrungen in ihrer Sprache sprechen? Welche Argumente führten die Täter an? Setzten sie „Jugend" als Entlastungsargument ein? Diese Fragen dienen primär der Analyse des Gerichtsfalles, die im Zentrum des Kapitels stehen wird. Am Schluss sollen die Ergebnisse dem eingangs zitierten Artikel gegenüber gestellt werden, der exemplarisch für den bolschewistischen Diskurs über Vergewaltigungen steht. Dieser war unter anderem vom Entsetzen über die Brutalität der jungen Männer und von der Gleichgültigkeit des Dorfes geprägt. Die sicherlich berechtigte Abscheu soll hier auch als Ferne der städtischen Elite vom Dorf verstanden werden. Ziel der vorliegenden Untersuchung ist es darum, in Bereiche vorzudringen, die der Bericht nicht ausleuchtete. Dazu gehören insbesondere die innerdörflichen Mechanismen, die nach einer (Gruppen-)Vergewaltigung einsetzten. Die Analyse von Gerichtsakten stellt somit einen möglichen Weg dar, der dörflichen Realität jugendlicher Lebenswelten etwas näher zu kommen.

Stephanie, Vowles Judith (Hg.): Sexuality and the Body in Russian Culture. Standford, California 1993, 124–135; Kuhr-Korolev, Corinna: Die sowjetische Jugend im Sexual- und Moraldiskurs der 1920er Jahre. In: Dies., Sowjetjugend, 263–285.

14 So berichtete der *Rabočij Put'* 1923 etwa unter der Rubrik „Proisšestvija" – „Vorfälle" zwar regelmässig, aber nur in zwei, drei Sätzen von Selbstmordfällen.

Das Dossier, das in diesem Kapitel genauer untersucht wird, gelangte nie nach Smolensk zum Gouvernementsgericht. Der Fall wurde nämlich abgebrochen.[15] Der stellvertretende Staatsanwalt war Ende November 1923 nach der Durchsicht der Papiere zum Schluss gekommen, dass 1. das medizinische Gutachten nicht genüge, 2. aus den Zeugenaussagen die Schuld der Angeklagten nicht hergeleitet werden könne und 3. die Aussagen des Opfers zu grossem Zweifel Anlass geben würden.[16] Trotz dieses Befundes gehe ich davon aus, dass Dar'ja Šatovič von fünf jungen Bauernburschen vergewaltigt wurde.

Im jenem Sommer lebte die 17-Jährige im Dorf Losevka, Goreckij *uezd*, im heutigen Weissrussland, rund zwanzig Kilometer südlich von Dubrovno und etwa neunzig Kilometer südwestlich von Smolensk.[17] Sie stammte aus dem *uezd* Orša, war eine Waise und stand vorübergehend in einem Dienstverhältnis bei Ivan Semenovič Križevič.[18] Dar'ja Šatovič hielt sich also im Status einer Fremden und Landarbeiterin in diesem Dorf auf. Zu den Aufgaben bei ihrem Herrn gehörte das nächtliche Hüten der Pferde. Aus den Akten geht nicht hervor, als was sie arbeitete. Eine Untersuchung aus dem Jahr 1928 ergab, dass die Belarus zu den Gebieten gehörte, in denen überdurchschnittlich viele Viehhirten individuell eingestellt wurden. Diese Tätigkeit wurde nur in den seltensten Fällen von weiblichen Angestellten ausgeführt.[19] Erwachsene Dienstmägde fanden eher bei Feld- und Landwirtschaftsarbeiten ein Auskommen. Mädchen bis zum Alter von siebzehn Jahren hingegen arbeiteten in erster Linie als Kindermädchen. Besonders häufig erfolgte diese Beschäftigung in den Regionen, aus denen Saisonarbeiter rekrutiert wurden.[20]

15 GASO, f. r-74, op. 2, d. 894, l. 8.

16 Ebd., l. 30.

17 Das Dorf Losevka liegt heute in Weissrussland. Im Rahmen der verschiedenen administrativen Verschiebungen wurde der *uezd* Goreck 1922 aus dem Gouvernement Gomel' aus- und 1924 wieder dorthin eingegliedert. Vgl. Administrativno-territorial'noe delenie Smolenskoj oblasti. Spravočnik. Smolensk 1993, 135.

18 GASO, f. r-74, op. 2, d. 894, ll. 2, 12.

19 Ein Bericht über die Nutzung der Arbeitskraft der ländlichen Bevölkerung des Gouvernements Smolensk insgesamt hingegen zeigte auf, dass Frauen mindestens gleich viele Arbeitsstunden in die Viehwirtschaft investierten wie Männer. Ihr Einsatz hing wiederum davon ab, ob die Männer auswärts arbeiteten. G. M., M. D.: Zapas rabočej sily v sel'skom chozjajstve Zapadnoj oblasti. In: Ėkonomičeskaja Žizn', Nr. 10–12, ijul'–sentjabr' 1926g., 90–95.

20 Mel'nikov, A.: Batračestvo i pastušestvo v 1928g. In: Statističeskoe obozrenie. Ežemesjačnik, Nr. 10, 1929g., 57–66.

Das nächtliche Pferdehüten stellte für das ganze Dorf eine sehr wichtige Aufgabe dar. Denn im bäuerlichen Arbeitsprozess erfüllten diese Tiere wichtige Funktionen und der Diebstahl eines Pferdes bedeutete für eine Bauernfamilie einen grossen Verlust.[21] Pferdediebe galten als äusserst durchtrieben und gut organisiert. Erwischten Bauern einen, bestraften sie ihn mit äusserster Härte.[22] Das nächtliche Pferdehüten hatte primär zum Ziel, die Tiere zu bewachen und allfällige Diebe (und Wölfe) abzuhalten. Diese Tätigkeit war demnach nicht ungefährlich.[23] Als Gruppe die Pferde zu beaufsichtigen, bedeutete der Versuch, die genannten Gefahren zu mindern.

Am 13. Juni 1923 begab sich Dar'ja Šatovič zur Kanzlei der Stadtmiliz in Dubrovno, um Anzeige gegen fünf junge Bauernburschen zu erstatten. Alle fünf hätten sie in der Nacht zuvor vergewaltigt. In der Befragung schilderte sie folgendes Geschehen:

> [...] In der Nacht vom 10. auf den 11. Juni befand ich mich mit den Pferden meines Herrn auf der Nachtwache, zu mir kam der Bürger des Dorfes Losevka, Boris Križevič und [...][24], damit sie mich mit Gewalt nehmen, und da kamen die von mir im Eingabeprotokoll Erwähnten zu mir, bedeckten mich mit einem Filzumhang, einer

21 Über Entwendugen von Pferden informierte der *Rabočij Put'* regelmässig in der Rubrik „Vorfälle".
Eine Statistik der Kriminalabteilung des Gouvernements Smolensk zu den Pferdediebstählen ergibt folgendes Bild. Vgl. *Rabočij Put'*, Nr. 194, 30. 8. 1923, 3.

Jahr	Gemeldete Fälle	Gelöste Fälle
1919	1'296	306
1920	1'415	400
1921	1'458	430
1922	1'915	609
1. Hälfte 1923	554	159

Tabelle 10: Pferdediebstähle im Gouvernement Smolensk 1919 – erste Hälfte 1923.

Zur Bedeutung der Pferde als Arbeitstiere vgl. Kerans, David: The Workhorse in Peasant Agriculture: An Exploration. In: Russian History / Histoire Russe 27 (2000) 3, 251–283.

22 Frank, Stephen P.: Crime, Cultural Conflict, and Justice in Rural Russia, 1856–1914. Berkeley, Los Angeles 1999, 127–131, 143, 241, 268, 275.

23 Vgl. Meldung über Ermordung von Pferdehirten in *Rabočij Put'*, Nr. 206, 13. 9. 1923, 3.

24 An dieser Stelle ist das Papier ausgefranst.

> von ihnen hielt mich am Kopf fest, damit ich nicht schreien würde, und jemand an den Beinen, ich begann sofort zu schreien, doch hörte sofort auf, weil sie mich sehr würgten und ich konnte den Mund überhaupt nicht öffnen und auf diese Weise missbrauchten sie mich einer nach dem andern. In unserer Nähe war niemand, nur ein kleiner Junge lag [da] und weit weg ein Alter, die beide alles hörten. Der Junge heisst Timofej Evmenov Šatovič, der Alte Feodor Kuz'mič, seinen Familienname kenne ich nicht, er ist ein Bewohner desselben Dorfes Losevka, *volost'* Svatošick. Mehr kann ich nicht beifügen, ich bitte nur, jene dem Gericht zu übergeben. [...][25]

Der Text schilderte eine Vergewaltigung. Die sexuelle Gewalt kam jedoch nur kurz in den beiden Wendungen „mit Gewalt nehmen" (*vzjat' siloj*) und „missbrauchen" (*upotrebit'*) zur Sprache. Der Terminus technicus „vergewaltigen" (*iznasilovat'*) fehlte.[26] Im Vordergrund stand stattdessen die physische Gewalt, von der Kopf und Beine betroffen waren. Das Reden über die sexuelle Gewalt an sich hatte sich auf das Sprechen über angetanene physische Gewalt verschoben. Womöglich fand und kannte Dar'ja Šatovič keine Worte für das Erlittene. Die Vergewaltigung wäre in diesem Fall durch ihre Beschreibung, wie sie gepackt und gewürgt wurde, um- und eingeschlossen, das Reden über die Gewalt gegen Kopf und Beine bildete demnach nicht nur die Rahmenhandlung für die Vergewaltigung, sondern gleichzeitig auch die Ersatzerzählung für die eigentliche Vergewaltigung. Ihre erklärenden Hinweise, dass die Burschen ihr den Kopf festhielten, damit sie nicht schreien würde, und sie so sehr würgten, dass sie den Mund überhaupt nicht mehr öffnen konnte, deuten ihre Sprachlosigkeit bezüglich der erfahrenen Gewalt auf der symbolischen Ebene an. Die Informationen, wie die fünf Burschen sie in ihre Gewalt brachten, sollten aber auch dokumentieren, dass das Opfer Widerstand geleistet hatte, dieser jedoch im Keim erstickt wurde. Ihre Schutzlosigkeit drückte sich schliesslich dadurch aus, dass niemand in ihrer Nähe war. Der kleine Junge Timofej Šatovič war ihr elfjähriger Cousin[27], von dem sie realistischerweise keine effektive Hil-

25 GASO, f. r-74, op. 2, d. 894, ll. 2, 2ob.

26 Die Abwesenheit dieses Begriffes macht es wahrscheinlicher, dass die Aussagen von Dar'ja Šatovič direkt protokolliert wurden. Vgl. Chaytor, Miranda: Husband(ry): Narratives of Rape in the Seventeenth Century. In: Gender & History 7 (1995) 3, 402, Anmerkungen 7 und 8.

27 GASO, f. r-74, op. 2, d. 894, l. 25ob.

fe gegen fünf 18-jährige erhoffen konnte. Eigentümlich mutet es an, dass Feodor Kuzmič, der nach ihren Angaben weit weg war, alles gehört haben soll. Hatte sie nicht soeben erklärt, dass sie gar nicht schreien konnte? Wenn sie ihn als Zeugen angab, musste sie sich von ihm Hilfe für das kommende Verfahren erhofft haben. Der 50-jährige Feodor Kuzmič sagte im September während der Befragungen durch den Untersuchungsrichter aus, dass er sich im Nachtlager befunden hatte, allerdings rund zwei Werst von Dar'ja Šatovič entfernt und darum von der Vergewaltigung nichts wisse.[28] Offenbar wollte Feodor Kuzmič aus welchen Gründen auch immer mit der ganzen Sache nichts zu tun haben. Von seiner Seite erhielt Dar'ja Šatovič keine Unterstützung. Die Möglichkeit also, dass sich eine männliche Person aus der Generation der Eltern – ähnlich der Väter von Ksenija Sobol'kova und Nikita Samčenkov – für sie, eine Waise, in irgendeiner Form eingesetzt hätte, war entfallen. Dar'ja Šatovič war auf sich selber gestellt und stand den fünf Burschen faktisch alleine gegenüber. In der Gerichtsakte traten daher keine anderen Erwachsenen mehr als Einzelpersonen auf. Offensichtlich galt der Konflikt als Angelegenheit der Jugendlichen, sie sollten ihn untereinander und innerhalb ihrer Generation austragen.[29] Ausserdem schienen die fünf Burschen keines expliziten Rückhalts von Erwachsenen zu bedürfen. Doch wer waren sie?

Die fünf Beschuldigten hiessen Boris Grigor'evič Križevič, Pavel Kirillovič Križevič, Vlas Ivanovič Tuzkov, Evdokim Erofeevič Loganov und Parfen Mat'veevič Lakomov. Sie waren alle ledig und wohnten auf dem Hof ihrer Väter. Die beiden ersten – vom Familiennamen her wohl mit dem Meister von Dar'ja Šatovič verwandt – wohnten im Dorf Losevka. Ihre Familien bestanden je aus sechs Personen, die sich von einem verhältnismässig kleinen Stück Land ernähren mussten: von vier beziehungsweise zwei Desjatinen. Die Familie von Boris Križevič besass eine Kuh und ein Pferd, die von Pavel gar zwei Kühe und Pferde. Die drei anderen Burschen lebten auf Einzelhöfen (*chutor*)[30], die administrativ zwei anderen Dörfern,

[28] Ebd., l. 26.

[29] Zur Sozialkontrolle innerhalb der Altersgruppe der Jugendlichen vgl. etwa Engel, Barbara Alpern: Peasant Morality and Premarital Relations in Late 19th Century Russia. In: Journal of Social History 23 (1990) 4, 695–714; Frank, Stephen P.: „Simple Folk, Savage Customs?" Youth, Sociability, and the Dynamics of Culture in Rural Russia, 1856–1914. In: Journal of Social History 25 (1992), 711–736.

[30] Das Gebiet um Dubrovno gehörte zu denjenigen mit einem verhältnismässig hohen Anteil an Einzelhöfen. Für einen Überblick über die Einzelhofbewegung in der Belarus vgl. Siebert, Diana: Bäuerliche Alltagsstrategien in der Belarussischen SSR

Moralevka und Širokaja, zugeordnet waren. Bei den dreien schwankte die Familiengrösse zwischen sechs und zehn Personen. Sie bewirtschafteten deutlich grössere Landstücke, nämlich zwischen neun und dreizehn Desjatinen Land, besassen aber nicht mehr Vieh als die beiden anderen: ebenfalls ein bis zwei Kühe und Pferde.[31]

Am 18. Juni erschien der Erste Milizionär der *volost'* Losevka und nahm die fünf Burschen fest.[32] Diese Handlung musste eine grosse Aufregung ausgelöst haben. Die Bürger und Bürgerinnen von Losevka versammelten sich nämlich und verfassten ein Urteil (*prigovor*). Mit ihrer Unterschrift wollten sie bestätigen, dass die fünf Burschen – wobei sie Parfen Lakomov nicht namentlich nennen konnten – sich durch ein rechtschaffenes Verhalten (*čestnoe povedenie*) auszeichnen würden. Sie seien noch ganz jung (*soveršenno molodye parni*) und würden sich daher mit Prostitution gar nicht abgeben. Šatovič hingegen sahen die Unterzeichnenden „einer Art totaler Prostitution überführt" (*polnejšaja prostitucija svoego roda nakryta*). Aus Bosheit habe sie die fünf Burschen mit sich in Zusammenhang gebracht.[33] Von Anfang an stand die Dorfgemeinschaft auf der Seite der Verdächtigten. Sie stellte ihnen ein gutes Leumundszeugnis aus und charakterisierte Dar'ja Šatovič als Prostituierte. Hinter dieser Bezeichnung wird die Argumentationsstrategie sichtbar, dass die Männer keine Schuld treffe, weil sie von der Frau verführt worden seien. Wenn Nikita Samčenkov im letzten Kapitel im Zusammenhang mit dem Vorwurf der versuchten Vergewaltigung von der Opferseite als *chuligan* dargestellt wurde, stellt sich nun die Frage, ob die Täterseite das Opfer für eine Prostituierte erklärte und mit dieser Benennung das weibliche Pendant zum *chuligan* verwendet hatte. Fand „unerwünschte Männlichkeit"[34] ihren Ausdruck im Wort *chuligan*, „unerwünschte Weiblichkeit" in der Wendung

(1921–1941). Stuttgart 1998. (Quellen und Studien zur Geschichte des östlichen Europas; Bd. 52), 330–347.

31 GASO, f. r-74, op. 2, d. 894, ll. 16–17ob.

32 Ebd., l. 5.

33 Ebd., l. 12.

34 Scheide, Carmen: Kinder, Küche, Kommunismus. Das Wechselverhältnis zwischen sowjetischem Frauenalltag und Frauenpolitik von 1921 bis 1930 am Beispiel Moskauer Arbeiterinnen. Zürich 2002. (Basler Studien zur Kulturgeschichte Osteuropas; Bd. 3), 140–143.

Prostituierte?[35] Oder hatte Dar'ja Šatovičs Anzeige diese Reaktion provoziert? Frank meint, dass Frauen, die Anklage wegen Vergewaltigung erstatteten, sich sehr bald selber verdächtig machten. Ihr Mut, den Verlust ihrer Jungfräulichkeit[36] öffentlich zuzugeben, habe suspekt gewirkt. Denn dadurch hätten sich diese Frauen nicht rollenkonform verhalten und zumindest teilweise ausserhalb der männlichen Kontrolle befunden.[37] Im Anschluss an Franks Argumentation, die anhand des konkreten Fallbeispiels weder bestätigt noch dementiert werden kann, liegt die Vermutung nahe, dass die Dorfgemeinschaft Dar'ja Šatovič für eine Prostituierte hielt, gerade weil sie den Geschlechtsverkehr öffentlich gemacht hatte. Mit der Einstufung als Prostituierte wäre ihr Verhalten für die Dorfgemeinschaft wieder einzuordnen und kontrollierbar. Diese Überlegungen können nicht weiter geführt werden, denn das Quellenmaterial lässt keine definitive Schlussfolgerung zu, wie die Bezeichnung Dar'ja Šatovičs als Prostituierte zustande kam. Auf jeden Fall wäre es lohnenswert, genauer zu untersuchen, wie und von wem das Reden über Geschlechtsverkehr und Sexualität im Allgemeinen sanktioniert wurde, um so genauere Kenntnisse zu erhalten, wo innerhalb einer Dorfgemeinschaft die Grenzen der Intimssphäre von Einzelpersonen, Familien und einer Art Dorföffentlichkeit verliefen. Sicher scheint lediglich – analog dem im vorigen Kapitel skizzierten Fall –, dass die Charakterisierung Dar'ja Šatovičs als Prostituierte auf die Schädigung ihres Rufs bei den Ermittlungs- und Gerichtsbehörden abzielte. Dieses Urteil verdeutlichte aber auch, dass die junge Frau spätestens zu diesem Zeitpunkt im Dorf Losevka zur sozialen Aussenseiterin geworden war. Die Tatsache, dass sie aus einer anderen *volost'* stammte und eine Waise war, verstärkte und vereinfachte den Ausschluss.

Am darauffolgenden Tag, dem 19. Juni, befragte der vorstehende Schriftführer in der Kanzlei der Stadtmiliz Dubrovno die fünf Verhafteten. Der Schriftführer hiess Pavel Nikolaevič Danilov, war 31 Jahre alt und ledig. Er kam aus dem Gouvernement Vladimir und hatte seinen Dienst bei der Miliz in Dubrovno erst vor kurzer Zeit begonnen. Erfahrungen mit der Arbeit als Milizionär hatte er bereits von März 1917 bis Oktober 1918 in der Stadt Kazan' gesammelt. Er war nicht Mitglied der bolschewistischen

35 Hinweise in diese Richtung: Gorsuch, Anne E.: Enthusiasts, Bohemians, and Delinquents: Soviet Youth Cultures, 1921–1928. Phil. D. diss. Michigan 1992, 378–381; Kuhr-Korolev, Sowjetische Jugend, 280.

36 Aus den Akten geht nicht hervor, ob Dar'ja Šatovič schon vor diesem Vorfall Geschlechtsverkehr hatte. Das Argument der Defloration wurde nicht angeführt.

37 Frank, Crime, 165.

Partei, scheint aber ein Anhänger ihrer Ideen gewesen zu sein, denn er stellte seine Fähigkeiten als Kanzlei- und Verwaltungsbeamter zuerst der ČK des Gouvernements Kazan' und danach der Politabteilung beim Stab der Artilleriedivision in Vitebsk zur Verfügung.[38] Die Verhöre der verdächtigten jungen Burschen, die Pavel Danilov durchführte, gehören zu den wenigen, bei denen auch die Fragen geradezu mustergültig mitprotokolliert wurden. Dieser Umstand zeugt davon, dass Pavel Danilov seinen Dienst ernst nahm und bestrebt war, die Amtshandlungen korrekt durchzuführen. Darin und mit seiner Schriftkundigkeit erinnert er an Roman Murin.

Im Folgenden sollen die Aussagen der fünf Verdächtigten kurz skizziert werden. Jeder von ihnen trug eine Geschichte vor, die mehr oder weniger von den anderen abwich. Diese Differenzen erlauben, unterschiedliche Argumentations- und Entlastungsstrategien, die Beziehungen zwischen den Verdächtigten sowie zwischen ihnen und Dar'ja Šatovič herauszuarbeiten, Einblicke in den nächtlichen „Alltag" Jugendlicher zu gewinnen und schliesslich auch Aufschluss über dörfliche Schutz- und Kommunikationsmechanismen zu erhalten.

Als ersten befragte Pavel Danilov Boris Križevič. Zusammen mit Pavel Križevič scheint er eine führende Rolle eingenommen zu haben. Boris Križevič sagte aus, dass Dar'ja Šatovič sich alleine in ihrer Nähe befunden habe und ebenfalls Pferde hütete. Dies könnten nebst den vier Kameraden auch Christina Soljanikova und Vlas Križevič bestätigen, die oft zu ihnen kamen. Timofej Šatovič habe er überhaupt nicht gesehen. Die Frage, ob er Dar'ja Šatovič nicht an jenem Abend oder vorher mal eingeladen habe, die Zeit mit ihm zusammen zu verbringen, verneinte er und fügte hinzu, dass er sie „sogar hasse" und sich darum vor einem Zusammentreffen mit ihr hüte.[39]

Pavel Križevič erwähnte zu seiner Entlastung ebenfalls weitere Personen. Christina Soljanikova, Marija Križeviča und Vlas Križevič hätten sich mit ihnen zusammen auf dem Nachtlager befunden und ein Feuer entfacht. Kurz danach sei Dar'ja Šatovič zu ihnen gekommen, um sich aufzuwär-

38 GASO, f. 161, op. 3, d. 659, ll. 1–4. Auf den beiden Dienstfragebögen beschreibt Pavel Danilov seinen Werdegang folgendermassen: 1916, 1917: Unteroffizier der Infanterie des Regiments Drissa. 15. 3.–1. 10. 1917: Berufung in die Miliz der Stadt Kazan', wo er rasch die Dienstleiter hochkletterte. Mit der Ankunft der Tschechoslowaken wechselte er als Schriftführer zur ČK des Gouvernements Kazan'. In der gleichen Funktion ging er 1921 zum Stab der Artilleriedivision in Vitebsk, von wo aus er am 1. 5. 1923 zur Miliz der Stadt Dubrovno stiess.

39 GASO, f. r-74, op. 2, d. 894, ll. 6, 6ob.

men. Doch sie habe kein Brennholz mitgebracht. Sie hätten darum mit ihr geschimpft, sie solle auch Holz holen. Daraufhin sei Dar'ja Šatovič weggegangen, er wisse nicht wohin. Nach ihrem Weggang sei seine Gruppe zusammen geblieben, bis es Zeit war zu schlafen. An Pavel Križevič ging ebenfalls die Frage, ob er Dar'ja Šatovič nicht eingeladen habe, die Zeit mit ihnen im Nachtlager zu verbringen. Er beantwortete die Frage negativ und setzte hinzu, dass er Dar'ja Šatovič „sogar hasse".[40]

Vlas Tuzkov nannte zwei Zeugen seiner Unschuld: eine ihm unbekannte Frau und Vlas Križevič. Vlas Tuzkov war der erste, der einfach alle ihm gestellten Fragen verneinte: Nicht nur hatte er Dar'ja Šatovič nicht gesehen, sondern er behauptete auch, keinen Lärm und keine Streitereien vernommen zu haben. Streit wegen des Brennholzes gab es nach seiner Aussage nicht. Schliesslich führte er noch an, dass sie Dar'ja Šatovič hassen würden, gleichzeitig betonte er, dass er persönlich nichts mit ihr zu tun habe.[41]

Nach Evdokim Loganovs Ausführungen kamen Christina Soljanikova und Vlas Križevič zu ihnen an das Feuer und gingen dann wieder weg, danach hätten sie fünf sich schlafen gelegt. Darauf angesprochen, ob Dar'ja Šatovič nicht zu ihnen kam, um sich zu erwärmen, verneinte er, sie hätten sie in jener Nacht gar nicht gesehen. Zum Schluss fragte Pavel Danilov, ob Evdokim Loganov nicht wisse, wer Dar'ja Šatovič vergewaltigte, ob er denn nichts gehört habe? Im Widerspruch zum oben Gesagten meinte er, dass er nicht wissen könne, wer es getan habe, weil er sich bald schlafen gelegt habe und die anderen vier noch weiter am Feuer sitzen geblieben seien.[42]

Als letzten verhörte Pavel Danilov Parfen Lakomov. Dieser gab zu, dass Dar'ja Šatovič sich in ihrer Nähe befand und sie alle nacheinander mit ihr geschlafen hätten. Doch er betonte, dass sie sich freiwillig hingegeben und nicht geschrien habe.[43]

Alle fünf sagten also einhellig aus, dass sie in der Nacht vom 10. auf den 11. Juni im Wald die Pferde hüteten und in dieser Fünfergruppe bei einem Feuer die Nacht zusammen verbrachten. Den Vorwurf der Vergewaltigung wiesen alle zurück. Die Unterschiede in den Aussagen betreffen die Begegnung mit Dar'ja Šatovič und die Anzahl der Zeugen. Die ersten

40 Ebd., ll. 7, 7ob.

41 Ebd., ll. 9, 9ob.

42 Ebd., ll. 10, 10ob.

43 Ebd., ll. 11, 11ob.

beiden, Boris und Pavel Križevič, berichteten, dass sich Dar'ja Šatovič an jenem Abend ebenfalls auf dem Nachtlager befand, allerdings alleine und nicht zusammen mit ihrer Fünfergruppe. Während Boris Križevič überhaupt keinen Kontakt mit ihr gehabt haben wollte, schilderte Pavel Križevič in einer Gegenversion zu Dar'ja Šatovič, wie er und seine Kameraden und Kameradinnen sie gerügt hatten, weil sie, ohne Brennholz mitzubringen, sich am Feuer aufwärmte. Offenbar war es üblich, dass das gemeinschaftliche Feuer von allen unterhalten werden mussten, die davon profitierten. Oder formulierte Pavel Križevič mit Hilfe dieser Alltagssituation in einem übertragenen Sinne die Vergewaltigung?

Interessant ist der geschilderte Streit auch hinsichtlich der Räume und der Bewegung der historischen Akteure darin: Pavel Križevič liess Dar'ja Šatovič ans Feuer kommen, sie hingegen gab in der Befragung an, die fünf Burschen hätten sich bei ihr eingefunden. Die Auseinandersetzung, wer Recht hatte, spiegelte sich auf der räumlichen Ebene wider. Denn der Ort des Geschehens gab den Standpunkt ab, von dem aus die Ereignisse betrachtet und beurteilt werden sollten. Jede Partei versuchte, den Konfliktort bei sich zu lokalisieren und den aktiven Part, die Kontaktaufnahme, die Provokation der anderen zuzuschieben.

Pavel Danilov wollte von Boris und Pavel Križevič schliesslich wissen, ob sie Dar'ja Šatovič nicht eingeladen hätten, die Zeit mit ihnen im Nachtlager zu verbringen. Möglicherweise hatte Dar'ja Šatovič in der Befragung einen Hinweis in diese Richtung dort gegeben, wo das Papier ausgefranst ist. Mit dieser Frage klärte Danilov – wie das Gericht im Fall von Nikita Samčenkov und Ksenija Sobol'kova – ab, ob nicht bereits vor dem gewaltsamen Vorfall eine (Liebes-)Beziehung bestanden und Dar'ja Šatovič folglich quasi unter Vortäuschung falscher Tatsachen in einen Geschlechtsverkehr eingewilligt hätte.[44] Beide jungen Männer gaben aber an, dass sie

44 Das Werberitual um eine junge Frau konnte auch eine Einladung auf die Nachtwache (*nočležka*) beinhalten. Vgl. Bernštam, T. A.: Molodež' v obradovoj žizni russkoj obščiny XIX–načala XX v. Polovozrastnoj aspekt tradicionnoj kul'tury. Leningrad 1988, 244. Dar'ja Šatovič hingegen gab in ihrer Befragung ausdrücklich an, dass sie sich aufgrund des Auftrags ihres Arbeitgebers, das Pferd zu hüten, auf der Nachtwache befunden habe.
Eine Untersuchung über Geschlechtskrankheiten auf dem Land aus dem Jahr 1926 deckte auf, dass junge Männer ihre Sexualität zu einem grossen Teil innerhalb des Werberituals entdeckten, weil es jungen Männern und Frauen nach dem in der Gruppe verbrachten Abend ermöglichte, paarweise die Nacht zu verbringen. Vgl. Solomon, Susan Gross: Innocence and Sexuality in Soviet Medical Discourse. In: Marsh, Rosalind (Hg.): Women in Russia and Ukraine. Cambridge 1996, 124.

Dar'ja Šatovič hassten. Damit brachten sie ihre distanzierte und feindschaftliche Beziehung zu Dar'ja Šatovič zum Ausdruck.

Der Hass ist ein verbindendes Element zum Befragungsprotokoll von Vlas Tuzkov. Ebenfalls sagte er aus, dass sie Dar'ja Šatovič hassten, obwohl er mit ihr persönlich nichts zu tun habe. Es scheint, als ob er von den beiden zuvor Verhörten dieses Stichwort erhalten hatte. Im Gegensatz zu ihnen verneinte er jedoch, Dar'ja Šatovič gesehen, eine Auseinandersetzung wegen des Brennholzes geführt oder etwas von der Vergewaltigung bemerkt zu haben. Hier begegnen wir wieder der Strategie, komplett alles zu negieren oder von allem nichts zu wissen. In diesem Fall, wo fünf Personen der gleichen Tat beschuldigt waren, erwies sich diese Vorgehensweise als die effizienteste, weil die Gefahr entlarvender Widersprüche entfiel.

Die Taktik des Verleugnens verfolgte auch Evdokim Loganov. Er erklärte, dass er geschlafen hatte, wobei unklar bleibt, ob er vor oder nach dem Weggang der Zeugen in den Schlaf fiel. Der Schlaf diente Evdokim Loganov demnach als treuen Helfer, um ihn vom Vergewaltigungsvorwurf zu entlasten.

Was die Anzahl der genannten Zeugen betrifft, so nannten Boris und Pavel Križevič sowie Vlas Tuzkov und Evdokim Loganov zwei beziehungsweise drei Personen als Zeugen. Der 22-jährige Vlas Uvarovič Križevič, die 13-jährige Marija Grigor'evna Križeviča und Christina Bobrilova Soljanikova[45] hätten in ihrer Nähe Nachtwache gehalten, seien zu ihnen hinübergekommen und hätten einige Stunden mit ihnen am Feuer verbracht. Darum könnten sie die Unschuld der Verdächtigten bestätigen. Wie es dazu kam, dass zwei, ein andermal aber drei Zeugen angegeben wurden, ist nicht herauszufinden. Die unterschiedliche Zahl soll an dieser Stelle lediglich festgehalten werden. Die Anwesenheit von Dar'ja Šatovičs Cousin, den sie angeführt hatte, dementierte Boris Križevič, bei den anderen fragte Pavel Danilov nicht mehr nach Timofej Šatovič.[46]

Augenscheinlich verbrachte die Dorfjugend von Losevka und Umgebung die Nacht draussen im Wald am Feuer. Traditionellerweise galt der Abend und die Nacht als die Zeit der Jugend, in welcher sie unter sich war und die Aufsicht durch Erwachsene aussetzte. Den typischen Treffpunkt

45 GASO, f. r-74, op. 2, d. 894, ll. 25ob., 26. Vom Vatersnamen her könnte Marija Križeviča die Schwester von Boris Križevič gewesen sein. Das Alter von Christina Soljanikova ist in den Akten nirgends vermerkt.

46 Pavel Križevič erwähnte noch einen Timofej Char'kevič (vgl. ebd., l. 7). Möglicherweise meinte er damit den Cousin, doch dessen Vatersname lautete Evmenovič (vgl. ebd., ll. 2ob., 25ob., 34.).

bildete der Wald.[47] Somit kann die in der Gerichtsakte beschriebene Situation als eine spezifisch jugendliche bezeichnet werden. Unterschiedliche Gruppen scheinen gebildet worden zu sein: eine Schar junger Burschen, die etwa im gleichen Alter waren und aus einem Gebiet stammten, das über die eigene Dorfgrenze hinausging, eine gemischtgeschlechtliche Gruppe mit tendenziell jüngeren Mädchen, die von einem älteren jungen Burschen aus dem gleichen Dorf begleitet war, und Einzelpersonen, die am Rande des sozialen Gefüges der Nacht standen, so wie offenbar die auswärtige Dar'ja Šatovič oder der erwachsene Feodor Kuz'mič. Die Jugendlichen reproduzieren und produzierten nachts die sozialen Ordnungen des Dorfes. Gut-Nachbarschaftliche und Verwandtschaftsbeziehungen wurden durch Besuche am Feuer von nebenan gepflegt und die soziale Randständigkeit unterstrichen, indem die Gruppe die Einzelperson vom Feuer verbannen und sich das Recht herausnehmen konnte, mit einer Vergewaltigung in die Intimsphäre der Einzelperson einzudringen.

Als letzter kam Parfen Lakomov bei den Verhören am 19. Juni an die Reihe. Er gab überraschenderweise zu, dass alle fünf in jener Nacht mit Dar'ja Šatovič Geschlechtsverkehr hatten. Zuerst habe sich Pavel Križevič vom Feuer entfernt, etwa um elf Uhr nachts seien sie vier nach den Pferden schauen gegangen. Auf dem Weg zu den Pferden hätten sie Dar'ja Šatovič gesehen, die bei Pavel Križevič lag. Dieser habe sie gefragt, ob sie nicht auch seine Kameraden befriedigen würde. Sie habe freiwillig eingewilligt und daraufhin seien sie alle vier nacheinander auf sie gegangen. Danach seien alle fünf zum Feuer zurückgekehrt, Dar'ja Šatovič noch einen Moment am Ort des Geschehens verblieben und ihnen schliesslich ebenfalls zum Feuer gefolgt. Wie ist es zu erklären, dass Parfen Lakomov im Gegensatz zu den vier andern zugab, mit Dar'ja Šatovič geschlafen zu haben? In der zweiten Befragung durch den Volksuntersuchungsrichter im Juni desselben Jahres widerrief er seine Aussage mit der Begründung, dass sie von der Miliz durch Schläge gegen die Wange erzwungen worden sei. Wer ihn geschlagen hatte, wusste er nicht, weil man ihm die Augen verbunden habe.[48]

Es gibt Hinweise, dass Parfen Lakomov tatsächlich geschlagen wurde, wobei selbstverständlich nicht auszuschliessen ist, dass er diesen Vorwurf gegen die Miliz mit dem Ziel erhob, seine erste Aussage glaubwürdig zurückziehen zu können. Als erstes fällt auf, dass im Unterschied zu den an-

47 Bernštam, Molodež', 230–237.

48 GASO, f. r-74, op. 2, d. 894, l. 17ob.

deren vier im Verhörprotokoll von Parfen Lakomov Fragen und Antworten nicht sorgfältig getrennt notiert, sondern seine Aussagen als Fliesstext – so wie in den übrigen hier untersuchten Verfahren meistens praktiziert – festgehalten wurden. Zeichnete der Schriftführer in diesem Fall nur das Endergebnis der Befragung auf, sodass es sich erübrigte, mögliche Drohungen und als unzureichend taxierte Antworten aufzuschreiben? Die Unterschrift, mit der Parfen Lakomov das Verhörprotokoll unterzeichnete, wirkt – gerade im Vergleich mit seinen anderen Unterschriften, die in der Akte greifbar sind – aufgeregt. Trat in diesem Schriftzug die Empörung Parfen Lakomovs hervor oder war die Feder so schlecht geschnitten, dass der Duktus krackelig und unregelmässig wurde? Warum sollte man in der Kanzlei ausgerechnet Parfen Lakomov schlagen? Er kam als letzter in der Reihe dran, und aufgrund der vorherigen Verhöre liess sich für die Milizionäre vielleicht kein Resultat erblicken, das den Fall vorangebracht hätte. Ein Geständnis fehlte noch. Mit Schlägen konnte es produziert werden – eine Erfahrung, die Pavel Danilov während seiner bisherigen Dienstlaufbahn bei der Miliz und bei der ČK höchstwahrscheinlich gemacht hatte. Im weiteren Verlauf seines beruflichen Werdegangs wurde er noch am 1. September 1923 zum obersten Aufseher der Stadtmiliz von Dubrovno ernannt. Doch bereits am 30. November, musste er diesen Posten verlassen und erhielt die Stelle eines gewöhnlichen Schriftführers, was einer Degradierung gleichkam.[49] Hatte die Klage von Parfen Lakomov Erfolg gehabt? Der Grund für die Versetzung wird in der persönlichen Akte von Pavel Danilov nicht genannt.

Dass Parfen Lakomov als letzter an die Reihe kam, war kein Zufall. Bei ihrer Befragung hatte Dar'ja Šatovič ihn als letzten genannt. Ihre Aufzählung scheint persönlich, sozial und geographisch strukturiert gewesen zu sein. Als erste beiden führte sie Boris und Pavel Križevič an, die bei der Vergewaltigung vermutlich die Initiative ergriffen hatte. Ihnen folgte Vlas Tuzkov, der reichste von allen fünf, und Evdokim Loganov. Beide stammten aus dem Nachbardorf. Als letzten erwähnte sie Parfen Lakomov, der alleine aus einem dritten Dorf zum Pferdehüten gekommen war. Bei den Befragungen liess sich Pavel Danilov offensichtlich von der von ihr vorgegebenen Abfolge leiten.[50] Doch nicht nur dies ist beachtenswert: Die Aus-

49 Für die Erklärung der genauen Rangstufen innerhalb der Miliz danke ich Michail D. Chejsin, der zusammen mit Nikolaj V. Nesterov eine Geschichte der Smolensker Miliz erstellt.

50 Diese Reihenfolge blieb während der ganzen Untersuchungszeit und in allen Dokumenten unverändert.

führungen von Dar'ja Šatovič bestimmten auch inhaltlich den Rahmen der Ermittlungen. So ähnelte die Aussage von Parfen Lakomov vom Ablauf her – die jungen Männer kamen zu Dar'ja Šatovič und hatten alle nacheinander Geschlechtsverkehr mit ihr – der von Dar'ja Šatovič. Insbesondere beim Verhör von Boris Križevič griff Pavel Danilov Motive aus der Schilderung Dar'ja Šatovičs auf, wenn er nach einer zuvor erfolgten Einladung an Dar'ja Šatovič und nach den Zeugen Feodor Kuz'mič und Timofej Šatovič fragte. Pavel Danilov konfrontierte zudem alle Verdächtigten mit dem Vorwurf der Vergewaltigung. Er ging also während der Verhöre immer von einer Vergewaltigung aus, liess sich von gegenteiligen Darlegungen nicht abbringen und erhielt schliesslich von Parfen Lakomov die Bestätigung. Pavel Danilovs Befund schlossen sich alle nachfolgenden Ermittlungsinstanzen an. Der Vorsteher der Stadtmiliz Dubrovno gab am 20. Juni seine Einwilligung, den Fall dem Volksuntersuchungsrichter zu übergeben. Dieser beschloss drei Tage später, die Ermittlungen aufzunehmen, da er die Materialgrundlage für ausreichend hielt, um die Verdächtigten des Straftatbestandes nach §169 StGB zu überführen. In seiner Anklageschrift vom 10. September verklagte er sie wegen Vergewaltigung. Der stellvertretende Staatsanwalt erklärte sich am 20. Oktober schliesslich mit der Anklageschrift des Volksuntersuchungsrichters einverstanden.[51] Bis zu diesem Zeitpunkt standen sämtliche Ermittlungsbehörden auf der Seite des Opfers und übernahmen seine Sicht. Eine Anzeige wegen Vergewaltigung war demnach nicht von vornherein aussichtslos.[52] Die Behörden waren offensichtlich dafür sensibilisiert. Die Milizionäre standen den Frauen bei und schickten sie etwa – wie im Fall von Dar'ja Šatovič – für eine medizinische Untersuchung ins Spital, so dass sie ein für die folgende Ermittlung zentrales Beweisstück vorweisen konnten.[53] Wie weit die Unterstützung reich-

51 GASO, f. r-74, op. 2, d. 894, ll. 13–15ob., 28, 32, 33.

52 Für Verfahren, die dem Vergewaltigungsopfer Recht gaben, vgl. GASO, f. r-74, op. 2, d. 677, op. 4(1924), d. 203. Selbstredend wurden Anklagen wegen Vergewaltigung auch abgewiesen. Vgl. GASO, f. r-74, op. 2, dd. 796, 935, 972, op. 4(1924), dd. 261, 327, 358 oder 361. Die Gründe für Erfolg und Misserfolg müssten im Einzelnen überprüft werden, um weiterreichende Aussagen über die Ermittlungs- und Gerichtspraxis tätigen zu können.

53 Ljublinskij, P. I.: Prestuplenija v oblasti polovych otnošenijach. Moskau, Leningrad 1925, 70; Lejbovič, Ja. L.: Praktičeskoe rukovodstvo po sudebnoj medicine. Kurs lekcij, čitanych v universitete im. Sverdlova. Moskau 1922, 73, 74. Nach diesen Lehrangaben musste eine medizinische Untersuchung innerhalb von sieben bis zehn Tage erfolgen, um die Spuren einer Vergewaltigung noch eindeutig feststellen zu können.

te, hing aber letztendlich vom einzelnen Milizionär ab, was die Bedeutung der lokalen Behörden bei den Ermittlungen unterstreicht.

Aus den polizeilichen Ermittlungsarbeiten resultierten sechs unterschiedliche Geschichten. Die nächste Instanz, der Volksuntersuchungsrichter, hatte die Aufgabe, sie zu überprüfen. Er befragte die fünf jungen Männer am 24. Juni ein zweites Mal. Im Gegensatz zu Pavel Danilov bekam er nur noch eine Version zu hören: Dar'ja Šatovič sei in jener Nacht nicht in ihrer Nähe gewesen. Sie, die Verdächtigten, wüssten nicht, wo die Klägerin übernachtet habe. Die Namen der Zeugen wurden wiederholt. Alle fünf führten nun drei Zeugen ins Feld: Christina Soljanikova, Marija Križeviča und Vlas Križevič, und fügten noch eine Person hinzu: Aleksej Šerstnev, Spross einer reichen Familie aus dem Dorf Losevka.[54] Offensichtlich hatten sich die fünf in der Zwischenzeit mit den Zeugen abgesprochen und auf die Version von Vlas Tuzkov, dem reichsten unter ihnen, geeinigt. Dar'ja Šatovičs Anwesenheit zu vollständig zu negieren, sollte sich als erfolgreiche Strategie herausstellen. Diese Geschichte war einfach zu erzählen, Widersprüchlichkeiten konnten vermieden werden. Als wollten sie Parfen Lakomov besser schützen, zählten Boris Križevič, Pavel Križevič und Vlas Tuzkov ihn an vierter Stelle noch vor Evdokim Loganov auf. Befragt wurden sie jedoch in der bekannten Reihenfolge.

Die Verhaftung der fünf Burschen am 18. Juni hatte eine Bresche in den Mikrokosmos Losevka geschlagen. Einen Tag danach, bei der ersten Befragungsrunde war sie erst lückenhaft geschlossen. Die divergierenden Aussagen entsprachen der Sicht durch kleine Gucklöcher auf das Leben junger Menschen beim Pferdehüten im nächtlichen Wald. Man zog in kleinen Gruppen aus, zündete ein Feuer als Wärme- und Lichtspender an, besuchte sich gegenseitig, brachte dabei auch Brennholz mit und legte sich spät, manchmal erst beim Morgengrauen schlafen. Die nur wenige Tage später abgegebenen Äusserungen der fünf Burschen verschlossen den Blick auf diese Details. Die Bresche war wieder zugemauert. Obwohl die fünf Verdächtigten den Vorwurf der Vergewaltigung entschieden zurückwiesen, klagte sie der Volksuntersuchungsrichter dieses Verbrechens an. Sie konnten aber nach Hause zurückkehren, nachdem sie mit ihrer Unterschrift er-

54 GASO, f. r-74, op. 2, d. 894, ll. 16–17. Aleksej Šerstnev zählte ebenfalls achtzehn Jahre, war Bürger des Dorfes Losevka und stammte offensichtlich aus einer reichen Familie. Die achtköpfige Familie nannte neunzehn Desjatinen Land, drei Pferde und vier Kühe ihr eigen. Vgl. GASO, f. r-74, op. 2, d. 894, l. 25ob.

klärten, sich nicht von ihrem Wohnort zu entfernen und sich jederzeit den Ermittlungsbehörden und dem Gericht zur Verfügung zu halten.[55]

Die Leugnung der Vergewaltigung sowie das Desinteresse der Ermittlungsbehörden für das Tatmotiv verunmöglichen es uns, Verhalten und Vorstellungen junger Burschen in der Provinz bezüglich Sexualität näher zu beleuchten. Eine Gruppenvergewaltigung bedeutete für die beteiligten Männer wohl stets auch eine Form öffentlich gelebter Sexualität. Schliesslich waren andere Männer beteiligt und wahrscheinlich galt es, ihnen gegenüber (und weniger dem Mädchen) die eigene Potenz zu beweisen. Daher stellt sich die Frage, inwiefern bei Gruppenvergewaltigungen die Männer psychischer Gewalt durch die Gruppenmitglieder ausgesetzt waren. Dieser Druck ging über die Direktbeteiligten hinaus, wenn sich die Menschen im Dorf – wie im eingangs zitierten Artikel – dafür interessierten, welcher Bursche wann an der Reihe war. Es scheint, als ob diese „Rangordnung" eine Positionierung im dörflichen Sozialgefüge beinhaltete oder sie mitbeeinflusste. Diese Interpretation könnte vor allem bei einer Gruppe von gleichaltrigen Tätern zutreffen. Häufiger waren die Gruppen allerdings altersmässig gemischt. „Ältere" Jugendliche kamen als erste dran, die „jüngeren" folgten ihnen. Dieser Ablauf lässt vermuten, dass die „älteren" Burschen mit einer Gruppenvergewaltigung die „jüngeren" in das Sexualleben einführten. Mit dieser, auf die männlichen Beteiligten fokussierten Sichtweise könnte man Gruppenvergewaltigung als einen Initiationsritus in das erwachsene Männerleben verstehen.

Bis im August 1923 ruhte das Verfahren gegen die fünf Burschen. Was geschah in diesem Zeitraum in Losevka? Dar'ja Šatovič lebte weiterhin im Dorf[56], die Angeklagten hatten sich verpflichtet, sich ebenfalls dort aufzuhalten. Sicherlich gab der Vorfall selber, die Anzeige und die nachfolgenden Befragungen Stoff für vielerlei Gespräche ab. Darüber berichtet eine Gerichtsakte selbstverständlich nicht. Die Verhöre gleichen eher Momentaufnahmen aus dem Dorf, die den Stand der Unterredungen, der Erörterungen oder Zusammenkünfte einfangen. Unterschiede zwischen den Befragungen weisen somit nicht nur auf strategische Überlegungen der Aussagenden, sondern auch auf Kommunikationsprozesse, die in der Zwischenzeit im Dorf selber abgelaufen sind.

Am 20. August befragte der Volksuntersuchungsrichter die angeführten Zeugen. Diese bestätigten, dass sie in jener Nacht ebenfalls Pferde gehütet

55 Ebd., ll. 14–15.

56 Ebd., l. 23.

und ihr Nachtlager aufgerichtet hätten. In ihrer Nähe hätten sich die fünf Angeklagten zusammen mit Timofej Šatovič, dem Cousin von Dar'ja Šatovič aufgehalten. Bis ungefähr um Mitternacht seien sie, die Zeugen, hier bei den sechs Burschen zu Besuch gewesen, danach zu ihrem Feuer zurückgegangen und eingeschlafen. In dieser Zeit Dar'ja Šatovič bei den Burschen gesehen zu haben, verneinten die Zeugen.[57] Dass sie die Aussagen ihrer fünf Kameraden stützen würden, war zu erwarten. Hingegen überrascht, dass nun Timofej Šatovič, den Dar'ja Šatovič als ihren Zeugen angeführt hatte, am Feuer der Angeklagten gesessen haben sollte. Timofej Šatovič bekräftigte in seiner Befragung, dass er in der Nacht vom 10. auf den 11. Juni zusammen mit Boris Križevič und Pavel Križevič hier die Pferde gehütet habe. Dar'ja sei dabei nicht in seiner Nähe gewesen. Auf die Frage, ob er noch etwas anzufügen habe, ergänzte er, dass Parfen Lakomov auch bei ihnen gewesen sei.[58] Warum zählte er ihn nicht gleich mit Boris und Pavel Križevič auf? Warum fehlten Vlas Tuzkov und Evdokim Loganov in seiner Schilderung? Kannte er sie nicht beim Namen, weil sie auf Einzelhöfen wohnten, die nicht zu Losevka gehörten? Zweifel an der Richtigkeit von Timofej Šatovičs Aussage tauchen auf. In unserem Zusammenhang interessiert jedoch mehr die Tatsache, dass sich Timofej Šatovič mit seiner Darstellung bei der Feuerstelle der fünf Burschen positionierte. In der ersten Befragung am 19. Juni hatte Boris Križevič dessen Anwesenheit dementiert. Rund zwei Monate später wollten sämtliche Zeugen den Elfjährigen bei Boris Križevič und seinen Kameraden gesehen haben. Offenbar waren die Angeklagten und mit ihnen die Zeugen zum Schluss gekommen, dass es ihnen mehr diente, Timofej Šatovič in ihre Argumentation einzubinden. Und dieser bot zu diesem Vorgehen Hand. Stand hinter dem räumlichen Hinüberrücken zur Feuerstelle der Angeklagten eine soziale Integration Timofej Šatovičs in die Dorfjugend oder hatte er unter Drohungen seine Aussage getätigt? Für Dar'ja Šatovič jedenfalls bedeuteten die Äusserungen ihres Cousins, dass sie den zweiten Zeugen verloren hatte. Wahrscheinlich hatte sie Unterredungen und Zusammenkünfte, Flüstern und Gesten in ihrer Umgebung bemerkt und legte sich dementsprechend für die zweite Befragung am 20. August ihre eigene Version zurecht, die damit begann, dass sie zusammen mit Timofej Šatovič die Pferde ins Nachtlager geführt habe. Dort habe Boris Križevič sie bedrängt. Sie wies ihn von sich und

57 Ebd., ll. 25ob., 26.

58 Ebd., l. 25ob.

> [... ich] legte mich neben meinen Cousin Timofej. Danach schickte Boris Križevič meinen Cousin in den Wald nach Brennholz, warf sich selber aber zusammen mit Pavel Križevič, Vlas Tuzkov, Parfen Lakomov und Evdokim Loganov über mich her, [sie; D. T.] bedeckten meinen Kopf mit einem Filzumhang und begann [sic] mich zu vergewaltigen. Als erster vergewaltigte mich Boris Križevič und nachher die anderen vier Personen einer nach dem andern. Danach entschied ich, nach Hause zu gehen und war gerade dran wegzugehen, da holten sie mich zurück. Ich ging zum nächsten Feuer, wo mein Cousin schlief. Hierhin kamen auch die fünf Leute, die mich vergewaltigt hatten. [...][59]

Im Vergleich mit der ersten Befragung hatte Dar'ja Šatovič einige Elemente vor und nach der Gewalttat hinzugefügt, am Verbrechen selber und am Hergang der Vergewaltigung hielt sie fest. Ihre Schilderung des Verlaufs erfuhr jedoch eine Straffung. Ihre Schreie, das Würgen und Festhalten – ihre ganz persönlichen Erfahrungen waren verschwunden, stattdessen hatte der terminus technicus „vergewaltigen" (*iznasilovat'*) Eingang in ihre Aussage gefunden. Wie bei Ksenija Sobol'kova blieb mit dem Fortschreiten des Verfahrens kein Raum mehr übrig, um über die Gewalt und die damit verbundenen Gefühle in eigenen Worten zu sprechen. Dieser Verdrängungsprozess verdeutlicht die zentrale Bedeutung von Dokumenten, die aus einem möglichst frühen Stadium der Ermittlungen stammen. Durch ihre Nähe zum Gewaltakt erlauben sie es im Gegensatz etwa zum eingangs zitierten Zeitungsartikel viel eher, der Bedeutung der Gewalt für die Betroffenen auf die Spur zu kommen.

Dar'ja Šatovič brachte in ihre zweiten Aussage Nachtragungen und Präzisierungen ein, die in einzelnen Komponenten Parallelen zu Äusserungen der Angeklagten und Zeugen aufweisen. So wie die Angeklagten beim zweiten Verhör zählte sie Parfen Lakomov vor Evdokim Loganov auf und wich damit selber von der Reihenfolge ab, die sie geschaffen und sämtliche Ermittlungen strukturiert hatte. Pavel Križevič hatte eine Geschichte im Zusammenhang mit Brennholz vorgelegt. Diese schien Dar'ja Šatovič aufzugreifen. Das Brennholz mutierte vom Objekt eines Streites, an dem sie Schuld war, zum Alibi der fünf Burschen, um Timofej Šatovič wegzuschicken und sie vergewaltigen zu können. Die unmittelbare Phase nach der Vergewaltigung erfuhr in ihrer Schilderung ebenfalls eine Richtungsänderung. Während Pavel Križevič berichtete, Dar'ja Šatovič habe sie nach der

59 Ebd., l. 25.

Auseinandersetzung von sich aus verlassen, so meinte sie, dass sie durch ihre Peiniger am Weggehen gehindert worden sei. Offensichtlich kämpfte Dar'ja Šatovič auch in der zweiten Befragung dafür, ihren Standpunkt, ihre Sicht der Ereignisse durchzusetzen sowie den aktiven Part, und damit die Schuld, den fünf Burschen zuzuweisen. Räumlich brachte sie dies explizit etwa im Satz „Hierhin kamen auch alle fünf Personen, die mich vergewaltigt hatten" zum Ausdruck. Die Angeklagten hingegen lokalisierten den Ort des Geschehens bei sich. Sie setzten dem angestrengt ziehenden Partikel „Hierhin" (*sjuda*) ein tonangebendes „Hier" (*zdes'*) bei ihrem Feuer entgegen, das alle Zeugen, Timofej Šatovič eingeschlossen, übernahmen. Obwohl die Angeklagten und Zeugen eine grundsätzlich andere Geschichte erzählten als Dar'ja Šatovič, waren die unterschiedlichen Versionen durch einzelne Elemente miteinander verknüpft. Sie weisen auf Kommunikationsprozesse innerhalb eines Dorfes hin. Deshalb lassen sich die Aussagen in den Verhörprotokollen nicht bloss als Strategien der Einzelpersonen im Hinblick auf ihre Erfolgschancen vor Gericht, sondern auch als Momentaufnahmen im genannten Kommunikationsprozess verstehen. In der soeben zitierten, zweiten Befragung ging Dar'ja Šatovič meines Erachtens primär vom dörflichen Kommunikationszusammenhang und somit von den dortigen Machtverhältnissen aus. Sie lebte und arbeitete weiterhin Tag und Nacht in Losevka. Dieses Dorf gab den unmittelbaren Bezugsrahmen ab, an dem sie ihr Handeln und insbesondere ihre zweite Aussage ausrichtete.

Mit der Anzeige hatte sie zwar ihren Handlungsspielraum zu erweitern versucht und damit verstanden, eine Option, die der sowjetische Staat bereitstellte, für sich zu nutzen. Aus der Gerichtsakte lässt sich nicht rekonstruieren, woher Dar'ja Šatovič wusste, dass sie Anzeige erstatten konnte.[60]

[60] Ende Dezember 1923 feierte die Frauenabteilung des *uezd* Gorec ihr fünfjähriges Bestehen. Vgl. *Rabočij Put'*, Nr. 291, 22. 12. 1923, 2. Vielleicht war die Organisation auch im Dorf Losevka aktiv. Doch Hinweise für einen Zusammenhang zwischen einem möglichen Engagement der Frauenabteilung und der Anzeige finden sich in der Akte nicht. Allgemein zur Politisierung junger Frauen auf dem Land vgl. Tirado, Isabel A.: The Komsomol and the Krest'janka: The Political Mobilization of Young Women in the Russian Village, 1921–1927. In: Russian History / Histoire Russe 23 (1996) 1–4, 345–366. Tirado zitiert ausserdem eine Feststellung des Komsomolzentralkomitees aus dem Jahr 1926, dass „most of the work with them [young peasant women] was done by Zhenotdel." Ebd., 349.
Zudem ist nicht auszuschliessen, dass Dar'ja Šatovič durch Aktivitäten des Komsomols von ihrem Klagerecht wusste. Die Adressliste der Zellen auf dem Dorf von Dezember 1924 zeigt, dass in der Nähe der Eisenbahnstation Dubrovno vier Komsomolgruppen existierten, allerdings keine in Losevka. Vgl. CDNISO, f. r-140,

Die Untersuchungsbehörden standen ihr bei ihrem Anliegen bei. Doch deren Unterstützung – und damit die des sowjetischen Staates – war nicht langandauernd und wirksam genug, um sich gegen die dörflichen Machtstrukturen und Wertvorstellungen durchzusetzen. Denn der Dorfgemeinschaft standen offensichtlich Mittel und Wege zur Verfügung, mit denen sie ihre Interessen auch während eines Ermittlungsverfahren wahren konnte, bei dem sie vom offiziellen Standpunkt aus gesehen schlechte Karten in der Hand hielt. Die Massnahmen, derer sie sich bediente, waren informeller Art. In der Gerichtsakte findet sich unvermittelt lediglich der eingangs erwähnte Beschluss des stellvertretenden Staatsanwaltes von Ende November, den Fall abzubrechen. Diese Entscheidung verdeutlicht, wie schwierig es für eine junge Frau war, sich nach einer Vergewaltigung allein und einzig auf dem offiziellen Rechtsweg zu wehren.

Ein solcher Beschluss hielt möglicherweise andere junge Frauen – so wie anfangs im Zeitungsartikel berichtet – davon ab, Klage einzureichen. Als Ursachen für diesen Umstand nannte der Berichterstatter indirekt die Erfahrung mit erfolglosen Anzeigen. Die Dorfbewohner hätten vor einer Beschwerde keine Angst und würden die jungen Frauen verhöhnen. Aufgrund ihrer sozialen Herkunft würden zugewanderte Landarbeiterinnen per se Opfer von Ausbeutung. Die Überheblichkeit der Burschen, die von der Dorfgemeinschaft in ihrem Tun bestätigt wurden, sowie die Gleichgültigkeit der Behörden gegenüber Vergewaltigungen waren laut dem Zeitungsbericht kategorisch zu bekämpfen und zu verurteilen.

In welchem Verhältnis stehen die Beobachtungen des Korrespondenten zum Fall von Dar'ja Šatovič? Letztere lebte als elternlose Landarbeiterin von einer anderen *volost'* kommend in einem Dorf, wo sie eine Aussenseiterin war. Keine Eltern zu haben, eine Fremde und angestellt zu sein, machten Dar'ja Šatovič zum Outsider. Junge Frauen, die diese Merkmale erfüllten, scheinen eher gefährdet gewesen zu sein, Opfer einer Vergewaltigung zu werden.[61] Der Zeitungsartikel erwähnte diese Charakteristika

op. 1, d. 213, l. 24. Allgemein zur Entwicklung des Komsomol in den Dörfern des Gouvernements Smolensk seit 1919 vgl. CDNISO, f. r-140, op. 1, d. 71, ll. 20–30.

61 Überhaupt war es für eine junge Frau sehr schwierig, das „richtige" Mittelmass zu finden und so ihre Heiratschancen intakt zu halten. Gab sie sich zu offen und zu schnell sexuellen Kontakten hin, galt sie als „gefallenes Mädchen", als Prostituierte. Hielt sie sich zu sehr zurück, betrachtete man sie für eine „zugeknüpfte Jungfrau". Dies galt für die vorrevolutionäre ebenso wie für die nachrevolutionäre Zeit, wenngleich auch in unterschiedlichen Diskurskontexten. Vgl. Engel, Peasant Morality, 699–708; Gorsuch, Anne E.: „A Woman Is Not a Man": The Culture of Gender and Generation in Soviet Russia, 1921–1928. In: Slavic Review 55 (1996)

ebenfalls, hob jedoch als wichtigstes Moment die soziale Herkunft hervor: die betroffenen Frauen gehörten zur sozialen Gruppe der Landarbeiterinnen (*batračka*). Mit *batrak* und *batračka* bezeichneten die Bolschewiki Vertreter und Vertreterinnen der dörflichen Unterschicht, als deren Anwalt sich die Partei verstand. Dies erklärt die Eindringlichkeit, mit der der Berichterstatter die Situation beschrieb und die Verurteilung forderte.

Das Klassifizierungssystem, mit dem die Bolschewiki das Dorf sozial strukturierten (*kulak*, *srednjak*, *bednjak* und *batrak*), konnte eine massgebliche Ursache für Vergewaltigungen verständlich machen. Mit Blick auf die beiden Gerichtsakten wurde allerdings klar, dass der Ansatz der Bolschewiki, wie Vergewaltigungen zu deuten seien, eine Vereinfachung der komplexen Realität darstellte. Es gab sehr wohl Landarbeiterinnen, die Anzeige erstatteten.[62] Lokale Behörden unterstützten Klagen wegen Vergewaltigungen. Die Aussagen des Opfers bildeten nicht selten den Rahmen der Ermittlungen. Mit dem Beispiel von Ksenija Sobol'kova lag zudem ein Fall vor, bei dem nicht eine Landarbeiterin das Ziel einer Vergewaltigung war. Die beiden Gerichtsakten gestatteten also, den bolschewistischen Blick auf Vergewaltigungen in seiner Einseitigkeit freizulegen und etwas von der Vielfalt dieses Tatbestandes und der dörflichen Wirklichkeit aufscheinen zu lassen.

Ausserdem lenkte die Analyse das Augenmerk auf Fragestellungen, die im Zeitungsartikel nur angerissen wurden oder ganz ausfielen. Wie ging man in einem Dorf vor, um eine junge Frau abzuschrecken, ihr Recht einzufordern? Gab es neben dem Beschmieren mit Teer noch andere rituelle Praktiken?[63] Man hatte Dar'ja Šatovič vermutlich nicht mit Teer eingerieben. Die soziale Isolation des Opfers liess sich etwa auch dadurch bewerkstelligen, dass sämtliche Zeugen zugunsten der Täter sprachen. Aus diesen Handlungsmuster liess sich entnehmen, dass Mechanismen in Gang kom-

3, 636–660. Zu den verschiedenen vorehelichen Ritualen vgl. Bernštam, Molodež', 231–259.

62 Neben dem hier beschriebenen vgl. auch GASO, f. r-74, op. 4(1924), d. 292.

63 Vgl. den eingangs zitierten Zeitungsartikel. Zelenin, Dmitrij: Russische (Ostslavische) Volkskunde. Berlin, Leipzig 1927, 340, beschreibt, dass das Haustor von Mädchen, die viele Liebhaber oder einen Liebhaber aus einem fremden Dorf haben, mit Teer bestrichen werde. Eine andere Interpretation der „Kunst, Tore mit Teer zu beschmieren“ liefert ein Artikel in der Zeitung *Rabočij Put'*. Hier sollen sich junge Frauen gegenseitig die Tore mit Teer bestrichen und so auf unliebsames Verhalten der anderen aufmerksam gemacht haben. Vgl. *Rabočij Put'*, Nr. 109, 19. 5. 1923, 4.

men und bestimmte Bedingungen gegeben sein mussten, damit eine Klage wegen Vergewaltigung Chancen haben konnte. Im Gegensatz zu Dar'ja Šatovič war Ksenija Sobol'kova sozial integriert. Die Zeugen mochten letztlich nicht eindeutig zugunsten des Täters oder des Opfers aussagen. Insbesondere aber erstattete nicht das weibliche Opfer selber, sondern ihr Vater Anzeige. Das hatte zwei entscheidende Unterschiede zur Folge. In der Kontroverse standen sich zwei Männer gegenüber. Die Konfliktparteien waren also gleichen Geschlechts, was innerhalb einer patriarchal organisierten Gesellschaft bedeutete, dass sich gleichwertige Gegner massen. Ein durch das Geschlecht bedingtes Machtgefälle entfiel. Dadurch rückten die Gewalttat an sich und mit ihr das Opfer und sein Schmerz aus dem Blickfeld. Der Gegenstand, worüber in der Auseinandersetzung verhandelt wurde, verlagerte sich auf die Bereiche Arbeitskraft und Ehre, die in der traditionell bäuerlichen Lebenswelt in einem engen Wechselverhältnis zueinander standen. Etwa mit einem Leumundszeugnis sich selber positiv darzustellen und das Ansehen der gegnerischen Partei zu schädigen, bildete in beiden Fällen ein wichtiges Element, um das eigene Anliegen durchzusetzen. Dieses Moment verstärkend und illustrierend führten im Fall von Ksenija Sobol'kova und Nikita Samčenkov beide Seiten den Verlust der Arbeitskraft ihrer Kinder an. Vater Kalistrat Sobol'kov liess sich die Einbusse zusätzlich von einer dritten, unabhängigen Stelle, vom Arzt, versichern. Bezeichnenderweise trug in der Akte von Dar'ja Šatovič niemand das Argument des Arbeitsausfalls vor. Dar'ja Šatovičs Leistungen liessen sich durch die Anstellung einer anderen jungen Frau ohne weiteres ersetzen. Wie leicht das medizinische Gutachten als gegenstandslos eingestuft werden konnte, deckte den geringen Wert auf, den man Dar'ja Šatovič zuerkannte. Ausserdem wurde aus den beiden untersuchten Fälle deutlich, dass eine Dorfgemeinschaft der Arbeitskraft ihrer eigenen Töchter und Söhne im Vergleich mit der einer Fremden einen sehr hohen Stellenwert beimassen. Die Angst, erstere aufgrund eines mehrjährigen Gefängnisaufenthaltes beziehungsweise durch Krankheit zu verlieren, leitete meines Erachtens in einem starken Masse die Überlegungen und das Handeln der Dorfbewohnerinnen und Dorfbewohner. Im Fall von Dar'ja Šatovič verfolgten gleich mehrere Familien dasselbe Ziel. Sie waren sich zudem über die sozial schwache Position der jungen Frau einig, wenn sie sie als „Prostituierte“ bezeichneten. Sie sprachen sich untereinander ab und bildeten einen Verband gegen die junge Frau und die staatlichen Behörden, die sie um Hilfe gebeten hatte. Letztlich erwies sich die Wirkkraft des Staates als ungenügend, die Akte wurde geschlossen. Dieses Resultat zeugt davon, dass die bolschewistische Herrschaft vor Ort noch schwach war: Das dörfliche Machtgefüge und nicht die sowjetische Gesetzgebung bestimmte über die Belange einer Bürgerin oder eines Bürgers der Sowjetunion.

Ksenija Sobol'kova indes konnte sich gegen Nikita Samčenkov durchsetzen. Die sowjetischen Behörden waren ihrem Anliegen ebenfalls positiv gesonnen. Diese Einstellung bildete mit Blick auf die Akte von Dar'ja Šatovič eher den Hintergrund für die erfolgreiche Anzeige der Familie Sobol'kov. Den entscheidenden Unterschied zwischen Ksenija Sobol'kova und Dar'ja Šatovič bestand in der Tatsache, dass Ksenija Sobol'kova und ihre Familie im Dorf sozial integriert waren und der Vater die Klage einreichte. Die Familie Samčenkov nahm wohl in etwa eine gleiche soziale Position ein. In der Folge konnte die Kontroverse nicht mehr innerhalb der Dorfgemeinschaft durch Absprachen geregelt werden. Der Staat war nun im Sinne eines Vermittlers in der Lage, von aussen zwischen gleichrangigen Konfliktparteien zu richten. Die Auseinandersetzung auf diese Art und Weise zu lösen, erinnert an die zaristische Zeit, als ebenfalls das staatliche Rechtssystem neben dem traditionell bäuerlichen bestand und ersteres nur in den Fällen zum Zuge kam, wenn letzteres kein Resultat erreichte, das alle Betroffenen akzeptieren konnten.[64] Rechtstraditionen, wie sie am Ende des Zarenreiches praktiziert wurden, bestanden zu Beginn der 1920er Jahre fort. Der Mitte der 1920er Jahre einsetzende Vergewaltigungsdiskurs scheint auch der Versuch des Staates gewesen zu sein, die „Generation der Väter" abzulösen und die seit der Oktoberrevolution beanspruchte Funktion, die Rechtlosen zu beschützen, endlich selber auszufüllen.

Von diesem Ziel liess sich der eingangs zitierte Zeitungsartikel leiten. Als Fürsprecher der jungen Frauen gab er unter anderem vor, deren Gefühle zu kennen. Sie seien voller Zorn und Hass, hätten Schmerzen. In den Gerichtsakten hingegen erfahren wir kaum etwas über Gefühle im Zusammenhang mit der ausgeübten Gewalt. Wenn Boris Križevič, Pavel Križevič und Vlas Tuzkov Dar'ja Šatovič hassten, so wohl vor allem, weil diese sie angeklagt hatte. Das Reden über Gewalt erfolgte nicht in emotionalen Ausdrucksformen. Die Opfer beschrieben in erster Linie, was mit ihrem Körper geschah, wie er geschlagen, gehalten, gezogen, gewürgt wurde, wie er blutete, bedeckt oder eingewickelt wurde. Die unmittelbaren körperlichen Gewalterfahrung wurden möglichst schnell – auch zum Vorteil für die Opfer – in ein medizinisches Gutachten übertragen, das dem Anspruch auf Objektivität viel eher genügen konnte. Die Täter stritten das Verbrechen jeweils

64 Frank, Crime, 99–103.

ab. Dementsprechend thematisierten sie die Gewalt gar nicht. Wenn die ausgeübte Gewalt dennoch erwähnt werden musste, so wurde sie – wie das Beispiel von Nikita Samčenkovs Vater zeigte – bagatellisiert. Der Vater von Ksenija Sobol'kova schliesslich verfügte über einen ökonomischen Zugang zur Gewalt, die seine Tochter erlitten hatte. Sie alle – der Zeitungskorrespondent eingeschlossen – beanspruchten die Definitionsmacht über die Gewalterfahrung, die die jungen Frauen gemacht hatten. Diese Definitionsmacht bedeutete soziale Macht zum einen über die jungen Frauen, deren eigenes Sprechen über die Gewalt während der Ermittlungen verschwand. Zum andern bestimmte man innerhalb eines Dorfes die soziale Machtverteilung auch dadurch, wer wie über die ausgeübte Gewalt redete und wessen Darstellung sich schliesslich erfolgreich durchsetzen konnte. Offen bleiben muss die Frage, ob und wie die beobachteten Weisen, über Gewalt zu sprechen und mit ihr umzugehen, etwa Einfluss auf politische Gewaltausübung hatten.

In beiden Fällen konnte dargelegt werden, dass sich die Vergewaltigungen in einem jugendspezifischen Kontext ereigneten. Diesen Umstand führten die Täter jedoch nicht als entlastendes Argument an. Es fällt überhaupt auf, dass sowohl Täter als auch Opfer sich nie explizit als Jugendliche bezeichneten. Die Zugehörigkeit zu dieser Altersgruppe fand ihren Ausdruck in bestimmten Verhaltensweisen und nicht in Worten artikulierten Attributen. Die Begriffe „Jugend" oder „jugendlich" als solche wurden von anderen, von Erwachsenen eingebracht. So reduzierten die Richter das Strafmass für Nikita Samčenkov gerade mit der Begründung, er sei jung. Im Fall von Dar'ja Šatovič wollte die Dorfgemeinschaft mit dem Hinweis auf das junge Alter der Angeklagten beweisen, dass sie der Tat gar nicht fähig gewesen seien. Offenbar war bekannt, dass die sowjetischen Gerichte das Alter der Täter bei einem Urteil mit berücksichtigten. Wiederum war „Jugend" weniger eine Frage der Selbstwahrnehmung als vielmehr eine geeignetes Instrument in der Beweisführung im Hinblick auf den Kontakt mit den sowjetischen Behörden auf Gouvernementsebene.

Mit den beiden Fallstudien über Ksenija Sobol'kova und Dar'ja Šatovič gelang es, die Lebenswelten junger Frauen und Männer detaillierter herauszuarbeiten. Der Vergleich brachte deutlich zum Vorschein, wie sehr die Handlungsspielräume der Beteiligten von deren Geschlecht und sozialer Stellung abhingen beziehungsweise dadurch reproduziert wurden. Der Einbezug von Zeitungsartikeln erlaubte einen Ausblick über das Jahr 1923 hinaus und zeigte in einer Art „Rückblende" von 1926 aus, wie sich die Argumentationsweisen beim Verbrechen „Vergewaltigung" verändert hatten. Die anschaulichen Zeitungsartikel ihrerseits gaben Hinweise auf bestimmte Interpretationsmöglichkeiten. Gleichzeitig konnte mit Hilfe der Analyse von Gerichtsakten die Aufmerksamkeit für gewisse Einseitigkeiten im bolschewistischen Diskurs über Vergewaltigungen geschärft werden. So konnten – ausgehend von den Lebenswelten der einzelnen historischen Akteure – wichtige neue Erkenntnisse zum Themenbereich Vergewaltigungen in den 1920er Jahre gewonnen und mit der bisherigen Forschung verbunden werden.

3.6 Zwischenergebnisse II

Die Frage nach dem Warum – warum kam es zu dieser oder jener Gewalttat? – begleitete uns mehr oder weniger explizit durch die Analyse der vier Fallstudien aus den Jahren 1922 und 1923. Mit dem lebensweltlich orientierten Ansatz führte sie über die einzelnen Delikte und das Motiv der Täter hinaus, und Themen wie der dörfliche Alltag, Macht- und Kommunikationsstrukturen oder Herrschaftspraktiken rückten ins Blickfeld. So liess sich die in den Fallstudien beobachtete Gewalt in ihren historischen Kontext verorten. Der Eindruck schicksalhafter Beliebigkeit und von Fassungslosigkeit, den das ausschliessliche Fragen nach dem Warum hinterlässt, liess sich vermeiden. Das zuweilen beschwerliche, manchmal faszinierende Vortasten in den Mikrokosmos der dörflichen Gesellschaft im Gouvernement Smolensk entpuppte sich als exemplarische Schau auf ihre Strukturen und Funktionsmechanismen. Den Ausgangspunkt für die Fallstudien bildeten jeweils ein Gewaltereignis und die davon betroffenen Menschen. Beginnen wir daher mit den Tätern und der Täterin, genauer mit den Angeklagten sowie ihren möglichen MOTIVEN UND PRÄGUNGEN.

Bei Natal'ja Fedorova präsentieren sich die Verhältnisse einfach. Sie erklärte offen, dass sie die Erschiessung ihres Vaters im Jahr 1918 rächen wollte. Aus wissenschaftlicher Sicht bedeutet ihre Gerichtsakte einen Glücksfall. Ihr Vergiftungsanschlag beweist, was meist nur als mehr oder weniger starke Vermutung geäussert werden kann: Gewalt im Bürgerkrieg löste neue Gewalt aus. Insofern stimmt das Diktum vom Bürgerkrieg als formative Phase für späteres gewalthaftes Handeln.[1] Allerdings: Fitzpatrick hat es für die an den Bürgerkriegsfronten kämpfenden, männlichen Parteimitglieder formuliert. Keines dieser Merkmale trifft auf Natal'ja Fedorova zu. Offensichtlich ist eine Revision unserer Vorstellung vom Bürgerkrieg als „formative Phase“ angebracht: Die Zeit des Bürgerkriegs wirkte auch bei anderen Bevölkerungsgruppen hinsichtlich ihrer Gewaltbereitschaft prägend. Doch über diese „anderen“ wissen wir noch kaum Bescheid. Die Fallstudie zu Natal'ja Fedorova stellt daher erst den Beginn dar einer auf die vielgestaltige Komplexität sensibilisierten Forschung über die Langzeitwirkung von Gewalterfahrungen während des Bürgerkriegs.

Die Hauptschwierigkeit derartiger Untersuchungen liegt darin, von der Tat eindeutig auf deren Ursachen schliessen zu können. Oder anders ge-

1 Fitzpatrick, Sheila: The Civil War as a Formative Experience. In: Gleason, Abbott, Kenez, Peter, Stites, Richard (Hg.): Bolshevik Culture. Experiment and Order in the Russian Revolution. Bloomington, Indiana 1985, 57–76.

sagt: Bis die Reaktion auf die Gewalterfahrung erfolgt, verstreicht zuviel Zeit und geschieht so Vieles, was ebenfalls gewaltfördernd wirken könnten. Viel Zeit verfloss jedoch nicht nur, bis Natal'ja Fedorova Rache übte, sondern auch, bis Vasilij Trofimov seinen Vater umbrachte. Grundsätzlich liess sich beobachten, dass sich Auseinandersetzungen innerhalb der bäuerlichen Bevölkerung durch einen weiten Zeithorizont kennzeichneten. Man vergass nicht so leicht. In meist kurzen Hinweisen erfährt man in den Gerichtsakten von früheren Untaten und lang andauernden Konflikten. So schilderte Vasilij Trofimov das Zusammenleben seiner Eltern ausführlicher. Er illustrierte in eindrücklicher Weise, wie Streitigkeiten über Jahre hinweg anhalten konnten. Sein Beispiel dokumentierte, wie gewalthafte Familienverhältnisse das Handeln der folgenden Generation beeinflussten und diese die vorgelebten Konfliktlösungsmuster übernahm. In selten gegebener Deutlichkeit liegt mit der Gerichtsakte zu Vasilij Trofimov ein Fall intergenerationeller Transmission physischer und psychischer Gewalt vor.[2]

Generationenkonflikte und Vergeltung von (vermeintlichem) Unrecht gaben zwei wesentliche Bedingungen für den Einsatz physischer Gewalt ab. Ein weiterer, womöglich gar der wichtigste Konfliktherd in den ländlichen Gebieten bildete die Verteilung materieller Ressourcen. In drei der vier Fälle kam dieser Punkt in Form von Diebstahl und Landstreitigkeiten zur Sprache. Im Zusammenhang mit diesen Spannungen konnten in den Fallstudien Verhaltensweisen beobachtet werden, aus denen sich im Hinblick auf die Erforschung physischer Gewalt folgende Schlüsse ziehen lassen. Die ländliche Bevölkerung griff zum Ausgleich ihrer Differenzen nicht einzig auf physische Gewalt zurück. Sie scheint ein weitaus breiteres Repertoire an Konfliktlösungsstrategien gekannt und eingesetzt zu haben. Auseinandersetzungen begannen oft im Kleinen und schaukelten sich allmählich auf. Stets waren Möglichkeiten der Beilegung vorgesehen. Wurde körperliche Gewalt verwendet, sollte sie als Zeichen der Eskalation einer bereits angespannten Situation verstanden werden. Das Bestreben der ländlichen Bevölkerung, handgreifliche Kollisionen zu vermeiden, widerspiegelte sich ausserdem in der Meldung des Gouvernementsgerichts Smolensk von 1926, dass die Zahl der zivilrechtlichen Fälle zu- und diejenige der strafrechtlichen abnehme.[3] Die These, Gewalt gehöre während der 1920er

2 Godenzi, Alberto: Gewalt im sozialen Nahraum. Basel, Frankfurt am Main 1993, 1. Auflage, 189–200.

3 *Rabočij Put'*, Nr. 285, 9. 12. 1926, 4.

Jahre „zur kulturellen Infrastruktur Sowjetrusslands“[4], kann demnach in dieser generellen Form nicht aufrecht erhalten werden: Offensichtlich gab es eine Entwicklung, aufkommende Konflikte mit gewaltfreien Mitteln zu bewältigen. Doch wie stand es um das Verhältnis der beiden möglichen Lösungswege zueinander? Wie oft endeten Händel friedlich, mit einem Kompromiss? Die vorliegenden Fallstudien legen zweierlei nahe: Erstens, der weitaus grössere Teil der Zankereien wurde ohne körperliche Gewalt beigelegt. Und zweitens, um verzerrte Sichtweisen zu verhindern, sollten – wo immer möglich – gewalthafte Verhaltensweisen und solche, die ohne physische Gewalt auskamen, im Vergleich erforscht werden.

Die Ursachen für Vergewaltigung zu nennen, stellte sich als schwierig heraus. Die Täter gaben keine Motive an. Man schien sie auch nicht danach gefragt zu haben. Wahrscheinlich lassen sich die Beweggründe tatsächlich kaum konkret formulieren. Die Analyse der beiden Gerichtsakten wegen Vergewaltigung verweist darauf, dass die Bedingungen für diese Delikte eher in den Sozial- und Geschlechterstrukturen der dörflichen Gesellschaft zu suchen sind. Knapp und daher vereinfachend zusammengefasst haben die Untersuchungen bestätigt, dass physische Gewalt an Frauen durch Männer verübt – etwa in Form von Schlägen – grundsätzlich akzeptiert wurde, da dieses Vorgehen die Geschlechterordnung bestätigte. Sexuelle Gewalt erfolgte vor dem Hintergrund dieses Prinzips. Frauen waren jedoch nicht völlig rechtlos. Sie hatten Möglichkeiten, sich zur Wehr zu setzen, wenngleich ihr Handlungsspielraum klare Grenzen aufwies: Sie konnten nicht aus der Geschlechterhierarchie ausbrechen. Sie mussten ihre unterlegene Position akzeptieren und konnten nur von da aus argumentieren und handeln. In der Praxis bedeutete dies, dass ein männlicher Vertreter ihrer Familie die Sache in die Hand nahm. Dadurch wandelte sich die Auseinandersetzung zu einer zwischen Männern. Nicht mehr die Geschlechterordnung, sondern die soziale Stellung der Männer und ihrer Familien stand zur Debatte. Erst innerhalb dieser Konstellation, in der es letztlich um die Ehre des Mannes ging, die unter anderem die in seiner Obhut befindlichen Frau ver-k ö r p e r-te, konnte eine vergewaltigte Frau eine Entscheidung zu ihren Gunsten erlangen. Stand eine vergewaltigte Frau hingegen sozial im Abseits und konnte keinen männlichen Vertreter finden, der sich für sie einsetzte, hatte sie kaum Chancen auf ein erfolgreiches Verfahren. Eine Frau hätte sowohl gegen die Geschlechter- als auch die sozialen Strukturen ankämpfen müssen. Die Negativfaktoren – die niedrige soziale Position und

4 Plaggenborg, Stefan: Gewalt und Militanz in Sowjetrussland 1917–1930. In: Jahrbücher für Geschichte Osteuropas 44 (1996) 3, 422.

das Geschlecht – hatten sich quasi verdoppelt. Aufgrund der geringen Erfolgsaussichten bei einer Anklage lässt sich der Umkehrschluss ziehen, dass Aussenseiterinnen dem Risiko, vergewaltigt zu werden, verstärkt ausgesetzt waren. Noch offen bleiben muss, ob sie auch speziell Opfer von Gruppenvergewaltigungen wurden. Eine Erklärung dafür könnte lauten, dass sich hinter Gruppenvergewaltigungen ein männlicher Ritus zur Initiation in das Sexualleben verbirgt, bei dem die älteren, „erfahreneren" Jugendlichen die Einführung der jüngeren übernahmen. Zudem kann man eine (Gruppen-)Vergewaltigung als eine Möglichkeit für die männliche Dorfjugend verstehen, Sexualität vor der Ehe zu leben. Sicherlich aber bedeutete ein Missbrauch für jede Frau, egal welche soziale Stellung sie einnahm, den Verlust ihrer Ehre. Aus der Sicht der Täter galt es daher, ein Opfer zu finden, bei dem keine oder nur geringe Folgekosten zu erwarten waren, oder anders formuliert, mit dem sie nicht das Interesse eines männlichen Mitbürgers tangierten. Eine Aussenseiterin erfüllte dieses Kriterium. Die Analyse von (Gruppen-)Vergewaltigungen verdeutlicht, wie die Faktoren Geschlecht und soziale Stellung im Umgang zwischen jungen Männern und Frauen auf dem Lande spielten. Das Phänomen der Gruppenvergewaltigungen wirft ausserdem Fragen zum Verhältnis zwischen den beteiligten jungen Männern und zum Verständnis von Sexualität auf. Wie sehr handelten die einzelnen jungen Männer unter dem Gruppendruck? Schuf und reproduzierte eine Gruppenvergewaltigung Hierarchien innerhalb der männlichen Jugend? Wie sehr war die Sexualität der männlichen Jugend öffentlich, Teil des dörflichen Wissens? Gab es für Jugendliche ein „privates" Sexualleben? Sprach man auf dem Land über das Geschlechtsleben der Unverheirateten anders als über dasjenige der Verheirateten? Mit diesen Fragen sei auf ein weites, noch unbearbeitetes Forschungsfeld wenigstens hingewiesen.

In den Fallstudien zu den Vergewaltigungen war das Motiv für die Gewalttat in den Hintergrund getreten. Stattdessen konnte mehr dem REDEN ÜBER DIE GEWALT UND DESSEN MECHANISMEN nachgegangen werden. Generell gilt für das Reden über Gewalt in einem Ermittlungs- und Gerichtsverfahren, dass es im Hinblick auf die Belastung beziehungsweise Entlastung der Beteiligten erfolgte. Zusätzlich kamen sie nicht umhin, das gewaltsame Handeln als einen Sachverhalt zu formulieren, der sich einem Paragraphen im Strafrecht zuordnen liess.[5] Dieser Prozess konnte in den

5 Vgl. Nauke, Wolfgang: Die Stilisierung von Sachverhaltsschilderungen durch materielles Strafrecht und Strafprozessrecht. In: Schönert, Jörg (Hg.): Erzählte Kriminalität: zur Typologie und Funktion von narrativen Darstellungen in Strafrechtspflege, Publizistik und Literatur zwischen 1770 und 1920. Tübingen 1991. (Studien

Fallstudien über die Vergewaltigungen eindrucksvoll beobachtet werden: Das Opfer ersetzte umgangssprachliche Wendungen und Umschreibungen für Vergewaltigung bald durch den juristischen Fachterminus. Die Täter hingegen versuchten diese Verschiebung zu vereiteln und weigerten sich, über die Gewalthandlung zu sprechen. Sie leugneten, am Tatort gewesen zu sein oder schoben Trunkenheit vor. Anstelle einer Beschreibung der Gewalt blieb in ihrem Text eine Lücke. Die Absenz von Gewalt sollte wohl als Unschuldsbeweis dienen. Doch auf der Seite des Opfers entstand ebenfalls eine eigentümliche Leerstelle in der Schilderung der Gewalthandlung. Sie beschrieben zwar die Geräte, mit denen die Täter sie traktierten, und nannten die geschundenen Körperstellen. Sie griffen auf die „Sprache der Agentschaft"[6] zurück, mit der sich die „Unausdrückbarkeit körperlichen Schmerzes"[7] artikulieren lässt. Aber es fehlen Sätze wie beispielsweise „es tat mir weh", mit denen die Opfer ihre Gefühle zum Ausdruck gebracht hätten. Stattdessen fand einerseits die erwähnte Verschiebung statt, andererseits begannen andere – konkret Männer – für die Opfer zu sprechen. Vermutlich handelt es sich hierbei um einen Vorgang, der spezifisch bei weiblichen Opfern einsetzte. Es bleibt zu untersuchen, wie männliche Opfer von Gewalttaten und ihr Umkreis darüber sprachen.[8] Für die weiblichen Gewaltopfer galt, dass ihre Ausdrucksweise für das Erfahrene in der Logik der Ökonomie, einer Bagatellisierung oder Objektiverung mit Hilfe eines ärztlichen Gutachtens verloren ging. Implizit machten Männer damit geltend, dass sie sich für fähig hielten, die von Frauen erlittene Gewalt kompetent zu formulieren. In diesem Sinne zeigten die Fallstudien, dass die Kategorie Gender – noch vor dem sozialen Status – nicht nur das gewaltsame Handeln, sondern auch das Reden über Gewalt prägte.

Das Phänomen „*Reden* über Gewalt" verweist zudem darauf, dass es sich um einen Kommunikationsprozess handelt. Gegenstand der Verhandlungen war nicht etwa die Gewalt an sich. Niemand fragte bei-

Publizistik und Literatur zwischen 1770 und 1920. Tübingen 1991. (Studien und Texte zur Sozialgeschichte der Literatur), 59–72.

6 Scarry, Elaine: Der Körper im Schmerz. Die Chiffren der Verletzlichkeit und die Erfindung der Kultur. Frankfurt am Main 1992, 28.

7 Ebd., 11.

8 Einen Einstieg hierzu könnten Gerichtsfälle betreffs vorsätzlicher schwerer Körperverletzung (§149 StGB) bilden. Sie fielen unter die Gerichtsbarkeit des Gouvernementsgericht und sind im Staatsarchiv Smolensk gut dokumentiert. Für die leichteren Formen der Körperverletzung und Gewalt gegen Personen (§§ 150–160 StGB) waren die Volksgerichte zuständig.

spielsweise, ob Gewalt als Mittel zur Konfliktlösung tauge. Dafür zog sich das Thema des guten oder schlechten Rufs wie ein roter Faden durch die Gerichtsakten. Die Dorfbewohner verfassten Schreiben, in denen sie ihre Mitbürgerinnen und -bürger als „rechtschaffen" oder „unehrlich" charakterisierten, und gaben über deren Verhalten Auskunft. Ob die sowjetischen Behörden die Beurteilungen bei ihren Überlegungen berücksichtigten, blieb offen. Die Dokumente und Aussagen zur Ehrenhaftigkeit einer Person erlaubten jedoch, einen Einblick in die Wertevorstellungen der dörflichen Gesellschaft zu gewinnen.

Einen schlechten Ruf hatte man nicht einfach. Er war das Resultat eines Kommunikationsprozesses. Die Menschen eines Dorfes sprachen miteinander über einen Diebstahl oder eine Gewalttat und bewerteten die Täter nach ihren Massstäben. Als Kriterien für junge Menschen kristallisierten sich, ohne Anspruch auf Vollständigkeit erheben zu wollen, der Umgang mit der älteren Generation, das Sexualverhalten und die Arbeitshaltung heraus. Fehlender Respekt gegenüber Älteren wurde negativ vermerkt. Im Bereich der Sexualität galt für unverheiratete Frauen das Keuschheitsgebot. Am andern Ende der Skala stand der Vorwurf der Prostitution. Bei ledigen Männern hingegen scheint der Beleg sexueller Potenz ein positiver Faktor und ihrem Ansehen – zumindest bei Gleichaltrigen – förderlich gewesen zu sein. Das Vermögen, die je nach Geschlecht und Alter zu erbringende Arbeitsleistung zu erfüllen, stellte sich in den Fallstudien als zentrales Bewertungskriterium heraus und hing eng mit dem arbeitsintensiven Alltag zusammen.

Im Grunde genommen pflegten sowohl die bäuerliche Bevölkerung als auch die Bolschewiki einen positiven Arbeitsbegriff. Letzteren schwebte vor, dass der „Neue Mensch" seine Identität in der Arbeit finde.[9] Auf den ersten Blick besteht hier eine Verbindung zwischen der bäuerlichen und bolschewistischen Wertvorstellung. Bei genauerer Betrachtung wird allerdings ein gewichtiger Unterschied erkennbar: Die bäuerliche Bevölkerung leitete aus der Arbeitsleistung einen Besitzanspruch ab. Bei der Einschätzung eines Diebstahls kam dies besonders anschaulich zum Tragen. Das sowjetische Strafrecht mass einem Diebstahl von Privateigentum keine speziell grosse Bedeutung zu, während diese Tat in einem Dorf bewirkte,

9 Haumann, Heiko: Jugend und Gewalt in Sowjetrussland zwischen Oktoberrevolution und Stalinismus im lebensweltlichen Zusammenhang. In: Kuhr-Korolev, Corinna, Plaggenborg, Stefan, Wellmann, Monica (Hg.): Sowjetjugend 1917–1941. Generation zwischen Revolution und Resignation. Essen 2001, 46.

dass man sich versammelte und an der Ehrbarkeit der betreffenden Person zumindest Zweifel erhob. Überdies hielt man den Befund schriftlich fest.

Bei ihrer Beurteilung zog die bäuerliche Bevölkerung nicht einzig das aktuelle Vergehen in Betracht, sondern auch die gesamte bisherige Lebensweise, was von einer reichen Erinnerungskultur zeugt und nochmals illustriert, dass die Menschen auf dem Land in langen Zeithorizonten dachten und agierten. Während der Debatten über das Ansehen einer Person erhielten die Betroffenen ebenfalls die Gelegenheit, ihren schlechten Ruf zu revidieren oder dessen Entstehen zu verhindern, wenn sie etwa Besserung gelobten, das gestohlene Gut wieder zurückgaben oder Schadenersatz leisteten. Vergessen war die Untat dadurch nicht, aber die Erinnerung daran ruhte wenigstens. Diese Unterscheidung ist von zentraler Bedeutung. Denn ein schlechtes Ansehen entsprach jedesmal einer Ausgrenzung. Insofern lässt sich vom Renommee einer Person auf ihre Stellung im dörflichen Gefüge schliessen. Im Kommunikationsprozess bezüglich des Rufs eines Menschen wurde demnach dessen Platz innerhalb (oder ausserhalb) des dörflichen Ordnungsgefüges ausgehandelt und bestimmt.

Die Bemerkungen über den schlechten beziehungsweise guten Ruf stellten jeweils einen Teil in den Erklärungen der historischen Akteure gegenüber den Ermittlungs- und Gerichtsbehörden dar. Im Folgenden wenden wir uns den ARGUMENTATIONSSTRATEGIEN zu. Sie lassen sich stets in zwei Richtungen verstehen. Einerseits gewähren sie Einblick in das Verhältnis der Befragten zum Staat und andererseits sind sie ein Abbild der dörflichen Beziehungsnetze. Fragen, worüber Menschen Auskunft gaben, was sie wegliessen, über wen sie informierten und zu welchem Zeitpunkt sie aussagten, bilden die Grundlage für eine Interpretation der Argumente.

In den Äusserungen scheinen die Kategorien Geschlecht und Alter als Gestaltungsprinzipien durch: Frauen berichteten vorwiegend über Frauen, Männer in erster Linie über Männer. Dieses Grundmodell erfuhr anschliessend eine weitere Gliederung: Die junge Generation wusste Bescheid über die anderen jungen Menschen, während die Älteren Angaben zu ihrer Altersgruppe machten. Das Moment des sozialen Status kam vermutlich eher auf der inhaltlichen Ebene zum Tragen. Diese Ergebnisse unterstreichen die Relevanz von „Geschlecht“, „Alter“ und „soziale Zugehörigkeit“ als wesentliche Strukturierungsmerkmale der dörflichen Gesellschaft.

Aus den Quellen gewinnt man den Eindruck, dass sich die Menschen inhaltlich sehr bewusst und differenziert geäussert hatten. Den Bezugsrahmen für ihre Aussagen bildeten die eigene Familie, das Dorf und die nähere Umgebung. Die Fähigkeit, fein abzustufen, setzte bereits im Verhältnis der

Dorfgemeinschaft zu den einzelnen Familienverbänden ein. Die Dorfbewohner und -bewohnerinnen mischten sich in der Regel nicht in innerfamiliäre Konflikte ein. Sie traten nicht gleich dazwischen, wenn ein Familienvorsteher seine Ehefrau oder Kinder schlug. Aus dieser Zurückhaltung lässt sich schliessen, dass die russische dörfliche Gesellschaft Grenzen kannte, die den westlichen Vorstellung von „privat“ und „öffentlich“ ähnlich sind. Die an den Tag gelegte Scheu, in innerfamiliäre Auseinandersetzungen einzugreifen, erklärt sich dadurch, dass sie als Züchtigung wahrgenommen und als Stützung der patriarchalen Ordnung verstanden wurden. In den Fallstudien fanden sich schliesslich auch Hinweise für den Grenzverlauf zwischen „öffentlicher“ und „privater“ Sphäre. Konflikte, die sich im „privaten“ Bereich abspielten (die versuchte Vergewaltigung durch Samčenkov oder die Schläge von Vater Trofimov), erfuhren in dem Moment eine entscheidende Wende, als Aussenstehende auf der Bildfläche erschienen und durch ihre Präsenz eine (Dorf-)Öffentlichkeit schufen.

Der Doppelcharakter von Aussagen und die Fähigkeit zu differenzierten Ausführungen kamen besonders anschaulich im Satz „Ich weiss nicht“ und in Gerüchten zum Vorschein. Das Nichtwissen bot zum einen Sicherheit vor allzu neugierigen staatlichen Beamten. Wenn ein und dieselbe Frage – beispielsweise, ob im Dorf *samogon* produziert werde – mehreren Personen gestellt wurde und die Antwort jeweils „ich weiss nicht“ lautete, kann man davon ausgehen, dass die Menschen dem Staat darüber nicht Bescheid geben wollten. Gerüchte in ihrer Qualität als ungesicherte Tatsachen lassen sich ebenfalls als Versuch verstehen, eine Einmischung des Staates in die „inneren Angelegenheiten“ der Gemeinde zu vermeiden. Zum andern konnten Gerüchte und Nichtwissen auch innerhalb eines Dorfes eine Schutzfunktion erfüllen und verweisen so auf die Art der Verflechtungen der Dorfbewohnerinnen und -bewohner untereinander. Wenn die Menschen die Reaktion eines suspekten Mitbürgers fürchteten, wagten sie oft nicht, ihre Anschuldigungen offen auszusprechen und formulierten sie stattdessen als Gerüchte. Dieses funktionierte dann wie eine verschlüsselte Botschaft und hatte den Vorzug, dass man nicht auf die eigene Äusserung behaftet werden konnte. Mit dem Hinweis, nichts zu wissen, erklärte eine befragte Person indirekt, dass sie wünschte, nicht in die Angelegenheit verwickelt zu werden. Die Ermittlungsbehörden erhielten demnach nur Informationen, wenn den Befragten daraus keine Nachteile für das weitere, womöglich lebenslängliche Zusammenleben mit dem Verdächtigten und damit für das dörfliche Ordnungsgefüge erwuchsen.

Die verschiedenen Argumentationsstrategien machen deutlich, dass das Dorf und nicht der sowjetische Staat oder die bolschewistische Partei für die Menschen den Bezugsrahmen für ihre Aussagen und ihr Handeln im Allgemeinen darstellte. Ziel war die Aufrechterhaltung der dörflichen „Ordnung“ und somit die Chance für ein einigermassen geregeltes Zusammenleben. Um diese „Ordnung“ wahren zu können, scheint ein Konsens darin bestanden zu haben, dass mindestens folgende Leitlinien von allen beachtet und eingehalten werden sollten. Die jüngeren hatten die Autorität der Generation der Väter zu respektieren. In der sozialen Hierarchie standen Männer vor Frauen und Einheimische vor Fremden.[10] Schliesslich sollten nur ganz bestimmte Momente aus dem Leben der einzelnen erinnert werden. „Alte Geschichten“ wärmte man nur auf, wenn eine Neupositionierung im sozialen Gefüge nötig war. Innerhalb dieser Kriterien lagen die Handlungsspielräume für die Menschen in den Dörfern. Die Regeln waren sicherlich noch raffinierter, die Strukturierung der dörflichen Gesellschaft noch komplexer. Für diesen Bereich besteht in der Forschung zur Sowjetunion in den 1920er Jahre ein Desiderat. Einen Weg, den innerdörflichen und innerfamiliären Differenzierungen sowie Verflechtungen auf die Spur zu kommen, bilden Fallstudien, weil sie eine grosse Nähe zu den historischen Akteuren ermöglichen.

Die vorliegende Arbeit hat ausserdem gezeigt, dass derartige Untersuchungen eine wesentliche Vorbedingung sind, um das VERHÄLTNIS ZWISCHEN DEM SOWJETISCHEN STAAT, DER BOLSCHEWISTISCHEN PARTEI UND DEN MENSCHEN AUF DEM LAND – immerhin die Bevölkerungsmehrheit – erfassen zu können. Dazu gehört, Staat und Partei ebenfalls als ein Gebilde aus einzelnen Menschen zu sehen, die in unterschiedlichen Beziehungsnetzen eingebunden waren, Interessen verfolgten, gewisse Vorstellungen und Ideen hegten und durch bestimmte Erfahrungen geprägt wurden. Diese Aspekte konnten hier konkret nur in zwei, drei Fällen beobachtet werden, weil sich Gerichtsakten in Bezug auf die Rekonstruktion der Lebenswelten der Vertreter von Staat und Partei als nicht sehr ergiebig erwiesen.[11] In je-

10 Den Stellenwert von Reichtum und Armut innerhalb der sozialen Rangordnung konnte aus den Gerichtsakten nicht herausgefunden werden, sicherlich beeinflusste er die Position ebenfalls.

11 Eine Ausnahme liegt vor, wenn Staatsbeamte wegen eines Amtsvergehens vor Gericht erscheinen mussten. Diese Akten geben sehr wohl Aufschluss über deren Verhalten gegenüber der Bevölkerung. Ein Beispiel ist etwa die Verurteilung des Vorsitzenden der Smolensker Stadtpolizei wegen versuchter Vergewaltigung einer Inhaftierten. Vgl. GASO, f. r-74, op. 2, d. 677.

nen wenigen Momenten jedoch wurde deutlich, dass mit der Quellengattung der persönlichen Akten von Ermittlungsbeamten und Gerichtsmitgliedern gutes Material für Untersuchungen in diese Richtung vorhanden sind.

Aus der bisherigen Forschung ist bekannt, dass Staat und Partei in den 1920er Jahren auf dem Land schwach vertreten, teilweise sogar abwesend waren. Die Fallstudien stützten den Befund, gingen aber über diese Erkenntnis hinaus. Denn sie dokumentierten zusätzlich, *wie* der Kontakt zwischen Staat und Dorf aussah. Das Verhältnis wurde unter anderem bei Ermittlungen von Straftaten aktuell und schlug sich in Gerichtsakten anschaulich nieder. Neben Verfahrensfragen und der eigentlichen Verbrechensbekämpfung spricht ein Gerichtsfall stets auch grundsätzliche Themenkomplexe wie Durchsetzung von Herrschaft, staatliches Gewaltmonopol, Selbstverwaltung und Autonomie sowie Vorstellungen von Staat, Recht und Gerechtigkeit an. Sie erlauben es, eine Gewalttat zu historisieren.

Die Gerichtsakten von 1922 und 1923 enthalten neben den Befragungsprotokollen und dem Urteil den schriftlichen Verkehr zwischen den Ämtern zum jeweiligen Fall. Dieser verlief in der Regel reibungslos. Nur selten gab es Stockungen, wie bei Nikita Samčenkov, dem die Anklageschrift nicht zugestellt worden war. Die Strafprozessordnung und das Strafgesetz, die im Sommer 1922 in Kraft getreten waren, wurden tatsächlich angewandt und eingehalten, wie die Fallstudien zeigten. Zumindest für das Gouvernement Smolensk kann man daher nicht behaupten, der sowjetische Staat habe seinen Bürgerinnen und Bürgern keine Rechtssicherheit geboten und sei einzig am Machterhalt interessiert gewesen. Vergleicht man die sowjetische Prozessordnung obendrein mit der zaristischen[12], so stechen die vielen Parallelen ins Auge, die bis hin zu gleichen Bezeichnungen von Dokumenten und Kommissionen reichten. Für die Menschen bedeutete diese Kontinuität, dass sie sich nicht komplett neues Wissen aneignen mussten und im Umgang mit Behörden auf ihre bisherigen Erfahrungen und Vorgehensweisen zurückgreifen konnten. Die staatlichen Beamten in bekannten Mustern agieren zu sehen, musste das Gefühl der Menschen stärken, dass der Krieg vorbei und der Alltag wieder eingekehrt sei. Das Fortdauern von Gewohntem und Vertrautem mag zudem die Akzeptanz der bolschewistischen Herrschaft durch die ländliche Bevölkerung erhöht haben. Die Tatsa-

12 Beschrieben bei: Baberowski, Jörg: Autokratie und Justiz. Zum Verhältnis von Rechtsstaatlichkeit und Rückständigkeit im ausgehenden Zarenreich 1964–1914. Frankfurt am Main 1996. (Studien zur europäischen Rechtsgeschichte; Bd. 78), 88–93.

che, dass der sowjetische Staat den Verfahrensverlauf bei Ermittlungen bestimmte und Urteile durchsetzte, zeigt ebenfalls, dass die Bevölkerung zumindest bereit war, die Bolschewiki als Inhaber der richterlichen Gewalt und der Staatsmacht zu tolerieren. Dieses Ergebnis lässt sich aus den im Folgenden kurz zusammengefassten Verhaltensweisen der Dorfbewohnerinnen und Dorfbewohner ziehen.

Während eines Ermittlungsverfahrens kämpften die Menschen dafür, ihre Interessen durchzubringen. Um ihre Erfolgschancen zu erhöhen, passten sie sich sprachlich sowohl inhaltlich als auch formal ihrem Gegenüber von der staatlichen Seite an. Sie nutzten bestimmte Wendungen der Amtssprache wie „sich in die Lage versetzen". Vereinzelt griffen sie Argumente auf, die sie offensichtlich aus der Bürgerkriegszeit kannten und für politisch opportun hielten. Dazu gehörten Wörter wie *„bandit"* oder „brutaler Überfall" (*zverskoe napadenie*). Es scheint, dass gerade der Kontakt mit Behörden – sei es auf dem Posten der Miliz, im Büro des Untersuchungsrichters, im Gerichtssaal oder Gefängnis – das Erlernen der sowjetischen (Amts-)Sprache gefördert hatte. Die Bedeutung der Zeitungen als Vermittler der neuen Sprache und der bolschewistischen Werte wurde bisher wohl zu hoch eingeschätzt. Denn eigentlich politische Argumente wie etwa die in den Medien breit geführte Diskussion zur Gleichberechtigung der Frauen fehlten in den Beweisführungen der Menschen vom Dorf im Fall beispielsweise einer Vergewaltigung völlig. Ausserdem muss gefragt werden, wie viele sprachliche Wendungen und Argumente die bäuerliche Bevölkerung bereits aus der Zarenzeit kannte und aufgrund der Kontinuität im Strafverfahren[13] mit einer gewissen Leichtigkeit einsetzte. Formeln wie „ich bitte untertänigst" (*pokornejše prošu*) sprechen dafür, dass die Menschen ihren Umgang mit den Behörden in der ihnen bekannten Art und Weise fortführten. Der Befund, dass die Dorfbewohner sich darum bemühten, ihre Anliegen und Meinungen schriftlich aufzuzeichnen und es nicht bei mündlichen Hinweisen bewenden liessen, belegt die Akzeptanz der Sowjetmacht und einen anhaltenden Verrechtlichungsprozess, der in der zweiten Hälfte des 19. Jahrhunderts eingesetzt hatte. Sie übergaben den Behörden Protokolle, worin der schlechte Ruf oder das gute Ansehen der Verdächtigten festgehalten waren. Sie verfassten Schreiben, in denen sie Verhaltensweisen ihrer Mitbürgerinnen und Mitbürger verurteilten. Doch die Bestrafung und damit das Gewaltmonopol überliessen sie in den vorliegenden Fällen dem Staat und übten keine Selbstjustiz aus.

13 Die personelle Konstanz wäre ebenfalls zu untersuchen.

Aufgrund dieser aus den Fallstudien gewonnenen Beobachtungen müsste man den Schluss ziehen, dass der sowjetische Staat nicht schwach war und die Bolschewiki ihre Herrschaft durchgesetzt hatten. Die gleichen Fallstudien deckten jedoch auf, dass in Tat und Wahrheit die Dorfgemeinschaft über das Leben ihrer einzelnen Mitglieder bestimmte. Weder Staat noch Partei war es gelungen, für die Menschen eine tatsächliche Wahlmöglichkeit innerhalb des dörflichen Lebenszusammenhangs zu schaffen. Versuchten einzelne wie Dar'ja Šatovič propagierte Alternativen zu nutzen, so fanden sie bei den staatlichen Behörden zwar Unterstützung, aber nicht hinreichend genug. Veränderungen im Dorf konnten nicht durch Wenige oder gar nur Einzelne herbeigeführt werden.[14] Die Bolschewiki hatten die Verharrungskraft der bäuerlichen Gesellschaft auf das Ganze gesehen unterschätzt.

Die HERRSCHAFT DER DORFGEMEINDE lässt sich mit dem Stichwort „Selbstverwaltung" umschreiben. Sie kam in verschiedenen Bereichen zum Zuge, auch bei Auseinandersetzungen. Wenn immer möglich versuchten die Menschen eines Dorfes den Konflikt untereinander zu lösen, wie die Fallbeispiele von Natal'ja Fedorova, Vasilij Trofimov und letztlich auch das der Gruppenvergewaltigung zeigten. Der Dorfgemeinde stand ein weitaus breiteres Repertoire an Lösungsmöglichkeiten zur Verfügung als dem Staat, was damit zu erklären ist, dass sie der restitutiven Gerechtigkeit einen höheren Stellenwert beimass als der Strafgerechtigkeit und für erstere ein entsprechend vielfältiges Instrumentarium entwickelt hatte. Anstelle einer Strafe sah sie etwa vor, dass der Schuldige das gestohlene Gut zurückgab oder für einen zugefügten Schaden Wiedergutmachung leistete und die Parteien sich versöhnten. Druck wurde wahrscheinlich weniger durch physische Gewalt als durch das Androhen der sozialen Ausgrenzung und Stigmatisierung ausgeübt. Zu einem Versöhnungsritual gehörte das gemeinsame Essen und Trinken von *samogon*, den der oder die ehemals Angeklagte bereit stellen musste. Die innerdörfliche Klärung eines Streites ging zuweilen gar so weit, dass die staatlichen Vertreter herbeigerufen wurden, sie durch ihre Präsenz den Konflikt lösen halfen, aber gegenüber den nächst höheren Instanzen Stillschweigen bewahrten. Sie wurden Teil der innerdörflichen Konfliktösungsstrategie. Der Staat blieb so draussen

[14] Am Beispiel von Agitationsgerichten zur „Neuen Frau" führt Wood vor, wie die Bolschewiki meinten, dass Einzelpersonen die neue Ordnung in das Dorf bringen könne, und wie sie gleichzeitig ihr eigenes Vorhaben unterminierten. Vgl. Wood, Elizabeth A.: The Trial of the New Woman: Citizens-in-Training in the New Soviet Republic. In: Gender & History, 13 (2001) 3, 524–545.

und die Autonomie der Dorfgemeinschaft erhalten. Die Entscheidung, den Staat in die Bewältigung einer Auseinandersetzung mit einzubeziehen, lag in der Regel bei der Dorfgemeinschaft oder den Konfliktparteien. Denn ohne ihre Initiative kam eine Ermittlung selten in Gang. Hatte eine Untersuchung begonnen, bedingte die Überlegung, weiterhin in der Dorfgemeinschaft leben zu müssen oder wollen, die Argumentation der Befragten. Dieses Kriterium bestimmte, wie viel die Beamten in Erfahrung bringen konnten. Leumundszeugnisse und Vorschläge für die Verurteilung, die die Dorfbewohner verfassten, zeugen vom Bewusstsein für ihre Eigenständigkeit und ihrem Wissen, dass die staatlichen Behörden auf die Zusammenarbeit angewiesen waren. Wie sich beim Fallbeispiel von Dar'ja Šatovič herausstellte, war eine Dorfgemeinschaft immer noch genügend mächtig, um die Ermittlungen torpedieren zu können, indem sie ihr Wissen zurückhielt und vermutlich informelle Beziehungen spielen liess.

Die Frage nach der Herrschaft durch den Staat beziehungsweise durch die Dorfgemeinschaft und ihr Verhältnis zueinander ist schwierig zu beantworten. Die Ausführungen haben allerdings ergeben, dass physische Präsenz die Voraussetzung für die Herrschaft auf dem Land darstellte. Die Schwäche des sowjetischen Staates während 1920er Jahre erklärt sich folglich damit, dass seine Beamten im Gegensatz zu den Dorfbewohnern und Bewohnerinnen nicht ständig präsent waren. Kamen sowjetische Behörden an den Ort des Geschehens, akzeptierten die Menschen sie in der Regel als Autorität und kooperierten mit ihnen, wenngleich dies wohl weniger ein Verdienst der Bolschewiki als eine aus der Zarenzeit eingespielte Gewohnheit war. Die dörfliche Selbstverwaltung fand somit ihre Grenzen in der ihr übergeordneten Staatsmacht und die Herrschaft der Bolschewiki im Mangel an Personal.[15] Daraus entstand eine Zusammenarbeit, die sich durch ein subtiles Abwägen zwischen Kontaktnahme und Zurückhaltung und letzten Endes durch eine langsame, gegenseitige Annäherung kennzeichnete. Insofern handelt es sich um eine Gesellschaft im Wandel. Im Faktum der Kooperation spiegelte sich auch ein bestimmten Verständnis der bäuerlichen Bevölkerung von Staat wider. Zum einen wünschten sich die Menschen auf dem Land eine starke Hand, die die allgemeinen Rahmenbedingungen für Ruhe und Ordnung schuf sowie für die Durchsetzung ihrer Rechtsvorstellungen sorgte. Darin gründete ihre Bereitschaft, die staatlichen Behörden zur Schlichtung von Händel anzurufen und sich ihrem Urteil unterzuord-

15 Frank macht auf die Strukturiertheit dieses Verhältnisses aufmerksam. Vgl. Frank, Stephen P.: Crime, Cultural Conflict, and Justice in Rural Russia, 1856–1914. Berkeley, Los Angeles 1999, 41–43, 101, 102, 314–317.

nen. Zum anderen beanspruchten Dorfbewohner und Bewohnerinnen das Recht auf Selbstbestimmung auf lokaler Ebene. Darum pflegten sie ihre Konfliktlösungsmuster weiterhin und liessen sich die dazu notwendigen Mittel – wie etwa *samogon* – nicht nehmen.

Trotz der Annäherung blieben sich die dörfliche Lebenswelt und der von der städtischen Kultur geprägte Staat fremd. Eindrücklich zeigte sich die bestehende Distanz in den Statistiken zur ländlichen Kriminalität, die städtische Gebildete zusammengestellt hatten. Die sowjetischen Kriminologen meinten mit den Statistiken nachgewiesen zu haben, dass Männer häufiger kriminell und mehr Verbrechen gegen Leib und Leben begehen würden als Frauen. Letztere ertappe man öfters beim Diebstahl. Eigentumsdelikte seien typisch für die Städte, die Verbrechen gegen Leib und Leben hingegen ein Merkmal der dörflichen Lebensweise. Mit Sorge bemerkten die Wissenschaftler schliesslich, dass die Kriminalität der jungen Menschen stetig zunehme. Eine kritische Lesart dieser Resultate ergab jedoch, dass sie eher die städtische Wahrnehmung der dörflichen Bevölkerung als die Verbrechensrealität abbildeten und dadurch das Gefälle zwischen Stadt und Land, den Generationen sowie zwischen den Geschlechtern festigen halfen. Diese Sichtweise war keineswegs nur für die Sowjetunion charakteristisch. Sie hatte sich bereits in der Zarenzeit so ausgebildet. Auch auf der argumentativen Ebene lässt sich die Kontinuität über die Scheidelinie von 1917 feststellen: Die gebildete, städtische Schicht fühlte sich kulturell überlegen. Diese Haltung fand ihren Widerhall in den Gerichtsurteilen von 1923. Die Richter in der Stadt Smolensk begründeten ihre Entscheidung für eine Strafminderung mit der „Rückständigkeit ", dem „mangelnden Bewusstsein" oder dem „jugendlichen Alter" der Verurteilten. Gerade in Bezug auf die letzte Charakterisierung konnte mit Hilfe der Fallstudien demonstriert werden, dass sie nicht der Selbstwahrnehmung der jungen Menschen entsprach und daher als Zuschreibung verstanden werden muss. Die Diskrepanz der Lebenswelten war augenfällig geworden.

Die JUNGEN MENSCHEN, die vor Gericht standen, verstanden sich als Erwachsene. Deshalb halte ich es für sinnvoller, von jungen Erwachsenen statt von Jugendlichen zu sprechen. Dieses Selbstverständnis erklärt sich unter anderem mit ihrem Wissen darum, dass sie wie Erwachsene alle Arbeitsgänge beherrschten und die volle Arbeitsleistung erbrachten. Die Gerichtsakten gewährten einen kleinen Einblick in diesen Arbeitsalltag, sofern sich die Auseinandersetzung während des Arbeitsprozesses abspielte. In den Dossiers gab es kurze Hinweise auf einzelne Bereiche wie Getreide dreschen, Kartoffeln ausgraben oder der Kuh Futter verabreichen. Weiter liess sich herausarbeiten, dass die ländliche Bevölkerung unterschiedliche Formen für die Beaufsichtigung des Viehs kannte und diese hauptsächlich als Aufgabenbereich der jungen Erwachsenen betrachtete: Ein jugendlicher Hirte hütete die Tiere eines ganzen Dorfes, nachts passten die jungen Menschen auf die Pferde auf und sassen um ein Feuer, das Schutz und Wärme spendete. Das Brennholz dafür brachten alle mit, die davon profitierten.

Gerade das Beispiel des Brennholzes illustrierte, wie die jungen Erwachsenen den Umgang untereinander nach bestimmten Regeln und Praktiken gestalteten. Dem Inhalt nach entsprachen sie dem jugendlichen Alltag und deren Verhaltensweisen, im Kern aber reproduzierten sie die dörfliche Sozial- und Geschlechterordnung. Situationen wie das nächtliche Pferdehüten oder (Hochzeits-)Feste boten den jungen Erwachsenen den Freiraum, ausserhalb der Kontrolle durch Erwachsene das andere Geschlecht und Sexualität im Speziellen zu entdecken, sich dem Thema der Eheanbahnung und der Heirat zu widmen sowie Kontakte in Form von Verbänden und Freundschaften mit anderen gleichen Geschlechts und Alters zu pflegen. Alle diese Aspekte plus die ökonomische Abhängigkeit vom Familienvorstand gelten als charakteristisch für die Lebenssituation Jugendlicher. Man kann also in der Entwicklung von der Kindheit zum Erwachsensein eine eigenständigen Phase erkennen. Eine vom Bildungsbürgertum geprägte Sichtweise bezeichnet diesen Abschnitt als „Jugendzeit". Die historischen Akteure aus den Dörfern hätten die eigene Qualität dieses Zeitraums sicherlich bestätigt. Doch ihnen war es wichtiger zu betonen, dass die Kindheit beendet war und das Erwachsensein begonnen hatte, auch wenn sich letzteres erst im „Vorbereitungsstadium" befand. Deshalb erkannten sie sich selbst nicht als „Jugendliche".

Die hier kurz skizzierten Ergebnisse stellen erst den Beginn der Forschung über junge Menschen auf dem Land während der 1920er Jahre dar. Vieles konnte erst angedeutet werden, viele Fragen bleiben: Wie sahen der Alltag und die Festtage weiblicher und männlicher junger Erwachsener im Detail aus? Wie gestalteten sich die Beziehungen zwischen den „jüngeren" und „älteren" jungen Erwachsenen? Welche Bedeutung hatten „Männerbünde" und „Frauenfreundschaften" nicht nur während der Zeit bis zum Eintritt ins Erwachsenenalter, sondern auch danach für die Einzelnen und für das Funktionieren der Dorfgemeinschaft? Welche Rolle übernahmen Eltern in Konflikten, an denen nur männliche junge Erwachsene beteiligt waren? Stellten Partei und *Komsomol* für jene junge Erwachsene tatsächlich eine Alternative dar, die wie Vasilij Trofimov in der Bewirtschaftung eines Hofes oder wie Ksenija Sobol'kova in einer Heirat ihre Zukunftsperspektive sahen? Mitte der 1920er Jahre setzte eine breite Diskussion über das Verhalten gerade auch der dörflichen Jugend ein. Begann sich ab diesem Zeitpunkt das Selbstverständnis der jungen Erwachsenen im Dorf zu verändern?

Die Analyse von Gerichtsakten hat die Diskrepanz in der Selbst- und Fremdwahrnehmung von „Jugend“ im Dorf aufgedeckt. Die Differenz zu erkennen und zu umreissen, waren wichtige Schritte, um sich den Lebenswelten der jungen historischen Akteure anzunähern. Vor allem aber haben die Fallstudien bewiesen, dass mit Gerichtsakten eine Annäherung an die „wirkliche Jugend“ möglich ist und die Forschung zur Jugend in der Sowjetunion der 1920er Jahre nicht dazu verdammt ist, „immer wieder an den Punkt zurückzukehren, wo die ‚eigentliche‘ Jugend [...] kaum greifbar“ ist.[16] Voraussetzung dafür ist allerdings die Bereitschaft für einen Perspektivenwechsel, bei dem der Standpunkt der historischen Akteure, die eigene Wahrnehmung ihrer selbst und ihrer Umgebung den Ausgangspunkt der Forschung bilden.

16 Plaggenborg, Stefan: Jugend in Sowjetrussland zwischen den Weltkriegen. In: Kuhr-Korolev, Sowjetjugend, 290, 293, 294, 299.

4. Vergleich und zusammenfassende Bemerkungen

Abschliessend sollen die beiden Teile – die Fallstudien aus der Bürgerkriegszeit und diejenigen aus der Phase der NĖP – miteinander verglichen und mit einigen weiterführenden Bemerkungen versehen werden. Danach kehren wir nochmals zu einem jungen Menschen zurück, nämlich zum ungefähr 13-jährigen Petr und seinen beiden Zeichnungen „revolutionären Inhalts", und beenden mit einer kurzen Bildbetrachtung die Arbeit.

Stellt man die untersuchten Fälle einander gegenüber, so lässt sich hinsichtlich der GEWALTFORMEN keine Differenz ausmachen: sowohl 1919 als auch 1922/1923 wurde geschlagen, getötet und vergewaltigt. Bezüglich der Menge der Gewalttaten konnte aufgrund des fehlenden Zahlenmaterials keine Aussage getroffen werden. Das gewählte Vorgehen, Lebenswelten zu rekonstruieren, zeigte vielmehr die qualitativen Unterschiede. Der KONTEXT, in dem die Gewalttat geschah, die DEUTUNGEN, REAKTIONEN UND ARGUMENTATIONEN hätten teilweise nicht krasser kontrastieren können. Zugleich traten unerwartete Ähnlichkeiten zu Tage. Diesen Beobachtungen sowie ihrer Relation zueinander sollen im Folgenden nachgegangen werden. Die Ungleichzeitigkeit des Gleichzeitigen führt schliesslich nochmals das Gewicht der Frage nach Kontinuitäten und Brüchen, nach dem historischen Wandel in der sowjetischen Geschichte vor Augen – auch in einem kurzen Zeitabschnitt, der nicht eigentlich der „longue durée"[1] entspricht.

Bezüglich des Herkommens unterscheiden sich die Täter und Täterin beträchtlich: 1919 kamen die Täter von recht weit her zum Ort des Geschehens geritten, sie scheinen ihre Opfer nicht gekannt zu haben. Die hohe Mobilität als zentrales Charakteristikum der Bürgerkriegszeit wird sichtbar. Bei Begegnungen konnte nicht auf klare und allen Anwesenden geläufige Kommunikationsmuster zurückgegriffen werden. Man ersetzte sie durch eindeutige Zeichen, durch Gewalt. Aufgrund der Tatsache, dass die Täter (orts-)fremd waren, erhöhte sich möglicherweise ihre Bereitschaft, Gewalt einzusetzen. Wahrscheinlich kaschierten sie damit eigene Unsicherheiten, sicherlich mussten sie keine sozialen und emotionalen Bindungen und Abhängigkeiten berücksichtigen oder überwinden. Die Opfer beziehungsweise ihre Angehörigen empfanden die Gewalttat jeweils als einen Einbruch in

1 Braudel, Fernand: Geschichte und Sozialwissenschaften. Die longue durée. In: Honegger, Claudia (Hg.): Marc Bloch, Fernand Braudel, Lucien Febvre u. a.: Schrift und Materie der Geschichte. Vorschläge zur systematischen Aneignung historischer Prozesse. Frankfurt am Main 1977, 47–85.

ihr Leben und als ein Unrecht. Da ihnen der Täter fremd war, gelang es ihnen nicht, die ausgeübte Gewalt aus dem dörflichen Gefüge herzuleiten. Sie suchten nach anderen Deutungsmustern für das unvermutet eingetroffene Geschehen. So mutmassten sie, der Täter sei betrunken gewesen. Sie erinnerten sich demnach an eine Situation, in der es zu unvermittelten Gewaltausbrüchen kam. Die schwierige Deutung der Gewalttat mochte Gefühle der Orientierungslosigkeit und Unsicherheit hervorgerufen haben.

Ganz anders erging es den Menschen in den Fällen aus der NĖP-Zeit. Sie kannten die Täter und konnten daher die Tat als Eskalation langjähriger Konflikte einordnen, wobei sie unverkennbar physische Gewalt ebenfalls als eine AUSNAHMESITUATION erlebten. Für die Täter mochte die Anwendung von Gewalt einen Weg bedeutet haben, aus zu engen oder eng gewordenen Strukturen auszubrechen. Sowohl 1919 als auch 1922/1923 empfanden die Menschen den Einsatz physischer Gewalt als Unrecht und Regelverstoss. Selbst in den Augen der Täter (abgesehen von den Vergewaltigungen) war gewaltsames Handeln etwas Besonderes. In keinem der beiden untersuchten Zeitabschnitte nahmen die historischen Akteure physische Gewalt als Teil ihres Alltags, als Normalität wahr.

Insofern trifft die These, dass sich die Menschen aufgrund des Ersten Weltkrieges und des Bürgerkrieges an die Gewalt gewöhnt hätten, nicht zu. Weitaus schwieriger ist die Annahme nachzuweisen, aufgrund der Kriegserfahrungen sei die HEMMSCHWELLE FÜR EINEN GEWALTEINSATZ gesunken. Die einen wollen diese These quantitativ überprüfen und verwenden statistisches Material. Dafür reichen im Gouvernement Smolensk die Unterlagen nicht aus. Auch allgemein musste auf einige Fallstricke des quantitativen Verfahrens aufmerksam gemacht werden. Andere forschen in einzelnen Biografien nach Gewalterfahrungen und -anwendungen. In der vorliegenden Arbeit wurde dieser Ansatz gewählt. Besonders eindrücklich beobachteten wir am Beispiel von Natal'ja Fedorovna, dass im Bürgerkrieg ausgeübte Gewalt neue auslöste. Generell ist es sehr schwierig, aus den Quellen zu erschliessen, welche Gewalt den einzelnen Menschen widerfuhr, wie sie damit umgingen[2] und ob Gewalterlebnisse schliesslich die Hemmschwelle für einen Gewalteinsatz senken würden. Aus den Quellen quasi prospektiv eine sinkende Hemmschwelle abzuleiten, verleiht den Ergebnissen derarti-

2 Für den medizinisch-psychologischen Diskurs zur traumatischen Neurose während und nach dem Ersten Weltkrieg, dessen Ursprünge sowie die Schwierigkeiten der Zeitgenossen dieses Phänomen zu erfassen, vgl. Fischer-Homberger, Esther: Die traumatische Neurose. Vom somatischen zum sozialen Leiden. Bern, Stuttgart et al. 1975.

ger Forschung einen stark spekulativen Charakter. Auf sicheren Füssen scheint mir deshalb eine „retrospektive“ Herangehensweise zu stehen, wie Gerichtsakten sie ermöglichen.[3] Den Ausgangspunkt bildet eine tatsächlich ausgeübte Gewalttat, die als (vorläufiger) Schlusspunkt in der Gewaltspirale verstanden wird, zumal die Täter teilweise selber zu ihrer Entlastung auf prägende Gewalterfahrungen in ihrem Leben hinwiesen. Die gewaltfördernden Faktoren lassen sich so genauer fassen und benennen. Mit der Rekonstruktion der Lebenswelten konnten sie ferner um weitere, Gewalt begünstigende Umstände ergänzt werden.

Einen nächsten, starken Kontrast zwischen der Bürgerkriegszeit und der NĖP-Phase liess sich in der ARGUMENTATIONSWEISE erkennen. 1919 schienen die Menschen wie „politisch elektrifiziert“ gewesen zu sein. Die Täter begründeten ihr gewalttätiges Handeln in erster Linie mit der politischen Lage. Ihr Denk- und Aktionshorizont war Sowjetrussland. Offenbar fühlten sie sich von der „grossen Politik“ angesprochen und betroffen. Anliegen der Bolschewiki, wie Desertion, Bandenwesen oder selbstgebrannter Schnaps, waren die ihren geworden und nahmen einen prominenten Platz in den Beweisführungen ein. Die Präsenz dieser Themen zeigt, dass sie tatsächlich das Fühlen, Denken und Handeln historischer Akteure beeinflussten. Es gelang, die Wirkung politischer Diskurse auf das Leben von Menschen in der Provinz nachzuzeichnen.[4] Schwieriger ist abzuschätzen, wie sehr auch die Dorfbevölkerung sie aufgenommen und in ihre Welt integriert hatte. Sie nutzte politische Argumente weniger explizit. Stattdessen begegneten wir ausgeprägt der Antwort „ich weiss nicht“. Sie versperrte letztlich den Blick in das Dorf. Konflikte, Spannungen, Allianzen innerhalb der Dorfgemeinschaft konnten oft nur vermutet werden. Wie als Gegenbewegung zur hohen Mobilität schlossen sich Dorfbewohnerinnen und Bewohner zusammen und gaben damit Zeugnis für ihre Selbstbestimmung und -verwaltung ab. Den sich lautstark und breit darstellenden Tätern standen die kaum vernehmbaren, vorsichtigen Stimmen der Betroffenen gegenüber.

1922/1923 hatte sich die politische und wirtschaftliche Lage im Gouvernement Smolensk entspannt, was sich wiederum in der Argumentati-

3 Selbstzeugnisse wie Tagebücher oder Memoiren stellen sicherlich weitere, wichtige Quellen zur Untersuchung dieser Fragestellungen dar.

4 Anhand eines Fallbeispiels von drei Jugendlichen aus der Stadt Smolensk behandle ich eine ähnliche Fragestellung für das Jahr 1928. Tschudi, Daniela: Chuliganstvo im Garten der Nachbarin, Smolensk 1928: Die sozialen Realitäten eines Diskurses, In: Historische Anthropologie 12 (2004) 1, 78–92.

onsweise niederschlug. Die Interpretation der Erklärung, „nichts zu wissen“, konnte um einen Aspekt ergänzt werden: Sie war nicht nur gegen einen allzu neugierigen Staat gerichtet, sondern bedeutete auch Schutz vor Rache durch Mitbürgerinnen und Mitbürgern, die sich womöglich durch eine Aussage verraten und ausgegrenzt gefühlt hätten. In diesem Falle spielten Überlegungen bezüglich des weiteren Zusammenlebens innerhalb der Dorfgemeinschaft eine wesentliche Rolle. Der Denk- und Aktionsradius der historischen Akteure entsprach dem Wirkungsbereich von Familie, Dorfgemeinschaft und den umliegenden Dörfern. Die Menschen zogen aus diesen unmittelbaren Zusammenhängen ihre Argumentationen. Sie versuchten nicht, die „grossen, politischen“ Themen wie „rückständiges Alltagsleben“, „Frauenemanzipation“[5] oder der „Neue Mensch“ zu ihren Gunsten zu nutzen. Allenfalls griffen sie auf Schlagworte aus der Zaren- und Bürgerkriegszeit (Bandit, *chuligan*) zurück. Die aktuelle politische Debatte war offensichtlich nicht in den Dörfern angelangt. Von der Perspektive der historischen Akteure auszugehen, bietet erwiesenermassen den Vorzug, dass sich herausfinden lässt, was die Menschen wirklich bewegte, und nicht, was sie nach Meinung der Partei beschäftigen sollte.[6]

Der Umstand, dass die untersuchten historischen Akteure es 1923 nicht für nötig hielten, politische Begründungen vorzubringen, lässt schliesslich auf einen Wandel bei den Behörden schliessen. Im Gegensatz zur Bürgerkriegszeit, als eine politisch geführte Argumentation die Erfolgschancen vor Gericht erheblich erhöhte, konnten die Menschen die aus ihrer Lebenswelt gewonnenen Erklärungen vorlegen und fanden Gehör. Eine Stabilisierung und Routine in den amtlichen Abläufen ist unverkennbar. Dazu scheint eine personelle Kontinuität – insbesondere beim Gericht – beigetragen zu haben. Angesichts der radikal veränderten Argumentationsweise muss der Schluss gezogen werden, dass beim Gerichtspersonal eine Entwicklung in dieselbe Richtung stattgefunden hatte. Wie sie sich gestaltete, wäre der Gegenstand weiterer Forschung. In Bezug auf die Tradierung von gewalthaftem Handeln bis in die Zeit der Kollektivierung und Industrialisierung stellt sich zudem grundsätzlich die Frage, wie Erfahrungen, Gewohnheiten und Wissen in jenen staatlichen Institutionen, die Delikte ahndeten und bestraften, weiter gegeben wurden. Für das Gouvernement

5 Vgl. dazu die 1923 erschienene Schrift von Trockij, Lev: Fragen des Alltagslebens. O. O. 1924.

6 Selbst in den breit angelegten Studien von Mitte der 1920er Jahre über die ländliche Bevölkerung, wie beispielsweise diejenigen von Bol'šakov oder Gagarin waren die Fragen vom Erkenntnisinteresse der Partei geleitet.

Smolensk ist bekannt, dass 1928 diese Beamtenschaft mehrheitlich gegen eine neue ausgewechselt wurde.[7] Demnach lässt sich eine personelle Kontinuität beim Übergang von der Bürgerkriegszeit in die NĖP, einen Bruch erst zu Beginn der Kollektivierungsphase konstatieren. Dieses Resultat legt die Schlussfolgerung nahe, dass im Gouvernement Smolensk der eigentliche Einschnitt 1928 einsetzte, zumal sich überraschend viele Komponenten auf der formal-juristischen und teilweise auf der inhaltlichen Ebene bis in die Zarenzeit hatten zurückverfolgen lassen.

Alles in allem gewährten die Gerichtsakten von 1922/1923 im Vergleich mit denjenigen aus der Bürgerkriegszeit einen viel tieferen Einblick in die LOKALEN BEZIEHUNGSNETZE UND STRUKTUREN. Eindeutig bildeten Geschlecht und Alter zwei zentrale Kategorien, um die soziale Stellung der historischen Akteure im dörflichen Gefüge zu bestimmen. Die dörfliche Ordnung war jedoch, wie die Gerichtsfälle von 1923 zeigten, immer wieder von innen her bedroht. Sie glich einem labilen Gleichgewicht, das allerdings sowohl den Forschenden wie auch den Zeitgenossen den Eindruck von Normalität und Alltag vermittelte. Die Menschen in den Dörfern hatten zu dessen Erhalt verschiedene Strategien entwickelt. In den Fallbeispielen von Natal'ja Fedorova und Vasilij Trofimov konnten wir eigentliche Konfliktlösungsrituale beobachten. Funktionierten sie, gaben sie den Menschen das Gefühl von Sicherheit: Sie schafften es, einen Streit nicht eskalieren zu lassen und so Ruhe und Ordnung zu bewahren. Auf längere Dauer stellte die Erinnerung beziehungsweise das Ruhen-Lassen von Rivalitäten eine wichtige Komponente dar, damit das tägliche Zusammenleben in den Dörfern gelingen konnte. War jemand, wie Natal'ja Fedorova nicht bereit, sich an die Regeln der Konfliktlösung und des Ruhen-Lassens zu halten, löste dies Verwirrung aus und die Person wurde – wohl je nach Schweregrad – aus der Dorfgemeinschaft ausgeschlossen. Aus der Perspektive der Täter indes lassen sich die gewaltsamen Handlungen als individuelle Versuche verstehen, unbefriedigende und als ungerecht empfundene Verhältnisse, in ihrem Sinne wieder zurecht zu rücken. Der Verhandlungscharakter von Gewalt wird erkennbar. Die Fallstudie über Natal'ja Fedorova verdeutlichte zudem, wie im Bürgerkrieg erfahrene Gewalt das Leben von Individuen erschütterte, sich in ihrem Denken festhakte, neue Handlungen veranlasste und so schliesslich in die Familie, bis in die dörfliche Gemeinschaft und darüber hinaus Auswirkungen zeitigte. Man kann bloss erahnen, wie gravierend Menschen eine Gewalttat während des Bürgerkrieges als Einbruch

7 Kodin, Evgenij V.: Smolenskij Naryv. Smolensk 1995, 62, 63.

ihrer Welt empfanden und welchen Aufwand die ganze Dorfgemeinschaft erbrachte, um die Strukturen von „Ruhe und Ordnung" aufrecht zu erhalten oder ein Arrangement zu finden, in denen sich ein Zusammenleben fortsetzen liess. Ähnlich zog die Gewalt in Vasilij Trofimovs Familie Kreise und hielt zuletzt ein ganzes Dorf in Atem. Im Bemühen, Normalität herzustellen, scheint die Festigung und Stabilität der Geschlechterordnung eine wichtige Rolle gespielt zu haben.[8] Insbesondere die Vergewaltigungsfälle zeugen eindrücklich davon, dass und wie herkömmliche Geschlechterhierarchien bestätigt wurden. Auf das Ganze gesehen versuchten die Menschen die ihnen bekannten Verhaltens- und Denkweisen, Wertesysteme und Lebenszusammenhänge – zum Teil auf Biegen und Brechen – zu bewahren. Das Leben der Menschen in den Dörfern des Gouvernements Smolensk war 1923 weitaus stärker von der Kontinuität zur Zarenzeit als von den bolschewistischen Neuerungen geprägt. Gewalttaten, sei es während des Bürgerkrieges im Namen der Partei oder in Familien und zwischen Nachbarn, beschäftigten die Menschen jedes Mal als „ausser der Ordnung" stehende Ereignisse. Die Rekonstruktion von Lebenswelten erlaubte, Folgen von Gewalt nicht nur im Leben einzelner historischer Akteure, sondern auch in deren Umgebung zu vergegenwärtigen. Überdies konnten bisher kaum erforschte Konfliktlösungsmuster in sowjetischen Dörfern und die Rolle der Erinnerung im Zusammenhang mit Auseinandersetzungen entdeckt werden. Damit leistet die vorliegende Arbeit einen Beitrag, das grosse Forschungsdefizit hinsichtlich der Mechanismen zur Bewältigung von Streitfällen und des Erinnerns als soziale Praxis in der dörflichen Gemeinschaft nach 1917 zu verringern.

Die in den Fallstudien untersuchte Gewalt kann nicht als spezifisch jugendlich eingestuft werden. Besser spricht man von GEWALT, die im Kontext von LEBENSWELTEN JUNGER MENSCHEN anzusiedeln ist. Bevor wir diese Revue passieren lassen, sei nochmals kurz auf die Selbstwahrnehmung der jungen historischen Akteure verwiesen. Sämtliche Täter verstanden sich zwar als junge, aber selbständige und entscheidungsfähige Erwachsene. Wie diese fanden sie sich befugt, Gewalt anzuwenden. Ahmten sie hier das Verhalten der erwachsenen Generation nach? Auf jeden Fall lässt ihr Selbstbild als junge Erwachsene ihre Sozialisation im Dorf erkennen. Überdies stellt sich die Frage, inwiefern sich die bäuerliche Sozialisation von der städtischen unterschied und wie sehr daher Forschungen über

8 Vgl. Gall, Marcella: Männliche Identität und Erfahrungswelt im Moskau der 1930er Jahre. Eine Untersuchung anhand des Tagebuches von Stepan Podljubnyj. (Unveröffentlichte Lizentiatsarbeit). Basel 2000.

sowjetische Jugend anhand von Quellen, die städtische Jugend beschreiben, verallgemeinert werden können, bloss weil ihr das Adjektiv „sowjetisch“ gemeinsam ist.

In den Fallstudien konnten unterschiedliche BEDINGUNGEN UND SITUATIONEN herausgearbeitet werden, die für die Gewalt an und durch junge Erwachsene kennzeichnend war. Ein wichtiges Merkmal bestand in der Suche nach der eigenen Aufgabe in der jeweiligen Situation und Gesellschaft überhaupt. Oft wollten sie einfach nur auf Biegen und Brechen dazugehören. Während des Bürgerkrieges sahen die jungen Menschen für sich eine Perspektive in der Miliz, in der Partei oder in der Armee. Ein Platz in einer sowjetischen Behörde oder im Parteiapparat erschienen ihnen zukunftsträchtig. Wenige Jahre später hatte diese Aussicht massiv an Bedeutung verloren. Zumindest in den untersuchten Fällen zu Beginn der NĖP-Phase stellte die bolschewistische Partei oder der *Komsomol* keine Alternative im Leben der Jugendlichen dar. Angesichts dieses Resultats sollte der Anteil der bäuerlichen Jugend, die von diesen Organisationen enttäuscht wurden, in der Tat nicht überschätzt werden.[9] Die jungen Menschen auf dem Land träumten stattdessen von der Übernahme des väterlichen Hofes und von einer respektablen Hochzeit. Sie suchten (und fanden) ihren Platz innerhalb des Dorfes. So unterschiedlich sich die Aussichten auch gestalteten, so gehörte doch in beiden Zeitabschnitten Einsatz physischer Gewalt zum Handlungsrepertoire junger Menschen, um ihre Ziele und Wünsche zu erreichen.

Die Selbstdarstellungen und das Gebaren der jungen Erwachsenen zeugen von einer Überschätzung ihrer eigenen Autorität und Stellung. Sie fühlten sich im Recht. Sie meinten, die Konfliktsituation zu beherrschen. In dem Moment, als sie glaubten, die Kontrolle und den Überblick zu verlieren, setzten sie Gewalt ein. Besonders anschaulich konnte dieser Zusammenhang in den Fallstudien aus der Bürgerkriegszeit herausgearbeitet werden. Aber Vasilij Trofimov und Nikita Samčenkov versuchten ihre Lage, die sich gegen sie zu wenden schien, ebenfalls auf Biegen und Brechen und zu ihren Gunsten zu wenden.

Ganz eng mit der falschen Selbstbeurteilung ist folgender Punkt verbunden: Fast alle Täter hatten innerhalb einer bestimmten Öffentlichkeit,

9 Tirado spricht von einer Minderheit, die sich ab Mitte der 1920er Jahre desillusioniert von *Komsomol* und Partei abwandte. Tirado, Isabel: The Komsomol and the Bright Socialist Future. In: Kuhr-Korolev, Corinna, Plaggenborg, Stefan, Wellmann, Monica (Hg.): Sowjetjugend 1917–1941. Generation zwischen Revolution und Resignation. Essen 2001, 217–231.

seien es der eigene Gruppenverband, Kollegen oder die Mitbürgerinnen und Mitbürger vom gleichen Dorf, zur Waffe gegriffen. Der Druck, sein Gesicht zu wahren und seinen Mann zu stellen, kurz seine Ehre zu retten, musste als so intensiv erfahren worden sein, dass die jungen Männer gewalttätig wurden. Vorstellungen von Männlichkeit und Ehre waren dicht mit dem Faktor Öffentlichkeit verwoben. Schienen die ersten beiden in Gefahr oder waren angeschlagen, konnten sie durch die öffentliche Demonstration physischer Überlegenheit, sprich Gewalt, gerettet beziehungsweise wieder hergestellt werden. Ob sich Frauen für ihre Ehre, die sich in erster Linie über Arbeitsleistung und Sexualverhalten definierte, ebenfalls gewaltsam einsetzen durften, bedarf weiterer Forschung wie überhaupt die Frage, in welchen Situationen physische Gewalt durch Frauen in den sowjetischen Dörfern nach 1917 gebilligt wurde.

Die Fallstudien aus der NĖP-Zeit deckten alltägliche Konfliktzonen auf. Sie betrafen Bereiche, die durch strukturelle Gegebenheiten innerhalb der Dorfgemeinschaft regelmässig Reibungen verursachten und darum stets neu mit den Einzelnen verhandelt, festgelegt oder geschaffen werden mussten. Die Ablösung der Generationen führte zu Spannungen zwischen Vätern und Söhnen sowie zu Neid zwischen den Geschwistern. Mit Vergewaltigungen wurden Geschlechterordnung und die soziale Hierarchie bestimmt. Im Prinzip lag in diesen Auseinandersetzungen Potential zu Veränderungen der dörflichen Welt. In den untersuchten Fällen stellten sich die traditionellen Regelungen als stärker heraus und verweisen somit auf die Verharrungskraft der dörflichen Gesellschaft.

Wie ein roter Faden zog sich das Thema *samogon* durch beinahe alle Fallstudien. Opfer behaupteten, die Täter seien betrunken gewesen, während diese den übermässigen Konsum von Selbstgebranntem abstritten und den Vorwurf der anderen Seite in die Schuhe zu schieben versuchten. Täter begründeten, sich aufgrund des Alkoholrausches an nichts mehr erinnern zu können und darum unschuldig zu sein. Opfer wiederum wollten den Täter nüchtern gesehen haben und hielten ihn darum für voll zurechnungsfähig. Dem Alkohol wird gewaltenthemmende Wirkung zugeschrieben. Diese Erfahrung scheint in den Aussagen der historischen Akteure ebenfalls hervor. Man kann deshalb die einzelnen Gewalttaten – gerade diejenigen, die an einem Festtag geschahen – als Folge von Trunkenheit verstehen. Eine solche Interpretation bleibt meines Erachtens jedoch auf halbem Weg stehen. Denn in keinem der Fälle konnte eindeutig geklärt werden, wer betrunken gewesen war. Zu sehr widersprachen sich die Beteiligten. Auf ausgiebiges Trinken von *samogon* zu verweisen, bedeutete ebenso sehr eine

Strategie. Mit dieser Taktik entsprachen die historischen Akteure dem Interesse der sowjetischen Behörden, die den Auftrag hatten, die Herstellung dieses Getränkes zu unterbinden. Bezeichnenderweise fehlt das Wort *samogon* in den beiden Akten, in denen es zu keiner Verurteilung kam – bei Vojcechovskij und der Gruppenvergewaltigung.

Neben den unterschiedlichen Bedingungen und Situationen, in denen junge Erwachsene Gewalt ausübten, ist schliesslich davon auszugehen, dass Individuen je nach Charakter zum Einsatz von Gewalt neigten. Ein rechthaberischer Zug konnte ebenso sehr zu Gewalttätigkeit verleiten wie Wut über einen ungerechten Zustand. Gerade die jungen Erwachsenen – in den ersten fünf Kapitel die Täter und in den beiden letzten die Opfer – hatten sehr empfindlich auf Gegebenheiten reagiert, die in ihren Augen ein Unrecht darstellten. Sie setzten alles daran, diese Ungerechtigkeiten aus der Welt zu schaffen. In dieser Denk- und Handlungsweise trafen sie sich mit den Bolschewiki, die mit der kommunistischen Weltrevolution das ihrer Meinung nach ungerechte kapitalistische System beseitigen wollten.

Die lebensweltlich orientierte Analyse von Gerichtsakten ermöglichte, unsere Vorstellungen über die Zusammenhänge zwischen JUGEND UND GEWALT zu präzisieren. Darüber hinaus gelang es mit dem gewählten Ansatz und den neu erschlossenen Quellen, das Leben von „anderen" Jugendlichen zu beleuchten. Wir haben erfahren, dass sich die jungen Menschen nicht nur beispielsweise um eine Mitgliedschaft im *Komsomol* bemühten oder für den Kampf gegen Analphabetentum einsetzten. Sie waren auch verliebt, sorgten sich um ihre Eltern, wollten heiraten, stritten sich mit Familienangehörigen und Nachbarn, hüteten Pferde oder vergnügten sich mit Freunden und Freundinnen an Festen. Die Geschichte der sowjetischen Jugend enthält mehr als nur eine Erfolgsgeschichte des *Komsomol*, wie sie bis zur Wende geschrieben wurde. Und sie ist auch mehr als nur eine „Verlustgeschichte".[10] Diese aufzuzeigen, stellt ein wichtiges Verdienst dar.[11] Ihren Antrieb scheint sie aus einer Gegenbewegung zur Erfolgsgeschichte erhalten zu haben. Eine „Verlustgeschichte" der Jugend deckt kritisch die Kehrseite der Medaille auf, löst sich aber nicht von ihr und bleibt damit meines Erachtens in der Sichtweise der Partei auf die Jugend verhaftet. Als problematisch erscheint zudem der Begriff „Verlustgeschichte". Er impliziert eine zweifelsfreie Einteilung der historischen Akteure in Täter und Opfer.

10 Plaggenborg, Stefan: Jugend in Sowjetrussland zwischen den Weltkriegen. In: Kuhr-Korolev, Sowjetjugend, 288.

11 Vgl. etwa die Besprechung des Sammelbandes „Sowjetjugend" von Carola Tischler in der Zeitschrift Archiv für Sozialgeschichte, Nr. 42, 2002.

Gerade die Fallbeispiele illustrierten eindrucksvoll, dass sich die Grenzlinie zwischen Opfern und Tätern nicht eindeutig festlegen lässt. Es gilt, einen allzu schematischen Ansatz zu überwinden und durch eine Betrachtungsweise zu ersetzen, die für die Vielfalt, die Lücken, Widersprüchlichkeiten und Unerwartetes in den historischen Wirklichkeiten offen ist. Die Rekonstruktion und Analyse von Lebenswelten – beispielsweise anhand von Gerichtsquellen – ist eine Vorgehensweise, die diese Anforderungen an historische Forschung erfüllt.

Die vorliegende Arbeit hatte sich nicht nur zum Ziel gesetzt, physische Gewalt im Leben Jugendlicher nachzuzeichnen und einzuordnen, sondern stellte sich auch die Frage nach dem VERHÄLTNIS ZWISCHEN DER GEWALT JUNGER MENSCHEN UND DER BOLSCHEWISTISCHEN HERRSCHAFT beziehungsweise deren Durchsetzung. Ein klarer Zusammenhang liess sich lediglich in den Fällen aus der Bürgerkriegszeit ausmachen. Junge Männer meinten, im Namen der Sowjetmacht Gewalt ausüben zu dürfen und ihr so zum Durchbruch verhelfen zu können. Doch im Namen derselben wurden sie für ihr gewalttätiges Verhalten bestraft. Die Auswertung von Gerichtsdossiers, die konkrete Gewaltakte und den Umgang damit dokumentierten, revidiert die bisherige Annahme, der bolschewistische Staat habe während des Bürgerkriegs für sämtliches Verhalten seiner Anhänger, das ihm diente, eine Entschuldigung gefunden. Dieses Ergebnis mag lediglich für das Gouvernement Smolensk gelten und sich dadurch erklären, dass dieses Gebiet nicht direkt von den Kriegshandlungen zwischen „Roten" und „Weissen" betroffen war. Umso dringender sind weitere, regionale Studien, die die konkrete Gerichts- und Strafpraxis untersuchen und dahingehend ein differenziertes Bild gestatten werden.

Gerichtsakten geben keine Auskunft darüber, ob die Opfer oder deren Angehörige und Bekannte mit den jeweiligen Urteilen zufrieden waren. Indes konnten sie die Erfahrung machen, dass der Staat willkürliche Gewalt, wie sie diejenige von Roman Murin und Stepan Panasov empfunden hatten, sanktionierte. Unter Umständen begründen solche Erlebnisse, dass Zeitgenossen die bolschewistische Regierung nicht lediglich als skrupelloses Willkürregime wahrnahmen.

Wie die Fallstudien über Valentin Vojcechovskij und Dar'ja Šatovič veranschaulichten, sollte die Effizienz der SOWJETISCHEN JUSTIZ nicht überbewertet werden. In beiden Beispielen bemühte sie sich vergeblich ihre Rechtsordnung durchzusetzen und Rechtssicherheit zu bieten. Die Urteile selber und die Handhabung der Haftstrafen hinterlassen ebenfalls einen zwiespältigen Eindruck. Die Richter fanden strafmildernde Faktoren, die

die Botschaft der an sich harten Urteile relativierte. Alle zu Gefängnisstrafen Verurteilten wurden – wohl primär aus Platzmangel – mittels Amnestien vorzeitig aus der Haft entlassen. Über die Wirkung dieser Entscheide lassen sich bloss Vermutungen anstellen. Die Täter erfuhren den sowjetischen Staat zunächst als harten Richter, der später Milde übte. Aus Sicht der Opferseite mochte er vorerst den gleichen Eindruck erwecken. Danach verlor er vielleicht durch seine Nachsicht die Glaubwürdigkeit, die ein strenges Urteil hervorgerufen hatte, und schmälerte bei der ländlichen Bevölkerung seine Vertrauenswürdigkeit.

In vielem mochten die Menschen in den Dörfern an das zaristische Justizwesen erinnert worden sein. Die milden Urteile wurden ebenfalls mit „Rückständigkeit" oder „Unwissenheit" begründet. Das „jugendliche Alter" berücksichtigten die Richter sowohl vor als auch nach 1917. Das Verfahren bei der Miliz und den Untersuchungsrichtern unterschied sich kaum von dem ihrer Vorgänger, egal ob eine personelle Erneuerung vorgenommen worden war oder nicht. Die Bevölkerung konnte auf vertraute und gewohnte Argumentationsstrategien und Verhaltensmuster zurückgreifen und fand sich aufgrund der geringen Veränderungen im Gang der Ermittlungen wohl recht rasch zurecht. Bekannt musste ihnen schliesslich auch vorkommen, dass die Behörden nur bei bestimmten Delikten von sich aus die Untersuchungen einsetzten, nämlich bei denjenigen Vergehen, die den staatlichen Interessen zuwiderliefen wie beispielsweise das private Brennen von Hochprozentigem. Wollten die Dorfbewohnerinnen und -bewohner ihre Anliegen vom Gericht behandelt sehen, mussten sie die Initiative selber ergreifen und etwa den Milizionär im Hauptort des Amtsbezirkes holen. Andererseits liess sich erkennen, dass sich die Menschen in der Art und Weise an die Behörden wandten, wie es aus der Zarenzeit bekannt ist. Unter Umständen lösten sie dadurch bei den sowjetischen Amtsträgern „zaristische" Reaktionen und Verhaltensweisen aus und halfen auf diese Art und Weise, die beobachtete Kontinuität zum Zarenreich zu stützen.

Aus dem Dargelegten entspricht der sowjetische Staat in seinen ersten Jahren überhaupt nicht dem Bild eines totalitären Überwachungsstaates. Im Gegenteil, er war auf die ZUSAMMENARBEIT mit dem Dorf angewiesen, wollte er in seinen Ermittlungen weiterkommen. Dabei ging aus den Fallstudien klar hervor, wie geschickt die Menschen ihr Wissen zu ihren Gunsten einzusetzen und so ihre Autonomie zu wahren wussten. Die Fallstudien brachten die unterschiedlichen Kooperationsweisen zwischen Dorf, Individuen und Staat zu Tage. Die Effektivität des sowjetischen Staates reichte im Gouvernement Smolensk gerade so weit, wie sie die dörfliche

Selbstverwaltung nicht zu stark tangierte. Hierin liegt ein weiterer Grund, weshalb sich die Bolschewiki an der Macht halten konnten.

Die Fallstudien haben gezeigt, dass sich HERRSCHAFT im untersuchten Zeitraum nicht schematisch in ein „aktiv bestimmendes Oben" der bolschewistischen Partei und ein „passiv empfangendes Unten" der (ländlichen) Bevölkerung aufteilen lässt. Herrschen bedeutete ein komplexer Prozess von vielfach ineinander verwundener und verschlungener Interaktionen. Alle aktivierten ihre Beziehungsnetze, um ihre Anliegen durchzusetzen. Die unterschiedlichen Handlungsspielräume, Widerstände und der Eigensinn der historischen Akteure kamen zum Vorschein. Die eigenen Interessen wurden mit weitaus mehr Verhaltensweisen erreicht als bloss mit dem Einsatz physischer Gewalt. Daher ist es unabdingbar, auch jene Herrschaftspraktiken zu erforschen, die ohne physische Gewalt auskamen. Erst in diesem Vergleich lässt sich deren Stellenwert eruieren. Weiter wurde deutlich, dass neben den staatlichen Vertretern und Parteiangehörigen auch die Dorfgemeinschaft und Familien Herrschaft über ihre Mitglieder ausübten. Voraussetzung dafür war die zumindest eine Zeitlang andauernde, physische Präsenz. Hierin verfügte die Dorfgemeinschaft gegenüber Staat und Partei über einen Vorsprung, den sie bis mindestens zur Kollektivierung auch hielt. Doch sowohl in den Fallbeispielen von 1919 als auch in denjenigen von 1922/1923 scheinen die Menschen die sowjetischen Behörden so wie die zaristischen als übergeordnete und mächtigere Instanz akzeptiert zu haben. Ob sie sie allerdings für die legitime Herrschaft hielten, liess sich anhand der gewählten Dokumente nicht überprüfen. Wahrscheinlich würde eine Auswertung von Gerichtsakten, in denen das Bandenwesen oder antisowjetische Äusserungen und somit genau diese Frage verhandelt wurde, Aufschlüsse bringen.

Eine umfassende Erklärung, weshalb sich die Bolschewiki an die Macht schwingen und diese halten konnte, ist schwierig zu liefern. Die am lebensweltlichen Ansatz orientierte Analyse von Gerichtsakten versuchte sich aus der Perspektive der historischen Akteure einer Antwort anzunähern. Insgesamt lässt sich feststellen, dass die staatlichen Vertreter auf der Gouvernementsebene – meist Parteimitglieder – 1919 der Bevölkerung mehr entgegengekommen sind als bisher angenommen. Sie gingen beispielsweise auf deren Rechtsempfinden ein und bestraften die Anhänger der eigenen Organisation. Vier Jahre später scheinen die Menschen im Gouvernement Smolensk ihren lang gehegten Wunsch nach Autonomie und Selbstverwaltung verwirklicht zu haben. Sie lösten Konflikte innerhalb ihrer Gemeinschaft, mochten sich aber auch an die staatlichen Behörden wenden, wenn sie selber damit nicht mehr zurecht kamen. Sie konnten die aus der Zarenzeit eingeübten Verhaltens- und Argumentationsweisen gegenüber Beamten fortführen. Sowohl die einfachen Bürgerinnen und Bürger als auch die staatlichen Vertreter der Ermittlungs- und Gerichtsbehörden sowie die wenigen Parteimitglieder scheinen sich arrangiert und ihre jeweiligen Einflusssphären zumindest grob abgesteckt zu haben. Aus der Sicht der historischen Akteure repräsentierte die Bürgerkriegsperiode in erster Linie eine Ausnahmezeit. Dementsprechend bedeuteten die Jahre danach die Rückkehr zur Normalität. Ruhe und Ordnung waren wieder eingekehrt. Alles in allem überwog im Leben der untersuchten historischen Akteure die KONTINUITÄT zur Zarenzeit. Die Oktoberrevolution 1917 scheint für die Menschen in der ländlichen Provinz Smolensk nicht den Beginn einer neuen Epoche bedeutet zu haben.

Die Frage nach dem historischen WANDEL bringt das Thema des „Stalinismus avant la lettre" wieder auf das Tapet. Antworten können hier aufgrund der Quellenlage, wie bereits in der Einleitung erwähnt, lediglich angedeutet werden. Auf der Suche nach Verhaltens- und Denkweisen, die denjenigen ab 1929 entsprachen, lassen sich in den Fallbeispielen ein paar wenige finden. Ob sie allerdings die Grundlage für den Stalinismus legten, bleibt Spekulation. Dennoch seien sie kurz im Sinne einer provisorischen Überlegung umschrieben.

Namentlich in der Fallstudie zu Natal'ja Fedorova liess sich die Erinnerungskultur der Menschen in den Dörfern darlegen. Erfahrene Gewalt und Gewaltformen wurden über Jahre hinweg nicht vergessen und konnte neue Gewalt etwa in Form eines Racheaktes auslösen. Gewalt setzte sich fort, musste aber nicht zwingend quasi auf die nächste gewaltsame Phase „aufgehoben" werden. Die historischen Akteure haben sich bezüglich des Argumentierens recht lernfähig gezeigt. Sie verstanden bald, mit welchen Stichworten und Formeln sie ihrem Interesse bei den Ermittlungs- und insbesondere der Gerichtsbehörden am besten zum Erfolg verhelfen konnten. Wer weiss, ob nicht die Dorfbewohner den Vatermörder Vasilij Trofimov acht, zehn Jahre später als „Kulaken" bezeichnet und so ihr gewünschtes Urteil, ihn auszusiedeln, erreicht hätten?[12] Immerhin ist bekannt, dass die Menschen in der Stalinzeit die Möglichkeit der Denunziation genutzt hatten, um unliebsame Mitbürger los zu werden. Teilweise sind in den Gerichtsakten, wie in derjenigen von Vasilij Trofimov, die Urteile der Dorfbewohner im Sinne einer Empfehlung an das Gericht erhalten. In der Regel

12 Vgl. Družnikov, Jurij Il'ič: Donoščik 001, ili voznesenoie Pavlika Morozova. Moskau 1995.

fielen diese härter aus als die tatsächlich gefällten. Es ist denkbar, dass man meinte, sich mit einer Strafverschärfung Ende der 1920er Jahre auf ein bäuerliches Anliegen zu stützen. Aufgrund des fehlenden Quellenmaterials für die Zeit der Kollektivierung können, wie bereits in der Einleitung festgehalten, die beiden „gewaltsamen" Perioden 1917 bis 1921 und 1928 bis 1932 einander nicht gegenübergestellt werden. Für erstere ist jedoch hervorzuheben, dass die sowjetische Justiz das gewalttätige Verhalten von Anhängern und Mitgliedern der Partei klar negativ sanktionierte. Da keine Protokolle der Urteilsfindung angefertigt wurden, wissen wir nicht, wie die Richter zu ihrem Urteil kamen. Für einen allfälligen Vergleich gilt zumindest zu beachten, dass im Gouvernement Smolensk das Gerichtspersonal 1928 durch ein neues ausgewechselt wurde.

Die vorliegenden Fallstudien schliessen einen „Stalinismus vor dem Stalinismus" nicht aus. Von der Perspektive der historischen Akteure ausgehend legen sie nahe, intensiver der Frage nach den Kontinuitäten nachzugehen und in der historischen Bewertung der frühen Sowjetzeit diese Aspekte stärker zu beachten und zu gewichten. Dasselbe lohnt sich eventuell auch für die Stalinismusforschung. Das Gouvernement Smolensk beispielsweise lag in Sachen Kollektivierung bis Ende der 1930er Jahre in den letzten Rängen. Wie war das möglich? Hatte die bäuerliche Bevölkerung zumindest Teile ihrer Selbstverwaltung mit Hilfe der seit der Zarenzeit eingeübten Schutz- und Kommunikationsstrategien erfolgreich verteidigen können?[13]

Quellenmässig hat die vorliegende Arbeit GERICHTSAKTEN als Gattung für die Erforschung der frühen Sowjetzeit ins Zentrum der Untersuchung gestellt. Bei ihrer Auswertung konnten auch die Ergebnisse und Anregungen der westlichen (Früh-)Neuzeitforschung genutzt werden.

Gerichtsakten erwiesen sich als ideales Material, mit dem sich physische GEWALT – zentrales Thema dieser Arbeit – quellenmässig greifen liess. Gewalt wurde als Form sozialen Handelns, als (misslungener), kommunikativer Akt verstanden. Diese Betrachtungsweise ermöglichte es, den diffusen Begriff „Gewalt" zu operationalisieren. Dabei interessierte: Wann, wie und wo setzten die jungen Menschen Gewalt ein? Und: welche Bedeutung gaben die Betroffenen der ausgeübten und erlittenen Gewalt? Wie sprachen sie darüber? Gewalt wurde demnach als Teil des menschlichen

[13] Ohr hat Quellen des „Smolensker Archivs" ausgewertet und argumentiert in diese Richtung. Ohr, Nellie Hauke: Collective Farms and Russian Peasant Societey, 1933–1937: The Stabilization of the Kolkhoz Order (Farms). Ph. D. diss, University of Standford 1990. Vgl. auch CDNISO, f. 5, op. 1, d. 85.

Zusammenlebens begriffen. Sie wurde in ihrem Kontext dargestellt und aus ihrem Kontext erklärt. Daraus resultierte paradoxerweise, den Blick zunächst von der Gewalttat weg zu wenden: die ökonomischen, politischen, soziokulturellen Bedingungen zu erkunden, Netzwerke, Abhängigkeiten und Herrschaftsverhältnisse zu klären und Ausschau nach Alternativen und Ausweichmöglichkeiten im Handlungsverlauf zu halten. Erst danach folgte das Ziel, die unterschiedlichen Deutungen der Gewalt gleichberechtigt zu erfassen und Motive versuchen zu identifizieren. Da die Altersgruppe der Jugendlichen im Mittelpunkt der Untersuchung stand, galt es zudem, jugendspezifische Situationen und Verhaltensweisen zu ermitteln. Die Rekonstruktion von Lebenswelten junger Menschen und das Konzept der „Lebenswelt" erlaubten schliesslich Aussagen zu allgemeineren Aspekten, die über die nackte, physische Gewalt hinauswiesen, aber eng mit ihr verknüpft waren: so etwa zur bolschewistischen Herrschaft in den Dörfern des Gouvernements Smolensk, zur Reichweite des staatlichen Gewaltmonopols, zu lokalen Machtstrukturen oder zu Geschlechterordnungen.

Die AUSWERTUNG von Gerichtsakten bedeutete die REKONSTRUKTION UND INTERPRETATION der im Material benannten Gesten, Worte und Handlungen. Deshalb ging die vorliegende Untersuchung von den historischen Akteuren aus und trat für einen „Blick von unten" auf den Gang der Geschichte ein. Diese Art der Geschichtsschreibung bleibe im Beschreiben und Nacherzählen stecken, so lautet der bekannte und teilweise nicht unberechtigte Vorwurf. Von der Strukturgeschichte angeregte Themenbereiche, das Erkenntnisinteresse an Kontinuität und Wandel im historischen Verlauf würden nicht beachtet beziehungsweise könnten nicht abgedeckt werden. Eben diese Fragestellungen jedoch sollten meines Erachtens an die historischen Akteure gerichtet werden. So lassen sich nämlich der „grosse" Kontext – die politischen Ereignisse, die allgemeine wirtschaftliche Situation sowie die sozialen und kulturellen Bedingungen – und die Geschichten der „kleinen Leute" miteinander kombinieren. Eine derartige Verknüpfung kann man mit dem Konzept „Lebenswelt" methodisch-theoretisch fassen. Bewusst verortet der lebensweltlich orientierte Ansatz diese Verschränkung im historischen Akteur und versteht die Menschen als die Akteure der Geschichte. Deshalb überrascht es nicht, dass sieben junge Menschen im Mittelpunkt standen. Ihre Geschichten interessierten weniger um ihrer selbst willen, sondern aufgrund der Möglichkeit, aus ihrer exemplarischen Perspektive Erkenntnisse über das Leben im Gouvernement Smolensk während der frühen Sowjetunion zu gewinnen. Aus den Vernetzungen, in denen sich die vorgestellten Menschen bewegten, ergaben sich Einsichten in

Verhaltensweisen und Handlungsspielräumen, in das Innere von Dörfern, in sich verändernde Strukturen, in die Wechselwirkung von Akteuren, dörflicher Autonomie und bolschewistischer Herrschaft, in die Widersprüche und Ambivalenzen historischer Situationen. Die Fallstudien vermittelten eine Vielzahl wertvoller Einblicke in die Lebensverhältnisse um Smolensk und machten Konfliktlinien sichtbar.

Die Rekonstruktion dieser komplexen Sachverhalte und Zusammenhänge sowie deren Interpretation erfolgten mit Hilfe des dichten Beschreibens, des „historischen Erzählens". Bezüglich der DARSTELLUNG setzt dichtes Beschreiben Mut zur Offenheit voraus: zur Offenheit, die Lücken der Überlieferung mit eigenen Annahmen füllen und sie auch sprachlich als solche zu kennzeichnen. Die eigenen Ergänzungen bilden einen Teil der Rekonstruktionsarbeit und dadurch eine wichtige Grundlage für die Interpretation. Wenn die Gedanken und Vorstellungen der Forschenden erkennbar sind, lässt sich die Interpretation nachvollziehen und der Verdacht der Unwissenschaftlichkeit entkräften.[14] In der Praxis des Schreibens besteht obendrein die Schwierigkeit und Kunst darin, die „grossen", strukturgeschichtlichen Linien mit den Fragmenten aus Biografien einzelner historischer Akteure in und zu einem Text zu verbinden. Es hat sich als sinnvoll erwiesen, die Perspektive der historischen Akteure als Ausgangspunkt zu wählen und deren Lebenswelten problem- und themenorientiert – in meinem Fall „Jugend und Gewalt" – zu schildern. Insofern erweist sich „Lebenswelt" als die Schnittstelle, wo „subjektiv Erlebtes" und „objektiv Gegebenes", wo Mikro- und Makrogeschichte zusammentreffen.

Eine solche stellen auch die ZEICHNUNGEN „revolutionären Inhalts" von Petr dar, die auf den nächsten Seiten abgebildet sind. Sie liegen zusammen mit weiteren Zeichnungen und Aufsätzen von zwölf- bis vierzehnjährigen Schülern der gleichen Schule in einer Mappe mit dem Titel „Skizzen und Zeichnungen revolutionären Inhalts für das Jahr 1926".[15] Aus

14 Medick, Hans: „Missionare im Ruderboot". Ethnologische Erkenntnisweisen als Herausforderung an die Sozialgeschichte. In: Lüdtke, Alf (Hg.): Alltagsgeschichte: Zur Rekonstruktion historischer Erfahrungen und Lebensweisen. Frankfurt am Main 1994, 61; Rüsen, Jörn: Historische Methode. In: Meier, Christian, Rüsen, Jörn (Hg.): Historische Methode. München 1988. (Beiträge zur Historik; Bd. 5), 69.

15 GASO, f. r-19, op. 1, d. 4060. Die Aufsätze enthalten die genaue geographische Herkunft der Schüler: Gouvernement Smolensk, *uezd* Gžatsk (heute Gagarin), Prigorodnaja *volost'*, Nikol'skaja Schule. Es ist nicht klar, ob die Schule so heisst oder ob die Schule von Nikol'skoe gemeint ist.

welchem Grund sie erstellt wurden, lässt sich aus der Akte nicht entnehmen. Vielleicht hatten die Schüler an einem Wettbewerb teilgenommen? Vielleicht behandelten sie das Thema „Leben vor und nach Oktoberrevolution" im Unterricht und wurden von der Lehrperson aufgefordert, nun einen Aspekt daraus darzustellen, um sie im Schulhaus zur jährlich stattfindenden Feier der Oktoberrevolution auszustellen?[16]

Petr war offenbar zeichnerisch begabt und entschied sich deshalb, den Vergleich anhand der Gebäude zweier Institutionen vorzunehmen, die die jeweilige Epoche repräsentieren sollten: das Haus des Gutsbesitzers und das Haus der landwirtschaftlichen Kreditgenossenschaft.[17] Bei einem ersten Blick auf die Zeichnungen fällt auf, wie ähnlich sich die beiden sind. Beide Häuser stehen im Zentrum des Bildes. Sie sind solide auf einem Backsteinfundament gebaut, verfügen über ein gutes Dach und einen Ofen, wovon die rauchenden Kamine Kunde geben. Ein sauberer Aufgang führt zur Tür in der Mitte der Hausfront. Die vielen Fenster lassen die Häuser hell und freundlich erscheinen. Federvieh spaziert auf der grünen, umzäunten Wiese vor dem Haus. Ein Baum rundet das idyllisch anmutende Bild ab. Wir müssen schon genauer hinsehen, um die Unterschiede zu erkennen. In der Tat zeugt das Gutsbesitzerhaus von einem gewissen Luxus: Es ist doppelstöckig gebaut, weist reiche Verzierungen auf, hat zwei Kamine und Dachrinnen, vor dem Haus schwimmen Enten in einem Teich. Das Haus der landwirtschaftlichen Genossenschaft hingegen kommt mit einem Stock und mit weniger und schmäleren Fenstern aus. Der Zaun sperrt den Zugang zur Tür nicht ab. Neben zwei Hühnern findet auch noch ein Hahn sein Futter im Gras. Ein Weg an der rechten unteren Seite führt zum Nachbarhaus, das ganz am Rand angedeutet ist. Ein blauer Himmel überwölbt das ganze Bild.

In den Zeichnungen und in der Wahl der Institutionen reflektiert sich ein Diskurs, der in den 1920er Jahre die Landwirtschaftspolitik beherrschte. Die Bauern sollten sich in Genossenschaften vereinigen, unter anderem ihre Geldreserven zusammenlegen und gemeinsam die dringend benötigten Landwirtschaftsgeräte beschaffen. Mit einem dichten Netz von Genossen-

16 Für eine publizierte Sammlung von Kinderaufsätzen vgl. Petrov, V. V.: Byt derevni v sočinenijach škol'nikov. Moskau 1927.

17 GASO, f. r-19, op. 1, d. 4060, l. 30 (Gutsbesitzerhaus), l. 31 (landwirtschaftliche Kreditgenossenschaft).
Zu den landwirtschaftlichen Kooperativen vgl. Ėvert, I.: Kooperacija. Sostojanie pervičnoj seti sel'sko-chozjajstvennoj kooperacii v rajonach Smolenskogo i Bel'skogo sel'sojuzov Smolenskoj gubernii. In: Ėkonomičeskaja Žizn', Nr. 6–7, mart–aprel' 1926g., 74–82.

schaften wollten die bolschewistischen Machthaber das wirtschaftliche System der Sowjetunion organisieren. Petr hatte offenbar verstanden, dass die landwirtschaftliche Kreditgenossenschaft alle Bauern einbeziehen sollte. Im Gegensatz zum Gutsbesitzer schirmte sie sich denn auch nicht mit einem Zaun ab. Sie befand sich nicht an einem einsamen Ort, sondern in der Nachbarschaft mit andern, wie das Haus am rechten Rand anzeigt. Statt das Geld für unnötige Verzierungen zu verschwenden, hatte sie sich an den Nutzen denkend einen Hahn zugetan.

Solche Überlegungen mochte Petr sich gemacht haben, als er die Federn der Hühner malte oder sorgfältig die Linien für die Häuserbalken zog. Die Botschaft der grossen Politik hatte er für sich (und für uns) anschaulich umgesetzt. An seinen Zeichnungen lässt sich schön beobachten, dass historische Akteure den zeitgenössischen Diskurs aufnahmen und sie in ihrer Welt zu einem neuen, zu ihrem Bild verarbeiteten. Petr hatte dies offenbar sehr glaubwürdig getan. Denn seine Zeichnungen gelangten wie Telegramme von Lenin nach Smolensk ins Archiv.

Mir gefallen die Zeichnungen ebenfalls. Mein Auge nimmt jedoch weniger die Unterschiede wahr, die den „revolutionären Inhalt" der Bilder ausmachen, als die Ähnlichkeiten. Beide Häuser stehen behäbig im Zentrum der Zeichnungen. Sie sind gleich gebaut: auf einem Backsteinsockel und mit roten Balken. Es sind dieselben Hühner, die ihr Fressen im grünen Gras suchen. Es sind dieselben Bäume und Pflanzen, die um die Häuser wachsen. Der Eindruck, es habe sich gar nicht so viel verändert, wird durch die Farbgebung gesteigert. Das Fazit aus den Fallstudien, die Kontinuität zur Zarenzeit in der frühen Sowjetunion stärker zu beachten, findet meines Erachtens in den Zeichnungen Petrs von 1926 eine Bestätigung.

Zeichnungen des ungefähr 13-jährigen Petrs aus dem Gouvernement Smolensk von 1926 zum Thema: Das Leben vor und nach der Oktoberrevolution 1917.
(Quelle: GASO, f. r-19, op. 1, d. 1)

Das Gutsbesitzerhaus, l. 30

Das Haus der landwirtschaftlichen Kreditgenossenschaft, l. 31

5. Literaturverzeichnis

5.1 Archivalien

Gosudarstvennyj Archiv Smolenskoj Oblasti, GASO
Staatsarchiv des Gebietes Smolensk

Fond r-13
- opis' 2: ed. chr.79
- opis' 4: dd. 455, 459, 463, 481

Fond r-19
- opis' 1: dd. 626, 1322, 4060, 4183, 4639

Fond 47
- opis' 1(1s): dd. 16, 163, 166, 175, 212
- opis' 1(4s): dd. 29, 55, 77, 162, 175, 202, 322, 384

Fond r-74
- opis' 2: dd. 624, 634, 635, 656, 661, 664, 669, 671, 675, 677, 683, 749, 750, 796, 866, 884, 885, 894, 897, 935, 965, 967, 972, 1006
- opis' 4(1924): dd. 167, 174, 202, 203, 210, 230, 261, 264, 292, 321, 327, 358, 361

Fond 161
- opis' 3: d. 659

Fond r-1007
- opis' 1: dd. 25, 27, 31, 33, 50, 76, 77, 83, 89, 123

Centr Dokumentacii Novejšej Istorii Smolenskoj Oblasti, CDNISO
Zentrum für Dokumente der Neuesten Geschichte des Gebietes Smolensk

Fond 5
- opis' 1: dd. 85, 195, 256, 549, 556

Fond r-140
- opis' 1: dd. 71, 213, 259, 603

Gosudarsvennyj Archiv Rossijskoj Federacii, GARF
Staatliches Archiv der Russländischen Föderation

Fond r-1005
opis' 67: ed. chr. 18, 50, 109, 218

Rossijskij Gosudarstvennyj Archiv Social'no-Političeskoj Istorii, RGASPI
Russländisches Staatliches Archiv für sozial-politische Geschichte

Fond 17
opis' 6: ed. chr. 412

Smolensker Archiv

R2 WKP2

R4 WKP25

R15 WKP119

R16 WKP126

R32 WKP273

R39 WKP331

R51 WKP467

R54 WKP512

R56 WKP525

R57 WKP14

5.2 Zeitgenössische Zeitschriften und Zeitungen

Bjulleten' Central'nogo Statističeskogo Upravlenija

Bjulleten' Smolenskogo Gubernskogo Statističeskogo Bjuro

Ėkonomičeskaja Žizn'

Ėženedel'nik Sovetskoj Justicii

Izvestija Smolenskogo Gubernskogo Ispolnitel'nogo Komiteta i Soveta rabočich i krasnoarmejskich deputatov Smolenska

Pravda

Pravo i Žizn'

Rabočij Put'

Roslavl'skij Kommunist

Statističeskoe obozrenie. Ežemesjačnik

Statističeskij obzor dejatel'nosti mestnych administrativnych organov Narodnogo Komissariata Vnutrennich Del RSFSR

Tovarišč

5.3 Zeitgenössische Literatur

Chuliganstvo i ponožovščina. Moskau 1927.

Ispravitel'no-Trudovoj Kodeks. In: Vserossijskij S-ezd rabotnikov penitenciarnogo dela v Moskve 18–24 oktjabrja 1923 goda. Stenografičeskij otčet plenarnych zasedanij S-ezda. Moskau 1923.

O prodovol'stvennom položenii Zapadnoj Oblasti. In: Ėkonomičeskaja Žizn'. Politiko-ėkonomičeskij žurnal, izdavaemyj Sovetom Narodnago [sic] Chozjajstva i Otdelom Snabženija Zapadnoj Oblasti. Nr. 3, 15. 9. 1918, 18, 19.

Osnovnye ėlementy sel'skogo chozjajstva Zapadnoj Oblasti v 1923, 1924 i 1925gg. Smolensk 1926.

Otčet o dejatel'nosti Smolenskogo Gubernskogo Komiteta RKP(b) za vremja s 1-go marta po 20-e oktjabrja 1921g. K 9 partkonferencii. Smolensk 1921.

Otčet Smolenskogo Gubispolkoma za 1923–24 god. XVI-mu Gubernskomu S-ezdu Sovetov Rabočich, Krest'janskich i Krasnoarmejskich Deputatov. Smolensk 1924.

Otčet Smolenskogo Gubispolkoma za 1924–25 god. XVII-mu Gubernskomu S-ezdu Sovetov Rabočich, Krest'janskich i Krasnoarmejskich Deputatov. Smolensk 1925.

Otčet Smolenskogo Gubispolkoma za 1925–26 god. XVIII-mu Gubernskomu S-ezdu Sovetov Rabočich, Krest'janskich i Krasnoarmejskich Deputatov. Smolensk 1927.

Otčet Smolenskogo Gubispolkoma za 1927 i 28gg. XIX-mu Gubernskomu S-ezdu Sovetov Rabočich, Krest'janskich i Krasnoarmejskich Deputatov. Smolensk 1929.

Otčet Smolenskogo Gubernskogo Komiteta RKP(b) k XII Smolenskoj Gubernskoj Konferencii Ross. Komm. Partii za vremja s 1 dekabrja 1922g. po 15 marta 1923g. Smolensk 1923.

Otčet Smolenskogo Gubernskogo Komiteta RKP(b) k XIII Gubernskoj Partijnoj Konferencii Rossijskoj Kommunističeskoj Partii (za vremja s 1-go marta 1923g. po 1-e marta 1924g.). Smolensk 1924.

Otčet Soveta Truda i Oborony na 1-e aprelja 1922g. Smolensk 1922.

Predvaritel'nye itogi vsesojuznoj perepisi naselenija 17-go dekabrja 1926 goda po Smolenskoj gub. Smolensk 1927.

Sobranie uzakonenij i rasporjaženij rabočego i krest'janskogo pravitel'stva, izdavaemoe Narodnym Komissariatom Justicii, Nr. 55, 15 nojabrja 1919g.

Sobranie uzakonenij i rasporjaženij rabočego i krest'janskogo pravitel'stva, izdavaemoe Narodnym Komissariatom Justicii, Nr. 88, 15 nojabrja 1920g.

Sobranie uzakonenij i rasporjaženij rabočego i krest'janskogo pravitel'stva, izdavaemoe Narodnym Komissariatom Justicii, Nr. 64, 4 nojabrja 1922g.

Sovremennaja prestupnost'. Vypusk II. Social'nyj sostav, professii, vozrast, gramotnost'. Moskau 1930.

Statističeskij obzor dejatel'nosti mestnych administrativnych organov Narodnogo Komissariata Vnutrennich Del RSFSR. Vypusk 1-j, aprel'–ijun' 1924 goda. Moskau 1924.

Statističeskij obzor dejatel'nosti mestnych administrativnych organov Narodnogo Komissariata Vnutrennich Del RSFSR. Vypusk 2-j, ijul'–sentjabr' 1924 goda. Moskau 1925.

Statističeskij obzor dejatel'nosti mestnych administrativnych organov Narodnogo Komissariata Vnutrennich Del RSFSR. Vypusk 4-5-j, janvar'–mart, aprel'–ijun' 1925 goda. Moskau 1925.

Statističeskij obzor dejatel'nosti mestnych administrativnych organov Narodnogo Komissariata Vnutrennich Del RSFSR. Vypusk 6-j, ijul'–sentjabr' 1925 goda. Moskau 1926.

Statističeskij obzor dejatel'nosti mestnych administrativnych organov Narodnogo Komissariata Vnutrennich Del RSFSR. Vypusk 7-j, s 1-go oktjabrja 1925 goda do 1-go oktjabrja 1926 goda. Moskau 1927.

Statističeskij obzor dejatel'nosti mestnych administrativnych organov Narodnogo Komissariata Vnutrennich Del RSFSR. Vypusk 8-j, s 1-go oktjabrja 1926 goda po 1-j janvar' 1927 goda. Moskau 1927.

Statističeskij obzor dejatel'nosti mestnych administrativnych organov Narodnogo Komissariata Vnutrennich Del RSFSR. Vypusk 9-j, janvar'–ijun' 1927 goda. Moskau 1928.

Statističeskij obzor dejatel'nosti mestnych administrativnych organov Narodnogo Komissariata Vnutrennich Del RSFSR. Vypusk 10-j, 1927 goda. Moskau 1928.

Statističeskij obzor dejatel'nosti mestnych administrativnych organov Narodnogo Komissariata Vnutrennich Del RSFSR. Vypusk 11-j, 1928 goda. Moskau 1930.

Ugolovno-Processual'nyj Kodeks RSFSR. Izdanie oficial'noe. Moskau 1923.

Ugolovnyj Kodeks RSFSR s postatejno-sistematizirovannymi materialami. Sostavlen i otredaktirovan kollektivno rabotnikami NKJu RSFSR S. Askarchanovym, T. Zajcevym, A. Iodkovskim, V. Sokolovym i V. Uskovym. Moskau 1925.

Ugolovnyj Kodeks. Praktičeskij Kommentarij pod redakciej professorov M. N. Gerneta i A. N. Trajnina. Obščaja čast'. S dopol'nenijami i izmenenijami, vnesennymi postanovlenijami 2-j sessii VCIK XI sozyva i s priloženiem „Osnovnych načal Ugolovnogo Zakonodat. Sojuza SSR i sojuznych respublik". Moskau 1925.

Ves' Smolensk i Gubernija na 1925–26 god. Smolensk 1925.

Vtoroj S-ezd Sovetov Zapadnoj Oblasti. Smolensk 1918g.

Azarova, E.: Prestupnost' staršich vozrastov. In: Sovremennaja prestupnost'. Vypusk II. Social'nyj sostav, professii, vozrast, gramotnost'. Moskau 1930, 10–21.

Beloborodov, A. G. (Hg.): Sovremennaja prestupnost' (Prestuplenie, pol, repressija, recidiv). Po dannym perepisi mest zaključenija. Vypusk 1. Moskau 1927.

Berezkin, S.: Čislennost' i sostav rabočej sily v fabrično-zavodskoj promyšlennosti Smolenskoj gubernii. Po dannym edinovremennych pereučetov na 1-e janvarja i 1-e ijulja 1927 goda. In: Bjulleten' Smolenskogo Gubernskogo Statističeskogo Bjuro, Nr. 4, mart 1928g., 101–105.

Bol'šakov, A. M.: Derevnja posle Oktjabrja. Leningrad 1925.

Bol'šakov, A. M.: Derevnja 1917–1927. Moskau 1927.

Borščevskij, A.: Sovetskij sud i kak vedutsja v nem dela. Char'kov 1925.

Bugajskij, Ja.: Chuliganstvo kak social'no-patologičeskoe javlenie. Moskau, Leningrad 1927.

Burkin, N.: Revoljucionnoe dviženie v Smolenske v 1905g. In: Smolenskij Gosudarstvennyj Universitet. Naučnye Izvestija. Smolensk 1926, 363–393.

Čel'cov-Bebutov, M. A.: Naša karatel'naja politika i bor'ba s chuliganstvom. In: Pravo i Žizn', 1926g., kniga vos'maja–desjataja, 75–89.

Čikunov, I. A.: Kollektivnye chozjajstva Smolenskoj gubernii. In: Ėkonomičeskaja Žizn', Nr. 8–9, avgust–sentjabrja 1924g., 51–62.

Chalfin, V. S.: Bor'ba s tajnym vinokureniem. In: Statističeskij obzor dejatel'nosti mestnych administrativnych organov Narodnogo Komissariata Vnutrennich Del RSFSR. Vyp. 6-j, ijul'–sentjabr' 1925 goda. Moskau 1926, 60–68.

Daijan, M.: Smolensk v revoljucii 1917 goda. Smolensk 1927.

Dobrovol'skij, V. N.: Smolenskij Oblastnoj Slovar'. Smolensk 1914.

Ėvert, I.: Kooperacija. Sostojanie pervičnoj seti sel'sko-chozjajstvennoj kooperacii v rajonach Smolenskogo i Bel'skogo sel'sojuzov Smolenskoj gubernii. In: Ėkonomičeskaja Žizn', Nr. 6–7, mart–aprel' 1926g., 74–82.

Fedjaev, I. F., Sokolov, A. V. (Hg.): Rajony Zapadnoj oblasti. Kratkij ėkonomičesko-statističeskij spravočnik po dannym 1931 goda. Smolensk 1932.

Frenkel', Elena: Ubijca v zakone, sudebnoj i penitenciarnoj praktike. In: Pravo i Žizn', 1926g., kniga pervaja, 63–75.

Freund, Heinrich: Strafgesetzbuch, Gerichtsverfassungsgesetz und Strafprozessordnung Sowjetrusslands. Mannheim, Berlin et al. 1925.

Frolov, N.: Zemleustrojstvo v Zapadnoj oblasti. In: Ėkonomičeskaja Žizn', Nr. 11–12, nojabr'–dekabr' 1923g., 38–50.

G. M., M. D.: Zapas rabočej sily v sel'skom chozjajstve Zapadnoj oblasti. In: Ėkonomičeksaja Žizn', Nr. 10–12, ijul'–sentjabr' 1926g., 85–96.

Gagarin, A.: Chozjajstvo, žizn' i nastroenija derevni (po itogam obsledovanija Počinkovskoj volosti Smolenskoj gubernii). Moskau, Leningrad 1925.

Gel'man, I.: Polovaja žizn' sovremennoj molodeži. Opyt social'nobiologičeskogo obsledovanija. Moskau, Petrograd 1923.

Gercenzon, A. A.: Polovaja prestupnost' v do-revoljucionnoj Rossii. (Statističeskij očerk). In: Krasnuškin, E. K., Segal, G. M., Fajnberg, C. M. (Hg.): Pravonarušenija v oblasti seksual'nych otnošenij. Moskau 1927, 108–127.

Gercenzon, A. A., Lapšina, N. S.: Ubijstvo v RSFSR i za granicej. In: Krasnuškin, E. K., Segal, G. M., Fejnberg, C. M. (Hg.): Ubijstva i ubijcy. Moskau 1928, 324–361.

Gern, Dm.: Rabočij bjudžet. Bjudžet semejnogo rabočego i služaščego g. Smolenska po dannym obsledovanija v nojabre 1926 goda. In: Ėkonomičeskaja Žizn', Nr. 3–4, mart–aprel' 1927g., 35–63.

Gern, Dm.: Bjudžet batraka v sovetskich chozjajstvach (sovchozach) Smolenskoj gubernii. Po materialam Gubstatotdela. In: Ėkonomičeskaja Žizn', Nr. 5–8, maj–avgust 1927g., 67–82.

Gernet, Michail N.: Sud ili samosud. Moskau 1917.

Gernet, Michail N.: Moral'naja Statistika. Ugolovnaja statistika i statistika samoubijstva. Moskau 1922.

Gernet, Michail N.: Sistema karatel'nych mer v Ugolovnom Kodekse RSFSR. In: Pravo i Žizn', 1922g., kniga pervaja, 64–73.

Gernet, Michail N.: Očerki tjuremnoj psichologii. In: Pravo i Žizn', 1922g., kniga tret'ja, 65–74.

Gernet, Michail N.: Očerki tjuremnoj psichologii. Noč v tjurm'me. In: Pravo i Žizn', 1923g., kniga pervaja, 51–63.

Gernet, Michail N.: Toska v tjur'me i tjuremnye razvlečenija. Očerki tjuremnoj psichologii. In: Pravo i Žizn', 1923g., kniga vtoraja, 82–88.

Gernet, Michail N.: Očerki tjuremnoj psichologii. Razvlečenija v obščem tjuremnom zaključenii. In: Pravo i Žizn', 1923g., kniga tret'ja, 50–64.

Gernet, Michail N.: Očerki tjuremnoj psichologii. Polovaja žizn' v tjur'me. In: Pravo i Žizn', 1923g., kniga četvertaja, 71–77.

Gernet, Michail N.: Očerki tjuremnoj psichologii. Žurnalistika i žurnali v tjur'me. In: Pravo i Žizn', 1923g., kniga pjataja i šestaja, 93–105.

Gernet, Michail N.: Očerki tjuremnoj psichologii. Mysl' v tjur'me. In: Pravo i Žizn', 1923g., kniga sed'maja i vos'maja, 102–110.

Gernet, Michail N.: Očerki tjuremnoj psichologii. Psichologija tjuremnogo čtenija. In: Pravo i Žizn', 1923g., kniga devjataja i desjataja, 83–97.

Gernet, Michail N.: Očerki tjuremnoj psichologii. Psichologija perepiski i svidanij v tjur'me. In: Pravo i Žizn', kniga pervaja, 1924g., 81–92.

Gernet, Michail N.: Očerki tjuremnoj psichologii. Čuvstvo v tjur'me. In: Pravo i Žizn', 1925g., kniga pervaja, 70–76.

Gernet, Michail N.: Očerki tjuremnoj psichologii. Čuvstvo v tjur'me. In: Pravo i Žizn', 1925g., kniga vtoraja i tret'ja, 104–109.

Gernet, Michail N.: Ženščiny-ubijcy. In: Pravo i Žizn', 1926g., kniga šestaja i sed'maja, 78–91.

Gernet, Michail N.: Prestupnost' i samoubijstva vo vremja vojny i posle nee. Vtoroj vypusk „Moral'noj statistiki". Moskau 1927.

Gernet, Michail N.: Statistika gorodskoj i sel'skoj prestupnosti. In: Širvindt, E., Traskovič, F., Gernet, M. (Hg.): Problemy prestupnosti. Vyp. Vtoroj. Moskau, Leningrad 1927, 15–24.

Glinka, S.: K voprosu o snabženii gorodskogo naselenija kartofelem. In: Ėkonomičeskaja Žizn', Nr. 2–3, 1919, 8–12.

Gorodskij, A.: Položenie dorožnogo dela v Smolenskoj gubernii i vidy na ego bližajšee buduščee. In: Ėkonomičeksaja Žizn', Nr. 3, mart 1923g., 40–57.

Grišanevskij, V.: Raspredelenie naselenija Smolenskoj gubernii po polu, vozrastu, narodnostjam i gramotnosti po dannym demografičeskoj perepisi 1926g. In: Bjulleten' Smolenskogo Gubernskogo Statističeskogo Bjuro, Nr. 4, mart 1928g., 134–140.

Gusel'nikova: Naselenie, posevnye ploščadi i skot v krest'janskich chozjajstvach Smolenskoj gubernii v 1923g. In: Bjulleten' Smolenskogo Gubernskogo Statističeskogo Bjuro, Nr. 1, aprel' 1924g., 40–66.

Jakubson, V. R.: Ispravitel'no-Trudovoj Kodeks RSFSR. Populjarnoe izloženie i postatejnyj kommentarij. Vypusk III–V. Moskau 1926.

Jakubson, V.: Repressija lišeniem svobody. In: Beloborodov, A. G. (Hg.): Sovremennaja prestupnost' (Prestuplenie, pol, repressija, recidiv). Po dannym perepisi mest zaključenija. Vypusk 1. Moskau 1927, 20–38.

Jakubson, V.: Naselenie mest zaključenija v SSSR. In: Statističeskoe obozrenie. Ežemesjačnik, Nr. 5, maj 1929g., 105–110.

Juškovič, S.: K vozobnovleniju vinokurenija v Belorusskoj Respublike. In: Ėkonomičeskaja Žizn', Nr. 1, 1919g., 9–11.

Kabo, Elena Osipovna: Očerki rabočego byta. Opyt monografičeskogo issledovanija domašnego rabočego byta. Tom pervyj. Moskau 1928.

Kalmanovič: Prodovol'stvennye perspektivy i organy raspredelenija. In: Ėkonomičeskaja Žizn'. Politiko-ėkonomičeskij žurnal, Nr. 8, 1918g., 4.

Kobrin, M.: Rynok stroitel'nych materialov v Smolenskoj gubernii. In: Ėkonomičeskaja Žizn', Nr. 8–9, avgust–sentjabr' 1924g., 45–47.

Kononov, G.: Gorodskoe naselenie Smolenskoj gubernii v 1923 godu. In: Bjulleten' Smolenskogo Gubernskogo Statističeskogo Bjuro, Nr. 1, aprel' 1924g., 67–91.

Krasnuškin, E. K., Segal, G. M., Fajnberg, C. M. (Hg.): Pravonarušenija v oblasti seksual'nych otnošenij. Moskau 1927.

Krasnuškin, E. K., Segal, G. M., Fejnberg, C. M. (Hg.): Ubijstva i ubijcy. Moskau 1928.

Krivcov, S. S. (Hg.): Zapadnaja oblast'. Moskau, Leningrad 1929.

Krylov, M.: Dorogovizna i zarabotnaja plata v Smolgub. In: Ėkonomičeskaja Žizn', Nr. 10, oktjabr' 1922g., 11–18.

Krylov, M.: Social'nyj i professional'nyj sostav gorodskogo naselenija Smolenskoj gub. In: Bjulleten' Smolenskogo Gubernskogo Statističeskogo Bjuro, Nr. 2, ijun' 1925g., 15–35.

Kufaev, V. I.: Junye pravonarušiteli. Izd. 2-oe, ispravl. i dopoln. Moskau 1925.

Lejbovič, Ja. L.: Praktičeskoe rukovodstvo po sudebnoj medicine. Kurs lekcij, čitanych v universitete im. Sverdlova. Moskau 1922.

Lisovskij, V.: Estestvennoe dviženie naselenija g. Smolenska za 1922–1924gg. In: Bjulleten' Smolenskogo Gubernskogo Statističeskogo Bjuro, Nr. 2, ijun' 1925g., 3–13.

Lisovskij, V.: Estestvennoe dviženie naselenija v Smolenskoj gubernii za 1920–1926 gody. In: Bjulleten' Smolenskogo Gubernskogo Statističeskogo Bjuro, Nr. 4, mart 1928g., 107–133.

Lisovskij, V.: Territorija Smolenskoj gubernii i ee administrativnoe delenie na 1 janvarja 1928 goda. In: Bjulleten' Smolenskogo Gubernskogo Statističeskogo Bjuro, Nr. 4, mart 1928g., 162–166.

Ljublinskij, P. I.: Prestuplenija v oblasti polovych otnošenijach. Moskau, Leningrad 1925.

Malinovskij, I.: Karatel'naja politika Sovetskoj vlasti i „ispravitel'no-trudovoj kodeks". In: Pravo i Žizn', 1925g., kniga pervaja, 62–70.

Makovskij, Daniil Pavlovič, Moryganov, Aleksej Nikolaevič: Socialističeskaja perestrojka chutorskoj derevni. Smolensk 1936.

Man'kovskij, B. S.: Derevenskaja ponožovščina. In: Chuliganstvo i ponožovščina. Moskau 1927.

Man'kovskij, B. S.: Sovremennaja polovaja prestupnost'. In: Krasnuškin, E. K., Segal, G. M., Fajnberg, C. M. (Hg.): Pravonarušenija v oblasti seksual'nych otnošenij. Moskau 1927, 77–107.

Manns, G.: Derevenskie ubijstva i ubijcy. In: Širvindt, E., Traskovič, F., Gernet, M. (Hg.): Problemy prestupnosti. Vyp. 2. Moskau, Leningrad 1927, 25–40.

Mar'enkov, E.: Sočustvujuščij. Rasskaz. In: Molodoe. Stichi i rasskazy. Sbornik. Smolensk 1927, 17–29.

Mel'nikov, A.: Batračestvo i pastušestvo v 1928g. In: Statističeskoe obozrenie. Ežemesjačnik, Nr. 10, 1929g., 57–66.

Men'šagin, V. D.: Ubijstva. In: Krasnuškin, E. K., Segal, G. M., Fejnberg, C. M. (Hg.): Ubijstva i ubijcy. Moskau 1928, 33–86.

Michailov, V. I.: Osnovnye čerty i dinamika krest'janskogo pitanija v Smolenskoj gubernii za 1921–26gg. Po dannym Gubstatotdela. In: Ėkonomičeskaja Žizn', Nr. 5–8, maj–avgust 1927g., 33–47.

Minc, L.: Otchožie promysly v SSSR. In: Statističeskoe obozrenie, Nr. 9, 1928g., 55–62.

Neždanov: Iz tekuščej praktiki. Bol'nye voprosy krest'janskogo dvora. In: Pravo i Žizn', 1924g., kniga sed'maja i vos'maja, 115, 116.

Ozoreckij, N. I.: Polovye pravonarušenija nesoveršennoletnich. In: Krasnuškin, E. K., Segal, G. M., Fajnberg, C. M. (Hg.): Pravonarušenija v oblasti seksual'nych otnošenij. Moskau 1927, 128–157.

Pankeev, D.: Žiliščnye uslovija gorodskich poselenij Smolenskoj gubernii. In: Bjulleten' Smolenskogo Gubernskogo Statističeskogo Bjuro, Nr. 2, ijun' 1925g., 36–53.

Pankeev, D.: Konevodstvo Smolenskoj gubernii. Po dannym voennokonskoj perepisi 1924g. In: Bjulleten' Smolenskogo Gubernskogo Statističeskogo Bjuro, Nr. 2, ijun' 1925g., 86–115.

Paporotskij, V.: Čislennost' služaščich v gosudarstvennych učreždenijach i gosudarstvennych torgovych predprijatijach Smolenskoj gubernii po učetam na 1 ijulja 1924g. i na 1 maja 1925g. In: Bjulleten' Smolenskogo Gubernskogo Statističeskogo Bjuro, Nr. 2, ijun' 1925g., 107–115.

Petrov, V. V.: Byt derevni v sočinenijach škol'nikov. Moskau 1927.

R. P.: Iz dejatel'nosti Otdela Snabženija Zapadnoj Kommuny. In: Ėkonomičeskaja Žizn'. Politiko-ėkonomičeskij žurnal, Nr. 5, 1918g., 16, 17.

Rešetnikov, K.: Torfjanoe delo v Smolenskoj gubernii i ego bližajšie perspektivy. In: Ėkonomičeskaja Žizn', Nr. 6–7, mart–aprel' 1926g., 32–38.

Rodin, D.: Prestupnost' mužčin, ženščin i nesoveršennoletnich v 1922 godu. In: Bjulleten' Central'nogo Statističeskogo Upravlenija, Nr. 79, 1923g., 67, 68.

Rodin, D.: Gorodskaja i sel'skaja prestupnost'. In: Pravo i Žizn', 1926g., kniga vtoraja i tret'ja, 94–101.

Rodin, D.: Ob upotreblenii alkogolja v derevne. In: Statističeskoe obozrenie. Ežemesjačnik. Nr. 2, fevral' 1929g., 101–103.

Segalov, T.: Psichologija chuliganstva. In: Širvindt, E., Traskovič, F., Gernet, M. (Hg.): Problemy prestupnosti. Vyp. 1. Moskau, Leningrad 1926, 83–90.

Seliščev, A.: Jazyk revoljucionnoj ėpochi. Iz nabljudenij nad russkim jazykom poslednich let 1917–1926. Moskau 1926.

Šestakova, A.: Prestuplenija protiv ličnosti v derevne. In: Širvindt, E., Traskovič, F., Gernet, M. (Hg.): Problemy prestupnosti. Vyp. 1. Moskau, Leningrad 1926, 215–223.

Šestakova, A.: Prestuplenija protiv ličnosti. In: Beloborodov, A. G. (Hg.): Sovremennaja prestupnost' (Prestuplenie, pol, repressija, recidiv). Po dannym perepisi mest zaključenija. Vypusk 1. Moskau 1927, 59–66.

Širjaev, V. N.: Sud'ba graždanskogo iska pri obžalovanii prigovora ugolovnogo suda. In: Pravo i Žizn', 1924g., kniga sed'maja i vos'maja, 86–90.

Širokov, N.: Byt i material'noe položenie inženerno-techničeskich rabotnikov Smolenskoj gubernii. Po dannym anketnogo obsledovanija. In: Ėkonomičeskaja Žizn', Nr. 4–5, janvar'–fevral' 1926g., 41–58.

Širvindt, E., Traskovič, F., Gernet, M. (Hg.): Problemy prestupnosti. Vyp. 1. Moskau, Leningrad 1926.

Širvindt, E., Traskovič, F., Gernet, M. (Hg.): Problemy prestupnosti. Vyp. 2. Moskau, Leningrad 1927.

Slepkov, Vladimir: Na bytovye temy. Pod redakciej i s predisloviem Dm. Mareckogo. Leningrad 1927.

Sokolov, A. V. (Hg.): Spravočnik. Vsja Zapadnaja oblast' RSFSR. Moskau, Smolensk 1932.

Sokolov, N. M.: Osnovnye ėlementy sel'skogo chozjajstva Smolenskoj gubernii v 1924 godu. Po dannym vesennego oprosa. In: Bjulleten' Smolenskogo Gubernskogo Statističeskogo Bjuro, Nr. 2, ijun' 1925g., 54–85.

Sokolov, N. M.: Osnovnye ėlementy sel'skogo chozjajstva Smolenskoj gubernii za 1925, 1926 i 1927 gody. Po dannym vesennego oprosa. In: Bjulleten' Smolenskogo Gubernskogo Statističeskogo Bjuro, Nr. 4, mart 1928g., 5–53.

Solov'ev, A.: Kustarnye promysli Smolenskoj gubernii v 1923 godu. In: Ėkonomičeskaja Žizn', Nr. 3–4, mart–aprel' 1924g., 22–48.

Statistik: Pis'ma iz uezda. Pis'mo četvertoe. In: Ėkonomičeskaja Žizn', Nr. 10, 1922g., 39–46.

Strogovič, M.: Prestuplenija protiv ličnosti. In: Eženedel'nik Sovetskoj Justicii, Nr. 47, 1926g., 1324, 1325.

Trockij, Lev: Fragen des Alltagslebens. O. O. 1924.

Utevskij, B. S.: Dosročnye osvoboždenie i amnistija. Moskau 1927.

Višerskij, N.: Raspredelenie zaključennych po polu i prestuplenijam. In: Beloborodov, A. G. (Hg.): Sovremennaja prestupnost' (Prestuplenie, pol, repressija, recidiv). Po dannym perepisi mest zaključenija. Vypusk 1. Moskau 1927, 15–19.

Vnukov, V. A., Ėdel'štejn, A. O.: O charaktere ličnosti pravonarušitelja i mechanizmach pravonaruženij v oblasti polovych otnošenij. In: Krasnuškin, E. K., Segal, G. M., Fajnberg, C. M. (Hg.): Pravonarušenija v oblasti seksual'nych otnošenij. Moskau 1927, 51–76.

Vol'kov, G. I.: Kak vedutsja ugolovnye dela. Char'kov 1925.

Voronov, D. N.: Operativnaja dejatel'nost' milicii i ugolovn. rozyska. Alkogolizm. In: Statističeskij obzor dejatel'nosti mestnych administrativnych organov Narodnogo Komissariata Vnutrennich Del RSFSR. Vyp. 11-j, 1928 goda. Moskau 1930, 40–45.

Zelenin, Dmitrij: Russische (Ostslavische) Volkskunde. Berlin, Leipzig 1927.

Žižilenko, A. A.: Polovye prestuplenija (St. st. 166–171 Ugolovnogo Kodeksa). Ugolovnyj Kodeks RSFSR. Praktičeskij Kommentarij pod redakciej M. N. Gerneta i A. N. Trajnina. Moskau 1924.

Žižilenko, A. A.: Prestuplenija protiv polovoj neprikosnovennosti po ugolovnomu kodeksu RSFSR. In: Pravo i Žizn', 1924g., kniga vtoraja, 34–49.

Zmiev, B.: Prestuplenija v oblasti polovych otnošenij v gorode i v derevne. In: Širvindt, E., Traskovič, F., Gernet, M. (Hg.): Problemy prestupnosti. Vyp. 2. Moskau, Leningrad 1927, 41–50.

5.4 Sekundärliteratur

Administrativno-territorial'noe delenie Smolenskoj oblasti. Spravočnik. Smolensk 1993.

Gazety SSSR 1917–1960: Bibliografičeskij spravočnik. Moskau 1978, Bd. 3, 1980, Bd. 4.

Achmadeev, Farit Chasanovič: Stanovlenie i razvitie režima v ispravitel'no-trudovych učreždenijach RSFSR (1917–1930gg.). Dissertacija [...] kandidata juridičeskich nauk. Moskau 1993.

Afanas'ev, Valentin: Chronika Smolenščiny vremen „voennogo kommunizma" (mart i aprel' 1918–1920 godov). In: Kraj Smolenskij 3–4–5, mart–aprel'–maj 1994, 91–100.

Ahlberg, René: Einleitung. Die Entwicklung der sowjetischen Soziologie. In: Ders. (Hg.): Soziologie in der Sowjetunion. Ausgewählte sowjetische Abhandlungen zu Problemen der sozialistischen Gesellschaft. Freiburg im Breisgau 1969, 10–18.

Allyn, Bruce J.: Fact, Value, and Science. In: Graham, Loren R. (Hg.): Science and the Soviet Social Order. Cambridge, London 1990, 225–255.

Altrichter, Helmut: Die Bauern von Tver'. Vom Leben auf dem russischen Dorfe zwischen Revolution und Kollektivierung. München 1984.

Arnot, Margaret L., Usborne, Cornelie (Hg.): Gender and Crime in Modern Europe. London 1999.

Baberowski, Jörg: Autokratie und Justiz. Zum Verhältnis von Rechtsstaatlichkeit und Rückständigkeit im ausgehenden Zarenreich 1964–1914. Frankfurt am Main 1996. (Studien zur europäischen Rechtsgeschichte; Bd. 78).

Baberowski, Jörg: Der Feind ist überall. Stalinismus im Kaukasus. München 2002.

Bartlett, Roger (Hg.): Land Commune and Peasant Community in Russia. Communal Forms in Imperial and Early Soviet Society. London 1990.

Bernštam, T. A.: Molodež' v obradovoj žizni russkoj obščiny XIX–načala XX v. Polovozrastnoj aspekt tradicionnoj kul'tury. Leningrad 1988.

Blau, Ludwig: Das jüdische Zauberwesen. Darmstadt 1987.

Borodičev, P.: Na zare sovetskoj vlasti, ili o banditizme v Veližskom rajone. In: Put' k kommunizmu, Nr. 139, 24. 11. 1990, 3; Nr. 140, 27. 11. 1990, 3; Nr. 141–142, 29. 11. 1990, 3

Borodičev, P.: Nedobitki. Pamjat' tech let. In: Put' k kommunizmu, Nr. 15, 2. 2. 1991, 3.

Borisov, A. V., Dugin, A. N., Malygin, A. Ja. et al. (Hg.): Policija i milicija Rossii: stranicy istorii. Moskau 1992.

Borovikova, M. I.: Bor'ba Smolenskoj Bol'ševistskoj organizacii za političeskoe rukovodstvo massami v period podgotovki i provedenija velikoj Oktjabr'skoj Socialističeskoj Revoljucii. In: Učenye zapiski Smolenskogo pedagogičeskogo instituta. Vypusk VII. Smolensk 1958, 87–124.

Braudel, Fernand: Geschichte und Sozialwissenschaften. Die longue durée. In: Honegger, Claudia (Hg.): Marc Bloch, Fernand Braudel, Lucien Febvre u. a.: Schrift und Materie der Geschichte. Vorschläge zur systematischen Aneignung historischer Prozesse. Frankfurt am Main 1977, 47–85.

Breuninger, Helga, Sieferle, Rolf Peter (Hg.): Kulturen der Gewalt. Ritualisierung und Symbolisierung von Gewalt in der Geschichte. Frankfurt am Main 1998.

Brockhaus, Andreas: Abtreibung im Sowjetrecht. In: Hohmann, Joachim S. (Hg.): Sexualforschung und -politik in der Sowjetunion seit 1917. Eine Bestandesaufnahme in Kommentaren und historischen Texten. Mit einer Bilddokumentation und einer Auswahlbibliographie 1896 bis 1989. Frankfurt am Main, Bern et al. 1990, 236–251.

Brooks, Jeffrey: The Breakdown in Production and Distribution of Printed Material, 1917–1927. In: Gleason, Abbott, Kenez, Peter, Stites, Richard (Hg.): Bolshevik Culture. Experiment and Order in the Russian Revolution. Bloomington, Indiana 1985, 151–174.

Brovkin, Vladimir N.: Behind the Front Lines of the Civil War. Political Parties and Social Movements in Russia, 1918–1922. Princeton, New Jersey 1994.

Budaev, D. I., Kondrašenkov, A. A. (Hg.): Sel'skoe chozjajstvo i krest'janstvo Zapada i Severo-Zapada RSFSR v dorevoljucionnyj period. Smolensk 1980.

Budaev, D. I.: Osobennosti razvitija proizvodstvennych sil v sel'skom chozjajstve Zapadnogo regiona v ėpochu kapitalizma. In: Ders.: Kondrašenkov, A. A. (Hg.): Sel'skoe chozjajstvo i krest'janstvo Zapada i Severo-Zapada RSFSR v dorevoljucionnyj period. Smolensk 1980, 50–59.

Budaeva, O'lga, Kondrašenkov, Aleksej: Istorija krest'janstva Rossii v trudach Smolenskich istorikov. In: Kraj Smolenskij, Nr. 3–4–5, mart–aprel'–maj 1994, 100–105.

Budavari, Susan et al. (Hg.): The Merck-Index. An Encyclopedia of Chemicals, Drugs, and Biologicals. Rahway, New York 1989, 11. Auflage.

Buldakov, Vladimir: The National Experience of War, 1914–1917. In: Cecil, Hugh, Liddle, Peter (Hg.): Facing Armageddon. The First World War Experienced. London 1996, 539–544.

Burghartz, Susanna: Verführung oder Vergewaltigung? Reden über sexuelle Gewalt vor dem Basler Ehegericht in der Frühen Neuzeit. In: Dausien, Bettina, Herrmann, Martina et al. (Hg.): Erkenntnisprojekt Geschlecht. Feministische Perspektiven verwandeln Wissenschaft. Opladen 1999 (Geschlecht und Gesellschaft; Bd. 17), 325–344.

Cecil, Hugh, Liddle, Peter (Hg.): Facing Armageddon. The First World War Experienced. London 1996.

Chaytor, Miranda: Husband(ry): Narratives of Rape in the Seventeenth Century. In: Gender & History 7 (1995) 3, 378–407.

Clark, Katerina: Utopian Anthropology as a Context for Stalinist Literature. In: Tucker, Robert C. (Hg.): Stalinism. Essays in Historical Interpretation. New York 1977, 180–198.

Clements, Barbara Evans: The Effects of the Civil War on Women and Family Relations. In: Koenker, Diane P., Rosenberg, William G., Suny, Ronald G. (Hg.): Party, State, and Society in the Russian Civil War: Explorations in Social History. Bloomington, Indianapolis 1989, 105–122.

Clements, Barbara Evans, Engel, Barbara Alpern, Worobec, Christine (Hg.): Russia's Women. Accomodation, Resistance, Transformation. Berkeley, Los Angeles 1991.

Conquest, Robert: Die Ernte des Todes. Stalins Holocaust in der Ukraine 1929–1933. München 1988, 2. Auflage.

Conrad, Christoph, Kessel, Martina (Hg.): Geschichte schreiben in der Postmoderne. Beiträge zur aktuellen Diskussion. Stuttgart 1994.

Costlow, Jane T., Sandler, Stephanie, Vowles Judith (Hg.): Sexuality and the Body in Russian Culture. Standford, California 1993.

Dahlmann, Dietmar: Land und Freiheit: Machnovščina und Zapatismo als Beispiele agrarrevolutionärer Bewegungen. Wiesbaden 1986.

Daniel, Ute: Clio unter Kulturschock. Zu den aktuellen Debatten der Geschichtswissenschaft. In: Geschichte in Wissenschaft und Unterricht 48 (1997), 195–219, 259–278.

Davies, Robert W.: Soviet History in the Yeltsin Era. London, New York 1997.

Dinges, Martin: „Weiblichkeit" in „Männlichkeitsritualen"? Zu weiblichen Taktiken im Ehrenhandel in Paris im 18. Jahrhundert. In: Francia. Forschungen zur westeuropäischen Geschichte, Bd. 18/2, 1991, 71–98.

Dinges, Martin: Gewalt und Zivilisationsprozess. In: Traverse 2 (1995) 1, 70–82.

Dinges, Martin: Formenwandel der Gewalt in der Neuzeit. Zur Kritik der Zivilisationstheorie von Norbert Elias. In: Breuninger, Helga, Sieferle, Rolf Peter (Hg.): Kulturen der Gewalt. Ritualisierung und Symbolisierung von Gewalt in der Geschichte. Frankfurt am Main 1998, 171–194.

Družnikov, Jurij Il'ič: Donoščik 001, ili voznesenoie Pavlika Morozova. Moskau 1995.

Eklof, Ben: Russian Peasant Schools. Officialdom, Village Culture, and Popular Pedagogy, 1861–1914. Berkeley, Los Angeles et al. 1986.

Engel, Barbara Alpern: Peasant Morality and Premarital Relations in Late 19th Century Russia. In: Journal of Social History 23 (1990) 4, 695–714.

Engel, Barbara Alpern: Between the Fields and the City: Women, Work, and the Family in Russia, 1861–1914. Cambridge 1996.

Engelstein, Laura: Gender and the Juridical Subject: Prostitution and Rape in Nineteenth Century Russian Criminal Codes. In: Journal of Modern History 60 (1988), 458–495.

Ennker, Benno: Die Anfänge des Leninkults in der Sowjetunion. Köln, Weimar 1997. (Beiträge zur Geschichte Osteuropas; Bd. 22).

Fainsod, Merle: Smolensk Under Soviet Rule. Boston, London 1989.

Farnsworth, Beatrice, Viola, Lynne (Hg.): Russian Peasant Women. New York, Oxford 1992.

Farnsworth, Beatrice: The Litigious Daughter-in-Law: Family Relations in Rural Russia in the Second Half of the Nineteenth Century. In: Dies., Viola, Lynne (Hg.): Russian Peasant Women. New York, Oxford 1992, 89–106.

Farnsworth, Beatrice: Village Women Experience the Revolution. In: Dies., Viola, Linne (Hg.): Russian Peasant Women. New York, Oxford 1992, 145–166.

Farnsworth, Beatrice: Rural Women and the Law: Divorce and Property Rights in the 1920s. In: Dies., Viola, Lynne (Hg.): Russian Peasant Women. New York, Oxford 1992, 167–188.

Figes, Orlando: The Red Army and Mass Mobilization During the Russian Civil War, 1918–1920. In: Past and Present 129 (1990), 169–211.

Figes, Orlando: Peasant Russia, Civil War: the Volga Countryside in Revolution (1917–1921). Oxford 1989.

Figes, Orlando: Die Tragödie eines Volkes. Die Epoche der russischen Revolution 1891–1924. Berlin 1998.

Figes, Orlando: The Russian Revolution of 1917 and its Language in the Village. In: Miller, Martin A. (Hg.): The Russian Revolution. The Essential Readings. Oxford 2001, 73–103.

Fischer-Homberger, Esther: Die traumatische Neurose. Vom somatischen zum sozialen Leiden. Bern, Stuttgart et al. 1975.

Fitzpatrick, Sheila: Sex and Revolution: An Examination of Literary and Statistical Data on the Mores of Soviet Students in the 1920s. In: Journal of Modern History 50 (1978), 252–278.

Fitzpatrick, Sheila: The Civil War as a Formative Experience. In: Gleason, Abbott, Kenez, Peter, Stites, Richard (Hg.): Bolshevik Culture. Experiment and Order in the Russian Revolution. Bloomington, Indianapolis 1985, 57–76.

Fitzpatrick, Sheila, Rabinowitch, Alexander, Stites, Richard (Hg.): Russia in the Era of NEP. Explorations in Soviet Society and Culture. Bloomington, Indianapolis 1991.

Fitzpatrick, Sheila: Lives under Fire. Autobiographical Narratives and their Challenges in Stalin's Russia. In: Godet, Martine (Hg.): De Russie et d'ailleurs. Feux croisées sur l'histoire. Paris 1995, 225–232.

Frank, Stephen P.: „Simple Folk, Savage Customs?" Youth, Sociability, and the Dynamics of Culture in Rural Russia, 1856–1914. In: Journal of Social History 25 (1992), 711–736.

Frank, Stephen P.: Crime, Cultural Conflict, and Justice in Rural Russia, 1856–1914. Berkeley, Los Angeles 1999.

Frank, Stephen P.: Women and Crime in Imperial Russia, 1834–1913: Representing Realities. In: Arnot, Margaret L., Usborne, Cornelie (Hg.): Gender and Crime in Modern Europe. London 1999, 93–117.

Frank, Stephen P.: „Ask the Doctor!" Peasants and Medical-Sexual Advice in Riazan Province, 1925–1928. In: Husband, William B. (Hg.): The Human Tradition in Modern Russia. Wilmington 2000, 93–107.

Frierson, Cathy: Crime and Punishment in the Russian Village: Rural Concepts of Criminality at the End of the Nineteenth Century. In: Slavic Review 46 (1987) 1, 55–69.

Frierson, Cathy: Peasant Family Divisions and the Commune. In: Bartlett, Roger (Hg.): Land Commune and Peasant Community in Russia. Communal Forms in Imperial and Early Soviet Society. London 1990, 303–320.

Frierson, Cathy: Razdel: The Peasant Family Divided. In: Farnsworth, Beatrice, Viola, Lynne (Hg.): Russian Peasant Women. New York, Oxford 1992, 73–88.

Furger, Carmen: „Ich war aber in einer fürchterlichen Angst & Verwirrung, es machte entsetzlich in mir ...". Frauen und Männer vor Gericht: Kindsmordprozesse in Uri im 19. Jahrhundert. (Unveröffentlichte Lizentiatsarbeit). Basel 2002.

Gall, Marcella: Männliche Identität und Erfahrungswelt im Moskau der 1930er Jahre. Eine Untersuchung anhand des Tagebuches von Stepan Podljubnyj. (Unveröffentlichte Lizentiatsarbeit). Basel 2000.

Geertz, Clifford: Dichte Beschreibung. Bemerkungen zu einer deutenden Theorie von Kultur. In: Ders. (Hg.): Dichte Beschreibung. Beiträge zum Verstehen kultureller Systeme. Frankfurt am Main 1997, 5. Auflage, 7–43.

Geertz, Clifford: „Deep Play". Bemerkungen zum balinesischen Hahnenkampf. In: Ders.: Dichte Beschreibung. Beiträge zum Verstehen kultureller Systeme. Frankfurt am Main 1997, 5. Auflage, 202–260.

Genss, A. B.: Der Abort auf dem Lande. In: Hohmann, Joachim S. (Hg.): Sexualforschung und -politik in der Sowjetunion seit 1917. Eine Bestandesaufnahme in Kommentaren und historischen Texten. Mit einer Bilddokumentation und einer Auswahlbibliographie 1896 bis 1989. Frankfurt am Main, Bern et al. 1990, 567–587.

Gimpel'son, E. G.: Sovetskie upravlency: Političeskij i nravstvennyj oblik (1917–1920gg.). In: Otečestvennaja Istorija 5 (1997), 44–54.

Gleason, Abbott, Kenez, Peter, Stites, Richard (Hg.): Bolshevik Culture. Experiment and Order in the Russian Revolution. Bloomington, Indianapolis 1985.

Glickman, Rose L.: Peasant Women and Their Work. In: Farnsworth, Beatrice, Viola, Lynne (Hg.): Russian Peasant Women. New York, Oxford 1992, 54–72.

Glickman, Rose L.: „Unusual Circumstances" in the Peasant Village. In: Russian History / Histoire Russe 23 (1996) 1–4, 215–229.

Godenzi, Alberto: Gewalt im sozialen Nahraum. Basel, Frankfurt am Main 1993, 1. Auflage.

Godet, Martine (Hg.): De Russie et d'ailleurs. Feux croisées sur l'histoire. Paris 1995.

Goertz, Hans-Jürgen (Hg.): Geschichte. Ein Grundkurs. Hamburg 1998.

Goldman, Wendy: Women, Abortion and the State, 1917–36. In: Clements, Barbara Evans, Engel, Barbara Alpern, Worobec, Christine (Hg.): Russia's Women. Accomodation, Resistance, Transformation. Berkeley, Los Angeles 1991, 243–266.

Golfo, Alexopoulos: The Ritual Lament: A Narrative of Appeal in the 1920s and 1930s. In: Russian History / Histoire Russe 24 (1997) 1–2, 117–129.

Gorsuch, Anne E.: Enthusiasts, Bohemians, and Delinquents: Soviet Youth Cultures, 1921–1928. Ph. D. diss, University of Michigan 1992.

Gorsuch, Anne E.: „A Woman Is Not a Man": The Culture of Gender and Generation in Soviet Russia, 1921–1928. In: Slavic Review 55 (1996) 3, 636–660.

Gorsuch, Anne E.: NEP Be Damned! Young Militants in the 1920s and the Culture of Civil War. In: Russian Review 56 (1997), 564–580.

Gorsuch, Anne E.: Youth In Revolutionary Russia. Enthusiasts, Bohemians, Delinquents. Bloomington, Indianapolis 2000.

Gorsuch, Anne E.: „Smashing Chairs at the Local Club": Discpline, Order, and Soviet Youth. In: Kuhr-Korolev, Corinna, Plaggenborg, Stefan, Wellmann, Monica (Hg.): Sowjetjugend 1917–1941. Generation zwischen Revolution und Resignation. Essen 2001, 247–261.

Graham, Loren R. (Hg.): Science and the Soviet Social Order. Cambridge, London 1990.

Griessebner, Andrea: Konkurrierende Wahrheiten. Malefizprozesse vor dem Landgericht Perchtoldsdorf im 18. Jahrhundert. Wien, Köln et al. 2000.

Habermas, Jürgen: Theorie des kommunikativen Handelns. Frankfurt am Main 1981, 1. Auflage.

Hagen, Mark von: Soldiers in the Proletarian Dictatorship. The Red Army and the Soviet Socialist State, 1917–1930. Ithaca, London 1990.

Haumann, Heiko, Sozialismus als Ziel: Probleme beim Aufbau einer neuen Gesellschaftsordnung (1918–1928/29). In: Schramm, Gottfried (Hg.): Handbuch der Geschichte Russlands. Bd. 3.1. Stuttgart 1983, 623–780.

Haumann, Heiko: „Ich habe gedacht, dass die Arbeiter in den Städten besser leben". Arbeiter bäuerlicher Herkunft in der Industrialisierung des Zarenreiches und der frühen Sowjetunion. In: Schweizerische Zeitschrift für Geschichte 43 (1993) 1, 42–60.

Haumann, Heiko, Schaffner Martin: Überlegungen zur Arbeit mit dem Kulturbegriff in den Geschichtswissenschaften. In: Uni Nova. Mitteilungen aus der Universität Basel 70 (1994), 18–21.

Haumann, Heiko: Utopie einer herrschaftsfreien Gesellschaft und Praxis gewalthafter Verhältnisse. Offene Fragen zur Erforschung der Frühgeschichte Sowjetrusslands (1917–1921). In: Archiv für Sozialgeschichte 34 (1994) 19–34.

Haumann, Heiko, Plaggenborg, Stefan: Jugend und Gewalt in Sowjetrussland. (Unveröffentlichter Projektantrag bei der Volkswagenstiftung Deutschland.) Basel, Jena 1996.

Haumann, Heiko: Geschichte Russlands. München, Zürich 1996.

Haumann, Heiko: Jugend und Gewalt in Sowjetrussland zwischen Oktoberrevolution und Stalinismus im lebensweltlichen Zusammenhang. In: Kuhr-Korolev, Corinna, Plaggenborg, Stefan, Wellmann, Monica (Hg.): Sowjetjugend 1917–1941. Generation zwischen Revolution und Resignation. Essen 2001, 25–61.

Haumann, Heiko: Lebensweltlich orientierte Geschichtsschreibung in den Jüdischen Studien: Das Basler Beispiel. In: Jüdische Studien. Reflexionen zu Theorie und Praxis eines wissenschaftlichen Feldes. Innsbruck 2003, 105–122.

Hausen, Karin, Wunder, Heide (Hg.): Frauengeschichte – Geschlechtergeschichte. Frankfurt am Main, New York 1992.

Hellmann, Manfred, Schramm, Gottfried, Zelmack, Klaus (Hg.): Handbuch der Geschichte Russlands. Stuttgart 1981–1992.

Hickey, Michael C.: Revolutionary Smolensk. The Establishment of Soviet Power in Smolensk Province, 1917–1918. Ph. D. diss, University of Northern Illinois University 1993.

Hickey, Michael C.: Local Government and State Authoriy in the Provinces: Smolensk, February–June 1917. In: Slavic Review 55 (1996) 4, 863–881.

Hickey, Michael C.: Revolution on the Jewish Street: Smolensk, 1917. In: Journal of Social History 31 (1998) 4, 823–850.

Hickey, Michael C.: Gorod Smolensk v 1917 godu. Revoljucija kak političeskij process, voprosy i istočniki. In: Kodin, Evgenij V. (Hg.): Stalinizm v rossijskoj provincii: Smolenskie archivnye dokumenty v pročtenii zarubežnych i rossijskich istorikov. Smolensk 1999, 55–66.

Hickey, Michael C.: Moderate Socialists and the Politics of Crime in Revolutionary Smolensk. In: Canadian-American Slavic Studies 35 (2001) 2–3, 189–218.

Hildermeier, Manfred: Die russische Revolution: 1905–1921. Frankfurt am Main 1989.

Hochstrasser, Olivia: Ein Haus und seine Menschen 1549–1989. Ein Versuch zum Verhältnis von Mikroforschung und Sozialgeschichte. Tübingen 1993. (Untersuchungen des Ludwig-Uhland-Instituts der Universität Tübingen; Bd. 80).

Hohenkamp, Michaela: Häusliche Gewalt. Beispiele aus einer ländlichen Region des mittleren Schwarzwaldes im 18. Jahrhundert. In: Lindenberger, Thomas, Lüdtke, Alf (Hg.): Physische Gewalt. Studien zur Geschichte der Neuzeit. Frankfurt am Main 1995, 276–302.

Hohmann, Joachim S. (Hg.): Sexualforschung und -politik in der Sowjetunion seit 1917. Eine Bestandesaufnahme in Kommentaren und historischen Texten. Mit einer Bilddokumentation und einer Auswahlbibliographie 1896 bis 1989. Frankfurt am Main, Bern et al. 1990.

Honegger, Claudia (Hg.): Marc Bloch, Fernand Braudel, Lucien Febvre u. a.: Schrift und Materie der Geschichte. Vorschläge zur systematischen Aneignung historischer Prozesse. Frankfurt am Main 1977.

Husband, William B. (Hg.): The Human Tradition in Modern Russia. Wilmington 2000.

Il'juchov, Aleksandr: Smolenščina: 1917 – načalo 50-ch godov. In: Kraj Smolenskij, Nr. 5–6, maj–ijun' 1998, 54–128.

Isaev, Viktor: Molodež' Sibiri v uslovijach formirovanija stalinskoj modeli socializma (1920-e – 1930-e gg.). Novosibirsk 2000.

Isaev, Viktor I.: Die Militarisierung der Jugend und jugendlicher Radikalismus in Sibirien (1920er – Anfang der 1930er Jahre). In: Kuhr-Korolev, Corinna, Plaggenborg, Stefan, Wellmann, Monica (Hg.): Sowjetjugend 1917–1941. Generation zwischen Revolution und Resignation. Essen 2001, 149–167.

Jakobson, Michael: Origins of the GULAG. The Soviet Prison Camp System, 1917–1934. Kentucky 1993.

Jansen, Dorothea: Netzwerkanalysen, soziale Strukturen und soziales Kapital. In: Einführung in die Netzwerkanalyse. Grundlagen, Methoden, Anwendungen. Opladen 1999, 11–27.

Jarov, S. V.: Na zare sovetskogo sledstvija. Ideologija i praktika 1918–1919. In: Minuvščee. Istoričeskij Al'manach. Vyp. 18. Moskau, Petersburg 1995, 315–337.

Johnson, Robert Eugene: Peasant and Proletarian. The Working Class of Moscow in the Late Nineteenth Century. New Jersey 1979.

Kaser, Karl: Macht und Erbe. Männerherrschaft, Besitz und Familie im östlichen Europa (1500–1900). Wien, Köln et al. 2000.

Katzer, Nikolaus: Die weisse Bewegung in Russland. Herrschaftsbildung, praktische Politik und politische Programmatik im Bürgerkrieg. Köln, Weimar et al. 1999. (Beiträge zur Geschichte Osteuropas; Bd. 28).

Kazakov, Aleksandr: Naselenie Smolenščiny: prošloe i nastojaščee. In: Kraj Smolenskij, Nr. 7–8, ijul', avgust 1993, 71–77.

Kerans, David: The Workhorse in Peasant Agriculture: An Exploration. In: Russian History / Histoire Russe 27 (2000) 3, 251–283.

Kodin, Evgenij V.: Smolenskij Naryv. Smolensk 1995.

Kodin, Evgenij V.: „Smolenskij archiv“ i amerikanskaja sovetologija. Smolensk 1998.

Kodin, Evgenij V. (Hg.): Stalinizm v rossijskoj provincii: Smolenskie archivnye dokumenty v pročtenii zarubežnych i rossijskich istorikov. Smolensk 1999.

Koenker, Diane: Urbanization and Deurbanization in the Russian Revolution and Civil War. In: Journal of Modern History 57 (1985), 424–450.

Koenker, Diane P., Rosenberg, William G., Suny, Ronald G. (Hg.): Party, State, and Society in the Russian Civil War: Explorations in Social History. Bloomington, Indianapolis 1989.

Košelev, Jakov: Molodežnye gadanija na Smolenščine. In: Kraj Smolenskij, Nr. 11–12, nojabr', dekabr' 1996, 50–64.

Kovaleva, T. L.: Nezemledel'českie zanjatija gosudarstvennych krest'jan Smolenskoj gubernii. In: Budaev, D. I., Kondrašenkov, A. A. (Hg.): Sel'skoe chozjajstvo i krest'janstvo Zapada i Severo-Zapada RSFSR v dorevoljucionnyj period. Smolensk 1980, 16–36.

Krasnokutskij, Viktor Vladimirovič: Demobilizacija Rossijskoj armii v 1917–1918gg. (na primere Zapadnogo fronta). Avtoreferat dissertacii [...] kandidata istoričeskich nauk. Moskau 1997.

Kühlmann, Wilhelm, Neuber, Wilhelm (Hg.): Intertexualität in der Frühen Neuzeit. Studien zu ihren theoretischen und praktischen Perspektiven. Frankfurt am Main, Berlin et al. 1994. (Frühneuzeitstudien; Bd. 2).

Kuhr-Korolev, Corinna: Einleitung. In: Dies., Plaggenborg, Stefan, Wellmann, Monica (Hg.): Sowjetjugend 1917–1941. Generation zwischen Revolution und Resignation. Essen 2001, 9–23.

Kuhr-Korolev, Corinna: Die sowjetische Jugend im Sexual- und Moraldiskurs der 1920er Jahre. In: Dies., Plaggenborg, Stefan, Wellmann, Monica (Hg.): Sowjetjugend 1917–1941. Generation zwischen Revolution und Resignation. Essen 2001, 263–285.

Kuhr-Korolev, Corinna, Plaggenborg, Stefan, Wellmann, Monica (Hg.): Sowjetjugend 1917–1941. Generation zwischen Revolution und Resignation. Essen 2001.

Kuhr-Korolev: „Gezähmte Helden". Die Formierung der Sowjetjugend 1917–1932. (Unveröffentlichte Dissertation). Marburg 2002.

Kummer, Renate: Ljubi Rodinu bol'še žizni – Ja bol'še ne mogu: Der plakatpropagandistische Todesdiskurs im Spannungsfeld der Gut-Böse-Dichotomie. In: Weiss, Daniel (Hg.): Der Tod in der Propaganda: (Sowjetunion und Volksrepublik Polen). Bern, Berlin et al. 2000, 259–335.

Kuznecov, S. V.: Obyčnoe pravo v russkoj derevne i gosudarstvennoe zakonodatel'stvo vo vtoroj polovine XIX v. In: Ėtnografičeskoe obozrenie 5 (1999), 97–109.

Lamott, Franziska: Konstruktionen von Weiblichkeit und ‚male stream' Kriminologie. In: Neue Kriminalpolitik, 1 (1995), 29–32.

Lebina, Natal'ja Borisovna: Povsednevnaja žizn' sovetskogo goroda: normy i anomalii. 1920–1930 gody. Sankt Petersburg 1999.

Lehmann, Hartmut (Hg.): Wege zu einer neuen Kulturgeschichte. Göttingen 1995. (Göttinger Gespräche zur Geschichtswissenschaft; Bd. 1).

Lenin, W. I.: Werke. 40 Bde. (nach der 4. russ. Ausgabe) und 2 Ergänzungsbände (nach der 5. russ. Ausgabe). Berlin 1955–1971.

Lindenberger, Thomas, Lüdtke, Alf (Hg.): Physische Gewalt. Studien zur Geschichte der Neuzeit. Frankfurt am Main 1995.

Lindenberger, Thomas, Lüdtke, Alf: Einleitung. Physische Gewalt – eine Kontinuität der Moderne. In: Dies. (Hg.): Physische Gewalt. Studien zur Geschichte der Neuzeit. Frankfurt am Main 1995, 7–38.

Löwe, Heinz-Dietrich: Die arbeitende Frau: Traditionelle Räume und neue Rollen, Russland 1870–1917. In: Martin, Jochen, Zoepffel, Renate (Hg.): Aufgaben, Rollen und Räume von Frau und Mann. Freiburg 1989. (Veröffentlichungen des Instituts für Historische Anthropologie e. V.; Bd. 5.2: Kindheit, Jugend, Familie; 3), 937–972.

Lüdtke, Alf: Eigen-Sinn: Fabrikalltag, Arbeitererfahrungen und Politik vom Kaiserreich bis in den Faschismus. Hamburg 1993.

Lüdtke, Alf (Hg.): Alltagsgeschichte: Zur Rekonstruktion historischer Erfahrungen und Lebensweisen. Frankfurt am Main 1994.

Lüdtke, Alf: Alltagsgeschichte, Mikro-Historie, historische Anthropologie. In: Goertz, Hans-Jürgen (Hg.): Geschichte. Ein Grundkurs. Hamburg 1998, 557–578.

Maeder, Eva: Partisanen und Poeten – Bürgerkrieg und Propaganda in einem sibirischen Dorf zu Beginn der zwanziger Jahre. In: Forum für osteuropäische Ideen- und Zeitgeschichte 5 (2001) 1, 123–154.

Maeder, Eva: „Das Gesicht dem Dorf zugewandt?" – Begegnungen von Stadt und Land in Transbajkalien. In: Forum für osteuropäische Ideen- und Zeitgeschichte 6 (2002) 1, 197–211.

Makovskij, D. P.: Načalo socialističeskogo preobrazovanija sel'skogo chozjajstva Smolenskoj gubernii (1918–1920gg.). In: Učenye zapiski Smolenskogo pedagogičeskogo instituta. Vypusk VII. Smolensk 1958, 228–259.

Maksurov, S. (Hg.): Neslyšannye golosa. Dokumenty Smolenskogo Archiva. Kniga pervaja. Ann Arbor 1989.

Malygin, A. Ja.: Organy vnutrennich del v period provedenija Novoj Ėkonomičeskoj Politiki (1921–1929gg.). In: Borisov, A. V., Dugin, A. N., Malygin, A. Ja. et al. (Hg.): Policija i milicija Rossii: stranicy istorii. Moskau 1992, 114–139.

Marsh, Rosalind (Hg.): Women in Russia and Ukraine. Cambridge 1996.

Marples, David R.: Lenin's Revolution. Russia, 1917–1921. Essex 2000.

Matossian, Mary: The Peasant Way of Life. In: Farnsworth, Beatrice, Viola, Lynne (Hg.): Russian Peasant Women. New York, Oxford 1992, 11–40.

Mawdsley, Evan: The Russian Civil War. Boston 1987.

Medick, Hans: „Missionare im Ruderboot". Ethnologische Erkenntnisweisen als Herausforderung an die Sozialgeschichte. In: Lüdtke, Alf (Hg.): Alltagsgeschichte: Zur Rekonstruktion historischer Erfahrungen und Lebensweisen. Frankfurt am Main 1994, 48–84.

Meier, Christian, Rüsen, Jörn (Hg.): Historische Methode. München 1988. (Beiträge zur Historik; Bd. 5).

Miller, Martin A. (Hg.): The Russian Revolution. The Essential Readings. Oxford 2001.

Mommsen, Hans (Hg.): Der Erste Weltkrieg und die europäische Nachkriegsordnung: sozialer Wandel und Formveränderung der Politik. Köln, Weimar et al. 2000.

Mukulaev, R. S.: Stanovlenie sovetskoj milicii (1917–1920gg.). In: Borisov, A. V., Dugin, A. N., Malygin, A. Ja. et al. (Hg.): Policija i milicija Rossii: stranicy istorii. Moskau 1992, 95–113.

Müller, Eberhard: Autonome Bewegungen des Volkskrieges in Sowjetrussland nach der Revolution von 1917. In: Schulz, Gerhard (Hg.): Partisanen und Volkskrieg. Zur Revolutionierung des Krieges im 20. Jahrhundert. Göttingen 1985, 36–56.

Naimann, Eric: Sex in Public. The Incarnation of Early Soviet Ideology. Princeton, New Jersey 1997.

Nauke, Wolfgang: Die Stilisierung von Sachverhaltsschilderungen durch materielles Strafrecht und Strafprozessrecht. In: Schönert, Jörg (Hg.): Erzählte Kriminalität: zur Typologie und Funktion von narrativen Darstellungen in Strafrechtspflege, Publizistik und Literatur zwischen 1770 und 1920. Tübingen 1991. (Studien und Texte zur Sozialgeschichte der Literatur), 59–72.

Neuberger, Joan: Hooliganism. Crime, Culture, and Power in St. Petersburg, 1900–1914. Berkeley, Los Angeles et al. 1993.

Ohr, Nellie Hauke: Collective Farms and Russian Peasant Societey, 1933–1937: The Stabilization of the Kolkhoz Order (Farms). Ph. D. diss, University of Standford 1990.

Omel'čenko, Elena (Hg.): Molodežnye kul'tury i subkul'tury. Moskau 2000.

Peleja, Margherita: Praxis und Darstellungsformen sexueller Gewalt im Rom des 19. Jahrhunderts. In: L'Homme. Zeitschrift für Feministische Geschichtswissenschaft 7 (1996) 2, 28–42.

Pennetier, Claude, Pudal, Bernard: Ecrire son autobiographie. (Les autobiographies communistes d'institution, 1931–1939). In: Genèses 23 (1996), 53–75.

Pereira, Norman G. O.: The Partisan Movement in Western Siberia, 1918–1920. In: Jahrbücher für Geschichte Osteuropas 38 (1990) 1, 87–97.

Pethybridge, Roger: One Step Backwards, Two Steps Forward. Soviet Society and Politics in the New Economic Policy. Oxford, New York 1990.

Petrošickij, Valerij M.: Organizacionno-pravovye osnovy social'noj i pravovoj zaščity sotrudnikov milicii RSFSR (1917–1941gg.). Dissertacija [...] kandidata juridičeskich nauk. Moskau 1997.

Pipes, Richard: Die russische Revolution. Berlin 1992.

Plaggenborg, Stefan: Weltkrieg, Bürgerkrieg, Klassenkrieg. Mentalitätsgeschichtliche Versuche über die Gewalt in Sowjetrussland. In: Historische Anthropologie 3 (1995), 493–505.

Plaggenborg, Stefan: Gewalt und Militanz in Sowjetrussland 1917–1930. In: Jahrbücher für Geschichte Osteuropas 44 (1996) 3, 409–430.

Plaggenborg, Stefan: Stalinismus als Gewaltgeschichte. In: Ders. (Hg.): Stalinismus: neue Forschungen und Konzepte. Berlin 1998, 71–112.

Plaggenborg, Stefan: Stalinismus: Wie weiter? In: Ders. (Hg.): Stalinismus: neue Forschungen und Konzepte. Berlin 1998, 443–452.

Plaggenborg, Stefan: Jugend in Sowjetrussland zwischen den Weltkriegen. In: Kuhr-Korolev, Corinna, Plaggenborg, Stefan, Wellmann, Monica (Hg.): Sowjetjugend 1917–1941. Generation zwischen Revolution und Resignation. Essen 2001, 287–304.

Popitz, Heinrich: Phänomene der Macht. Tübingen 1992.

Rabe, Volker: Die Justiz. In: Schramm, Gottfried (Hg.): Handbuch der Geschichte Russlands. Bd. 3.2. Stuttgart 1992, 1547–1575.

Radkey, Oliver H.: The Unknown Civil War in Soviet Russia. A Study of the Green Movement in the Tambov Region 1920–1921. Standford, California 1976.

Ramer, Samuel C.: Feldshers and Rural Health Care in the Early Soviet Period. In: Solomon, Susan Gross, Hutchinson, John F. (Hg.): Health and Society in Revolutionary Russia. Bloomington, Indianapolis 1990.

Ransel, David L. (Hg.): Olga Semyonova Tian-Shanskaia: Village Life in Late Tsarist Russia. Bloomington, Indianapolis 1993.

Rathmayr, Renate (Hg.): Slavistische Linguistik 1985. Referate des XI. Konstanzer Slavistischen Arbeitstreffens. Insbruck 10. mit 12. 9. 1985. München 1986. (Slavistische Beiträge; Bd. 200).

Raulff, Ulrich (Hg.): Vom Umschreiben der Geschichte. Neue historische Perspektiven. Berlin 1986.

Reinhard, Wolfgang: Freunde und Kreaturen. Historische Anthropologie von Patronage-Klientel-Beziehungen. In: Freiburger Universitätsblätter 139 (1998), 127–141.

Reinhard, Wolfgang: Geschichte der Staatsgewalt. Eine vergleichende Verfassungsgeschichte Europas von den Anfängen bis zur Gegenwart. München 1999.

Reisenleitner, Markus: Der Umgang der modernen Kulturgeschichtsschreibung mit Intertextualität in der frühen Neuzeit. In: Kühlmann, Wilhelm, Neuber, Wilhelm (Hg.): Intertexualität in der Frühen Neuzeit. Studien zu ihren theoretischen und praktischen Perspektiven. Frankfurt am Main, Berlin et al. 1994. (Frühneuzeitstudien; Bd. 2), 1–30.

Revkov, V. I.: Social'no-ėkonomičeskie otnošenija i klassovaja bor'ba v Smolenskoj derevne (1917–1929gg.). Avtoreferat dissertacii [...] kandidata istoričeskich nauk. Moskau 1970.

Rialand, Marie-Rose: L'alcohol et les russes. Paris 1989.

Rigby, T. H.: Communist Party Membership in the U.S.S.R. 1917–1967. Princeton, New Jersey 1968.

Rippmann, Dorothee, Simon-Muscheid, Katharina, Simon, Christian (Hg.): Arbeit – Liebe – Streit. Texte zur Geschichte des Geschlechterverhältnisses und des Alltags: 15. bis 18. Jahrhundert. Liestal 1996.

Rittersporn, Gábor T.: Between Revolution and Daily Routine: Youth and Violence in the Soviet Union in the Interwar Period. In: Kuhr-Korolev, Corinna, Plaggenborg, Stefan, Wellmann, Monica (Hg.): Sowjetjugend 1917–1941. Generation zwischen Revolution und Resignation. Essen 2001, 63–82.

Roth, Gerhard: Fühlen, Denken, Handeln: wie das Gehirn unser Verhalten steuert. Frankfurt am Main 2001.

Röttgers, K.: Gewalt. In: Historisches Wörterbuch der Philosophie. Basel, Stuttgart 1974, Bd. 3, Sp. 562–570.

Rožkov, Aleksandr: Die Jugend im Kuban-Gebiet in den 1920er Jahren zwischen Tradition und Modernisierung. In: Kuhr-Korolev, Corinna, Plaggenborg, Stefan, Wellmann, Monica (Hg.): Sowjetjugend 1917–1941. Generation zwischen Revolution und Resignation. Essen 2001, 195–216.

Rožkov, Aleksandr: V krugu sverstnikov: Žiznennyj mir molodogo čeloveka v sovetskoj Rossii 1920-ch godov. Krasnodar 2002, 2 Bände.

Rüsen, Jörn: Historische Methode. In: Meier, Christian, Rüsen, Jörn (Hg.): Historische Methode. München 1988. (Beiträge zur Historik; Bd. 5), 62–80.

Sanborn, Joshua Alexander: Drafting the Nation: Military Conscription and the Formation of a Modern Polity in Tsarist and Soviet Russia, 1905–1925. Ph. D. diss. Chicago 1998.

Scarry, Elaine: Der Körper im Schmerz. Die Chiffren der Verletzlichkeit und die Erfindung der Kultur. Frankfurt am Main 1992.

Ščerov, Ivan Petrovič: Organizacija i dejatel'nost' kollegij po delam plennych i beženцev v Smolenskom krae (1914–1921gg.). Avtoreferat dissertacii [...] kanditata istoričeskich nauk. Moskau 1998.

Schaffner, Martin: Fragemethodik und Antwortspiel. Die Enquête von Lord Devon in Skibereen, 10. September 1844. In: Historische Anthropologie 6 (1998) 1, 55–75.

Schattenberg, Susanne: Die Frage nach den Tätern. Zur Neukonzeptionalisierung der Sowjetforschung am Beispiel von Ingenieuren der 20er und 30er Jahre. In: Osteuropa 50 (2000) 6, 638–655.

Schattenberg, Susanne: Stalins Ingenieure. Lebenswelten zwischen Technik und Terror in den 1930er Jahren. München 2002.

Scheibert, Peter: Lenin an der Macht. Das russische Volk in der Revolution 1918–1922. Weinheim 1984.

Scheide, Carmen: Kinder, Küche, Kommunismus. Das Wechselverhältnis zwischen sowjetischem Frauenalltag und Frauenpolitik von 1921 bis 1930 am Beispiel Moskauer Arbeiterinnen. Zürich 2002. (Basler Studien zur Kulturgeschichte Osteuropas; Bd. 3).

Schnyder-Burghartz, Albert: Gewalt – Violence. In: Traverse 2 (1995) 1, 11–15.

Scholem, Gershom: Die jüdische Mystik in ihren Hauptströmungen. Frankfurt am Main 1957.

Schröder, Hans-Henning: Arbeiterschaft, Wirtschaftsführung und Parteibürokratie während der Neuen Ökonomischen Politik. Eine Sozialgeschichte der bolschewistischen Partei 1920–1928. Wiesbaden 1982. (Forschungen zur osteuropäischen Geschichte; Bd. 31).

Schulte, Regina: Das Dorf im Verhör. Brandstifter, Kindsmörderinnen und Wilderer vor den Schranken des bürgerlichen Gerichts Oberbayern 1848–1910. Hamburg 1989.

Schulte, Regina: Bevor das Gerede zum Tratsch wird. In: Hausen, Karin, Wunder, Heide (Hg.): Frauengeschichte – Geschlechtergeschichte. Frankfurt am Main, New York 1992, 67–73.

Schulz, Gerhard (Hg.): Partisanen und Volkskrieg. Zur Revolutionierung des Krieges im 20. Jahrhundert. Göttingen 1985.

Schumann, Dirk: Einheitssehnsucht und Gewaltakzeptanz. Politische Grundpositionen des deutschen Bürgertums nach 1918 (mit vergleichenden Überlegungen zu den britischen middle classes). In: Mommsen, Hans (Hg.): Der Erste Weltkrieg und die europäische Nachkriegsordnung: sozialer Wandel und Formveränderung der Politik. Köln, Weimar et al. 2000, 83–105.

Schwerhoff, Gerd: Aktenkundig und gerichtsnotorisch: Einführung in die Historische Kriminalitätsforschung. Tübingen 1999. (Historische Einführungen; Bd. 3).

Semka, Vladimir A.: Social'naja politika Rossii v otnošenii molodeži v 20-e gody: opyt, uroki. Avtoreferat dissertacii [...] kandidata istoričeskich nauk. Moskau 1995.

Shelley, Louise: Female Criminality in the 1920s: A Consequence of Inadvertent and Deliberate Change. In: Russian History / Histoire Russe 9 (1982) 2–3, 265–284.

Shinn, William T. Jr.: The Law of the Russian Peasant Household. In: Slavic Review, 20 (1961), 601–621.

Siebert, Diana: Bäuerliche Alltagsstrategien in der Belarussischen SSR (1921–1941). Stuttgart 1998. (Quellen und Studien zur Geschichte des östlichen Europas; Bd. 52).

Sikorskij, Evgenij: Uroki političeskogo banditizma. In: Političeskaja Informacija, Nr. 24, 1989, 17–24.

Sikorskij, Evgenij: Načalo iz istorii sozdanija i dejatel'nosti organov VČK v Smolenskoj gubernii (1918–1920gg.). In: Kraj Smolenskij, Nr. 11–12, nojabr'–dekabr' 1992, 3–31.

Sikorskij, Evgenij: „Znat' massu ..." Iz istorii organizacii v Smolenskoj Gubernii sistemy postojannogo kontrolja političeskogo nastroenija naselenija, 1917–1920gg. In: Kraj Smolenskij, Nr. 3–4, mart–aprel' 1993, 17–39.

Sikorskij, Evgenij: Slovom i štykom. (Iz istorii utverždenija vlasti bol'ševikov v Smolenskom krae 1917–1920gg.). In: Kraj Smolenskij, Nr. 3–4–5, mart–aprel'–maj 1994, 62–91.

Sikorskij, Evgenij: Smolenskaja Gubernija: Kanun 1917-go ... Ėkonomičeskie i social'no-političeskie aspekty. In: Kraj Smolenskij, Nr. 5–6, maj–ijun' 1995, 3–10.

Sikorskij, Evgenij: Šli krest'jane v partizany. In: Kraj Smolenskij, Nr. 1–2, janvar'–fevral' 1996, 3–9.

Sinyavsky, Andrei: Soviet Civilization: A Cultural History. New York 1990.

Snesarev, A. E.: Vsja Rossija–bol'na ...". In: Moskovskij Žurnal, 8 (1996), 37–48.

Sofsky, Wolfgang: Traktat über die Gewalt. Frankfurt am Main 1996.

Sokolov, Vladimir I.: Rossijskoe molodežnoe dviženie: ot mnogoobraznija k unitarizmu (1917–1925gg.). Dissertacija [...] doktora istoričeskich nauk. Moskau 1996.

Solomon, Peter H. Jr.: Soviet Criminal Justice under Stalin. Cambridge 1996. (Cambridge Russian, Soviet and Post-Soviet Studies: 100).

Solomon, Susan Gross, Hutchinson, John F. (Hg.): Health and Society in Revolutionary Russia. Bloomington, Indianapolis 1990.

Solomon, Susan Gross: Innocence and Sexuality in Soviet Medical Discourse. In: Marsh, Rosalind (Hg.): Women in Russia and Ukraine. Cambridge 1996, 121–130.

Spierenburg, Pieter: Masculinity, Violence, and Honor: An Introduction. In: Ders. (Hg.): Men and Violence: Gender, Honor, and Rituals in Modern Europe and America. Ohio 1998, 1- 29.

Spiertz, Vera: Entwürfe für eine bellifizierte Gesellschaft und Versuche ihrer Umsetzung in der Roten Armee, 1918–1932. (Arbeitstitel).

Stadelmann, Matthias: Das revolutionäre Russland in der neuen Kulturgeschichte: diskursive Formationen und soziale Identitäten. Erlangen, Jena 1997. (Erlanger Studien zur Geschichte; Bd. 4).

Stecura, Jurij A.: Molodež' v postrevoljucionnoj modernizacii Rossii v 20–30-e gody XX veka. Avtoreferat dissertacii [...] doktora istoričeskich nauk. Ekaterinburg 1996.

Stepanov, Petr S.: Bor'ba za ukreplenie Sovetskoj vlasti v Smolenskoj gubernii v 1917–1920gg. Smolensk 1957.

Stepanov, Petr S.: Preobražennaja Oktjabrem. Očerki po istorii socialističeskogo stroitel'stva Smolenskoj oblasti. Smolensk 1961.

Stone, Helena: The Soviet Government and Moonshine, 1917–1929. In: Cahiers du Monde Russe et Soviétique 27 (1986) 3–4, 359–380.

Stone, Lawrence: Die Rückkehr der Erzählkunst. Gedanken zu einer neuen alten Geschichtsschreibung. In: Raulff, Ulrich (Hg.): Vom Umschreiben der Geschichte. Neue historische Perspektiven. Berlin 1986, 88–102.

Studer, Brigitte, Unfried, Berthold: „Das Private ist öffentlich". Mittel und Formen stalinistischer Identitätsbildung. In: Historische Anthropologie 7 (1999) 1, 83–109.

Tanner, Jakob: Körpererfahrung, Schmerz und die Konstruktion des Kulturellen. In: Historische Anthropologie 2 (1994) 3, 489–502.

Tirado, Isabel: The Komsomol and the Krest'janka: The Political Mobilization of Young Women in the Russian Village, 1921–1927. In: Russian History / Histoire Russe 23 (1996) 1–4, 345–366.

Tirado, Isabel: The Komsomol and the Bright Socialist Future. In: Kuhr-Korolev, Corinna, Plaggenborg, Stefan, Wellmann, Monica (Hg.): Sowjetjugend 1917–1941. Generation zwischen Revolution und Resignation. Essen 2001, 217–231.

Töngi, Claudia: Ehekonflikte in Uri im 19. Jahrhundert. Überlegungen zum Verhältnis von Männlichkeit und Gewalt. In: Traverse 7 (2001) 1, 95–108.

Töngi, Claudia: Um Leib und Leben. Gewalt, Konflikt, Geschlecht im Uri des 19. Jahrhunderts. (Unveröffentlichte Dissertation). Basel 2001.

Torke, Joachim-Hans (Hg.): Historisches Lexikon der Sowjetunion 1917/22 bis 1991. München 1993.

Tschudi, Daniela: Jugend und Gewalt in Smolensk, 1917–1932. Eine Phänomenologie. (Unveröffentlichte Lizentiatsarbeit). Basel 1997.

Tschudi, Daniela: Nagajka und Blume: Über den jungen Milizionär Murin und die bolschewistische Herrschaft im Gouvernement Smolensk 1919. In: Kuhr-Korolev, Corinna, Plaggenborg, Stefan, Wellmann, Monica (Hg.): Sowjetjugend 1917–1941. Generation zwischen Revolution und Resignation. Essen 2001, 169–193.

Tschudi, Daniela: Chuliganstvo im Garten der Nachbarin. Die sozialen Realitäten eines Diskurses. In: Historische Anthropologie 12 (2004) 1, 78–92.

Tschudin, Gisela: Schweizer Käser im Zarenreich. Zur Mentalität und Wirtschaft ausgewanderter Bauernsöhne und Bauerntöchter. Zürich 1990.

Tucker, Robert C. (Hg.): Stalinism. Essays in Historical Interpretation. New York 1977.

Utevskij, B. S.: Obščee učenie o dolžnostnych prestuplenijach. Moskau 1948.

Veselov, L. O.: Izmenenie osnovnych form i metodov gosudarstvennych produktov na otdel'nych ėtapach socialističeskoj stroitel'stva (1917–1937gg.). In: Učenye zapiski Smolenskogo pedagogičeskogo instituta. Vypusk VII. Smolensk 1958, 149–186.

Vierhaus, Rudolf: Die Rekonstruktion historischer Lebenswelten. Probleme moderner Kulturgeschichtsschreibung. In: Lehmann, Hartmut (Hg.): Wege zu einer neuen Kulturgeschichte. Göttingen 1995. (Göttinger Gespräche zur Geschichtswissenschaft; Bd. 1), 7–28.

Vigzell, F.: Zariskovki rossijskogo byta XVIII–XIX vekov. Gadalki i ich klienty. In: Otečestvennaja Istorija 1 (1997), 159–167.

Waters, Elizabeth: From the Old Family to the New: Work, Marriage, and Motherhood in Urban Soviet Russia, 1917–1931. Ph. D. diss., University of Birmingham 1985.

Waters, Elizabeth: Teaching Mothercraft in Post-Revolutionary Russia. In: Australian Slavonic and East European Studies 1 (1987) 2, 29–56.

Weber, Max: Soziologische Grundbegriffe. Tübingen 1984, 6., erneut durchges. Auflage.

Weiss, Daniel: Was ist neu am „newspeak“? Reflexionen zur Sprache und Politik in der Sowjetunion. In: Rathmayr, Renate (Hg.): Slavistische Linguistik 1985. Referate des XI. Konstanzer Slavistischen Arbeitstreffens. Innsbruck 10. mit 12. 9. 1985. München 1986. (Slavistische Beiträge; Bd. 200), 247–325.

Weiss, Daniel (Hg.): Der Tod in der Propaganda: (Sowjetunion und Volksrepublik Polen). Bern, Berlin et al. 2000.

Weissman, Neil B.: Rural Crime in Tsarist Russia: The Question of Hooliganism, 1905–1914. In: Slavic Review 37 (1978), 228–240.

Weissman, Neil: Prohibition and Alcohol Control in the USSR: The 1920s Campaign Against Illegal Spirits. In: Soviet Studies 38 (1986) 3, 349–368.

Weissman, Neil: Policing the NEP Countryside. In: Fitzpatrick, Sheila, Rabinowitch, Alexander, Stites, Richard (Hg.): Russia in the Era of NEP. Explorations in Soviet Society and Culture. Bloomington, Indianapolis 1991, 174–191.

Wellmann, Monica: Jugendliche Lebenswelten im Moskau der 1920er Jahre – Jugend zwischen Militanz, Verzweiflung und Disziplinierung. (Unveröffentlichte Dissertation). Basel 2003.

Welzer, Harald: Das soziale Gedächtnis. Geschichte. Erinnerung Tradierung. Frankfurt am Main 2001.

Werth, Nicolas: La vie quotidienne des paysans russes de la révolution à la collectivisation (1917–1939). Paris 1984.

White, Hayden: Der historische Text als literarisches Kunstwerk. In: Conrad, Christoph, Kessel, Martina (Hg.): Geschichte schreiben in der Postmoderne. Beiträge zur aktuellen Diskussion. Stuttgart 1994, 123–157.

White, Stephen: Russia Goes Dry: Alcohol, State and Society. Cambridge 1996.

Wolters, Margarete, Wolters, Annalise: Elemente des russischen Rätesystems. Band IX: Die Beziehungen zwischen den Geschlechtern, 2. Teil: Die Vergewaltigung. Hamburg 1980 (Hamburger historische Studien; Bd. 6,18).

Wolters, Margarete: Sexuelle Gewalt und Strafrecht. In: Hohmann, Joachim S. (Hg.): Sexualforschung und -politik in der Sowjetunion seit 1917. Eine Bestandesaufnahme in Kommentaren und historischen Texten. Mit einer Bilddokumentation und einer Auswahlbibliographie 1896 bis 1989. Frankfurt am Main, Bern et al. 1990, 252–269.

Wood, Elizabeth A.: Prostitution Unbound. Representations of Sexual and Political Anxieties in Postrevolutionary Russia. In: Costlow, Jane T., Sandler, Stephanie, Vowles Judith (Hg.): Sexuality and the Body in Russian Culture. Standford, California 1993, 124–135.

Wood, Elizabeth A.: The Trial of the New Woman: Citizens-in-Training in the New Soviet Republic. In: Gender & History 13 (2001) 3, 524–545.

Worobec, Christine D.: Peasant Russia: Family and Community in the Post-Emancipation Period. Princeton 1991.

Ziemann, Benjamin: Das „Fronterlebnis“ des Ersten Weltkrieges – eine sozialhistorische Zäsur? Deutungen und Wirkungen in Deutschland und Frankreich. In: Mommsen, Hans (Hg.): Der Erste Weltkrieg und die europäische Nachkriegsordnung: sozialer Wandel und Formveränderung der Politik. Köln, Weimar et al. 2000, 43–82.

Žuravlev, Sergej V.: Sowjetjugend im Spannungsfeld unterschiedlicher Gewaltformen. In: Kuhr-Korolev, Corinna, Plaggenborg, Stefan, Wellmann, Monica (Hg.): Sowjetjugend 1917–1941. Generation zwischen Revolution und Resignation. Essen 2001, 83–101.

Žuravleva, L.: „Boevoj 18-j god …“. Iz dnevnikov E. N. Kletnevoj. In: Smolenskie novosti, Nr. 31–32, 14. 3. 1991, 7.

6. Index

Abtreibung 179
Ackerbau, s. auch Landwirtschaft 200
Alkohol 53, 58, 77, 79–81, 88, 110–111, 114–115, 118, 121–124, 126–127, 129–130, 132–133, 137–140, 146–147, 162–165, 169–170, 173–178, 185, 191–192, 196–197, 201, 254, 272, 274, 313, 316, 320, 322, 326, 332–333
Amnestie 96, 105–106, 141–142, 154–155, 194–195, 230–233, 254, 322, 335
Amtssprache 268, 319
Arbeitskraft 44, 87, 101, 203, 206, 219, 269, 285–286, 305
Argumentationsstrategie 90, 150, 157, 174, 212, 215, 236, 251, 271, 273, 289, 307, 315–317, 327–328, 335, 337
Armee, s. auch Mobilisierung 21, 25, 37, 54, 63–66, 71, 74, 78–79, 83, 90, 92, 94, 96–97, 100–101, 112, 119–120, 126–127, 131–132, 134–136, 162, 247, 274, 330
Autonomie 224, 318, 321, 335–336
dörfliche 174, 215, 340
Bandenwesen, *banditizm* 53, 66–70, 95, 106, 162, 327, 336
Befehlsgewalt, s. auch Herrschaft 123–124, 129
Beziehungsnetz 19, 29–31, 38, 50, 54, 74–75, 81–82, 115, 130–132, 136, 144, 148, 153, 186–187, 195–196, 214, 241, 264, 270, 291, 295, 315, 317, 321, 323, 329, 336
byt 283
chuliganstvo, chuligan 21, 67, 139, 182, 185, 226, 250–251, 272–273, 276, 281–284, 289, 327–328
chutor, chutorizacija 161, 255, 263, 288
Demobilisierung 71, 96, 112, 126
Desertion 53, 69, 92–104, 106–108, 112, 120, 123, 129, 138–139, 148, 162, 327
Diebstahl, s. Eigentumsdelikt
Ehe 205–206, 240, 312
Ehre, s. auch Gerücht, Ruf 49, 70, 80, 86, 88–89, 147, 149, 204, 260, 262, 271, 305, 311–312, 332
Eigentum 96, 126, 137, 186, 188–189, 209, 213, 224, 227, 266, 270, 314
Eigentumsdelikt 54, 114, 159, 182, 184–189, 191–193, 197, 208, 210, 223–227, 238, 240–241, 245, 286, 310, 314, 322
Erinnerung 68, 82, 144, 156–157, 171, 176, 315, 329–330
Ernährung 170, 200
Erster Weltkrieg 22, 75, 93, 112, 126, 137, 147, 157, 160, 166, 181, 201, 208, 326
Familienkonflikt 55, 172, 195, 201, 204, 206, 209, 231, 270, 316

„Fehlendes Bewusstsein“ 155, 229–230, 235, 322
Festtage 44, 73, 79, 120, 140, 146–147, 175, 190, 256, 269, 323, 332–333
Flüchtlinge 64, 112
Gefängnis 19, 35, 57, 61–63, 83–84, 86–88, 90, 97, 105, 132–133, 135, 137, 141–142, 144, 176, 178, 183, 194–195, 218–219, 230, 233, 236, 319
Generationenkonflikt 209–210, 237, 310
Gerechtigkeit, restitutive 266, 320
Gericht, s. auch sowjetische Justiz 19, 34–35, 39, 41–42, 52, 58, 60, 62, 63, 72, 79, 82, 89–90, 103–106, 108, 132, 135, 137–142, 151, 154–156, 180, 183–184, 193, 196–197, 212–213, 227–233, 238, 240–241, 246–249, 252–254, 256–257, 261, 263–264, 267, 271, 273–275, 280, 287, 293, 299, 302, 307, 317, 322, 328, 335, 337
Gerücht, s. auch Ehre, Ruf 62, 73, 165, 170–171, 214–217, 223–224, 316
Geschlecht 21, 45, 48, 148, 196, 205, 259, 305, 307, 312, 314–315, 322–323, 329
Geschlechterordnung, s. auch Patriarchale Ordnung 263, 310, 323, 330, 332
Gewaltmonopol, s. auch Befehlsgewalt, Herrschaft 39, 318–319, 339
Gouvernementsgericht 19, 34, 48, 183, 189, 195, 231–234, 238, 243, 246, 265, 270, 285, 310, 313
„Grüne“67, 70, 94–95
Gruppenvergewaltigung 242, 245, 277–278, 281–284, 299, 312, 320, 333
Handlungsspielraum 29, 31, 47–48, 53, 58, 75, 83–84, 91, 193, 208, 241, 302, 307, 311, 317, 336, 340
Heirat 45, 162, 173, 187, 199, 221, 256, 259–260, 266, 303, 323
Herrschaft, s. auch Befehlsgewalt, Gewaltmonopol 21, 26–27, 39, 49–50, 53, 55, 57–58, 68, 73–74, 83, 85–86, 89–92, 108–109, 122, 125, 129, 134, 139–141, 148, 150–154, 197, 237–239, 282, 306, 318, 320–321, 334, 336, 339–340
Herrschaftsverständnis 149
Hofteilung 170–171, 186, 208–209
Hooliganismus, s. *chuliganstvo*
Hunger 59, 64, 68, 77, 102, 118, 121, 124, 133, 160, 162, 219, 233
Isolationshaft 19, 183, 194, 218, 231–233
Kommunikationsprozess 32, 299, 302, 313–315
Konfliktlösungsmuster, Konfliktlösungsstrategien 54, 128–129, 184, 189, 193, 238, 310, 322, 329–330

Körperdelikt 180, 182, 193, 210, 225–227, 232, 322
Kriminalität 41, 52, 67, 70, 95, 107, 112, 180, 182, 224–225, 236, 312, 322
Kriminologie 178, 180, 182, 225, 227, 242, 245, 281, 283, 322
„Kultiviertheit, geringe“ 275
Landwirtschaft, s. auch Ackerbau, Viehwirtschaft 20, 22–24, 159, 161, 186–188, 198–200, 341–342
Miliz 35–36, 39, 50, 57–58, 65–66, 69, 71–83, 85, 89–91, 97–99, 104, 108, 113–117, 123, 137, 150, 154, 165, 175–177, 180–181, 184–185, 187, 189–193, 211–214, 216–218, 220–222, 224–226, 228, 235–236, 238, 245, 261, 286, 289–291, 295–298, 319, 331, 335
Mobilisierung, s. auch Rekrutierung, Armee 94, 134, 144, 166
Mobilität 68, 112, 128, 131, 147–148, 150, 325, 327
Nachbarschaft 36, 70, 110, 163, 168, 172, 185, 189, 190–191, 195, 201–202, 206, 213, 215, 218, 223, 330, 333, 342
Öffentlichkeit, öffentlicher Raum 192–193, 209, 257, 261–262, 282–283, 290, 316, 331–332
otchod 24, 160, 187–188, 198, 247, 285
Partei, Parteimitglied 25–27, 39–40, 42, 54, 65, 67, 70, 72, 80, 85, 88–89, 91, 97–98, 103, 106–107, 119, 121–122, 125, 131–136, 138–139, 142–144, 152, 157, 159–160, 164, 167–168, 170, 176, 190, 196, 207–208, 210, 234–238, 247, 270, 291, 304, 309, 317–318, 320, 323, 328, 330–331, 333, 336, 338
Patriarchale Ordnung, s. auch Geschlechterordnung 123, 204–205, 262, 305, 316
Potenz 299, 314
Prohibition, s. auch Alkohol 124, 137, 174, 176–177
Propaganda 67, 85, 122, 129, 149, 151, 155–157, 175, 235
razverstka 59, 69, 159
Rechtssicherheit 318, 334
Rechtssystem 306
Rechtsverständnis, s. auch Wertvorstellungen 74, 90, 154, 191, 224–225, 227, 232, 267, 321, 336
Rekrutierung, s. auch Mobilisierung 54, 69, 94–95, 108, 144
Requirierung, s. auch *razverstka* 108, 115, 126–127, 165, 167
„Rückständigkeit“ 141, 183, 225, 230, 275, 283, 318, 322, 335
Ruf, s. auch Ehre, Gerücht 114–116, 131, 152–153, 170, 191, 204, 224, 270–273, 289, 305, 314–315, 319, 321
Ruhe und Ordnung 77, 86, 148, 321, 329–330, 337
Schadenersatz 190, 192, 260, 265–266, 315, 320
samogon, s. Alkohol
samosud, s. Selbstjustiz
Selbstgebrannter, s. Alkohol

Selbstjustiz 117, 128–129, 132, 138, 147, 171, 319
Selbstverwaltung 153, 215, 318, 320–321, 336, 338
Sexualität 44–45, 262, 280, 290, 293, 299, 312, 314, 323
Sexualmoral 241
Sexualverhalten 45, 241, 262, 283, 299, 312, 314, 332
Sexuelle Gewalt, s. Vergewaltigung, Gruppenvergewaltigung
Sowjetische Justiz, s. auch Gericht 53, 92, 146, 334, 338
Soziale Kontrolle 153, 213, 288
Sozialisation 330
Staat 19, 26–27, 39, 54, 65, 74, 85, 90, 93, 96, 106, 108–110, 118–120, 122–124, 129, 132–135, 137, 141–144, 146, 148–149, 151–154, 172, 174, 192–193, 215–216, 236, 238–239, 275, 302–303, 305–306, 315–322, 328, 334–336
Strafgerechtigkeit 320
Strafgesetz, Strafgesetzbuch 19, 140, 178–179, 183, 193, 218, 222–223, 231, 240, 242, 253–254, 297, 313, 318
Strafverfahren 37, 55, 108–109, 116, 130, 195, 212–213, 229, 246–247, 265, 318–319
Untersuchungshaft 57, 83, 87, 115–116, 131–132, 138, 144, 183, 195, 212–213, 219, 223, 229, 231, 247, 253, 267–268, 271
Verbrechensbekämpfung 65, 70, 109, 128, 192, 239, 318
Vergewaltigung, s. auch Gruppenvergewaltigung 48, 55, 240–243, 245–246, 248, 256–263, 265, 267, 269, 272, 275–282, 284, 287–290, 292–298, 301, 303–305, 307–308, 311–313, 316–317, 319, 326, 332
Viehwirtschaft, s. auch Landwirtschaft 23, 110, 112, 115, 121, 123–124, 126, 161, 163, 165–166, 169–170, 172, 186, 188, 199–200, 203, 247, 278, 285–286, 288–289, 291–293, 295, 298–300, 323, 333
Wertvorstellungen, s. auch Rechtsverständnis 126, 303
Zivilgesetz, Zivilrecht 189, 270, 310

Basler Studien zur Kulturgeschichte Osteuropas

Herausgegeben von Andreas Guski und Heiko Haumann

1 Ulrich Schmid: *Ichentwürfe. Russische Autobiographien zwischen Avvakum und Gercen*. 2000.

2 Petra Hesse: *Die Welt erkennen oder verändern? Prometheus in der russischen Literatur von den Anfängen der Mythos-Rezeption bis M. Gor'kij*. 2005.

3 Carmen Scheide: *Kinder, Küche, Kommunismus. Das Wechselverhältnis zwischen sowjetischem Frauenalltag und Frauenpolitik von 1921 bis 1930 am Beispiel Moskauer Arbeiterinnen*. 2002.

4 Martin Trančik: *Abgrund – Brückenschlag. Oberschicht und Bauernvolk in der Region Dubrovnik im 19. Jahrhundert*. 2002.

5 Tanja Popović: *Die Mythologisierungdes Alltags Kollektive Erinnerungen, Geschichtsbilder und Vergangenheitskultur in Serbien und Montenegro seit Mitte der 1980er Jahre*. 2003.

6 Anton Seljak: *Ivan Turgenevs Ökonomien. Eine Schriftstellerexistenz zwischen Aristokratie, Künstlertum und Kommerz*. 2004.

7 Irina Černova-Burger: *«Obrazy z Rus» (1843–1846). Карела Гавличека Боровскогою Вопросы чешского и русского национального просвещения в первой половине 40-х годов XIX века*. 2004.

8 Andreas Guski, Ulrich Schmid (Hgg.): *Literatur und Kommerz im Russland des 19. Jahrhunderts. Institutionen, Akteure, Symbole*. 2004.

9 Jochen-Ulrich Peters, Ulrich Schmid (Hgg.): *Imperium und Intelligencija. Fallstudien zur russischen Kultur im frühen 19. Jahrhundert*. 2004.

10 Daniela Tschudi: *Auf Biegen und Brechen. Sieben Fallstudien zur Gewalt im Leben junger Menschen im Gouvernement Smolensk 1917–1926*. 2004

Basler Studien zur Kulturgeschichte Osteuropas

Herausgegeben von Andreas Guski und Heiko Haumann

1 Ulrich Schmid: *Ichentwürfe. Russische Autobiographien zwischen Avvakum und Gercen*. 2000.

2 Petra Hesse: *Die Welt erkennen oder verändern? Prometheus in der russischen Literatur von den Anfängen der Mythos-Rezeption bis M. Gor'kij*. 2005.

3 Carmen Scheide: *Kinder, Küche, Kommunismus. Das Wechselverhältnis zwischen sowjetischem Frauenalltag und Frauenpolitik von 1921 bis 1930 am Beispiel Moskauer Arbeiterinnen*. 2002.

4 Martin Trančik: *Abgrund – Brückenschlag. Oberschicht und Bauernvolk in der Region Dubrovnik im 19. Jahrhundert*. 2002.

5 Tanja Popović: *Die Mythologisierungdes Alltags Kollektive Erinnerungen, Geschichtsbilder und Vergangenheitskultur in Serbien und Montenegro seit Mitte der 1980er Jahre*. 2003.

6 Anton Seljak: *Ivan Turgenevs Ökonomien. Eine Schriftstellerexistenz zwischen Aristokratie, Künstlertum und Kommerz*. 2004.

7 Irina Černova-Burger: *«Obrazy z Rus» (1843–1846). Карела Гавличека Боровскогою Вопросы чешского и русского национального просвещения в первой половине 40-х годов XIX века*. 2004.

8 Andreas Guski, Ulrich Schmid (Hgg.): *Literatur und Kommerz im Russland des 19. Jahrhunderts. Institutionen, Akteure, Symbole*. 2004.

9 Jochen-Ulrich Peters, Ulrich Schmid (Hgg.): *Imperium und Intelligencija. Fallstudien zur russischen Kultur im frühen 19. Jahrhundert*. 2004.

10 Daniela Tschudi: *Auf Biegen und Brechen. Sieben Fallstudien zur Gewalt im Leben junger Menschen im Gouvernement Smolensk 1917–1926*. 2004